JN436899

제 9 판

형법총론

박 상 기

박영사

제 9 판 머리말

개정판을 출간한 지 3년여의 기간이 지나 개정작업이 불가피한 상황이 되었다. 그 동안 저자가 3년이란 짧지 않은 기간 동안 한국형사정책연구원장으로 재직하고 있었기 때문에 개정을 위한 시간을 확보하기가 어려웠다. 지난해에 학교로 복귀하여 비로소 말미를 얻어 그 동안 발표된 논문과 교과서 및 대법원 판례를 추가할 수 있었다. 또한 성폭력범죄의 처벌에 관한 특례법, 아동·청소년의 성 보호에 관한 법률 등 형사특별법의 개정도 많았는데 이를 반영하였다. 전체적인 체계나 내용은 전판을 수용하였으며 법인의 형사책임, 긴급피난, 부진정부작위범, 합동범의 공동정범 등의 내용을 보충하였다. 그리고 본문을 모두 한글로 바꾸었다. 법학공부에 한자지식이 반드시 필요하지만 현실적으로 이를 부담스럽게 느끼는 점을 감안하였다.

법학전문대학원 체제가 도입·시행되면서 이번에 제 1 기 졸업생을 배출하게 된다. 그 동안의 교육과정을 통해서 나타난 특징 가운데 하나는 판례의 중요성이 점증하고 있다는 점이다. 이는 실무교육의 강화에서 비롯된 불가피한 현상이다. 그러니 판례의 중요성은 당연하지만 판례법 국가가 아닌 우리나라의 법학교육기관에서 판례에 대한 과도한 추종은 경계하여야 할 점이다. 특히 법학을 처음 배우는 미래의 법조인인 학생들은 비판적 입장에서 판례를 바라보는 시각을 갖는 것이 우리나라의 법률문화를 발전시키는 데에 도움이 된다고 생각한다. 우리 현실에 맞는 판결이 내려지고 있는지를 비판적으로 감시하여야 할 책무가 젊은 법조인들에게 있기 때문이다. 그리고 형법학의 임무 가운데 하나는 형사실무에 대한 비판적 감시자로서의 이론적 근거를 제공하는 데에 있다. 앞으로도 학생들의 이러한 역할인식이 지속되기를 바라는 마음 간절하다.

이번에 제 9 판을 출간하면서 개정작업을 도와 준 김슬기 박사, 연세대 법학전문대학원을 졸업하는 고준성 군에게 감사한다. 김슬기 박사는 미국 워싱턴대학 로스쿨에서 박사 후 과정을 마치고 귀국하였고 고준성 군은 법학전문대학원을 졸업하게 된다. 앞으로 학문적으로, 그리고 법조인으로서의 성공을 기원한다.

끝으로 언제나 본서의 출간을 도와주신 박영사 안종만 회장님, 그리고 기획부 조성호 부장과 새로운 표지 제작과 한글화 작업을 깔끔하게 처리해준 편집부 김선민 부장 두 분에게도 감사드린다.

2012년 2월 15일
연세대학교 연구실에서

朴 相 基

머 리 말

이 책은 형법을 배우려는 학생들과 형법을 학문적으로 연구하고자 하는 사람들을 위하여 쓴 교과서이다. 저자가 형법연구를 시작한 것은 13년 전 독일에 유학한 다음부터이다. 5년 반 동안의 유학생활을 마치고 귀국하여 대학에서 형법을 강의한 지도 이제 8년에 접어든다. 이 책은 저자의 이제까지의 형법연구와 강의경험을 토대로 한 보고서에 해당한다. 주지하다시피 범죄와 형벌을 규정하고 있는 형법은 國家權力의 極致이다. 여기에는 권력의 형식과 인간의 모습이 모두 함축되어 있으면서 동시에 체제유지적인 성격을 지니고 있다. 이와 같은 기본성격을 토대로 한 형법연구는 인간과 사회, 국가에 대한 이해를 바탕으로 하여야 한다는 점에서 연구자 개인의 自己告白이라고도 볼 수 있을 것이다. 이러한 이유에서 망설이던 저자는 몇 년 전 출판사의 권유와 종착점이 있을 수 없는 학문의 세계에서 높은 돌탑 위에 작은 돌 하나를 얹어 놓겠다는 심정으로 감히 刑法總論과 各論敎科書의 발간을 결심하였다. 이제 그 첫 결실을 보게 되니 기쁜 마음과 함께 두려운 생각을 금할 수 없다.

이 책을 집필하면서 저자는 분량의 肥大化를 초래하지 않으면서도 형법총론의 전반에 걸쳐 중요한 내용은 상세히 다루는 표준적인 교과서를 상정하였다. 이처럼 어떻게 보면 상반되는 목표 아래 구체적으로는 다음과 같은 특징들을 살리고자 노력하였다.

첫째, 발전하는 형법이론을 현재의 수준에서 반영하고자 하였다. 이를 위하여 최근까지의 국내외 문헌뿐만 아니라 1994년 초까지의 중요한 판례를 이론적 연계 속에서 검토하였다. 여기에는 大法院과 獨逸聯邦大法院은 물론이고 점점 역할이 커지고 있는 憲法裁判所의 판례까지도 포함시켰다. 그리고 판례는 많은 경우에 각주가 아니라 본문에 소개·평가함으로써 판례에 대한 이론적 접근을 쉽게 하였다.

둘째, 공허한 이론의 나열이 아니라 구체적인 문제해결을 목표로 하는 이론을 제시하려고 하였다. 형법이론이 현실과 무관한 관념의 유희에 머물러서는 안 되기 때문이다. 그러나 이와 관련하여 지적하고 싶은 것은 형법이론의 觀念性批判이다. 형법적 대상의 한가운데 서 있는 인간은 정신적 가치의 총체이며 인간의 행위는 정신활동의 외부적 표출이다. 이를 대상으로 한 형법이론이 관념성을 띠는 것은 여기에서 비롯된다고 보아야 할 것이다. 그러므로 만일 범죄자에 대한 처벌을 당연시한 나머지 형법적 이론전개의 필요성을 경시하거나 형법이론의 관념성을 無用性으로 연결하여 비판하는 시각은 경계하여야 한다.

셋째, 내용의 중요도에 따라 서술의 深度를 달리하였다. 이러한 서술이 문제의 중요도를 평가하는 하나의 척도가 될 수 있다고 보았기 때문이다. 그래서 오로지 이론적 논쟁에 불과한 부분은 과감하게 축소하였다. 전체분량의 적정선 유지는 이를 통하여 가능하였다고 본다.

넷째, 각 부분에서 배운 내용들을 사례해결에 그대로 적용할 수 있도록 판례 이외에도 예를 많이 들어 설명하였다. 또한 되도록이면 쉽게 설명하려고 하였다.

그러나 저자의 노력에도 불구하고 형법이 워낙 이론전개와 대립이 심한 분야인데다가 서술능력의 부족으로 인하여 여전히 독자와의 커뮤니케이션에 장애요소가 있지나 않은지 걱정스럽다. 내용적으로 미흡한 부분 역시 앞으로 독자 여러분과 先輩·同學들의 叱正을 듣고 받아들여 더 나은 책이 될 수 있기를 기대한다.

이제 이 책이 나오기까지는 여러 분의 도움이 컸음을 밝히고 고마움을 표시하고자 한다. 무엇보다도 저자가 형법학자의 길을 걸을 수 있게 하여 주신 독일 괴팅겐(Göttingen)대학의 은사 로스(Fritz Loos) 교수와 쉬라이버(Hans-Ludwig Schreiber) 교수 두 분께 감사드린다. 벨첼(Hans Welzel)문하에서 함께 공부한 두 분은 저자가 독일생활을 하는 동안 언제나 학문적 지도는 물론이고 인간적인 격려를 아끼지 않으셨던 분들이다. 항상 오후 6시부터 약 2시간에 걸쳐 연구실에서 진행되었던 저자에 대한 논문지도는 지금도 아름다운 기억으로 남아 있다. 또한 李炯國 교수님은 진지한 학문적 자세로서 저자의 연구생활에 많은 귀감이 되어 주셨다. 翰林大 교수로 새로이 부임한 全智淵 박사는 저자와 독일 괴팅겐대학에서 함께 형법을 연구한 학자이다. 全 박사는 이 책의 전체내용을 비판적 시각으로 검토하고 여러 가지 의견을 제시하여 주었다. 이를 통하여 많은 부분에서 내용적 완성도를 더할 수 있었을 뿐만 아니라 새로운 해결방법을 모색하기도 하였다. 참으로 고맙게 생각하며 全 박사의 학문적 발전을 기원한다. 현재 저자의 조교로서 대학원 박사과정에 재학중인 宋熙辰 군은 헌신적인 자세와 정성으로 이 책의 교정과 색인작업, 그 밖의 번거로운 일들을 잘 처리하여 주었다. 또한 법대에 재학중인 김인철 군은 바쁜 학교생활에도 불구하고 교정작업을 훌륭하게 도와 주었다. 이 자리를 빌어 宋 군과 金 군의 노고를 치하한다. 그리고 본서의 집필중 언제나 사랑과 인내로써 지켜 보아준 나의 가족에게 고마움과 미안함을 함께 전한다.

끝으로 이 책을 출간하여 주신 博英社의 安鍾萬 사장님과 李明載 상무님께 깊이 감사드리며, 훌륭하게 편집을 하여 주신 편집부의 宋逸根 차장님과 沈晟輔 선생에게도 고마운 마음을 전하고자 한다.

1994년 3월
연세대학교 법과대학 연구실에서

朴 相 基

目　　次

제 1 편　刑法 一般論

제 1 장　刑法의 意義

제 2 장　刑罰理論

제 3 장 罪刑法定主義

제 4 장 刑法의 適用範圍

제 2 장 行 爲 論

제 3 장　構成要件

제 4 장 違 法 性

제 7 장 不作爲犯

제 8 장 未 遂 論

제 9 장 正犯과 共犯

제 1 절 一 般 論 388

제 2 절 共同正犯 401

제10장 罪 數 論

제 3 편 刑 罰 論

제 1 장 刑罰의 意義

제 3 장　刑의 宣告猶豫, 執行猶豫, 假釋放

제 4 장 刑의 時效와 消滅

제 5 장 保安處分

主要參考文獻

[國內文獻]
권오걸, 형법총론(제 3 판), 형설출판사(2009)
金成敦, 형법총론, 성균관대학교 출판부(2008)
金聖天, 형법, 소진출판사(2009)
김신규, 형법총론, 청목출판사(2009)
金日秀, 한국형법 I, 박영사(1992) [김일수(I)]
______, 한국형법 II, 박영사(1992) [김일수(II)]
김일수/서보학, 새로쓴 형법총론, 박영사(2006)
朴相基, 독일형법사, 율곡출판사(1993)
박재윤(편), 주석형법(제 2 판), 총칙(1), (2), 2011 [집필자/주석형법]
裵鍾大, 형법총론(제 7 판), 홍문사(2008)
베셀스, 독일형법총론(허일태 역), 법문사(1991)
성낙현, 형법총론, 동방문화사(2010)
손동권, 형법총론, 율곡출판사(2005)
孫海睦, 형법총론, 법문사(1997)
申東雲, 판례백선 형법총론, 경세원(1997)
______, 형법총론(제 6 판), 법문사(2011)
安銅準, 형법총론, 학현사(1998)
오영근, 형법총론, 박영사(2005)
劉基天, 형법학(총론강의), 일조각(1983)
이상돈, 형법강의, 법문사(2010)
이영란, 형법학(총론강의), 형설출판사(2008)
李在祥, 형법총론(제 7 판), 박영사(2011)
李廷元, 형법총론(2008, PDF파일)
李炯國, 형법총론연구 I, 법문사(1984) [이형국(I)]
______, 형법총론연구 II, 법문사(1986) [이형국(II)]
______, 형법총론(제 4 판), 법문사(2007)
任　雄, 형법총론(3정판보정), 법문사(2011)
鄭盛根/朴光玟, 형법총론(제 4 판), 삼지원(2008)
鄭榮錫, 형법총론, 법문사(1987)

鄭英一, 형법개론(개정판), 박영사(2005)
정진연/신이철, 형법총론강의, 숭실대출판부, 2005
曺俊鉉, 형법총론(4정판), 법원사(2011)
진계호/이존걸, 형법총론(제8판), 대왕출판사(2007)
車鏞碩, 형법총론강의 I, 고시연구사(1988)
8人 共著, 신고 형법총론, 사법행정(1978)
하인쯔 찌프, 형사정책(김영환/허일태/박상기 역), 한국형사정책연구원(1993)
河泰勳, 형법총론, 법원사(2002)
허일태, 형법연구(1), 세종출판사(1997)
황산덕, 형법총론, 방문사(1982)
韓國刑事法學會 編, 형사법강좌 I, 박영사(1981)
______________, 형사법강좌 II, 박영사(1984)
刑事判例硏究會, 형사판례연구 1～14, 박영사
한국형사정책연구원, 형사특별법(제2판), 2012 [저자]

[外國文獻]

Ashworth, Andrew: Principles of Criminal Law(1991)
Baumann, Jürgen/Weber, Ulrich: Strafrecht, AT, 9. Aufl.(1985)
Blei, Hermann: Strafrecht, AT, 18. Aufl.(1983)
Bockelmann, Paul/Volk, Klaus: Strafrecht, AT, 4. Aufl.(1987)
Curzon, L. B.: Criminal Law, 6. ed.(1991)
Ebert, Udo: Strafrecht, AT, 3. Aufl.(2001)
Eser, Albin: Strafrecht I · II, 3. Aufl.(1980)
Fletcher, George: Rethinking Criminal Law(1978)
Haft, Fritjof: Strafrecht, AT, 9. Aufl.(2004)
Hassemer, Winfried: Einführung in die Grundlagen des Strafrecht, 2. Aufl.(1990)
Herzberg, Rolf Dietrich: Täterschaft und Teilnahme(1977) [Täterschaft]
Jakobs, Günther: Strafrecht, AT, 2. Aufl.(1991)
Jescheck, Hans-Heinrich/Weigend: Lehrbuch des Strafrechts, AT, 5. Aufl.(1996)
Joecks, Wolfgang: StGB, 7.Aufl.(2007)
Kindhäuser, Urs: Strafgesetzbuch, Nomos(2002)
Kühl, Kristian: Strafrecht, AT, 5. Aufl.(2005)
Lackner, Karl/Kühl, Kristian: Strafgesetzbuch, Kommentar, 25. Aufl.(2004)
LaFave, Wayne/Scott, Austine: Criminal Law, 2. ed.(1986)
LaFave, Wayne: Modern Criminal Law, Cases, Comments and Questions, 2. ed.

(1988)
Leipziger Kommentar, Strafgesetzbuch, 10. Aufl.(1978) [LK/집필자]
Loewy, Arnold: Criminal Law, 2. ed.(1987)
Maurach, Reinhard/Zipf, Heinz: Strafrecht, AT, Bd. 1, 7. Aufl.(1987), Bd. 2, 7. Aufl.(1989)
Mezger, Edmund: Strafrecht, Ein Lehrbuch, 3. Aufl.(1949)
Nomos Kommentar zum gesamtes Strafgesetzbuch, 2. Aufl.(2011) [Nomos/집필자]
Otto, Haro: Grundkurs Strafrecht, Allgemeine Strafrechtslehre, 7. Aufl.(2005)
Reid, Sue Titus: Criminal Law, 3. ed.(1995)
Roxin, Claus: Strafrecht, AT Ⅰ, 4. Aufl.(2006), AT Ⅱ (2003)
Roxin, Claus: Täterschaft und Tatherrschaft, 8. Aufl.(2006) [Tatherrschaft]
Rudolphi, Hans-Joachim/Horn, Eckhard/Samson, Erich: Systematischer Kommentar zum Strafgesetzbuch, 5. Aufl.(1990) [SK/집필자]
Ryan, Christopher L./Scanlan, Gary P.: Criminal Law, 3. ed.(1991)
Samson, Erich: Strafrecht Ⅰ, 7. Aufl.(1988)
Schmidhäuser, Eberhard: Strafrecht, AT, Studienbuch, 2. Aufl.(1984)
Schönke, Adolf/Schröder, Horst: Strafgesetzbuch, Kommentar, 27. Aufl.(2006) [Sch/Sch/집필자]
Stratenwerth, Günter/Kuhlen: Strafrecht, AT Ⅰ, 5. Aufl.(2004)
Tröndle/Fischer: Strafgesetzbuch nd Nebengesetze, 53. Aufl.(2006)
Welzel, Hans: Das Deutsche Strafrecht, 11. Aufl.(1969) [Strafrecht]
Wessels, Johannes/Beulke, Werner: Strafrecht, AT, 36. Aufl.(2006)

[略語用例]

AT	Allgemeiner Teil(총론)
BGHSt	Entscheidungen des Bundesgerichtshofs in Strafsachen(독일연방법원. 권, 면)
BVerfGE	Entscheidungen des Bundesverfassungsgerichts(독일연방헌법재판소. 권, 면)
FS.	Festschrift(기념논문집)
GA	Goltdammer's Archiv für Strafrecht(년, 면)
JA	Juristische Arbeitsblätter(년, 면)
JR	Juristische Rundschau(년, 면)
Jura	Juristische Ausbildung(년, 면)
JuS	Juristische Schulung(년, 면)
JZ	Juristenzeitung(년, 면)
MDR	Monatsschrift für Deutsches Recht(년, 면)
MedR	Medizinrecht(년, 면)
NJW	Neue Juristische Wochenschrift(년, 면)
NStZ	Neue Zeitschrift für Strafrecht(년, 면)
OLG	Oberlandesgericht(독일주최고법원)
Rn.	Randnummer(欄外番號)
RGSt	Entscheidungen des Reichsgerichts in Strafsachen(독일제국 형사판결집. 권, 면)
ZStW	Zeitschrift für die gesamte Strafrechtswissenschaft(권, 년, 면)

제 1 편

刑法 一般論

제 1 장 刑法의 意義

제 1 절 刑法의 概念

I. 刑法의 意義

형법이란 범죄행위와 그에 대한 형벌을 규정한 법이다. 형법은 국가형벌권을 수단으로 한 통제를 통하여 사회보호를 하는 법이므로 형법의 중심효과는 형벌이다. 그러나 형법은 더 이상 단순히 범죄자에 대한 처벌만을 목적으로 하는 형벌법이 아니다. 범죄에 의하여 무너진 법적 평화를 다시 유지하고 사회 구성원의 평화로운 공존을 확보하기 위해서는 범죄자의 사회적 격리가 아니라 사회복귀를 궁극적 목표로 하여야 하기 때문에 제재수단으로서의 성격을 갖는 형벌만으로는 형법의 목표를 달성하기 어렵다. 형벌 이외에 보안처분(헌법 제12조 참조)이 필요한 것은 이러한 이유 때문이다. 보안처분은 범죄자의 처벌이 아니라 사회복귀를 목적으로 하는 수단이라는 점에서 형벌과 성격을 달리한다. 현행법상 보안처분의 종류로는 보호관찰 · 사회봉사명령 · 수강명령(형법 제62조의 2), 치료감호치분(치료감호법 제2조) 등이 있다. 그러므로 형법을 정확하게 개념규정을 하면 범죄행위와 이에 대한 법률효과로서 형벌 및 보안처분을 규정한 법이라고 할 수 있다.

형벌과 보안처분을 규정한 법은 1953년에 제정된 협의의 「형법」('형식적 의미의 형법'이라고도 한다)[1] 이외에 다른 형사특별법(예: 폭력행위 등 처벌에

1) 현행 「형법」은 한국전쟁 중에 논의되어 휴전 직후인 1953년 9월 18일 제정 · 공포(법률 제293호)되고 그해 10월 3일부터 시행되었다. 일제 강점 하에서는 1911년의 「조선형사령」에 의하여 일본 형법이 한반도에서 적용되었다('의용형법' 또는 '구형법'). 이러한 상황은 대한민국 정부가 수립된 이후에도 계속된다. 즉 1948년 7월 17일 대한민국 정부가 수립되어 제헌헌법을 공포하였지만 민법 · 민사소송법, 형법 · 형사소송법 등은 아직 제정되지 못하였다. 그 결과 불가피하게 1945년 9월의 미 군정청 명령(제 1 호)에 의하여 조선형사령(朝鮮刑事令)에 따라 적용되어왔던 일본의 형법과 형사소송법이 그대로 적용되었다. 현행 형법은 제정 당시 1940년에

관한 법률, 특정범죄가중처벌 등에 관한 법률, 특정경제범죄가중처벌 등에 관한 법률, 국가보안법, 성폭력범죄의 처벌 등에 관한 특례법, 아동·청소년의 성보호에 관한 법률, 환경범죄 등의 단속 및 가중처벌에 관한 법률 등)도 있으며 형벌을 규정한 행정법규, 즉 행정형법(예: 도로교통법, 정보통신망이용촉진 및 정보보호 등에 관한 법률, 여신전문금융업법, 마약류 등 관리에 관한 법률, 식품위생법 등)도 있다. 이들을 모두 포함하여 광의의 형법 또는 '실질적 의미의 형법'이라고 한다.[1] 형법의 총칙이론은 광의의 형법에 일반이론으로서 적용되기 때문에 형법학의 연구대상은 비단 협의의 「형법」에만 국한되는 것은 아니다.

한편 범죄의 성립요건을 규정하고 이에 대한 형벌을 규정한 실체법으로서의 형법 이외에 범죄자의 수사와 재판절차를 규정하는 절차법인 「형사소송법」이 있다.[2] 널리 형사법이라고 할 때에는 실체법인 실질적 의미의 형법 이외에 절차법인 형사소송법을 포함하여 일컫기도 한다.

Ⅱ. 刑法構成體系로서의 總則과 各則

실체법으로서 형법의 구성체계를 살펴보면 제 1 편 총칙부분(제1조~제86조)과 제 2 편 각칙부분(제87조~제372조)으로 나뉘어 있다. 총칙은 범죄행위의 성립요건과 그 효과에 대하여 각종의 범죄유형에 공통으로 적용되는 일반 규정들이고, 각칙은 개별적인 범죄행위들의 성립요건과 이에 부과되는 형벌에 대한 규정들이다. 총칙은 모든 범죄의 성립과 처벌에 관한 일반이론에 해당하기 때문에 추상성을 띠는 반면에 각칙은 범죄 일반에 대한 공통의 원칙이 아니라 오직 개별범죄의 구성요건과 형벌을 규정하고 있으므로 구체성을 띤다. 그러나 개별범죄의 성립은 그 전제되는 일반범죄론을 떠나서는 생각할 수 없으므로 총칙과 각칙의 관계는 불가분이다. 그리고 기술한 바와 같이 협의의 형법에서 규율하는 '총칙'(「형법」 제 1 편) 규정은 광의의 형법에 모두 적용되는 일반규정이므로 특별형법이나 행정형법 역시 동일한 형법이론에 의하여 규율된다. 형

발표된 일본의 개정형법가안(改正刑法假案)을 주로 참조하였다.

1) 형벌과 구별하여야 할 것은 범칙금이나 과태료이다. 전자는 경범죄처벌법, 도로교통법 등에서 규정하고 있는 것으로서 행정형벌설과 행정질서벌설이 있으나 형법(제41조)에 규정된 형벌은 아니라는 점에서 비범죄화의 수단이라는 성격을 지닌다. 후자는 행정질서벌에 해당한다.

2) 형사절차법의 규정을 포함하는 법으로는 형사소송법을 중심으로 하여 그 밖에 법원조직법, 검찰청법 등이 있다.

법학은 실체법으로서 이러한 형법총칙과 각칙규정의 규범적 의미를 체계적으로 인식하는 것을 목적으로 하는 법해석학에 해당한다.

Ⅲ. 刑罰體系로서 刑罰과 保安處分

형법은 형벌 이외에 보안처분을 두는 이원체계를 따르고 있다. 즉 범죄자에게 형벌을 부과하고, 재범위험성이 인정되는 경우에 보안처분을 부과할 수 있다. 이처럼 이원주의 아래에서 형법은 범죄행위를 범죄자의 자유의지의 산물이라고 파악하고 이에 대하여 형사책임을 묻는 책임주의에 바탕을 두고 있다. 반면에 보안처분은 행위자의 과거행위에 대한 책임을 묻는 형벌만으로는 형법의 임무를 충분히 달성할 수 없다는 데에서 출발한다.

형벌은 범죄행위로부터 사회공동체 구성원의 법익을 보호하는 데에 그 일차적 임무가 있으나 원칙적으로 그 기능은 필요한 최소한에 그쳐야 하고 동시에 최후적인 수단이어야 한다(형벌의 보충적 기능). 왜냐하면 형벌은 법익보호라는 측면과 함께 개인에 대한 생명, 자유, 재산과 같은 기본권 침해를 내용으로 하기 때문이다.

다른 한편으로 형벌만으로 법익을 보호하기가 불가능하거나 부적합할 수도 있다. 예를 들어 형사책임능력이 없는 심신상실자의 범죄행위는 처벌하지 않는다(제10조 제1항). 심신상실자에 대한 형벌은 행위자 스스로가 형벌의 의미를 깨닫지 못한다는 점에서 사실상 형벌고시의 효과가 없으며, 오히려 이들에게는 치료가 필요하다. 이는 공동체의 법익보호와 범죄자의 개선이나 치료를 통한 사회복귀라는 목표가 일치하는 경우이다.

이와 달리 재범의 위험성이 높은 실형전과자에 대하여는 형벌과 병행하여 치료감호법에 의한 치료감호(제2조)를 할 수가 있는데 이 경우의 보안처분은 범죄로부터 사회를 보호하는 데에 더 중점이 놓여 있다고 볼 수 있다. 즉 보안처분의 목표는 개별 범죄자에 대한 특별예방이지만 경우에 따라서는 그 지향하는 바가 다르다. 이는 보안처분이 범죄예방에 그 근본목표가 있음을 의미한다. 따라서 형벌과 보안처분의 근본적인 차이점은 형벌이 그 정도에서 행위자의 책임에 기속되는 데 반해 보안처분은 비례성의 원칙을 따르지만 과거 행위에 대한 책임이 아니라 범인의 장래의 재범위험성을 기초로 한다는 점이다.[1)]

---

1) 그러나 우리 나라의 경우 보안처분에서 독일형법 제62조와 같은 비례성의 원칙(Grundsatz

그렇다면 보안처분을 정당화시켜 주는 근거는 무엇인가? 실정법적 근거는 헌법 제12조 제 1 항이 그 기초가 되지만 이론적 근거는 법익교량의 원칙이라고 볼 수 있다.[1] 즉 개인의 자유가 일반의 자유를 침해할 위험성이 큰 경우에는 형벌 이외에 보안처분에 의한 개인의 자유박탈이 정당화되는 것이다. 그러나 동시에 여기에 보안처분의 남용위험성이 내재한다.

Ⅳ. 行爲刑法과 行爲者刑法

행위의 가벌성을 입법화하는 데에는 개별적인 범죄행위를 기준으로 하는 방법(행위형법)과, 범죄자의 성격이나 생활형태(범죄자유형: Tätertyp) 또는 장래의 예상되는 위험성을 기준으로 하는 방법(행위자 형법)이 가능하다. 즉 행위중심과 행위자중심이라는 두 가지 형법체계의 가능성을 의미한다.

행위형법체계에서 형벌은 구성요건에 해당하는 행위에 대해 가해지며, 행위자형법체계에서 형벌은 행위자의 위험성에 대해 가해지게 된다. 행위자형법체계에서 형벌은 행위자의 범죄적인 성향(행상책임)과 연계하여 부과된다. 현행 형법은 기본적으로 행위형법이며 형량을 결정하는 경우와 같이 예외적으로 행위자의 성격이 고려되고 있다(제51조 참조). 또한 상습범(제332조, 제341조, 제351조 등)이나 보안처분규정(소년법 제32조 참조)도 행위자형법적 사고의 소산이다. 만일 특별예방을 강조하게 되면 행위자형법적 경향이 강화된다.

제 2 절 刑法의 任務

형법은 민주적 법치국가에서 사회적 통제를 그 임무로 한다. 즉 개인과 사회, 국가가 기반으로 삼고 있는 민주주의적 기본질서를 위협하는 행위로부터 이들을 보호하기 위해서 국가형벌권을 핵심으로 하는 형법을 제정한 것이다. 개인과 사회 및 국가는 각각의 존재를 존속시키기 위해서 필수적으로 보호받아야 할 이익이 있다. 이를 법익이라고 부르는데 형법은 이러한 다양한 법익을 보호하기 위하여 이러한 법익에 대한 특정 행위를 처벌하는 규정으로

---

der Verhältnismäßigkeit)을 규정하지 않고 있다.

1) Roxin, AT, §3 Rn. 57.

구성되어 있다.

Ⅰ. 法益保護

형식적 의미의 범죄는 형법에 규정된 행위를 범죄행위로 파악한 것인 데 반하여 이러한 범죄행위를 내용적으로 파악하는 것을 실질적 범죄개념이라고 한다. 형법의 대상인 범죄행위를 형벌이 부과되는 행위라고 할 때 구체적으로 어떠한 행위에 대하여 형벌을 부과할 것인가의 문제가 제기된다. 실질적 범죄개념은 이처럼 처벌하여야 할 행위와 처벌하여서는 안 되는 행위를 구별하고, 처벌하는 행위의 처벌목적은 무엇인가라는 기준을 제시한다. 그렇기 때문에 실질적 범죄개념은 현행법을 비판적으로 검토하면서 형사정책적인 관점과 불가분의 관계에 서게 된다.

1. 법익보호의 목표와 내용

형법은 공동체 안에서의 인간의 평화로운 삶을 보호하는 것을 핵심적 기능으로 하고 있다. 그렇기 때문에 형법의 임무는 이러한 삶의 조건을 파괴하는 행위를 억제하고 처벌하는 데에 놓여 있다. 이와 달리 사회침해적인 성격을 띠지 않는 비도덕적이거나 비윤리적인 행위(예: 거짓말이나 단순한 악의, 비열함 등)는 형법의 관심대상이 아니다. 또한 형법이 공연음란죄(제245조)나 음행매개죄(제242조) 등과 같은 풍속을 해치는 행위를 처벌하는 것도 일반의 도덕심이나 윤리의식을 고양시키려는 것이 아니라 개개인의 평화로운 공동생활을 보장하기 위한 사회적 조건의 실현을 지향하기 위한 것이라고 볼 수 있다. 다원성과 관용성이 지배하는 민주사회에서 국가가 국민에게 도덕적·윤리적 기준을 제시한다는 것은 용인될 수 없기 때문이다. 또한 순수하게 이데올로기적인 목표에 따라서 규정한 법익도 헌법이 규정하는 사상·표현의 자유의 범위를 일탈하여 인정될 수 없다.[1)]

공동체 안에서의 인간의 평화로운 삶의 조건들(예: 생명, 자유, 재산 등)은 형법에서 이를 보호하게 됨으로써 법익화하게 된다. 그리하여 결국 형법의 임무는 형벌을 수단으로 하는 법익보호에 있다고 할 수 있다. 그러나 형

1) 하인쯔 찌프, 형사정책(김영환/허일태/박상기 역), 82면 이하. 이에 반해 사회윤리적 가치보호를 형법의 또 다른 기능으로 보는 견해가 있다(이형국, 7면; 임 웅, 9면 이하; 손동권, 9면; 정성근/박광민, 8면). 이에 대한 비판은 이용식, 「형법의 임무—법익보호인가, 사회윤리보호인가?」, 피해자학연구 제9권 제2호(2001), 275면 이하 참조.

법은 국민의 기본권을 침해하는 형사제재를 내용으로 하기 때문에 언제나 최후적인 수단에 머물러야 한다(보충성의 원칙). 즉 형법에 의한 법익보호는 우선적이 아니라 보충적인 것이어야 한다. 이와 같이 형법이 보호하는 법익은 생명, 재산, 명예, 신체의 자유 등과 같은 개별적 법익과 자유민주주의적 기본질서, 국가의 사법작용 등과 같은 전체적 법익으로 나눌 수 있다.

법익과 구별하여야 할 개념으로는 행위의 대상 혹은 침해의 대상이라고 할 수 있는 행위의 객체가 있다. 예를 들면 절도죄에서의 행위의 객체는 타인의 재물이고 보호법익은 소유권(혹은 점유)이며, 살인죄에서의 행위객체는 사람이고 보호법익은 생명이다.

2. 법익개념의 역사적 전개

법익개념의 문제는 이에 대한 침해 혹은 위태화를 구성요건에 해당하고 위법한 행위라고 할 수 있는, 다시 말하면 범죄행위라고 규정지울 수 있는 그러한 이익이 존재하느냐의 문제이다. 법익이 무엇인가에 관하여는 크게 두 가지의 견해로 나눌 수 있다. 첫째는 개별적인 형벌법규의 의미나 목적에 따라 법익개념을 실정법 해석의 단순한 보조수단 정도로 파악하는 것이고, 다른 하나는 법익개념의 실질적 내용을 인정하고자 하는 입장이다. 이는 법익개념의 역사적 발전과정과 밀접하게 관련되어 있다.

중세의 종교적 범죄관으로부터 탈피하여 범죄를 법적 관점에서 파악할 수 있게 한 것은 근대 계몽주의 철학의 영향이었다. 교회법이나 자연법의 인식에 몰두했고 또한 이의 완결성을 확신했던 중세의 정신은 근대에 접어들어 계몽주의 철학이 확산되자 점차 허물어지기 시작하였다. 로크(Locke), 흄(Hume), 루소(Rousseau) 그리고 칸트(Kant)로 대표되는 계몽주의는 시민사회의 기초를 사회계약에 두었고, 이의 조직된 형태를 국가라는 제도로 보았다. 이는 국가는 모든 사회구성원 상호간의 권리를 보호하여야 하며 구성원 개개인은 자기의 권리를 갖는 반면에 타인의 권리를 존중하여야 함을 의미했다. 여기에서 범죄란 곧 타인의 권리의 침해로 파악되었다(권리침해설).

이러한 입장은 특히 포이어바흐(Feuerbach)가 주장한 권리침해설이나 오늘날의 「행위불법」이라든가 「의무위반」이라는 개념 속에도 내재되어 있다. 1930년대 독일의 나치스집권기에는 담(Dahm)과 샤프쉬타인(Schaffstein)으로 대표되는 키일(Kiel)학파에 의해 법익개념은 유물론적인 것으로 비난받았고 범죄란 의무위반이라고 강조되었다. 또한 오늘날에 와서도 사회윤리적 형법관을 가진 학자들은 범죄행위의 행위불법적 측면을 강조한다.

이러한 범죄관이 범죄를 권리의 침해로 파악하는 일면성이 있었음에도 불구하고 개인을 국가권력의 자의와 불명확한 법으로부터 보호할 수 있게끔 새로운 범죄개념의 체계화를 가능하게 한 것은 획기적인 성과라 아니할 수 없다. 권리침해설에 대응하는 법익보호의 이론은 19세기에 대두되기 시작하였다. 1834년에 비른바움(Birnbaum)은 최초로 「법익의 침해」라는 용어를 사용하였는데 그는 권리는 침해될 수 없으며 침해되는 것은 권리의 대상물이라고 하였다. 즉 절취되는 것은 소유권이 아니라 소유물이라는 것이다.

20세기를 전후하여 법익개념은 더욱 발전하였으며 특히 리스트(v. Liszt)와 빈딩(Binding)이 대표적인 학자였다. 규범론으로 유명한 빈딩은 어떠한 형이상학적인 법익개념도 부정하고 범죄를 오직 입법자가 규정한 실정법의 침해라고 보았다. 그리하여 법익이란 실정법해석의 단순한 보조수단으로 인식되었던 것이다(Grünhut: 「법익이란 목적적 사고의 약어이다」). 이는 법익개념을 목적론적 법해석의 수단으로서 혹은 형법각칙의 체계적 배열을 위한 기능 정도만으로 인정하는 것으로서 방법론적 법익개념이라고 부르기도 한다.[1)]

그러나 20세기에 들어와 법철학의 새로운 사조에 의해 다시금 실정법에 선재하는 법의 이상(Rechtsidee)이라는 형이상학을 중시하기 시작하였고 사물논리적 구조(sachlogischer Struktur)라든가 사물의 본성(Natur der Sache)을 추구하게 되었다. 대표적으로 리스트(Franz von Liszt)는 전법률적인 법익기준을 주장하였으며, 신칸트주의자인 마이어(M. E. Mayer)와 호니히(Honig) 역시 마찬가지였다. 리스트는 법익을 삶의 조건에 속하는 「인간적 이익」(menschliche Interessen)이라고 정의하였는데, 구체적으로 어떠한 이익이 형법적으로 보호받을 만한지는 언급하지 않았다. 한편 신칸트주의 학파에서는 법익개념을 문화적 가치개념과 연결지어 파악하였다.[2)] 제 2 차대전 이후에는 이러한 법철학적 경향은 더욱 심화되어 자유주의적 형법관을 가진 학자들에게 법익개념은 중요한 관심사의 하나가 되었다. 그렇다면 법익개념을 도출하기 위한

1) Roxin, AT, § 2 Rn. 7.

2) M. E. Mayer, 「Der allgemeine Teil des deutschen Strafrechts」, 2 Aufl.(1923), 22면 이하.

근거는 어디에서 찾을 수 있겠는가? 인간의 존엄성과 자유라는 가치를 규정한 헌법이 그 가장 가시적이고 현실적인 원천이 될 것이다. 동시에 법익개념은 규범적이지만 정태적이 아니라 동태적 개념이다. 이는 법익이 사회변화와 그에 따른 형사정책적 관점의 변화에 반응함을 의미한다.[1)] 특히 현대사회가 위험사회로 표현될 만큼 위험이 상시화된 상황에서는 법익보호의 필요성도 증대되어 형법의 역할에 대한 기대가 확대될 가능성이 높다. 최근 들어 형법의 일반예방적 기능이 강조되는 것도 여기에 한 원인이 있다. 그러나 이러한 변화는 형법을 법익보호의 최후수단 또는 보충적 수단으로 사용하여야 한다는 형법의 기본이념과 충돌할 위험성도 안고 있다.

3. 법익보호의 한계

형법은 형벌이라는 강제수단을 법률적 효과로 하기 때문에 법익침해를 통한 법익보호라는 양면성을 내포한다. 이러한 성격상 형법제정이나 해석시 일정한 제한이 가해져야 한다.

(1) 보충성의 원칙

법익보호를 위하여 형벌 이외의 방법으로는 목적을 달성할 수 없을 때에 비로소 형벌이 가해져야 하는 것을 보충성의 원칙이라 한다. 즉 형벌은 최후수단(ultima ratio)으로서 기능하여야 하며 필요불가결한 경우에 사용되어야 한다는 것이다(침해의 필요성). 행정벌이나 민법상의 각종 청구권은 이러한 형법의 최후수단적 기능을 가능하게 하는 우선적 구제수단이다.

형법의 최후수단성에 대한 이와 같은 인식은 범죄억제정책으로서의 형사정책의 중요성을 전제하지 않으면 안 된다. 동시에 형사정책은 형사사법적 정책이라는 좁은 범주를 벗어나 사회정책의 일환으로서 기능을 하지 않으면 안 된다. 즉 범죄예방을 위해서는 예를 들어 경제정책, 청소년을 대상으로 한 교육정책, 사회복지정책, 가족정책 등과 같이 일견 범죄예방대책과 무관하게 보이는 정책들이 사실은 형법의 최후수단성을 유지하기 위한 중요한 제 1 차적인 형사정책임을 인식하여야 하는 것이다. 이러한 정책은 사회 내의 갈등

---

1) 1995년에 이루어진 형법의 부분개정으로 인하여 새로이 규정된 구성요건, 즉 가스·전기등 방류죄(제172조의 2), 공전자기록위작·변작죄(제227조의 2), 사전자기록위작·변작죄(제232조의 2), 복사문서등의 문서성을 인정한 규정(제237조의 2), 컴퓨터업무방해죄(제314조 제 2 항), 컴퓨터비밀침해죄(제316조 제 2항), 컴퓨터데이터파괴죄(제366조 제 1 항), 인질강요죄(제324조의 2), 컴퓨터등 사용사기죄(제347조의 2), 편의시설부정이용죄(제348조의 2) 등이 그 예이다.

구조를 해소하는 기본적인 정책이며 갈등구조는 범죄의 가장 큰 원인 가운데 하나이기 때문이다. 다시 말하면 효과적인 형사정책 없는 형법(형벌)의 최후수단성 강조는 무의미할 뿐이다.

(2) 비례성의 원칙

형법은 형벌이라는 강제수단을 내포하므로 법익침해를 통한 법익보호라는 양면성을 그 특징으로 한다. 그렇기 때문에 국가가 생명, 신체, 재산과 같은 개인의 기본적 권리를 침해하는 형벌권을 행사하기 위해서는 허용한계가 설정되어야 한다. 즉 비례성원칙은 형벌권이라는 국가권력을 개인에 대하여 행사하는 상황에서 형벌제한원리로서 작용하는 원리이다. 그리고 형벌을 부과할 경우에도 행위에 대한 책임과 형벌이 균형을 이루어야 한다. 독일 형법학자 리스트는 '형법에서의 정의는 목적사상을 통하여 요구되는 형벌의 수준을 유지하는 것'이라고 하였다.[1] 헌법재판소는 비례성의 원칙에 대하여 "어떤 행위를 범죄로 규정하고 어떠한 형벌을 과할 것인가 하는데 대한 입법자의 입법형성권이 무제한한 것이 될 수는 없다. 즉, 법정형의 종류와 범위를 정할 때는 형벌 위협으로부터 인간의 존엄과 가치를 존중하고 보호하여야 한다는 헌법 제10조의 요구에 따라야 하고, 헌법 제37조 제 2 항이 규정하고 있는 과잉입법금지의 정신에 따라 형벌개별화 원칙이 적용될 수 있는 범위의 법정형을 설정하여 실질적 법치국가의 원리를 구현하도록 하여야 하며, 형벌이 죄질과 책임에 상응하도록 적절한 비례성을 지켜야 한다"고 판시하고 있다.[2] 이처럼 형법은 국가권력과 개인의 기본적 권리가 상호 충돌하는 지점에 서 있기 때문에 형벌권의 행사와 개인의 권리보호 사이에서 어느 것이 우선되어야 할 것인지 항상 비교·형량되어야 한다. 형벌권의 행사를 통한 개인·사회·국가의 보호가 우선적으로 필요한 경우와 이를 위하여 개인의 기본적 권리가 상실되는 상황에 대한 평가가 필요한 것이다. 그 판단기준으로 제시되는 내용이 수단의 적정성(適正性)과 이익형량(利益衡量)이다.

수단의 적정성이란 형벌이 법익보호를 위한 유효한 수단인 경우에 형벌부과, 즉 범죄화가 정당화되는 것을 의미한다. 예를 들어 풍속이나 성문화와 같은 영역에서 사회도의를 강화하기 위하여 형법의 적용대상으로 삼는 것은

1) v. Liszt, 「Der Zweckgedanke im Strafrecht」, 37면.

2) 헌재결 2003. 11. 27, 2002헌바24(특정범죄가중처벌 등에 관한 법률 제11조 제 1 항 위헌소원).

목적달성을 위한 유효한 수단의 선택이라고 할 수 없다. 일탈행동으로 볼 만한 정도에 해당하지 않는 한 풍속이나 성문화는 자연스럽게 형성되는 것이기 때문이다. 마찬가지로 인간으로서의 존엄과 가치를 표상하는 사상·표현의 자유와 같은 기본권을 제약하여 다른 법익을 보호하려고 하는 것도 국가권력의 남용으로서 정치권력의 자의적 행사에 불과할 뿐 형법의 목적이나 임무에 부합하는 것이 아니다. 개인이 향유하는 기본권은 인간의 본능적 욕구에 속하는 성질을 갖기 때문에 권력에 의한 기본권 제약이 본질적으로 불가능하며 이를 억압할 경우 오히려 국가의 존립 자체가 위태롭게 된다.

이익형량은 협의의 비례성 원칙이라고 할 수 있는데 이는 한편으로는 행위에 대하여 형벌을 부과하는 것과 부과하지 않는 것을 비교하여 그 득실을 판단하여야 함을 의미한다. 즉 어떠한 행위에 대하여 형사처벌을 할 경우 얻게 될 이익과 그로 인하여 상실하게 될 이익의 크기를 비교하는 것이다. 예를 들어 경미한 법익침해가 있었을 경우 형사처벌 대신에 다른 수단을 통하여 피해회복이나 재발방지를 할 수 있다면 굳이 형벌을 부과하여 행위자를 낙인찍을 필요는 없을 것이다.

Ⅱ. 社會保護

형법에 의한 법익보호는 기본적으로는 사회를 구성하는 개인과 관련된 법익의 관점에서 출발한다. 그러나 공동체적 삶의 다양성은 가치관의 충돌을 불가피하게 내포하고 있어서 통일적인 법익개념의 창출은 한계적일 수밖에 없다. 예를 들어 도덕이나 특정한 이념적 가치도 형법의 보호대상이 되는지가 문제된다. 그러나 다양성과 관용성을 핵심으로 하는 민주사회에서 일정한 방향으로 사회구성원의 도덕이나 가치판단을 유도할 수는 없다. 결국 사회적 해악을 야기할 정도의 상황이 아닌 한 도덕이나 사상, 윤리를 보호하기 위한 형법의 역할은 제한되어야 한다. 그러므로 형법의 기능(역할)은 공동체적 삶을 가능하게 하는 최소한의 조건을 제시하는 공동체 구성원의 행위규범으로 이해하는 것이 타당하다고 할 수 있다. 이를 통하여 사회의 존속과 유지가 가능하게 되는 것이다. 형법의 기능을 이렇게 이해할 경우 행위규범의 내용은 최상위 규범인 헌법적 가치를 수호하는 것이어야 한다. 그러나 헌법적 가치 역시 명백한 결론도출이 어려울 경우가 많다. 예를 들어 간통죄(제241조)를 처벌하는 것과 관련하여 찬반논란이 제기되는 것이 그러하다.[1] 이 경우에는 헌법적 원칙에 해당하는 비례성의 원칙(헌법 제37조 제2항 참조)에 의해 법익보호라는 목적 달성을 위해 필요한 최소한의 범위 내에서 적합한 방법으로 그 내용이 판단되어져야 한다. 이상의 비례성의 원칙과 보충성의 원칙으로부터 빈딩(Binding)이 말한 것처럼 형법을 단편적(부분적) 성격을 갖는 법으로 규정할 수 있다. 형법의 단편적 성격은 모든 불법이 형법적인 불법을 뜻하는 것은 아니라는 것을 의미한다. 다시 말하면 오직 법익침해 혹은 위해성 때문에 형벌이 요구되고 또한 당벌적(當罰的)인 위법행위만이 형법적인 불법으로 인정되는 것이다. 민주사회에서 형법의 과도한 개입을 허용하는 것은 형벌권의 남용을 초래할 것이고 이는 결과적으로 독재사회의 출현을 방조할 위험성이 있다는 점을 유념하여야 한다.

Ⅲ. 保障機能

죄형법정주의는 형법에 규정된 범위 내에서 범죄자 처벌이 가능함을 밝히고 있다. 리스트(F. v. Liszt)가 「형법은 범죄자의 마그나 카르타(Magna Carta)」라고 하는 것이나, 「형법은 형사정책의 넘을 수 없는 장벽」이라고 한 것도 이러한 맥락에서 이해할 수 있다. 즉 형법의 보장적 기능이란 누구라도 형법이 규정하는 범위 내에서만 처벌이 가능하기 때문에 형법은 일반인을 무분별한 형사처벌의 위험으로부터 보장해주는 기능을 하는 것이다.

그러므로 형법상의 범죄구성요건으로 규정되지 않는 행위는 아무리 도덕적으로나 윤리적으로 비난받을 만한 일이라고 하더라도 형사처벌의 대상이 될 수 없다. 나아가서는 반드시 구성요건의 영역뿐만 아니라 책임영역이나 기타 처벌조건 등도 법에 규정된 범위 내에서만 가능하다.

1) 이에 관한 헌법재판소의 결정에 대해서는 헌재결 2008. 10. 30, 2007헌가17 · 21, 2008헌가7 · 26, 2008헌바21 · 47(병합) 참조.

제 2 장 刑罰理論

Ⅰ. 序　論

형벌이론은 형벌의 정당화 근거에 관한 이론이다. 즉 국가형벌이 지향하는 목표를 밝히기 위한 이론으로서 응보(절대적 형벌론)와 예방(상대적 형벌론)이라는 두 가지 관점에서 출발한다. 여기에서 주의하여야 할 것은 형벌이론이라 하더라도 형벌의 목적과 형벌의 정당화근거는 서로 다른 문제라는 점이다. 예를 들어 칸트(Kant)가 주장하는 절대적 형벌론에서 범죄에 의해 파괴된 정의의 확립이라는 형벌의 목적은 정확하게는 형벌의 정당화근거이다. 이에 반해 형벌의 목적은 형벌을 정당화하는 이유가 아니라 형벌의 임무에 해당한다. 국가에 의해 제도적으로 가해지는 형벌을 정당화하는 근거는 범죄자가 사회공동체 구성원의 삶을 평화롭게 유지하기 위한 필수적 전제조건인 규범을 준수하지 않은 데에 있다. 그러므로 자유민주주의를 근간으로 하는 국가에서의 형벌은 그 근거가 같다고 할 것이다. 그러나 형벌이 지향하는 목표라는 것은 비록 대부분의 나라가 응보와 예방의 관점에서 출발한다고 할지라도 그 구체적인 목표도달의 방법, 즉 수단은 각 사회가 처한 현실적인 상황에 따라 다르다고 보아야 한다. 왜냐하면 개인에 대한 형벌의 부과는 형사정책적 판단을 전제로 하고 있으며 형사정책적 판단이란 그 사회의 정치적·경제적·사회적 복합판단을 그 내용으로 하기 때문이다. 종합적으로 말한다면 자유민주주의와 시장경제원리를 기본골격으로 하는 헌법이 지향하는 한국사회를 이룩하기 위한 형벌제도와 목표설정이어야 한다. 그러나 형벌만이 이러한 목표를 달성하는 데 가장 효과적인 수단일 수는 없으며 범죄대책 이전에 사회적 갈등구조를 해소하기 위한 경제·사회정책이 우선되어야 한다.

Ⅱ. 絶對的 刑罰論

전통적으로 형벌은 응보의 의미로 파악되었다. 가장 고전적인 예로서 우리는 구약성서의 출애굽기(Exodus, 제21장, 12~22)에 나오는 탈리오의 법칙을 들 수 있다(「눈에는 눈, 이에는 이」). 근대에 접어들어 가장 대표적인 절대적 형벌이론을 주장한 학자는 칸트(Kant)와 헤겔(Hegel)이다.

칸트(1724~1804)는 형법은 정언명령 또는 절대명령(kategorischer Imperativ)이라고 하였다.[1] 그러므로 형벌은 어떠한 목적을 위해서가 아니라 정의의 요구에 따라 과해지는 것이므로 그 자체로서 정당한 것으로 보았다. 즉 형벌을 범죄예방이라는 사회적 목적을 달성하기 위한 수단으로서가 아니라 오직 범죄행위가 있었기 때문에 당연히 내려져야 하는 것, 즉 불법에 대한 응보로서 파악했다. 칸트는 형벌을 통한 사회적 목적추구는 이성적이며 존엄성을 지닌 인간을 목적 그 자체로서가 아니라 목적을 위한 수단으로 취급하는 것을 의미한다고 비판한다. 절대적 형벌론이 갖는 최대의 장점은 바로 이와 같은 인간존중의 사상에 있다. 이와 같이 정의의 확립을 형벌의 정당화사유로 보는 관점은 사실상 시대를 초월하여 타당한 것이고 비단 칸트에 의해서 새롭게 주장된 것은 아니다. 그러나 칸트는 형벌의 정당화사유로서 정의 이외의 일체의 관점을 거부하였으며 동시에 형벌적 정의는 오직 탈리오의 법칙이 내포하는 범죄와 형벌간의 동등성에서 찾으려고 하였다는 점에 그 특징이 있다.

헤겔(1770~1831)은 칸트 이후 19세기 후반에 독일 형법학에서 절대적 형벌이론을 확립한 대표적인 학자이다. 헤겔은 형법을 그의 변증법적 이론으로 설명한다. 즉 범죄행위는 법(정)을 부정한 것(반)이며 응보적인 형벌을 통하여 범죄행위를 부정함으로써 무너진 법을 다시 세운다(합)는 것이다.[2]

18세기 계몽주의 철학의 영향을 받아 오늘날 응보적 의미에서의 형벌이란 불법한 행위―범죄―에 대한 배분적 정의의 원칙에 입각한 동가치의 대응―처벌―을 의미하게 되었다. 즉 형벌이란 범죄(자)에 대해 증오감을

1) 이와 같은 절대성은 Kant가 섬에 사는 사람들이 전체의 합의로 그 섬을 떠나기로 한 경우에는 감옥에 남아 있는 마지막 살인범을 처형하고 떠나야 한다고 한 그의 유명한 「섬의 비유」에 잘 나타나 있다(「Metaphysik der Sitten, Rechtslehre」, Allg. Anmerkung E zu §§ 43~49).

2) Hegel, 「Grundlinien der Philosophie des Rechts」, § 97.

가진 사회에 의한 복수적 의미가 아니라 균형 있는 형벌기준의 원칙(Maßprinzip)에 따른 사회적 대응이라는 의미로 이해된다. 응보적 사고에 따라 형벌의 근거와 양이 결정되고, 행해진 불법과 책임은 균형을 이루어야 하는 것이다(책임주의원칙).

이러한 응보적 사고가 정당화되기 위해서는 세 가지의 내재적인 조건을 전제로 하는데 첫째는 범죄자에 대한 사회공동체의 도덕적 우위성의 확보, 둘째 책임의 존재, 그리고 마지막으로는 책임의 정도와 이에 대한 형량의 균형성이 인정될 수 있어야 한다는 점이다.

Ⅲ. 相對的 刑罰論

예방적 사고는 인간의 책임문제보다 범죄자의 위험성과 일반의 잠재적인 범죄적 속성에 대한 믿음이 그 근저를 이루고 있다. 그 결과 상대적 형벌론에서 형벌의 종류와 정도는 행위책임의 경중이 아니라 범죄의 예방목적에 의해 결정되어진다. 여기에서도 응보적 형벌관에서와 마찬가지로 세 가지의 조건을 전제로 하는데, 첫째는 인간의 장래행위에 대한 충분하고 확실한 예견가능성, 둘째 형벌과 범죄자의 위험성과의 균형, 셋째 범죄발생에 대한 효과적인 저지가능성이 그것이다. 상대적 형벌론이 형벌의 의미와 정당성을 범죄의 예방에서 찾는다면 남는 문제는 누구를 대상으로 하여 그러한 범죄의 예방을 도모하고자 하는가이다. 즉 사회구성원 일반을 향한 것인가(일반예방론), 아니면 범죄자 개개인을 대상으로 하여 장래의 범죄재발을 방지하고자 하는 것인가(특별예방론)의 문제이다.

1. 소극적 일반예방론

오늘날 일반예방론과 관련하여 가장 알려진 바는 19세기 초의 독일의 형법학자 포이어바흐(Feuerbach, 1775～1833)에 의한 심리강제설이다.[1] 그에 의하면 범죄를 예방하기 위해서는 물리적 강제인 형벌 이외에 형벌을 예고함으로써 일반인의 범죄유발을 심리적으로 억제시켜야 하는데 이것이 곧 형벌의 임무이고, 형벌의 집행은 오직 예고된 형벌의 실현에 불과할 뿐이라는 것이다. 포이어바흐는 특별예방과 일반예방을 구별하고 특별예방적 사고를 비

1) 형벌의 기능 가운데 일반에 대한 위하적 요소를 지적한 것은 이미 고대 그리이스의 철학자 Protagoras, Aristoteles 등에서 비롯되었으며 근대에 들어와서는 자연법사상과 계몽사상가들인 Hugo Grotius나 Hobbes 등에 의해서였다.

판하였다. 왜냐하면 형벌을 과하기 위해서는 오직 행위만이 고려의 대상이 되어야 하는 데도 특별예방론은 행위자—성격 등—까지도 고려하기 때문이라고 한다. 이 점에서 포이어바흐는 칸트류의 윤리관에 접근함을 알 수 있다. 그러나 그는 (형)법과 도덕을 엄격하게 구별하고 형법의 적용범위를 제한하였다. 칸트가 형벌을 정당화하기 위해 일체의 목적적 사고와 무관한 절대명령(또는 정언명령)으로서의 정의를 앞세웠던 데 비해, 포이어바흐는 형벌이 갖는 경험적 효과로서 예방이라는 결과목적을 강조했다. 이처럼 예고적인 형벌의 위협을 통한 범죄억제라는 일반예방적 형벌이론을 소극적 일반예방론이라고 부른다.

범죄예방이라는 사회적 이익을 주장하는 심리강제설적 입장에 대해서는 인간을 자유롭고 능력있는 개체로서가 아니라 마치 개를 향하여 막대기를 휘두르는 것에 비견된다(Hegel)는 고전적 형벌론으로부터의 비판이 제기되었다. 또한 인간의 행동에 영향을 미치는 것은 범행으로부터 초래될 손익계산의 결과가 아니라 행위자에게 형성된 가치관이나 행위계획이 중요하다는 점이다. 여기에서 일반인에 대한 형벌위협을 근간으로 하는 소극적 일반예방론에 대한 비판이 제기되었다.

2. 적극적 일반예방론

일반예방론에 대한 비판을 완화시킨 이론이 적극적 일반예방론 또는 통합적 일반예방론(Integrationsprävention)이다.[1] 적극적 일반예방론에서는 형벌이 갖는 예방적 효과를 일반에 대한 형벌위협이 아니라 형벌을 통하여 적극적으로 일반인의 규범의식을 강화하고 법규범에의 자발적인 복종을 가능케 하는 기능에서 찾는다. 즉 범죄는 규범의 침해이고 이에 대한 반사작용으로서 형벌을 부과한다는 소극적인 전통적 논리에 머무르지 않는다. 야콥스(Günther Jakobs)가 형벌의 사회적 기능이론이라고 부르는 적극적 일반예방론에 따르면 형법은 규범의 내면화를 통하여 침해된 규범의 안정화(Stabilisierung der Norm)라는 사회적 기능을 한다고 본다.[2] 즉 형벌의 임무는 사회적 접촉을 위한 지도모델인 규범의 유지 곧 법질서의 수호에 있다고 보는 것이다. 그러

1) 최근의 논의상황에 대해서는 Schünemann/von Hirsch/Jareborg, 「Positive Generalprävention」(1998).

2) Jakobs, AT, 1/1~16. 이는 Niklas Luhmann의 체계이론(Systemtheorie)과 관련을 갖고 있다.

나 적극적 일반예방론에서 의미하는 규범은 전통적인 의미의 규범개념과는 다르다. 적극적 일반예방론에서 규범은 잠재적 범죄자로서의 일반인에 대한 행위지시(Verhaltensanweisung)라는 전통적 의미를 지니는 것이 아니라 모든 사회구성원에 대한 행위기대(Verhaltenserwartung)의 의미를 갖는다. 그리고 규범의 안정은 귀책을 통하여 이루어진다고 보는데 귀책의 범위에는 행위자와 함께 피해자도 포함된다. 규범침해요소의 제거에는 사회공동체 구성원, 즉 수범자(Normadressat)로서 피해자도 예외가 될 수 없으며 구체적으로는 범죄유발에 대한 피해자책임(Opferschuld)은 행위자책임(Täterschuld)과 함께 고려되어야 한다고 보기 때문이다.

3. 특별예방적 형벌이론

일반예방적 형벌이론과 대비되는 것이 특별예방적 형벌이론이다.[1] 독일에서는 형벌을 특히 후기 경찰국가시대(19세기 전후)에는 특별예방적인 것으로 파악하였는데 스튀벨(Stübel), 그롤만(Grolman) 그리고 크라인쉬롯(Kleinschrod) 등이 대표적인 인물이었다. 이들의 특별예방론이란 범죄자로 하여금 다시는 범죄를 저지르지 못하도록 공포심을 갖게 하는 데에 형벌의 목적이 있다고 보는 경찰국가적 사고의 소산에 불과하였다.[2] 이런 종류의 특별예방론은 오늘날 찾아볼 수 없으며 이와 궤를 달리하는 특별예방론이 19세기 말 독일의 형법학자 리스트(Franz v. Liszt, 1851～1919)의 이론이다.

리스트에 의하면 범죄란 범죄자의 성향과 주위환경의 복합적 산물이라고 한다. 그리고 형벌이 갖는 사회교육적 효과를 중시한다. 물론 리스트도 형벌의 일반예방적 기능은 그대로 인정하였다. 그러나 일반예방론이 사회 내의 일반인 전체를 대상으로 한 범죄의 예방을 염두에 두었음에 반하여 특별예방론은 구체적인 범죄자 개인의 재범방지 및 재사회화, 즉 사회복귀에 더욱 관심을 갖는다. 형벌의 치료제적 성격을 믿었다고 볼 수 있다. 그러므로 사회정책으로서의 형사정책의 중요성을 강조하였다. 리스트는 이러한 목적을 달성하기에는 당시의 형벌체계가 부적당하며 그 예로서 당시 발전하기 시작한 범죄통계와 같은 자연과학적 성과를 반영하고 있지 못한 점을 지적하고 동시에 단기자유형제도의 폐지와 행형제도의 개선 등을 주장하였다. 반면에 오로지

1) 비판적 견해로는 Stratenwerth, AT, §1 Rn. 26 이하 참조.

2) 특히 Stübel은 형벌의 규정이 아니라 형벌의 집행을 통해 범죄를 예방하는 특별예방론을 주장하였다.

특별예방적 효과만을 지향하는 형법이 갖는 개인에 대한 법적 불안정성을 인정하고 그렇기 때문에 「형법은 형사정책의 넘을 수 없는 한계」라고 하였다.[1) 환언하면 특별예방을 이유로 개인을 희생시킬 수 없다는 형사정책의 한계를 설정함으로써 형법이 갖는 범죄인에 대한 마그나 카르타적 성격을 강조한 것이다. 이리하여 응보형에 대응한 보호형 또는 목적형이 부각되었다. 리스트의 특별예방론은 1882년에 그가 독일 마부르크(Marburg) 대학 교수취임강연에서 발표한 「형법에서의 목적사상」(「Der Zweckgedanke im Strafrecht」)에 잘 나타나 있다.[2)] 특별예방론은 오늘날의 형사정책에서 일반화되어 있는데 이러한 리스트의 이론을 철저하게 추구한다면 그의 제자 라드브루흐(Radbruch)가 주장하듯이 형벌 없는 형법, 다시 말하면 형법의 대체물을 찾게 되며 극단적으로는 형법폐지론(Arno Plack)도 주장된다.

이상의 특별예방적 형벌이론을 사회학적 또는 근대적 형벌이론이라 하며 리스트 이외에도 이탈리아의 롬브로소(C. Lombroso, 1836~1909), 페리(E. Ferri, 1856~1929), 가로팔로(R. Garofalo, 1852~1934), 벨기에의 프랭(Prins), 네덜란드의 하멜(v. Hamel) 등이 있다. 1889년에 리스트는 프랭 및 하멜과 함께 국제형사학연맹(IKV)을 창립하였는데 이는 이탈리아학파와 함께 제 2 차 세계대전 후 사회방위사상의 근간이 되었다. 이와 같은 사회방위의 대표적 학자가 이탈리아인 그라마티카(F. Grammatica)와 프랑스인 앙셀(M. Ancel, 「사회방위론」)이다. 그러나 사회방위론은 엄격하게는 형벌의 목적에 관심을 두었다기보다는 사회방위에 주목하였기 때문에 형벌이론이라기보다는 오히려 반형벌론이라고 볼 수 있다.

Ⅳ. 結 合 說

이상의 형벌이론, 특히 그 가운데서도 절대적 형벌론과 특별예방론의 대립을 독일 형법학상의 소위 학파(신·구파)대립이라고 일컫는다. 이러한 학파대립의 정점에서 두 입장을 결합한 형태의 결합설 혹은 절충설이 주장되었다. 여기에서는 응보의 목적이 중심과제가 되는데 일반예방과 특별예방은 이 범위 내에서 함께 고려된다. 그렇기 때문에 기본적으로는 응보형이론의 한 분

1) v. Liszt, 「Über den Einfluß der soziologischen und anthropologischen Forschungen auf die Grundbegriffe des Strafrechts」, Aufsätze und Vorträge, Bd. Ⅱ(1905), 80면.
2) v. Liszt, ZStW 3(1883), 1면 이하.

파라고 할 수 있다. 형벌의 기초는 책임(죄책)에 대한 응보인 것이다. 이 결합설은 우리 나라의 지배적인 학설이라고 할 수 있으며 독일에서도 마찬가지이다.[1)]

이상과 같은 응보적 결합설에 대하여 형벌의 목적을 오로지 예방에만 두는 예방적 결합설이 있다. 기존의 결합설은 일반예방과 특별예방의 병렬적 결합이었기 때문에 범죄자의 재사회화라는 목표달성은 당사자의 자발적 수용태세 여하에 달려있게 된다. 그러므로 만일 범인이 형벌을 통한 자신의 재사회화 메커니즘에 순응하지 않을 경우에는 형벌은 단순한 강제적 사회편입(Zwangs-Sozialisierung)의 수단에 머무를 수밖에 없다는 점이 지적되었다. 이 경우에는 일반예방의 목표만이 달성될 수 있을 뿐 특별예방의 진정한 목표는 사실상 포기될 수밖에 없다. 이에 반하여 예방적 결합설은 일반예방의 목표와 특별예방의 목표를 동시에 달성하고자 하기보다는 특별예방을 우선시한다. 그 이유로 형벌을 통한 재사회화의 중요성을 포기할 수 없다는 점, 일반예방의 추구가 특별예방의 목표달성을 불가능하게 할 수 있는 반면에 특별예방은 비록 상대적으로 가벼운 형량을 통해서일지라도 일반예방의 목표를 배제하지 않는다는 점을 든다. 이 점에서 예방적 결합설은 형량결정의 최하한선을 일반예방적 최소한에 둔다.[2)]

Ⅴ. 批判的 檢討

절대적 형벌론은 「죄를 범했기 때문에」, 상대적 형벌론은 「죄를 범하지 않도록」 형벌을 부과한다는 형벌의 정당성에 관한 논의는 서양에서는 고대의 그리스철학까지 거슬러 올라간다. 우선 절대적 형벌론은 절대적 국가개념을 전제로 하면서 인간을 목적 자체로 보기 때문에 인간의 존엄성을 보장하는 데에 적합한 장점이 있다. 즉 절대적 형벌론은 형벌 그 자체를 목적으로 보기 때문에 형벌이 추구하는 다른 목적(예컨대 범죄자의 재사회화 등)은 없다. 그러나 이는 동시에 절대적 형벌론이 범죄를 퇴치하여야 하는 사회의 현실적 목표를 달성하기에는 적합하지 않음을 나타낸다.

1) 김성돈, 44면; 김일수(I), 123면; 신동운, 8면; 안동준, 12면; 이재상, 57면; 이정원, 41면; 이형국(I), 73면; 임 웅, 50면 등. 반면 특별예방론을 주장하는 견해로는 오영근, 837면.
2) Roxin, AT, § 3 Rn. 36 이하.

상대적 형벌론은 형벌을 범죄예방이라는 국가목적달성을 위한 수단으로 본다. 그렇기 때문에 형벌은 언제나 범죄예방이라는 형사정책적 목표와 관련하여 결정된다. 그러나 이는 형벌의 수단성이라는 기능이 안고 있는 위험성을 의미하기도 한다. 이러한 위험성을 제거하기 위한 것이 책임원칙이나 과잉금지원칙 등이다.

예방적 결합설은 형사정책적 관점에서 형벌이론이 궁극적으로 추구하여야 할 방향을 제시하고 있다는 점에서 적극 환영할 만하다. 문제는 이념적 정당성의 추구를 가로막고 있는 현실적 상황의 극복을 위한 처방이다. 여기에는 형사정책적으로 타당한 형벌이론을 통해서가 아니라 행형정책의 전환이라든가 재사회화 프로그램의 개발 등과 같은 문제의 해결이 병행되지 않으면 안 되기 때문이다.

이상에서 검토한 바와 같이 형벌의 궁극적 목표인 범인의 사회복귀와 범죄로부터의 사회방위는 항상 동시에 추구될 수 있는 목표는 아니다. 여기에서 양자간의 선택과 중점설정의 문제가 형사정책의 중요한 과제로 등장하게 되는데, 사회방위에 집착한 나머지 중요한 정의의 원칙을 망각하거나 희생시켜서는 안 될 것이다. 즉 무고한 사람의 처벌은 방지되어야 하며, 형벌의 양은 범죄와 비례하여야 한다는 점, 그리고 형법을 자의적으로 적용하거나 적용하지 않는 선별적 형사사법의 위험성을 강조하지 않을 수 없다. 이러한 선별적 형사사법은 일반인의 법의식을 왜곡시키고 형사사법에 대한 신뢰성을 무너뜨리는 결과를 초래할 것이기 때문이다.

오늘날 예방론적 관점이 갖는 형벌의 불공정성 내지 형평성의 상실이라는 문제점과 응보적 관점이 갖는 문제점을 극복하기 위한 시도 가운데 대표적인 것이 하트(H. L. A. Hart, 1907～1992)의 이론이다. 하트는 형벌제도 전체의 정당화 문제와 개별사안에서의 형벌의 정당화 문제를 분리하여 설명하고 있다. 이에 따르면 형벌은 전체 제도의 관점에서 보면 범죄의 억제(deterrence)를 지향하고 있으나 이것이 곧 개별사안에서 형벌부과에 적용되어야 할 원칙은 아니라고 본다.[1] 즉 범죄억제라는 거시적 목표를 형사피고인의 양형원칙에 적용하는 것은 자칫 형평성을 상실한 형벌부과로 전락할 위험성을

1) H. L. A. Hart, 「Prelegomenon to the Principles of Punishment」, Punishment and Responsibility 4-5(1968).

내포한다는 것이다. 이러한 하트의 이론에 대해서는 개별적이고 구체적인 양형원칙을 제시하지 못하였다는 비판도 있다.[1] 그러나 하트의 지적은 사회방위라는 전체 구도 속에서 함몰될 위험이 있는 개인에 대한 정당한 형벌부과의 중요성을 강조한 점에서 시사하는 바가 크다.

1) Fletcher, 「Rethinking Criminal Law」(1978), 419면.

제 3 장 罪刑法定主義

제 1 절 罪刑法定主義의 意義

죄형법정주의는 법치국가의 산물로서 법률이 없으면 범죄도 인정되지 않으며 또한 처벌도 되지 않는다는 보장적 기능을 선언하는 형법의 기본원칙이다. 즉 죄형법정주의는 「이미 제정된 정의로운 법률에 의하지 아니하고는 처벌되지 아니한다는 원칙으로서, 이는 무엇이 처벌될 행위인가를 국민이 예측가능한 형식으로 정하도록 하여 개인의 법적 안정성을 보호하고 성문의 형벌법규에 의한 실정법질서를 확립하여 국가형벌권의 자의적 행사로부터 개인의 자유와 권리를 보장하려는 법치국가 형법의 기본원칙」[1]이므로 헌법적 의의를 갖는다. 이에 따라 헌법 제12조 제 1 항은 「누구든지 … 법률과 적법한 절차에 의하지 아니하고는 처벌 · 보안처분 또는 강제노역을 받지 아니한다」고 하고 있는데 이것은 구성요건의 기술에서뿐만 아니라 범죄효과에 해당하는 형사제재에서도 헌법상의 한계를 설정한 것이다.[2] 또한 헌법 제13조 제 1 항은 「모든 국민은 행위시의 법률에 의하여 범죄를 구성하지 아니하는 행위로 소추되지 아니하며, 동일한 범죄에 대하여 거듭 처벌받지 아니한다」고 규정하고 있다. 형법도 제 1 조 제 1 항에서 「범죄의 성립과 처벌은 행위시의 법률에 의한다」고 하여 죄형법정주의의 기본원칙을 명시하고 있다. 나아가서 인권이 갖는 보편적 성격 때문에 죄형법정주의를 내용으로 하는 국제조약도 많음을 유의하여야 한다(예: 유엔 세계인권선언 제11조 제 2 항; 유럽인권협약 제 7 조).

형법 제 1 조 제 1 항의 규정이 죄형법정주의보다는 형법적용의 시간적 범위를 정

1) 헌재결 1991. 7. 8, 91헌가4(판례집 제 3 권, 336면 이하).

2) 헌재결 1992. 4. 28, 90헌바24(판례집 제 4 권, 225면 이하) 참조.

한 행위시법주의를 표방하고 있다고 볼 수도 있으나(특히 판례는 거의 이와 관련된 것이다), 오히려 범죄의 성립과 처벌은 법률에 의한다는 데에 중점이 있다고 보는 것이 타당하다.[1)]

죄형법정주의에서 제기되는 문제는 형벌규범의 규정형식 및 금지되어야 하는 행위범위, 즉 죄형법정주의의 실질적 내용에 관한 것이 있다. 전자는 형사입법형식상의 제 원칙들(아래 제 3 절 참조)을, 그리고 후자는 가벌성판단의 내용상의 한계 문제(아래 제 4 절 참조)를 그 내용으로 한다.

제 2 절 罪刑法定主義의 沿革과 思想的 基礎

Ⅰ. 沿　革

죄형법정주의는 계몽사상의 산물이다. 죄형법정주의에 관한 최초의 법적 문헌으로서는 1215년 영국 존(John)왕에 의한 마그나 카르타(Magna Charta, 제39조)를 든다.[2)] 반면 이에 대해서는 적법한 재판절차의 확보라는 절차적 보장에 불과하기 때문에 죄형법정주의에 관한 실체법적 보장을 선언한 것은 아니라는 주장이 있다.[3)] 그러나 당시의 법적 상황 아래에서는 오늘날과 같은 의미의 실체형법이 존재하지 않았다는 점을 염두에 두어야 한다. 즉 당시에는 법 이전에 처벌의 필요성이 곧 법적인 가벌성을 의미하였으므로 실체법적 의미의 죄형법정주의란 현실적 논의의 대상이 아니었던 것이다.

죄형법정주의가 최초로 헌법에 등장한 것은 1776년 미국의 버지니아주와 메릴랜드주 헌법이다. 1791년에는 미합중국 헌법 수정 제 5 조에서 적법절차 없이는 생명이나 자유, 재산을 박탈당하지 않는다고 하였다. 유럽대륙에서의 죄형법정주의는 프랑스혁명 이후 자유주의사상의 소산이다. 즉 1789년 프랑스의 「인간과 시민의 권리선언」(제8조)과 뒤이은 혁명헌법(1791년, 1793년), 그리고 1810년의 프랑스형법(제4조)에 나타났다. 이에 반해 1787년 오스트리아의 요셉 2세가 제정한 형법전(Östrr. StGB) 제 1 조나 프로이센 일반법(Preuß.

1) 김일수/서보학, 58면; 배종대, 72면; 이재상, 9면 등 참조.

2) Schottländer, 「Die geschichtliche Entwicklung des Satzes nulla poena sine lege」(1911, StrAbh. Heft 132).

3) Jescheck/Weigend, AT, 117면.

ALR, § 9 Teil Ⅱ Titel 20)에 규정된 처벌법률주의는 계몽사상보다는 절대주의적 사고에서 비롯된 것으로서 개인적 자유보장을 목표로 한 것은 아니었다.[1]

1532년의 카롤리나형법전(CCC)은 법에 규정되지 않았고 자세하거나 이해할 만큼 기술되지 않은 경우에는 사람과 사안에 따라 재판관이 자유롭게 판단하도록 명시하였다(Art. 105). 카롤리나형법전의 이러한 자의적 원칙에 반대하여 죄형법정주의를 강조한 주장자가 포이어바흐(Feuerbach, 1775~1833)이다. 오늘날 "법률이 없으면 범죄도 없고 형벌도 없다"(nullum crimen, nulla poena sine lege)는 유명한 표현은 그에게서 비롯된다. 즉 1801년 자신의 형법교과서(「Lehrbuch des gemeinen in Deutschland geltenden peinlichen Rechts」, § 24 Ⅰ)에서 「모든 형벌부과는 형법을 전제로 하고」(nulla poena sine lege), 「형벌부과는 이를 예고하는 행위가 있어야 하며」(nulla poena sine crime), 「법적으로 처벌이 예고된 사실은 법적인 형벌로 처벌되어야 한다」(nullum crimen sine poena legali)고 하였다. 죄형법정주의라는 심리적 강제를 통해 일반예방이 더 효과적일 수 있다는 포이어바흐의 형벌론은 여기에서 비롯된다.

Ⅱ. 思想的 基礎

죄형법정주의는 형벌의 법률기속원칙을 의미하는데, 그 사상적 뿌리는 근대계몽사상에 있다. 그러나 구체적으로 어떠한 근거에서 죄형법정주의를 도출해 낼 수 있는가에 대해서는 견해가 나뉘어진다. 책임원칙을 드는 견해,[2] 권력분립과 민주주의원칙을 드는 견해,[3] 그리고 정치적 자유주의·권력분립·일반예방·책임원칙을 드는 견해[4] 등이 있다.

그러나 책임주의만으로는 가벌성과 형벌의 범위를 정하는 원칙으로서 그 의미가 너무 좁다. 또한 책임주의의 사후적 성격은 죄형법정주의가 갖는 사전적·예방적 성격을 포함하기에는 적당하지 않다. 권력분립과 민주주의원칙은 형벌권의 창설이나 법관의 법해석적 한계설정에는 중요한 원칙이지만 행위자에게 유리한 소급효나 관습형법의 적용이 허용된다는 주장의 근거에 대하여는 명쾌한 설명을 할 수 없는 난점이 있다. 또한 민주주의 원칙의 내용을 이루는 권력분립을 민주주의와 양립시키는 것은 논리적으로 문제가 있다

1) Sax, in: 「Die Grundrechte」(Hrsg. : Bettermann/Nipperdey/Scheuner), Ⅲ/2(1959), 992면 이하 참조. 죄형법정주의의 연혁에 대하여는 다음 문헌을 참조할 것. Krey, 「Keine Strafe ohne Gesetz」(1983); Schreiber, H. L., 「Gesetz und Richter」(1976).

2) Sax, 「Die Grundrechte」, Ⅲ/2, 998면.

3) Grünwald, ZStW 76(1964), 13면 이하.

4) Roxin, AT, § 5 Rn. 18 이하 참조. 또한 김일수(Ⅰ), 197면 이하.

고 본다. 절대군주의 자의적인 형벌권의 남용에 대한 역사적 경험에서 생겨난 정치적 자유주의는 행정과 사법의 법률기속을 의미한다. 이는 국가권력의 행사가 오직 일반적인 법률에 기속될 때에 자의적인 행정과 사법활동으로부터 국민의 자유가 보호될 수 있음을 의미한다. 그러므로 정치적 자유주의는 죄형법정주의를 생성하게 한 사상적 연원에 해당한다고 볼 수 있다. 그러나 정치적 자유주의를 죄형법정주의의 토대로 보는 시각은 죄형법정주의를 국가권력으로부터의 방파제적 역할에 두고 국가권력에 대한 자유보장의 수단으로 삼겠다는 소극적인 기능으로 제한할 위험성이 크다. 기타 일반예방사상도 죄형법정주의의 출현 초기의 사상적 표현에 불과하다.

그러므로 현대적 의미의 죄형법정주의는 법치주의원리에서 찾는 것이 타당하다고 본다. 공동체 안에서의 인간은 자의적 권력이 아니라 법에 의하여 지배되어야 한다. 기능적으로 보아서도 법치주의는 국민의 자유·평등과 같은 민주주의 제 원칙을 실현시키기 위한 기능적 원리임에 반해, 민주주의나 정치적 자유주의 자체는 국가통치원리를 의미하기 때문에 그 지향하는 방향이 일치하지 않는다. 나아가서는 오늘날 법치주의는 형식적 의미만을 지니는 것이 아니라 실질적인 내용의 실현을 목표로 하는바(실질적 법치주의) 이는 곧 죄형법정주의가 과잉금지원칙과 같은 실질적 내용을 소홀히 하여서는 안된다는 요구를 담고 있기 때문이다.[1]

제 3 절 罪刑法定主義의 形式的 內容

Ⅰ. 法律主義

1. 의 미

법률주의는 형법에서의 관습법금지와 성문법주의를 의미한다. 민법(제1조)이나 상법(제1조)에서는 법원으로서 관습법이 명문으로 허용되어 있다. 그러나 형법에서는 관습법에 의한 새로운 구성요건의 창설이나 형의 가중이 금지되며, 오직 입법부가 제정한 법률에 의해서만 범죄와 형벌이 정해질 수 있다.

1) 헌재결 1990. 4. 2, 89헌가113(판례집 제3권, 49, 60면 이하 참조). 또한 SK/Rudolphi, §1 Rn. 2.

법률주의는 범죄의 성립과 처벌은 행위시의 법에 의한다는 형법규정(제1조 참조)에서 도출될 수 있다. 형법분야에서 관습법이 거의 사라지게 된 것은 19세기 유럽대륙에서 일어난 법률제정운동(Kodifikationsbewegung)의 결과이다. 관습형법을 금지하는 이유는 관습법이란 성문의 제정법이 아니므로 그 개념과 범위가 명확하지 않은 결과 국민이 이를 인식하기 어려워 만일 이를 인정하게 되면 형법의 예측가능성과 보장적 기능이 크게 위태롭게 되기 때문이다.

법률주의는 형벌 구성요건의 실질적 내용을 입법부가 제정한 형식적 의미의 법률로서 제정하여야 함을 의미하므로, 기관이나 단체의 내부규약이나 정관에서 형사처벌의 대상행위를 정하도록 하는 것은 죄형법정주의에 위반되어 위헌이다.

다만 다원화, 전문화한 현대사회의 특성상 입법부가 제정하는 형식적 의미의 법률로서 범죄 구성요건을 모두 규정하는 것은 현실적으로 불가능하다. 따라서 범죄 구성요건을 명령이나 규칙 등 하위법규에 위임하고자 하는 위임입법의 필요성이 제기된다. 그러나 하위법규에의 위임이라고 하더라도 입법부에서 제정한 모법이 수권법률에서 처벌대상인 행위가 어떠한 것인지 예측할 수 있을 정도로 구체적으로 정하고, 형벌의 종류 및 그 상·하한을 명확히 규정하여야 한다. 그리고 이 경우에는 이를 법률주의의 예외로 볼 수 없을 것이다.[1)]

[판례] 정관에 의한 형사처벌규정의 위헌성: 「형벌 구성요건의 실질적 내용을 법률에서 직접 규정하지 아니하고 금고의 정관에 위임하고 있는 것은 범죄와 형벌에 관하여는 입법부가 제정한 형식적 의미의 '법률'로써 정하여야 한다는 죄형법정주의 원칙에 위반된다. 금고 또는 연합회는 국가 또는 지방자치단체의 사업육성을 위한 필요한 지원 등을 받을 수 있고, 정치관여가 일체 허용되지 않는 등 공공성이 강하며, 정관은 법인 내부의 자치규범으로서 법규범에 준하는 성질을 인정받고 있지만, 죄형법정주의가 지니고 있는 법치주의, 국민주권 및 권력분립의 의미를 고려할 때 무엇이 범죄이며 그에 대한 형벌이 어떠한 것인가는 입법부가 제정한 법률에 의하여야 한다는 것은 훼손되어서는 안 되는 헌법상의 원칙이다. 그런데 이 규정은 금고의 발기인들에게 처벌법규의 내용을 형성할 권한을 주어, 그러한 헌법상의 원칙을 위반하였다」(헌재결 2001. 1. 19, 99헌바112).

1) 대판 2002. 11. 26, 2002도2998.

2. 구체적 내용

관습형법의 적용이 금지되는 것은 새로운 구성요건의 창설이나 형벌의 가중이므로 행위자에게 유리한 관습형법의 적용까지 배제되는 것은 아니라는 것이 통설이다.[1] 그러한 예로서는 인과관계, 예비와 미수의 구별, 고의와 과실의 내용, 정당행위(제20조)에서의 사회상규, 부작위범에서의 보증인의 지위 등을 든다.

그러나 이러한 문제영역은 관습법에 의하여 규범적 기속력이 인정되었다고 보기보다는 형법해석론에 맡긴 것으로 보는 것이 타당하다. 입법에 의한 조문화가 사실상 불가능하고, 형법이론의 발전에 따른 계속적인 내용충족이 필요한 부분이기 때문이다.

그 밖에도 관습법에 의한 위법성조각사유나 책임조각사유, 초법규적 위법성조각사유를 인정하는 견해가 있다.[2] 그러나 관습법에 의한 위법성 혹은 책임조각사유의 인정은 반사적으로 형사처벌범위의 확대라는 반대결과를 초래한다. 물론 이러한 간접적인 형사처벌범위의 확대효과에도 불구하고 관습형법의 금지가 허용규범의 법정성보다는 구성요건의 창설이나 형벌가중의 금지를 대상으로 하기 때문에 그 성격이나 지향하는 목표가 달라서 반드시 금지되어야 하는 것은 아니다.[3] 그럼에도 불구하고 행위자에게 유리한 관습법에 의한 위법성조각사유나 초법규적 책임조각사유는 현행법상 인정되기 어렵다. 법적 불안정성과 행위결정의 불확실성을 초래하기 때문이다.

결론적으로 행위자에게 유리한 관습형법의 예외적 인정은 첫째, 관습법으로서의 요건을 갖추고, 둘째, 실정법상의 근거가 없을 것을 전제로 하여 개별적으로 인정될 수 있다고 본다. 이에 따른 예로서는 수리방해죄(제184조)에서 수리권을 들 수 있다.[4] 이는 관습법이 법해석상의 보충적 근거로서 인정되는 경우이다.

---

1) 김일수/서보학, 80면; 신동운, 24면; 이재상, 16면; 이형국(I), 60면; 임 웅, 19면. 독일문헌으로는 LK/Tröndle, § 1 Rn. 26. 반대견해로는 배종대, 107면.

2) 신동운, 24면; 오영근, 49면; 이재상, 16면; 임 웅, 19면. 독일의 경우 BGHSt 11, 245; Nomos/Rössner, § 1 Rn. 4.

3) Sch/Sch/Eser, § 1 Rn. 14; SK/Rudolphi, § 1 Rn. 20.

4) 대판 1968. 2. 20, 67도1677; 이재상, 각론, 487면; 임 웅, 20면 참조.

Ⅱ. 明確性의 原則

1. 의 미

명확성의 원칙(Bestimmtheitsgrundsatz, nulla poena sine lege certa)이란 범죄구성요건과 형사제재에 관한 규정이 법관의 자의적인 해석이나 자유재량판단을 허용하지 않도록 구체적이어야 할 것을 의미한다. 형법의 구체성을 요구하는 이 원칙은 형벌이 무거우면 무거울수록 더욱 절실한 원칙이 된다. 그러나 입법자의 입장에서는 일반조항(Generalklausel, clausula generalis)[1]이나 해석을 필요로 하는 법규의 제정이 불가피하다. 그렇지 않으면 처벌법규의 구성요건이 지나치게 구체적이고 정형적이 되어 부단히 변화하는 다양한 생활관계를 제대로 규율할 수 없게 될 것이기 때문이다.[2] 예를 들어 사이버 공간에서의 범죄유형과 같은 첨단범죄의 경우에는 더욱 그러하다. 이러한 상황으로 인하여 불가피하게 범죄구성요건을 입법하는 데에 다의적·규범적 개념을 사용하지 않을 수 없게 된다. 그렇지만 이 경우에도 형벌법규는 해석을 통하여 법이 보호하는 가치뿐만 아니라 법이 금지하는 행위내용을 분명히 인식할 수 있어야 하고, 이를 위반하는 경우의 형사제재를 예견할 수 있어야 한다. 다시 말해 자의를 허용하지 않는 통상의 해석방법에 의하더라도 당해 처벌법규의 보호법익과 그에 의하여 금지된 행위 및 처벌의 종류와 정도를 보통의 상식을 갖춘 사람이면 누구나 알 수 있도록 규정하여야 하는 것이다. 헌법재판소는 처벌법규의 구성요건이 어느 정도 명확하여야 하는가는 일률적으로 정할 수 없고, 각 구성요건의 특수성과 그러한 법적 규제의 원인이 된 여건이나 처벌의 정도 등을 고려하여 종합적으로 판단하여야 한다는 입장이다.[3] 그리고 법규정이 너무 모호하여 합리적인 인간이 요구 또는 금지하는 바를 판단할 수 없으면 적정절차위배로서 무효라고 보는 미국에서의 「불명확하기 때문에 무효」(void for vagueness)이론도 이를 의미한다.[4]

1) 일반조항의 개념, 특징, 등장원인, 유형 및 기능에 관해서는 심헌섭, 「형법과 일반조항」, 손해목교수화갑기념논문집(1993), 579면 이하 참조.
2) 헌재결 1990. 1. 15, 89헌가103(판례집 제 2 권, 4, 18면 참조). 또한 BVerfGE 11, 237.
3) 헌재결 1990. 1. 15, 89헌가103(판례집 제 2 권, 4, 18면 이하); 1992. 4. 28, 90헌바27~34, 36~42, 44~46, 92헌바15(판례집 제 4 권, 255, 269면 이하).
4) 임 웅, 29면 이하에서는 명확성의 원칙을 지키지 못한 예로서 군형법 제92조(추행죄)에서 「… 추행을 한 자는 1년 이하의 징역에 처한다」라는 규정을 든다. 반면 이 규정에 대한 헌법재판소의 합헌결정은 헌재결 2002. 6. 27, 2001헌바70(전원재판부)

〈헌법재판소결정 중 명확성의 원칙과 관련된 예[1]〉

1. 헌재결 1990. 4. 2, 89헌가113

국가보안법 제 7 조(찬양 · 고무 등)에 대한 위헌심판에서 「문리 그대로 적용범위가 과도하게 다의적인 것이 되면 법운영 당국에 의한 자의적 집행을 허용할 소지가 생길 것이다. 차별적으로 법을 집행하는 이른바 선별집행이 가능할 수 있다. 법규의 문언대로 확대적용하느냐 한정적으로 축소적용하느냐는 법운영 당국의 재량의 여지가 있으므로 사람에 따라서는 법규의 문언 그대로 적용하여 합헌적인 행위까지도 처벌하여 기본적 인권을 침해할 수 있는가 하면, 그 운영당국은 가능한 한의 축소해석을 통해 위헌성을 띠는 행위마저 처벌을 면제시킬 수 있다」(한정합헌결정).

2. 헌재결 1992. 1. 28, 89헌가8

「구집회 및 시위에 관한 법률 제 3 조 제 1 항 제 4 호에서 "현저히 사회적 불안을 야기시킬 우려가 있는 집회 또는 시위"를 주관하거나 개최한 자를 처벌하는 것은 그 적용범위가 과도하게 광범위하고 불명확하므로 … 법운영 당국에 의한 편의적·자의적 법운영집행을 가능하게 함으로써 … 위헌의 소지가 있다」(한정합헌결정).

3. 헌재결 1992. 2. 25, 89헌가104

「군사기밀보호법 제 6 조(탐지 · 수집), 제 7 조(누설), 제10조(우연지득자 등의 누설)는 동법 제 2 조 제 1 항 소정의 군사상의 기밀이 비공지의 사실로서 적법절차에 따라 군사기밀로서의 표지를 갖추고 그 누설이 국가의 안전보장에 명백한 위험을 초래한다고 볼 만큼의 실질가치를 지닌 경우에 한하여 적용된다고 할 것이므로 그러한 해석 하에 헌법에 위반되지 아니한다」(한정합헌결정).

4. 헌재결 1992. 4. 14, 90헌바23

「구국가보안법 제 9 조 제 2 항(편의제공)에서 규제대상이 되는 편의제공은 그 문언해석상 그 적용범위가 넓고 불명확하므로 … 법치주의 · 죄형법정주의에 위배될 소지가 있다」(한정합헌결정).

5. 헌재결 1995. 9. 28, 93헌바50

「특정범죄가중처벌 등에 관한 법률 제 4 조 제 1 항의 "정부관리기업체"라는 용어는 수뢰죄와 같은 이른바 신분범에 있어서 그 주체에 관한 구성요건의 규정을 지나치게 광범위하고 불명확하게 규정하여 전체로서의 구성요건의 명확성을 결여한 것으로 죄형법정주의에 위배되고, 나아가 그 법률 자체가 불명확함으로 인하여 그 법률에서 대통령령에 규정될 내용의 대강을 예측할 수 없는 경우라 할 것이므로 위임입법의 한계를 일탈한 것으로서 위헌이다」(위헌결정).

6. 헌재결 2010. 12. 28, 2008헌바157, 2009헌바88(병합)('미네르바사건')

전기통신기본법(1996. 12. 30. 법률 제5219호로 개정된 것) 제47조(벌칙) 제 1 항("공익을 해할 목적으로 전기통신설비에 의하여 공연히 허위의 통신을 한 자는 5

---

1) 독일의 경우에는 BGHSt 28, 313; BVerfGE 73, 235 참조.

년 이하의 징역 또는 5천만 원 이하의 벌금에 처한다")의 위헌성 여부에 대하여 헌법재판소는 위헌결정을 하였다. 즉 「이 사건 법률조항은 표현의 자유에 대한 제한입법이며, 동시에 형벌조항에 해당하므로, 엄격한 의미의 명확성원칙이 적용된다. 그런데 이 사건 법률조항은 "공익을 해할 목적"의 허위의 통신을 금지하는바, 여기서의 "공익"은 형벌조항의 구성요건으로서 구체적인 표지를 정하고 있는 것이 아니라, 헌법상 기본권 제한에 필요한 최소한의 요건 또는 헌법상 언론·출판의 자유의 한계를 그대로 법률에 옮겨 놓은 것에 불과할 정도로 그 의미가 불명확하고 추상적이다. 따라서 어떠한 표현행위가 "공익"을 해하는 것인지, 아닌지에 관한 판단은 사람마다의 가치관, 윤리관에 따라 크게 달라질 수밖에 없으며, 이는 판단주체가 법전문가라 하여도 마찬가지이고, 법집행자의 통상적 해석을 통하여 그 의미내용이 객관적으로 확정될 수 있다고 보기 어렵다. 나아가 현재의 다원적이고 가치상대적인 사회구조 하에서 구체적으로 어떤 행위상황이 문제되었을 때에 문제되는 공익은 하나로 수렴되지 않는 경우가 대부분인바, 공익을 해할 목적이 있는지 여부를 판단하기 위한 공익간 형량의 결과가 언제나 객관적으로 명백한 것도 아니다. 결국, 이 사건 법률조항은 수범자인 국민에 대하여 일반적으로 허용되는 '허위의 통신' 가운데 어떤 목적의 통신이 금지되는 것인지 고지하여 주지 못하고 있으므로 표현의 자유에서 요구하는 명확성의 요청 및 죄형법정주의의 명확성원칙에 위배하여 헌법에 위반된다」(위헌결정).

2. 구체적 내용

(1) 구성요건

명확성의 원칙에 따라 개별적인 구성요건은 일반적인 해석방법에 의한 해석을 통하여 그 의미내용을 명확히 알 수 있어야 한다. 그런데 범죄구성요건을 입법화하는 경우에 명확성의 원칙을 위태롭게 하는 것은 법률외적인 관념을 포함하는 경우이다. 미풍양속이나 사회윤리가 그러한 예이다. 오늘날의 다원화된 사회에서는 법공동체를 규율하는 어떠한 통일적인 사회윤리가 존재하기 어렵다. 대신에 집단이나 계층, 세대에 특수한 사회윤리적 관념이 존재하기 때문에 수범자인 국민의 입장에서는 형벌규범 위반에 대한 수용성이 약화될 가능성이 있다. 동시에 형벌규범이 사회 내의 다양한 이념적 스펙트럼을 포용하지 못하고 이념적 경향성을 구성요건화할 경우에도 명확성의 원칙은 훼손되기 쉽다.

(2) 형사제재

명확성의 원칙은 형벌뿐만 아니라 보안처분에도 적용된다. 명확성의 원칙은 획일적 형벌을 의미하지 않는다. 이는 개별적 사안의 특수성을 무시하고 또한 형사정책적인 효과의 측면에서도 바람직하지 않기 때문이다. 반대로 법관에게 형벌의 종류와 그 정도를 모두 위임하여 선택하게 하는 것도 허용되지 않으며, 일정한 범위 내에서의 선택으로 제한되어야 한다.[1] 선택범위의 상한과 하한 역시 명확성의 원칙의 적용대상이다. 이와 관련하여 법관의 양형판단이 문제되는데 비록 법정형의 범위 내라고 하더라도 합리적 이유를 발견할 수 없을 정도로 동종사건에 대하여 양형 차이가 나는 것은 억제되어야 한다. 이러한 점에서 구체적인 양형기준이 필요하다.

(3) 부정기형

부정기형이란 형기가 형의 선고시에 정하여지지 않고 형의 집행단계에서 결정되는 것을 말한다. 부정기형에는 형의 장·단기가 전혀 정해지지 않는 절대적 부정기형과 장기와 단기 또는 그 장기가 규정되는 상대적 부정기형이 있다. 절대적 부정기형은 명확성의 원칙에 반하지만(절대적 부정기형금지의 원칙), 상대적 부정기형은 수형자의 사회복귀라는 형사정책적 고려를 통하여 정당화된다(소년법 제60조 참조). 절대적 부정기형금지원칙은 형벌뿐만 아니라 보안처분에도 적용되어야 한다.[2] 보안처분이 장래의 위험성에 대한 합목적적 처분이라고 하더라도 목적적합성 판단에 대한 심사까지 배제되는 것은 아니기 때문이다.

법원이 명확성의 원칙을 엄격하게 적용하지 않게 되면 형사입법작업에 대하여 악영향을 미치게 된다. 왜냐하면 사법부의 법해석을 통하여 불명확한 개념이 명확해질 경우 입법부는 범죄와 형벌에 대한 입법적 규율의 중요성을 간과하게 되어 점점 불명확한 법률개념과 일반조항의 성격을 띠는 법규정이 등장하게 될 위험성이 커지기 때문이다. 만일 이러한 문제점을 법관의 제한적 법해석을 통하여 해결하려고 한다면 이는 입법자와 법관 사이의 전도된 역할분담이라고 보지 않을 수 없다.[3] 그리고 명확성의 원칙이 법관의 법해석에 종속되는 것은 입법부의 역할소홀과 사법부의 역할과잉이 결합하는 불행한 사태이다.

---

1) SK/Rudolphi, § 1 Rn. 15.
2) 통설이다. 김성돈 61면; 배종대, 87면; 안동준, 20면; 오영근, 52면; 이형국, 23면; 임 웅, 31면.
3) 하인쯔 찌프, 형사정책(김영환/허일태/박상기 역), 163면 참조.

Ⅲ. 遡及效禁止의 原則

1. 의 미

범죄의 성립과 처벌은 행위시의 법률에 의한다(제1조 제1항). 이를 행위시법주의라고 하는데 소급효금지의 원칙이란 법률시행 이전의 행위를 처벌하기 위한 소급입법은 금지되며, 동시에 법률시행 이전의 행위에까지 신법을 소급적용하는 것은 금지되는 것을 말한다. 소급입법이나 신법의 소급적용을 허용하게 되면 형벌법규가 갖는 의사결정기능이나 행위결정기능이 무의미하게 되기 때문이다. 즉 소급효금지의 원칙은 법치국가의 일반원칙 중에서 형법에 특유한 원칙으로서, 개인의 권리영역에 대한 불리한 침해는 예견가능하여야 할 뿐만 아니라 이에 대한 국민의 신뢰이익이 보호되어야 한다는 것을 전제로 한다. 헌법에서도 형벌불소급의 원칙을 명시하고 있다(제13조 제1항).

2. 구체적 내용

소급효금지의 원칙은 범죄자에게 유리한 경우에는 적용되지 않는다. 이에 따라 형법은 「범죄 후 법률의 변경에 의하여 그 행위가 범죄를 구성하지 아니하거나 형이 구법보다 경한 때에는 신법에 의한다」(제1조 제2항)라고 하고(재판시법주의),[1] 「재판확정 후 법률의 변경에 의하여 그 행위가 범죄를 구성하지 아니한 때에는 형의 집행을 면제한다」(동조 제3항)고 규정하여 피고인에게 유리한 소급효를 인정하고 있다.

[판례] 경과규정에 의한 소급효금지원칙의 배제: 반공법을 폐지한 후의 국가보안법 부칙 제2항은 폐지 전의 행위에 대한 벌칙의 적용은 종전의 규정에 의하여 처벌하도록 규정하고 있다. 대법원은 이 규정이 형법 제1조 제2항의 규정을 배제하는 형법 제8조 소정의 특별규정으로서 헌법 제12조의 죄형법정주의와 제13조의 형벌불소급의 원칙에 위배되는 규정이라고 할 수 없다고 판시하고 있다(대판 1993. 10. 8, 93도1951). 그러나 형법 제8조의 규정도 헌법상의 원칙인 죄형법정주의의 원칙을 배제할 수는 없다고 본다(헌법 제37조 제2항 참조).

보안처분에 대해서도 이 원칙이 적용되는가에 대해서는 논란이 있다. 그러나 형벌과 보안처분에서 설정된 목표는 이질적인 것이 아니므로 양자의 차별화는 타당하지 않으며 보안처분이라는 우회적인 방법으로 형벌불소급의 원

1) 여기에서 범죄 후란 동조 제3항과의 관계에서 재판확정 전까지를 의미한다.

칙을 유명무실하게 할 위험성이 있으므로 보안처분도 적용대상에 포함시켜야 한다.[1] 반면에 판례는 형법개정 전의 행위에 대한 보호관찰명령은 소급효금지원칙에 반하지 않는다는 입장[2]이지만 사회봉사명령의 경우에는 형벌불소급의 원칙을 적용한 결정이 있다.[3]

> 독일형법은 보안처분의 경우에 법률에 다른 규정이 없는 한 행위시법이 아니라 재판시법주의를 규정하여(제2조 제6항) 소급효를 인정하고 있다.

소급효금지의 원칙은 실체법인 형법에 대하여 적용되고 절차법인 형사소송법에 대하여는 적용되지 않는다는 것이 통설이다.[4] 절차법은 그 속성상 범죄의 성립 여부와는 무관할 뿐만 아니라 예측가능성을 침해하는 것도 아니기 때문이다. 이 문제는 친고죄에서의 고소와 공소시효에서 의미가 있다. 즉 친고죄를 비친고죄로 하거나 공소시효기간을 연장한 신법을 적용한 때에는 소급효금지의 원칙이 적용되지 않는다. 물론 이 경우에도 고소기간이 지났거나 공소시효가 완성된 때에는 신법에 의한 소급적용이 금지된다. 이와 달리 절차법에도 소급효금지의 원칙이 적용되어야 한다는 견해가 있다.[5]

판례변경에 의한 소급효금지원칙의 회피도 문제될 수 있다. 일부 학설은 판례의 변경이 경우에 따라서는 법개정보다 파급효과가 크며, 소위 법관법(Richterrecht)이 제정법에 대해 갖는 중요성이 점증하고 있음을 이유로 판례에도 소급효금지의 원칙이 적용되어야 한다고 주장한다. 즉 법적 안정성을 보호하고 국민의 신뢰보호를 위하여 판례변경은 소급효를 인정하지 않는 것이 타당하다는 것이다(소급효부정설).[6] 그러나 헌법이나 형법이 제정법을 통한 소급효를 금지하고 있다는 점과 법관은 법해석을 본질적 임무로 하기 때

1) 김일수/서보학, 64면; 배종대, 93면; 신동운, 43면; 오영근, 45면; 이재상, 18면; 임 웅, 22면; 정영일, 47면.
2) 대판 1997. 6. 13, 97도703. 또한 손동권, 36면.
3) 대결 2008. 7. 24, 2008어4.
4) 김일수/서보학, 62면; 배종대, 94면; 신동운, 44면; 이재상, 18면; 임 웅, 22면; 헌재결 1996. 2. 16, 96헌가2, 96헌바7, 96헌바13 병합결정. BVerfGE 25, 286; BGHSt 2, 306; Krey, ZStW 101(1989), 854; Roxin, AT, §5, Rn. 55; SK/Rudolphi, §1 Rn. 10. 반대견해로는 Jescheck/Weigend, AT, 125면; Welzel, Strafrecht, 24면.
5) 오영근, 56면.
6) 배종대, 94면; 신동운, 48면; 오영근, 61면; 이정원, 34면; 정성근/박광민, 18면; 정영일, 51면; 하태영, 「피고인에게 불리한 판례변경과 소급효금지의 문제」, 경남법학(1998), 180면.

문에 판례에 대해서는 법적 견해의 변경으로 인하여 새로운 판결이 내려지더라도 소급효금지의 원칙이 적용되지 않는다고 보아야 한다. 또한 법관에 의한 새로운 법해석은 소급적인 규정의 창설이 아니라 새롭게 밝혀내는 입법적 의지의 실현이라고 보아야 한다. 그러므로 판례변경에 따른 처벌범위의 확대도 허용된다(소급효긍정설).[1] 그렇지 않을 경우 변경된 판례는 당해 판결사안에 대하여 효력이 없게 될 것이기 때문이다.

[판례] 구건축법 제54조 내지 제56조의 벌칙규정에서 그 적용대상자를 일정한 업무자로 한정한 경우에 같은 법 제57조의 양벌규정은 위 벌칙규정의 실효성을 확보하기 위하여 그 적용대상자를 당해 업무를 실제로 집행하는 자에게까지 확장하는 것이므로 소급입법에 해당하지 않는다고 판시하였다(대판 1999. 7. 15, 95도2870).[2]

Ⅳ. 類推解釋의 禁止

1. 의 미

모든 법규범은 해석을 필요로 한다. 특히 의미해석을 수반하는 규범적 개념은 물론이고, 사실적·기술적 개념까지도 더 이상 자명하지 않게 되었다. 그러나 법관의 법해석을 통한 법발견(Rechtsfindung) 또는 법형성이 필요하다고 하더라도 허용성의 한계를 설정하여야 하는 문제가 남는다. 왜냐하면 형법규범에 대한 법해석은 언제나 형법이 갖는 보장적 기능을 훼손하지 않는 범위 내에서만 허용되며, 구성요건을 창설하거나 형벌을 가중하는 새로운 법규범의 창조는 허용되지 않기 때문이다. 이를 유추해석의 금지라고 한다. 허용의 한계를 설정하는 준거점은 법문의 표현이다. 즉 해석이 법문에 기술된 의미와 합치할 경우에는 허용되는 해석이라고 할 수 있으나, 반대로 법문의 어의를 떠나 행위자에게 불리한 해석은 더 이상 해석이 아니라 법의 유추라고 보아야 한다.[3]

이처럼 법의 일반해석(Auslegung)과 유추해석(Analogie)은 전자가 법의

1) 김성천, 23면; 김일수/서보학, 65면; 손동권, 35면; 안동준, 19면; 이재상, 20면; 임 웅, 24면. BVerfGE 18, 240; BGH VRS 32(1967), 229; Roxin, AT I, §5 Rn. 59.

2) 독일의 경우 BGHSt 21, 157; BVerfGE NStZ 1990, 537; BVerfGE 18, 244; SK/Rudolphi, §1 Rn. 8; Roxin, AT, §5 Rn. 59.

3) 유추해석금지원칙에 관하여는 다음 문헌을 참조할 것: Krey, 「Studien zum Gesetzesvorbehalt im Strafrecht」(1977). 법해석에 관해서는 Engisch, 「Einführung in das juristische Denken」(1977)을 참조할 것.

의미내용을 밝히는 데에 그 목적을 두고 있음에 반하여 후자는 법의 흠결 부분을 메우는 데에 목적이 있다. 그러므로 예를 들어 자동차등 불법사용죄(제331조의 2)에서 권리자의 동의없이 자전거를 일시 사용하는 행위가 본죄의 행위객체에 해당될 수 없음에도 불구하고 점증하는 자전거절도를 방지할 현실적 필요성에서 이를 유추적용하는 것은 허용되지 않는다.

그러나 이와 같은 외견상의 차이점에도 불구하고 슈네만(Schünemann)의 지적처럼[1] 오늘날 유추해석금지의 원칙은 명확성의 원칙과 더불어 죄형법정주의의 내용 가운데에서 가장 무시되고 있는 원칙이라는 평가를 받고 있기도 하다. 즉 판례나 학설에서 유추해석금지의 원칙을 지키기보다는 새로운 기술 발달이나 사회변화에 적응하고자 하는 태도로 인하여 어의에서 일탈한 해석을 하거나, 정치적 판단을 혼입하여 법을 해석함으로써 가변적·유동적인 원칙으로 변질될 위험성을 안고 있는 것이다.

유추해석금지의 원칙이 당면한 이러한 문제점 때문에 삭스(Sax)는 법의 일반해석과 유추해석은 동일한 것으로서 양자의 구별은 법이론적으로 잘못된 것이며, 유추해석은 목적론적 해석과 동일하다고 주장하였다.[2] 즉 법문의 표현(Wortlaut)이 아니라 법의 진정한 목적(Sinn)을 기준으로 양자의 한계를 설정하여야 한다는 견해이다. 카우프만(Arth. Kaufmann) 역시 일반해석과 유추해석을 「해석가능한 어의」(der mögliche Wortsinn)라고 하는 전통적인 기준으로는 구분할 수 없으므로 죄형법정주의가 유추해석을 엄격하게 금지하는 것은 아니라고 보았다. 왜냐하면 해석을 필요로 하는 개념은 언제나 유추적 성격을 띤다고 보기 때문이다. 그래서 카우프만은 입법자가 가벌적 행위를 형법전에 가능한 한 완벽하게 기술하여야 하며, 형법해석상의 유추해석은 구성요건에 내재된 불법유형(Unrechtstypus)이 한계라고 주장하였다.[3] 또한 하쎄머(Hassemer)는 유추해석의 불가피성을 인정하고, 허용되지 않은 과도한 해석의 금지를 통하여 형법의 보장적 기능이 침해되는 것을 방지할 수 있다고 보았다.[4]

1) Schünemann, 「Nulla poena sine lege?」(1978), 8, 17면.
2) Sax, 「Die Grundrechte」, Ⅲ/2, 992면 이하 및 「Das strafrechtliche "Analogieverbot"」(1953), 147면 이하 참조.
3) Arth. Kaufmann, 「Analogie und Natur der Sache」(1965), 41면 이하.
4) Hassemer, 「Tatbestand und Typus」(1978), 165면.

형법을 포함한 법해석의 방법에는 사비니(Savigny, 1779~1861)의 법학방법론에 의해 확립된 문법적·역사적·체계적·목적론적 해석이 있다. 그러나 이는 선택할 수 있는 법해석의 네 가지 종류가 아니라 하나로 결합되어 행하여져야 할 서로 다른 접근방법을 의미한다.

칸트(Kant)의 법철학적 영향을 많이 받은 사비니는 모든 체계는 철학을 지향하기 때문에 철학적인 것은 결국 체계적인 것이라고 보았다. 그렇기 때문에 법학에서의 철학적 요소도 자연법적 내용을 의미하는 것이 아니라 법에 선재하는 의미를 밝혀 이를 체계적으로 완성시키는 것을 뜻한다. 여기에서 법의 해석이 필요하게 되는데 사비니가 보는 법해석의 임무는 법에 담겨 있는 사상의 가감 없는 재구성(Rekonstruktion)에 있다. 그래서 그는 초기에는 「확장적」 내지 「제한적」인 법해석은 인위적이라는 이유로 거부하였다. 동시에 목적론적 해석도 배척하였으며, 법해석을 통한 법관의 법형성적 기능도 인정하지 않았다(그러나 후기에는 입장을 바꾸었다). 그럼에도 불구하고 사비니는 유추해석을 인정하였다. 그 이유는 구체적인 사안에 대하여 법규정이 없는 경우에는 유사규정을 통하여 상위의 법원칙으로 수렴하고 이 원칙에 따라 다시 개별적인 사안을 판단할 수 있다고 보았기 때문이다.[1] 그러나 이러한 사비니의 입장도 후일 그가 실정법이 아니라 민족정신(Volksgeist)을 진정한 법원이라고 봄으로써 바뀌게 된다.

2. 구체적 내용

유추해석금지의 원칙은 형법 및 형사특별법의 모든 영역에 걸쳐 적용된다. 구성요건을 해석하는 경우에는 물론이고 형벌과 보안처분의 규정들을 피고인에게 불리하게 유추해석하는 것도 금지된다.[2] 위법성 및 책임의 조각사유나 소추조건, 또는 처벌조각사유인 형면제사유에 관하여 그 범위를 제한적으로 유추적용하게 되면 행위자의 가벌성의 범위는 확대되어 행위자에게 불리하게 되므로 허용될 수 없다.[3] 반대로 형의 면제나 감경과 같이 피고인에게 유리한 유추해석은 허용된다고 보는 것이 통설이다.[4] 또한 백지형법의 보충규정에 대해서도 유추해석금지원칙이 적용된다. 다만 소송법 규정에 대하여는 유추해석이 원칙적으로 허용된다.

[판례] 「공직선거법 제262조의 "자수"를 '범행발각 전에 자수한 경우'로 한정하는 것

1) Savigny의 법학방법론에 관하여는 Larenz, K., 「Methodenlehre der Rechtswissenschaft」(4. Aufl., 1979), 11면 이하 참조.

2) 배종대, 99면은 양형규정에는 유추적용금지가 인정되나 소송법규정에는 유추적용이 허용된다고 한다.

3) 대판 1997. 3. 20, 96도1167(전원합의체).

4) 김일수/서보학, 75면; 안동준, 21면; 오영근, 65면; 이재상, 26면; 이정원, 13면; 이형국(1), 62면; 정성근/박광민, 17면 이하. 이에 대한 비판적 견해는 배종대, 99면 참조.

은 "자수"라는 단어가 통상 관용적으로 사용되는 용례에서 갖는 개념 외에 '범행 발각 전'이라는 또 다른 개념을 추가하는 것으로서 결국은 '언어의 가능한 의미'를 넘어 공직선거법 제262조의 "자수"의 범위를 그 문언보다 제한함으로써 공직선거법 제230조 제1항 등의 처벌범위를 실정법 이상으로 확대한 것」이 되므로 유추해석금지의 원칙에 위반된다(대판 1997.3.20, 96도1167(전원합의체)).

제 4 절 罪刑法定主義의 實質的 內容

죄형법정주의는 위에서 설명한 바와 같이 단지 법해석이나 법적용의 제약원리라는 형식적인 의미만을 지니는 것은 아니다. 오늘날 죄형법정주의는 오히려 법치주의원리의 내용적 실현을 그 목표로 삼고 있다고 보아야 한다.[1] 그리고 죄형법정주의의 현대적 의의는 바로 여기에 있다. 죄형법정주의의 실질적 내용은 보통 적정성의 원칙으로도 설명되고 있다.

Ⅰ. 過剩禁止의 原則

과잉금지의 원칙은 국가작용의 한계를 설정하여 주는 원칙으로서 방법의 적합성과 필요성(혹은 최소침해성) 그리고 법익의 비례성원칙을 포함하는 상위개념이다. 이는 법치국가원리에서 도출되는 내용이기 때문에 헌법적 지위를 갖는다(헌법 제37조 제2항 참조).[2][3]

적합성원칙이란 국가작용의 목적적합성을 의미한다. 국가목표의 달성을 위한 제반 수단 가운데 어느 것을 선택하는가는 입법자의 재량에 위임되어 있다. 그렇다고 하더라도 추구하는 목표를 달성하기에는 부적합한 수단을 통하여 이를 성취하고자 할 때에는 적합성을 상실한다.

필요성원칙이란 침해의 최소성을 의미한다. 즉 목표달성을 위하여 가능하고 적합한 방법 가운데 국민의 자유와 권리가 최소한으로 침해되는 방법을 선택하여야 한다. 필요성원칙에 대한 헌법적 통제는 필요성에 대한 유무판단

1) 헌재결 1992. 4. 28, 90헌바24.

2) 헌재결 1989. 12. 23, 88헌가13; 1990. 9. 3, 89헌가95; 1992. 6. 26, 90헌바26; 1992. 10. 1, 92헌마68, 76; 대판 2003. 12. 26, 2001도1863.

3) 과잉금지원칙에 관한 문헌으로는 Lerche, 「Übermaß und Verfassungsrecht」(1961); Grabitz, AöR 98(1973), 568면 이하를 참조할 것.

이 아니라 정도판단의 영역에 머무르기 때문에 상대적으로 기본권제한이 덜한 방법이 존재하여도 이의 선택이 불가능할 경우에 다른 방법을 선택하는 것은 필요성원칙에 배치되는 것이 아니다.[1)]

(협의의) 비례성원칙이란 국가적 목표달성의 중요성과 기본권침해의 정도를 비교형량하여 양자가 불균형을 이룰 때에는 금지된다는 원칙을 말한다. 왜냐하면 보호하려는 공익이 침해되는 사익보다 작을 경우에 국민으로부터의 수인의 기대가능성은 없을 것이기 때문이다. 결국 국가는 국민이 갖는 인간으로서의 존엄과 가치, 그리고 불가침의 기본적 인권을 항상 염두에 두어야 한다(헌법 제10조 참조). 이 원칙은 형사사법작용의 영역에서는 형벌 등의 적정성을 의미하므로 잔인하거나 과도한 형벌이나 보안처분, 또는 형사소송절차에서의 강제처분은 허용되지 않는다.[2)]

[판례] ① 개정전 특정범죄가중처벌등에 관한 법률 제 5 조의 3(도주차량운전자의 가중처벌) 제 2 항 제 1 호에 대한 헌법소원사건에서 「과실로 사람을 치상하게 한 자가 구호행위를 하지 아니하고 도주하거나 고의로 유기함으로써 치사의 결과에 이르게 한 경우에 살인죄와 비교하여 그 법정형을 더 무겁게 한 것은 형벌체계상의 정당성과 균형을 상실한 것으로서 헌법 제10조의 인간으로서의 존엄과 가치를 보장한 국가의 의무와 헌법 제11조의 평등의 원칙 및 헌법 제37조 제 2 항의 과잉입법금지의 원칙에 반한다」고 판시하고 있다(헌재결 1992. 4. 28, 90헌바24 전원재판부). 즉 과실범을 고의범보다 가중처벌하는 불균형과 형 자체의 과중을 근거로 들었다(이에 따라 살인죄의 법정형과 동일하게 법개정).

② 야간에 흉기 기타 위험한 물건을 휴대하여 형법 제283조 제 1 항(협박)의 죄를 범한 자를 5년 이상의 유기징역에 처하도록 규정한 폭력행위등처벌에관한법률 제 3 조 제 2 항 부분에 대한 위헌심판에서 「그 행위가 야간에 행해지고 흉기 기타 위험한 물건을 휴내하였다는 사정만으로 일률적으로 5년 이상의 유기징역형에 처하도록 규정한 것은 실질적 법치국가 내지는 사회적 법치국가가 지향하는 죄형법정주의의 취지에 어긋날 뿐만 아니라 기본권을 제한하는 입법을 함에 있어서 지켜야 할 헌법적 한계인 과잉금지의 원칙 내지는 비례의 원칙에도 어긋난다」고 판시하였다(헌재결 2004. 12. 16, 2003헌가12).

1) BVerfGE 33, 178(187)면 이하.

2) 형법에 대해서는 BVerfGE 29, 312(316)면을, 강제처분에 대해서는 BVerfGE 32, 87(93)면 이하 참조.

Ⅱ. 過剩禁止原則과 刑事司法

1. 입법적 측면

형사사법의 영역에서 과잉금지원칙은 입법적인 측면과 법적용의 측면을 포함한다. 우선 법치주의원리의 실질적 실현을 위하여 입법권자에게 요구되는 것은 과잉입법의 금지이다. 법률이 합헌적 법률제정의 한계를 넘어서 국민이 향유하여야 할 불가침의 기본권을 본질적으로 침해하거나 인간으로서의 존엄성과 가치를 지킬 수 없도록 하는 내용을 담고 있다면 비록 형식적인 입법요건을 갖추고 있다고 하더라도 헌법이 상정하는 입법의 형식은 아니다. 예를 들어 간통죄[1)]나 사형제도[2)]에 대한 위헌주장이 제기되는 것도 간통죄는 국민의 사생활에 대한 과도한 개입이라는 측면에서, 그리고 사형제도는 인간의 존엄성을 침해하는 잔인한 형벌이라는 측면에서 각각 위헌성이 주장되는 것이다.

다음으로 문제되는 것은 처벌법규의 위임한계이다. 현대국가의 사회적 기능과 역할의 증대는 입법부만에 의한 입법행위보다 오히려 행정부나 대통령이 제정한 명령에 위임할 필요성 내지는 불가피성을 낳은 것이 현실이다. 그 결과 구성요건의 전부 또는 일부를 다른 법이나 명령 또는 고시 등으로 내용보충을 위임한 백지형법이 등장하게 되었다. 헌법 제75조는 「대통령은 법률에서 구체적으로 범위를 정하여 위임받은 사항… 에 관하여 대통령령을 발할 수 있다」고 규정하여 이러한 위임입법의 근거와 한계를 제시하고 있다.[3)] 즉 「법률의 위임은 반드시 구체적이고 개별적으로 한정된 사항」에 대하여 행하여져야 하며, 「특히 긴급한 필요가 있거나 미리 법률로서 자세히 정할 수 없는 부득이한 사정이 있는 경우에 한정되어야 하고 이러한 경우일지라도 법률에서 범죄의 구성요건은 처벌대상인 행위가 어떠한 것이라고 이를 예측할 수 있을 정도로 구체적으로 정하고 형벌의 종류 및 그 상한과 폭을 명백히 규정하여야 한다」.[4)]

---

1) 헌재결 2008. 10. 30, 2007헌가17 · 21, 2008헌가7 · 26, 2008헌바21 · 47(합헌).

2) 헌재결 1996. 11. 28, 95헌바1(합헌).

3) 판례 역시 하위규정이 지나치게 광범위하고 불명확한 사유를 규정하는 것은 모법의 위임범위를 벗어나서 무효라고 판시하고 있다(대판 1998. 6. 18, 97도2231).

4) 헌재결 1991. 7. 8, 91헌가4(위헌).

2. 법적용의 측면

국가는 국가권력작용 가운데 가장 강력한 형벌권이라는 무기를 독점하고 있다. 만일 형사사법기관이 국가목표달성을 위하여 외견상 가장 효과적인 수단으로 보이는 형벌권을 남용·오용한다면 이는 결과적으로 적나라한 국가권력의 횡포와 다름없다. 이러한 자의적인 형사사법운용은 형벌에 대한 면역효과를 낳아 형법에 의하여 달성하고자 하는 일반예방적 효과를 감소시키는 역기능을 하게 될 뿐만 아니라, 정당성을 상실한 국가권력의 행사에 대한 국민적 저항감을 유발하게 될 것이다. 그렇기 때문에 국가는 형벌권을 사용하는 데에 항상 신중하고 필요한 최소한에 그쳐야 한다. 이러한 의미에서 관용성은 형법적용의 경우에도 무시하여서는 안 될 원칙 가운데 하나이다.

제 4 장　刑法의 適用範圍

제 1 절　場所的 適用範圍

형법의 장소적(「지역적」이란 표현이 더 정확하다) 적용범위란 어느 지역에서 발생한 범죄에 대하여 자국의 형법을 적용할 것인가에 관한 것이다. 형법이 채택하고 있는 원칙은 다음과 같다.

Ⅰ. 屬地主義(領土主義)

속지주의란 국가주권사상에 입각하여 자국의 영역 안에서 발생한 모든 범죄에 대하여는 행위자의 국적을 불문하고(내·외국인의 국내범) 자국의 형법이 적용되는 원칙을 말한다. 형법은 「대한민국 영역내에서 죄를 범한 내국인과 외국인에게 적용된다」(제2조)고 하여 이를 따르고 있다. 이에 따라 범죄구성요건(행위와 결과)의 전부 또는 일부가 대한민국의 영역 내에서 범하여지면 형법이 적용되며, 공범의 경우에는 정범의 행위지뿐만 아니라 공범의 행위지도 범죄지로 볼 수 있다. 그리고 판례는 공모공동정범의 경우에 공모지도 범죄지에 포함시킨다.[1)]

[판례] 형법 제 2 조는 형법의 적용범위에 관하여 속지주의 원칙을 채택하고 있는바, 대한민국 영역 내에서 배우자 있는 자가 간통한 이상, 그 간통죄를 범한 자의 배우자가 간통죄를 처벌하지 아니하는 국가의 국적을 가진 외국인이라 하더라도 간통행위자의 간통죄 성립에는 아무런 영향이 없고, 그 외국인 배우자는 형사소송법의 규정에 따른 고소권이 있다(대판 2008. 12. 11, 2008도3656).

1) 대판 1998. 11. 27, 98도2734(홍콩에서 괌으로 운반중인 히로뽕이 경유지인 국내 공항에서 환적을 위하여 항공사측에 의해 일시적으로 지상반출된 경우, 히로뽕의 오·남용으로 인한 위험성이 이미 발생하였으므로 향정신성의약품의 수입에 해당한다고 보아 국내법인 향정신성의약품관리법위반죄 — 현재는 「마약류 등 관리에 관한 법률」— 를 적용한 사례). 또한 대판 2000. 4. 21, 99도3403.

대한민국의 영역은 한반도와 그 부속도서(헌법 제33조) 및 영해를 의미하므로 북한도 대한민국의 영역에 포함되지만 대한민국의 통치권이 현실적으로 행사되는 지역은 아니다. 그러므로 북한지역은 대한민국의 형법이 적용되지 않는 외국에 준하여 취급하여야 할 것이다. 그러나 판례는 외국인이 자국을 출발하여 북한에 들어간 행위는 대한민국의 영역 내에서 이루어진 것이라고 보아 형법 제2조를 적용하여야 한다는 입장이다.[1] 그러나 이는 외국인의 국외범(형법 제5조, 제6조)에 해당하는 문제라고 보아야 한다.

국외를 운항중인 자국의 선박이나 항공기 내에서 발생한 범죄에 자국형법을 적용하는 기국주의도 속지주의의 변형이다(제4조). 이 원칙은 주권국가의 영토고권과 독립성 그리고 평등성을 존중하는 원칙이며, 동시에 증거조사는 범행현장에서 하는 것이 소송경제를 도모하고 개별사건의 실체적 진실을 밝히는 데에 가장 적합하다는 점에 근거가 있다.[2]

Ⅱ. 屬人主義

속인주의는 자국의 국적을 가진 자에 대해서는 범죄지를 불문하고 자국형법을 적용하는 원칙을 말한다. 즉 범죄자의 국적과 연관되는 원칙이다. 형법 역시 대한민국 영역 외에서 죄를 범한 대한민국 국민에 대해서도 형법이 적용된다고 하고 있다(제3조). 외국에서 그 행위가 범죄로 인정되지 않더라도 한국 형법에 의하여 범죄가 되는 이상 형법이 적용된다. 이를 적극적 속인주의 혹은 국적주의라고도 하며 종족원칙(Stammesprinzip)에서 유래한다.[3]

> 독일의 경우에는 1871년 형법에서 예외적인 경우에만 적극적 속인주의를 채택하였으나 1940년에는 나치스정권이 모든 범죄에 걸쳐 이 원칙을 적용하여 체제에 저항하는 국외거주 독일인의 탄압에 이용하였다. 현재의 독일형법은 몇 가지 범죄(제5조 3호a, 5호b, 제8, 9, 12, 13조; 제7조 제2항 1호)에 대해서만 제한적으로 채택하고 있다.

적극적 속인주의는 범죄지의 속지주의와 중복되어 이중처벌의 가능성이 있다. 그러므로 형법은 「범죄에 의하여 외국에서 형의 전부 또는 일부의 집행을 받은 자에 대하여는 형을 감경 또는 면제할 수 있다」(제7조)고 규정하고

1) 대판 1997. 11. 20, 97도2021.
2) Jescheck/Weigend, AT, 149면 이하 참조.
3) Jakobs, AT, 5/6.

있다. 그러나 이는 형의 임의적 감면사유로서 다시 형을 선고하더라도 위법은 아니다.[1]

속인주의는 자국민의 국외범죄에 대해서뿐만 아니라 대한민국 영역 내의 치외법권지역에서 대한민국 국민이 범죄행위를 한 경우에도 적용된다는 것이 대법원의 입장이다.[2] 적극적 속인주의와 구별되는 것은 외국에서 자국민에 대한 외국인의 범죄를 처벌하는 소극적 속인주의이다. 그러나 소극적 속인주의는 후술하는 바와 같이 보호주의의 한 내용으로 보아야 한다.

Ⅲ. 保護主義

보호주의는 현실주의라고도 부르는데 보호법익과 연관되는 원칙이다. 즉 자국의 국내법익을 침해하는 범죄행위에 대해서는 범죄자의 국적과 범죄지를 불문하고 자국형법을 적용하는 원칙이다. 특정 범죄에 대하여 외국인의 국외범을 처벌하는 경우이다. 여기에서는 외국인이 자국의 국가적 법익을 침해하였으면 이 외국인은 법익침해를 당한 국가의 형벌권 행사범위 내로 들어 온 것으로 본다. 이를 국가보호주의라고도 한다. 형법은 대한민국 영역 외에서 내란의 죄, 외환의 죄, 국기에 관한 죄, 통화에 관한 죄, 유가증권·우표와 인지에 관한 죄, 문서에 관한 죄 중 제225조 내지 제230조(공문서에 대한 죄), 인장에 관한 죄 중 제238조(공인등의 위조·부정사용죄)를 범한 외국인에게 적용한다(제5조)고 규정하여 부분적으로 보호주의를 적용하고 있다.

[판례] 외국인의 국외범: 한국 국적이었던 피고인이 독일 국적을 취득함에 따라 대한민국 국적을 상실한 이후 독일에 거주하다가 1994. 3. 12. 독일에서 출발하여 북한을 방문한 행위가 국가보안법 제6조 제2항에서 정한 탈출 개념에 포함되는지 여부에 대하여 대법원은 "대한민국 국민이 아닌 사람이 외국에 거주하다가 그곳을 떠나 반국가단체의 지배하에 있는 지역으로 들어가는 행위는, 대한민국의 영역에 대한 통치권이 실지로 미치는 지역을 떠나는 행위 또는 대한민국의 국민에 대한 통치권으로부터 벗어나는 행위 어디에도 해당하지 않으므로, 이는 국가보안법

1) 대판 1979. 4. 10, 78도831.

2) 대판 1986. 6. 24, 86도403(국제협정이나 관행에 의하여 대한민국 내에 있는 미국문화원이 치외법권지역이고 그 곳을 미국영토의 연장으로 본다 하더라도 그 곳에서 죄를 범한 대한민국 국민에 대하여 우리 법원에 먼저 공소가 제기되고 미국이 자국의 재판권을 주장하지 않고 있는 이상 속인주의를 함께 채택하고 있는 우리 나라의 재판권은 동인들에게도 당연히 미친다 할 것이며 미국문화원측이 동인들에 대한 처벌을 바라지 않았다고 하여 그 재판권이 배제되는 것도 아니다).

제 6 조 제 1 항, 제 2 항의 탈출 개념에 포함되지 않는 것"이라고 판시하였다(대판 2008. 4. 17, 2004도4899 전원합의체. 이와 다른 취지의 대법원 1997. 11. 20, 97도2021 전원합의체 판결은 변경함).

소극적 속인주의는 내용적으로 보호주의에 포함된다. 소극적 속인주의라 함은 자국의 영역 외에서 자국민에 대하여 범죄행위를 한 경우에는 자국의 형법이 적용되는 원칙을 말하며 이를 개인보호주의라고도 한다. 형법은 「대한민국 영역 외에서 대한민국 또는 대한민국 국민에 대하여 전 조에 기재한 이외의 죄를 범한 외국인」에게도 형법을 적용한다고 하여(제6조) 이 원칙을 따르고 있다.[1] 단 ① 행위지의 법률에 의하여 범죄를 구성하지 아니하거나, ② 소추가 면제되는 경우 또는 ③ 형의 집행을 면제할 경우에는 우리 형법을 적용하지 않는다(동조 단서). 제 6 조에서 규정하고 있는 「전조(제5조)에 기재한 이외의 죄」란 대한민국 또는 대한민국 국민의 법익이 직접적으로 침해되는 결과를 야기하는 죄를 의미하며, 일단 우리 형법이 인정하는 범죄행위이면서 행위지인 외국의 형법에서도 범죄행위로 규정한 범죄여야 한다.

[판례] ① 중국 북경시에 소재한 대한민국 영사관 내부는 여전히 중국의 영토에 속할 뿐 이를 대한민국의 영토로서 그 영역에 해당한다고 볼 수 없을 뿐 아니라, 사문서위조죄가 형법 제 6 조의 대한민국 또는 대한민국 국민에 대하여 범한 죄에 해당하지 아니함은 명백하다고 하여 처벌할 수 없다고 판시하였다(대판 2006. 9. 22, 2006도5010).

② 형법 제239조 제 1 항의 사인위조죄는 형법 제 6 조의 대한민국 또는 대한민국 국민에 대하여 범한 죄에 해당하지 아니하므로 중국 국적자가 중국에서 대한민국 국적 주식회사의 인장을 위조한 경우에는 외국인의 국외범으로서 그에 대하여 재판권이 없다(대판 2002. 11. 26, 2002도4929).

③ [1] 형법 제 5 조, 제 6 조의 각 규정에 의하면, 외국인이 외국에서 죄를 범한 경우에는 형법 제 5 조 제 1 호 내지 제 7 호에 열거된 죄를 범한 때와 형법 제 5 조 제 1 호 내지 제 7 호에 열거된 죄 이외에 대한민국 또는 대한민국 국민에 대하여 죄를 범한 때에만 대한민국 형법이 적용되어 우리나라에 재판권이 있게 되고, 여기서 '대한민국 또는 대한민국 국민에 대하여 죄를 범한 때'란 대한민국 또는 대한민국 국민의 법익이 직접적으로 침해되는 결과를 야기하는 죄를 범한 경우를 의미한다. [2] 캐나다 시민권자인 피고인이 캐나다에서 위조사문서를 행사하였다는 내용으로 기소된 사안에서, 형법 제234조의 위조사문서행사죄는 형법 제 5 조 제 1 호 내지 제 7 호에 열거된 죄에 해당하지 않고, 위조사문서행사를 형법 제 6 조의 대한민국 또는 대한민국 국민의 법익을 직접적으로 침해하는 행위라고 볼 수도 없으므로 피고인의 행위에 대하여는 우리나라에 재판권이 없는데도, 위 행위가 외국인의

1) 대판 1997. 7. 25, 97도1142(「페스카마호사건」) 참조.

국외범으로서 우리나라에 재판권이 있다고 보아 유죄를 인정한 원심판결에 재판권 인정에 관한 법리오해의 위법이 있다(대판 2011. 8. 25, 2011도6507).

Ⅳ. 世界主義

세계주의 혹은 세계법주의란 인류공통의 보호법익에 대한 국제적인 성격을 띠는 범죄행위는 범죄자의 국적과 범죄지를 불문하고 자국형법을 적용하는 원칙을 말한다. 이러한 범죄행위는 국제적인 공동대처를 하지 않으면 안되는 성격의 범죄로서 세계주의는 이에 대한 국제적 연대성의 표현이다.

이러한 범죄의 예로는 선박 · 항공기납치, 테러범죄, 마약류 범죄, 통화·유가증권등의 위조범죄를 들 수 있다. 현행 형법은 세계주의를 규정하고 있지 않다.[1] 그러나 점증하는 국제적 범죄에 대응하기 위하여 세계주의를 규정하는 것이 필요하다. 세계주의는 국제조약을 통해서도 추구되고 있다(예: 항공기납치에 관한 헤이그협약, 1970. 12. 16).

독일형법은 제 6 조에서 핵연료 및 폭발물범죄, 항공기납치, 인신매매, 마약거래, 음란물거래행위, 통화 · 유가증권위조, 보조금사기행위 등에 대하여 범죄지와 상관없이 자국의 형법을 적용한다고 규정하고 있다.

제 2 절 時間的 適用範圍

Ⅰ. 行爲時法原則과 裁判時法原則

범죄의 성립과 처벌은 행위시의 법에 따르는 것을 행위시법원칙이라고 한다. 이는 형법의 소급효를 금지한 것으로서 죄형법정주의의 핵심적 내용에 속하는 것이다(헌법 제13조 제 1 항 전단 및 형법 제 1 조 제 1 항 참조). 여기에서 「행위시」라 함은 범죄행위의 종료시를 의미한다.[2] 행위시법원칙은 사후적인 법률의 변경에 의하여 과거의

1) 한편 판례는 중국인이 중국에서 중국민항기를 납치하여 대만으로 가다가 우리 나라에 불시착한 사건에서 "항공기운항안전법 제 3 조, '항공기 내에서 범한 범죄 및 기타 행위에 관한 협약'(도쿄협약) 제 1 조, 제 3 조, 제 4 조, '항공기의 불법납치 억제를 위한 협약'(헤이그협약) 제 1 조, 제 3 조, 제 4 조, 제 7 조의 각 규정 등을 종합하여 보면 민간항공기 납치사건에 대하여는 항공기등록지국에 원칙적인 재판관할권이 있는 외에 항공기 착륙국인 우리 나라에도 경합적으로 재판관할권이 생겨 우리 나라 항공기운항안전법은 외국인의 국외범까지도 적용대상이 된다"고 판시하고 있다(대판 1984. 5. 22, 84도39).

2) 대판 1994. 5. 10, 94도563(일반인의 법률사건에 관한 화해관여행위를 처벌하는 변호사법의

행위를 이유로 범죄자를 처벌하여서는 안 된다는 생각의 표현이다. 다만 법률의 변경으로 인하여 예외적으로 행위시의 법보다 재판시의 법이 범죄자에게 유리한 경우에는 재판시법을 적용하도록 하고 있다(제1조 제2항). 그러나 이는 법적 안정성과 예측가능성의 측면에서 어느 경우에도 범죄자에게 유리한 법을 적용하여야 한다고 하는 죄형법정주의의 기본이념을 따른 것으로서 예외라기보다는 행위시법원칙에 대한 보완규정이라고 보는 것이 적합하다.

형법상 행위자에게 유리한 신법의 적용을 허용하는 동시에 행위시법원칙의 예외를 인정하는 경우로는 ① 범죄 후 법률변경으로 비범죄화된 경우,[1] ② 범죄 후 가벼운 형으로 법률이 변경된 경우이다(제1조 제2항).

범죄 후란 범죄 종료 후를 의미하며, 결과발생 여부는 문제되지 않는다. 또한 행위자의 실행행위가 신·구법에 걸쳐서 행하여진 경우에는 신법 시행 이후의 행위로 본다. 그리고 법률의 변경이란 형식적 의미의 법률에 국한되지 않고 형법적용에 영향을 미치는 총체적 법률상태로 해석하여야 하므로[2] 법률뿐만 아니라 명령, 규칙 등의 하위규범도 이에 포함되며, 형법을 포함한 기타 모든 법이 그 대상이 된다.

법률변경으로 비범죄화된 경우에는 행위자에게 유리한 신법을 적용하는 결과, 형사소송법상 「범죄 후의 법령개폐로 형이 폐지되었을 때」(동법 제326조 제4호)에 해당되어 면소판결을 선고하게 된다. 다만 행위자에게 재판이 확정된 후 법률이 변경되어 비범죄화된 경우에는 이미 확정된 기판력으로 인하여 무죄로 될 수 없으나 미확정자와의 형평성을 고려하여 형의 집행을 면제한다(제1조 제3항).

범죄 후 법률의 변경으로 구법보다 신법의 형이 가벼워진 경우에도 신법인 재판시법을 적용한다. 따라서 법률의 변경이 있더라도 형의 경중에 변화가 없을 경우에는 신법을 적용하지 않는다. 형의 경중은 원칙적으로 법정형을 표준으로 하며, 형법 제50조를 기준으로 하되 주형뿐만 아니라 부가형도 비교의 대상이 된다. 또한 법정형 중 병과형 또는 선택형이 있을 때에는 이

개정 전에 착수된 행위라도 관여행위가 법률개정 이후에 종료된 것이라면 변호사법위반죄에 해당한다). 또한 신동운, 52면.

1) 대판 1991. 1. 8, 90도2485(행위시에 시행되던 구 특정범죄가중처벌 등에 관한 법률 제2조 제1항 제1호가 항소심 판결 선고 후 개정 시행됨에 따라 피고인의 행위가 개정법조문의 범죄구성요건을 충족할 수 없게 되어 항소심 판결을 파기한 사건).

2) 배종대, 122면; 이재상, 33면; 이형국, 33면; 임 웅, 60면; 정성근/박광민, 47면.

중 가장 무거운 형을 기준으로 다른 형과의 경중을 정하여야 한다.[1] 만일 범죄 후 여러 차례 법률이 변경되었을 때에는 행위시법과 재판시법 사이의 모든 중간시법을 비교하여 가장 가벼운 법을 적용하여야 한다.

Ⅱ. 限時法과 追及效

1. 한시법의 개념

유효기간을 정해 놓은 법률(협의의 한시법) 또는 유효기간을 정하지 않은 법령이라도 내용과 목적이 임시적인 성격을 지닌 법령(임시법)(광의의 한시법)[2]을 한시법이라고 한다. 그러나 한시법은 전자의 의미로 이해하는 것이 타당하다.[3] 왜냐하면 법률효력의 시간적 범위를 정하는 데에서 오는 불확실성을 해소하기 위해서는 확정된 유효기간을 전제로 하여야 하기 때문이다. 한편 독일의 다수학설은 한시법을 유효기간의 설정 여부가 아니라 법령의 실질적 의미에 따라 광의로 파악한다.[4] 독일연방대법원[5]이 한시법의 추급효를 인정할 것인가 여부에 관하여 동기설을 취하는 논리적 근거는 바로 한시법에 대한 이와 같은 이해에서 비롯된다고 볼 수 있다. 즉 한시법의 개념에 관한 광협의 견해대립은 다음에 설명하는 한시법의 추급효 문제와 관련을 갖는다.

2. 한시법의 추급효

한시법의 추급효란 한시법의 유효기간중에 발생한 범죄행위에 대하여 그 유효기간이 경과한 이후에도 한시법을 추급적용하여 행위자를 처벌할 수 있는가에 관한 문제이다. 이에 관해서는 아래와 같은 세 가지 견해가 대립하고 있다.

(1) 인 정 설

이 견해는 첫째, 행위시에 존재한 행위의 불법성은 비록 법률이 변경되었다고 하더라도 비난받아야 하며, 둘째, 추급효를 인정하지 않게 되면 한시법의 유효기간이 가까워짐에 따라 법의 실효성이 떨어진다는 점을 이유로 한시법의 유효기간이 경과된 이후에도 유효기간중에 범한 행위는 처벌하여야

1) 대판 1992. 11. 13, 92도2194.
2) 대판 2010. 3. 11, 2009도12930; 2005. 12. 23, 2005도747.
3) 김일수/서보학, 47면; 안동준, 24면; 오영근, 74면; 이형국, 59면; 정성근/박광민, 49면. 반대견해로는 이재상, 37면; 이정원 34면. 임 웅, 56면은 한시법의 개념으로서 광의나 협의간에 차이가 없다는 견해이다.
4) Sch/Sch/Eser, §2 Rn. 37. 이에 대한 비판으로는 Jakobs, AT, 4/62 참조.
5) BGHSt 18, 14면; BGH NJW 1952, 72면.

한다고 주장한다.[1)]

(2) 부 정 설

이는 한시법의 유효기간이 경과하면 법은 효력을 상실하므로 추급효도 인정할 수 없다고 보는 입장이다.[2)] 형법이 행위자에게 유리한 법률변경의 경우 신법주의(재판시법주의)를 인정하고 있을 뿐(제1조 제2항) 행위자에게 불리한 한시법의 추급효를 인정하는 예외규정을 두고 있지 않은 점을 그 근거로 한다(예외규정에 의해서만 한시법의 추급효는 인정될 수 있다). 그러므로 재판시에는 유효기간의 경과로 효력을 상실한 한시법만 있을 뿐이므로 면소판결(형사소송법 제325조 제4호)을 선고하여야 한다고 보는 학설이다.

(3) 동 기 설

동기설은 법률변경의 동기가 법적 견해의 변경인가(재판시법 적용) 아니면 사실관계의 변화에 따른 것인가(행위시법 적용)에 따라 후자의 경우에만 추급효를 인정하는 견해이다.[3)] 이는 엄밀하게는 한시법에 국한된 이론이기보다는 일반적인 법률 개정의 동기와 관련된 것이다.

판례는 「형벌법령 제정의 이유가 된 법률이념의 변천에 따라 과거에 있어서 범죄로 본 행위에 대한 현재의 평가가 달라짐에 따라 이를 범죄로 인정하고 처벌한 그 자체가 부당하였다거나 또는 과형이 과중하였다는 반성적 고려에서 법령을 개폐하였을 경우」에는 추급효를 부인하고, 「법률이념의 변경에 의한 것이 아닌 다른 사정의 변천에 따라 그때 그때의 특수한 필요에 대처하기 위하여 법령을 개폐하는 경우에는 이미 그 전에 성립한 위법행위를 현재로서 관찰하여도 행위 당시의 행위로서는 가벌성이 있는 것이어서 그 법령이 개폐되었다고 하여도 그에 대한 형이 폐지된 것이라고는 할 수 없다」고 하여 추급효를 인정하는 동기설을 따르고 있다.[4)] 즉 법률이념의 변경에 의한 법령개폐의 경우에는 형법 제1조 제2항을 적용하는 반면 정세의 변천에 따라 법령을 개폐한 경우에는 추급효가 인정된다는 입장이다.

1) 유기천, 37면; 이재상, 39면; 이정원, 30면; 정영석, 65면.
2) 권오걸, 52면; 김성천, 38면; 김일수/서보학, 49면; 배종대, 129면; 성낙현, 44면; 손동권, 52면; 신동운, 57면; 안동준, 26면; 오영근, 85면; 이형국(I), 86면; 임 웅, 59면; 정성근/박광민, 52면; 조준현, 77면.
3) BGHSt 6, 39; Sch/Sch/Eser, § 2 Rn. 35; LK/Tröndle, § 2 Rn. 45.
4) 대판 2005. 12. 23, 2005도747; 2003. 10. 10, 2003도2770; 1997. 12. 9, 97도2682; 1984. 12. 11, 84도413.

[판례] ① 추급효 인정: 「유해화학물질관리법 제 6 조 제 1 항의 신고대상에서 제외되는 화학물질에 관한 환경처고시의 변경이, 법률이념의 변천으로 종래의 규정에 따른 처벌 자체가 부당하다는 반성적 고려에서 비롯된 것이라기보다는 통관절차의 간소화와 통관업무부담의 경감 등 그때 그때의 특수한 필요에 대처하기 위한 조치에 따른 것이므로, 고시가 변경되기 이전에 범하여진 위반행위에 대한 가벌성이 소멸되는 것은 아니다」라고 하여 추급효를 인정하고 있다(대판 1994. 4. 12, 94도221).

② 추급효 부정: 구 의료법(2007. 1. 3. 법률 제8203호로 개정되기 전의 것)이 약효에 관한 광고를 허용하고 그에 대한 벌칙조항을 삭제하면서 부칙에 그 시행 전의 약효에 관한 광고행위에 대한 벌칙의 적용에 관하여 아무런 경과규정을 두지 않은 것은 약효에 대한 광고행위까지 처벌대상으로 삼은 종전의 조치가 부당하다는 반성적 고려에 의한 것이어서, 범죄 후 법률의 변경에 의하여 그 행위가 범죄를 구성하지 아니하는 경우에 해당하여 형법 제 1 조 제 2 항에 따라 신법을 적용하여야 함에도 구법을 적용한 조치가 위법하다고 한 사례(대판 2009. 2. 26, 2006도9311).

(4) 동기설의 문제점

동기설은 법률이념의 변경과 정치적 · 경제적 · 사회적 정세의 변화는 독립적이 아니라 상호관련적이라는 점을 도외시한 것이라고 보지 않을 수 없다. 또한 한시법에서 행위시법원칙을 규정한 독일형법(제 2 조 제 4 항)과 달리 이러한 규정을 두고 있지 않으면서 재판시법 원칙을 규정한 형법 제 1 조 제 2 항의 규정과도 배치되는 해석이다.[1] 그러므로 한시법의 추급효 인정 여부는 법률의 내용에 따른 판단보다는 기술적인 문제로 보는 것이 타당하고 또한 부정설의 입장이 형법 제 1 조 제 2 항과 관련하여 법률기속의 원칙에도 합치된다고 볼 수 있다.

[판례] 대법원은 형을 종전보다 가볍게 관세법 일부규정을 개정하면서 부칙에 개정 전의 범죄에 대하여는 형이 무거운 종전의 형벌법규를 추급하여 적용하도록 규정한 것은 죄형법정주의에 반하거나 범죄후 형의 변경이 있는 경우라 할 수 없으므로 형법 제 1 조 제 2 항 소정의 신법우선주의가 적용될 여지가 없다고 판시하였다(대판 1995. 1. 24, 94도2787). 이는 형의 경중에 관한 법률개정의 경우로서 재판시 유효한 적용법규가 없는 경우에 해당하는 한시법의 추급효문제와는 다르다.

Ⅲ. 白地刑法

1. 백지형법의 의의

형벌의 종류와 한도만을 규정하고 구성요건의 내용은 다른 법규에 위임하

1) 이승호, 「형법의 시간적 적용범위에 관한 동기설의 문제점」, 형사판례연구(6), 1면 이하.

여 별도의 보충규범을 필요로 하는 형벌법규를 백지형법(Blankettstrafgesetz)이라고 한다. 그러므로 백지형법의 내용은 결국 보충규범에 의하여 결정된다. 백지형법에서 구성요건을 공백으로 남겨 두는 것은 죄형법정주의상의 명확성의 원칙이나 과잉입법금지원칙 등을 무너뜨릴 위험성을 내포하고 있으므로 보충규범의 내용은 죄형법정주의와의 일치가 요구된다. 백지형법이 등장하는 원인은 전문적·기술적인 내용을 구성요건의 내용으로 할 필요성 때문이다.

백지형법의 예로는 형법 제112조의 중립명령위반죄, 군형법 제47조의 명령위반죄가 있다. 여기에서는 「중립에 관한 명령에 위반한 자」, 「정당한 명령 또는 규칙」이라는 추상적인 구성요건을 규정하고 구체적인 내용은 명령이나 규칙에 위임하여 두고 있다.

[판례] **군형법 제47조에 대한 합헌결정**: 「정당한 명령 또는 규칙을 준수할 의무가 있는 자가 이를 위반하거나 준수하지 아니한 때에 형사처벌을 하도록 규정한 구 군형법 제47조는 '정당한 명령 또는 규칙'이라는 다소 광범위하고 추상적이어서 법관의 보충적인 해석을 필요로 하는 개념을 사용하였다고 하더라도 수범자가 그 의미내용을 합리적으로 파악할 수 있다고 판단되고, 대법원 판결 등에 의하여 이미 이에 관한 구체적이고 종합적인 해석기준이 제시되고 있는 이상, 법집행기관이 이 사건 법률조항을 자의적으로 확대하여 해석할 염려도 없으므로 죄형법정주의의 명확성원칙에 위반되지 않을 뿐 아니라, 명령의 구체적 내용에 관하여는 위임이 이루어질 수밖에 없고 그러한 명령에 대한 복종관계가 유지되어야 하는 군의 특수성에 비추어 볼 때, 정당한 명령에 대한 준수의무를 부과하고 그 위반에 대하여 구체적 형벌의 종류와 범위를 명시하고 있는 이 사건 법률조항이 위임입법의 한계를 벗어난 것이라고 할 수 없다」(헌재결 2007. 11. 29, 2005헌가10).

2. 백지형법의 시간적 적용범위

백지형법에 의하여 처벌되는 행위의 범위는 백지형법 자체보다는 보충규범의 내용에 의하여 정하여지는 것이 일반적이다. 이에 따라 만일 백지형법의 보충규범이 개폐되어 재판시법에 의하면 처벌대상이 되지 않거나 형이 감경된 경우에 행위시법(구법)을 적용할 것인가 아니면 재판시법(신법)을 적용할 것인가의 문제가 제기된다. 즉 보충규범의 개폐를 형법 제 1 조 제 2 항이 규정하고 있는 법률의 변경으로 볼 것인가(이 경우에는 한시법과 같이 취급하여 행위자에게 유리한 신법을 적용하게 된다), 아니면 단순한 법률의 내용변경 — 구성요건의 변경 — 으로 볼 것인가(이 경우에는 제 1 항에 따라 행위시법을 적용한다)의 문제이다. 이에는 다음과 같은 학설의 대립이 있다.

(1) 소 극 설

보충규범의 개폐를 법률의 변경으로 보지 않고 구성요건의 내용변경에 불과하다고 보아 형법 제1조 제2항이 아니라 제1항에 의하여 행위시법으로 처벌받아야 한다는 견해이다.[1] 결과적으로 추급효를 인정한다.

(2) 적 극 설

보충규범의 개폐도 형법 제1조 제2항의 법률의 변경에 해당하므로 신법을 적용하여야 한다는 견해이다.[2] 즉 추급효를 부인하는 견해로서 보충규범에 따라 처벌대상에서 제외되면 면소판결을 하여야 한다고 본다.

(3) 절 충 설

개폐된 보충규범의 내용이 구성요건 자체에 관한 것일 때에는 법률의 변경이지만(제2항에 따라 신법적용) 단순히 구성요건에 해당하는 사실면에서의 법규의 변경에 해당하는 때에는 법률의 변경이 아니므로 제1항을 적용하여야 한다는 견해이다.[3] 혹은 가벌성의 존부와 정도에 관련된 보충규범의 개폐는 법률변경이라고 할 수 있지만(제2항 적용), 이와 무관한 비형법적 사실이나 구성요건에 간접적인 영향을 미칠 뿐인 관련규범의 변경 등은 법률의 변경으로 볼 수 없다(제1항 적용)는 견해도 있다.[4]

이상의 여러 견해 가운데 형법 제1조 제2항이 규정하는 「법률」이란 전체로서의 법률을 의미한다고 보아 보충규범의 변경 역시 제1조 제2항에 따라 범죄가 불성립하거나, 구법에 비해 가벼운 신법의 형을 적용하는 것이 타당하다고 본다(적극설). 그 이유는 다음과 같다. 즉 백지형법이 보충규범의 충족을 필요로 하는 것은 백지형법이 처벌대상으로 삼고 있는 행위의 특수성이나 상황의 가변성으로 말미암은 것이다. 그러므로 만일 백지형법의 내용을 변경하려고 한다면 보충규범의 변경에 의하는 것은 불가피하다. 그럼에도 불구하고 이를 법률의 변경으로 보지 않고 구성요건의 단순한 내용변경으로 본다면 백지형법의 특수성을 무시한 것이 된다.

---

1) 진계호, 101면; 황산덕, 35면.

2) 김일수/서보학, 50면; 배종대, 131면; 손해목, 83면; 손동권, 54면; 신동운, 59면; 오영근, 82면; 이영란, 54면; 이재상, 41면; 이형국(I), 87면; 임 웅, 60면; 장영민, 「한시법의 효력」, 형사판례연구(1), 11면; 정성근/박광민, 54면.

3) 강구진, 「형법의 시간적 적용범위에 관한 고찰」, 권문택교수화갑기념논문집(1983), 16면.

4) 김일수/서보학, 51면.

3. 백지형법과 착오

백지형법은 단지 형벌의 종류와 한도만을 규정하고 구체적인 구성요건은 다른 법령에 위임되어 있기 때문에 보충규범의 존재유무에 관한 착오는 위법성의 착오에 해당하며, 보충규범의 행위상황에 관한 착오는 구성요건의 착오에 해당한다. 형법은 고의의 내용을 「죄의 성립요소인 사실」로 규정함으로써(제13조) 백지형법의 경우에도 고의의 범위는 보충규범의 내용에 국한된다고 보는 것이 타당하기 때문이다.[1)]

제 3 절 人的 適用範圍

형법은 시간적·장소적 효력이 미치는 범위 내의 모든 사람에 대하여 적용된다. 그러나 이에 대하여는 아래와 같은 예외가 인정되어 있다.

Ⅰ. 大 統 領

「대통령은 내란 또는 외환의 죄를 범한 경우를 제외하고는 재직중 형사상의 소추를 받지 아니한다」(헌법 제84조). 그러나 이 규정은 대통령이 재직중 내란·외환의 죄 이외의 범죄행위를 하더라도 형사소추가 허용되지 않는다는 것으로서(친위쿠데타가 아닌 한 대통령이 재직중 내란·외환의 죄를 범한다는 것은 생각하기 어렵다) 합리적 근거가 없다. 예를 들어 대통령이 재직중 뇌물을 받거나, 살인교사를 하여도 퇴임 후에나 기소할 수 있다는 것은 이해하기 어렵다. 또한 헌법에 대한 수호선서(헌법 제68조)와도 상충된다.

대통령에 대한 재직중 형사소추의 제한은 재직중의 불소추특권이기 때문에 재직중의 범죄행위에 대한 퇴직 후의 형사소추는 가능하다. 재직기간중에는 공소시효가 정지된다고 보아야 한다. 그리고 헌법상의 탄핵소추(헌법 제65조)는 별개의 문제이다.

1) 독일형법상으로도 이러한 견해가 다수설이다(Sch/Sch/Cramer, § 15 Rn. 99).

Ⅱ. 國會議員

「국회의원은 국회에서 직무상 행한 발언과 표결에 관하여 국회 외에서 책임을 지지 아니한다」(헌법 제45조). 이는 대의민주주의의 근간인 의사표현의 자유를 보장하기 위한 면책특권으로서, 국회의원은 임기 중뿐만 아니라 임기 후에도 자신이 국회에서 직무상 행한 발언과 표결에 대하여 형사소추를 받지 않는다. 면책특권은 소송조건의 흠결(소송장애)에 해당한다.

Ⅲ. 外交免除

국제법상 외국의 국가원수와 외교관, 그 가족 및 내국인이 아닌 종자에 대하여는 접수국의 재판관할권이 면제된다(실체법인 형법으로부터의 면제를 의미하지 않는다). 이러한 특권은 국가원수나 외교관 개인에 대한 것이 아니라 국가 자체에 대한 것이다. 즉 주권국가의 평등과 존엄의 원칙, 그리고 외교사절은 아무런 방해도 받지 않고 자기의 임무를 수행할 필요성 및 상호주의원칙에서 비롯된다. 1961년의 빈(Wien)협약 제31조 제 1 항은 「외교관은 접수국의 형사관할권으로부터의 면제를 향유한다」고 규정하여 이에 대한 법적 근거를 마련하고 있다.

Ⅳ. 韓·美 駐屯軍 地位協定과 刑法의 適用範圍

1. 형사재판관할권 행사의 원칙

한·미간의 주둔군지위협정(Status of Forces Agreement, SOFA)에 의하여 대한민국 당국과 합중국 군 당국은 각자의 관할권 원칙에 따라 독자적인 형사재판권을 보유한다. 즉 합중국 군 당국은 대한민국 안에서 합중국 군대의 구성원과 군속, 그들의 가족에 대해 합중국 법령이 부여한 형사재판권과 징계권을 가진다(속인주의의 채택).

다음으로 대한민국 당국은 대한민국 영토 내에서 발생한 모든 범죄에 대하여 형사재판권을 갖는다(속지주의). 그러므로 미군과 군속 및 그 가족이 대한민국 영역 내에서 범한 모든 범죄는 대한민국 당국의 형사관할권의 대상이 된다(협정 제22조 제 1 항 나).

2. 형사재판관할권의 배분

지위협정에 따르면 파견국과 접수국 중 한 국가의 법령에 의해서만 처벌가능한 범죄의 경우에는 처벌가능한 국가가 전속적 관할권을 갖는다(협정 제22조 제2항 ㈎). 재판관할권을 행사할 권리가 경합할 경우에는 「오로지 합중국의 재산이나 안전에 대한 범죄, 또는 합중국 군대의 타구성원이나 군속 또는 그들의 가족의 신체나 재산에 관한 범죄」와 「공무집행중에 발생한 작위나 부작위에 의한 범죄」의 경우에는 합중국 군 당국에 제1차적으로 재판관할권을 부여하고, 그 외의 경우에는 모두 대한민국 사법 당국이 제1차적 재판권을 갖는 것으로 규정하고 있다(협정 제22조 제3항 ㈏). 여기에서 「공무집행중」의 판단에는 합중국 군 당국이 발급한 공무증명서가 결정적인 기준이 된다는 점에서 논란의 소지가 있다.

이처럼 합중국 군 당국이 제1차적 재판관할권을 갖는 경우를 제외하고는 모두 대한민국 정부가 제1차적으로 재판관할권을 갖는다. 그러나 이 경우에도 전속적 재판권의 경우와 비슷하게 본 협정(제22조 제3항 ㈐)과 합의의사록 규정(협정 제22조 제3항 ㈏에 관한 합의의사록 1)에 의하여 합중국 군 당국의 요청이 있으면 대한민국 당국의 재판권 행사가 특히 중요한 경우를 제외하고는 일정한 절차(미국측의 관할권 포기요청)에 따라 한국측이 제1차적 재판권을 포기하도록 규정하고 있다. 이 부분이 SOFA의 형사재판권 가운데 가장 문제가 되는 부분이다.

제 2 편

犯 罪 論

제 1 장 刑法 體系論

제 1 절 犯罪論과 刑法 體系論의 機能

Ⅰ. 刑法理論學과 犯罪論

형법이론학(Strafrechtsdogmatik)[1]은 실정형법의 해석과 체계화, 그리고 형법학설적 논의를 연구대상으로 한다. 형법이론학은 형사정책(Kriminalpolitik)과 그 대상 및 방법에서 상이하다. 형법이론학(도그마틱)은 현행법을 대상으로 하는 데 반해 형사정책은 그 대상에서 훨씬 더 포괄적이다. 형사정책은 실정법의 영역과 정책의 영역에 걸쳐서 기능을 하기 때문이다. 그리고 형법이론학은 개별사안에 맞는 해결책을 제시하여야 하며 체계내적 모순이 없어야 한다. 이러한 개별사안 적합성과 체계적 일관성은 각각 실질적 정의와 법적 안정성을 담보하는 기능을 한다. 이를 토대로 형법이론학은 형사정책적 목표를 법적으로 전환시키는 방향으로 나아가야 하며, 형사정책은 형법이론학의 틀 안에서 실현되어야 한다.[2]

일반범죄론(allgemeine Verbrechenslehre)이라고도 부르는 범죄론은 형법이론학의 핵심을 이루는 부분으로서 각론상의 개별적인 범죄행위를 포괄하는 일반적인 전제조건들을 그 내용으로 한다. 그리고 각각의 범죄구성요건들로부터 추출된 일반조건들을 대상으로 하므로 추상적 개념들로 이루어졌으며 동시에 체계를 필요로 한다. 즉 범죄론은 단순한 개별범죄 구성요건들의 나열적인 총체가 아니라 이들간의 내적 관련성을 토대로 범죄행위 전체를 논리적으로 가시화할 수 있도록 체계화하는 것을 목표로 하는 이론이다.[3]

---

1) 도그마틱(Dogmatik)은 학문적 견해나 학설을 의미하는 그리스어의 도그마(Dogma)에 대한 총체적 개념 — 이론학 — 이다.
2) 하인쯔 찌프, 형사정책(김영환/허일태/박상기 역), 11면 이하 참조.
3) Roxin, AT, §7 Rn.1 참조.

Ⅱ. 刑法 體系論의 機能

형법을 처음 배우는 사람들은 먼저 형법총론상의 수많은 학설대립과 정치한 이론전개에 현혹되면서도 한편으로는 그 필요성에 의문을 갖는다. 심지어 우리나라의 일부 실무가들은 학교에서 배운 형법이론의 무용론까지 주장한다. 그러나 이는 범죄론의 존재의의와 그 효용성을 인식하지 못한 결과이다.

형법이론학의 체계적 전개는 체계를 위한 체계가 아니라 독자적인 기능을 갖는 필요의 산물이며 논리적 귀결이다. 「단일한 이념(Idee)으로 수렴된 다양한 인식의 총체」(Kant)라고 정의할 수 있는 체계(System)는 주장되는 이론들에 선재하는 것이 아니라 이들에 대한 분석을 토대로 형성 발전된 것이다. 통일적 체계를 통하여 법개념이 형성될 수 있으며, 형법을 해석하는 데에 원칙과 한계가 설정되어 불합리하고 자의적인 법적용이 배제될 수 있다. 동시에 결과에 대한 예측이 가능함으로써 사법기관의 판단에 대한 신뢰획득의 가능성이 제고된다.

이러한 순기능 이외에도 범죄론체계는 개별적인 사건을 형법으로 포섭하여 적용하는 유용한 도구가 된다. 범죄론체계에 따른 구성요건과 위법성, 책임의 단계적 검토를 통하여 중요한 논점이 간과되지 않는 것이다. 다음으로는 법적용의 일관성과 형평성을 유지할 수 있게 한다. 즉 수많은 개별적인 경우가 발생하여도 체계적인 범죄론을 통하여 법적용은 사안별로 균형을 이룰 수 있게 된다.

사회 내에서 발생하는 범죄사건은 복잡다기하다. 만일 이러한 경우를 모두 상정하고 형법을 제정한다면 구성요건의 수는 헤아리기 힘들 정도로 많게 될 것이다. 예를 들어 위법성조각사유에 해당하는 정당방위나 정당행위 등에서 일반개념인 「부당한 침해」 또는 「사회상규」 등의 개념을 사용하는 대신 구체적이고 개별적으로 각각의 상황을 규정해 놓는다면 어떻게 될 것인가? 이러한 방법이 일면 정확한 법적용을 가능하게 할 것처럼 보이나 다른 한편으로는 이에 해당하지 않는 사건에서는 법적용이 불가능해지는 법의 한계성을 노출할 것이다. 범죄론체계는 결국 법관으로 하여금 일관성 있는 법적용과 수많은 법의 내면에 존재하는 공통점과 입법목적을 인식하게 하는 법발견의 원동력이 된다.

이러한 측면과 달리 추상화된 범죄론체계가 갖는 역기능도 지적된다. 우선 개별사안을 해결하는 데에 구체적 타당성을 결여한다는 비판이 있다. 체계로의 포섭(Subsumtion)이 초래하는 획일적 현상에 대한 지적이다. 동시에 이러한 체계종속적 태도는 법감정 등에 비추어 보다 설득력 있는 해결가능성을 감소시키며, 때로는 형사정책적으로 불합리한 결론을 이끌어 내기 쉽다. 또 다른 문제점은 다양한 사안들에 대해 통일적으로 적용될 원칙을 수립하여야 하는 결과 추상적인 개념의 사용이 불가피하다는 것이다.

이러한 지적은 궁극적으로 개별사안을 해결한다는 구체적인 목표설정의 차이에서 비롯되는 것은 아니다. 왜냐하면 이러한 목표는 체계적 사고나 개별사안별로 해결을 시도하는 문제중심사고에서나 동일하기 때문이다.[1] 다만 후자는 구체적인 사건을 중심으로 논의한다는 점에서 접근방법이 서로 다를 뿐이다. 그리고 후자는 법적 판단의 결과가 타당한지를—또는 법감정상 수긍할 만한가를— 직관적으로 파악할 수 있게 하는 기능을 한다.

그러나 여기에서 주의하여야 할 점은 문제중심사고가 법적 명확성이라는 죄형법정주의원칙과 배치될 위험성이 있다는 점이다. 형법에서는 법적 확실성과 예측가능성이 가장 요구된다는 것은 주지의 사실이다. 범죄론체계는 이를 담보하는 한 장치이다. 여기에서 우리는 범죄론체계가 단순히 체계만을 위한 도그마가 아님을 알 수 있다. 그러므로 문제해결을 위하여, 다시 말하면 사안별 타당성을 추구하기 위하여 형법(범죄론)체계를 포기할 것인가는 선택의 문제가 아닌 것이다. 그렇더라도 문제중심사고가 형법체계를 형성하는 데에서나 학설대립에 대해 내면적인 영향을 미치고 있다는 사실을 부인할 수 없다. 예를 들어 방법의 착오를 해결하기 위한 여러 학설은 고의의 인정범위를 둘러싼 연역적인 해결책이라기보다는 구체적 타당성을 상정한 귀납적인 방법으로 주장되고 있다고 볼 수 있기 때문이다.[2]

1) 체계적 사고(Systemdenken)와 문제중심사고(Problemdenken)에 관하여는 Würtenberger, 「Die geistige Situation der heutigen Strafrechtswissenschaft」(1959), 9면 이하 참조.

2) Roxin, AT, §7 Rn. 30 이하 참조. 여기에서 Roxin은 목적론적·형사정책적 범죄론체계를 주장함으로써 특히 형사정책적 목표설정을 강조한다(§7 Rn. 79 이하 참조).

제 2 절 犯罪論體系의 發展過程

구성요건 · 위법성 · 책임의 3단계로 분류되는 범죄론체계는 독일형법학을 그 모태로 하고 있다. 오늘날의 범죄론체계는 과거의 고전적 범죄론체계와 외관은 같지만 그 내용은 변형된 범죄론체계라 할 수 있다. 각 범죄론체계의 연혁과 내용은 다음과 같다.

Ⅰ. 一般法時代의 犯罪論體系

일반법(혹은 보통법)시대의 범죄론은 중세 후기의 이탈리아 형법학에 연원을 두고 있다. 16세기에서 17세기에 걸쳐 형성된 이 범죄론체계는 특히 근대 자연법사상의 영향을 많이 받고 있는데, 의사의 자유라는 사고에서 출발하여 귀책개념을 통한 책임주의 형법체계를 구축한 푸펜도르프(Pufendorf, 1632～1694)의 역할이 두드러진다. 일반법시대의 귀책은 사실적 귀책(imputatio facti)과 법적 귀책(imputatio iuris)으로 나뉘는데 여기에서 이미 오늘날의 불법과 책임의 양분화를 찾을 수 있다.

Ⅱ. 古典的 犯罪論體系

20세기를 전후하여 베링(Beling, 1866～1932)과 리스트(v. Liszt, 1851～1919)에 의해 대표되는 고전적 범죄론은 실증주의, 자유주의적 법치국가사상 그리고 근대 형법학파의 목적적 사고라는 세 가지 요소에 그 토대를 두고 있다.

콩트(Comte)로부터 유래하는 실증주의란 모든 형이상학적 사고를 배제하고 논리학이나 수학처럼 실제로(실증적으로) 경험가능한 범위 내로 인식범위를 제한하는 철학사조이다. 이러한 사조는 자연과학의 비약적인 발전을 가져왔으나 법학에서는 후에 많은 위험성이 지적된 실정법 중심의 법이론, 즉 법실증주의를 낳았다. 그리고 자유주의적 법치국가사상은 법적 안정성과 예측가능성을 요구하였다. 여기에서 형법의 체계화가 강조된다. 마지막으로 근대(사회학적) 형법학파는 절대적 형벌이론의 형이상학적인 응보형론에 대립하여 특별예방적 사고로 연결되는 목적적 사고를 가졌고, 형벌을 통한 형사정책적 성과를 목표로 하였다.

이 체계에서 행위개념은 자연현상 또는 인간의 의사에 의해 행하여지지 않은 동작이나 동물의 행태 등을 형법의 대상에서 제외시키는 기능을 한다. 구성요건은 형법상의 범죄행위에 대한 가치평가를 유보한 순전히 기술적·객관적인 내용을 의미하였다. 위법성은 실현된 구성요건에 대한 규범적인 가치판단을 의미하는데 구성요건이 일단 실현되면 그것은 위법성을 인정할 수 있는 징표가 된다. 여기에서 위법성은 단순히 위법성조각사유의 결여만을 나타내는 형식적인 판단만을 가리켰다. 책임이란 위법한 행위와 관련한 행위자의 모든 주관적·내적인 요소를 종합평가하는 개념이었다. 우선 구성요건의 실현을 위한 인식과 의욕—고의와 과실의 분기점으로서—이 이에 해당되는데 이러한 책임개념을 심리적 책임개념이라고 한다.

Ⅲ. 新古典的 犯罪論體系

예쉑(Jescheck)에 의해 「신고전적」(neo-klassisch)이라고 명명된 이 체계는 법실증주의에 대한 1920년대 이후의 법철학적 비판에서 출발한다.[1] 그 대표적인 사조가 신칸트주의[2]이다.

마부르크(Marburg)학파의 쉬탐믈러(Stammler)에 의한 방법론적인 형식주의에 반해 서남독일학파의 신칸트주의는 라드브루흐(Radbruch)와 마이어(M. E. Mayer)의 상대주의 법이론을 통해 법의 내용적인 가치규정을 추구했다. 특히 법의 내용의 절대적인 효력을 부인함으로써 「변화하는 내용을 갖는 자연법」(Stammler)에 도달하였다(이러한 상대주의가 결국 법을 권력으로 인도하는 결과를 초래하였음은 주지의 사실이다).

1. 행 위

신칸트학파의 위와 같은 경향에 비추어 신고전적 범죄론체계에서는 행위의 의미와 가치판단이 중시되었음은 당연하다 하겠다. 고전적 범죄론체계에서는 행위란 내용이 없는 공허한 것으로 파악하였기 때문에 외부적 변화가 없는 부작위를 설명할 방도가 없었던 점과 대조된다.

2. 구성요건

구성요건을 기술적·객관적인 요소로만 파악했던 고전적 범죄론체계는

1) Jescheck/Weigend, AT, 183면.
2) 서남독일학파의 Windelband, Rickert, Lask, Radbruch, M. E. Mayer와 Marburg학파의 Stammler의 입장.

규범적 구성요건요소(타인의 재물, 명예, 음란, 업무 등)와 특히 초과주관적 구성요건요소(준강도죄에서 「죄적을 인멸할 목적」)가 인정됨에 따라 더 이상 주장될 수 없게 되었다.

3. 위 법 성

구성요건이 실질적인 내용을 갖게 되었으므로 위법성 역시 위법성조각사유의 존재 여부를 확인하는 형식적인 것이 아니라 실질적으로 파악하여야 한다는 입장이다. 그리하여 불법은 실질적인 사회침해성을 의미하여 전면에 나선 반면에, 구성요건은 불법을 유형화하는 보조기능만을 하게 되어 그 중요성이 감소되었다. 오늘날 흔히 불법구성요건이라고 부르는 것은 이러한 이유에서이다. 이러한 인식의 변화는 19세기 독일의 사법학자로서 개념법학의 완성자요 목적법학의 선구자였던 예링(R. v. Jhering, 1818~1892)에서 비롯되었다. 위법성에 대한 실질적 평가에 의해서 첫째 법익침해의 경중에 따른 불법의 단계화가 가능해졌고, 둘째 실정법적인 위법성조각사유 이외의 새로운 위법성조각사유들이 인정되게 되었는데 도나(Graf zu Dohna, 1876~1944)와 케른(E. Kern, 1887~1972)이 대표적 주창자였다. 또한 구성요건을 불법구성요건으로 인식의 변화를 시도한 대표적인 학자로는 사우어(W. Sauer, 1879~1962)를 들 수 있다.

4. 책 임

책임의 개념도 실증주의적 범죄관에서 가치관계적 범죄관으로 변화함에 따라 바뀌게 되었다. 고전적 범죄론체계 내에서의 심리적 책임개념은 규범적 책임개념으로 대치되었는데 이는 행위자가 불법을 행하기로 결정한 데 대하여 그를 비난할 수 있는가의 여부를 중시한다. 이러한 책임개념의 전환은 프랑크(Frank, 1860~1934)의 공적이며 골트슈미트(Goldschmidt, 1874~1940)가 계속 발전시켰다. 오늘날 흔히 책임을 적법하게 행동할 수 있었음에도 불구하고 불법을 행한 데 대한 비난가능성이라고 정의하는데 이는 규범적 책임론의 입장이다(행위에 대한 규범적 평가).[1)]

Ⅳ. 目的的 犯罪論體系

벨첼(Welzel, 1904~1977)에 의해 주장된 목적적 행위론(인간행위의 목적

1) BGHSt 2, 194면 이하 참조.

적 구조론)에 입각한 범죄론체계이다.

신칸트학파는 전술한 바와 같이 법실증주의에 대항하여 나타난 사조이다. 법실증주의가 정신적인 가치들을 설명할 수 없었던 점을 신칸트학파는 해결하였는데 존재(Sein)와 당위(Sollen)의 엄격한 2분론이 이 학파의 핵심이론이었고 켈젠(H. Kelsen, 1881～1973)의 순수법학은 이러한 이원론의 대표격이었다. 켈젠에게 있어서 존재의 세계는 자연법칙과 인과율이 지배하나 당위의 세계는 규범 — 도덕규범과 법규범 — 이 지배한다. 법규범의 효력의 근거는 항상 상위규범이 되는데 최상위규범으로 켈젠은 사실상 공허한 개념인 근본규범(Grundnorm)을 들었다. 이러한 이원론을 극복하고자 한 사람이 벨첼인데 그는 사물에 내재하는 사물논리적 구조를 밝히고자 하였다. 여기의 출발점이 바로 행위개념이었다. 벨첼에 의하면 인간의 행위는 일정한 목표를 지향하는 계획적인 행동의 조종이라는 목적적 구조 때문에 다른 존재의 종류와 구별되는데 고전적인 행위개념은 이를 무시하고 오로지 인과관계의 확정에만 관심을 두었다는 것이다. 이러한 기본입장으로부터 새로운 범죄론체계가 성립되었는데 가장 특징적인 사실은 목적성(Finalität)과 고의를 동일시한다는 점이다. 그 결과 고의는 책임의 요소가 아니라 구성요건요소에 속하게 되었다. 목적적 행위론에 입각한 이러한 체계적 특징은 신고전적 범죄론체계에서도 수용되었고 그리하여 오늘날 신고전적 · 목적적 체계에 따르면 고의는 구성요건과 책임에 각각 속하는 이중적 기능이 인정되어 있다. 그렇다고 하여 이를 모두 목적적 행위론의 결과라고 볼 수는 없는데 불법론에서도 개인적인 동기를 고려한다면 목적적 행위론을 동원하지 않더라도 이러한 입장을 취할 수 있기 때문이다. 그럼으로써 인식 없는 과실과 부작위의 문제에서 목적적 행위론이 안고 있는 결함을 해결할 수 있게 된다.

Ⅴ. 新古典的 · 目的的 體系[1)]

신고전적 범죄론체계와 목적적 범죄론체계를 종합한 형태의 합일태적 체계로서 행위개념과 관련해서는 목적적 행위개념을 부인한다. 이는 행위의 존재론적 의미파악을 목표로 하는 행위론과 가치체계에 해당하는 범죄론체계는

1) 신고전적 · 목적적 체계를 따르는 견해로는 김일수/서보학, 103면, 신동운, 93면; 이형국, 57면; 인 운, 115면 이하 등이다.

불가분의 관계라고 볼 수 없다는 데에 기인한다. 그러나 이 체계에서는 목적적 행위론에서와 마찬가지로 고의를 주관적 구성요건요소로 본다. 구성요건에 해당하는 행위의 사회적(형법적) 의미는 행위자의 내심의 의사인 고의와 무관하게 파악할 수 없기 때문이다. 또한 이 범죄론체계에서는 불법을 행위(결과)에 대한 반가치판단으로서 행위(또는 결과)반가치로 파악한다. 이와 함께 책임은 행위자에 대한 반가치판단으로서 심정적 불법 또는 기대가능성이라고 본다. 이 체계에서 고의는 주관적 구성요건요소이면서 동시에 책임요소에도 속한다는 고의의 이중적 지위를 인정받게 된다. 즉 행위반가치의 판단대상이면서 심정반가치의 판단대상이기도 한 것이다(과실도 마찬가지이다). 그러나 이러한 고의(과실)의 이중기능성은 신고전적·목적적 체계의 새로운 내용이라기보다는 목적적 행위론의 체계론적 성과를 수용한 데 따른 결과물이라고 보아야 할 것이며 체계론의 본질론이라고는 할 수 없다. 이 책에서는 신고전적·목적적 체계론의 합리성을 인정하여 이에 따라 서술하였다.

Ⅵ. 合目的的(機能的) 犯罪論體系

1970년대부터 논의되기 시작한 합목적적 또는 기능적 범죄론체계는 목적적 행위론을 부정하는 데서 출발한다. 즉 형법체계는 존재론적 현상(행위, 인과관계, 사물논리적 구조 등)과 연결시켜 구성되어야 하는 것이 아니라 형법적인 목적설정에서부터 출발하여야 한다는 것이다.[1] 이 체계는 신칸트학파의 사상적 맥을 형법체계에 다시 계승하고자 한다. 즉 문화가치를 지향하는 신칸트주의의 내용을 현대의 형벌목적론의 형사정책적 기초라고 하는 형법적 준거점으로 대체하였다.

이 체계가 지향하는 내용은 첫째, 객관적 구성요건에의 귀속론이다. 객관적 구성요건이 고전적 범죄론체계에서는 구성요건의 내용으로 파악되었고, 신고전적 범죄론체계에서는 이에 주관적 구성요건을 추가하였으며 목적적 범죄론체계에서 다시 고의를 추가하였음은 기술한 바와 같다.

이처럼 기존의 체계가 결과범에서 객관적 구성요건을 순수한 인과관계의 측면에서 파악한 데 반하여 합목적적 범죄론체계는 자연과학적 인과관계 이외에 법적 평가를 지향하는 귀속론으로 수정·보완한 점이 특징이라 할 수

1) 합목적적 범죄론체계에 관해서는 Roxin, AT, §7 Rn.23, 53 이하 참조.

있다.

이 체계의 두 번째 특징은 책임을 형벌부과의 필수적 전제조건으로만 보는 것이 아니라 특별 또는 일반예방적 관점에서 형벌이 갖는 범죄예방적 필요성까지도 인정되어야 한다고 함으로써 그 범주를 확장하였다는 점이다. 즉 책임 및 형벌을 통한 범죄예방필요성은 독자적이 아니라 상호보완적인 관계에 서게 된다. 그리고 이 양자를 포함하는 개념으로 등장한 것이 행위자의 책임부담성(Verantwortlichkeit, 혹은 답책성이라고 부르는 학자도 있다)이다. 일반적으로 형벌을 통한 범죄예방필요성은 특별한 전제조건을 필요로 하지 않기 때문에 책임이 인정되면 동시에 책임부담성도 인정된다고 할 수 있다.

제 2 장 行 爲 論

제 1 절 行爲의 刑法上 意味

형법적 평가의 출발점은 인간의 행위이다. 그리고 형법상 행위는 적극적 행위(작위)뿐만 아니라 소극적 행위(부작위), 고의행위와 과실행위를 포함한다. 그런데 형법적 평가의 대상이 되는 행위를 인정하기 위해서는 최소한 다음의 요건들이 충족되어야 한다.

⑴ 인간의 행위(자연현상이나 동물의 행동과 구별)

⑵ 외부적·신체적 행위(생각이나 의도, 목적과 구별)

⑶ 의사지배행위(무의식상태의 동작, 반사적 행위와 구별)

다시 말하면 정신적 존재인 인간에 의해 통제되고 조정된 행위이거나 인간의 의사와 관련된 행위가 아니면 형사귀책이 불가능한 것이다. 행위론이란 위의 기본적인 조건 이외에 「사회적으로 의미 있는 행위」(사회적 행위론)가 필요하다고 주장하는 것처럼 행위개념을 인정하기 위해서 또 다른 어떠한 조건이 요구되는가와 관련한 문제이다. 이는 형사책임의 판단대상으로서의 형법상의 행위 이전에 인간행위의 본질론에 해당하는 것이다.

제 2 절 行爲概念의 發展

Ⅰ. 因果的 行爲論[1)]

리스트(V. Liszt)와 베링(Beling)에 의한 고전적 범죄론체계로부터 발전한 인과적(자연과학적) 행위론은 형법상의 행위개념을 순수한 대상개념으로

1) v. Liszt, Radbruch, zu Dohna 및 Baumann으로 대표된다. 행위론에 관하여 자세한 것은 Jakobs, AT, 6/1; Roxin, AT, §8 Rn.1 이하 참조.

본다. 여기에서 행위란 오직 형법적 평가를 위한 연결점의 의미밖에 없으며, 형법적 평가의 대상이 될 수 없는 현상을 여과시키는 기능만이 인정된다. 때문에 행위의 개념이 광의로 해석되는데, 이에 따르면 행위란 「인간의 의사에 지배된 행동에 의한 외부세계의 변동」으로 정의된다. 인과적 행위론에서는 행위방법과 관련된 의사방향이나 행위(방법)의 사회적 중요성은 문제되지 않는다. 즉 인과적 행위론에서 중요한 것은 오직 행위가 인간의 의사에 지배되었는가의 여부이기 때문에 전술한 행위의 최소조건의 충족만으로 행위개념이 인정된다. 예를 들어 간호원이 잘못 투약하여 환자가 사망하였다면 고의인가 과실인가의 여부를 떠나서 일단 「살인행위」는 존재한다고 본다. 이러한 행위가 존재하면 구성요건해당성과 위법성, 책임 유무가 심사된다.

인과적 행위론에 대해서는 행위의 본질을 외면하고 있다는 비판이 가해진다. 즉 인간의 행위란 단순한 결과의 유발이 아니라 그러한 결과를 초래한 의사내용이 핵심이며 이를 행위개념에서 제외함은 부당하다는 것이다.

Ⅱ. 目的的 行爲論[1)]

목적적 행위론에 의하면 행위란 인간의 의사에 지배되는 목적지향적인 인간활동이라고 한다. 여기에서 인간의 행위란 맹목적으로 인과적인 것이 아니라, 목적을 설정하고 경험에 비추어 그 목적을 달성하는 데 가장 적합한 수단을 선택하는 것이다. 구체적으로 살펴보면 인간은 행위를 함에 있어 우선 목적을 설정하고 수단을 선택하며, 목적달성의 적합성에 관한 수단의 점검과 수단의 행사로 인하여 예상되는 부수적인 결과까지 고려하는 사고에서 출발한다(제 1 단계). 행위의 제 2 단계는 사고의 범주에서 벗어나 외부세계에서 결의한 행위의 실현으로 나타난다. 이것이 모든 인간행동의 존재법칙적 구조라고 파악한다(철학상의 존재론적 행위이다).

목적적 행위론의 난점은 과실범의 경우에 나타난다. 즉 과실범에 있어서의 행위의 목적성은 과실행위로 초래된 결과와 관련하여서는 인정될 수 없다. 그 결과 형법적으로는 무관한 행위 본래의 목적과 관련하여서만 목적성을 인정한다. 예를 들면 간호원이 실수로 치료약 대신 극약을 환자에게 투여한 경우에 범죄목적이 아니라 치료목적과 관련한 목적적 조종이 있었음을 근

1) 독일에서 Welzel, Armin Kaufmann, Stratenwerth의 입장이다.

거로 과실범의 경우에도 목적적 행위지배가 있다고 주장한다. 즉 본래 의도한 행위의 부주의한 실행에서 목적성을 인정하는 것으로서, 주관적 주의의무 위반에 대한 개인적 비난가능성에서 과실범의 책임을 인정한다.

그러나 행위조종 과정상의 부주의가 행위의 목적성의 유일한 요소인 것은 아니며 과실행위의 불법성은 부주의한 행위 자체가 있었다는 점에 있을 수도 있다. 위의 예에서 간호원이 치료약이 아닌 극약을 부주의하게 선택한 사실에도 과실을 인정할 수 있겠지만, 환자가 도대체 그 시점에서 어떠한 종류의 투약도 불필요했다면 선택의 과실보다는 투약행위 자체에 과실이 인정될 수 있다는 것이다.

또한 목적적 행위론에 의하면 부작위범의 경우를 설명할 수 없게 된다. 부작위범에서는 형식적인 목적성이라든가 행위의 조종 등이 결여되어 있기 때문에 형법상의 모든 행위를 포괄적으로 나타낼 수 있는 상위의 행위개념은 인정하기 어려워진다. 그렇기 때문에 목적적 행위론자들은 부작위를 행위(작위) 이외에 인간행동의 제 2 의 독자적인 형태로서 인정할 수밖에 없는 것이다.

Ⅲ. 社會的 行爲論[1)]

이 견해는 행위개념을 규정함에 있어 존재론적인 요소뿐만 아니라 사회적인 관련성을 함께 고려한다. 이에 따라 행위란 「인간의 의사에 의하여 지배되거나 지배가능한 사회적으로 중요한 행동」을 일컫는다. 작위이든 부작위이든 행위의 사회적 중요성(관련성)은 모든 인간행동의 공통의 기준이 된다.

사회적 행위론은 오직 인간행동의 사회적 연관성이라는 일종의 틀만을 제시하였기 때문에 인과적 접근방법에서 출발하거나(Eb. Schmidt), 주관적·목적적(Jescheck) 혹은 객관적·목적적(Maihofer)인 입장에서 이해될 수도 있다. 따라서 이 행위론은 목적적 행위론과의 관계에서 배척관계에 있다기보다는 이를 잠재적으로 포함하는 행위론이라 할 수 있다.

사회적 행위론의 장점은 사회적 의미라는 기준으로 구성요건에 해당하는

1) 독일에서는 Eb. Schmidt, Engisch, Jescheck, Maihofer, Wessels, E. A. Wolff 등이 대표적인 학자이다. 우리 나라에서는 김신규, 116면; 손동권, 87면; 손해목, 166면; 신동운, 93면; 안동준, 45면; 이재상, 89면; 이정원, 73면; 이형국, 69면; 임 웅, 100면; 정성근/박광민, 109면.

행위들을 선별하고 이렇게 함으로써 구성요건의 해석과 적용시에 사리에 맞지 않는 결과를 방지할 수 있다는 점이다. 예를 들면 의사의 치료행위는 독일의 판례에서는 상해죄(독일형법 제223조 이하)의 구성요건에 해당하지만 승낙에 의해서 위법성이 조각될 뿐이라고 해석하나,[1] 사회적 행위론에 의하면 치료행위의 사회적 의미에 비추어 처음부터 신체의 상해행위로 보지 않기 때문에 구성요건해당성부터 인정되지 않는다.

그러나 행위의 사회적 중요성 판정이란 것이 구성요건을 염두에 두지 않고도 가능한가? 예를 들면 허리띠를 목에 두른 경우에는(허리띠의 일반적인 사용방법이 아니기 때문에) 구성요건과 관련짓지 않고도 어느 정도 이 행위의 사회적—결과적으로 형법적—중요성(의미)이 인정될 수 있으나, 이와 달리 머플러를 목에 건 행위는—머플러는 보통 목에 걸기 때문에—그로 인한 결과와 구성요건을 함께 고찰하지 않고는 머플러를 목에 건 행위만 가지고 어떠한 사회적인 의미도 인정할 수 없을 것이다.[2] 즉 전구성요건적인 행위의 사회적 관련성 판정이란 무의미한 것이다. 사회적 행위론이 갖는 이러한 한계성에도 불구하고 전술한 인과적 행위론과 목적적 행위론에 비해서는 형법상의 행위개념을 보다 합리적으로 해석할 수 있는데, 그 이유는 행위를 존재론적으로가 아니라 기능적으로 이해하고 있기 때문이다.

제 3 절 行爲論과 犯罪論體系

Ⅰ. 故意行爲

1. 인과적 행위론

인과적 행위론에 따르면 고의는 책임요소가 된다. 즉 인간의 신체활동인 행위에 의하여 구성요건적 결과가 발생하면 위법성은 추정되고 위법성조각사유가 없으면 책임의 문제로서 고의 유무가 검토된다. 즉 인과적 행위론에서는 불법구성요건에 있어서 결과의 불법(유의적 행동에 의한 위법한 결과의 유발)에 중점을 두며, 행위자의 행위에 대한 주관적인 태도는 책임의 단계에서

1) BGHSt 11, 111; 12, 379; 16, 309.
2) BGHSt 7, 303면 참조.

비로소 검토하는 것이다.

2. 목적적, 사회적 행위론

행위의사가 처음부터 행위의 요소가 되는 목적적, 사회적 행위론에 의하면 고의는 구성요건의 단계에서 검토된다. 위법성의 전제조건으로서 구성요건에 고의를 배치함으로써 목적적 행위론자들은 행위불법을 보완하였다. 이러한 행위의 불법은 고의범에서는 목적적인 (행위)실현의사에서 나온다.

사회적 행위론의 관점에서도 고의는 구성요건에 속하게 된다. 왜냐하면 여기에서 구성요건적 행위란 인간의 의사에 의해 지배되는 법적·사회적 의미동일체로 이해되기 때문이다.

Ⅱ. 過失行爲

1. 인과적 행위론

초기 형태의 인과적 행위론에서는 구성요건해당성은 행위를 통해 구성요건적 결과가 발생하였음을 확인함으로써 족했다. 과실은 책임의 형태였고, 고전적 범죄론체계에서 과실행위는 전적으로 책임에 속했다.

이에 반해 인과적 행위론을 수정·보완하는 입장에서는 구성요건의 단계에서 객관적 주의의무위반행위를 심사하고, 책임의 영역에서는 행위자가 개인적인 능력에 비추어 구성요건 실현의 위험성을 인식하고 이를 회피할 수 있는 상황에 있었는가의 여부, 즉 소위 개인적 주의의무위반 여부를 검토한다.

2. 목적적, 사회적 행위론

목적적, 사회적 행위론에서는 과실범의 경우 구성요건의 테두리 안에서 객관적 주의의무위반을 심사한다. 즉 일반적으로 요구되는 주의(객관적 의무위반)를 태만히 함으로써 구성요건상에 유형화된 행위불법의 기초가 된다.

구성요건의 단계에서 객관적 주의의무위반 이외에 또는 대신에 주관적 구성요건요소로서 개인적 주의의무위반 여부를 검토하여야 할 것인가,[1] 아니면 객관적 주의의무위반은 구성요건에서, 그리고 주관적 주의의무위반은 책임의 단계에서 심사하여야 할 것인가[2]에 대해서는 학설이 대립되어 있다.

---

1) Bockelmann, Otto, Samson, Stratenwerth, Maurach/Gössel 등의 입장이다.

2) Jescheck, Rudolphi, Wessels, Welzel, Schünemann, Armin Kaufmann 등의 입장이다.

제 4 절 行爲槪念의 機能的 理解

Ⅰ. 行爲論 有用論의 根據

일반적으로 행위론의 입장에서 주장하는 구성요건적 행위의 상위개념으로서 행위가 갖는 기능으로서 다음과 같은 내용을 들고 있다.[1)]

1. 기초적 기능: 행위의 논리적 의미

행위가 범죄론체계의 근저를 이루는 요소로서 갖는 기능을 말한다. 이러한 기능으로 인하여 구성요건해당성, 위법성, 책임의 문제는 항상 선재하는 행위에 붙는「수식어」로서, 행위는 범죄론의 출발점이고 토대라고 이해된다.

2. 결합적 기능: 행위의 체계적 의미

범죄의 기능적인 각 평가단계를 상호결합시켜 주는 기능을 가리킨다. 즉 행위란 구성요건해당성, 위법성, 책임을 일관하여 각 평가단계마다 기준을 설정하여 주는 기능을 갖는다고 한다.

3. 한계적 기능: 행위의 실질적 의미

형법적 평가의 대상이 될 수 있는 행위를 이와 무관한 행위(무의식적 행위, 자연현상, 단순한 생각 등)로부터 구별짓는 기능을 의미한다.

4. 죄수론에서의 기능

상상적 경합과 실체적 경합의 구별은 행위의 수에 의한다. 즉 하나의 행위는 하나의 범죄만을 구성하는 것이다.

5. 범죄실현의 시점과 장소에 대한 연계기능

행위의 요소들인 의사표출과 결과의 발생이 장소적으로나 시간적으로 상이할 때에 범행의 장소와 시간은 각각의 행위개념의 요소에 따라 결정될 것이므로 이에 행위의 기능이 인정된다고 한다.

Ⅱ. 行爲論의 機能問題

이상과 같이 전구성요건적인 행위개념을 인정하는 주장에 대하여는 다음

1) Otter,「Funktion des Handlungsbegriffs im Verbrechensaufbau?」(1973), 41면 이하 참조. 범죄론과 관련하여 행위론의 필요성을 인정하는 견해로는 김성돈, 140면; 김신규, 116면; 김일수, 123면; 손동권, 80면; 손해목, 166면; 신동운, 95면; 안동준, 40면; 이재상, 74면; 이정원, 70면; 이형국, 59면; 임 웅, 101면; 정성근/박광민, 101면; 조준현, 112면; 진계호, 142면.

과 같은 반론이 제기된다.[1] 우선 기초개념으로서의 행위개념을 인정할 수 없다. 즉 행위란 최소한 인간의 의사에 의한 인과관계의 결정이 요구되는데 이러한 존재론적인 최소요건이 부작위에서는 인정될 수 없다는 점이다. 부작위란 존재론적으로 행위라고 볼 수가 없으므로 작위 외에 부작위까지도 포함하는 행위란 범죄구성요건과 무관하게 존재할 수는 없다. 만일 작위와 부작위를 포괄할 수 있는 추상적이고 일반적인 행위개념을 정립하였다 하더라도 그것은 결국 공허한 내용의 집합개념에 지나지 않는다. 또한 형법전에서 사용되는 「행위」라는 용어(제1조, 제13조, 제14조 참조)는 형법상 구성요건과 연결된 행위를 의미하는 것이며, 구성요건 이전의 독립된 기초개념으로서의 행위를 의미하는 것이 아니다.

마찬가지로 행위가 갖는 결합적 기능이라는 것도 행위개념의 기초적 기능에 종속적인 것이며 그 논리적 귀결에 불과하기 때문에 설득력이 없다. 또한 구성요건해당성, 위법성 및 책임은 각각 독립된 요소가 아니라 상호간의 연계성을 내재하고 있기 때문에 가치충족적인 행위개념에 의한 결합기능이란 무의미하며 모순적이다.

행위의 한계적 기능도 마찬가지로 부인될 수 있다. 반사적 행동 등이 형법적 평가의 대상에서 제외되는 것은 행위가 없었기 때문이 아니라 구성요건에 해당하는 행위를 하지 않았기 때문이다. 예를 들어 A가 B에 떠밀려서 상가의 진열장을 깨뜨렸을 경우 A를 손괴죄로 처벌할 수 없는 것은 행위가 없었기 때문이 아니라 형법 제366조의 구성요건에 해당하는 행위를 하지 않았기 때문인 것이다. A는 B에 의해 떠밀리는 순간에 B에게 저항한다거나 다른 사람의 도움을 요청하는 등의 행위를 할 수 있다. 즉 A는 행위의 흠결로 형사책임을 지지 않는 것이 아니라 결과를 야기시킨 구성요건적 행위가 없었기 때문인 것이다. 뿐만 아니라 반사적 행동 등이 항상 형법적으로 무관한 것도 아니며 과실행위와 관련될 수도 있다는 점에서 형법적 관련성 여부는 행위와 비행위의 관계에서가 아니라 구성요건해당성의 맥락에서 결정된다고 보아야 한다. 행위가 범죄실현의 시점과 장소에 대한 연계점이 된다는 견해도 무의미하다. 범행의 시소가 결정되는 것은 구성요건에 해당하는 행위에 의해서이지 형법상의 구성요건으로부터 독립적인 행위개념에 의해서가 아니기 때문이다.

---

1) Otter, 앞의 책, 84면 이하 참조.

끝으로 죄수의 경합론과 관련해서도 행위개념은 그 독자적인 기능을 갖지 못한다. 경합범이란 행위결과에 관한 이론이다. 다수의 구성요건 실현은 경합범 문제에서 전제조건인 것이다. 구성요건해당성 이전의 문제는 이미 확정되어야 하며 이 단계에서는 구성요건에 해당하는 다수의 행위들이 상호 비교되게 된다. 결론적으로 기초개념으로서 구성요건에 선재하는 전법률적인 행위개념은 부인되어야 하며, 행위는 오히려 구성요건의 필수적인 요소에 해당한다. 행위란 범죄구조에 있어서 구성요건의 전단계가 아니며, 행위개념의 임무란 오직 구성요건에 존재론적 재료만을 제공하여 그 내용을 충족시키는 것이다.

이상에서 살펴본 바와 같이 행위의 존재론적 또는 사물논리적 구조를 밝히는 것은 형법의 영역에 속하는 것이라고 볼 수 없다. 즉 행위론은 형법상 의미있는 모든 행위형태를 포괄하는 행위개념을 찾는 데에 있는 것이 아니다. 인간행위의 본질에 관한 논의는 법규범이 지향하는 목표와 직접 관련된 문제도 아니다. 오히려 행위론은 형법상의 불법을 구성하는 행위는 어떠한 질(quality)을 구비하고 있어야 하는가라는 규범적 문제에 귀착하여야 한다. 이를 밝히는 데에 행위론에서 추구하는 행위의 본질은 의미가 없다.[1] 문제의 중점은 인간행위의 최소요건을 출발점으로 하여 형법상 어떠한 추가적인 요소가 필요한가에 있기 때문이다. 기존의 행위론에서 이러한 본질론을 배제하면 남는 문제는 행위가 갖는 범죄체계론상의 기능문제가 될 것이다.

제 5 절 法人의 刑事責任

Ⅰ. 序 論

형법상의 구성요건은 모두 인간의 정신활동의 소산인 범죄행위를 그 처벌대상으로 상정하고 있다. 그러므로 형법상의 행위주체는 범죄행위능력과 형사책임능력을 지닌 자연인에 한한다고 보아야 한다. 반면에 기업과 같은 법인에게도 범죄에 대한 형사책임을 귀속시킬 것인가의 문제가 제기된다. 기

1) 김일수/서보학, 117면 역시 형법상의 이론에서 관심 있는 행위는 '구성요건에 해당하는 행위'이지 전구성요건적 행위는 아니므로, 오늘날 행위개념의 유용성과 실용성이 남아 있는 부분이란 소극적 한계기능에 제한된다고 본다. 형법상 행위론에 대해 소극적인 견해로는 성낙현, 105면; 오영근, 112면.

업범죄가 증가함에 따라 법인처벌의 필요성이 커지고 있기 때문이다. 그러나 형법은 형사책임의 귀속주체로서 자연인만을 대상으로 하고 있으므로 법인에 대한 형사처벌의 현실적 가능성과 이론적 한계에 봉착한다. 즉 법인에 대한 자유형의 부과가 현실적으로 불가능하고, 또한 법인의 범죄능력을 인정할 수 있다는 견해는 사법상의 법인실재설(法人實在說)에서 비롯되지만 이는 사법상의 법률효과와 권리의무의 귀속주체로서 법인의 본질을 설명하는 이론에 불과하다. 그러므로 이를 형사책임의 귀속주체에 관한 이론으로 동일시하여 판단하는 것은 타당하지 않다.

그럼에도 불구하고 법인의 형사책임문제가 제기되는 것은 법인에 대한 현실적인 처벌의 필요성을 주장하는 입장과 이를 토대로 한 양벌규정의 존재에 기인한다. 행위자와 함께 법인을 처벌하는 양벌규정(형법 제8조 단서 참조)의 예를 들면 「특정경제범죄 가중처벌 등에 관한 법률」 제 4 조 제 4 항, 「풍속영업의 규제에 관한 법률」 제12조, 「국내재산도피방지법」 제 4 조, 「부정수표단속법」 제 3 조, 「환경범죄의 단속에 관한 특별조치법」 제10조 등이 있다.

[양벌규정의 예] 의료법 제91조(양벌규정) 법인의 대표자나 법인 또는 개인의 대리인, 사용인, 그 밖의 종업원이 그 법인 또는 개인의 업무에 관하여 제87조, 제88조, 제88조의3, 제89조 또는 제90조의 위반행위를 하면 그 행위자를 벌하는 외에 그 법인 또는 개인에게도 해당 조문의 벌금형을 과한다. 다만, 법인 또는 개인이 그 위반행위를 방지하기 위하여 해당 업무에 관하여 상당한 주의와 감독을 게을리 하지 아니한 경우에는 그러하지 아니하다.

Ⅱ. 法人의 犯罪能力

법인의 범죄능력이란 법인이 형법상의 행위주체가 될 수 있는가의 문제이다.

이에 대해서는 범죄능력긍정설[1)]과 범죄능력부정설[2)]이 있다. 법인의 범죄능력을 인정하는 긍정설의 입장에서는 법인실재설을 토대로 범죄능력의 인정이 논리적으로 모순이 없고 법인기관을 통한 의사형성의 가능성이 있으며, 재산형의 부과는 가능하고 효과적일 뿐만 아니라 생명형도 이를 법인에 대한

1) 김성천, 78면; 김일수/서보학, 136면; 정성근/박광민, 90면.

2) 권오걸, 109면; 배종대, 212면; 손동권, 106면; 손해목, 218면; 신동운, 주석형법(I), 142면; 안동준, 57면; 이재상, 97면; 이정원, 75면; 이형국, 87면; 정영일, 80면; 조준현, 262면; 진계호, 124면.

해산명령 등으로 의미해석을 하면 그 적용이 가능하다고 본다. 그 밖에도 책임능력을 사회적 책임의 귀속능력으로 보면 이는 법인에게도 인정되며, 법인의 사회적 기능의 중요성에 비추어 범죄능력과 수형능력의 인정이 형사정책적으로 필요하다는 점을 든다. 이 밖에도 형사범과 행정범을 구별하여 행정범의 경우에는 범죄능력을 인정하거나 혹은 법인처벌의 명문규정이 있는 경우에는 인정하는 등의 입장을 취하는 부분적 긍정설[1)]이 있다.

그러나 법인의 범죄능력은 앞에서 지적한 바와 같이 그 속성상 인정될 수 없을 뿐만 아니라 법인에게는 생명형·자유형과 같은 형벌의 수형능력이 없다는 점, 인간의 정신적·심리적 실체가 존재하는 행위가 불가능하다는 점, 형사정책적 처벌의 필요성은 다른 방법에 의하여 달성하는 것이 더욱 효과적일 수 있다는 점, 그리고 법인처벌의 효과가 그 법인의 구성원에게까지 미치게 되어 범죄행위에 전혀 관여하지 않은 사람이 불이익을 받게 되는 것은 자기책임의 원칙에 반한다는 점에서 부인되어야 한다(부정설).[2)]

한편 법인의 범죄능력을 부인하면서 형사책임을 인정하는 것은 책임없는 형벌을 인정하는 것과 같으며 “형법의 기초를 무너뜨리는 이론”이라는 비판이 있다.[3)] 형법에서 책임주의, 즉 책임을 전제로 해서 형사책임을 인정하여야 한다는 원칙은 형사책임을 인정하기 위한 대전제이다. 그렇다면 법인의 범죄능력을 부인하는 것이 책임주의의 포기 또는 예외인정에 해당하는 것인지를 살펴볼 필요가 있다. 형법은 행위를 전제로 해서 형사처벌을 한다. 이러한 행위는 행위개념에 관한 인과적·목적적·사회적 행위론을 불문하고 자연적 행위, 즉 자연인에 의한 행위를 전제로 한 이론이다. 예를 들어 사회적 행위론에서 행위개념을 사회적 중요성이나 사회적 의미를 기준으로 판단하여도 역시 자연인에 의한 행위의 의미를 파악한다는 점에서는 다를 바 없다. 이 점에서 사회적 행위론을 기반으로 하여 법인의 범죄능력을 인정할 수 있는 것처럼 주장하는 것은 형법학에서의 행위론에 대한 오해에서 비롯된 것이다. 그리고 책임원칙은 행위를 하기에 앞서 자신의 행위가 금지되어 있다는 사실을 인식하는 것을 전제로 한다. 이러한 인식의 바탕 위에서 행위자에게 그럼

1) 신동운, 118면; 오영근, 152면; 임 웅, 80면.
2) 판례도 부정설의 입장이다. 대판 1984.10.10, 82도2595; 1985.10.8, 83도1375; 1994.2.8, 93도1483.
3) 임 웅, 81면.

에도 불구하고 행위로 나아간데 대하여 책임을 물을 수 있다는 것이다. 그러나 법인에게 이러한 인식을 기대할 수 없으며 법인의 책임을 인정하는 것은 사실에 기초한 것이 아니라 의제(擬制)에 근거한 것이다. 다만 양벌규정에 의하여 법인을 처벌할 경우에 법인의 의사결정 및 행위구조, 즉 종업원 등이 저지른 행위의 결과에 대한 법인의 독자적인 책임에 관하여 규정을 하여야 가능하다고 보는 범위 내에서 책임주의는 구현되고 있다고 볼 수 있다.

결론적으로 법인의 범죄능력에 대해서는 부정설의 입장을 취하면서도 법인의 형사책임은 인정하는 것이 일반적인 경향이다. 이는 행정법규 등에 규정되어 있는 양벌규정을 설명할 필요성에서 비롯된다.

Ⅲ. 法人의 處罰

법인의 범죄능력을 인정하면 당연히 가능하다고 보게 되는 법인처벌의 문제는 부정설의 입장에서도 법인을 처벌하는 양벌규정의 존재로 인해 그 이론적 근거를 제시하기 위한 학설의 대립이 있다. 즉 법인의 형사처벌근거에 관한 문제는 법인의 범죄능력을 부인하더라도 형사정책적 판단에 의하여 인정되는 문제라고 볼 수 있다. 현실적으로 처벌규정이 있는 것을 전제로 하기 때문이다. 법인의 범죄능력이 인정될 수 없기 때문에 형사처벌도 불가하다는 것은 현행법 해석론이 아니라 입법론의 문제에 해당한다. 문제는 법인처벌의 이론적 근거에 관한 것이다.

양벌규정은 행위자에 대한 직접처벌뿐만 아니라 행위자의 행위로 인한 이익의 귀속주체까지도 처벌하는 규정을 말한다. 양벌규정의 행위주체로는 사용인, 법인의 대표자, 그리고 사업주가 있다. 사용인과 법인의 대표자는 직접행위자에 해당하고, 사업주는 이익의 귀속주체를 말한다. 즉 사용인(또는 종업원)은 법인에 고용되어 근무하는 자 등을 의미하고 법인의 대표자는 법인의 기관으로서 스스로의 의사결정에 따라 행위를 하며 이 행위는 법인의 행위로 평가되고 귀속되는 것이다. 그리고 사업주는 직접행위자가 아니며 직접행위자의 행위결과가 형사처벌이 될 때 사업주도 양벌규정에 따라 처벌된다.

양벌규정에 의한 법인의 처벌근거에 관해서는 다음과 같은 견해가 있다.

1. 무과실책임설

법인에 대한 처벌은 법인의 과실행위에 대한 처벌이 아니라 행정적 목적을 위하여 법인의 기관 등 타인의 행위로 인하여 형사처벌을 받게 된다는 이론으로서 일종의 법인의 대위책임을 인정한 것으로 보는 견해이다.

2. 과실책임설

법인에 대한 처벌은 종업원을 선임·감독함에 있어서 법인의 과실책임을 인정하는 견해이다.[1] 법인의 반증이 없으면 과실이 추정된다고 보는 과실추정설,[2] 법인에게 과실이 의제된다고 보는 과실의제설, 법인 자신의 종업원에 대한 관리·감독의무위반에 기초한 부작위책임을 인정하는 부작위감독책임설[3] 등도 과실책임설의 일종이라고 볼 수 있다.

[판례] 과실추정설을 취한 판례: 법인의 임원·직원 또는 사용인이 법인의 업무에 관하여 관세법(이하 법이라 한다)에 규정된 벌칙에 위반되는 행위를 한 때에는 제277조에 해당하는 경우를 제외하고는 그 행위자를 처벌하는 외에 법인도 처벌하도록 한 법 제280조의 규정은 법인의 경우 직원 등의 위반행위에 대하여 행위자인 직원 등을 벌하는 외에 업무주체인 법인도 처벌하고, 이 경우 법인은 엄격한 무과실책임은 아니라 하더라도 그 과실의 추정을 강하게 하는 한편, 그 입증책임도 법인에게 부과함으로써 양벌규정의 실효를 살리자는데 그 목적이 있다(대판 2002. 1. 25, 2001도5595).

오늘날 법인의 형사책임이 문제되는 것은 법인기관 등의 행위로 인한 사회적 위해성이 큰 경우로서, 법인에 대한 제재필요성이 정책적으로 필요한 경우에 양벌규정을 두었기 때문이다. 헌법재판소는 법인이나 개인에 대한 형사책임과 관련하여 종업원 등의 범죄행위에 관하여 비난할 근거가 되는 법인의 의사결정 및 행위구조, 즉 종업원 등이 저지른 행위의 결과에 대한 법인의 독자적인 책임에 관하여 전혀 규정하지 않은 채, 단순히 법인이 고용한 종업원 등이 업무에 관하여 범죄행위를 하였다는 이유만으로 법인에 대하여 형사처벌을 과하는 것은 형사법의 기본원리인 '책임 없는 자에게 형벌을 부과할 수 없다'는 책임주의에 반한다는 이유로 위헌결정을 하였다.[4] 이에 따

1) 권오걸, 112면; 김성돈, 153면; 김일수/서보학, 141면; 성낙현, 111면; 신동운, 114면; 오영근, 148면; 이재상, 101면; 임 웅, 85면; 조 국, 「법인의 형사책임과 양벌규정의 법적 성격」, 법학(서울대), 제48권 제 3 호(2007), 68면; 조준현, 263면.

2) 김대휘, 「양벌규정의 해석」, 형사판례연구(10), 26면; 진계호/이존걸, 131면.

3) 김일수/서보학, 139면.

4) 헌재결 2007. 11. 29, 2005헌가10(전원재판부 — 무면허치과의료행위사건); 2009. 7. 30, 2008헌가16(전원재판부). 또한 헌재결 2011. 12. 29, 2011헌가20.

라 양벌규정을 둔 행정형법의 규정은 법인 또는 개인이 위반행위를 방지하기 위하여 해당 업무에 관하여 상당한 주의와 감독을 게을리 하여 행정법규 위반행위를 한 경우를 조건으로 하여 그 행위자를 벌하는 외에 그 법인 또는 개인에게도 해당 조문의 형을 과한다고 규정하여야 한다는 것이다.[1] 이러한 취지에 비추어 볼 때 무과실책임설은 더 이상 타당할 수 없게 되었다. 그러므로 양벌규정에 의한 법인 처벌의 법적 근거는 과실책임이며, 이러한 과실의 내용은 법인의 기관으로서 법인과 동일시되는 대표자의 과실이나 법인의 종업원에 대한 감독소홀과실이라고 할 수 있다.

Ⅳ. 論議의 檢討

이상의 여러 가지 논의를 종합하면 우선 법인의 범죄능력을 기존의 범죄론과 결부시켜 이해하고 이를 토대로 하여 처벌근거를 논하고 있다. 그러나 이러한 방법은 우선 본질론과 해석론을 동일선상에서 이해하려고 하는 문제점이 있다. 법인에게 범죄능력이 인정되는가라는 문제는 본질적이며 행위능력·책임능력에 관한 존재론적인 논의이다. 이러한 법인의 본질에 관한 논의는 법인을 처벌하는 현행법규정을 전제하면 그 의미가 별로 없다. 법인처벌의 필요성은 오늘날 기업범죄(경제범죄나 환경범죄는 그 대표적인 예이다)의 증가로 인해 불가피하며 또한 널리 인정되고 있는 바이다. 중요한 것은 법인처벌의 방법과 그 한계이며 이를 결정하는 중요한 기준은 법인처벌의 필요성에서 연유하는 처벌효과의 문제이다. 다시 말하면 이는 법인의 본질론으로부터 도출되어야 하는 문제가 아니라 형사정책적·기능적 판단에 의해야 한다.[2] 이러한 기본입장에서 법인처벌의 문제를 생각하면 우리는 논의의 중점이 어디에 놓여야 하는가를 알 수 있다.

---

1) 「독점규제 및 공정거래에 관한 법률」 제70조 참조.

2) 자연인의 형사책임능력도 규범적 판단을 토대로 하여서 결정될 수 있는 것이지 순수한 심리적·정신적 판단에만 의존하는 것이 아니다(Jakobs, AT, 18/3; Jescheck/Weigend, AT, 393면; Roxin, AT, §20 Rn. 1 이하; Sch/Sch/Lenckner-Perron, §14 Rn. 1).

제 3 장 構成要件

제 1 절 刑法上 不法의 概念과 意味

Ⅰ. 構成要件과 違法性의 關係

형법상 구성요건이란 살인행위나 절도행위와 같이 입법자가 가벌적이라고 판단하는 행위를 처벌하기 위하여 범죄의 성립요건을 기술한 것이다. 벨링(Beling)[1]에 의하여 사용되기 시작한 개념인 구성요건은 범죄론체계의 가장 핵심적 요소이다. 그리고 이러한 사회침해적 행위를 처벌하기 위한 구성요건의 총체가 형벌규범이며, 형벌규범은 구성요건을 통하여 불법행위의 내용을 기술해 놓고 있다. 그러므로 처벌의 전제조건은 구성요건해당성이며 구성요건에 해당하는 행위는 원칙적으로 위법한 행위라고 할 수 있다(예외: 정당방위에 의한 살인과 같은 위법성조각사유의 존재). 왜냐하면 구성요건이란 가벌성이 인정되는 특정행위를 추출한 것이므로 구성요건에 해당한다는 것은 곧 위법행위임을 추정하게 하기 때문이다(구성요건해당성의 위법성 추정기능). 이를 종합하면 형사처벌이 가능한 불법성이 인정되기 위해서는 우선 행위가 구성요건에 해당하고, 다음으로 위법성조각사유가 없음으로써 위법성이 인정되어야 한다. 불법은 이러한 구성요건해당성과 위법성을 포함하는 개념으로서 위법한 행위나 그로 인한 결과를 의미한다.[2]

Ⅱ. 不法과 責任

불법과 책임의 관계를 어떻게 파악하는가에 대해서는 학설사적으로 논란이 되었다. 독일에서는 유책한 사람만이 불법을 실현할 수 있다고 보아서 불

1) Beling, Die Lehre vom Verbrechen, 1906.
2) 이와 관련하여서는 김종원, 「구성요건해당성과 위법성에 관한 소고」, 성시탁교수화갑기념논문집(1993), 81면 이하 참조.

법과 책임의 결합을 주장하는 메르켈(A. Merkel)의 주관적 불법론과 책임 없는 불법행위를 인정함으로써 불법과 책임의 분리가능성을 인정하는 예링(R. Jhering)의 객관적 불법론의 대립이 그것이다. 오늘날 학설은 형법상의 불법을 책임과 분리하여 이해하면서 불법판단은 행위에 대한 일반적 평가를, 그리고 행위자 개인의 측면은 책임단계에서 평가한다. 즉 책임의 단계에서는 행위가 아니라 행위자가 평가대상이 된다. 그리고 불법은 책임의 전제조건이므로, 항상 책임판단에 앞서 검토되어야 한다.

Ⅲ. 結果不法과 行爲不法

법익침해상태를 야기하는 것을 내용으로 하는 불법을 결과불법(결과반가치)이라고 하며(예: 살인죄에서 살인의 결과), 주관적인 구성요건요소를 갖는 구성요건 실현행위 자체를 통해 나타나는 불법을 행위불법(행위반가치)이라고 한다. 행위불법의 예를 들면 사기죄(제347조)에서의 「기망행위」, 특수폭행죄(제261조)에서의 「위험한 물건을 휴대」하는 것 등이 있다. 즉, 결과불법은 법익침해의 결과나 법익침해의 위험성을, 행위불법은 고의·과실, 목적범에서의 목적, 범죄실현의 수단·방법 등을 내용으로 한다.

행위불법과 결과불법의 관계를 살펴보면 기수범에서는 이 두 요소가 모두 실현되어야 하며, 행위불법은 실현되었으나 결과불법이 실현되지 않은 경우에는 미수범에 불과하다. 또한 결과불법은 침해범과 위험범에서 서로 다른 모습으로 나타난다. 즉 침해범의 경우에는 법익침해의 형태로 나타나며, 위험범의 경우에는 법익위태화가 결과불법에 해당한다. 주거침입죄(제319조)나 위증죄(제152조)와 같은 거동범의 경우에도 행위로부터 분리될 수 없는 결과가 존재한다고 인정된다(행위불법과 결과불법의 결합). 거동범의 행위가 법익침해 또는 법익위태화를 초래할 수 있으며, 이를 결과반가치로 인정할 수 있기 때문이다. 반대로 고의범에서 결과불법은 실현되었으나 행위불법이 인정되지 않는 경우에는 고의범이 인정되지 않더라도 과실범의 성립가능성은 남게 되나 과실범의 성립도 부인된다면 결국 무죄로 보게 된다. 결론적으로 형법상의 불법은 행위불법과 결과불법으로 이루어져 있다.

인과적 행위론에 기초한 고전적 범죄론 체계에 의하면 불법—구성요건해당성과 위법성—은 법익침해의 객관적 측면에 해당하는 결과불법만을 가지고 판단하게 된다(결과불법일원론). 이에 대해 행위불법론은 인간행위의 내면성을 강조한 목적적 행위론에 의해서 주장되었다. 이에 따르면 결과를 지향하는 목적성(Finalität)은 행위의 내용이기 때문에 불법성을 판단하는 결정적인 요소가 된다(행위불법일원론). 그리고 결과불법은 행위불법이 인정되는 범위 내에서만 의미가 있게 된다. 이처럼 불법은 행위자와 유리되지 않은 (개)인적인 행위불법이므로 이를 (개)인적 **불법론**(Lehre vom personalen Unrecht)이라고 한다.[1] 예를 들면 주관적 정당화요건(예: 정당방위의사, 긴급피난의사 등)을 학설과 판례가 요구하는 것은 개인적 불법론의 결과로 볼 수 있다. 즉 방어의사 없이 한 정당방위 상황에서의 방어행위(고의의 법익침해행위)는 객관적 정당방위요건에 의하여 법익침해라는 결과불법은 부인되지만 행위불법은 그대로 남게 된다. 그러나 행위자가 정당방위가 필요한 상황이라는 인식, 곧 정당방위의 주관적 성립요건인 방위의사를 갖게 됨으로써 행위불법성이 제거되는 것이다.

행위불법과 결과불법의 문제는 불법성의 내용과 관련되어 있다. 현재 지배적인 학설은 불법성은 금지되는 행위와 요구되는 행위규범으로서의 성격을 의미하는 **결정규범**(Bestimmungsnorm)위반과 행위에 대한 법적 평가를 의미하는 **평가규범**(Bewertungsnorm)위반의 양면적 성격을 갖는다고 보는 것이 일반적이다.[2] 결정규범이란 형법규범이 인간의 의사에 작용하여 각자의 행위를 결정하는 기능을 한다는 점에서 붙여진 명칭이다. 그리고 평가규범은 위법한 구성요건 실현이 법적으로 금지되는 행위로 평가받은 것임을 의미한다. 그러므로 결정규범에 반하는 것은 행위불법을 의미하고, 평가규범에 반하는 것은 결과불법을 의미한다.

한편 결과불법을 중심으로 한 불법론과 달리 행위불법만을 구성요건의 내용으로 보고 결과불법은 불법의 독자적인 내용이 될 수 없다고 보는 학설이 있다.[3] 이에 대한 논거로는 첫째 결과가 아니라 행위만이 금지규범의 대상이 된다는 점을 든다. 예를 들어 살인의 경우 사람을 살해하는 행위가 금지대상이지 사람의 사망이라는 결과는 금지규범의 직접대상이 아니라는 것이

1) Welzel, Strafrecht, 62면.
2) Roxin, AT, § 10 Rn. 93; Sch/Sch/Lenckner, vor § 13 Rn. 49.
3) Zielinski, 「Handlungs- und Erfolgsunwert im Unrechtsbegriff」(1973); Armin Kaufmann, Welzel-FS.(1974), 410면 이하; Lüderssen, ZStW 85(1973), 292면 이하 등 참조.

다. 다음으로는 결과의 발생이나 불발생은 우연적 사실에 불과하므로 불법판단과 무관하다는 점을 든다. 예를 들어 두 사람이 동시에 한 사람을 살해하기 위하여 총을 발사한 경우 한 사람은 명중하고 다른 사람의 총알은 빗나간 경우 이러한 우연한 결과는 불법판단의 기준이 될 수 없으며 살해하려는 '행위'만으로도 두 사람 모두에게 동등한 살인의 행위불법과 책임이 인정된다는 것이다. 마찬가지로 과실범에서도 발생한 결과가 아니라 주의의무위반행위만으로 불법성을 판단한다. 이러한 입장에서는 결과발생을 객관적 처벌조건이나 소추의 전제조건 정도로 본다.

그러나 결과불법을 배제하는 이러한 견해는 일면적이라는 비판을 받는다. 인간행위를 전제로 하는 모든 형법규범은 외부적인 결과를 상정하지 않은 채 규범실현의 과정만을 규정하지는 않기 때문이다. 예를 들어 사람의 사망이라는 결과가 전제되지 않는다면 살인행위는 살인시도행위에 불과하다. 즉 미수범의 경우에도 결과불법이 전제되기 때문에 행위불법성이 인정되는 것이다. 이처럼 불법은 결과불법과 행위불법이 상호 결합하여 전체로서 형법상의 불법의 내용을 이루는 것으로 보아야 한다.[1)]

제 2 절 構成要件

Ⅰ. 構成要件의 機能과 形態

1. 구성요건의 기능

형사처벌의 기초는 행위이며(행위형법), 구성요건이란 범죄행위의 성립요건을 의미하고 이는 법규범(형법과 형사특별법 등)을 통하여 나타난다. 구성요건은 세 가지의 핵심적 기능을 한다. 첫째 여러 형태의 인간행위 가운데에서 가벌적 행위와 불가벌적 행위를 구별하는 선별적 기능, 둘째 죄형법정주의에 따른 보장적 기능, 셋째 구성요건에 대한 인식을 고의의 내용으로 삼음으로써 구성요건이 착오론의 출발선상에 놓이게 하는 형법이론적 기능이 그것이다. 세 번째 기능과 관련해서 형법 제13조가 「죄의 성립요소인 사실을 인식

---

1) Roxin, AT, § 10 Rn. 96.

하지 못한 행위는 벌하지 아니한다」고 규정하고 있는바[1] 여기에서 죄의 성립요소는 곧 구성요건을 의미하며 이를 인식하지 못한 경우, 곧 구성요건의 착오의 경우에는 고의가 인정되지 않으므로 처벌하지 않는다는 의미이다.[2]

독일형법학에서 구성요건이론은 연혁적으로 벨링(Beling)에 의하여 발전되었다. 즉 벨링은 그의 저서 「범죄론」(Die Lehre vom Verbrechen, 1906)에서 오늘날 3단계 범죄론 체계론 가운데 구성요건을 첫 번째 구성요소로 보았다. 그에 의하면 구성요건은 위법성 및 책임과 구별되는 개념으로서 객관적이고 탈가치적으로 기술되는 범죄유형으로 파악하였다. 이 점에서 현대적 의미의 구성요건이론을 확립하였다고 할 수 있다. 그리고 구성요건이 갖는 보장적 기능과 착오관련성에 주목하였다. 벨링이 구성요건의 객관성에 주목한 결과 벨링으로 대표되는 고전적 범죄론 체계에서 구성요건은 평가(Wertung)의 대상이 될 수 없었다. 그러나 구성요건의 객관성은 마이어(M. E. Mayer)나 메츠거(Mezger) 등에 의하여 주관적 구성요건요소가 인정되고 목적적 행위론에 의하여 행위자의 의사방향이 행위의 의미를 파악하는 데에 중요하다는 사실이 인정된 결과 범죄론 체계는 오늘날과 같은 형태로 재정비가 불가피하게 되었다.

2. 불법유형

개개의 구성요건은 가벌적인 불법의 형태를 내용으로 하고 있는데, 이를 불법유형(Unrechtstypus)이라 한다. 예를 들면 「타인의 재물을 절취하는」 행위(제329조), 「폭행 또는 협박으로 타인의 재물을 강취하거나 기타 재산상의 이익을 취득하거나 제 3 자로 하여금 이를 취득하게」 하는 행위(제333조) 등과 같다.

이러한 불법유형을 특징짓는 요소가 곧 구성요건요소인데 객관적 요소(객관적 구성요건)와 주관적 요소(주관적 구성요건)로 나누어진다. 이러한 구성요건요소에 직접적으로 기술되어 있지 않고 판례와 학설에 그 내용이 맡겨진 것으로는 결과범에서의 구체적인 인과관계, 과실범의 주의의무, 부진정부작위범에서의 보증인적 지위 등이 있다. 이는 모두 법규범에 기술되지는 않았지만 구성요건요소이다(「기술되지 않은 구성요건요소」).

3. 개방적 구성요건 · 봉쇄적 구성요건

구성요건의 위법성 추정기능에 따라 구성요건해당성이 인정되면 위법성

---

1) 이 경우 '인식'의 의미는 한계개념이 아니므로 미필적 고의에서 인식설을 의미한다고 해석할 수는 없다.

2) 다만 제13조 단서에 따라 법률에 특별한 규정이 있는 경우, 즉 과실범의 경우에는 처벌가능하다.

여부에 대한 적극적 판단은 필요하지 않다.[1] 그러나 구성요건에 따라서는 위법성의 내용이 구성요건 내에 포함되지 않은 결과 구성요건만으로는 위법성 여부에 대한 판단이 가능하지 않은 경우가 있다. 이를 개방적 구성요건이라고 한다. 즉 봉쇄적 구성요건이 구성요건 자체만으로도 위법성이 도출될 수 있는 것인 데 반해, 개방적 구성요건은 불법요소가 구성요건상에 모두 기술되어 있는 것이 아니라 구성요건 밖에 존재하는 위법성요소에 의한 적극적 판단을 통하여 충족될 때에 확정되는 구성요건을 말한다. 벨첼(H. Welzel)에 의하면 봉쇄적 구성요건은 물론이고 개방적 구성요건에서도 법규범에 구성요건을 보충할 기준(예: 주의의무, 보증인 지위)이 제시되어 있으면 위법성 판단은 소극적 판단이 가능하다고 본다.[2] 그러나 일부 개방적 구성요건에서는 구성요건 자체만으로는 위법성 추정이 불가능하고 행위에 대한 적극적인 위법성판단을 통하여 가능하다는 것이다. 벨첼은 이러한 예로 독일형법상의 강요죄(Nötigung 제240조)[3]를 드는데 동조 제 2 항에서 목적과 수단관계의 비난성(Verwerflichkeit)은 그 판단이 법관에게 일임되어 있으므로 이는 구성요건에 내재되지 않는 개방적 구성요건이라는 것이다. 이에 따르면 구성요건을 통해서는 위법성이 인정될 수 없고, 구성요건 외에 부가적으로 법관의 가치판단을 통해서 비로소 위법성 여부가 결정된다.

그러나 개방적 구성요건이론은 타당하지 않다.[4] 구성요건의 본질이 불법유형을 나타낸다면 오직 완결된 형태의 봉쇄적 구성요건만이 있을 수 있다. 그렇기 때문에 법관의 보충과 같이 불법유형의 내용을 결정짓는 모든 표지는 구성요건요소의 보충에 해당하며 외부로부터 그 내용이 결정되는 구성요건요소의 창설이 아니다. 결국 어느 행위가 구성요건에 해당하면 이는 예외 없이 위법성인정의 징표가 된다고 할 수 있다. 그러므로 위법성판단은 위법성조각

1) 살인이나 강도행위에 별도의 위법성 요소가 필요하지 않은 것과 같다.
2) Welzel, Strafrecht, 82면.
3) 독일형법 제240조 제 1 항: 위법하게 폭력 또는 협박으로 타인에게 어떤 행위, 수인 또는 부작위를 강요한 자는 3년 이하의 자유형 또는 벌금형에 처한다.
제 2 항: 목적을 달성하기 위하여 폭력을 사용하거나 협박하는 것이 비난받아야 할 것으로 인정되는 경우에 그 행위는 위법하다.
제 3 항: 미수범은 처벌한다.
제 4 항: 특히 중한 경우에는 6월 이상 5년 이하의 자유형에 처한다.
4) 김일수/서보학, 131면; 배종대, 188면; 오영근, 122면; 이재상, 108면; 이정원, 79면; 이형국(I), 110면 이하; 임 웅, 110면; 정영일, 「개방적 구성요건론」, 고시계(1995/6), 174면 이하.

사유의 부존재만으로 위법성을 인정하는 소극적 판단에 그친다.

4. 기술적 구성요건 · 규범적 구성요건

객관적 구성요건요소는 기술적 구성요건과 규범적 구성요건으로 나눌 수 있다. 전자는 구성요건의 의미가 가치평가를 통하지 않고도 파악될 수 있는 요건을 말하며(예: 「사람」, 「재물」, 「살해」, 「건조물」, 「손괴」 등), 후자는 구성요건의 의미를 파악하기 위해서는 가치평가적 의미해석을 필요로 하는 요소를 말한다(예: 「명예」, 「음란」, 「기밀」 등). 그러므로 후자를 **평가적 구성요건요소**로 부르기도 한다.

그러나 양자의 구별은 언제나 명확한 것은 아니다. 우선 비록 기술적 구성요건요소라고 하더라도 형법규범화되었을 때에는 규범해석의 차원에서 의미파악이 불가피하다. 그래서 「사람」이나 「부녀」, 「재물」과 같은 외견상 기술적 구성요건도 가치관련적 의미인식이 뒤따르게 된다. 그 결과 「재물」(제329조, 제366조)의 개념에는 동물도 포함하는 것으로 보는 것이다.

한편 양자의 구별이 고의의 내용을 확정하는 데에 중요하다고 한다.[1] 즉 기술적 구성요건요소와 달리 규범적 구성요건요소에 대해서 고의가 인정되기 위해서는 행위자의 의미인식이 필요하다고 본다. 그러나 이러한 의미인식이 비단 규범적 요소의 경우에만 국한되는 것은 아니며 기술적 요소의 경우에도 해당될 수 있으므로 양자의 구별실익이 큰 것은 아니다.[2] 예를 들면 시계에 벌꿀을 붓는 행위에는 재물 「손괴」의 고의가 인정되는데 이는 「손괴」행위를 기술적 · 외부적 의미(시계에 벌꿀을 붓는 행위)로만 파악하였기 때문이 아니라 자신의 행위로 인하여 시계의 기능이 훼손될 것이라는 점도 인식하였기 때문이다(즉 「손괴」의 기능적 의미를 인식하여야 한다).

Ⅱ. 構成要件의 분류

1. 불법구성요건

불법구성요건(Unrechtstatbestand)이란 행위의 불법내용을 기술하여 형법상의 불법유형을 나타내는 구성요건을 의미하며, **협의의 구성요건**이라고도 한다. 일반적으로 구성요건이라고 할 때에는 불법구성요건을 의미하며, 형법각

1) 김일수/서보학, 131면.
2) 마찬가지로 류전철, 「규범적 구성요건에 관한 소고」, 형사법연구 제10호(1998), 36면 이하.

칙에서 처벌조건이나 책임요소에 관한 부분을 제외한 대부분의 규정들이 불법구성요건에 해당한다. 예를 들면 「사람을 살해한 자」, 「타인을 기망하여 재물을 교부받거나 재산상의 이익을 취득한 자」, 「공연히 사람을 모욕한 자」, 「사람의 주거 … 에 침입한 자」, 「공연히 음란한 행위를 한 자」 등이다.

불법구성요건은 사법상의 불법을 포함한 일반적인 불법으로부터 형법상의 불법을 추출해 내는 선별기능을 하며, 이를 통하여 사회구성원으로 하여금 무엇이 범죄행위인가를 알도록 하는 교도적 기능을 담당한다. 불법구성요건의 실현은 또한 행위의 위법성을 나타내는 징표적 기능을 한다.

2. 범죄구성요건

이는 형법각론상의 형벌규범 전체를 의미하는데 불법구성요건뿐만 아니라 처벌조건이나 책임요소들까지도 포함한다. 광의의 구성요건이라고도 한다.

3. 총체적 불법구성요건

총체적 불법구성요건(Gesamtunrechtstatbestand)이란 불법구성요건요소 이외에 소극적 구성요건요소로서 위법성조각사유들까지도 포함하는 구성요건을 가리킨다. 이러한 구성요건개념에 따르면 살인죄의 구성요건은 '정당방위 등과 같은 위법성조각사유 없이 사람을 살해한 경우'라고 표현될 수 있다.

총체적 불법구성요건의 기능은 불법의 한계가 구성요건해당성과 위법성 판단을 거치지 않고 일시에 설정될 수 있도록 하는 데 있다. 여기에서는 구성요건해당성과 위법성이 결합되어 2단계 범죄론체계(총체적 불법구성요건과 책임)로 된다. 총체적 불법구성요건의 실질적인 의미는 허용구성요건[1)]의 착오와 주관적 위법성조각사유의 흠결의 경우에 나타난다.

4. 보장적 구성요건

보장적 구성요건은 범죄구성요건보다 넓은 개념으로서 죄형법정주의에 입각하여 형사처벌의 법적인 전제조건 전체를 의미하며 형법총론상의 위법성, 책임규정까지를 포함한다. 그러나 이는 범죄론체계상의 개념이라기보다는 죄형법정주의의 모든 요소를 총칭하는 개념에 불과하다.

1) 2단계 범죄론체계를 주장하는 경우, 정당화사유(위법성조각사유)를 허용구성요건이라고 하기도 한다.

Ⅲ. 構成要件의 유형

1. 결과범 · 거동범

결과범(혹은 실질범)이란 행위 이외에 시간적 · 공간적으로 구별되는 침해나 위험의 결과발생을 필요로 하는 구성요건 유형을 말한다. 예를 들면 살인죄(제250조)에서 살해행위 이외에 사망의 결과를 필요로 하는 것과 같다. 또한 상해죄(제257조), 낙태죄(제259조 이하), 손괴죄(제366조) 등도 마찬가지이다. 구체적 위험범도 구성요건이 위험발생을 필요로 하는 점에서 결과범에 해당한다.[1]

이에 반해 거동범(혹은 형식범)이란 구성요건의 실현을 위하여 행위와 분리된 별개의 결과발생을 필요로 하지 않고 단순한 거동(행위)만으로도 기수가 되는 구성요건유형을 말한다. 그러므로 거동범에서는 결과귀속의 문제가 발생하지 않는다. 예를 들어 위증죄(제152조)의 경우에 선서한 증인이 허위의 공술을 하면 곧 기수이며 법관이 이를 들었거나 착오에 빠지게 되었는가는 의미가 없다. 그렇다고 하여 거동범의 경우에는 결과발생이 무용하다는 것이 아니라 결과가 행위 자체에 내포되어 있다는 점을 유의하여야 한다. 사실상 모든 범죄에는 법익의 침해 내지 위태화라는 결과가 있으며 다만 행위와 구성요건적 결과가 분리되어 나타나는가의 여부에 따라 구별될 뿐이다.[2] 거동범에 해당하는 협박죄(제283조)나 주거침입죄(제319조)에서 결과발생이 없는 미수범을 처벌하는 것은 그 예이다. 그 밖의 거동범으로는 무고죄(제156조), 공연음란죄(제245조), 아동혹사죄(제274조), 명예훼손죄(제307조), 모욕죄(제311조) 등과 추상적 위험범에 해당하는 범죄가 있다.

결과범과 거동범의 결합형태로서 **결과관련적 거동범**(erfolgsverbundene Tätigkeitsdelikte 혹은 행위관련적 결과범)이 있다. 이는 결과의 발생 여부가 기수의 전제조건이지만 결과발생이 특정한 구성요건적 형태에 의하여야 하는 구성요건유형을 의미한다. 예를 들면 사기죄는 재산상의 손해발생을 필요로 한다는 점에서 결과범의 범주에 속하나 이는 반드시 기망행위라는 특정방법에 의한 경우이어야 한다는 점에서 단순한 결과범과는 차이가 있다.

결과범과 거동범은 구성요건상 언제나 분리되는 것은 아니다. 타인의 뺨

---

1) 임 웅, 89면은 추상적 위험범도 결과범이라고 본다. 그러나 추상적 위험범의 경우에는 실행의 착수에 해당하는 행위(거동)만 있으면 곧 구성요건이 실현된 것으로 보아야 할 것이다.

2) Maurach/Zipf, AT/ I, § 20 Ⅲ Rn. 27.

을 때리는 행위가 폭행죄라는 결과범에 해당하면서도 경우에 따라서는 모욕죄라는 거동범에 해당될 수도 있기 때문이다. 결과범과 거동범을 구별하는 실익은 오직 결과범의 경우에만 인과관계와 객관적 귀속의 문제가 제기된다는 점에 있다.

2. 침해범 · 위험범

침해범과 위험범은 법익보호의 정도에 따른 분류로서, 침해범은 협의의 결과범으로서 구성요건상의 행위객체가 침해되어야 기수에 이르는 범죄이다. 즉 침해범에서는 행위객체에 대한 침해가 곧 구성요건적 결과에 해당한다. 예로는 살인죄(제250조), 상해죄(제257조), 손괴죄(제366조) 등이 있다. 이에 반해 위험범(또는 위태범)은 행위객체가 아니라 보호법익이 침해될 위험이 있으면 성립하는 범죄로서 이는 다시 구체적 위험범과 추상적 위험범으로 나뉜다.

구체적 위험범은 특정행위객체에 대한 침해를 통해 법익침해의 위험을 발생시켜야 하는 구성요건유형이다. 즉 위험의 발생이 구성요건요소이다. 예를 들어 자기소유에 속하는 물건에 대한 방화는 원래 처벌할 필요가 없지만 이러한 방화행위를 통해 공공의 안전과 평온의 파괴가능성이라는 「공공의 위험을 발생」하게 한 때에는 처벌한다(제166조 제 2 항, 제167조, 제179조 제 2 항, 제181조 참조). 또한 보일러, 고압가스 등과 같은 폭발성 있는 물건을 파열시키거나(제172조 제 1 항), 가스 · 전기 등을 방류하여(제172조의 2) 「사람의 생명, 신체 또는 재산에 대하여 위험」을 발생시킨 경우에 행위객체에 대한 침해는 발생하지 않았지만 처벌한다.

이처럼 구체적 위험범도 결과범에 해당하므로 객관적 귀속의 전제조건은 결과로서의 위험의 발생이다. 즉 침해범에서 행위객체에 대한 침해의 결과발생이 필요한 것처럼 구체적 위험범에서는 행위객체에 대한 구체적 위험의 발생이 결과에 해당한다.[1] 그러나 구체적 위험범의 객관적 귀속조건으로서 행위객체에 대한 구체적 위험상황의 발생 여부를 어떠한 기준으로 판단할 것인지에 대해서는 다음과 같은 견해의 대립이 있다. ① 일반적 · 법적 기준이 아니라 개별 사안별로 일반적 생활경험에 비추어 위험한 결과발생의 개연성이 인정되는지 여부를 기준으로 하는 견해,[2] ② 자연과학적 위험결과론(행위상황이 인과법칙에 따라 행위객체의 침해로 연결되어야만 하는데 자연과학적으로 설명

1) 이는 곧 구체적 위험범에서의 결과에 해당하므로 이를 「구체적 위험결과」라고 부르기도 한다(Wolter, JuS 1978, 748면 이하).
2) BGHSt 18, 271면 이하.

불가능한 원인으로 인하여 결과위험이 없는 경우에만 구체적 위험을 인정하는 견해),[1] ③ 규범적 위험결과론(결과발생이 우연에 의해 발생하지 않는 한 구체적인 위험결과를 인정하는 견해)[2] 등이 있다.[3] 그러나 개별 사안별 판단방법은 객관적 기준설정이 없으며, 자연과학적인 위험결과론은 위험개념을 너무 축소한다는 점에서 규범적 위험결과론의 입장이 타당하다고 본다.

추상적 위험범은 구성요건상 특정행위객체를 통한 법익의 위태화를 전제로 하지 않고 오직 일반적인 위험성의 조건(특정행위)만을 제시하고 있는 범죄를 의미한다. 구체적 위험범과의 차이점은 구체적인 법익의 위태화, 즉 위험발생이 필요하지 않다는 점이다. 그러므로 추상적 위험범에서는 구성요건적 행위방법 자체가 갖는 일반적 위험성 때문에 위험발생이라는 구체적인 결과는 구성요건화하지 않는다. 즉 행위가 초래할 보호법익에 대한 침해의 현실적 위험성은 구성요건요소가 아니다. 위증죄(제152조), 현주건조물등에의 방화죄(제164조 제1항)나 일반건조물등에의 방화죄(제166조 제1항), 교통방해죄(제185조 이하), 신용훼손죄(제313조), 업무방해죄(제314조)가 그 예이다.

3. 상태범 · 계속범

이는 범죄행위의 시간적 계속성 여부에 따른 구별이다. 상태범[4]이란 일정한 상태의 야기(결과범에서 결과발생)로 범행은 종결되고 행위자에 의한 범행의 계속이 가능하지도, 필요하지도 않은 범행을 의미한다. 예를 들어 살인죄·절도죄가 이에 해당하며, 판례는 내란죄(제87조)도 상태범으로 본다.[5]

이에 반해 계속범이란 구성요건의 실현으로 범행이 종결되는 것이 아니라 행위자의 지속되는 범행의사에 의해 구성요건의 실현이 계속되는 범행을 말한다. 주거침입죄(제319조)의 경우가 그 예인데 주거침입과 함께 범행이 기수에 달하였지만 주거로부터 퇴거할 때까지 범행은 계속되는 것이다. 체포 · 감금죄(제276조)의 경우도 마찬가지이다. 대부분의 거동범이 이러한 계속범에 해당한다.

계속범과 상태범을 구별하는 실익은 첫째, 정범과 공범의 성립시기와 관련해서이다. 즉 계속범의 경우에는 체포 · 감금행위의 계속중 이에 가담하는

1) Horn, 「Konkrete Gefährdungsdelikte」(1973), 161면.
2) Schünemann, JA 1975, 793면 이하.
3) Jakobs, AT, 6/79; Roxin, AT, § 11 Rn. 115 이하 참조.
4) 상태범과 즉시범을 구분하는 견해(이형국, 53면 등)도 있으나 즉시범은 상태범에 포함시킬 수 있는 구성요건유형이다.
5) 대판 1997. 4. 17, 96도3376(전원합의체).

것과 같이 범행이 기수에 달한 이후에도 공동정범이나 공범으로서의 가담이 가능한 데 반해, 상태범의 경우에는 기수 이후의 공범가담이 불가능하다. 둘째, 공소시효는 범죄행위가 종료한 때부터 진행하므로(형사소송법 제252조 제1항) 계속범의 경우 공소시효의 기산점은 위법한 상태가 제거된 시점부터이다.[1] 또한 정당방위의 성립과 관련해서도 계속범은 기수 이후에도 가능하지만, 상태범의 경우에는 기수 이후 정당방위가 불가능하다.

4. 일반범 · 신분범

일반적인 구성요건은 누구나 행위자가 될 수 있는 데 반해(일반범) 신분범은 오직 신분요소를 갖춘 행위자만이 구성요건을 실현시킬 수 있는 범죄를 가리킨다. 예를 들면 공무원 관련 범죄에서의 「공무원」(제122조 이하), 위증죄(제152조)에서의 「선서한 증인」, 횡령죄 · 배임죄(제355조)에서 「타인의 재물을 보관하는 자」나 「타인의 사무를 처리하는 자」 등이 있다.

신분범은 진정신분범과 부진정신분범으로 나뉘는데, **진정신분범**은 구성요건상 요구되는 신분자만이 행위주체(정범)가 될 수 있는 범죄이다. 횡령죄·배임죄(제355조), 수뢰죄(제129조), 위증죄(제152조), 허위진단서등의 작성죄(제233조) 등이 이에 해당한다. **부진정신분범**은 누구나 행위주체가 될 수 있으나 신분으로 인해 형의 경중이 있게 되는 범죄이다(제33조 단서). 예를 들면 존속살해죄(제250조 제2항), 영아살해죄(제251조), 업무상 횡령 · 배임죄(제356조) 등이다. 일반범과 신분범을 구별하는 실익은 특히 정범과 공범을 차별취급하는 데에 있다.

신분범 대신에 의무범(Pflichtdelikt)을 주장하는 견해가 있다. 이는 행위자가 형법상의 신분을 지녔는가의 여부가 기준이 아니라 형법외적인 의무자로서의 지위가 인정되면 이는 의무범에 해당한다고 한다. 즉 신분범에 해당하는 구성요건은 내용적으로는 신분 여부가 아니라 구성요건이 전제하는 행위주체의 특정한 의무위반 여부가 판단의 기준이라고 본다.[2] 그러므로 의무범에서 행위자의 정범성은 형법상의 신분요소에 의해서가 아니라 의무위반 여부에 달려 있다. 가령 의무범에서의 공동정범 여부를 판단하는 경우에 행위지배 여부가 아니라 의무자인가의 여부에 따라서 판단한다.

---

1) 대판 2001. 9. 25, 2001도3990.

2) Roxin, Tatherrschaft, 353면 이하 참조. 또한 Bloy, Zurechnungstypus, 229면; Herzberg, Täterschaft, 33면; Jakobs, AT, 21/116; Sch/Sch/Cramer-Heine, vor §25 Rn. 62; SK/Samson, §25 Rn. 34. 김일수/서보학, 564면 이하; 신동운, 558면.

5. 단순범 · 복합범

보호법익의 수를 기준으로 한 구별로서 단순범(einfache Delikte)은 단일한 법익을 보호하는 데 반해(제260조, 제283조, 제329조), 복합범(zusammengesetzte Delikte)은 복수의 법익을 보호하는 구성요건형태이다. 강도죄는 절도죄의 보호법익인 소유권(및 점유)과 폭행 · 협박죄의 보호법익인 개인의 자유까지를 포함하는 복합범이다. 양자를 구별하는 실익은 보호법익과 관련한 구성요건의 해석상 의미가 있다. 예를 들어 판례가 사기죄의 보호법익을 재산 이외에 거래상의 신용까지도 포함된다고 보아서 사기죄에는 기망행위 이외에 재산상의 손해발생은 불필요하다고 보는 것과 같다.

6. 단일범 · 결합범

실현되는 구성요건의 수를 기준으로 한 구별이다. 단일범(einaktige Delikte)은 단일한 구성요건의 충족으로 실현되는 것이고, 결합범(mehraktige Delikte)은 여러 개의 구성요건이 결합하여 별개의 독립된 구성요건을 이룬 경우이다. 결합범의 예로는 강간죄와 살인죄가 결합한 강간살인죄(제301조의 2), 체포 · 감금죄 및 약취 · 유인죄와 강요죄가 결합한 인질강요죄(제324조의 2), 폭행 또는 협박죄와 절도죄의 구성요건을 포함하는 강도죄(제333조), 강도죄와 살인죄가 결합한 강도살인죄(제338조), 강도죄와 강간죄를 포함하는 강도강간죄(제339조) 등이 있다.

7. 자 수 범

(1) 개 념

자수범이란 정범이 되기 위해서는 행위자가 직접 범죄구성요건을 실현시켜야 하는 범죄를 말한다.[1] 즉 정범 자신이 아니면 구성요건 실현이 불가능한 범죄나 행위자의 신체적 동작을 구성요건실현의 전제조건으로 삼고 있는 범죄이며, 그렇지 않은 경우에는 구성요건이 전제하는 특별한 행위불법이 결여되는 구성요건 유형이다. 그러므로 자수범은 간접정범이나 공동정범의 형태로 범할 수 없는 정범성립의 한계를 설정하는 개념이다.

자수범의 성립요건과 그 한계에 대해서는 아직 논란이 많다. 어느 범죄가 자수범에 해당하는지 여부는 궁극적으로는 개별구성요건에 대한 해석의

1) 자수범에 관한 주요 문헌으로는 Roxin, Tatherrschaft, 399～433면, 662～665면 및 Herzberg, ZStW 82(1970), 896～947면; Auerbach, 「Die eigenhändigen Delikte」(Diss, 1987)이 있다.

문제이다. 즉 구성요건의 속성과 그 실현방법이 다양할 뿐만 아니라 행위와 행위자와의 연관성을 어느 정도까지 요구할 것인가의 문제와 결부되어 있다.

(2) 긍정론과 부인론

자수범에 대해서는 이를 인정하는 입장과 부인하는 입장으로 나뉜다.

(i) 자수범부인론의 입장으로는 인과관계만을 행위자의 정범성을 판단하는 기준으로 삼아서 결과에 대한 원인제공을 하면 모두 정범으로 인정하는 단일정범개념의 입장이나(단일정범개념의 입장), 단일정범개념과 마찬가지로 조건설(등가설)을 기반으로 하는 확장적 정범개념의 입장을 들 수 있다. 그 밖에도 형법 제33조(본문)가 신분관계가 없는 자에게도 신분범과의 공동정범이나 교사범, 방조범을 인정하고, 제34조 제 1 항은 간접정범을 「교사 또는 방조의 예에 의하여 처벌한다」고 규정하여 제33조(본문)를 다시 적용하면 결국 신분없는 자도 간접정범이 될 수 있다고 해석하여 현행형법상 자수범은 인정되지 않는다는 견해가 있다.[1)]

그러나 형법상 행위자 스스로의 행위에 의하지 않고는 구성요건의 실현이 불가능한 범죄가 인정되어 있다는 점에서 자수범의 존재를 부인하는 것은 타당하지 않다. 예를 들면 위증죄(제152조)의 경우에 행위자는 자기가 경험하여 알게 된 사실을 직접 증언하는 자이므로 경험하지 않은 제 3 자에 의한 위증죄의 성립이란 불가능한 것이다.[2)]

(ii) 자수범긍정론은 구성요건의 문언상 행위자가 직접 범행을 할 것을 전제로 하는 범죄가 있다는 이유를 드는 입장(소위 문언설[3)]의 입장), 또는 결과범과 대비되는 거동범에서는 행위자의 신체동작이 요구되므로 이러한 범죄는 자수범이라는 주장(소위 거동범설), 그리고 구성요건상 특별히 강화된 범죄의사를 요구하는 범죄유형을 자수범으로 보는 입장(강화된 범죄의사설) 등이 있다. 그러나 이들 견해는 구성요건의 문언 자체가 명확하지 않다는 점, 거동범에서의 신체동작은 그 자체를 이유로 해서가 아니라 신체동작이 가져오는 법익침해의 위험성을 이유로 처벌하므로 거동 자체를 직접 하지 않았더라도 정범이 될 수 있다는 점, 강화된 범죄의사의 개념이 불분명하여 정범과 공범의 구별기준이 될 수 없으며 또한 정범은 가중된 책임을 근거로 인정되는 것이 아

1) 차용석, 형사법강좌(Ⅱ), 717면.
2) 대판 1985.11.26, 85도711 참조.
3) 오영근, 646면.

니라는 점 때문에 타당성이 없다.[1)]

(iii) 진정자수범과 부진정자수범설로 구분하는 견해는 상습범(예: 상습도박죄)과 같이 행위자의 인격적 태도가 발현된 범죄(행위자형법적 범죄)와 법익침해가 없지만 행위의 반윤리적 성격 때문에 처벌되는 행위관련적 범죄(예: 간통죄, 군형법상의 계간죄)를 진정자수범이라고 하고, 일신전속적 의무위반행위를 처벌하는 의무범의 경우(예: 위증죄, 도주죄)를 부진정자수범이라고 구별한다.[2)]

(iv) 현재 자수범긍정론의 입장에서는 록신(Roxin)과 헤르츠베르그(Herzberg)의 견해가 대표적이다.[3)]

① 록신은 행위형법이 아니라 「행위자형법적 범죄」(täterstrafrechtliche Delikte), 그리고 「법익침해 없는 행위관련적 범죄」(verhaltensgebundene Delikte ohne Rechtsgüterverletzung)의 경우에 자수범을 인정한다. 행위자형법적 범죄란 구성요건이 일정한 행위를 대상으로 하는 것이 아니라 행위자의 인격적인 태도를 문제삼는 것을 말하며, 여기에서는 반사회적이라고 볼 수 있는 행위자의 성격적 특징이 중요하다. 다음으로 법익침해 없는 행위관련적 범죄는 제한적인 행위과정과 연결된 범죄를 의미하며 독일형법상의 풍속범죄(Sittlichkeitsdelikte)를 예로 들고 있다.[4)] 이는 우리 학계에서 진정·부진정자수범으로 분류하는 것과 내용이 일치한다고 볼 수 있는 견해이다.

② 헤르츠베르그는 자수범을 세 가지 유형으로 분류한다. 첫째 행위자관련적 범죄, 둘째 제 3 자가 구성요건실현행위를 할 경우 법익침해로 파악되지 않는 범죄, 셋째 소송법종속적 범죄의 세 가지 유형으로 구분되는 것으로 파악한다.[5)] 여기에서 행위자관련적 범죄라 함은 정범 자신의 신체를 행위수단이나 행위객체로 사용하는 범죄를 의미한다(예: 간통죄, 군형법 제92조의5의 계간(鷄姦)행위, 병역법 제75조의 자상행위). 그리고 제 3 자를 통한 구성요건실현이 법익침해로 파악되지 않는 범죄란 설사 제 3 자가 구성요건을 실현하였더라도 구성요건의 성격상 법익침해가 야기되었다고 보지 않기 때문에 결국

1) Roxin, Tatherrschaft, 402면 이하 참조.
2) 김일수/서보학, 568면; 신동운, 685면.
3) 신동운, 「자수범」, 김종원교수화갑기념논문집(1991), 503면 이하 참조.
4) Roxin, Tatherrschaft, 410면 이하 참조.
5) Herzberg, 앞의 논문, 913면 이하 참조.

은 행위자 자신의 범행만이 범죄로 인정되는 것을 말한다. 고도의 일신전속적 의무위반행위를 전제로 하는 구성요건은 이에 해당할 가능성이 많다. 업무상 비밀누설죄(제317조)가 그 예이다. 또한 모욕죄(독일형법 제185조)도 타인의 경멸적 평가를 전달하는 것이 아니라 자기 자신이 내린 가치판단을 직접 표시한다는 점에서 이에 해당한다고 본다. 마지막으로 소송법종속적 범죄란 위증죄에서처럼 소송법상의 규정 때문에 반드시 행위자 스스로의 행위가 아니고서는 구성요건이 실현되었다고 볼 수 없는 범죄를 가리킨다.

(v) 자수범의 본질에 관한 학설대립에도 불구하고 다음의 경우가 자수범이라는 데에는 대체로 견해가 일치한다. 우선 행위자의 신체가 구성요건의 실현도구로 사용되어야 하는 범죄(행위자관련 범죄)와 행위자의 행위 자체가 구성요건 실현과정에 해당하는 범죄(행위관련 범죄)는 자수범이라고 본다. 또한 형법상의 구성요건 이외의 경우에도 법률에서 행위자만을 행위주체로 규정하고 있다면 이 경우를 자수범에서 제외할 수는 없다고 본다. 그러므로 이상의 여러 견해를 종합할 때 다음의 범죄유형이 형법상 자수범에 해당한다고 보는 것이 타당하다. 첫째, 구성요건의 속성상 행위자의 신체를 통한 직접적인 행위만이 구성요건실현의 의미가 있는 범죄로서 예를 들면 간통죄(제241조), 공연음란죄(제245조), 피구금부녀간음죄(제303조 제2항)가 있다. 둘째, 행위자 스스로의 행위를 형법 이외의 다른 법률이 요구하는 경우로서 위증죄(제152조)가 이에 해당한다.[1] 셋째, 제 3 자에 의한 구성요건의 실현은 법익침해로 파악되지 않고 오로지 행위자의 일신적인 행위나 인격적인 태도표출이 구성요건실현의 핵심을 이루는 범죄로서, 여기에는 명예훼손죄(제307조),[2] 모욕죄(제311조), 업무상 비밀누설죄(제317조)가 있다.[3]

(3) 간접정범 · 공동정범과 자수범

행위를 직접 수행하지 않은 간접정범과 공동정범은 행위자에 의한 직접적인 구성요건의 실현을 전제로 하는 자수범에서는 인정될 수 없다(간접정범 참조).[4] 공동정범이 인정되지 않는 경우에는 방조범 또는 교사범이 성립할

1) 대판 1992. 11. 10, 92도1342(부정수표단속법상의 허위신고죄) 참조.

2) 박상기, 「출판물에 의한 명예훼손죄」, 형사판례연구(3), 160면 이하 참조.

3) 대판 1983. 6. 14, 83도515. 또한 이재상, 452면; 임 웅, 455면.

4) 김일수/서보학, 568면; 배종대, 621면; 안동준, 54면; 이재상, 449면; 이정원, 337면. 또한 대판 1992. 11. 10, 92도1342. 특히 간접정범과 관련하여서는 신동운, 앞의 논문 참조. 독일에서는 Jakobs, AT, 21/22; Jescheck/Weigend, AT, 601, 613면 등.

수 있다.

(4) 공범과 자수범

단일정범개념을 인정하지 않고 제한적 정범개념을 인정한다면 자수범에서도 교사범이나 방조범의 성립이 가능하다. 그러나 만일 주관설에 따라 공범과 정범을 구별한다면 자기를 위하여 범행을 하지 않는 한 자수범이라 할지라도 공범에 불과하게 되는데 이는 현행 형법과 배치된다.

(5) 부작위범과 자수범

자수범은 구성요건에 규정된 행위의 직접적인 수행을 전제로 하므로 존재론적으로 무의 상태인 부작위에 의한 자수범의 실행은 불가능하다.

제 3 절 客觀的 構成要件

Ⅰ. 外部的인 不法標識

구성요건의 외부적인 표지(징표)는 형사처벌이 요구되는 행위의 불법내용을 가능한 한 명확하게 기술하는 기능을 담당하며 이를 객관적 구성요건이라 한다. 행위자(신분범의 경우), 행위(방법, 결과), 행위객체 등이 그 내용을 이루며 구체적인 내용은 각칙에 규정되어 있다. 객관적 구성요건을 내용적 속성에 따라 분류하면 행위의 대상이나 외부에 나타나는 행위과정을 적시하는 기술적 요소(예: 제329조 절도죄의 「절취」, 제250조 살인죄의 「사람」, 제366조 손괴죄의 「손괴 또는 은닉」 등)와 가치충족이 필요한 규범적 요소(예: 제98조의 간첩죄에서 「기밀」, 제243조 공연음란죄의 「음란한」, 제307조 명예훼손죄의 「공연히」 등)가 있다. 그리고 개별적인 구성요건상으로는 나타나 있지 않으나 당연히 인정되는 객관적 구성요건으로는 인과관계, 부작위범에서 보증인적 지위 등이 있다.

Ⅱ. 因果關係

1. 서론 — 인과관계와 객관적 귀속론의 관계

인과관계란 발생한 결과가 일정한 원인행위로부터 비롯되었다고 인정되는 경우의 관계를 말한다. 대부분의 경우에는 발생한 결과가 행위자의 행위에 의해 초래되었음이 논란의 여지가 없이 명백하기 때문에 인과관계의 존부를 거론하는 것 자체가 무의미하게 보일 수 있다. 그러나 행위와 결과간의 관련성 여부가 분명하지 않은 경우에는 이를 규명할 수 있는 방법이 필요한데 인과관계가 바로 그것이다. 그렇지만 형사책임은 인과관계의 유무만으로가 아니라 규범적으로 형사책임의 범위에 포함되는 행위로 제한되지 않으면 안된다. 여기에서 인과관계가 인정되는 행위의 형사책임 귀속문제가 발생한다.

이처럼 인과관계란 결과발생의 원인행위로부터 결과를 생각하는 것이므로(행위→결과) 자연과학적이고, 귀속의 문제는 발생한 결과의 원인행위로의 귀속을 생각하는 것이기 때문에(결과→행위) 규범적이다.

이러한 인과관계와 객관적 귀속의 문제는 결과범의 주를 이루는 침해범에서 주로 문제되지만 여기에 국한되는 것은 아니다. 구체적 위험범도 위험발생을 필요로 하는 점에서 결과범에 해당하므로 형사책임의 귀속문제는 발생한다는 점을 알아야 한다. 예컨대, 구체적 위험범에 해당하는 자기소유건조물 등 방화죄(제166조 제2항)의 경우에 객관적 귀속판단의 규범적 표지는 공공의 위험발생으로, 이러한 공공의 위험발생이 행위자의 불을 놓는 행위 및 소훼에 객관적으로 귀속되는가가 범죄의 완성을 좌우하게 되는 것이다.

미국법에서는 자연과학적 원인과 법적 원인(legal cause 또는 proximate cause)을 구분한다(전자는 인과관계의 문제로, 후자는 형사책임귀속의 문제로 볼 수 있다). 그리고 법적 원인은 일반적으로 이해하는 원인(cause)의 의미보다는 정책(policy)의 의미로 이해한다. 법적 원인의 문제를 해결하기 위한 일반적 또는 인위적 원칙(mechanical principle)을 정립하기 위한 노력에도 불구하고 결국은 사안별 해결에 맡기고 있다. 인위적 원칙의 한 예로 들 수 있는 것이 common law 상 인정된 살인죄(Homicide)에서의 「Year-and-a-Day rule」이다. 이는 피해자가 행위시로부터 1년 1일이 경과할 때까지 생존하였을 경우에는 피고인을 살인죄로 처벌할 수 없다는 원칙을 말한다. 이 원칙은 미국의 많은 주에서 아직까지 성문법이나 판례법의 형태로 남아 있으나[1] 현대적 경향은 의학발전에 따라 이 원칙을 폐지하는 방향으로 가고 있다.[2]

또한 원인과 결과간의 관계에 대한 미국법상의 논의는 ① 의도하지 않은 희생

1) State v. Minister, 202 Md. 240, 486 A. 2d 1197(1985). 이 판결에서는 미국의 약 26개주에서 이 원칙이 남아 있는 것으로 발표되었다.

2) Rogers v. Tennessee, 532 U.S. 451(2001)(보통법상의 1년 1일 원칙을 폐지한 Tennessee대법원의 결정은 소급효를 가진다). People v. Stevenson, 416 Mich. 383, 331 N.W. 2d 143(1982). LaFave/Scott, Criminal Law, 229면 참조(특히 Fn. 146).

(자)(unintended victims)과, ② 의도하지 않은 방식의 피해(unintended manner of harm)가 발생한 경우로 구별하여 진행된다. 전자는 착오의 문제로, 후자는 인과관계와 객관적 귀속의 문제로 볼 수 있다.

2. 인과관계에 관한 학설

(1) 조 건 설

이는 결과발생에 대한 모든 조건을 원인으로 보는 견해이다. 즉 그러한 조건이 없었더라면 결과가 발생하지 않았으리라고 생각되는 경우에 모든 조건은 결과발생의 원인이라는 것이다. 이를 소위 **절대적 제약관계**(conditio sine qua non)라고 한다. 이러한 여러 원인은 선택적으로 인정되는 것이 아니라 동등한 원인으로 간주되기 때문에 **등가설**이라고도 부른다.

[판례] 버스운전기사 갑은 굴곡이 심한 도로에서 시속 60km로 운전중 앞차를 추월하기 위해 황색 실선의 중앙선을 침범하였다가 급히 자기 차선으로 복귀하던 중 반대차선을 무면허로 운전기술이 미숙한 상태에서 운전하던 을의 봉고차와 충돌한 경우[1]에 이 사고의 원인은 다양하다. 우선 갑의 중앙선침범행위 및 과속운전, 을의 무면허운전행위(운전을 하지 않았더라면 사고가 발생하지 않았을 것이다) 모두가 결과발생에 대한 동등한 조건이다.

조건설에서 절대적 제약관계는 인과성 판단을 위해 원인이 된 행위를 없었던 것으로 가정하는 것은 허용되지만, 존재하지 않았던 원인행위를 보충원인으로 가정하는 것은 허용되지 않는다. 예를 들어 무면허 운전사고에서 운전행위가 없었을 경우의 결과가정은 허용되지만 운전면허가 있었을 경우의 결과가정은 허용되지 않는다.

조건설은 전법률적이라는 점에서 개별적 인과론(예: 최근접 인과관계, 최후적 인과관계, 최유력조건 등)이 다양한 법률적 평가기준에 따라 특정한 인과관계만을 선택적으로 인정하였던 문제점을 제거하였다. 그러나 문제는 조건설에서의 인과관계는 부분적인 모든 원인이 결과발생에 대하여 동등하고 독자적인 원인으로 인정된다는 점이다.

(2) 합법칙적 조건설

합법칙적 조건설[2]은 조건설이 원인행위가 없었더라면 결과가 발생하지

---

1) 대판 1991.4.9, 91도415.
2) SK/Rudolphi, vor §1 Rn.42 이하.

않았을 것이라는 절대적 제약관계의 존재를 인과관계로 보는 데 반해 특정행위가 특정한 결과발생에 실질적으로 효력을 미쳤는가를 기준으로 한다. 또한 행위와 구체적 결과가 합법칙적으로 연결되어 있는가 여부를 기준으로 하기도 한다. 이에 따라 물리적 인과관계는 결과가 행위에 시간적으로 뒤따르고 전문가 영역에서 인정되고 있는 자연법칙에 적합한 경우에 인정된다. 그러므로 합법칙적 조건설에서는 자동차 생산행위를 교통사고의 원인으로 인정하지 않는다. 그러나 발생한 결과에 대하여 자연과학적으로 연관성이 인정되지만 이를 정확히 판정할 수 없는 경우에 입증불가능한 다른 원인의 제거를 통하여 인과관계를 인정할 수도 있다.[1] 반면에 심리적 인과관계의 경우에는 일반적 인과관계의 의미를 지닌 합법칙적 조건을 입증하기가 어렵다.[2]

합법칙적 조건설에서 인과관계는 일반적 인과관계와 구체적 인과관계를 분리하여 검토한다. 일반적 인과관계란 개별사안에 적용될 수 있는 인과법칙이 존재하는가 여부에 관한 것이다. 만일 인정되면 이러한 인과법칙이 당해 사안에 포섭될 수 있는가에 관한 것이 구체적 인과관계의 문제이다.

(3) 합법칙적 조건설의 수정

1) 가정적 인과관계 예비적 원인으로 인하여 결국 결과가 발생하였으리라고 인정되는 경우 예비적 원인과 결과발생간을 가정(가설)적 인과관계라고 표현하지만 이 경우에는 인과관계가 인정되지 않는다. 인과관계는 언제나 발생한 사실을 기초로 하여 판단하기 때문이다.

[예] 남편 갑은 몸이 아픈 처(병)를 살해하기 위해 독약을 넣은 커피를 타서 권했는데 잠시 후 가정부 을양도 이를 모른 채 갑의 처가 먹을 약에 독약을 타서 건네주었다. 이 경우 갑이 건네 준 커피를 먼저 마신 경우 을의 행위와 갑의 처의 사망 사이에는 인과관계가 인정되지 않는다(갑의 살인기수와 을의 살인미수).

2) 택일적 인과관계 택일적 인과관계 또는 이중적 인과관계란 단독으로도 결과의 발생이 가능한 수개의 조건들이 동시에 구성요건적 결과를 발생시킨 경우를 말한다. 택일적 인과관계와 구별하여야 할 것으로 중첩적(또는 누적적) 인과관계가 있다. 이는 각각의 원인이 단독으로는 결과발생을 야기할

1) BGHSt 37, 106(「가죽스프레이 사건」). 이 판결에서는 생산품의 성분과 사용자의 건강침해 사이의 인과관계는 어떠한 물질이 건강침해를 야기하였는가는 불명하지만 다른 침해원인을 발견할 수 없을 경우에는 인정할 수 있다고 판시하였다.
2) BGHSt 13, 15.

수 없으나 중첩적으로 결합하여서는 결과발생을 야기할 수 있을 경우에 인정되는 인과관계이다.[1] 중첩적 인과관계는 각각의 원인제공자는 결과발생에 대하여 인과관계를 가지지만 공동정범이 아닌 한 미수범이 인정될 뿐이다(제19조 참조).

[예] 택일적 인과관계의 예를 들면 갑과 을이 각각 치사량의 독을 음료수에 타서 병에게 주었고 병이 이것을 마신 후 사망한 경우이다. 그러나 이러한 경우는 엄밀하게는 인과관계의 문제보다 입증문제에 속한다. 논리적으로 볼 때 치사량의 독이 동시에 작용하였는지 아니면 특정인이 넣은 독이 우선적으로 작용하여서 병이 사망하였는지가 불분명한데도 갑과 을의 행위를 모두 결과에 대한 조건들로 인정한다면 경우에 따라서는 미수를 기수로 인정하는 결론에 도달하게 된다. 이 결과 오직 갑과 을이 섞은 독이 함께 병의 사망에 작용한 경우에만 택일적 인과관계로서 살인죄를 인정하고 그렇지 않은 경우에는 공동정범의 경우를 제외하고는 in dubio pro reo의 원칙에 따라 미수범으로 처벌할 수밖에 없는(동시범, 제19조) 난점이 있다. 그러므로 이러한 경우에는 자연과학적 입증이 사실상 불가능하므로 일반적인 경험법칙상 결과에 대한 원인으로서 인정될 수 있는 한 인과관계가 있다고 보는 것이 타당하다. 이는 형법상의 인과관계의 문제가 자연과학적 인과관계와 동일할 수 없음을 나타내는 한 예라고 볼 수 있다.

가정적 인과관계와 택일적 인과관계에 대해서는 조건설의 절대적 제약관계가 논리적으로 타당하지 않다. 가정적 인과관계의 경우 제 1 의 원인이 없더라도 제 2 의 원인에 의해 결과가 발생하였을 것이라는 점에서 (제 1 의) 원인이 없었더라면 결과가 발생하지 않았을 것이라는 절대적 제약관계의 문제점을 지적할 수 있다. 마찬가지로 택일적 인과관계의 경우 하나의 원인이 결여되면 절대적 제약관계에 따르면 결과가 발생하지 않아야 하는데도 결국 다른 원인에 의해 발생하였을 것이기 때문이다. 그러나 현재 학설은 이 경우에도 조건설에 따른 인과관계를 인정한다.

3) 비전형적 인과관계 구성요건에 해당하는 행위가 결과발생의 유일한 또는 가장 결과발생력이 강한 원인일 필요는 없으므로 다른 원인이 개입하여 결과를 발생시킨 비전형적(비유형적) 인과관계의 경우에도 인과관계가 부인되지 않는다. 예를 들어 피해자의 과실 또는 제 3 자의 고의나 과실행위에 의하여 인과관계가 단절되는 것은 아니다.[2] 다만 원인행위가 다른 원인

1) 예를 들면 대판 1996. 8. 23, 96도1231(건물붕괴의 원인이 건축계획의 수립, 건축설계, 건축공사 공정, 건물완공 후의 유지관리 등에 있어서의 과실이 복합적으로 작용한 데에 있다고 보아 …).

2) Wessels/Beulke, AT, § 6 Rn. 161.

의 개재 이후에도 결과발생과 인과적으로 단절되지 않을 것이 요구된다.

[판례] 피고인이 입힌 자상으로 인하여 급성신부전증이 발생하여 치료를 받다가 피해자가 음식물을 함부로 섭취한 탓에 합병증이 유발되어 사망한 사건에서 대법원은 「살인의 실행행위가 피해자의 사망이라는 결과를 발생하게 한 유일한 원인이거나 직접적인 원인이어야만 되는 것은 아니므로, 살인의 실행행위와 피해자의 사망과의 사이에 다른 사실이 개재되어 그 사실이 치사의 직접적인 원인이 되었다고 하더라도, 그와 같은 사실이 통상 예견할 수 있는 것에 지나지 않는다면 살인의 실행행위와 피해자의 사망과의 사이에 인과관계가 있는 것으로 보아야 할 것」이라고 판시하였다(대판 1994. 3. 22, 93도3612).[1)]

[예] ① 갑은 평소에 원한관계에 있는 을을 향해 엽총을 발사하였으나 경상을 입혔을 뿐 을은 병원에서 며칠 후면 퇴원할 만큼 경과가 좋았다. 그러나 병원의 화재로 질식사하고 말았다.
② 아내 B는 남편 A를 독살하기 위해 커피에 독을 타서 남편에게 주었으나 즉시 뉘우치고 남편에게 이 사실을 알렸다. 그러나 남편은 더 이상 살고 싶지 않던 터에 잘 되었다고 말한 후 독이 든 커피를 마시고 목숨을 끊었다.

위의 [예] ①에서는 조건설적으로는 인과관계가 인정된다. 그러나 [예] ②에서 남편의 사망에 대한 구체적인 원인은 남편의 음독행위이므로 B의 행위에 대하여 인과관계를 인정할 수 없다. 즉 제1의 원인이 진행되지 않은 채 독립적인 제2의 원인이 개입하여 결과를 발생시킨 경우이다.

비전형적 인과관계의 문제를 인과관계가 아니라 주관적 구성요건의 문제로 해결하는 입장[2)]도 있다. 즉 위의 [예] ①에서 행위자는 병원화재라는 구체적인 인과과정을 예상하지 못하였으므로 고의가 인정되지 않는다는 것이다.

4) 인과관계의 단절(중단) 인과관계의 단절이란 처음의 행위가 결과발생시점까지 조건설의 관점에서도 인과적 효력을 갖지 못할 때를 말한다. 예를 들어 과실범의 경우 교통사고를 당하여 다리절단을 하게 된 환자가 이를 비관하여 입원중에 자살한 경우에 — 이를 추월적 인과관계(überholende Kausalität)라고 부르기도 한다 — 교통사고를 일으킨 행위와 피해자의 사망간에는 인과관계가 인정되지 않는다(업무상 과실치사죄 성립부정). 고의범의 경우에도 제1의 행위가 목표로 삼은 결과가 발생하였더라도 이러한 결과가 타

1) 독일판례로는 RGSt 54, 349(「혈우병사건」).
2) Ebert, Jura 1979, 566면; Schlüchter, JuS 1976, 314면.

인의 제 2 의 행위에 의하여 제 1 행위의 인과적 효력을 제거하고 독립적으로 결과발생의 원인력을 제공한 때에는 인과관계는 단절된다. 예를 들어 소송사기에서 판사가 원고의 기망행위가 아니라 다른 이유로 인하여 착오를 일으키고 그 결과 피고에게 재산상의 손해를 입힌 오판에 이른 경우에는 원고인 제소자에게 사기죄의 기수를 인정할 수 없다.[1)]

5) 소급금지이론　　소급금지이론은 행위와 결과간에 제 3 자의 고의행위 또는 과실행위가 개입한 경우 결과의 발생으로부터 멀리 떨어진 조건(제 1 의 행위)은 결과를 직접 초래하게 한 나중의 조건(제 2 의 행위)에 의하여 사후적으로 그 원인성이 배제된다고 주장한다. 즉 제 1 행위로의 소급적 인과관계의 인정을 금지함으로써 인과관계의 범위를 제한하고자 하는 취지에서 주장된 이론이다.[2)] 그러나 이는 최초원인의 지속적 효력이 인정되면 우연적 원인이든 고의행위에 의한 추가원인이든 모두를 결과발생에 대하여 동등한 조건으로 보는 조건설의 입장과 배치된다.

6) 구조과정상의 방해행위와 인과관계　　구조과정상의 방해행위의 예로는 갑이 익사 직전에 있는 사람을 구하기 위하여 구명보트를 띄우려고 하는 순간에 을이 갑을 폭행하여 구조행위를 제지함으로써 결국 익사하게 한 경우를 들 수 있다. 이러한 방해행위에 대한 인과관계 인정 여부에 대해서는 다음과 같은 문제점이 있다. 즉 위의 예에서 현실적 인과관계는 을이 구조행위를 제지한 행위이며, 만일 제지하지 않았을 경우에 구조행위의 성공 여부는 가정적 문제라는 점이다. 이는 부작위범에서의 인과관계와 유사한 성격을 지니고 있는 문제이다.

이 경우의 해결책으로는 두 가지 견해가 있다. 하나는 만일 방해행위가 구성요건적 결과발생의 원인제공을 한 것이 확실에 가까운 것으로 판명된다면 결과에 대한 인과관계를 인정한다는 위험증대설에 입각한 견해이다.[3)] 다른 하나는 위의 예에서 행위자 을은 단지 피해자의 사망에 대한 잠재적 원인제공을 하였을 뿐 직접적인 살해행위를 한 것은 아니었다는 점에서 인과관계

1) RGSt 69, 47; Roxin, AT, § 11 Rn. 26; Sch/Sch/Lenckner, vor § 13 Rn. 78.

2) 독일에서 Frank가 주장한 견해이다(Kommentar, § 1 Ⅲ 2a).

3) Jakobs, AT, 7/22; Roxin, AT, § 11 Rn. 30. 이 견해도 구체적으로는 인과관계를 인정하면서 객관적 귀속을 인정하는 견해와 소위 유사인과관계(Quasi-Kausalität)를 통하여 객관적 귀속을 인정하는 견해로 나뉜다(이에 대한 설명은 Sch/Sch/Lenckner, vor § 13 Rn. 71, § 13 Rn. 61을 참조할 것).

및 이로 인한 형사책임의 귀속을 부인하는 반대견해이다.[1)]

후자의 부정적 견해는 가정적 상황을 전제로 하는 인과관계란 인정될 수 없으며 동시에 결과발생에 대한 행위자의 기여가 없다면 이로부터 발생한 결과에 대한 귀책도 인정되지 않는다는 점을 든다. 다시 말하면 인과관계는 객관적 귀속의 충분조건은 아니지만 필요조건이므로 인과관계 없는 결과귀속이란 처음부터 배제된다는 지적이다.

구조방해행위와 결과발생간의 인과관계는 가정적 상황이 아닌 경우에는 합법칙적 조건설의 입장에서도 인과관계를 인정할 수 있다. 그러나 구조방해행위가 인정되더라도 구조행위의 성공여부가 불확실한 경우에는 가정적 상황에 불과하므로 인과관계를 부인하여야 한다.

(4) 상당인과관계설

1) 개 념 　상당인과관계설은 형사책임의 귀속이 가능한 인과관계는 오로지 일반적으로 구성요건적 결과를 발생시킬 수 있는 개연성이 인정되는 경우에만 인정하고 우연히 결과를 야기한 조건에 대해서는 인정하지 않는 이론이다. 이 학설은 조건설이 갖는 결과귀속의 광범위성을 인과관계의 단계에서 상당성판단에 의해 제한함으로써 조건설이 안고 있는 문제점을 해결하고자 하는 입장이다.[2)]

상당인과관계설에서도 물론 결과와 필연적 제약의 관계에 있는 행위는 인과관계를 인정한다는 점에서 조건설과 일치한다. 다만 이를 상당성판단에 의하여 제한하는데, 즉 원인은 결과발생에 객관적으로 상당한 조건이어야 한다는 점이다. 그러므로 완전히 변칙적이고 상당하지 않은 인과과정이 진행된 경우에는 원인성을 인정하지 않는다. 구체적인 결과를 유발시키기에 일반적으로 적합한 조건만을 인과적이라고 보는 것이다.

2) 상당성 판단기준 　상당인과관계설에서 상당성이란 결과발생에 연결되는 개연성을 의미한다. 상당성의 판단기준으로서는 ① 소위 객관적·사후적인 예측이 적용된다. 이에 따르면 객관적인 관찰자가 행위 당시의 행위자의 사실인식을 기초로 통찰력 있게 판단해서 구체적인 (행위의) 진행경과를 예측할 수 없을 때에는 인과관계가 부인된다(객관적 상당인과관계설). 여기에서

1) Sch/Sch/Lenckner, vor §13 Rn. 71.

2) v. Kries(「Prinzipien der Wahrscheinlichkeitsrechnung」(1886))에 의하여 처음 주장되었다.

는 행위 당시의 전체적인 경험칙이 중요하다. 기타의 상당성 판단기준으로는 ② 행위 당시에 행위자가 인식할 수 있었거나 인식하였던 사정을 기초로 하여 상당성을 판단하는 **주관적 상당인과관계설**, ③ 평균인을 기준으로 하면서도 행위자의 인식도 포함하여 판단하는 **절충설** 등이 있다.

[판례] 인과관계에 관한 대법원판례를 분석하면 다음과 같은 문제점이 있다.

피고인(중대장)은 부대사격장에서 사병 A의 소총에 탄알 10발이 들어 있는 탄창을 끼워 탄알 1발을 장전하였으나 동 소총이 영점이 잡혀있지 않은 것을 발견하고 탄창만을 분리시켜 B(소위)에게 지급된 소총으로 사격연습을 마친 뒤, 사선 뒷벽에 기대어 놓은 A지급의 소총을 C(소위)가 메고 사선을 내려와서 피고인에게 인계하고 피고인은 소속대 병기계원인 D(사병)에게 다시 인계하여 D가 소속대 행정반 앞에서 위의 총을 우로 어깨 걸어 총 자세에서 풀어 총구를 행정반 방향으로 향한 채 왼손으로 덮개 아랫부분을 잡고 오른손 검지로 무심코 방아쇠를 당겨 격발됨으로써 행정반 안에 있던 F(사병)가 사망한 사건에서 「피고인은 총기에 탄알을 장전하였다가 다른 총기로 바꿀 때에는 장전된 탄알을 제거하고 약실검사를 하여야 함은 물론 연습사격을 마친 후 사선을 떠나기 전에 총기의 안전검사를 하여 이상유무를 확인하여야 함에도 이를 실시치 않음은 대단한 과실이 있다 할 것이나 그러한 과실이 있다 하여 병기의 취급관리를 보좌하는 병기계원인 D가 총기취급에 있어 미리 안전검사 및 약실검사를 하여야 할 뿐 아니라 총구를 위험이 없는 전방 또는 공중으로 향하게 하여야 하는 주의의무를 태만히 한다는 것은 군인으로서 이례에 속하는 일로서 피고인에게 그 예측을 기대하기는 어렵다 할 것이므로 피고인의 이 건 과실행위와 피해자의 사망 사이에 상당인과관계가 있다고 보기 어렵다고 판단하고 있다. 사실관계가 이와 같은 이상 이 … 사건 사고가 발생한다는 것은 우리들의 경험칙상 당연히 예상할 수 있는 것이라고는 인정되지 아니하므로 …」라고 판시하고 있다(대판 1982. 6. 8, 81노2378).

문 제 점: 대법원의 판시내용은 상당인과관계설을 따른 것이라고 볼 수 있다. 그러나 이 판례는 상당인과관계설이 갖는 문제점을 노출하고 있다. 위 사건에서 피고인(중대장)에 의한 1발의 탄알장전행위, 그리고 이를 발사하지 않은 채 인계한 행위가 결국 피해자의 사망원인이었다는 점은 부인할 수 없다. 그럼에도 불구하고 (상당)인과관계를 부인하는 것은 사실상 존재하는 인과관계를 규범적 판단의 결과인 상당성을 이유로 부인하는 모순을 낳고 있다. 사실판단과 규범판단을 동일차원에서 취급하고 있는 것이다. 그러나 이는 타당하지 않다. 인과관계 유무라는 사실판단의 문제와, 이를 토대로 한 결과귀속의 범위확정이라는 규범적 판단의 문제는 각각의 기준에 따라야 하는 것이다. 여기에 객관적 귀속론의 의미가 있다. 즉 객관적 귀속론은 인과관계 확정의 문제(조건설에 의함)와 결과귀속의 문제를 별개의 차원에서 논하자는 이론이다. 어떠한 방법을 취하든 위 사건의 결론은 납득하기 어렵다. 왜냐하면 피고인이 자신의 탄알장전행위를 고지하지 않은 채 총기를

인계한 과실은 병기계원의 사격장 밖에서의 안전검사나 약실검사라는 주의의무위반보다 더 무겁다고 보이기 때문이다. 또한 병기계원에게 사격장 내에서 총기에 대한 약실검사가 완료되었을 것이라는 신뢰의 원칙 적용도 가능하다.

(5) 중 요 설

자연과학적인 의미에서의 인과관계에 관한 문제와 형사책임귀속의 문제를 구분하는 학설이 중요설(Relevanztheorie)이다. 즉 중요설은 조건설의 입장에서 인정되는 자연과학적 인과관계의 문제와 구체적으로 결과를 야기한 행위의 법적인 책임에 대한 규범적인 문제를 구별하고 후자의 문제는 개별 범죄구성요건의 의미에 따라 결정한다.[1] 중요설이 상당인과관계설과 다른 점은 경험칙이나 개연성으로 결과귀속의 문제를 판단하는 것이 아니라 전적으로 개별 구성요건의 의미와 목적 그리고 구성요건적 불법론의 관점에 따른 규범적 기준에 의해 판단한다는 점이다. 이 점에서 객관적 귀속론의 방법과 일치하는데, 중요설의 한계는 구성요건적 불법론의 범위 내에서 객관적 귀속에 관한 일반적 원칙을 도출해 내지 못한 불명확성에 있다.

(6) 결 론

인과관계와 관련하여 현재 주장되는 이론은 상당인과관계설과 합법칙적 조건설이다. 전술한 바와 같이 상당인과관계설은 인과관계의 유무 확정과 형사책임의 귀속범위에 관한 확정을 모두 포함하는 학설이다. 그러나 양자는 사실판단과 규범판단이라는 상이한 성격의 문제로서 동일한 차원에서 평가하는 것은 타당하지 않다. 이러한 의미에서 양자를 분리하여 사실판단의 문제로 국한하는 합법칙적 조건설이 문제의 본질에 부합하는 이론이다.

Ⅲ. 客觀的 歸屬論

1. 객관적 귀속론의 의의

객관적 귀속론은 자연과학적인 인과관계가 형사책임 인정의 필요조건이지만 충분조건은 되지 못한다고 보고 행위결과에 대한 형사책임을 판단하는 데에 인과법칙을 보충할 기준을 제시하고자 한다. 즉 객관적 귀속론은 형법상의 인과관계 문제가 인과관계의 증명이 아니라 이미 인정되는 인과관계에

1) Mezger, Strafrecht, 122면 이하.

대한 형법적 평가를 내용으로 한다는 인식에서 출발한다.

기술한 상당인과관계설은 인과관계의 유무판단과 형사책임의 범위문제를 동일차원에서 논의하는 점 및 이러한 범위를 확정하는 기준으로써 경험을 토대로 한다는 점에 특징이 있다. 이와 달리 객관적 귀속론의 입장은 인과관계 인정의 문제와 이에 대한 법적 책임문제를 구분한다. 즉 객관적 귀속론이란 (합법칙적) 조건설에 의해 인과관계가 인정된 결과를 행위자의 행위에 객관적으로 귀속시킬 수 있는가 하는 문제이다. 조건설에 의하면 인과관계의 인정범위가 너무 넓어 이를 제한하려는 시도가 있었지만 대부분 고의나 과실과 같은 주관적인 비난가능성의 단계에서 제한하고자 하였다. 그러나 객관적 귀속론은 객관적 구성요건 단계에서 법적인 책임을 제한하고자 하는 이론이다. 즉 객관적 귀속론의 목표는 인과관계가 존재함에도 불구하고 예외적으로 행위자에의 결과귀속을 부인할 수 있는 근거를 도출해 내는 데에 있다.

한편 현실적인 인과관계가 없음에도 불구하고 객관적 귀속이 가능할 수 있음을 유의하여야 한다. 즉 부진정부작위범에서 인과관계는 오직 가정적인 문제(법적으로 기대되는 작위행위가 있었더라면 구성요건적 결과가 발생하지 않았으리라는 판단)에 불과하지만 형사책임의 귀속이 가능하다.

미국법에서는 의도하지 않은 방식(unintended manner)에 의하여 피해가 발생한 경우의 법적(또는 유사) 원인(인과관계)에 대해서는 피해가 아주 비정상적이고 전혀 예상할 수 없는 인과과정에 의하였으면 행위자는 그 결과에 대하여 책임이 없다는 것이 일반론이다. 구체적으로는 i) 직접원인(direct cause) 여부(비록 행위자의 의도와 경미한 인과과정상의 차이가 있더라도 행위자에게 결과에 대한 책임을 인정한다. 예를 들어 아내가 남편을 살해하기 위하여 독을 탄 음료수를 식후에 건네자 남편이 이를 마시고 의자에서 일어서다가 약기운에 따른 현기증으로 쓰러지면서 의자모서리에 머리를 부딪혀 사망한 경우에 살인죄를 인정한다[1]), ii) 피해자에게 내재된 원인(pre-existing weakness)과 결합하여 발생한 경우(피해자를 살인의 의사로 구타한 결과 상해만 입혔으나 행위자가 알지 못했던 피해자의 질병 때문에 사망한 경우에는 살인죄의 죄책을 인정한다. 물론 상해만을 입힐 의사였다면 중살인(모살, murder)에 해당하지 않으며 경살인(고살, misdemeanor-manslaughter)에 해당할 뿐이다), iii) 개입행위(intervening acts)에 의하여 발생한 경우로 구별한다. 그리고 개입행위는 다시 아래와 같이 4가지 원인에 따라 분류한다.[2]

1) People v. Cobbler, 37 P. 2d 869(Cal. App. 1934).
2) LaFave/Scott, Criminal Law, 291면 이하 참조.

① 제 3 자의 개입행위(intervening acts by third persons): 대표적인 경우가 의사의 치료행위(medical treatment)이다. 치료행위가 비정상적(abnormal)이지 않는 한 행위자의 형사책임에 영향을 미치지 않는다. 의사의 치료행위 이외의 경우(non-medical harm)에도 마찬가지로 판단한다.

② 피해자의 개입행위(intervening acts by the victims): 이 경우에는 결과에 대한 예견가능성(foreseeability)과 정당성(normality) 여부에 따라 판단한다. 상해를 피하려다가 고층건물에서 뛰어 내린 결과 사망한 경우에는 행위자에게 살인의 의사가 없었더라도 고살(manslaughter)의 책임을 진다.[1] 상해피해자가 여호와의 증인이라서 필요한 수혈을 거부하는 경우처럼 피해자가 완전히 자발적으로 개입한 경우에도 사망결과에 대한 형사책임을 진다.[2] 만일 강간피해자가 강간으로 인한 극심한 정신적 고통 때문에 자살한 경우에는 견해가 나뉜다.[3] 3명이 러시안 룰렛(Russian Roulette)게임을 하다 그 중 1명이 사망한 경우에는 살아남은 2명이 고살의 죄책을 진다. 사망자와 함께 게임을 함으로써 사망이 불가피한 위험한 게임을 조장하고 결국 사망의 결과를 가져왔기 때문이다.[4]

③ 행위자의 개입행위(intervening acts by the defendants): 인과관계의 착오(또는 개괄적 고의)에 해당하는 경우이다. 살인의 고의로 구타하여 사망한 줄 알고 물에 던진 결과 사망하였다면 사망의 결과는 행위자에 의한 두 번째의 행위에 의해서 발생하였지만 첫번째 행위를 법적 원인으로 보아 모살을 인정한다.[5]

④ 인간행위 이외의 원인개입(non-human intervening events): 병원에서 치료중 질병이나 전염병에 걸려 사망한 경우에는 감염이 비정상적인 경우에만 사망결과에 대해서 형사책임이 없으며, 병원입원중 예견할 수 없는 우연한 사고로 사망한 경우에도 이 부분에 대한 형사책임은 없다.[6]

2. 객관적 귀속론의 목표

객관적 귀속론은 19세기 후반 자연과학의 발달로 인한 인과적 사고중심의 형사책임 귀속문제를 객관적 구성요건해당성의 문제로 전환시킨 이론으로서 1960년대부터 독일형법학에서 활발히 논의되기 시작하였다.[7] 객관적 귀속론 이전의 형사책임 귀속은 결과발생과 행위간에 인과관계가 인정될 경우에는 곧 객관적 구성요건의 실현을 인정하는 입장에서 출발하였다. 그리고 행위자의 예측범위 밖에서 발생한 결과에 대해서는 주관적 구성요건인 고의

1) Whaley v. State, 157 Fla. 593, 26 So. 2d 656(1946).
2) Regina v. Blaue, 1 W. L. R. 1411(1975), 3 All. E. R. 446(1975).
3) LaFave/Scott, Criminal Law, 290면은 사망에 대한 형사책임을 인정한다.
4) Commonwealth v. Atencio, 345 Mass. 627, 189 N. E. 2d 223(1963).
5) LaFave/Scott, Criminal Law, 291면 참조.
6) Bush v. Commonwealth, 78 Ky. 268(1880) 참조.
7) 예를 들면 Hardwig, 「Die Zurechnung. Ein Zentralproblem des Strafrechts」(1957); Roxin, ZStW 74(1962), 411면.

를 부인함으로써 형사책임을 제한하였다.

그러므로 예를 들어 살인의 고의로 상해를 입혔으나 피해자가 상해만을 입고 병원에 입원중 병원화재로 인하여 사망하였다면 살인죄의 객관적 구성요건은 실현되었지만 사망이라는 결과에 대한 고의가 없음을 이유로 살인미수죄만을 인정한다. 그 이유는 범죄구성요건의 구체적인 실현과정에 대해서도 인식하고 있어야 고의를 인정할 수 있는데 이 경우에는 사망에 이르게 된 과정이 행위자의 예측범위를 벗어났기 때문에 고의가 인정될 수 없다는 것이다. 그러나 여기에서 병원화재로 인한 피해자의 사망이라는 결과는 객관적으로 행위자에게 귀속시킬 수 없는 원인으로 인한 것이다. 그러므로 주관적 구성요건인 고의의 문제로 판단하는 것은 옳지 않다. 또한 살인미수죄의 경우에도 살인의 고의는 인정되므로 이 경우 고의가 부인되려면 피해자의 사망이 구성요건적 결과로 볼 수 없는 경우에나 가능한 것이다.[1] 결국 위의 예에서 병원의 화재는 행위자와는 무관한 원인이기 때문에 이미 객관적으로 행위자에게 그 책임을 귀속시킬 수 없다.

다른 예로 천둥번개가 치는 날 낙뢰를 맞아 죽기를 바라면서 들판으로 내보낸 결과 사망한 경우 살인죄의 객관적 구성요건은 실현되었지만 행위자에게 사망을 희망하거나 원하는 의사만 있었을 뿐 살인의 고의는 인정할 수 없다는 견해[2] 역시 타당하지 않다. 이 경우에 사망이라는 결과만을 놓고 본다면 행위자는 피해자가 사망하기를 원했으며 예상한 대로 결국 사망하였으므로 주관적 구성요건은 인정될 수 있다. 그러나 사망의 결과발생은 행위자의 행위와 무관한 우연에 의해 발생한 것이다(비전형적 인과과정). 그러므로 형법적 평가의 대상이 될 수 없는 결과로서 객관적 귀속이 부인되는 것이다.

이상에서 살펴본 바와 같이 객관적 귀속론은 행위결과의 객관적 구성요건으로의 귀속을 의미한다. 즉 결과발생을 야기한 원인행위를 규범적으로 평가하여 구성요건 해당행위로 판단하는 것이다.[3]

1) Roxin, AT, §11 Rn. 37, 38.

2) Welzel, Strafrecht, 66면.

3) 객관적 귀속론을 지지하는 견해로는 김일수/서보학, 213면; 신동운, 173면; 신양균, 「형법상 인과관계와 객관적 귀속에 관한 연구」(연세대 박사학위논문, 1989); 안동준, 71면; 이재상, 151면; 이형국, 103면; 임 웅, 140면; 정성근/박광민 155면; 조준현, 162면 등이 있으며(독일의 경우에는 거의 통설에 가깝다), 부인하는 견해로는 배종대, 239면; 오영근, 176면이 있다. 대법원판례는 아직 상당인과관계설을 따르고 있다.

3. 객관적 귀속의 기본요건

객관적 귀속론의 내용은 결과의 행위자 귀속 여부를 판단하기 위한 규범적 기준에 관한 것이다. 이에 관해서는 다음과 같은 두 가지 원칙을 따르고 있다.[1] ① 행위자의 행위가 구성요건상의 행위객체에 대하여 위험을 야기하였어야 한다(예: 그러므로 낙뢰사망사건의 경우 심부름 보낸 행위는 사망이라는 위험을 야기한 행위라고 볼 수 없다)(위험창출). ② 구성요건적 결과가 행위자가 조성한 위험이 실현된 것으로 볼 수 있어야 한다(위험실현). 다만 이 경우에도 실현된 구성요건의 입법목적이 그러한 위험의 방지와 효력범위(규범의 보호목적 등)를 포함하지 않거나 벗어난 경우에는 형사책임 귀속이 부인된다(예: 갑이 을에게 고산등반을 하도록 권하여 을이 이에 따라 고산등반을 하다가 사고사한 경우 갑은 을의 사망원인을 제공하였을 뿐만 아니라 갑이 야기한 사망위험이 실현되었다. 그러나 갑에게 살인죄의 죄책을 인정할 수 없는 것은 살인죄의 구성요건이 고산등반의 권유금지나 피해자인 을의 자책원인까지 규범의 목적에 포함하지 않기 때문이다).[2] 그리고 여기에서의 위험이란 고의행위뿐만 아니라 과실행위에 의해서도 실현될 수 있기 때문에 과실범의 객관적 귀속척도에도 해당한다.

(1) 구성요건관련의 위험창출

1) 법적 관련성 객관적 귀속의 요건으로서 구성요건상의 행위객체에 대한 위험창출은 행위와 결과간에 법적 관련성이 인정되는 위험창출을 의미한다(낙뢰사망사건 참조).

2) 위험감소행위 위험의 창출이어야 하므로 위험감소행위는 객관적 귀속의 대상이 아니다. 위험감소행위란 행위자가 이미 진행되고 있는 인과과정 속에서 자신의 행위를 통하여 보다 중한 결과발생의 피해를 약화시키거나, 시간적으로 지연시킨 경우를 말한다. 이 때에는 법익침해위험을 줄이기 위한 행위를 금지할 수는 없기 때문에 결과발생에 대한 인과관계는 인정되지만 객관적 귀속이 부인된다. 예를 들면 머리를 향해 떨어지는 각목이 피해자의 어깨를 향하도록 밀쳐 경상을 입힌 행위자의 행위는 상해행위에 해당하지 않는다. 이 경우 긴급피난(제22조)과의 차이점이 문제된다. 생각건대 긴급피난행위는 새로운 법익침해상황을 통한 법익보호로서 위법성이 조각되는 데 반해

---

1) 독일형법학에서는 거의 다툼이 없다. Jescheck/Weigend, AT, 258면; Tröndle/Fischer, vor § 13 Rn. 17; Maurach/Zipf, AT Ⅰ, § 18 Rn. 49; Roxin, AT, § 11 Rn. 36 이하 참조.

2) Roxin, AT, § 11 Rn. 36, 40.

위험감소의 경우에는 새로운 법익침해행위가 아니라 동일한 위험상황에서의 대체행위를 통한 법익보호라는 점에서 구성요건의 문제에 해당한다. 또한 긴급피난의 경우에는 비교되는 법익의 귀속자가 다르지만 객관적 귀속론에서는 동일인이라는 점에서 다르다고 보아야 한다.

위험증대설의 입장에서는 위험의 창출뿐만 아니라 위험의 증대만으로도 객관적 귀속이 가능하다고 본다. 그리고 허용된 위험론을 주장하는 측에서는 비록 구성요건관련 위험창출의 경우라 할지라도 일반적으로 허용된 위험인 경우에는 객관적 귀속을 부인한다.[1)]

3) 가정적 인과과정 행위자의 행위가 없었더라도 예비적 원인으로 인하여 동일한 법익침해의 결과가 발생할 가능성이 있었던 경우에도 현실적으로 결과를 발생시킨 행위자에 대한 형사책임의 귀속은 인정된다. 법익보호의 가능성이 없는 상황에서도 법익보호의 필요성은 인정되며, 구성요건에 해당하는 행위의 가벌성 역시 부인할 수는 없기 때문이다(예: 사형집행 직전에 있는 사형수를 집행인이 아닌 제 3 자가 살해한 경우 제 3 자의 형사책임을 부인할 수 없다).[2)]

(2) 위험의 실현

구성요건과 관련된 위험의 창출은 그것만으로 충분한 것이 아니라 이러한 위험창출행위가 결과로서 실현되어야 한다. 그러므로 경험칙에 비추어 도저히 맞지 않는 비전형적인 인과과정을 통한 결과의 발생이라든가 또는 결과가 전적으로 제 3 자의 책임범위 내에서 발생한 경우(예: 상해를 입혔으나 병원으로 이송중 교통사고로 사망하거나 또는 입원중 병원의 화재로 사망)에는 객관적 귀속이 인정되지 않는다. 이 경우에는 행위자에 의해 창출된 위험의 실현이라기보다는 일반적인 생활상의 위험이 실현되었거나, 우연한 사건이 인과과정에 개입되었다고 볼 수 있기 때문이다.

1) 의무위반관련성 객관적 귀속을 위한 위험의 실현 여부를 판단하는 기준으로서 행위의 의무위반관련성(또는 위법성관련성)이 인정되어야 한다. 그러므로 만일 의무위반(규범침해)이 없었어도 동일한 결과가 발생하였을

1) Roxin, AT, § 11 Rn. 55.
2) Jakobs, Lackner-FS.(1987), 57면 이하; Roxin, AT, § 11 Rn. 48; Sch/Sch/Lenckner, vor § 13 Rn. 97.

것으로 예상되는 경우에는 객관적 귀속이 부인된다.[1] in dubio pro reo의 원칙에 따라 결과회피가능성이 불확실한 경우에는 결과귀속을 부인하는 견해[2]도 마찬가지이다.

이에 따라 과실범의 경우 의무위반관련성을 인정하면 행위자가 주의의무를 다하여 행동하였더라도 법익침해의 결과가 발생하였으리라고 예상될 때에 그 결과를 행위자에게 귀속시킬 수 없게 된다(적법한 대체행위의 가정).[3]

이에 대하여 위험증대설은 행위자에게 주의의무위반관련성이 부인되더라도 자신의 행위로 인해 허용된 위험의 정도를 넘어서는 결과발생의 위험성을 증대시킨 것만으로 결과귀속이 인정되어야 한다는 입장이다.[4] 그러나 위험증대설은 단순한 결과발생의 위험성을 증대시킨 것만으로는 창출된 위험이 실현된 것은 아니라는 점에서 결과귀속을 인정하는 것은 문제가 있다.

2) 규범의 보호목적관련성 규범의 보호목적관련성(Schutzzweckzusammenhang)이란 위험실현의 결과가 침해된 당해 규범의 보호목적범위 내에 해당하여야 한다는 것을 의미한다.[5] 이 경우의 규범은 특정한 결과발생을 방지하기 위한 주의의무규범을 의미하며, 고의범뿐만 아니라 과실범에도 해당한다.

[예] 의무위반관련성과 규범의 보호목적관련성의 예를 들면 다음과 같다: 한밤중에 인기척에 잠이 깬 집주인이 도둑이 든 것을 알고 이를 잡기 위하여 어둠 속에서 걸어가다가 발을 헛딛은 나머지 넘어져 발목 골절상을 입은 경우 도둑에게 집주인의 부상에 대한 형사책임을 인정할 수 없다. 물론 도둑이 침입하지 않았더라면(주거침입죄의 인정) 집주인이 밤에 깨어 걷다가 넘어질 이유는 없었을 것이다(인과관계의 인정). 그러나 집주인의 부상은 본인의 과실에 의한 것으로서 주거침입을 한 도둑의 행위(주거침입을 해서는 안 될 의무위반)로 인하여 직접 발생한 것은 아니며, 또한 주거침입죄는 집주인의 부상방지를 규범의 보호목적으로 하지 않는다.[6]

---

1) Schlüchter, JA 1984, 675면(Fn. 27); Puppe, JZ 1985, 297면(Fn. 8).

2) BGHSt, 11, 4; Jakobs, AT, 7/98; Sch/Sch/Cramer/Sternberg-Lieben, §15 Rn. 171. 국내에서 무죄추정설을 주장하는 견해로는 김성돈, 「인과관계판단과 과실판단의 분리」, 형사판례연구(11), 36면 이하.

3) BGHSt 11, 1("Radfahrer-Fall." 화물차운전자가 법정간격보다 좁은 간격으로 술에 취해 자전거를 타고 가던 피해자를 추월하자 피해자가 쓰러져 화물차 바퀴에 치어 사망한 사건. 이 사건에서 연방대법원은 피해자의 주취상태로 말미암아 화물차운전자가 법정간격을 유지하면서 추월하였더라도 동일한 결과가 발생하였을 것이라고 보아 무죄를 선고하였다).

4) Roxin, ZStW 74(1962), 411면; Stratenwerth, AT, §8 Rn. 34; SK/Rudolphi, vor §1 Rn. 65.

5) 결과에 대한 객관적 귀속의 전제조건으로서 보호목적관련성의 필요성에 대한 비판적 견해로는 Frisch, 「Tatbestandmässiges Verhalten etc.」(1988), 65면 이하.

6) Stree, JuS 1985, 183면; Wessels/Beulke, AT, Rn. 181 참조.

규범의 보호목적관련성에 따르면 규범의 보호내용과 무관하게 발생한 결과라면 비록 행위자의 행위에서 비롯되었다고 할지라도 그 결과를 행위자의 행위로 돌릴 수 없다. 이러한 의미에서 ① 행위자의 행위 이외에 피해자 스스로 또는 제 3 자가 초래한 결과나 위험(예: 환자의 수혈거부로 인한 사망이나 교통사고 피해자가 의료과실로 사망한 경우)에 대해서는 행위자에 대한 객관적 귀속은 인정할 수 없게 된다(제 3 자의 개입). 또한 ② 경험칙의 범위를 벗어난 비전형적 인과과정을 거쳐 결과가 발생하여 합리적으로는 예견할 수 없었던 경우, ③ 인간의 지배능력 밖에서 발생한 결과에 대해서는 형사책임의 귀속이 부인된다.

4. 형법 제17조와 객관적 귀속론

형법 제17조(「어느 행위라도 죄의 성립요소되는 위험발생에 연결되지 아니한 때에는 그 결과로 인하여 벌하지 아니한다」)는 형사책임의 귀속범위를 해결하는 방법으로써 인과관계와 객관적 귀속이라는 이원화된 체계를 전제로 하여 규정된 것은 아니다. 그렇다고 하여 인과관계 유무만으로 형사책임의 인정범위를 확정지어야 한다는 것도 제17조의 문언과 일치하지 않는다. 죄의 성립요소되는 위험발생에 연결되어야 함을 전제로 하고 있고, 이는 자연과학적 인과관계가 인정되는 것만으로는 처벌할 수 없음을 나타낸 것이라고 볼 수 있기 때문이다. 오히려 제17조는 인과관계가 인정된다고 하여 행위자에게 모든 결과에 대한 형사책임을 인정할 수는 없다는 원칙론을 규정한 것으로 보는 것이 옳다.

문제는 어떠한 기준에 의하여 자연과학적으로 인정되는 인과관계를 형사책임 범위를 정하기 위하여 규범적으로 재단하는가에 달려 있다. 이에 대한 방법론으로서 상당인과관계설과 객관적 귀속이론이 등장하였음은 기술한 바와 같다. 선택의 기준은 이론이 갖는 논리적 합리성과 결과에 대한 법적 예측가능성이어야 할 것이다. 특히 후자는 법적 안정성이라는 측면에서 대단히 중요하다. 이러한 관점에서 본다면 상당인과관계설이 주장하는 상당성이라는 기준은 객관적 귀속이론이 제시하는 귀속기준에 비하여 상대적으로 추상적이면서 법관의 자의적 판단을 상당성이라는 개념으로 호도할 위험성이 내재되어 있다.

그러므로 형법 제17조는 행위와 결과간의 자연과학적 인과관계가 인정되더라도(「어떤 행위라도… 결과로 인하여」) 형사책임 인정범위를 확정(「죄의 요소되는 위험발생에 연결되지 아니한 때」)하는 것은 별개의 문제라는 점을 규정한 것으로 해석하는 것이 옳다고 본다. 즉 합법칙적 조건설에 의하여 인과관계의 유무를 확정하고, 객관적 귀속이론에 의하여 형사책임의 귀속범위를 제한하게 한 규정으로 해석하는 것이 이론적으로나 법 해석상 가장 타당하다.[1)]

제 4 절 主觀的 構成要件

Ⅰ. 故意의 意味와 刑法 제13조

형법상 구성요건은 범죄를 이루는 객관적 성립요건을 그 내용으로 하고 있다. 이러한 객관적 구성요건에는 행위객체(예: 사람, 재물, 문서, 건조물, 명예), 법익침해의 정도(예: 사망, 상해, 위험발생, 손괴), 행위주체(예: 공무원, 의사, 증인), 행위방법(예: 살해, 절취, 손괴, 기망, 횡령, 가혹한 행위, 흉기휴대), 행위장소(예: 주거), 행위시간(예: 야간) 등이 포함된다. 고의는 이러한 객관적 구성요건을 인식하면서 구성요건을 실현하려고 하는 의욕을 의미한다. 고의는 범죄가 성립하기 위하여 필요한 요소로서 행위자의 내면의 의사에 관한 것이기 때문에 이를 주관적 구성요건이라고 한다.

형법은 「죄의 성립요소인 사실을 인식」하는 것으로 고의를 규정하고 있다(제13조). 이는 형법이 규정상으로는 고의에 관하여 인식의 측면만을 요구한 것이라고 볼 수 있다. 이러한 형법규정에 대하여 제13조가 의욕의 측면을 명시하지 않은 점은 아쉽지만 해석을 통하여 이를 보충하여야 한다는 견해,[2)] 인식 있는 과실을 고의의 범주에 포함시킬 우려가 있고 고의의 본질을 해명하는 데에 별 도움이 되지 못하므로 학설과 판례에 맡겨져 있다는 견해,[3)] 비록 인식만을 규정하고 있지만 이는 최소한의 요건일 뿐이며 사실상 의욕의 요소도 내포하는 의미라고 보아야 한다는 견해,[4)] 의욕(의사)은 인식을 전

1) 신동운, 170면; 신양균, 앞의 논문, 280면; 안동준, 71면; 이재상, 155면; 이형국, 106면; 임 웅, 140면. 이와 달리 형법 제17조는 상당인과관계설에 의하여 해석하는 것이 타당하다는 견해는 배종대, 227면.

2) 신동운, 178면.

3) 임 웅, 147면.

4) 김일수/서보학, 209면; 손동권, 130면; 이형국, 107면; 정성근/박광민, 166면.

제한다는 견해,[1] 제13조는 고의가 범죄의 주관적 요소라는 근거규정에 불과하며 그 내용은 학설이 일임하고 있다는 견해[2] 등이 있다. 즉 학설은 전체적으로 제13조의 규정에도 불구하고 우리 형법상 고의를 인식과 의욕의 두 가지 요소로 이해하는 것이 당연하다는 점에서 일치한다.

형법 제13조가 죄의 성립요소인 사실을 인식하지 못한 행위를 처벌하지 않는다고 규정한 것은 행위자에게 목표실현에 대한 의지적 요소를 불필요하다고 본 것이라기보다는 객관적 구성요건요소를 인식하지도 못한 행위를 처벌할 수 없다는 최소한의 요건을 규정한 것으로 보는 것이 타당하다. 또한 행위결과에 대한 의욕이란 행위상황에 대한 인식이 없이는 불가능한 것으로 보아야 할 것이다. 이러한 점에서 학설이 고의의 본질을 원칙적으로 인식과 의사의 두 요소로 파악하는 것은 타당하다. 독일형법 역시 제16조(Irrtum über Tatumstände, 행위상황에 관한 착오)[3]에서 법률상의 구성요건에 해당하는 상황을 인식하지 못한 행위는 고의범으로 처벌하지 않는다고 규정하고 있는바 이 역시 마찬가지라고 볼 수 있다.

이러한 고의는 결과에 대한 주관적 귀속의 근거가 되며, 가치판단이 아니라 행위에 관한 심리적 사실이다. 그리고 규범적 구성요건요소를 인식하는 데에는 평균인으로서의 가치평가면 족하다.[4] 고의는 행위의 내용을 이루는 것이므로 객관적 귀속판단의 전제조건이 된다. 한편 행위자를 전제로 하는 책임판단은 주관적 귀속이라고 부를 수 있다.

Ⅱ. 故意의 犯罪體系論的 위치

현대 형법학에서 주관적 불법요소의 존재에 대해서는 다툼이 없다. 문제는 고의를 행위불법의 영역에 속하는 주관적 구성요건으로 볼 것인가, 아니

1) 배종대, 247면; 이재상, 159면. 독일학계에서 행위자가 구성요건적 상황을 인식하고 행위를 하는 경우에는 이를 원해서 하는 것으로 보아야 하므로 고의의 인식적 측면과 의욕적 측면은 서로 다른 것이 아니라 동일하다고 보는 견해로는 Hruschka, 「Strafrecht nach logisch-analogischer Methode」(2. Aufl., 1988), 425면 이하.

2) 손해목, 293면.

3) "Wer bei Begehung der Tat einen Umstand nicht kennt, der zum gesetzlichen Tatbestand gehört, handelt nicht vorsätzlich. Die Strafbarkeit wegen fahrlässiger Begehung bleibt unberührt."

4) 이와 관련하여서는 조준현, 「형법상 주관적 구성요건요소에 관한 약간의 고찰」, 성시탁교수화갑기념논문집(1993), 90면 이하 참조.

면 단순히 책임의 형태로 파악할 것인가이다. 즉 고의의 체계적 위치란 고의를 구성요건과 위법성, 책임으로 이루어진 범죄론체계 가운데 어느 부분에 자리매김할 것인가의 문제이다.

고의의 범죄론체계상의 위치에 관한 논의는 범죄론체계의 논리적 구성에 관한 문제이다. 행위론과 맞물려 그 체계적 위치가 각각 다르지만 그렇다고 반드시 행위론을 전제로 하여 이 문제가 제기되고 해결되는 것은 아니다. 영미의 형법체계에서 범죄행위를 외부적 행위(actus reus)와 내부적 의사(mens rea)를 조건으로 하여 인정하고 있는 것도 인간행위의 문제가 외부적·내부적 조건을 구성요소로 함을 나타내는 것이다. 이는 결국 체계적 구성의 문제가 형법상의 행위를 판단하는 데에는 영향을 미치지 않는 형식의 문제임을 의미한다.

1. 책임요소설

인과적 행위론을 내용으로 하는 고전적 범죄론체계에서는 구성요건은 자연과학적 의미에서의 외부적 야기를 의미하며, 주관적·내면적인 것은 모두 책임영역에 속하는 것으로 보기 때문에 고의 역시 책임요소로 본다.

2. 구성요건요소설

행위를 목적적 사고의 표출로 보는 목적적 행위론에 입각하는 목적적 범죄론체계에서는 고의를 구성요건의 영역에서 파악한다. 달성하고자 하는 목표에 자신의 행동을 맞추는 목적적 조종이 있을 때에 비로소 인간의 행위라고 볼 수 있기 때문이라는 것이다. 대법원도 "공직선거법 제250조 제2항 소정의 허위사실공표죄에서는 공표된 사실이 허위라는 것이 구성요건의 내용을 이루는 것이기 때문에 행위자의 고의의 내용으로서 그 사항이 허위라는 것의 인식이 필요하다"고 하여 이러한 입장에 서 있다.[1] 인격적 행위불법은 이를 의미한다.

사회적 행위론을 토대로 하는 범죄론체계에서는 행위개념을 인간의사에 의하여 지배되는 법적·사회적 의미의 단일체라는 관점에서 파악한다. 그리고 고의는 객관적 구성요건의 실현을 향한 인식과 의욕이라는 심리적 요소를 의미하며, 주관적 구성요건으로 분류한다.

1) 대판 2005.7.22, 2005도2627(법률신문 2005.9.1).

3. 고의의 이중기능

고의를 주관적 불법구성요건으로 인정한다고 하여 고의가 책임영역에서 완전히 배제되는 것이 아니다. 즉 고의는 행위책임 형태의 고의(주관적 구성요건요소)와 행위자책임 형태의 고의(책임요소)로 나뉜다. 그리고 형법은 책임과 형벌이 균형을 이루어야 한다는 책임원칙에 입각해 있다. 그러므로 과실범보다 고의범을 높게 처벌하고 있다. 즉 과실범은 고의범에 비해 행위불법이 낮게 평가되는 것은 물론이고 고의범과 책임의 차이가 존재하기 때문에 형이 낮다는 것이다. 그러므로 고의와 과실은 상이한 행위형태뿐만 아니라 상이한 책임형태, 즉 고의책임과 과실책임을 갖는다는 것을 알 수 있다. 고의의 이중기능이란 이처럼 고의가 불법요소로서의 고의와 책임요소로서의 고의를 모두 내포하고 있다는 의미이다.

고의의 이중기능을 인정할 때에 행위불법요소로서의 고의는 객관적 구성요건 실현을 향한 심리적 관계를 의미한다. 즉 객관적 구성요건요소에 대한 인식을 전제로 한 구성요건의 실현의지를 나타낸다. 반면에 책임요소로서의 고의는 적법행위를 요구하는 법규범에 반하는 고의적인 행위를 통하여 표출된 심정적 태도(심정불법)를 의미한다. 그러므로 구성요건의 단계에서 고의는 과실과 구별하기 위하여 객관적 구성요건을 실현시킨 행위자의 의사가 기준이 된다. 반면에 책임의 단계에서는 왜 범죄실현의사를 갖게 되었으며, 행위자의 의사결정이 법질서에 반하여 법적으로 비난할 만한 심성을 지녔는가가 문제된다. 그리고 구성요건에 해당하는 행위는 위법성이 추정되듯이 구성요건적 고의가 인정되면 고의책임 역시 추정된다(그러나 위법성조각사유의 객관적 성립요건에 대한 착오와 같이 비전형적인 상황에서는 이러한 추정은 배제된다).[1]

Ⅲ. 故意의 형태

형법은 고의범을 원칙으로 하여 처벌하고 있음은 기술한 바와 같으나 구성요건에 따라서는 고의 이외에 「목적」을 주관적 구성요건요소로서 요구하고 있다(예: 「행사의 목적」, 「판매할 목적」, 「비방할 목적」, 「형사처분 또는 징계처분을 받게 할 목적」, 「국헌을 문란할 목적」 등). 그렇기 때문에 고의의 형태를 분

1) Wessels/Beulke, AT, §5 Rn. 142 이하 참조.

류하는 것은 구성요건해당성 여부를 확정하기 위해 필요하다. 고의의 세 가지 형태는 고의의 인식적(지적) 요소와 의욕적 요소의 변형에 의해 생겨난다. 목적의 경우에는 자신의 행위에 의한 결과야기의 가능성에 대한 인식은 낮은 정도로서도 충분한 데 비해 결과발생에 대한 바램은 강하기 때문에 결과가 발생하면 기수범의 고의가 인정된다. 반면에 직접고의의 경우에는 자신의 행위에 의해 틀림없이 결과가 발생할 것이라는 인식적 측면이 강하므로 만일 그대로 된다면 행위자는 이러한 결과를 원한 것으로 되어 직접고의가 인정되는 것이다. 즉 목적에 비해 의욕적 요소가 약하다. 미필적 고의는 후술하는 바와 같이 논란이 많으나 목적과는 결과발생을 원하지 않은 점과 인식적 요소가 약한 점에서, 그리고 직접고의와는 역시 인식적 요소가 현저히 낮다는 점에서 서로 구별된다. 인식 유무를 불문하고 과실은 일반적으로 표현하면 경솔함이나 부주의라고 할 수 있는 데 반하여 고의는 범행계획실현을 본질로 한다고 볼 수 있다.[1] 즉 결과가 행위자의 계획과 일치하면 이는 고의적이라고 볼 수 있는 것이다. 이는 특히 미필적 고의와 인식 있는 과실을 구별하는 데에 중요한 구별기준이 된다.

학자에 따라서는 목적을 제 1 급의 직접고의로, 직접고의를 제 2 급의 직접고의로 부르고 이를 미필적 고의와 구별하기도 한다. 즉 직접고의와 미필적 고의를 양분하는 것이다. 그러나 목적과 직접고의의 구별이 실질적인 차이를 가져오는 것은 아니다. 또한 형법은 확정적 고의를 분류하지 않고 있으며, 판례 역시 양자를 구별하여 취급하지 않고 있다.

[예] A는 정적인 대통령후보 K를 살해할 것을 결심하고 2대의 K의 승용차 중 한 대에 폭발장치를 하였다. A는 K가 폭발장치가 된 자동차를 이용하게 될지는 확신할 수 없었으나 K는 A의 계획대로 이 승용차를 이용하였다. 선거유세를 위해 출발하려고 폭발장치가 된 자동차의 운전사 O가 시동을 걸자 이 승용차는 폭발하여 K와 O는 현장에서 사망하고, 옆에 있던 비서 P도 역시 중상을 입었다. A는 이 모든 결과를 예상하였다.[2]

행위자의 주관적 의사측면을 중심으로 위의 사례를 분석하면 다음과 같다.

---

1) Roxin, AT, § 12 Rn. 6.
2) Samson, Strafrecht I, 23면의 사례 변형.

결 과	인식의 측면	의욕의 측면	고의의 형태
1. K의 사망	불확실: 가능성을 믿음	목표로 삼음	목 적
2. 자동차의 폭발	확 신	(중간)목표로 삼음	목 적
3. O의 사망	확 신	원하지 않음	직접고의
4. P의 부상	불확실: 가능성을 믿음	원하지 않음	미필적 고의

I. 확정적 고의

확정적 고의는 행위자가 구성요건적 행위상황에 대한 확실한 인식을 하면서 구성요건의 실현을 의욕하는 경우의 고의를 말한다. 확정적 고의에는 행위자가 구성요건을 실현하고자 하는 의욕의 측면을 의미하는 목적이 있는 경우와, 행위자가 자신의 행위로 인하여 구성요건이 실현될 것이라는 확실한 인식을 하는 경우가 있다.

(1) 목적(의도)

목적이라 함은 구성요건 실현에 대한 목표지향적인 추구를 의미한다. 이는 목적범에서의 목적을 의미하는 것이 아니라 구성요건의 실현 자체를 행위자가 최종 또는 중간목표로 삼은 것과 관련해서 인정되는 고도의 고의이다. 목적하는 바의 결과가 다른 목표를 달성하기 위한 중간목표에 불과하더라도 목적성이 인정된다. 또한 목적이 행위사가 추구하는 유일한 목표일 필요도 없다. 즉 결과의 발생 여부에 관한 확신은 필요하지 않다. 반면에 결과의 발생을 원하지 않았던 경우에는, 그 발생을 확신하지 않았고 오직 가능성이나 개연성만을 믿었다던 경우에 따라 미필적 고의 정도가 인정될 수 있다. 위의 [예]에서 제 1 의 결과(K의 사망)와 제 2 의 결과(자동차의 폭발)는 목적(제 1 급의 직접고의)을 가지고 행한 것으로 인정된다.

(2) 직접고의

직접고의는 구성요건이 실현되리라고 확신하거나 또는 실현될 가능성이 있음을 확신하지만 구성요건의 실현 자체가 목표는 아닌 경우를 말한다. 위의 [예]에서 A는 제 3 의 결과(O의 사망)를 원하지는 않았지만 확정적 고의를 가지고 발생시켰다. 결국 구성요건에 해당하는 결과발생을 확신한 경우에는 직접고의가 인정된다.

2. 불확정적 고의

불확정적 고의란 행위자가 구성요건의 실현을 직접 추구하거나 적극적으로 의욕 혹은 확신하지 않은 상태의 고의를 의미한다. 판례는 고의를 확정적 고의와 불확정적 고의로 분류하고, 미필적 고의를 불확정적 고의로 파악한다.[1] 이러한 분류는 고의를 직접고의와 미필적 고의로 분류하는 것과 동일하다.

3. 미필적 고의

(1) 개 념

미필적 고의(dolus eventualis)는 불확정적 고의의 대표적인 예로서 행위자가 구성요건적 결과의 발생을 직접 추구하거나 확신하지는 않은 경우의 고의를 가리킨다. 그러나 미필적 고의와 확정적 고의간의 법적 효과는 동일하다. 미필적 고의는 조건부 고의라고도 부르나 구성요건적 고의는 구성요건적 행위정황에 대한 전면적이고 무조건적인 인식을 전제로 한다는 점에서 이 명칭은 적절하지 않다.

오늘날의 미필적 고의는 연혁적으로는 독일 보통법시대의 간접고의(dolus indirektus)에서 비롯된 것이다. 즉 직접고의에 대비되는 간접고의가 현재의 미필적 고의의 원형인 셈이다. 당시에는 결과를 행위자가 원한 경우에만 처벌하였는데 허용되지 않는 행위로 인하여 발생한 우연한 결과에 대하여도 행위자가 이를 모두 「간접적으로 원한 것」으로 간주하여 고의범을 인정하였다.[2]

미필적 고의는 구성요건적 결과발생의 가능성을 인식하였다는 점에서는 인식있는 과실과 일치한다. 그런 점에서 양자는 고의와 과실의 경계선에 위치하는 개념이다. 양자의 구별은 의욕적 측면에서 가능하다. 논란이 되는 것은 미필적 고의와 인식있는 과실을 어떠한 기준에 의하여 구별할 것인가에 있다. 위의 [예]에서 제 4 의 결과(P의 부상)와 관련해서는 (미필적) 고의인가 아니면 (인식있는) 과실인가가 문제되는 것이다.

(2) 미필적 고의의 본질: 인식있는 과실과의 구별

미필적 고의의 내용이 무엇이며, 인식 있는 과실과는 어떠한 기준에 따라 구별할 것인가의 문제는 매우 유동적인 성격을 지니고 있다. 여기에는 우선 행위동기나 의욕적 측면에서의 반가치성을 기준으로 양자를 구별하려는

1) 대판 2004. 6. 24, 2002도995.

2) 자세한 것은 박상기, 「고의의 본질과 대법원 판례의 입장」, 형사판례연구(10), 42면 이하 참조.

견해가 있는데 용인설과 무관심설이 대표적이고, 다른 한편으로는 발생가능한 법익침해—결과발생—를 인정하는 행위자의 인식의 정도를 기준으로 하여 고의와 과실을 구분하는 가능성설과 개연성설이 있다.[1]

1) 용 인 설 용인설(Billigkeitstheorie)에서는 결과발생의 가능성을 인식하는 외에 이러한 결과발생을 내심으로 용인(인용) 또는 승낙하는 것, 즉 받아들이는 것을 미필적 고의라고 한다(승낙설, Einwilligungstheorie이라고도 한다). 이 견해는 고의의 의욕적 요소가 구별의 중심이 된다. 용인설은 우리 학계의 다수설이기도 하다.[2]

그러나 용인설에 대해서는 과실범보다 가벌성이 더하다고 볼 수 있는 완전한 무관심, 즉 결과가 발생하거나 말거나 상관않는 태도는 고의에서 제외된다는 비판이 있다.

[판례] 「전파가능성을 이유로 명예훼손죄의 공연성을 인정하는 경우에는 범죄구성요건의 주관적 요소로서 적어도 미필적 고의가 필요하므로 전파가능성에 관한 인식이 있음은 물론 나아가 그 위험을 용인하는 내심의 의사가 있어야 하고, 그 행위자가 전파가능성을 용인하고 있었는지의 여부는 외부에 나타난 행위의 형태와 행위의 상황 등 구체적인 사정을 기초로 하여 일반인이라면 그 전파가능성을 어떻게 평가할 것인가를 고려하면서 행위자의 입장에서 그 심리상태를 추인하여야 한다」(대판 2010. 10. 28. 2010도2877).

2) 무관심설[3] 무관심설(Gleichgültigkeitstheorie)은 행위자가 발생가능한 부수적 결과에 대해 긍정적이거나 무관심한 태도로 받아들이면 고의를 인정하며, 단순한 가능성을 인식하였을 경우에는 결과에 대한 행위자의 심리적 태도에 따라 판단한다. 그러므로 행위자가 결과발생을 원하지 않기 때문에 법익침해 여부에 대한 무관심이 배제되는 경우에는 언제나 고의가 부인된다는 문제점이 있다. 또한 고의 유무를 판단함에 있어 중요한 것은 행위자의 행위동기나 심리적 태도가 아니라 행위자가 발생가능한 법익침해—결과발생—의 방향으로 자신의 행위를 결정하였는가 여부에 있는 것이다.

1) Jakobs, AT, 8/23; Roxin, AT, §12 Rn. 21~74; Wessels/Beulke, AT, §7 Rn. 214 이하 참조. 그 밖에 신양균, 「미필적 고의와 인식있는 과실의 구별」, 손해목교수화갑기념논문집(1993), 121면 이하 참조.
2) 김성돈, 195면; 배종대, 250면; 신동운, 190면; 안동준, 81면; 이형국(I), 219면; 임 웅, 153면; 정성근/박광민, 175면; 정영일, 139면.
3) Engisch, 「Untersuchungen über Vorsatz und Fahrlässigkeit im Strafrecht」, 1930, 186면 이하.

3) 가능성설[1] 가능성설(Möglichkeitstheorie) 또는 인식설(Vorstellungstheorie)에서는 행위자가 결과발생의 구체적인 가능성을 인식하고도 행위를 하였을 때 미필적 고의를 인정한다. 이는 고의의 지적 요소에 중점을 두는 학설이다. 즉 행위자가 자신의 행위로 범죄결과의 발생이 예상될 때에는 심리적으로 두 가지 방향에서 결정을 하게 되는데, 하나는 행위를 중단하는 경우이고, 다른 하나는 이러한 가능성이 예상됨에도 이를 무시하고 행위를 (중단하지 않고) 계속 수행하기로 결심한 경우이다. 이때에는 결과에 대한 용인의사가 없어도 (미필적) 고의가 인정된다.[2]

가능성설은 고의의 의지적 요소를 무시한 결과 고의가 인식있는 과실의 영역까지 확장되어 사실상 인식있는 과실이 부인되는 문제점이 있다.

4) 개연성설[3] 행위자가 결과발생의 가능성뿐만 아니라 개연성까지 믿고 행위를 한 경우에 고의를 인정하는 입장이 개연성설(Wahrscheinlichkeitstheorie)이다. 개연성이란 단순한 가능성보다는 좁은 의미이다. 그러나 가능성으로부터 개연성을 구분하여 판단한다는 것이 언제나 명백하지 않다는 난점이 있다. 또한 고의의 인식적 측면만이 강조됨으로써 의욕적 측면이 무시된다는 결함이 있다. 그리고 개연성이 있는 것으로 보았다고 하여 반드시 결과발생을 피할 수 없다고 믿었는지도 의문이다.

5) 방지의사설[4](회피설) 이 학설은 목적적 행위론에 입각한 인간행위의 본질론에 따라 미필적 고의의 인정 여부를 결과방지의사의 객관적(외부적) 표명 여부에 둔다. 즉 행위자가 구성요건적 결과발생의 가능성을 인식하였을 경우에는 결과발생의 방지를 위하여 행위를 조종하였을 때에만 (미필적) 고의를 부인하는 견해이다. 이에 따라 인식있는 과실은 행위자가 행위를 하면서 동시에 발생가능하다고 상정하고 있던 (구성요건에 해당하는) 부수적 결과가 발생하지 않도록 반대조종을 시도(결과방지를 위한 노력)한 경우에 인정된다. 여기에서 중요한 것은 행위자의 회피의사(Vermeidewillen)이다. 그러므로 만일 행위자가 결과방지를 위한 노력이 없이 내버려 두었다면 그는 구

1) Schröder, Sauer-FS.(1949), 207면 이하; Schmidhäuser, JuS 1980, 241면 이하.
2) 대판 1994. 3. 22, 93도3612; 1994. 12. 22, 94도2511. 이에 대해서는 박상기, 앞의 논문, 42면 이하 참조.
3) H. Mayer, AT(1953), 250면 이하.
4) Armin Kaufmann, ZStW 70(1958), 64면 이하.

성요건적 결과발생을 감수한 것으로 간주된다.

그러나 행위자는 구성요건적 결과발생을 전혀 원하지 않으면서도 자신이 원하는 (위험한) 행위를 할 수 있다는 점(과실이 인정될 수 있을 뿐이다), 결과발생의 방지를 시도하였더라도 언제나 고의가 배제되는 것은 아니라는 점(예를 들어 결과발생방지대책을 수립하여도 반반의 발생가능성이 있음을 계산에 넣는 경우와 반반의 가능성만을 믿고 행위를 하는 경우를 달리 취급하여야 할 이유가 없다. 즉 모두 고의가 인정된다)에서 비판받는다.

6) 프랑크의 공식[1] 프랑크가 주장한 이 학설에서는 구성요건적 결과발생이 확실한 상황을 전제로 행위자의 태도를 판단할 두 개의 기준을 제시한다. 제 1 기준은 「만일 행위자가 결과발생에 관하여 인식하고서도 행위를 하였다면 고의가 인정되고, 결과를 인식하였더라면 그만두었을 경우에는 고의가 부인된다」고 본다. 그러나 결과가 확실히 예견되는 경우에는 행위를 하지 않았으리라는 가정하에 고의를 부인하는 것이 항상 타당한 것은 아니다. 그 예로서 드는 것이 라크만(Lacmann)의 사례이다.[2] 즉 두 청년이 돈을 걸고 소녀의 손에 있는 유리알을 쏘아 맞추는 내기를 하면서 실패할 경우에는 군중 속으로 도망치면 될 것이라고 생각하고 쏜 결과 유리알이 아니라 소녀의 손을 맞춰 다치게 한 사건에서 프랑크의 제 1 기준에 의하면 행위자는 실패결과를 인식하였다면 내기를 하지 않았을 것이므로 고의를 부인하여야 할 것이나. 그러나 행위자는 실패위험성을 계산에 넣었지만 돈을 딸 수 있는 기회를 더 중시하여 행위를 하였고 결과를 발생시켰으므로 미필적 고의를 인정하는 것이 타당하다. 제 2 기준은 「행위자가 어떠한 경우든 행위를 하겠다는 경우로서 이 때에는 고의가 인정된다」는 것이다.

7) 미필적 고의와 인식있는 과실을 동일하게 취급하는 견해[3] 이는 미필적 고의와 인식있는 과실을 구별하지 않고 입법적으로 동일하게 취급하여 고의와 과실의 중간형태인 제 3 의 책임형태로 인정하자는 견해이다. 이는 영미의 「recklessness」에 해당하는 형태를 도입한 것이다. 이는 형법 각칙상의 범행형태를 재구성하여야 하는 현실적인 어려움이 있으나 법적용의 간편성은 인정된다고 할 수 있다. 그러나 이는 법익의 침해를 결정한 것—미필적 고

1) Frank, StGB, 18. Aufl., § 59 V.
2) Lacmann, GA 1911, 109면 이하 및 ZStW 31(1911), 159면.
3) Eser, Strafrecht I, Fall 3, Rn. 35 a; Weigend, ZStW 93(1981), 657면 이하.

의── 과 법익이 침해되지 않으리라는 경솔한 판단──인식있는 과실──사이의 질적 차이를 무시한 것으로서 현상과 부합되지 않는 해결책이라는 비판을 받을 수밖에 없다.

8) 판례의 입장　　고의의 본질에 관한 대법원의 입장에 대하여 학계에서는 용인설에 입각하고 있는 것으로 파악하고 있다.[1] 즉 「미필적 고의라 함은 결과의 발생이 불확실한 경우, 즉 행위자에 있어서 그 결과발생에 관한 확실한 예견은 없으나 그 가능성은 인정하는 것으로, 이러한 미필적 고의가 있었다고 하려면 결과발생의 가능성에 대한 인식이 있음은 물론 나아가 결과발생을 용인하는 내심의 의사가 있음을 요한다」라고 판시한 것[2]을 예로 든다.

그러나 다른 한편 대법원은 ① 대판 1987. 7. 21. 87도1091에서 「살인죄에 있어서의 범의(고의)는 반드시 살해의 목적이나 계획적인 살해의 의도가 있어야 하는 것은 아니고 살해에 대한 인식이 있으면 족한 것이고 그 인식도 확정적인 것은 물론이고 미필적인 것도 이에 포함되는 것…」[3]이라고 판시하거나, 「살인의 범의는 반드시 살해의 목적이나 계획적인 살해의 의도가 있어야 인정되는 것은 아니고, 자기의 행위로 인하여 타인의 사망이라는 결과를 발생시킬만한 가능성 또는 위험이 있음을 인식하거나 예견하면 족한 것이며 그 인식이나 예견은 확정적인 것은 물론 불확정적인 것이라도 이른바 미필적 고의로 인정되는 것」이므로 범행 당시 살인의 범의는 없었고 단지 상해 또는 폭행의 범의만 있었을 뿐이라고 다투는 경우에 범행 당시 살인의 범의가 있었는지 여부는 범행에 이르게 된 경위, 범행의 동기, 준비된 흉기의 유무·종류·용법, 공격의 부위와 반복성, 사망의 결과발생가능성 정도 등 범행 전후의 객관적인 사정을 종합하여 판단하여야 한다고 판시하여[4] 용인설보다는 가능성설에 가까운 판결을 하고 있는 점을 유의하여야 한다. ② 또 다른 판결에서도 「살인죄의 범의는 자기의 행위로 인하여 피해자가 사망할 수도 있다는

1) 김일수/서보학, 193면; 손동권, 151면; 안동준, 81면; 이재상, 166면; 이형국(I), 129면; 임 웅, 149면; 정성근/박광민, 174면 등. 반면 신동운, 190면은 대법원이 사실상 감수설의 입장을 취한 것이라고 보고 있다.

2) 대판 1985. 6. 25, 85도660; 1987. 2. 10, 86도2338; 2004. 2. 27, 2003도7507.

3) 그러나 이 판결에서 대법원이 살해에 대한 미필적 인식가능성을 인정함으로써 마치 미필적 고의를 인정하는 것처럼 보이지만 이 경우에는 확정적 고의에 해당한다고 보는 것이 타당하다. 행위자는 흉기인 과도로 급소인 목을 힘껏 찔렀다는 점에서 자신의 행위로 인한 피해자의 사망이라는 결과발생을 확실히 인식한 경우라고 볼 수 있기 때문이다.

4) 대판 2006. 4. 14, 2006도734.

사실을 인식·예견하는 것으로 족하고 피해자의 사망을 희망하거나 목적으로 할 필요는 없고, 또 확정적인 고의가 아닌 미필적 고의로도 족한 것」이라고 판시하고 있다.[1)]

대법원의 이러한 입장에 따른 판결은 다음과 같다.

①「살인죄의 범의는 자기의 행위로 인하여 피해자가 사망할 수도 있다는 사실을 인식·예견하는 것으로 족하지 피해자의 사망을 희망하거나 목적으로 할 필요는 없고, 또 확정적인 고의가 아닌 미필적 고의로도 족한 것인바,… 동료를 납치, 폭행한 데 대한 보복으로 피해자들에 대한 가해행위를 분담하여 직접 실행한 피고인 황○관 한○환 이○재 장○선 등이 소론과 같이 피해자들의 머리나 가슴 등 치명적인 부위를 낫이나 칼로 찌르지는 않았다고 하더라도, 쇠파이프와 각목으로 피해자들의 머리와 몸을 마구 때리고 낫으로 팔과 다리를 난자한 이상… 위 피고인들이 소론과 같이 자기들의 가해행위로 인하여 피해자들이 사망할 수도 있다는 사실을 인식하지 못하였다고 볼 수 없고(오히려 살인의 미필적 고의가 있었다고 볼 수 있다), 또 여관의 안내실에서 종업원이 경찰에 신고를 하지 못하도록 감시한 피고인 유○준으로서도 위와 같은 경위로 집단적인 보복을 할 목적으로 낫과 쇠파이프 등을 가지고 여관으로 들어간 위 피고인들이 피해자들을 살해할 수도 있다는 사실을 인식하였을 것이므로, 피고인 황○관 한○환 이○재 장○선은 물론 피고인 유○준에게도 살인의 범의가 있었다고 본 원심의 판단은 정당한 것」(대판 1994. 3. 22, 93도3612)이라고 판시하였다. 특히 이 판결에서는 이중의 인식가능성을 토대로 하여 살해행위에 직접 가담하지 않고 여관의 안내실에서 종업원을 감시한 것에 불과한 피고인(유○준)에게 살인의 고의를 인정하고 있다. 즉 다른 피고인들의 살해행위가 능성에 대한 인식가능성만으로 살인 고의를 인정하고 있다.

②「살인죄에 있어서의 범의는 반드시 살해의 목적이나 계획적인 살해의 의도가 있어야만 인정되는 것은 아니고, 자기의 행위로 인하여 타인의 사망의 결과를 발생시킬 만한 가능 또는 위험이 있음을 인식하거나 예견하면 족한 것이고 그 인식 또는 예견은 확정적인 것은 물론 불확정적인 것이라도 이른바 미필적 고의로 인정된다」(대판 1998. 6. 9, 98도980).

③「살인죄에 있어서의 범의는 반드시 살해의 목적이나 계획적인 살해의 의도가 있어야만 인정되는 것은 아니고 자기의 행위로 인하여 타인의 사망의 결과를 발생시킬 만한 가능 또는 위험이 있음을 인식하거나 예견하면 족한 것」이다(대판 2000. 8. 18, 2000도2231).

1) 대판 1994. 12. 22, 94도2511(「…피고인이 9세의 여자 어린이에 불과하여 항거를 쉽게 제압할 수 있는 피해자의 목을 감아서 졸라 실신시킨 후 그 곳을 떠나버린 이상 그와 같은 자신의 가해행위로 인하여 피해자가 사망에 이를 수도 있다는 사실을 인식하지 못하였다고 볼 수 없으므로, 적어도 그 범행 당시에는 피고인에게 살인의 범의가 있었다 할 것」).

이러한 대법원의 견해는 고의를 행위결과에 대한 행위자의 심리적 태도와는 무관하게 결과발생가능성을 인식 또는 예견하였는지 여부를 기준으로 판단하고 있다. 즉 고의의 본질에 관한 대법원의 입장은 용인설적 입장과 함께 내용상 인식설 또는 (예견)가능성설의 입장에 입각한 것도 있다고 보지 않을 수 없다.[1] 그러므로 대법원이 고의의 본질에 대해 용인설에 입각하고 있다는 다수학설의 주장은 정확하지 않다.

독일연방대법원 역시 살인죄를 제외한 사건의 경우에는 가능성설의 입장에 서 있다. 고의와 과실의 구별이 문제되는 경우는 대부분이 살인죄인데 살인죄의 경우에는 감수설의 입장이지만 법원은 형식적으로 요구하는 수준에 불과하다.[2] 대표적인 판결이 에이즈판결(Aids-Urteil)이다.[3] 이 판결에서 군인이었던 행위자는 의사로부터 에이즈 감염사실을 통보받고서도 콘돔 등의 보호장치 없이 동성간을 포함하여 성관계를 가졌다. 이 과정에서 행위자는 상대방의 사망가능성을 계산에 넣었다. 법원은 보호조치 없는 성관계로 인한 에이즈의 타인감염은 통계적으로는 아주 낮은 가능성에 불과하지만 감염의 위험성은 전적으로 행위자의 판단에 맡겨져 있으므로 미필적 고의를 인정할 수 있다고 보았다. 그러나 이 사건의 경우에는 사망의 결과발생이 억제될 수 있는 높은 장애가능성 때문에 살인의 고의는 부정하고 상해의 고의만을 인정하였다.

대법원의 입장은 사실상 인식설에 기초한 것인데 이러한 고의인정 기준의 설정은 용인설에 의할 경우 발생할 수 있는 입증상의 어려움을 회피하기 위한 것이라고 추측할 수 있다. 그리고 인식설의 고의인정 기준에 입각한 판례의 경향은 인식 있는 과실의 성립가능성을 사실상 어렵게 하고 미필적 고의를 확대 인정하는 방향으로 나아갈 가능성을 예상할 수 있다. 그러나 위험사회라고 부를 만큼 구성요건적 결과발생의 가능성이 높은 현대사회에서 구성요건적 결과발생의 가능성에 대한 인식만으로 고의를 인정할 수 있다는 점은 경계하여야 한다. 동시에 이는 행위자의 인식가능성을 전제로 고의와 과실을 구별할 경우 수반될 양자의 모호성을 입증이 어려운 행위자의 심리적 태도를 중심으로 판단할 경향성을 내포하고 있다.

한편 학설 가운데에는 형사정책적 시각에서 기준을 정하기도 한다. 예를 들

1) 다만 최근 용인설에 입각한 듯한 판례로는 대판 2004. 5. 14, 2004도74.
2) Puppe, Nomos Kommentar, § 15 Rn. 126.
3) BGHSt 36, 1(9).

면 감수설에 의할 경우 용인설에 비하여 고의범의 처벌범위가 확장될 위험성이 있으므로 용인설의 기준에 따라 양자를 구별하는 것이 타당하다는 것이다.[1] 용인설과 감수설의 차이는 전자가 구성요건적 결과발생의 가능성을 인식하였을 뿐만 아니라 결과발생을 용인하는 내심의 의사가 있음을 필요로 하는데 대하여 감수설은 구성요건이 실현되어도 이를 받아들이겠다는, 즉 감수하겠다는 의사만 있으면 된다는 점에 있다.[2] 그러므로 구성요건적 결과에 대한 행위자의 적극적 태도를 요구하는 용인설이 구성요건적 결과발생으로의 행위결정을 위주로 판단한 감수설에 비하여 고의범의 성립범위가 개념적으로 좁은 것은 사실이다. 그러나 결과발생에 대한 행위자의 내면적·심리적 태도를 문제삼는 용인설은 자칫 구성요건해당성의 유무를 법관의 주관적 판단에 전적으로 종속시키는 결과를 초래하기 쉽다. 더군다나 판례의 입장이 미필적 고의의 인정기준으로 결과발생가능성에 대한 인식이나 예견만을 요구하고 있다는 점은 이러한 가능성을 더욱 높여줄 것이다.

그리고 용인설에 입각하면서 행위자의 인식정도보다 행위결정에 대한 주관적 태도를 더욱 중시하는 견해도 있다. 예를 들면 구성요건적 결과발생의 가능성이 희박하다고 여겼을지라도 행위결정 여부는 행위자의 지배범위 내에 있기 때문에 만일 행위결정을 하였다면 이는 결과발생회피라는 부작위의무를 이행하지 않은 것으로서 "강한 형벌적 비난을 가해야 한다"는 견해가 있다.[3] 이 견해는 고의의 본질적 요소를 결과발생에 대한 지적 요소보다 의지적 요소에 두는 사고의 소산이다. 즉 과실범보다 고의범을 무겁게 처벌하는 이유는 결과발생에 대한 지적 인식의 정도에 양적 차이가 있기 때문이라기보다는 결과발생을 원하는가 또는 거부하는가 하는 의지적 태도의 질적 차이에 있다고 보는 견해이다.[4] 그러나 이 견해는 고의인정의 전제조건인 인식의 측면을 무시하고 행위자의 심정적 태도를 중시하는 것으로서 용인설의 본래 의미와는 다르다고 보아야 한다. 그 결과 결과발생의 가능성이 희박하다고 보고 행위결정을 한 경우에도 결과발생회피의무를 다하지 않은 데 대하여 고의를 인정하게 되는 것이다.

1) 신동운, 197면.
2) 신동운, 판례백선(총론), 128면 참조.
3) 임 웅, 153면.
4) 임 웅, 151면.

이러한 견해들은 고의인정의 기초를 행위자의 행위결정에 대한 심정적 태도에 의존하는 사고의 일단을 보여주는 것으로서 일종의 심리적 고의설이라고도 할 수 있다. 그러나 이 시각은 각 행위에 따른 위험의 정도나 성질에 대한 행위자의 인식수준을 경시하는 결함을 내포하고 있다. 또한 행위자의 심리적 태도를 중시하는 것은 판례가 취하고 있는 인식설과 외견상 대척관계에 있는 것 같지만 사실은 인식설에 내재된 행위자 태도 중심의 사고라는 점에서 양자는 공통적이다.

9) 종　합　　고의와 과실을 구별하기 위해서는 우선 고의는 범행계획의 실현이고 과실은 경솔함이란 점을 인식하는 것이 중요하다. 전체적으로 가능성설이나 개연성설은 가능성이나 개연성을 바탕으로 행위자가 결과발생을 야기하거나 혹은 그와 반대되는 방향으로 행위결정을 하리라는 것을 전제로 하고 있다. 그러나 현실에 있어서는 이러한 합리성에 근거하지 않는, 즉 결과발생의 가능성이나 개연성 따위에는 관심을 두지 않고 행위를 수행하는 경솔함 등이 의사결정요소가 될 수도 있다. 즉 결과발생의 가능성이나 개연성을 인식하지 못한다는 것이 아니라, 내심의 의사결정과정에서 인식하고 있음에도 불구하고 이러한 요소들을 관련시키지 않고 또한 고려의 대상에서 제외하는 경우도 예상할 수 있다는 의미이다.

이러한 점을 고려할 때 미필적 고의는 다음과 같은 경우에 인정되어야 할 것이다. 우선 행위자는 법익침해의 구체적인 위험성을 인식하고, 행위를 하고자 할 때에는 이 점을 진지하게 고려하였어야 하며, 그럼에도 불구하고 자신의 행위목적을 위하여 이러한 구성요건실현의 위험성을 감수하겠다는 결정을 하였을 때 고의는 존재한다고 보아야 한다. 행위자의 이와 같은 심리적 태도 속에는 결과발생 여부에 개의치 않고 자기 행위를 수행하겠다는 경우도 포함된다. 행위자가 결과발생의 가능성을 신뢰하고 이를 행위결정시 계산에 넣었다는 것은 발생가능한 법익침해의 방향으로 의사결정을 하였음을 의미한다. 물론 법익침해의 방향으로 의사결정을 하였다는 것이 곧 고의의 의욕적 요소를 지칭하는 것은 아니지만, 그렇다고 단순한 인식적 측면만을 의미하는 것도 아니다. 이는 구성요건 실현의 위험성에 관한 가중적인 인식을 뜻한다고 보아야 한다. 이를 **감수설**(Abfindungstheorie) 혹은 **묵인설**(Hinnahmetheorie)이라 부른다.[1] 감수설은 독일의 판례 · 통설[2]이며 오스트리아형법(§5 Abs.1)은 이를 규정하고 있다.

4. 택일적 고의

택일적 고의란 두 가지의 구성요건적 결과발생이 원인행위의 누적이 아니라 단일원인으로도 가능한 경우의 행위자의 고의를 의미한다. 이는 독자적인 고의의 형태가 아니라 내용상 상호 배척관계에 있는 두 가지 고의가 결합된 형태이다. 여기에는 다수의 행위객체에 대한 택일적 고의(예: 누가 맞아도 상관없다고 생각하고 여러 사람의 추격자를 향해서 사격을 한 경우)와 구체적인 행위상황에 대한 불확실성에 기인하는 택일적 고의(예: 죽은 것인지 기절한 것인지 알 수 없는 사람으로부터 돈지갑을 훔친 경우. 점유이탈물횡령죄와 절도죄)의 경우가 있다.

택일적 고의의 경우에는 구체적인 결과에 따라 실현된 구성요건에 대한 고의 · 기수를 인정하고 만일 실현되지 않은 구성요건에 대한 미수를 처벌한다면 양죄의 상상적 경합을 인정하는 것이 타당하다. 행위객체의 범위는 특정되어 있고 다만 목표물이 단일화되어 있지 않을 뿐이기 때문이다. 만일 어떠한 구성요건도 실현되지 않은 경우에는 실행의 착수를 전제로 양 구성요건에 대한 미수범의 성립을 인정하여야 한다.[3] 왜냐하면 택일적 고의도 미필적 고의의 한 경우라고 볼 수 있기 때문이다.

5. 개괄적 고의

개괄적 고의라 함은 행위자가 예상했던 인과과정과 현실적인 인과과정이 일치하지 않았지만 의도하였던 결과가 발생한 경우의 고의를 기리킨다. 이는 인과관계의 착오의 한 형태이다(Ⅶ. 인과관계의 착오 참조).

중요하지 않은 인과과정상의 차이는 최초의 고의에 포함된다고 봄이 타당하다(지배적인 견해). 이에 대해 소수설은 발생한 결과에 대한 과실범의 성립과 의도한 목표에 대한 미수범의 성립을 인정한다.[4]

1) 손동권, 151면; 이재상, 168면; 이정원, 129면; 조준현, 226면.

2) BGHSt 7, 363; 36, 9; Nomos/Duttge, §15 Rn. 23; Stratenwerth/Kuhlen, §8 Rn. 117; Wessels/Beulke, AT, Rn. 214.

3) Jakobs, AT, 8/33; Roxin, AT, §12 Rn. 80; Welzel, Strafrecht, 72면.

4) Hruschka, JuS, 1982, 319면; Jakobs, AT, 8/78; Maiwald, ZStW 78(1966), 30면 이하; Schmidhäuser, AT(LB), 10/46.

6. 사전적 고의와 사후적 고의

범행 당시가 아니라 그 이전에 갖고 있던 고의를 사전적 고의(dolus antecedens)라 하며, 행위시점 이후에 비로소 갖는 고의를 사후적 고의(dolus subsequens)라 한다.[1] 고의는 언제나 구성요건요소에 대한 행위 당시의 인식을 전제로 하고 이를 실현시키겠다는 결정을 내용으로 하기 때문에 양자는 모두 형법적인 의미를 갖는 고의로 인정될 수 없다. 따라서 고의범으로 평가되지 않고 경우에 따라 과실범 여부만이 문제된다.

Ⅳ. 기타의 主觀的 構成要件

행위의 주관적 요소에는 고의만으로 충분한 것이 대부분이지만 각칙상의 몇몇 구성요건은 고의 이외에 추가적인 주관적 불법요소(혹은 주관적 구성요건요소라고도 한다. 구성요건은 불법을 근거짓는 기능을 하므로 양자의 의미는 동일하다)를 필요로 하거나 특징적 요소로 한다. 이러한 특별한 주관적 구성요건요소가 고의와 다른 점은 객관적 구성요건과의 관련성이 없다는 점이다. 예를 들어 절도죄는 타인의 재물을 절취하여야 한다는 객관적 구성요건과 이러한 절취행위가 고의적으로 이루어져야 한다는 관련성(대응성)이 인정되어야 한다. 그러나 절도죄의 주관적 구성요건에는 고의 이외에도 행위객체에 대한 불법영득의사가 추가적으로 있어야 한다. 그렇지만 이러한 불법영득의사는 고의와는 달리 그 실현 여부가 절도죄의 구성요건을 좌우하지는 않기 때문에 이러한 점에서 객관적 구성요건과의 대응성이 없다는 것이다.

형법상의 특별한 주관적 구성요건으로는 목적범에서의 목적(예: 문서위조죄 등에서의 「행사할 목적」, 내란죄에서 「국헌문란의 목적」, 영리등을 위한 약취유인죄에서의 「영리의 목적」, 출판물등에 의한 명예훼손죄에서의 「비방할 목적」, 준강도죄에서의 「재물의 탈환을 항거할 목적」)이 있다.

또한 행위자의 주관적인 내적 경향이 구성요건요소나 범죄의 성격을 결정짓는 경향범(Tendenzdelikt)도 이러한 범주에 넣을 수 있는데 음행매개죄(제242조)와 같은 풍속범죄가 그 예이다. 끝으로 행위자의 심리과정을 포착하는 표현범

1) 이와 별도로 고의 없는 선행부분이 후발적인 고의행위에 수반하여 전체에 대하여 성립하는 고의를 수반고의(dolus super veniens)라고 구분하는 견해가 있다(김일수/서보학, 200면). 그러나 이 경우에는 행위 당시 고의가 있는 후발적 행위에 대해서만 형법적 평가를 하면 되므로 구별의 실익이 없다.

(Ausdrucksdelikt)도 고의 이외의 주관적 요소를 포함하고 있는 범죄유형이다. 예를 들어 위증죄의 경우처럼 구성요건해당성을 증언의 객관적 진실 여부와는 상관없이 증인이 기억에 반하는 진술을 하였는가에 따라 판단하게 되면(주관설) 행위자의 이러한 주관적 의사의 표현이 위증죄의 불법성을 결정짓는 것이다.

제 5 절 構成要件의 錯誤

Ⅰ. 錯誤의 개념

착오란 주관적 인식과 객관적 현실간의 불일치, 즉 관념(생각)과 사실의 불일치를 의미한다. 형법은 「죄의 성립요소인 사실을 인식하지 못한 행위는 벌하지 아니한다」(제13조)고 하여 착오로 인한 죄의 성립요소에 관한 부지의 경우 고의가 없음을 규정하고 있다. 즉 구성요건요소에 관한 착오는 고의를 조각하며 이는 반대로 고의는 구성요건요소에 관한 인식을 의미한다고 볼 수 있다. 그러므로 구성요건의 착오는 고의론의 영역에 속하는 문제임을 알 수 있다. 그리고 형법은 「특별히 중한 죄가 되는 사실을 인식하지 못한 행위는 중한 죄로 벌하지 않는다」(제15조 제 1 항)고 규정하고 있는데 이는 구성요건을 달리하는 착오의 경우(소위 추상적 사실의 착오)와 형의 가중·감경사유에 관한 착오의 경우에도 고의를 인정하지 않는다는 규정이다. 즉 형법 제13조는 구성요건의 착오에 관한 일반규정에 해당하고, 제15조 제 1 항은 특별규정에 해당한다고 볼 수 있다.[1] 그러나 형법의 두 규정만으로는 구성요건의 착오에 해당하는 사안을 모두 해결할 수는 없기 때문에 이론에 의하여 해결하여야 한다.

Ⅱ. 構成要件의 錯誤와 違法性의 錯誤

1. 착오의 대상

형법은 착오를 사실의 착오(제15조)와 법률의 착오(제16조)로 분류하여 규정하

1) 김일수/서보학, 217면; 문채규, 「형법 제15조 제 1 항에 대한 새로운 해석의 시도」, 형사법연구 제16호(2001, 겨울), 23면.

고 있다. 사실의 착오는 구성요건의 객관적 요소에 대한 착오를 의미하므로 구성요건의 착오라고도 부르며, 고의를 조각한다. 반면에 법률의 착오는 자신의 행위가 법적으로 금지되어 있다는 점을 인식하지 못한 데 대한 착오를 의미하므로 금지착오 또는 위법성의 착오라고도 부른다.

구성요건의 주관적 요소인 고의의 인식대상(「죄의 성립요소인 사실」)은 구성요건요소의 법적인 개념이나 행위의 위법성 여부가 아니라 외부적인 행위상황(객관적 구성요건요소)에 관한 것이다. 인식의 정도는 일반인으로서의 평가기준에 따른 정도이면 충분하다. 예를 들어 어떠한 행위객체가 손괴죄(제366조)에서의 재물의 범위에 포함되는지 여부는 고의의 인식대상이 아니다. 이는 구성요건요소의 법적 의미에 관한 착오로서 법률의 착오의 일종인 포섭의 착오(Subsumtionsirrtum)에 해당하며 행위자는 단지 자신의 행위에 의해 물건이 효용을 잃는다는 생각만을 가졌다면 고의는 인정된다. 포섭의 착오는 고의를 조각하지 않으며 잘못된 포섭으로 인하여 행위의 위법성에 대해 잘못 인식하였다면 위법성의 착오에 해당할 수 있다.

2. 규범적 구성요건의 경우

잘못된 법적 의미의 인식이 언제나 포섭의 착오나 위법성의 착오에만 해당하는 것은 아니다. 행위상황을 법적 개념의 해석을 통한 인식 없이도 제대로 파악할 수 있다면 고의를 조각하는 구성요건의 착오가 문제되지 않는다. 그러나 만일 규범적 구성요건요소에서 잘못된 법적 의미인식의 결과 자신의 행위의 의미를 오인하였다면 이러한 착오는 책임이 아니라 고의를 조각하는 것이다. 예를 들어 절도죄에서 재물의 타인성은 재물의 소유관계에 대한 법적 개념인식을 전제로 한다. 그 결과 공동소유인 물건의 타인성은 그 법적인 의미를 알고 있어야만 타인의 재물절취라는 구성요건에 해당하는 행위상황을 제대로 파악할 수 있는 것이다.

3. 반대형태의 착오

객관적 구성요건이나 위법성에 대한 행위자의 결여된 인식은 구성요건의 착오 또는 금지착오의 근거가 되는 반면에, 현실적으로는 구성요건을 실현할 수 없음에도 불구하고 구성요건을 실현한다는 잘못된 인식을 가진 경우나 위법하지 않은데도 불구하고 위법하다고 잘못 생각하는 경우를 상정할 수 있다. 이를 반대형태의 구성요건 또는 위법성의 착오라고 한다.

[예] 레스토랑에서 벽에 걸려 있던 외투 가운데 하나를 뒤져 지갑을 집어 넣고 화장실에 가서 펴보니 자기의 지갑이었던 경우.

이러한 반대형태의 구성요건 착오는 관련된 행위의 미수범 처벌규정이 있는 경우에 행위의 위험성이 있으면 불능미수로 처벌한다(제27조). 즉 위의 예에서는 절도죄의 미수가 인정된다. 한편 반대형태의 위법성의 착오는 환상범이라고 하며, 불가벌이다.

Ⅲ. 構成要件의 錯誤의 對象

1. 기본적 구성요건요소에 관한 착오

행위자가 구성요건요소에 속하는 객관적인 행위상황을 알지 못한 경우에는 고의가 인정되지 않는다(그러므로 독일형법 제16조는 구성요건의 착오를 「행위상황에 관한 착오」라고 한다). 고의는 객관적인 구성요건요소를 그 대상으로 하기 때문이다. 이는 구성요건의 착오의 가장 기본적인 형태로서 형법 제13조는 「죄의 성립요소인 사실을 인식하지 못한 행위는 벌하지 아니한다」고 규정하고 있는데, 이는 바로 기본적 구성요건의 착오의 경우에 해당한다고 볼 수 있다.[1)]

[예] 다른 사람의 구두를 자기 것으로 착각하고 신고 간 경우.

위의 [예]에서 행위자는 절도죄로 처벌되지 않는다(제329조, 제13조). 왜냐하면 재물의 타인성은 절도죄의 객관적 구성요건요소이기 때문이다.[2)] 즉 행위자가 구성요건을 실현함에 있어 구성요건요소를 인식하지 못했다면 그는 고의없이 행위를 한 것으로서 인식하지 못한 구성요건요소의 내용이 구체적으로 무엇이었던가는 의미가 없다. 그리고 행위가 과실범으로 처벌되는 경우의 착오와 그로 인한 구성요건의 실현이 과실에 기인한 경우에는 과실범으로 처벌된다(과실범 처벌규정을 전제로 함).

[예] 황혼에 사람을 멧돼지로 오인하고 사살한 경우에 목표물이 사람임을 알지 못한 행위상황의 착오는 살인죄의 고의를 배제하나, 사람을 동물로 오인한 것에 대하여

---

1) 이와 달리 제13조를 구성요건의 착오규정으로 보지 않는 견해도 있다(배종대, 261면; 임웅, 159면 등). 그러나 이 견해는 구성요건의 착오에 대한 인식의 차이에서 비롯된 것으로서 타당하지 않다.
2) 대판 1983. 9. 13, 83도1762 참고.

과실이 인정되는 경우에는 과실치사죄로 처벌된다(제267조, 제13조, 제15조).

2. 가중적 구성요건요소와 관련한 착오

(i) 가중적 구성요건요소란 기본적 구성요건요소에 추가로 형벌가중사유를 포함하는 객관적 구성요건으로서 예를 들면 보통의 살인죄(제250조 제1항)에 대한 존속살해죄(제250조 제2항), 절도죄(제329조)에 대한 특수절도죄(제331조) 등이다. 만일 행위자가 행위시에 자신의 행위가 기본적 구성요건에 비해 특별히 중한 구성요건에 해당한다는 사실을 인식하지 못한 경우에는 죄의 성립요소인 사실에 해당하는 경우는 아니므로 제13조가 적용되지는 않지만 형법 제15조 제1항(특별히 중한 죄가 되는 사실을 인식하지 못한 행위는 중한 죄로 벌하지 아니한다)에 의해 가중적인 구성요건이 아니라 기본적 구성요건에 의해 처벌된다. 곧 행위자의 고의대로 처벌하는 것이다. 이는 제15조 제1항의 적용범위를 기본적 구성요건과 가중적 구성요건간의 착오의 경우로 한정하여 이해하는 견해이다.[1] 그러나 제15조 제1항은 방법의 착오의 경우에는 적용되지 않음을 유의하여야 한다. 방법의 착오는 행위자의 인식유무에 따른 결과의 차이가 아니라 행위방법의 실패에 따른 결과로서 구성요건의 착오의 전형적인 경우라고 볼 수 없기 때문이다.

[판례] 「직계존속임을 인식하지 못하고 살인을 한 경우는 제15조 제1항 소정의 특히 중한 죄가 되는 사실을 인식하지 못한 행위에 해당한다.」(대판 1960.10.31, 4293형상494).

(ii) 이에 비해 제15조 제1항을 기본적·가중적 구성요건간의 착오의 경우뿐만 아니라 경중의 구별이 있는 모든 구성요건간의 착오 가운데 경한 사실을 인식하였으나 중한 사실이 발생한 모든 경우를 적용대상으로 한다는 견해가 있다.[2] 이에 따르면 예를 들어 손괴의 고의로 상해의 결과가 발생한 경우에도 제15조 제1항을 적용하여 중한 죄인 상해의 고의·기수로는 처벌할

---

1) 김일수/서보학, 219면; 손동권, 143면; 손해목, 350면; 신동운, 197면. 이에 반해 유기천, 243면; 이재상, 173면은 동종의 범죄 사이에 형이 가중되는 경우뿐만 아니라 점유이탈물횡령죄(제360조)와 절도죄(제329조)와 같이 죄질을 같이하는 범죄간에도 널리 적용된다고 본다.

2) 배종대, 269면; 정성근/박광민, 180면; 임 웅, 178면. 임 웅, 177면은 제15조 제1항이 인식한 사실과 발생한 사실이 서로 다른 범죄인 「추상적 사실의 착오」에 관한 규정이라고 하나, 타당하지 않다. 추상적 사실의 착오는 구성요건적 동가치성의 문제이지 구성요건의 일치성문제가 아니기 때문이다. 그리고 구체적 사실의 착오와 추상적 사실의 착오를 구별하는 것은 특별한 의미가 있는 것은 아니다.

수 없다고 한다. 그러나 이 견해는 죄질이 다른 모든 범죄의 경중을 구별할 수 있다는 전제를 하고 있으며, 굳이 제15조 제 1 항을 적용하지 않더라도 해결이 가능한 경우까지 무리하게 포함시키고 있는 문제점이 있다.

3. 감경적 구성요건요소와 관련한 착오

형법 제15조 제 1 항은 중한 구성요건을 실현하면서 이를 알지 못한 채 경한 구성요건을 실현한다고 생각하는 경우를 규정한 것이다. 그러나 이와 반대로 가벼운 구성요건을 실현하면서 중한 구성요건을 실현하는 것으로 착오를 일으킨 경우에도 제15조 제 1 항을 적용할 것인지에 대해서는 검토가 필요하다.

(i) 사실상 존재하지 않는 감경적 구성요건을 존재하는 것으로 잘못 알고 범행을 한 경우에는 형법에 규정이 없다. 제13조에 의할 경우에는 「죄의 성립요소인 사실」과는 무관한 착오이므로 이를 무시하고 발생한 결과에 따라 처벌하여야 한다고 볼 수도 있다. 그러나 이 경우에도 행위자의 고의내용에 따른 처벌원칙을 규정한 제15조 제 1 항의 의미에 따라 감경적인 구성요건을 적용하는 것이 타당하다.[1)]

[예] A는 불치병에 걸린 B의 진지한 승낙이 있다고 잘못 믿고 B에게 독극물을 주사하여 사망케 한 경우. 이때 A의 행위는 형법 제250조 제 1 항(살인죄)이 아니라 제252조 제 1 항(승낙에 의한 살인)에 해당된다.

(ii) 사실상 존재하는 감경적인 구성요건요소를 착오로 알지 못한 경우에는 두 가지 결론이 선택가능하다. 하나는 행위자의 인식한 내용에 따라 감경적 구성요건을 적용하지 않는 것이다. 다른 하나는 행위자의 인식내용이 아니라 언제나 상대적으로 가벼운 구성요건을 적용하는 것이다. 즉 제15조 제 1 항의 내용은 한편으로는 행위자의 의사대로 처벌한다는 것을 의미한다고 볼 수도 있고, 다른 한편으로는 중한 구성요건과 가벼운 구성요건 간에는 가벼운 구성요건을 적용한다는 취지라고 볼 수도 있다. 그러나 구성요건의 착오는 고의 인정의 문제라고 볼 때 중요한 것은 행위자의 인식내용이다. 그러므로 이 경우에는 행위자의 인식한 내용에 따른 구성요건을 적용하는 것이 타당하다고 본다.

1) 김일수, 216면; 문채규, 앞의 논문, 32면; 이재상, 173면. Roxin, AT, §12 Rn. 122; Sch/Sch/Cramer/Sternberg-Lieben, §16 Rn. 27; Wessels/Beulke, AT, §10 Rn. 424.

[예] 죽기를 원하는 상대방의 진지한 승낙이 있었음에도 이를 알지 못하고 그를 살해한 경우. 이때에는 제252조 제 1 항이 아니라 제250조 제 1 항에 의해 처벌한다. 승낙에 의한 살인을 일반 살인죄보다 감경하여 처벌하는 것은 불법의 내용이 상대적으로 가볍다는 데에 기인한다. 그렇기 때문에 중요한 것은 객관적으로 승낙이 존재하는가 여부가 아니라, 승낙유무에 관한 행위자의 주관적인 인식내용이 어떠하였는가에 달려 있는 것이다.

Ⅳ. 構成要件의 錯誤와 因果過程의 相違

1. 인과과정의 상위와 고의귀속의 문제

착오는 행위자의 인식과 발생한 사실간의 불일치를 의미한다. 이 가운데 구성요건의 착오는 행위자가 의도한 내용대로 범행결과가 발생하지 않은 경우에 문제된다. 그리고 범행계획과 결과가 일치하지 않은 인과과정상의 상위는 몇 가지로 유형화할 수 있다. 즉 ① 행위자가 행위객체를 혼동한 나머지 다른 대상에 결과를 발생시킨 경우(객체의 착오), ② 행위자의 행위방법이 잘못되어 결과가 다른 대상에 대하여 실현된 경우(방법의 착오), ③ 행위와 결과발생간에 범행계획과의 상위는 없으나 행위자가 예상한 인과과정과 다른 경로로 결과가 발생한 경우이다. 이상의 경우에 공통으로 문제되는 것은 발생한 결과에 대한 형사책임을 행위자에게 귀속시킬 수 있는가 여부이다. 이는 주로 발생한 결과가 행위자의 고의가 실현된 것으로 볼 수 있는가의 문제로서 고의의 인식대상과 관련해서 논의되었다.

일반적으로 행위자의 고의는 객관적 구성요건을 그 대상으로 하며, 객관적 구성요건인 행위와 결과 사이의 인과과정에 대한 인식(예견) 역시 이러한 고의의 내용에 포함된다고 보는 것이 기존학설이다.[1] 그러므로 행위자가 전혀 예견하지 못한 과정을 통하여 발생한 결과에 대해서는 고의를 인정하지 않았다.

그러나 행위자가 예상하지 못한 본질적인 인과과정의 상위는 주관적 구성요건인 고의를 배제하는 착오의 문제가 아니라 객관적 구성요건의 귀속문제에 해당한다고 보는 것이 더 합리적이다.[2] 즉 세부적인 인과과정은 고의의 인식대상이 아니며, 오로지 객관적 귀속을 위한 행위정황만이 고의의 인식대상이다. 그러므로 전혀 예상하지 못한 과정을 거쳐 결과가 발생한 경우에는

1) 김일수/서보학, 231면; 신동운, 222면; 안동준, 86면; 이재상, 180면; 이형국, 123면; 정성근/박광민, 167면. 반대견해로는 이정원, 143면. 독일에서는 BGHSt 7, 329면.
2) Jakobs, AT, 8/64; Roxin, AT, § 12 Rn. 138. 또한 BGHSt 38, 34면 참조.

고의행위가 결여되어 있기 때문이 아니라 행위자의 행위결과로 볼 수 없다는 점에서 객관적 귀속이 부인되는 것이다.

다른 한편으로 행위자의 입장에서는 인과과정에 대한 관심보다는 결과에 대한 관심이 더 크다고 볼 수 있다. 그러므로 고의는 행위자가 구성요건 실현을 가능하게 할 행위를 계획하고 이를 실현하려는 의사 및 결과발생을 원하는 경우에 인정된다. 예를 들어 살인의 고의로 상해를 입혔지만 입원한 병원의 화재로 인하여 사망한 경우에 피해자의 사망은 행위자의 행위에 의해 실현된 결과로 볼 수 없다. 이는 주관적 귀속근거인 고의가 없어서가 아니라 객관적인 결과귀속이 부인되기 때문이다.

이상을 종합하면 구성요건의 착오에서 인과과정상의 상위로 인한 결과발생시에는 두 가지 관점에서 고찰하여야 한다. 첫째, 목표로 삼은 것과 다르게 발생한 결과를 객관적 구성요건이 실현된 것으로 볼 수 있는가의 문제(객관적 귀속)로서 이는 행위자가 조성한 위험실현 여부에 따라서 판단하고, 둘째, 발생한 결과에 대하여 고의를 인정할 수 있는가의 문제(주관적 귀속)는 행위자가 세운 범행계획과의 일치(범행계획실현) 여부에 따라 판단하는 것이다.[1)]

2. 구성요건의 착오의 한계사례와 방법론적 해결구조

구성요건의 착오 가운데 한계사례인 객체의 착오와 방법의 착오를 해결하는 방법에 관해서 통설화된 것은 다음과 같다. 우선 각각의 착오유형을 발생한 결과와 고의와의 동가치성 여부에 따라 동가치성이 인정되면 구체적 사실의 착오로, 인정되지 않으면 추상적 사실의 착오로 분류한 다음 추상적 부합설, 법정적 부합설, 구체적 부합설의 세 학설 가운데 하나를 선택하여 학설에 따른 결론을 도출하고 있다. 그러나 기술한 바와 같이 구성요건의 착오는 고의인정 여부가 핵심이다. 그리고 고의인정 여부는 구체적인 사례에서 개별적으로 판단되어져야 할 문제이다. 특히 방법의 착오에서 구체적 사실의 착오의 경우 해결방법을 둘러싸고 전개되는 학설대립은 합당한 결론을 도출하는 데에 위험하기까지 하다. 도식적인 학설대입을 통하여 결론을 도출하는 것은 구체적 사안을 도외시한 도식적 유형화를 의미하기 때문이다. 그러므로

1) Roxin, AT, §12 Rn.136 이하 참조. 또한 Wolter, 「Objektive Zurechung und personale Zurechnung」, in: Schünemann(Hrsg.), 「Grundfragen des modernen Strafrechtssystems」(1984), 103면; 김일수/서보학, 231면.

구성요건의 착오 가운데 객체의 착오와 방법의 착오는 개별적으로 고의인정 여부를 판단하여야 한다. 이하의 설명은 편의상 통설적 방법을 취하지만 이러한 맥락을 바탕으로 이해하여야 한다.

3. 구체적 사실의 착오와 추상적 사실의 착오

구성요건적 사실의 착오는 의도한 결과와 발생한 결과간의 구성요건적 일치성 여부를 기준으로 하여 구체적 사실의 착오와 추상적 사실의 착오로 구별하여 생각할 수 있다.

전자는 행위자가 인식한 사실과 현실로 발생한 사실이 동가치의 행위객체(이는 구성요건의 상이를 의미하지 않는다. 그러므로 살인과 상해간의 착오도 구체적 사실의 착오에 해당한다)에 속하는 범죄이지만 구체적으로 일치하지 않는 경우(예: A를 향해 총을 쏘았으나 옆에 있던 B가 맞은 경우, A의 자동차를 불태우려고 하였으나 B의 자동차가 불에 탄 경우)를 말한다. 후자는 행위자가 인식한 사실과 현실로 발생한 사실이 상이한 가치를 지닌 행위객체에 속하는 범죄인 경우(예: 승용차에서 내리는 A를 향해 총을 쏘았으나 그의 승용차에 맞은 경우)를 지칭한다. 그러나 이러한 유형화는 하나의 설명방법에 불과할 뿐 실익은 없다. 오히려 개념을 둘러싸고 혼란만 야기하며, 개별적으로 판단하면 되기 때문이다.

4. 구체적·법정적·추상적 부합설

후술하는 객체의 착오 및 방법의 착오에 대한 법적 평가에 관하여는 구체적 부합설·법정적 부합설·추상적 부합설이 대립하고 있다.

① 구체적 부합설은 행위자가 인식한 사실과 발생한 사실이 구체적으로 부합(일치)하는 경우에만 발생한 결과에 대한 고의·기수의 책임을 인정한다. 그러므로 방법의 착오와 객체의 착오에서 인식한 사실과 발생한 결과가 일치하지 않는 경우(추상적 사실의 착오)에는 인식한 사실에 대한 미수범을 인정하고, 발생한 사실에 대해서는 과실범(물론 과실범 처벌규정을 전제함)을 인정한다(고의·미수범과 과실범은 상상적 경합관계에 서게 된다). 다만 객체의 착오에서 구체적 사실의 착오의 경우에는 고의·기수범의 성립을 인정한다.

② 법정적 부합설은 행위자가 인식한 사실과 현실적으로 발생한 사실이 법정적으로 일치하면 고의·기수범을 인정한다. 다시 말하면 발생한 사실이 인식한 사실과 법적 구성요건상 동일한 행위유형에 해당하면 고의·기수범을

인정하는 것이다. 양자가 일치하지 않는 경우에는 발생한 사실에 대한 과실범, 실현되지 않은 사실에 대한 고의·미수범을 인정한다. 법정적 부합설은 후술하는 바와 같이 구성요건부합설과 죄질부합설로 나뉜다. 법정적 부합설은 대법원판례의 입장이다.

③ 추상적 부합설은 행위자가 인식한 사실과 실제로 발생한 사실이 일치하지 않더라도 죄를 범하였다고 인정되면 실현되지 않은 사실에 대한 고의·기수범을 인정하는 견해이다. 그러므로 예를 들어 가벼운 죄(예: 손괴죄)를 실현하려다가 무거운 죄(예: 사람의 사망)를 실현한 경우에는 실현되지도 않은 손괴죄의 기수범과 실현된 결과의 과실범을 인정한다(양죄의 상상적 경합). 반대로 중한 죄를 실현할 생각이었으나 경한 죄가 실현된 경우(예: 살인의 의사로 손괴의 결과만을 발생하게 한 경우)에는 실현된 경한 죄의 고의·기수범과 실현되지 않은 중한 죄의 미수범을 인정한다. 그러나 경한 죄는 중한 죄에 흡수된다고 봄으로써 결과적으로는 실현되지 않은 중한 죄의 미수범만을 인정하게 된다. 이 학설은 구성요건이 상정하는 행위정형이나 고의와 결과간의 구성요건적 동일성을 무시한다.

V. 行爲客體와 관련된 錯誤

고의는 객관적 구성요건을 대상으로 하므로 그 대상에 대한 인식 역시 고의를 인정하기 위한 전제조건이다. 즉 만일 이에 대한 인식이 없다면 구성요건의 착오로서 고의범은 성립하지 않는다(제13조 참조). 그러므로 소위 객체의 착오를 분리하여 설명하는 것은 구성요건의 착오 가운데 한계사례에 속하는 경우라고 볼 수 있다.

1. 객체의 착오의 개념

행위자가 행위목표로 삼았던 대상의 실체를 잘못 파악하였거나 동일성에 착오를 일으킨 경우를 객체의 착오(mistake of identity)라고 한다(정확하게는 객체의 혼동이라고 부르는 것이 타당하다). 이는 행위객체에 관한 단순한 부지(인식의 결여)와는 다르다. 후자는 행위객체에 관한 착오의 문제가 아니라 행위객체에 대한 고의가 전혀 없는 경우이다(제13조 참조). 구성요건요소인 행위객체에 대한 인식이 없으므로 전형적인 구성요건의 착오에 해당하며, 고의는 당연히 인정되지 않는다. 객체의 착오의 구체적인 경우를 나누어 설명하면 다음과 같다.

2. 추상적 사실의 착오의 경우

행위자가 착오로 인하여 구성요건적으로 중요한 목적물(대상)의 성질이나 동일성을 오인한 경우에는 실현된 구성요건에 대하여는 고의가 인정되지 않는다.

[예] 사육하는 노루라고 생각하고 엽총을 발사했으나 사실은 노루가 아니라 근처에서 일하던 사람이 맞아 사망한 경우.

[예]의 경우에는 행위자에게 살인의 고의가 없으므로 살인죄로 처벌될 수 없으나(第13조 參照), 사망이라는 실현된 결과가 과실범으로 처벌되는 경우(第267조 參照)에는 이에 따른다. 이 경우 행위자는 행위 당시에 구성요건요소인 행위객체를 인식하지 못하고 있다. 즉 자기가 구성요건적인 관점에서 어떠한 행위를 하고 있는지 모르고 있는 것이며, 이러한 행위자에게는 구성요건이 갖는 법익침해에 대한 경고기능은 의미가 없게 된다. 그러므로 발생한 결과에 대하여 과실이 인정되면 과실범을 인정하고, 의도한 목표물과 관련해서는 미수범처벌이 가능하다(구체적 부합설과 법정적 부합설은 같은 결론이다). 그러나 추상적 부합설에 의하면 손괴의 고의로 사람이 사망한 경우에는 손괴죄의 기수와 과실치사죄의 죄책을 인정한다.

3. 구체적 사실의 착오의 경우

행위자가 목표로 삼은 행위객체가 침해되지는 않았으나, 범행시 자신이 의도한 대로 실현된 행위객체와 목표로 삼은 행위객체가 구성요건상 동종인 경우에는 실현된 결과에 대한 고의·기수범을 인정한다. 즉 구성요건의 착오를 인정하지 않는다.

[예] ① 갑을 살해하기 위하여 찾고 있던 중 을을 갑으로 알고 살해한 경우.
② 사이가 나쁜 갑의 승용차 유리를 깨뜨린다고 생각하면서 동종의 을의 자동차 유리를 깬 경우.
③ 하인 로제(Rose)는 채권자를 죽이라는 자기 주인 로잘(Rosahl)의 교사를 받고 어스름한 저녁에 주인의 채권자인 줄로 알고서 사람을 사살하였는데 알고 보니 관계 없는 학생이었다(프로이센 제국시대의 「Rose-Rosahl 사건」).[1)]

1) GA 7(1859), 332면.

[예] ①의 경우에는 행위자는 을에 대한 살인죄의 죄책을 진다. 즉 사람의 동일성에 대한 착오는 고의를 배제하지 않는다. ③의 경우도 마찬가지이다. 행위자(Rose)는 객체를 혼동하였으나 실현된 구성요건과 관련하여서도 역시 고의가 인정된다. 고의란 구성요건적인 의미에서 행위객체의 중요한 고유성(성질)에 관한 인식만으로 족하기 때문이다. 이와 같은 결론은 피해자가 공범 중의 1인이었다고 할지라도 마찬가지이다.[1] 구체적, 추상적, 법정적 부합설 모두 실현된 사실의 고의·기수범의 성립을 인정한다.[2] 그러나 이러한 유형의 착오는 일종의 동기의 착오에 불과할 뿐 굳이 구성요건의 착오 여부를 판단할 의미는 없다.

Ⅵ. 方法의 錯誤

방법(타격)의 착오(aberratio ictus)란 행위자가 행위객체를 혼동한 것이 아니라 행위의 방법이 예상과 달리 잘못되어 행위목표가 아닌 다른 대상에 침해의 결과가 발생한 경우를 말한다(그러므로 방법의 착오라기보다는 방법의 실패라고 표현하는 것이 정확하다[3]). 이를 인과관계의 착오의 한 형태로 보는 견해(Welzel)가 있으나 타당하지 않다. 인과관계의 착오란 행위자가 목표로 삼았던 대상에 대하여 다른 인과과정을 통하여 결과가 발생한 경우를 말하고, 방법의 착오란 행위자가 목표로 삼았던 대상이 아닌 다른 대상에 대하여 (예상했던 인과과정을 통하여) 결과가 발생한 것을 의미한다. 방법의 착오가 있는 경우에는 공범, 간접정범에 대한 형사책임과 관련하여 객체의 착오와 같은 이론대립이 있을 수 없다.

1. 추상적 사실의 착오의 경우

의도한 결과와 발생한 결과간에 구성요건적 동가치성이 인정되지 않는 경우에는 실현된 구성요건의 고의가 인정되지 않는다(발생한 결과에 대한 과실범과 인식한 사실에 대한 미수범 인정).

1) BGHSt 11, 268, 271면. 제 9 장 제 2 절 Ⅵ. 공동정범과 객체의 착오 참조.

2) 판례·통설이다. 대판 1954. 4. 27, 4286형상73; 김일수/서보학, 224면; 배종대, 264면; 손해목, 337면; 신동운, 209면; 이재상, 176면; 이형국(I), 230면. 또한 LaFave/Scott, Criminal Law, 285면.

3) 이를 「타격의 실패」라고 표현하는 견해도 있다. 김영환, 「방법의 착오의 문제점들」, 고시계(1995/7), 32면 및 「형법상 방법의 착오의 문제점」, 형사판례연구(1), 33면 이하.

[예] A는 X를 향해 돌을 던졌으나 빗나가 가게 진열장 유리를 깨뜨린 경우 유리창의 손괴에 대하여 미필적 고의가 없는 이상 손괴죄(제366조)의 고의는 인정되지 않는다(과실손괴죄는 처벌되지 않음). X와 관련해서는 상해미수죄(제257조 제1항·제3항)가 성립한다(구체적 부합설 및 법정적 부합설의 입장). 그러나 추상적 부합설에 의하면 손괴죄의 기수를 인정한다.

2. 구체적 사실의 착오의 경우

방법의 착오와 관련하여 가장 문제가 되는 것은 구성요건상 동종의 행위객체가 관련된 경우이다.

[예] ① 갑을 살해하기 위하여 총을 발사하였는데 옆에 서 있던 을이 맞아 사망한 경우
② 피고인이 형수를 향해 살의를 갖고 소나무 몽둥이(길이 85cm, 직경 9cm)를 양 손에 집어들고 힘껏 후려쳤다. 피를 흘리며 마당에 쓰러진 형수와 형수의 등에 업힌 조카(남, 1세)의 머리부분을 다시 위 몽둥이로 내리쳐 조카를 현장에서 사망하게 한 사건(대판 1984. 1. 24, 83도2813). 대법원은 타격의 착오가 있는 경우라 할지라도 행위자의 살인의 범의성립에 방해가 되지 않는다고 하여 조카에 대한 살인죄를 인정하였다. 그러나 이 사건은 조카에 대한 미필적 고의를 인정할 가능성이 있으므로 반드시 방법의 착오의 경우라고 볼 수 없다.
③ 갑이 을 등 3명과 싸우다가 힘이 달리자 식칼을 가지고 이들 3명을 상대로 휘두르다가 이를 말리면서 식칼을 빼앗으려던 병에게 상해를 입혔다면 갑에게 상해의 범의가 인정되며 상해를 입은 사람이 목적한 사람이 아닌 다른 사람이라 하여 과실상해죄에 해당한다 할 수 없다고 하여 대법원은 상해죄를 인정하였다(대판 1987. 10. 26, 87도1745).

(1) 법정적 부합설

법정적 부합설은 의도한 행위객체와 실현(침해)된 행위객체가 동종임을 들어 실현된 행위의 고의·기수범으로 처벌한다. 즉 고의는 구성요건에 해당하는 행위객체와 관련되어 있으면 충분하며 구체적으로 특정되어 있을 필요까지는 없다는 것이 이 학설의 입장이다. 또한 누구인가를 살해할 생각을 가지고 살해한 경우에는 사람을 살해할 생각이었으므로 피살자가 구체적으로 누구이든 간에 살인의 고의를 인정할 수 있다고 한다.[1] 목표와 결과가 형식적으로 부합하기만 하면 된다는 것이다(그러므로 형식적 동가치설이라고도 부를 수 있다)(추상적 부합설의 입장도 일치). 대법원판례의 입장이다.[2]

1) Puppe, 「Vorsatz und Zurechnung」(1992), 11면 및 GA 1981, 20면; Noll, ZStW 89 (1977), 5면.
2) 대판 1958. 12. 29, 4291형상340; 1984. 1. 24, 83도2813; 신동운, 209면; 이재상, 180면 이하; 임 웅, 165면; 정성근/박광민, 185면.

이 설에 의하면 위의 [예] ①에서 을에 대한 살인기수의 책임을 진다. 행위자는 사람을 살해하려고 하였으며 목표로 했던 갑이 아니라 할지라도 결국 사람을 살해하였기 때문이다. 그러나 을에 대한 살해의 고의가 없음에도 불구하고 살인기수의 죄책을 묻는 것은 단순한 인과관계의 착오와 동일시하는 결과밖에 안 된다.

그러나 이 학설에 의할 경우 법정의 부합범위를 어떻게 설정할 것인지가 분명하지 않다. 그러므로 이 학설은 다시 부합하는 내용과 관련하여 구성요건부합설과 죄질부합설로 나뉜다. **구성요건부합설**은 발생한 사실과 인식한 사실이 동일 구성요건 내에 속하면 행위의 동가치성을 인정한다. 그러므로 기본적 구성요건과 가중적 혹은 감경적 구성요건간에 착오가 발생하더라도 고의기수범을 인정한다.[1] 이에 대하여 **죄질부합설**은 죄질이 동일한 범위 내에서 착오가 발생하면 발생한 결과에 대하여 고의기수범을 인정하여야 한다는 견해이다.[2] 이 때 죄질이란 행위정형을 의미하지 않고 범죄의 성질이 동일한가 여부를 의미한다. 그러므로 절도죄와 점유이탈물횡령죄 사이에서 발생한 착오의 경우에도 고의기수범을 인정할 수 있다고 본다. 그러나 이 두 학설은 행위자의 고의가 아니라 발생한 결과를 토대로 하여 착오문제를 해결하려는 사고에서 출발하는 문제점을 안고 있다.

법정적 부합설에 따르면 행위자의 고의범위 밖에서 범행결과가 발생한 경우(예: 복수하기 위해 총을 쏘았으나 옆에 있던 친구나 친척이 맞아 사망한 경우) 혹은 결과발생이 전혀 예상하지 못한 과정을 통하여 발생한 경우(예: 살해를 위한 폭파시의 파편에 의한 행인의 사망)에도 행위정형이나 죄질의 동일성을 이유로 해서 고의·기수의 형사책임을 묻게 되는 문제점이 있다.

미국법에서도 이 경우에 발생한 결과에 대한 고의·기수범의 성립을 인정한다. 그러므로 A가 B를 살해하기 위하여 B의 위스키병에 독을 넣은 다음 B에게 주었고, B는 이 사실을 모른 채 C에게, 역시 이를 모르는 C는 D에게 마시라고 준 결과 결국 D가 마시고 사망한 사건에서 법원은 A의 D에 대한 살인죄의 성립을 인정하였다.[3] 이러한 결론에 대한 이론적 근거는 소위 「전이된 고의」(transferred intent)이론이다. 즉 B를 살해하고자 하는 A의 고의는 C를 거쳐 D에게 옮겨 간 것과 마찬가지라는 것이다. 물론 이러한 이론구성은 순수한 의제에 불과한 것이다. A는 D를 살해하려는 생각이 전혀 없었기 때문이다. 그러나 살인이나 상해,

1) 신동운, 211면.
2) 이재상, 178면; 임 웅, 168면; 정성근/박광민, 185면.
3) Coston v. State, 144 Fla. 676, 198 So. 467(1940).

방화 등은 행위자가 반드시 특정한 상대방에 대하여 이러한 고의를 가지고 있을 필요는 없으며 의도하지 않았던 상대방에 대해서도 인정된다고 보고 있다.[1)]

(2) 구체적 부합설

구체적 부합설에서는 특정 행위객체에 관한 고의가 구체화되지 않았음을 이유로 의도한 구성요건의 미수범과 실현된 구성요건의 과실범으로 처벌하여야 한다고 본다. 이 학설은 행위자의 고의가 특정한 행위객체와 관련되어 있음에 주목한다. 물론 고의는 의도한 목표와 발생한 결과간에 행위객체의 동질성이 인정되는 한 개별화될 필요는 없다. 즉 사람을 살해하겠다는 고의를 가지고 살해한 경우에는 결과적으로 다른 사람이 살해당하였더라도 살인죄의 고의는 인정되는 것이다(객체의 착오 참조). 그러나 행위자의 고의가 전혀 없었던 목표물에 대해서 결과가 발생한 경우에도 결과만을 놓고 고의의 기수범을 인정하는 것은 타당하다고 볼 수 없다는 점이 이 학설의 논거이다.

위의 [예] ①에서 을에 대한 살인의 고의는 인정될 수 없으므로 살인죄(제250조)의 죄책을 물을 수 없다(과실치사죄. 그러나 미필적 고의의 가능성은 남는다). 갑과 관련해서는 살인미수죄(제250조, 제25조)가 성립한다. 살인죄의 고의를 인정하기 위해서는 물론 개별적인 특정인에 대하여 고의를 가질 것이 요구되지는 않으나(군중을 향해 폭탄을 던진 경우) 현실적으로 한 개인을 살해하겠다는 구체화된 고의가 있다면 객체에 관해 착오가 없었음에도 불구하고 다른 사람(을)과 관련해서까지 그 고의를 확장하는 것은 타당하지 않다는 것을 그 이유로 든다.[2)] 그러나 이 견해는 결과적으로 행위자의 범행의도가 실현되었는가의 여부에 따라 고의를 판단한다는 점에서 비판의 여지가 있다.

(3) 실질적 동가치설

이 학설에서는 생명, 신체 등과 같이 일신전속적 법익에 관한 경우와 재산 등과 같은 비전속적 법익에 관한 범죄로 구분하여 비전속적 법익에 관한 경우에는 고의가 구체적으로 실현되지 않았을지라도 형식적 동가치설(법정적 부합설/추상적 부합설)과 같이 고의를 인정한다. 이에 반해 일신전속적 법익에 관한 죄에서는 잘못 실현된 결과에 대한 과실책임을 인정한다.[3)] 이 학설 역

---

1) LaFave/Scott, Criminal Law, 284면 참조.
2) 김성천/김형준, 156면; 배종대, 267면; 안동준, 85면; 이정원, 134면; 이형국(I), 231면; 독일의 통설·판례이다(BGHSt 34, 55; Jakobs, AT, 8/80(Fn. 159)).
3) T. Hillenkamp, 「Die Bedeutung von Vorsatzkonkretisierungen bei abweichendem Tatverlauf」

시 부분적이지만 고의의 범위 밖에서 발생한 사실에 대해서도 고의·기수범의 성립을 인정한다는 점에서 비판을 받는다.

(4) 결 론

방법의 착오에 관한 학설의 대립상황을 살펴보면 방법이 실패로 끝난 모든 상황을 유형화하고 도식화하여 학설을 대입하고 결론을 도출하려는 문제점이 있다. 그러나 방법의 착오에 해당하는 사례라고 하더라도 행위자의 고의 인정은 개별사례에 따라 판단하여야 한다. 즉 ① 행위자가 예상한 인과과정과 전혀 다른 과정을 거쳐 결과가 발생하였거나, 침해된 행위객체를 행위 당시에 인식하지 못한 상태였다면 과실책임을 인정하여야 한다.[1] 만일 행위자가 목표물에 대한 명중을 확신하였고 동시에 인근의 목표물에 대한 침해를 결코 원하지 않았다는 객관적 상황이 인정되는 경우 역시 미필적 고의를 인정할 수 없다. 따라서 의도했던 목표물에 대해서는 미수의 책임을, 발생한 결과에 대해서는 과실책임이 인정된다. ② 범행계획과 달리 발생한 결과에 대하여 미필적 고의가 인정되는 경우에는 고의·기수의 책임이 인정된다(위의 [예] ②의 경우에 가능성이 있다). ③ 행위자의 범행계획이 피해자의 동일성 여부를 중요시하지 않은 경우에도 고의·기수책임을 인정하여야 한다. 이러한 경우는 택일적 고의의 문제라고 볼 수 있다. 예를 들어 시위진압을 위하여 수많은 시위대 가운데 한 사람을 조준사격하였으나 다른 사람이 맞아 사망한 경우에는 살인기수의 책임을 인정한다. 여기에서 특정한 누구를 살해한다는 계획은 중요하지 않으며 '사람'을 조준하여 사격하였다는 점에서 살인죄의 성립요소인 사실을 인식한 경우라고 볼 수 있기 때문이다(제13조 참조). ④ 그러므로 전형적인 방법의 착오의 경우란 범행계획과 다른 결과가 발생하였지만 인과과정이 전혀 예상 밖이라고 볼 수 없으며, 발생한 결과에 대하여 미필적 고의도 인정되지 않은 경우에 문제된다. 이 경우에는 행위자의 범행계획이 방법상의 실수로 인하여 실현되지 못한 경우이다. 그러므로 발생한 결과를 행위자의 고의책임으로 귀속시킬 것이 아니라 과실범을 인정하고, 실현되지 않은 범행목표에 대하여 실행의 착수가 인정되고 미수범을 처벌하면 미수범을

(1971), 116면 이하. 김일수/서보학, 224면.

1) 대판 1975. 4. 22, 75도727 참조(피고인이 하사관을 살해할 목적으로 발사한 총탄이 이를 제지하려고 피고인 앞으로 뛰어들던 병장에게 명중되어 병장이 사망한 사건. 만일 피고인이 병장이 뛰어드는 것을 보지 못했다면 살인의 고의기수가 아니라 과실치사죄를 인정하여야 할 것이다).

인정하는 것이 타당하다.

[예] 도망가던 강도(X)가 추격하는 2명의 경관(A, B) 가운데 바짝 뒤쫓던 A를 향해 총을 쏘았으나 뒤에 떨어져 있던 B가 맞은 경우 X가 어떤 자도 쫓아 오지 못하게 하기 위해 사격을 하였다면(대부분은 이러한 경우에 해당할 것이다) A든 B든 사망한 사람에 대한 X의 살인죄의 고의는 인정된다. 이에 반해 법정적 부합설을 취하면 뒤쫓던 경관에 대한 사격은 행위자의 고의 특정성과 무관하게 살인죄와 살인미수죄를 인정하게 된다.

Ⅶ. 因果過程과 관련된 錯誤

1. 인과과정의 착오

(1) 개 념

인과과정에 관한 착오란 행위자의 단일행위에 의한 목표실현의 과정이 행위자의 예상에서 벗어나 다른 진행과정을 거쳐 실현된 것을 말한다. 즉 목표에 대한 실패가 아니라 단순한 인과적 진행과정의 착오를 말한다. 인과관계는 객관적 구성요건요소이므로 행위자에게 고의를 인정하기 위해서는 행위자가 자기 행위의 인과적 실현과정을 대강은 인식하였어야 한다. 이러한 인식에 착오가 발생한 경우 고의를 조각할 것인가가 문제될 수 있다. 그러므로 인과과정에 관한 착오는 구성요건의 착오의 한 형태에 속하며, 행위자가 이를 예견할 수 있었다면 고의·기수범을 인정한다.

[예] 머리를 맞추려고 했는데 가슴을 맞춰 사살한 경우.

인과과정의 착오와 구별하여야 할 것은 방법의 착오(실패)이다. 방법의 착오 또는 실패를 인과관계의 착오의 한 형태로 보는 견해[1]가 있으나 이는 타당하지 않다. 인과관계의 착오란 행위자가 목표로 삼았던 대상에 대하여 다른 인과과정을 통하여 결과가 발생한 경우를 말하고, 방법의 착오란 행위자가 목표로 삼았던 대상이 아닌 다른 대상에 대하여 (예상했던 인과과정을 통하여) 결과가 발생한 것을 말하기 때문이다.

기술한 바와 같이 인과관계는 결과범의 경우 기술되지 않은 (객관적) 구성요건요소로서 객관적 구성요건요소에 대한 고의가 인정되면 결과발생의 인과과정도 인식대상에 포함된 것으로 볼 수 있다. 그러나 구체적으로 어느 범위(정도)까지 인과의 과정을 인식대상에 포함시켜야 하는가는 구체적인 사안

1) Welzel, Strafrecht, 73면.

에 따른 판단에 맡길 수밖에 없는데, 미세한 부분까지 사전에 인과과정을 예견한다는 것은 사실상 불가능하고 무익하다. 그러므로 중요한 부분에 관한 인과과정을 인식하였으면 충분하다고 볼 수 있는데, 중요성 판단의 기준을 둘러싸고 견해의 대립이 있다. 독일의 판례와 통설은 행위자가 예상했던 인과과정과 현실화된 인과과정간의 차이가 일반의 생활경험상 예상할 수 있는 범위 내에 있으며, 이러한 행위에 대한 다른 평가를 정당화할 수 없는 때에는 본질적인 것이 아니며 고의를 인정하는 데에 영향을 미치지 못한다고 한다(예로써 소위 개괄적 고의를 인정할 수 있는 경우를 들 수 있다. 또한 지체된 결과발생이나 다른 경로에 의한 결과발생을 들기도 한다).[1]

(2) 객관적 귀속론과의 관계

만일 발생한 결과가 비전형적인 인과과정을 거친 경우에는 행위의 결과에 대한 객관적 귀속의 문제가 제기된다. 만일 객관적 귀속이 불가능한 경우에는 객관적 구성요건은 충족되지 않는 것이며, 이에 따라 더 이상 주관적인 귀책의 문제나 인과관계의 착오의 중요성(본질성) 여부판단은 불필요한 것이다. 때문에 남는 문제는 행위의 결과가 행위자에의 객관적인 귀속은 가능하나, 주관적으로 행위자의 (인과관계에 관한) 고의에 포함될 수 없을 정도로 변형된 인과과정에 의해 결과가 발생한 경우이다(이 경우만이 인과관계의 착오에 해당하는 문제이다). 이러한 의미에서 인과관계의 착오의 문제는 객관적 귀속론의 문제와 구별하여야 한다. 예를 들면 자상으로 인해 사망하지 않고 상처를 통한 전염에 의해 사망했다 하더라도 살인죄의 죄책을 인정할 수 있으며, 반대로 자상의 치료를 위해 병원으로 이송중 교통사고로 사망하였거나, 병원의 화재나 의사의 실수로 사망하였을 경우에는 인과관계의 착오 때문이 아니라 객관적 귀속이 불가능하므로 살인미수죄만을 지게 된다.

2. 개괄적 고의론

(1) 개괄적 고의의 개념 및 쟁점

개괄적 고의(dolus generalis, Generalvorsatz)는 범행결과가 행위자의 고의행위에 의해 발생한 것이 아니라 이와 연결된 고의없는 다른 행위에 의해 발생한 경우를 의미한다. 즉 결과발생이 두 개의 행위로 이루어졌으나 행위자

---

1) BGHSt 7, 325, 329; Lackner/Kühl, §15 Rn. 11; SK/Rudolphi, §16 Rn. 31; Sch/Sch/Cramer/Sternberg-Lieben, §15 Rn. 55; Stratenwerth, AT I, §8 Rn. 93.

는 착오를 일으켜 자기가 의도한 결과는 첫번째의 행위에 의하여 이미 실현되었다고 오신한 경우이다. 판례에 나타난 예는 다음과 같다.

[판례] ① 갑과 을은 피해자를 때려 넘어뜨린 다음 순간적으로 분노가 폭발하여 피해자를 살해하기로 마음먹고 피해자의 가슴과 머리를 돌맹이로 내려친 후 다시 피해자를 일으켜 세워 을이 복부를 1회 때려 뒤로 넘어지게 하여 피해자가 뇌진탕 등으로 인하여 정신을 잃고 축 늘어지자 그가 죽은 것으로 오인하고 그 사체를 몰래 파묻어 증거를 인멸할 목적으로 피해자를 그 곳에서부터 약 100미터 떨어진 개울가로 끌고가 삽으로 웅덩이를 파고 피해자를 매장하여 피해자로 하여금 질식하여 사망하게 하였다(대판 1988. 6. 28, 88도650).

② A는 이웃에 사는 B(여성)와 말다툼 끝에 목을 조르고 소리를 지르지 못하도록 입에 모래에 집어넣었다. 이 과정에서 A는 B가 질식사할 수도 있다고 생각하였다. 어느 정도 시간이 지나 B가 움직이지 않자 A는 B가 죽은 것으로 알고 시체를 치우기 위해 물구덩이에 던졌는데 사실은 B가 이때까지 살아 있었으나 물구덩이에 던져진 결과 익사하였다.[1)]

③ X는 오두막집에서 Y를 죽이기로 결심하였다. 그런 다음에는 시체를 벼랑으로 떨어뜨려 사고사로 위장하고자 하였다. 오두막집에 있는 Y의 머리를 내려친 X는 그가 죽은 것으로 오인하고 벼랑으로 끌고 가서 아래로 굴렸다. 그러나 검시결과 벼랑 아래로 떨어지면서 다친 상처로 인하여 사망한 것으로 판명되었다.[2)]

베버(v. Weber)는 제 2 행위에 의해 발생한 결과를 제 1 행위의 고의에 귀속시켜 고의범으로 처리할 수 있다는 입장에서 일반적(개괄적) 고의라는 의미를 지닌 dolus generalis라는 표현을 처음으로 사용하였다.[3)] 그러므로 개괄적 고의라는 표현은 위에서 든 예의 경우를 해결하는 하나의 해결책(아래 (2) 법적 취급의 첫번째 해결책 참조)으로서 사용된 용어이지 인과과정에 관한 착오의 특별한 형태인 위의 예와 같은 사안 자체를 가리키는 것이 아니다(그러나 일반의 예에 따라 개괄적 고의라는 용어를 사용하기로 한다).

한편에서는 개괄적 고의를 결과발생은 확정적이나 구체적인 행위객체가 불확정적인 경우(예: 군중을 향하여 총을 발사하는 경우)를 의미한다는 견해도 있으나[4)] 타당하지 않다. dolus generalis라는 표현은 후술하는 바와 같이 연속행위에서 인

1) BGHSt 14, 193면. 그 밖의 독일판례로는 RGSt 67, 258면.
2) 영국판례: Thabo-Meli v. R.「1954」1 WLR 228, in: Curzon, L. B., Criminal Law. 6. ed. (1991), 25면.
3) v. Weber, Neues Archiv des Criminalrechts 7(1825), 576면 이하.
4) 이재상, 170면; 임 웅, 158면.

과진행상의 상위점과 관련하여 논의되는 문제이기 때문이다.[1)]

개괄적 고의의 문제는 발생한 결과에 대해 고의·기수의 형사책임을 인정할 것인가, 아니면 두 번째의 행위에는 고의가 없었으므로 처음에 의도한 행위에는 미수를 인정하고 발생한 결과에 대해서는 과실범의 성립을 인정할 것인가에 놓여 있다.

(2) 법적 취급

1) 개괄적 고의설　　결과에 대하여 고의·기수의 책임을 인정하는 것으로서, 고의를 일반화시켜 최초의 고의가 뒤따르는 인과관계를(개괄적으로) 포함하므로 행위의 전과정을 단일한 범죄의사의 연속으로 보아야 한다는 것이 이 학설의 논거이다.[2)] 일종의 포괄적 고의를 인정하는 입장이다. 이에 대해서는 두 개의 행위로 이루어진 사실관계를 단일행위로 취급하여 규범적 판단을 한다는 점, 행위자의 고의는 일반적인 고의가 아니라 구성요건요소를 대상으로 한 구체적인 것이어야 한다는 점, 제 2 의 행위로 인하여 초래된 결과발생시점에서 행위자는 고의가 없었다는 점을 들어 비판한다.

2) 미 수 설　　의도한 행위에 대해서 미수를 인정하고 경우에 따라서는 발생한 결과에 대한 과실범과의 실체적 경합을 인정하는 견해가 있다.[3)] 이 견해는 연속된 전후의 행위를 사실적 측면을 중시하여 각각 독립적인 두 개의 행위로 보고, 고의는 범행시에 존재하여야 한다는 고의성립의 일반원칙에 입각한 이론이다. 이 견해는 논리적으로는 외관상 타당한 것처럼 보인다. 그러나 형법에서 결과귀속의 문제는 공허한 논리적 귀결이 아니라 규범적이고 가치판단적 성격의 문제임을 무시한 것이다. 그리고 고의가 범행시에 존

1) 이 점에 대해서는 김영환, 「소위 "개괄적 고의"의 문제점」, 형사법연구 제16호(2001, 겨울), 15면 참조.

2) 이러한 해결책에 따라 v. Weber는 dolus generalis라는 용어를 사용하였다. 또한 Welzel, Lehrbuch, 74면. 영국에서도 이러한 경우 연속적으로 파악하여(during the continuance of the 'transaction') 고의·기수책임을 인정한다(앞의 판례). Curzon, L. B., Criminal Law, 25면; Ryan/Scanlan, Criminal Law 3. ed.(1991), 41면 참조.

3) 과거에 Engisch(1930)가 주장한 이론이다. 오늘날은 Backmann, JuS 1972, 199면; Frisch, Tatbestandsmäßiges Verhalten, 62면; Gropp, AT, §5 Rn. 73; Hruschka, JuS 1982, 319면; Jakobs, AT, 8/77; Köhler, AT, 154면; Kühl, AT, §13 Rn. 48; Maiwald, ZStW 78(1966), 30면; Maurach/Zipf, AT/Ⅰ, §23 Rn. 35; LK/Schroeder, §16 Rn. 31; Schmidhäuser, AT (Studienbuch), 10/46. 또한 이용식, 「소위 "개괄적 고의"의 형법적 취급」, 형사판례연구(2), 35면 및 「소위 인과과정에 관한 착오」, 성시탁교수화갑기념논문집(1993), 169면 이하 참조. 김성돈, 222면 및 오영근, 247면도 부분적으로 이러한 입장이나.

재하여야 한다는 것은 범행의 전과정에 걸쳐 요구되는 것이 아니라, 행위자가 범행에 착수하여 인과관계가 진행되는 시점까지 존재하면 되는 것이다. 발생한 결과가 행위자의 고의와 일치하거나, 그 결과가 예외적인 것이 아니라면 주관적 귀속의 차원에서 고의를 인정하는 것이 타당하다.

3) 인과관계설 개괄적 고의를 인과과정에 관한 착오의 한 형태로 보고(이 점에서 착오를 인정하지 않는 개괄적 고의설과 다르다) 두 번째 행위로 인한 비본질적이고 경미한 인과관계의 상위는 무시된다는 견해이다. 두 번째의 행위에 의한 결과발생도 결국은 제3자가 아니라 행위자의 행위에 의해 초래된 것이므로 동일한 결과발생의 고의를 가지고 행위를 개시한 행위자에게 고의·기수의 책임을 물어야 한다는 것이다. 이는 우리 나라와 독일의 판례·다수설의 입장이다.[1] 이 견해가 가장 타당하다. 행위자가 계획한 목표가 행위자 스스로의 행위에 의하여 실현되었다는 점에서 그에게 고의를 귀속시키는 것이 타당하기 때문이다. 그러나 발생한 결과에 대한 직접고의가 없었다면 이러한 결론은 타당하지 않다. 또한 최초의 원인행위와 최종적인 결과발생 사이에 중대한 인과과정상의 의외성이 인정될 경우에는 고의실현이라는 주관적 구성요건해당성이 문제되기 이전에 인과관계라는 객관적 구성요건이 실현되지 않은 것으로 보아야 하므로 구성요건의 착오문제는 제기될 여지가 없음은 당연하다.[2]

4) 객관적 귀속론의 관점[3] 객관적 귀속론의 관점에서는 결과가 객

---

1) 대판 1988. 6. 28, 88도650; 배종대, 282면; 손동권, 135면; 손해목, 324면; 신동운, 226면; 안동준, 87면; 이재상, 182면; 임 웅, 176면; 정성근/박광민, 190면; 이형국(I), 237면; 하태훈, 「인과관계의 착오유형과 고의귀속」, 고시계(1995/7), 43면; BGHSt 14, 193; Tröndle/Fischer, § 16 Rn. 7; Eser, Strafrecht I, Fall. 16 Rn. 29 이하; Jescheck, AT, 282면; Lackner/Kühl, § 15 Rn. 11; Sch/Sch/Cramer, § 15 Rn. 58; Wessels/Beulke, AT, § 7 Rn. 265. 또한 Roxin, AT, § 12 Rn. 157 이하. 그러나 Roxin은 구체적인 인과과정이 행위자의 예상을 뛰어넘은 것이라면 이는 본질적인 것이므로 최초의 행위에 대해서는 미수가 성립한다고 한다(AT, § 12 Rn. 159).

2) 개괄적 고의와 관련된 사례들을 개별적 사안에 따라 규범적 평가를 달리하여야 한다는 견해에 대해서는 Jakobs, AT, 8/77 이하; 김영환, 「소위 "개괄적 고의"의 문제점」, 고시계(1998/9), 35면 이하 및 형사법연구 제16호(2001, 겨울), 5면 참조.

3) 김일수(I), 454면. 그러나 동서에서 객관적 귀속을 부인하는 경우로 제시된 사안들은 결과에 있어 수긍하기 어렵다. 첫번째 사안은 제1행위로 졸도한 피해자를 사망한 것으로 오인하고 병원으로 후송 도중 교통사고로 사망케 한 경우로서 제1행위의 미수라고 하였는데 이는 개괄적 고의의 문제라기보다는 오히려 인과관계의 본질적 문제라고 보아야 한다. 즉 객관적 귀속론의 전형적인 예인 것이다. 또한 제1행위의 (결과발생)위험이 극히 경미하거나 실패한 경우와 제1행위 후 제2행위의 결의가 객관적으로 예상할 수 없었던 비통상적인 사정에 의해 유발된 경

관적 귀속을 배제할 정도로 중요한 의외의 인과과정이었는지 여부에 따라 판단한다. 그 결과 객관적 귀속이 불가능한 경우에만 미수범의 성립을 인정한다. 주관적 구성요건인 고의의 조각 여부를 판단하는 구성요건의 착오는 문제되지 않는다고 보아야 한다. 환언하면 객관적 귀속이 전제된 다음에야 고의문제가 제기될 수 있는 것이므로, 소위 개괄적 고의론의 핵심은 행위결과의 객관적 귀속 여부가 아니라 고의의 범위문제에 놓여 있다는 점에서 구별되어야 한다.

(3) 반대형태의 개괄적 고의

반대형태의 개괄적 고의란 행위자는 결과가 자신의 두 번째 행위를 통해 발생한 것으로 믿었으나 사실은 행위자의 최초행위의 착수시점에서 이미 실현된 경우에 이를 어떻게 취급할 것인가의 문제이다.

[예] 행위자는 먼저 권총으로 머리를 내려 친 다음에 사살하려고 하였으나 권총으로 가격을 하는 순간 방아쇠가 당겨져 피해자가 사망한 경우. 구타하여 실신시킨 다음 살해하려고 하였으나 구타행위시에 이미 사망한 경우.[1)]

이에 대해서는 두 가지 견해가 있다. 하나는 경미한 인과과정의 상위로 보고 고의·기수의 형사책임을 인정하는 것으로서 독일의 판례와 통설의 입장이다.[2)] 이 견해는 객관적으로 판단할 때 행위자의 처음 계획이 결국은 의

우에 제 2 행위의 결과를 귀속시킬 수 없다고 한다. 전자의 예로써 행위자가 발사한 총이 빗나가자 피해자는 제 2 의 공격을 피하기 위해 죽은 시늉을 하였는데 이를 죽은 것으로 오인하고 죄적을 은폐하기 위해 바닷물에 던져 익사하게 한 경우를 들고 있다. 그리고 후자의 예로써 살해의 고의로 피해자의 머리를 욕조의 물 속에 집어 넣었는데 피해자가 의식을 잃자 후회하고 이를 구조하려다가 효과가 없는 것으로 알고 매장해 버린 결과 질식사한 경우를 들고 있다. 이 때에는 제 1 행위의 미수가 성립하고, 전자의 경우에는 경우에 따라 제 2 행위의 과실과 실체적 경합이 인정된다고 한다(455면). 그러나 이러한 결론은 두 경우 모두 피해자 사망의 직접원인이 된 제 2 행위 실행 당시의 행위자의 고의를 고려하지 않고 제 1 행위시의 행위자의 의사만을 연장하여 판단한 것이다. 제 2 행위의 원인이 된 "예상할 수 없던 비통상적 사정"이란 행위자가 제 1 행위 착수시에 가졌던 생각(범행계획)의 범주 내에 포함되는가의 여부에 달린 것이 아니기 때문이다. 이 견해는 제 2 행위의 독자성을 인정하여 제 2 행위 결과의 객관적 귀속의 범위를 제한하려는 취지에서 출발하였으나 결론은 제 1 행위의 연장선상에서 제 2 행위를 파악하는 문제점을 지니고 있다고 본다. 그러므로 위의 마지막 두 경우에는 모두 살인의 고의·기수를 인정하는 것이 타당하다. 그 밖에 객관적 귀속론의 관점에 입각한 견해로는 이정원, 138면 이하; 조준현, 447면 참조.

1) RG DStR 39, 177면.

2) Maurach/Zipf, AT/Ⅰ, §23 Rn. 36; Roxin, AT, §12 Rn. 165; Sch/Sch/Cramer/Sternberg-Lieben, §15 Rn. 56; SK/Rudolphi, §16 Rn. 34, Stratenwerth, AT Ⅰ, §8 Rn. 94.

도하였던 대로 실현된 것을 그 근거로 하는 타당한 결론이다.

이와는 달리 의도한 행위의 미수와 경우에 따라 발생한 결과의 과실범 성립을 인정하고 양자를 실체적 경합으로 처리하자는 견해가 있다.[1] 이는 기수범의 성립을 인정하게 되면 중지미수의 성립이 조기에 불가능하게 된다는 점을 논거로 한다. 그러나 최초행위의 예비단계(이 시점에서의 결과발생에 대해서는 과실범의 성립이 인정된다)가 아니라 실행에 착수한 시점에서 발생한 결과는 기수범의 성립을 인정하는 데 충분하다고 하여야 한다.[2]

개괄적 고의와 유사한 형태로 두 번째 행위시에 행위자가 개괄적 고의와 같이 고의가 아니라 책임능력을 상실하고 행위를 한 경우가 있다.

[예] ① 행위자(여성)가 원한관계에 있던 피해자(여성)를 구타하던 도중에 피해자가 고소할 것을 두려워한 나머지 죽이기로 결심하고 망치로 머리와 얼굴을 강타하였다. 이러한 과정에서 행위자는 정신이상의 상태에 빠져 모두 30여 회를 강타하였는데 이미 5회째의 강타로 사망한 후였다.[3]
② 칼로 피해자를 살해하기 위해 처음 찌르는 순간 책임능력을 인정할 수 없는 흥분상태에 빠져 계속 찌른 결과 피해자가 사망한 경우.[4]

이러한 경우에 독일의 판례와 다수설은 미수가 아니라 행위자의 기수책임을 인정한다.[5] 그 이유는 행위자의 책임능력상실이 외부적 상황에 의해 초래된 것이 아님은 물론 책임능력상실상태를 행위자가 예상하고 이를 이용하고자 한 것(이 경우에는 원인이 자유로운 행위—actio libera in causa—의 문제가 제기된다)도 아니라는 데에 있다. 살해의 결과는 행위자의 최초행위로부터 야기된 것이며, 행위 도중의 책임능력상실은 중요한 인과과정상의 차이점이라고 볼 수 없기 때문이다.

3. 인과관계에 관한 착오와 공범

인과관계의 착오의 경우에도 공범자를 어떻게 취급할 것인가의 문제가 제기된다. 인과과정에 대해 교사범 또는 피교사자가 착오를 일으킨 경우에도 정범에서와 마찬가지로 해결한다. 방조범의 경우도 마찬가지이다. 관건이 되

1) LK/Schroeder, §16 Rn. 34; Herzberg, ZStW 85(1973), 883면; Hruschka, JuS 1982, 320면.
2) Jescheck/Weigend, AT, 289면; Sch/Sch/Cramer/Sternberg-Lieben, §15 Rn. 55; Stratenwerth, AT Ⅰ, §8 Rn. 94.
3) BGHSt 7, 325면(살인광기사건, 「Blutrausch-Fall」).
4) BGHSt 23, 133면.
5) Roxin, AT, §12 Rn. 167.

는 것은 인과과정의 상위가 본질적인 성질을 띠어 교사나 방조의 고의에 귀속시킬 수 없는 정도인가의 여부이다. 간접정범의 경우에 인과과정에 상위가 발생한 때에도 정범의 경우의 해결책과 마찬가지로 보면 된다.

제 4 장 違 法 性

제 1 절 違法性의 本質

Ⅰ. 不法과 違法性

1. 위법성의 개념

형법상의 구성요건은 공동체 구성원간의 공존과 법익보호를 위한 전제조건이다. 이러한 구성요건은 금지규범과 요구규범의 형태로 규정되어 있음은 주지의 사실이다. 그리고 구성요건은 금지(요구)되는 행위의 정형을 규정한 것이므로 구성요건에 해당하는 행위는 곧 위법행위라고 볼 수 있다. 즉 구성요건에 해당하는 행위는 위법성을 내포하는 것이 일반적이며, 위법성이란 구성요건에 해당하는 행위가 전체 법질서에 반하는 것을 의미한다. 그러나 전체 법질서의 측면에서는 비록 구성요건에 해당하는 행위이더라도 이를 허용할 수밖에 없는 예외적 상황이 있을 수 있다. 이러한 경우를 위법성조각사유라고 부르는데, 행위가 이와 같은 허용규범에 해당할 경우에는 구성요건에는 해당하지만 법적 의무를 위반한 것은 아니다. 즉 위법성이 조각되는 행위는 다른 가치있는 목적을 달성하기 위하여 전체 법질서에 의해 허용되어진다.

위법성은 법규범과의 충돌을 의미하고 법규범이란 구체적으로는 금지 혹은 요구규범을 내용으로 하는 구성요건을 의미하므로 어느 행위가 구성요건에 해당하면 동시에 위법성도 추정(Indiz, Vermutung)된다는 것을 의미한다. 그러나 이러한 주장이 모든 구성요건에 해당되는가에 대하여는 견해가 나뉜다.

구성요건을 개방적 구성요건과 봉쇄적 구성요건으로 분류하는 견해(Welzel)에 의하면 개방적 구성요건의 경우에는 구성요건의 실현을 곧 위법성의 추정과 동일시할 수 없고 위법성의 존재 여부에 관한 적극적 판단을 통하여 비로소 위법성을 인정하게 된다. 그러나 오늘날의 지배적 견해는 개방적 구성요건론을 부인한다. 왜냐하면 구성요건을 불법유형으로 이해하면 이러한 속성은 내재되는 것이므로 봉쇄적이기 때문이다(위 제 3 장 제 3 절 구성요건 참조). 그러므로 위법성은 위법성조각사유의 부존재를 확인하는 소극적 판단을 하게 된다.

2. 위법성과 불법

위법성조각사유는 불법배제사유라고도 부른다. 그러나 위법성과 불법은 동일한 개념이 아니다. 위법성은 구성요건에 해당하는 행위가 형법의 금지 또는 요구규범, 즉 당위규범에 반하는 것을 의미한다. 이와 달리 불법은 구성요건에 해당하고 위법한 행위 자체를 의미한다. 즉 불법은 구성요건해당성과 위법성을 포함하는 개념이다.

위법성은 구성요건실현행위와 법규범과의 충돌을 의미하기 때문에 유무의 문제에 속하나, 불법은 행위의 법적인 반가치성을 나타내고 법익이나 행위방법 등에 따라 불법성의 정도가 결정되는 관계로 불법성의 차등화가 가능하고 이는 형량결정의 기준이 된다. 예를 들어 절도죄보다 살인죄의 불법성이, 거동범보다 결과범의 불법성이 큰 것 등이다.

Ⅱ. 形式的 違法과 實質的 違法

위법성을 성격규정하는 것과 관련하여 논의되는 문제 중 하나가 소위 형식적 위법성과 실질적 위법성을 구별하는 것이다.[1] 전자는 행위가 금지규범이나 요구규범과 같은 국가법규범에 반한다는 사실에 중점을 두는 견해이다. 형식적 위법성론에 의하면 행위자의 구성요건 실현행위를 정당화하는 위법성조각사유가 없으면 그 행위의 위법성은 인정된다고 본다. 이에 반해 실질적 위법성이란 사회침해적 또는 반사회적 행위만이 위법하다는 것으로서 행위가 비록 형식적으로 위법하더라도 실질적으로 위법하지 않는 한 적법하다는 견해이다. 20세기 초에 대두한 이와 같은 견해는 켈젠(H. Kelsen)이나 빈딩(K. Binding) 등에 의하여 주도되었던 당시 독일법학의 형식주의(Formalismus)에 대한 비판에서 비롯된 배경을 가지고 있다.

리스트(v. Liszt)는 실질적으로 위법하다는 것은 사회침해적 행위를 의미한다고 한다. 그리고 위법한 행위는 법익을 침해하거나 위태화하는 것인데 공동생활에서 법익간의 충돌은 불가피한 것이고 보다 중요한 법익보호를 위

1) 이는 v. Liszt(Lehrbuch, 12/13. Aufl.(1903), 140면 이하)에 의해 처음 주장되었다.

하여 상대적으로 열위에 있는 법익의 희생은 불가피하므로, 결국 법익을 침해하거나 위태롭게 한 행위를 실질적으로 위법하다고 부를 수 있는 경우란 공동생활을 규제하는 법질서의 목적에 배치되는 경우로 제한하여야 한다는 것이다.[1] 그 밖에도 실질적 위법 여부를 결정짓는 기준은 주장하는 바에 따라 다양하다. 예를 들면 법적 공동생활을 하는 데에 감내할 수 없을 만큼 배치되는 사회적 유해성이나 반윤리성(Kohlrausch/Lange), 공동체질서에 대한 감내할 수 없는 침해(Jescheck), 반사회적 윤리성(Nagler) 등을 실질적 위법성의 내용으로 든다.

실질적 위법성론에 대해서는 불법성의 정도를 구분할 수 있으며(예: 절취금액의 다소에 따른 불법의 단계화가 가능하다는 점), 구성요건이나 착오의 문제에서 유용한 해석기준을 제공하는 점(예: 구성요건에 포섭할 수 없을 정도의 극히 경미한 위반사례를 판별하는 경우, 위법성의 착오에서 회피가능성이나 착오자의 책임은 행위자가 자기 행위의 실질적 불법성을 어느 정도 인식하고 있었는가에 좌우된다는 점 등), 그리고 위법성조각사유의 내용규정을 하는 데에 중요한 기능을 하는 것으로 평가하고 있다. 특히 마지막 기능과 관련해서는 소위 초법규적 긴급피난이 실질적 위법성론의 산물로서 학설과 판례에 의해 인정된 점을 강조하고 있다.[2]

그러나 형식적 위법성과 실질적 위법성을 구별하는 것은 실익이 없다고 보아야 한다.[3] 우선 행위가 위법한가 아닌가는 행위의 성질에 따른 단계적 평가에 의해서가 아니라 단일한 위법성개념에 의하여 판단되는 점이다. 그리고 법적인 위법성조각사유의 흠결을 보완하는 기능에 대해서도 일반적인 법해석 방법론에 의하여 해결될 수 있다(뿐만 아니라 초법규적 위법성조각사유를 인정하기도 어렵다). 실질적 위법성론이 위법성의 의미내용에 관한 것을 대상으로 삼는다면 이는 위법성이 아니라 불법성의 문제라는 비판도 같은 입장이다. 결론적으로 위법성개념의 양분은 독자적인 의미를 갖지 못한다고 볼 수밖에 없다.

1) 이와 같은 견해는 이미 Stammler(「Darstellung der strafrechtlichen Bedeutung des Notstandes」(1878)도 주장한 바 있다(Heinitz, Eb. Schmidt-FS.(1961), 266면 이하).

2) Roxin, AT, §14 Rn. 6 이하 참조; Jescheck, AT, 210면 이하.

3) LK/Hirsch, vor §32 Rn. 13; Sch/Sch/Lenckner, vor §13 Rn. 50. 한국에서도 부정적인 견해가 다수이다(이재상, 212면; 배종대, 289면). 반면에 김일수(I), 559면; 안동준, 93면; 이형국(I), 247면은 구별의 실익을 인정하고 있다.

Ⅲ. 法으로부터 자유로운 領域理論

법으로부터 자유로운 영역이론(Lehre vom rechtsfreien Raum)이란 구성요건에 해당하는 행위라도 법질서가 위법성판단을 유보할 수밖에 없는 영역이 존재한다는 이론이다. 일반적으로 구성요건에 해당하는 행위는 위법하거나 위법성조각사유에 의해서 적법하다는 평가를 받게 된다. 그러나 법규범에 의해 위법하거나 적법하다는 평가를 할 수 없는 충돌상황이 있으며, 이때에는 행위자의 윤리적이고 양심적인 판단에 따라 행동하도록 할 수밖에 없는 영역이 존재한다는 것이 이 이론의 요지이다.[1)]「법으로부터 자유로운 영역」에서는 법규범의 기능이 배제되고 그 결과 행위에 대한 법적 평가도 불가능하다.

[예] 지방국도에서 발생한 교통사고로 급히 후송된 중환자 3인이 동시에 모두가 응급처치를 받아야 하는 상황에서 시골병원의 시설부족으로 2명의 환자만을 즉시 응급처치할 수 있을 뿐 나머지 환자는 자동차로 1시간 이상 걸리는 인근 병원으로 다시 옮겨야 하는 경우에 응급처치를 부득이 포기한 행위—뿐만 아니라 누구를 먼저 치료할 것이며, 누구를 다른 병원으로 옮길 것인가 등—에 대해서는 법적 평가가 불가능하며 오로지 의사의 판단에 맡길 수밖에 없다는 것이다.

「법으로부터 자유로운 영역이론」은 법적 규제가 불가능하거나 불필요한 생활영역(예: 애정문제, 우정, 오락, 종교 등)이 존재한다는 데에서 출발하였다. 그러나 이러한 생활영역을 법적 생활관계에까지 확장하는 것은 타당하지 않다. 만일 어떤 행위가 법익을 침해하였다면 이러한 행위는 이미 법적 규제대상으로 신입한 것을 의미한다. 그러므로 법익충돌의 상황에서도 법규범은 태도를 결정하여야 하며, 다만 예외적으로 법익침해나 위태화를 허용하는 경우가 있을 뿐이다. 그럼에도 불구하고 만일 입법자나 사법부가 「법으로부터 자유로운 영역」이라는 이유로 갈등상황이나 논란이 많은 문제에 대한 법적 판단을 회피한다면 법규범이 수행하여야 할 법익보호기능을 포기하는 것과 다름없다.[2)]

1) Binding(Handbuch I, 765면)에 의해 주장된 이래 Arth. Kaufmann, 「Rechtsfreier Raum und eigenverantwortliche Entscheidung」, in: Maurach-FS.(1972), 327면 이하; Comes, 「Rechtsfreier Raum」(1976); Otto, 「Pflichtenkollision und Rechtswidrigkeit」(1978), 129면 이하 참조.

2) LK/Hirsch, vor §32 Rn. 17 이하 참조.

Ⅳ. 消極的 構成要件要素論

소극적 구성요건요소론은 각종의 위법성조각사유를 소극적인 구성요건요소로 파악하는 입장이다.[1] 이 이론에서는 모든 금지규범이나 요구규범은 위법성조각사유가 없음을 규범의 내용적 전제조건으로 삼기 때문에 정당한 행위는 규범에 위배되는 작위나 부작위의 구성요건도 갖추지 않는 것으로 본다. 예를 들면 「사람을 살해하지 말라」는 규범의 의미는 「정당한 이유 없이 사람을 살해하지 말라」는 의미를 나타낸다는 것이다. 이처럼 위법성을 구성요건과 연관지어 보기 때문에 구성요건해당성과 위법성은 결합된다. 여기에서 범죄를 불법구성요건에 해당하고 유책한 행위로 보는 소위 2단계 범죄체계론이 등장한다. 이 입장에서 구성요건요소와 위법성조각사유의 차이는 실질적인 원칙상의 것이 아니라 입법기술적인 의미 정도에 불과하며, 위법성조각사유는 언제나 구성요건요소로 규범화될 수 있다.

이러한 소극적 구성요건요소론에 대해서는 다음과 같은 비판이 가해지고 있다.[2] 먼저 이 이론은 위법성조각의 문제와 구별되는 구성요건해당행위 자체가 갖는 실질적인 기능을 무시한다는 것이다. 구성요건에 해당되지 않기 때문에 형법적 의미도 없는 행위와 법익을 침해하였으므로 구성요건에는 해당하나 예외적으로 허용되는 행위와의 가치 차이를 인정하지 않으면 이는 벨첼(Welzel)이 지적한 바와 같이 정당방위로 사람을 살해하는 행위와 구성요건에 해당하지도 않는 모기를 죽이는 행위를 동일한 의미로 보는 것과 마찬가지이다.[3]

또한 구성요건에 해당하는 행위는 위법성조각사유가 인정되더라도 일단 행위에 대해 내려진 반가치판단, 즉 구성요건해당성이 제거되지 않는다는 점에서 구성요건과 위법성의 차별적 관계는 인정된다. 이에 대해서는 위법성조각에 의하여 행위반가치성이 제거된다는 주장이 있을 수 있다. 그러나 이러한 반가치판단 역시 구성요건에도 해당하지 않는 행위와 구성요건해당행위로

1) Frank, vor §51 Bemerkung Ⅲ, §59 Anm. Ⅲ 2; Radbruch, Frank-Festgabe Ⅰ, 164면; Engisch, 「Vorsatz und Fahrlässigkeit」(1930), 10면; Arth. Kaufmann, ZStW 76(1964), 564면; Roxin, ZStW 74(1962), 536면 이하.

2) LK/Hirsch, vor §32 Rn. 8.

3) Welzel, 「Das neue Bild des Strafrechtssystems」, 4. Aufl.(1961), 22면 이하; 동일한 취지로 또한 Dreher, Heinitz-FS.(1972), 218면.

서 단지 위법성이 없는 행위와의 구별을 전제로 한다는 점에서 양자는 서로 다르다고 보아야 한다. 나아가서는 소극적 구성요건요소론에 의할 경우 위법성조각사유의 전제조건에 관한 착오의 경우 제한적 책임설의 입장을 수용할 수 없게 된다. 왜냐하면 소극적 구성요건요소론에 따르면 이러한 유형의 착오는 책임의 문제에 관한 위법성의 착오가 아니라 구성요건의 착오문제로 귀착되어 고의행위의 불법성이 배제되기 때문이다.

V. 違法性阻却事由

1. 의 미

입법자가 구성요건을 규정하는 데에는 먼저 보호할 가치있는 법익을 선정하고 이러한 이익이 다른 수단이 아니라 형법을 통하여 보호되어야 할 필요성이 있는지 여부를 심사한 다음 금지되어야 할 행위의 구체적 내용을 규정하게 된다. 그리고 법익을 침해 또는 위태화하는 행위가 구성요건에 규정되면 일단 위법한 행위로 추정된다. 이에 대하여 위법성조각사유는 개별적인 사안에서 구성요건이 규정한 일반적 금지에 대한 예외가 허용되는지의 문제와 일정한 조건 아래에서라면 그 자체 금지된 행위가 허용될 수 있는지의 여부를 문제삼는다. 그러므로 위법성조각사유를 정당화사유라고 부르기도 한다.

2. 내 용

위법성이 조각되는 것, 즉 금지되는 행위가 예외적으로 허용되는 것은 두 가지의 가능성을 갖는다. 첫째 구성요건에 해당하는 행위만이 허용되는 경우와, 둘째 법익침해의 결과가 허용되는 경우가 있다. 구성요건에 해당하는 행위만이 위법성이 조각되는 경우란 예를 들어 응급환자를 수송하던 중 도로교통법을 위반한 경우에 위법행위 자체는 허용되어도 그로 인한 교통사고의 결과(과실치사 등)까지 위법성이 조각되는 것은 아니라는 것이다. 그리고 결과의 불법이 배제되는 경우란 예를 들어 자기의 생명을 위협하는 강도를 살해하였을 때에 정당방위행위 자체뿐만 아니라 살해의 결과까지도 그 위법성이 조각되는 경우이다.

이러한 구별의 실익은 우선 행위의 불법성만이 배제되는 상황에서는 상대방은 그 행위를 감수할 의무가 없다는 것과, 긴급피난의 경우 어떤 종류의 불법이 배제되는가를 중심으로 이익형량을 하는 데에 있다.

끝으로 위법성조각사유가 고의범에서 인정됨은 당연하다. 그런데 과실범의 경우에도 위법성이 조각될 수 있는가에 관하여는 논란이 있으나 이를 긍정하는 것이 타당하다(예: 운동경기중의 과실상해와 위법성조각).

3. 위법성조각사유의 종류

형법상 인정되는 위법성조각사유로는 정당행위(제20조), 정당방위(제21조), 긴급피난(제22조), 자구행위(제23조)와 피해자의 승낙(제24조)이 있다. 그리고 명예훼손죄에서 사실의 증명(제310조)도 위법성조각사유라고 하는 데에 견해가 일치되어 있다. 형법 이외에 규정된 것으로는 형사소송법상의 긴급구속 · 체포권(형사소송법 제206조), 현행범의 체포행위(동법 제212조), 민법상의 정당방위 · 긴급피난(제761조), 점유권자의 자력구제(동법 제209조), 친권자의 징계권(동법 제915조), 민사소송법상 집행관의 강제집행권(동법 제495조) 등이 있다.

Ⅵ. 主觀的 違法性阻却事由

1. 주관적 위법성조각사유의 개념

객관적인 위법성조각사유가 인정된다고 해서 곧 행위의 위법성이 조각되는 것은 아니다. 객관적 정당화사유의 존재와 함께 행위자가 행위 당시에 위법성이 조각되는 상황(객관적 정당화상황)임을 인식하고서 행위를 하였을 것이 요구된다.[1] 이를 주관적 위법성조각사유 또는 주관적 정당화요소라고 한다(예: 정당방위의사, 긴급피난의사, 정당행위의사, 피해자의 승낙에 의한 행위라는 인식, 자구행위의사 등).

이러한 견해는 행위불법성을 중시하는 개인적 불법론의 입장에서는 필연적인 것인데, 그 이유는 개인적 불법론에서는 행위의 불법성은 법적으로 인정되지 않는 결과를 지향하는 개인의 행동에 있다고 보기 때문이다. 즉 객관적으로 위법성이 조각될 사유가 존재함에도 불구하고 이를 알지 못한 채 행위를 하였다면 행위자는 그가 상정하였던 상황에서는 법적으로 인정되지 않는, 즉 금지된 결과의 발생을 위하여 행동하였다고 볼 수 있는 것이다(행위반가치성의 존재).

1) 김일수/서보학, 277면; 배종대, 294면; 손동권, 167면; 손해목, 405면; 안동준, 101면; 오영근, 293면; 이재상, 218면; 이형국, 131면; 임 웅, 198면; 정성근/박광민, 207면. Roxin, AT, § 14 Rn. 93; Sch/Sch/Lenckner, vor § 32 Rn. 14.

2. 주관적 위법성조각사유의 내용

주관적 위법성조각사유(주관적 정당화요소)의 내용에 관해서는 ① 위법성조각사유의 객관적 성립요건이 존재한다는 사실을 인식하는 것만으로 충분하다는 인식설[1]과 ② 더 나아가 정당화사유를 실현한다는 의사까지도 필요하다고 보는 의사(요구)설[2]로 나뉜다. 이는 고의의 내용에 관한 학설대립과 상응하는 견해인데, 후자의 견해는 자칫 주관적 정당화의 전제조건으로 행위동기나 목적을 추가하여 요구할 가능성이 있다.[3] 그러므로 구성요건적 고의인정과 상응하는 정도로 주관적 정당화사유의 인정 여부를 판단하면 된다고 본다. 그렇다면 위법성조각사유의 객관적 성립요건이 존재함을 인식하고(예: 정당방위상황의 인식) 이에 대응하는 것은 행위반가치를 인정할 수 없으므로 위법성이 조각된다고 보는 것이 원칙적으로 타당하다.

3. 주관적 위법성조각사유의 기능

(1) 행위반가치의 배제

주관적 위법성조각사유의 기능은 위에서 본 것처럼 행위반가치성을 배제하는 데에 있다. 결과의 반가치성은 객관적인 위법성조각사유가 존재하면 이미 배제되기 때문이다. 이러한 관계로 과실범에서는 객관적 위법성조각사유가 존재하는 사실을 인식하지 못하였으므로 주관적 정당화사유가 인정될 수 없다. 그러나 이 경우에는 과실행위자가 객관적으로 위법성이 조각되는 상황에서 행동하였으면 비록 이러한 객관적 상황을 인식하지 못하였다고 하더라도 결과의 불법성이 인정되지 않기 때문에 과실행위의 결과에 대하여 행위반가치성을 이유로 처벌할 수 없게 된다.

(2) 주관적 위법성조각사유와 착오

고의범의 경우에는 객관적인 위법성조각사유의 존재를 인식하지 못하고 구성요건을 실현하였을 때에 위법성이 조각되지 않는다(예: 모자보건법상 임신중절이 허용되는 사유가 존재하는데도 불구하고 존재하지 않는다고 믿고서 낙태하였을 때). 객관적 위법성조각사유와 주관적 위법성조각사유가 모두 인정되

---

1) 이형국, 131면; 정성근/박광민, 208면.

2) 김일수/서보학, 280면; 배종대, 296면; 손동권, 167면; 신동운, 264면; 임 웅, 200면; 진계호, 294면. 김재봉, 「정당방위와 방위의사의 내용」, 형사법연구 제 9 호(1997), 121면도 방위의사의 내용으로서 동기적 요소가 필요하다는 입장이다.

3) 임 웅, 201면 참조.

는 경우에 한하여 구성요건해당행위의 위법성이 배제되기 때문이다.

위법성을 조각하는 객관적 사유가 인정되는 상황인데도 불구하고 이를 인식하지 못한 경우에 행위자를 기수범으로 처벌할 것인가[1] 아니면 (불능)미수범으로 처벌하여야 할 것인가[2]에 관하여는 견해가 나뉜다. 기수범으로서의 처벌을 주장하는 견해는 이 경우의 행위가 위법하고 개념적으로 어떠한 미수도 인정될 수 없다는 점을 든다. 생각건대 불법이란 행위의 불법과 결과의 불법 양자를 모두 포함한다. 객관적인 위법성조각사유가 존재하면 이에 대한 인식 여부를 불문하고 이미 결과의 불법성은 부인된다고 보았는데, 그렇다면 위의 경우에 완전한 불법성이란 인정될 수 없으며 오직 행위불법성만이 남게 된다. 이러한 견지에서 위와 같은 경우에는 미수범으로 처벌하는 것이 타당하다고 생각한다. 이러한 결론이 미수범의 경우에는 결과발생이 없었고, 위의 경우에는 결과발생이 객관적으로 허용되어서 두 경우 모두 결과반가치가 부인되는 점을 고려할 때 균형을 이룬다.

(순수한) 주관적 위법성조각설(Zielinski)에 의하면 행위자의 주관적 인식만으로 위법성이 조각된다고 보게 된다. 이에 따르면 오상방위도 위법성조각사유가 된다.

Ⅶ. 違法性阻却事由의 根據

위법성조각사유의 근거란 법질서 내의 다양한 위법성조각사유를 통일적으로 설명할 수 있는 일반원리를 말한다. 이에 관하여는 일원론(목적설, 법익 또는 이익형량설 등)과 다원론(Mezger의 「흠결된 이익의 원칙」과 「우월적 이익의 원칙」)의 대립이 있다. 목적설이란 행위목적이 정당하다고 인정될 때에 위법성이 조각된다는 견해이다. 법익형량설이란 침해법익과 보호되는 법익을 교량하여 보호되는 법익이 더 클 경우에 정당화된다고 보는 견해이다. 흠결된 이익원칙이란 구성요건에 해당하는 행위이더라도 보호이익이 존재하지 않을 경우에는 위법하지 않다는 원칙이다. 그리고 우월적 이익원칙이란 상대적으

---

1) LK/Hirsch, vor §32 Rn. 59; Dreher/Tröndle, §32 Rn. 13; BGHSt 2, 114; Alwart, GA 1983, 454면 이하; Kretschmer, Jura 1998, 248; Roxin, AT, §14 Rn. 94, 102; SK/Günther, vor §32 Rn. 90; Schmidhäuser, AT(Studienbuch), 292면.

2) Hruschka, GA 1980, 16면; Herzberg, JA 1986, 190면 이하; Jakobs, AT, 11/23; Jescheck/Weigend, AT, §31 Ⅳ 2; Rudolphi, Maurach-FS.(1972), 51면 이하; Sch/Sch/Lenckner, vor §32 Rn. 15; SK/Samson, vor §32 Rn. 24; Stratenwerth, AT Ⅰ, Rn. 494; Wessels/Beulke, AT, §8 Rn. 279.

로 우월한 이익을 보호하기 위해서 실행한 구성요건 해당행위는 위법하지 않다는 원칙을 말한다. 그러나 개별적인 위법성 조각사유가 각각 상이한 요소를 내용으로 하기 때문에 위법성조각사유를 관통하는 기본근거를 논하는 것은 타당하지 않다.

제 2 절 正當行爲

Ⅰ. 正當行爲의 意義

정당행위란 「법령에 의한 행위, 업무로 인한 행위, 기타 사회상규에 위배되지 않는 행위」로서 형법 제20조에 의해 위법성이 조각된다. 이는 정당방위나 긴급피난 또는 자구행위나 피해자의 승낙에 의하지 않더라도 법령에 의해서 허용되거나 정당한 업무로 인한 행위, 그 밖에 사회상규에 위배되지 않는 행위는 구성요건에 해당하는 행위일지라도 정당화됨을 의미한다.

사회상규에 적합한 정당행위가 인정되기 위해서는 ① 행위의 동기나 목적의 정당성, ② 행위의 수단이나 방법의 상당성, ③ 보호이익과 침해이익과의 균형성, ④ 긴급성, ⑤ 그 행위 이외에 다른 수단이나 방법이 없다는 보충성의 요건을 갖추어야 한다.[1)]

Ⅱ. 法的 性格

정당행위의 법적인 성격에 관해서는 ① 구성요건조각설, ② 구성요건 및 위법성조각설, ③ 위법성조각설이 있다.

정당행위는 내용상 구성요건 자체에 해당되지 않는다고 볼 수 있는 것도 있으나, 형법은 이를 일반적인 위법성조각사유로 형법에 규정함으로써 위법성조각사유로 인정하고 있다고 보는 통설 및 판례[2)]의 입장이 타당하다.

1) 대판 2007. 5. 11, 2006도4328; 2001. 2. 23, 2000도4415; 1996. 11. 12, 96도2214.
2) 대판 2001. 2. 23, 2000도4415; 2000. 4. 25, 98도2389 등.

Ⅲ. 法令에 의한 行爲

1. 공무집행행위

(1) 법령에 의한 행위

공무원의 직무집행행위는 법령에 의하거나 상관의 적법한 명령에 의하여 정당화된다. 공무집행행위의 예로는 형법상의 형벌집행행위, 형사소송법상 체포와 구속, 압수, 수색, 검증, 감정처분과 같은 강제처분, 현행범인 체포행위, 치료감호법·가정폭력범죄의 처벌에 관한 특례법·성폭력범죄의 처벌 등에 관한 특례법 등에 의한 각종 보호처분(동법 제16조), 민사집행법상 집행관에 의한 강제집행(동법 제24조 이하), 모자보건법상의 임신중절행위(동법 제14조), 폐광지역 개발 지원에 관한 특별법에 따라 인가된 카지노에서 도박을 하는 행위 등이 있다. 그러나 법령에 의한 행위이더라도 그 행위가 적법절차에 의하여 행하여지지 않으면 정당화되지 않는다.

[판례] ① 피고인(사법경찰관)이 피해자의 정당한 귀가요청을 거절한 채 경찰서 보호실 직원에게 피해자의 신병을 인도하고 다음날 즉결심판법정이 열릴 때까지 피해자를 경찰서 보호실에 강제유치시키기 위하여 피해자를 즉결피의자 대기실에 10~20분 동안 있게 하고, 이로 인하여 피해자를 위 보호실에 밀어넣으려 하는 과정에서 피해자에게 상해를 입게 한 사건(특정범죄가중처벌등에관한법률 제4조의 2 제1항 및 형법 제124조 제1항을 적용).[1)]
대법원은 피고인의 정당행위 주장에 대하여 형사소송법이나 경찰관직무집행법 등에 의한 구금 또는 보호유치 요건에 의하지 아니하고는 즉결심판 피의자라는 사유만으로 피의자를 구금, 유치할 수 있는 아무런 법률상 근거가 없고, 경찰 업무상 그러한 관행이나 지침이 있었다 하더라도 이로써 원칙적으로 금지되어 있는 인신구속을 행할 수 있는 근거로 할 수 없다는 이유로 형법 제20조 소정의 정당행위를 부인하였다.
② 집행관이 압류집행을 위하여 채무자의 주거에 들어가는 과정에서 상해를 가한 것은 상당성이 있는 행위로서 위법성이 조각된다(대판 1993. 10. 12, 93도875).

법령에 의한 행위가 정당화되는 것은 법질서의 통일성이라는 원칙에서 당연히 비롯된다. 법질서는 형법을 포함하여 모든 법이 전체적으로 동일한 구성원리에 의하여야 하기 때문이다. 그러므로 다른 법령에 의하여 허용되는 행위가 형법에 의해서 위법한 평가를 받아서는 안 된다.

1) 대판 1997. 6. 13, 97도877.

(2) 위법한 상관명령 수행행위

상관의 명령에 의한 행위는 그 명령이 적법한 때에 한하여 정당화된다. 예를 들어 군인복무규율(제5조, 제6조, 제10조)이나 검찰청법(제12조), 국가공무원법(제57조) 등의 근거에 의하여 발령된 적법한 상관의 명령은 정당행위로서 위법성이 조각된다. 그러나 상관의 위법한 명령에 의한 부하의 복종행위는 위법성을 조각하지 아니하고, 다만 절대적 구속력을 가진 명령의 경우 책임이 조각될 수 있을 뿐이다(통설·판례).[1] 이와 달리 구속력 있는 위법한 명령에 복종한 행위는 위법성을 조각한다는 견해가 있다.[2] 만일 구속력 있는 상관의 명령에 복종하는 행위가 위법하다고 보게 되면 복종의무를 다한 부하의 행위에 대해서 정당방위가 가능하게 된다는 점에서 부당하다는 것이 그 논거이다. 그러나 위법한 명령수행행위를 적법하다고 보는 것은 무리이다. 그리고 구속력 없는 상관의 위법한 명령을 그대로 따른 행위는 어느 경우에도 정당화되거나 책임이 조각되지 않는다.

[판례] 수사기관에 참고인으로 소환된 사람에 대한 고문치사사건에서 판례의 입장은 다음과 같다(대판 1988. 2. 23, 87도2358)[3]: ① 공무원이 그 직무를 수행함에 있어 상관은 하관에 대하여 범죄행위 등 위법한 행위를 하도록 명령할 직권이 없는 것이고, 하관은 소속상관의 적법한 명령에 복종할 의무는 있으나 그 명령이 참고인으로 소환된 사람에게 가혹행위를 가하라는 등과 같이 명백한 위법 내지 불법한 명령인 때에는 이는 벌써 직무상의 지시명령이라 할 수 없으므로 이에 따라야 할 의무는 없다. ② 설령 상관의 명령에 절대 복종하여야 한다는 것이 불문율로 되어 있다 할지라도, 국민의 기본권인 신체의 자유를 침해하는 고문행위 등이 금지되어 있는 국법질서에 비추어 볼 때 그와 같은 불문율이 있다는 것만으로는 고문행위와 같은 중대하고도 명백한 위법명령에 따른 행위가 정당한 행위에 해당하거나 강요된 행위로서 적법행위에 대한 기대가능성이 없는 경우에 해당하게 되는 것이라고는 볼 수 없다.

그러나 대법원은 이 판결에서 위법한 명령이 저항할 수 없는 폭력이나 방어할 방법이 없는 협박에 상당한 것이라고 인정되거나, 위법한 명령을 거부할 수 없는 특별한 상황에 있었기 때문에 적법행위에의 기대가능성이 없었던 경우에는 강요된

1) 배종대, 308면; 손동권, 238면; 손해목, 415면; 오영근, 329면; 임 웅, 206면; 정성근/박광민, 211면. 반면 절대적 구속력을 가진 상관의 명령인 경우에도 원칙적으로 위법성, 책임 모두 조각되지 않는다는 견해로는 이재상, 277면.

2) 하태훈, 「상관의 명령에 복종한 행위」, 형사판례연구(9), 177면; 김일수/서보학, 338면은 명령의 위법성의 경중에 따라 구별하고 있는데, 만일 경미한 위법명령에 복종한 행위는 위법성이 조각된다고 본다.

3) 또한 대판 1999. 4. 23, 99도636(이 판결에 대한 평석은 하태훈, 위 논문, 167면 이하).

행위나 기대불가능성을 이유로 한 책임조각가능성을 암시하고 있다.

2. 노동쟁의행위

법령에 의하여 허용된 노동쟁의행위는 정당화된다. 노동쟁의행위는 헌법상 보장된 근로자의 단결권·단체교섭권·단체행동권(헌법 제33조)을 토대로 노동조합 및 노동관계조정법(제37조 이하)에 인정되어 있다. 동법은 쟁의행위의 기본원칙을 그 목적·방법 및 절차에 있어서 법령 기타 사회질서에 위반되어서는 안 된다고 규정하고 있다(동법 제37조 제1항). 판례 역시 쟁의행위의 정당성은 첫째 그 주체가 단체교섭의 주체로 될 수 있는 자이어야 하고, 둘째 그 목적이 근로조건의 향상을 위한 노사간의 자치적 교섭을 조성하는 데 있어야 하며, 셋째 사용자가 근로자의 근로조건개선에 관한 구체적인 요구에 대하여 단체교섭을 거부하였을 때 개시하되 특별한 사정이 없는 한 조합원의 찬성결정 및 노동쟁의 발생신고를 거쳐야 하고, 넷째 그 수단과 방법이 사용자의 재산권과 조화를 이루어야 할 것은 물론 폭력의 행사에 해당되지 않아야 한다고 한다.[1)]

[판례] 단체협약에 따라 09:00 이전에 출근하여 업무준비를 한 후 09:00부터 근무를 하도록 되어 있음에도 피고인이 조합원들로 하여금 집단으로 09:00 정각에 출근하도록 지시를 하여 이에 따라 조합원들이 집단적으로 09:00 정각에 출근함으로써 업무수행에 지장을 초래한 사건에서 판례는「피고인 등이 … 쟁의행위에 적법한 절차를 거치지 아니하였음은 물론 이로 인하여 공익에 커다란 영향을 미치는 위 공사의 정상적인 업무운영이 방해 … 된 점 등에 비추어 정당한 쟁의행위의 한계를 벗어난 것으로 … 형법 제20조 소정의 정당행위에 해당한다고 볼 수 없다」고 판시하였다(대판 1996.5.10, 96도419). 또한 노동조합의 승인 없는 일부 노조원의 쟁의행위도 정당행위에 해당하지 않는다고 판시하였다(대판 1997.4.22, 95도748; 대판 2007.5.11, 2006도9478).

3. 징계행위

(1) 법령에 의한 징계행위

법령상 징계권자에 의한 징계행위가 인정된 경우로는 친권자·후견인의 징계권(민법 제915조, 제945조), 소년원법상의 징계권(소년원법 제15조) 등이 있다. 그러나 징계권자에 의한 징계권의 행사라고 하더라도 위법성이 조각되기 위해서는 사회상규에 위배되지 않아야 한다.

1) 대판 2008.9.11, 2004도746; 대판 2006.5.25, 2002도5577; 대판 2001.10.25, 99도4837(전합).

[판례] 4세인 아들이 대소변을 가리지 못한다고 닭장에 가두고 전신을 구타하거나(대판 1969. 2. 4, 68도1793), 교사가 대나무 막대기로 초등학생의 전신을 구타하여 상해를 입힌 경우(대판 1978. 3. 14, 78도203)는 정당한 징계권행사에 속하지 않는다.

(2) 교사의 체벌행위

초·중등교육법(제18조)이 규정하고 있는 학생에 대한 징계권에는 체벌권이 포함되지 않는다. 그러므로 체벌행위를 법령에 의한 정당행위라고 볼 수는 없다. 그러나 교육목적상 체벌이 필요한 경우가 있음도 부인할 수는 없으며, 따라서 체벌을 절대적으로 위법행위로 볼 것이 아니라 체벌필요성 여부 및 방법과 한계설정을 전제로 개별적 · 제한적으로 허용할 수 있다고 본다.[1] 즉 체벌의 방법 · 정도 등이 교육의 목표를 달성하기 위한 것으로서 사회상규에 위배되지 않으면(예: 단체로 실시하는 기합이나 손바닥을 몇 대 때리는 행위 등) 정당행위 중 기타 사회상규에 위배되지 않는 행위로 보는 것이 타당하다.[2] 그러나 체벌의 문제점은 체벌을 가하는 교사나 체벌을 받는 학생 모두가 자칫 인간으로서의 존엄성이나 가치를 훼손당할 수 있다는 점, 각 학생에 대하여 체벌의 균형성을 유지하기가 어렵다는 점에 있다. 그러므로 체벌의 정도가 비록 경미하다고 할지라도 그 방법에서 극히 신중하여야 한다.[3]

Ⅳ. 業務로 인한 行爲

입무란 사람이 사회생활관계에서 계속적 · 반복적 의사로 행하는 사무나 사업을 말한다. 업무는 타인의 위법한 행위에 의한 침해로부터 보호할 가치가 있는 것이면 되고, 그 업무의 기초가 된 계약 또는 행정행위 등이 반드시 적법하여야 하는 것은 아니다.[4] 이러한 업무로 인한 행위는 법령에 규정된 경우도 포함할 수 있지만 정당행위로서 위법성이 조각되는 업무에는 법령에 정당화규정이 없는 업무만을 포함한다고 본다.[5] 법령에 규정되어 있는 때에는 법령에 의한 행위로 위법성이 조각되기 때문이다.

1) 헌재결 2000. 1. 27, 99헌마481 참조.
2) 오영근, 332면; 임 웅, 207면; 반대견해로는 김일수/서보학, 340면; 배종대, 310면; 이재상, 279면. 한편 김일수/서보학, 340면은 교사의 징계행위를 업무로 인한 행위로 분류한다.
3) 체벌의 구체적 기준에 대한 판결로는 대판 2004. 6. 10, 2001도5380 참조.
4) 대판 1996. 11. 12, 96도2214; 1991. 6. 28, 91도944.
5) 배종대, 316면; 이재상, 274면; 이형국(I), 272면.

업무로 인한 행위는 그 자체만으로 정당화되지는 않는다. 즉 업무로 인한 행위라고 하여 당연히 위법성이 조각된다고 볼 수 없다. 업무행위의 정당성은 해석상 사회상규라는 또 하나의 기준에 의하여 확보되어야 한다. 이와 같은 해석은 업무로 인한 행위의 정당성 근거가 형법 제20조만으로는 불명확할 뿐만 아니라 업무행위의 포괄성 때문에 불가피하다고 본다. 그러므로 업무로 인한 행위라도 사회상규에 위배되면 위법하다.

업무로 인한 행위에의 해당 여부가 논의되는 경우는 다음과 같은 것이 있다.

1. 변호사 · 성직자의 업무행위

변호사는 당사자 · 기타 관계인의 위임 또는 공무소의 위촉 등에 의하여 소송에 관한 행위 등을 행하는 것이 그의 직무이다(변호사법 제3조 참조). 그러므로 법정에서의 변론에 의하여 타인의 명예를 훼손하는 사실을 적시하거나(제307조) 업무상 알게 된 비밀을 누설하더라도(제317조) 정당한 업무행위에 해당한다. 그렇다고 하더라도 이는 어디까지나 정당한 변호활동의 일환으로 법정에서 행하여진 경우에 한한다. 그러므로 이를 통하여 새로운 구성요건을 실현한 경우에는 위법성이 조각되지 않는다. 즉 범인은닉이나 위증 또는 증거인멸을 교사하는 행위 등이 허용되지 않음은 물론이며 형사처벌의 대상이 된다.

성직자의 경우에도 범죄사실에 대해 고해성사를 받은 신부가 이 사실을 수사기관에 알리지 않더라도 국가보안법상의 불고지죄(동법 제10조)나 범인은닉죄(제151조 제1항)를 범한 것이 아니다. 반대로 적극적인 범인은닉행위는 업무행위의 범위를 초과한 것이라고 보아야 한다.

2. 의사의 치료행위와 정당행위 여부

(1) 의사의 치료행위의 법적 성격

의사의 치료행위[1)]의 법적 성격에 대해서는 구성요건해당성이 없다는 견해, 업무로 인한 정당행위라는 견해, 피해자의 승낙에 의한 행위로 보는 견해가 있다.

① 과거의 판례[2)]와 다수설[3)]은 주관적인 치료목적과 객관적인 의술법칙

1) 김영환, 「의사의 치료행위에 관한 형법적 고찰」, 성시탁교수화갑기념논문집(1993), 269면 이하; 안동준, 「치료행위의 본질과 환자의 결정권」, 황산덕박사추모논문집(1989), 418면 이하.

2) 대판 1976.6.8, 76도144; 1978.11.14, 78도2388; 1986.6.10, 85도2133.

3) 배종대, 317면; 유기천, 193면; 정성근/박광민, 218면.

에 맞는 이상 의사의 치료행위는 정당행위로서 위법성이 조각된다고 본다. ② 이에 반해 치료행위는 환자의 건강개선과 회복을 위한 것이므로 신체침해행위가 아니어서 구성요건해당성 자체가 없는 행위라고 보는 견해가 있다.[1] 그러나 의사의 치료행위를 업무로 인한 정당행위라고 보는 견해는 환자의 의사가 무시되고 의사의 권리만을 인정하는 것이 되어 부당하다. 또한 구성요건해당성이 없다는 견해를 따를 경우 모든 의사의 치료목적행위는 환자의 의사와 무관한 전단적 의료시술행위나 과실행위까지도 인정하는 결과가 될 것이다. ③ 의사의 치료행위를 초래한 원인은 환자의 승낙행위에 있다. 그렇기 때문에 의사의 치료행위는 환자의 승낙에 의해 위법성이 조각된다고 보는 것이 타당하다(승낙의 법적 효과에 대해서는 피해자의 승낙 참조). 즉 의사의 치료행위는 정당행위가 아니라 피해자의 승낙(제24조)에 의한 행위로 보는 것이 타당하다.[2]

대법원 역시 과거의 입장에서 벗어나 「피고인이 진단상의 과오가 없었으면 당연히 설명받았을 자궁외 임신에 관한 내용을 설명받지 못한 피해자로부터 수술승낙을 받았다면 위 승낙은 부정확 또는 불충분한 설명을 근거로 이루어진 것으로서 수술의 위법성을 조각한 유효한 승낙이라고 볼 수 없다」고 판시하여 피고인에게 업무상과실치상죄를 선고한 원심판결에 대한 상고를 기각하였다.[3] 이는 의사의 설명의무를 전제로 한 환자의 승낙에 의하여 비로소 의사의 치료행위는 적법화된다는 것을 의미한다.

한편 ① 치료의 긴급성 때문에 의사의 설명이나 환자의 동의가 이루어지기 어려운 상황에서의 치료행위에 대해서는 구성요건해당성이 없으며, ② 수술이 환자의 생명·건강에 위험을 초래할 수 있고 후유증도 예상되는 경우에는 피해자의 승낙에 의한 행위를 인정하고, ③ 모험적 수술방법이지만 환자를 치료하기 위하여 부득이 이 방법을 취할 수밖에 없는 경우에는 정당행위(업무로 인한 행위)에 해당한다고 보는 견해가 있다.[4] 그러나 치료의 긴급성이 요구되는 상황에서는 추정적 승낙에 의해 정당화될 수 있으며, 후유증이 예상되는 경우에는 더욱 환자의 승낙을 받아야 될 필요가 있다고 본다.

환자의 승낙이 없는 치료행위는 어떻게 볼 것인가? 이 경우에는 환자의 자

1) 김일수/서보학, 346면; 안동준, 138면; 이재상, 282면; 이형국, 141면; 진계호, 304면.
2) 김성돈, 322면; 오영근, 310면; 임 웅, 212면.
3) 대판 1993. 7. 27, 92도2345.
4) 조준현, 184면 이하.

기결정권의 보호를 위해서 일단 상해죄 등의 구성요건에 해당한다고 보아야 한다. 환자의 명시적인 반대의사에도 불구하고 치료행위를 하였다면 위법성이 조각되지 않으며, 환자에게 승낙능력이 없는 상태였다면 추정적 승낙 또는 긴급피난의 경우에 해당하는지 여부를 검토하여야 한다. 만일 업무로 인한 정당행위로 본다면 승낙을 받지 않은 치료행위도 환자의 의사와는 관계없는 기준인 사회상규에 적합한 경우 위법하지 않다고 보게 되는데 이는 환자의 신체를 오직 행위객체로만 볼 뿐 환자의 의사를 판단기준으로 전혀 고려하지 않는 문제점이 있다.

치료행위가 아니라 성형수술과 같은 미용을 위한 시술행위는 치료행위는 아니지만 의료인이 행하지 않으면 보건위생상 위해가 생길 우려가 있는 행위이므로 의료행위에 해당한다. 그러므로 이 경우에도 환자의 승낙 여부에 따라 위법성을 판단하면 된다.

(2) 의사의 설명의무

치료행위에 대한 환자의 승낙은 치료행위를 정당화하기 위한 규범적 전제조건에 해당한다. 그러므로 환자의 유효한 승낙을 받기 위해서는 장래의 치료행위에 대한 의사의 설명이 전제되지 않으면 안 된다. 환자의 입장에서 볼 때 승낙내용에 대한 사전적 이해 없이 승낙 여부를 판단하는 것은 사실상 무의미하기 때문이다.

의사의 설명의무는 치료관련 설명, 진단관련 설명, 치료과정관련 설명, 위험관련 설명을 그 대상으로 한다. ① 치료관련 설명이란 건강상태에 대한 설명이나 환자수칙, 복용할 약의 효과 등에 대한 것이다. ② 진단관련 설명은 의사의 진단결과에 대한 일반적 설명을 의미한다. 그러나 암과 같은 불치병을 진단결과에 따라 그대로 설명하는 경우에는 환자의 심리에 악영향을 미칠 우려가 예상되므로 제한이 가능하다고 본다. ③ 치료과정관련 설명은 치료의 종류와 범위, 정도와 통증 등에 관한 설명이다. 그리고 치료의 효과에 대한 설명을 포함한다. 의학적 · 법률적 중점은 ④ 위험관련 설명에 놓여 있다. 이는 치료행위가 수반할 수 있는 부작용에 대한 설명을 그 내용으로 한다. 만일 이에 대한 설명이 불충분할 경우에 의사에게는 민·형사상의 책임부담이 뒤따를 수 있다.[1)]

1) 의사의 설명의무에 관하여는 Ulsenheimer, 「Arztstrafrecht in der Praxis」(1988), 50면 이하 참조.

3. 안 락 사

(1) 개 념

고통을 덜어 주기 위해서 죽음이 임박한 환자의 생명을 단축시켜 사망하게 하는 것을 안락사(Euthanasie, Sterbehilfe)라고 한다. 안락사의 문제는 오래되었으나 「인간답게 죽을 권리」로서 주장하기 시작하여 커다란 조류가 된 것은 1960년대 이후이다. 예를 들어 미국에서는 1960년대의 반전운동, 여성해방운동, 소비자보호운동 등과 함께 환자의 인권운동으로서 등장한 것이다. 안락사의 문제는 이를 위법성조각사유로 볼 것인가 아니면 살인행위로 볼 것인가라는 법적인 차원에서뿐만 아니라 소위 생명윤리(bioethics)의 문제 및 한국사회가 지니고 있는 죽음에 대한 전통적인 의식 등과 관련하여 검토되어야 할 문제이다.

(2) 유 형

우선 안락사는 다음과 같은 유형으로 분류할 수 있다. ① 간접적 안락사(indirekte Sterbehilfe)는 불치의 환자에 대해 고통을 감소시켜 주는 약품을 투여하는 것이 동시에 그의 생명단축을 부수적으로 가져올 수도 있는 경우를 의미한다. ② 적극적 안락사(aktive Sterbehilfe)는 환자의 고통을 덜어 주기 위해 적극적으로 생명단축행위를 시술하는 형태이고(적극적 안락사는 환자의 의사에 따른 경우로 보고, 환자 본인의 의사에 의하지 않고 제 3 자의 의사에 의해서 행해지는 경우를 자비살(慈悲殺)이라고 구별하기도 한다), ③ 소극적(수동적) 안락사(passive Sterbehilfe)는 불치의 병에 걸린 환자가 말기상태가 되어 식물인간상태로 의식이 없거나 혹은 지적·정신적 판단능력이 상실된 경우에 얼마간의 생명연장이 가능한 인공적인 생명연장장치를 제거하거나 응급조치를 하지 않음으로써 사망하게 하는 방식의 안락사를 의미한다(이를 존엄사라고도 한다).[1)]

그 밖에 생명단축을 수반하지 않고 단지 죽음의 고통만을 제거해 주는 경우를 진정 안락사[2)]라고 부르나 이는 법적으로 문제되는 안락사가 아니라 자연사에 해당

---

1) 최우찬, 「안락사와 존엄사」, 고시계(1989/2), 42면. 그러나 존엄사는 소극적 안락사에 불과하므로 굳이 구별되는 용어를 사용할 필요는 없다고 본다. 김일수(I), 706면에서는 존엄사의 경우 환자가 의식불명상태이므로 고통이 문제되지 않고, 또한 환자의 자기결정권이 없다는 점에서 소극적 안락사와 구별된다고 하나 소극적 안락사의 개념이 반드시 이러한 경우를 배제하는 것은 아니다. 오히려 소위 존엄사는 미리 소정의 절차로 제출되어 있던 본인의 의사(이를 "living will"이라 한다)에 의거하여 연명만이 목적인 적극적인 의료행위를 중단하는 것을 의미한다.

2) 김일수(I), 703면.

한다. 생명단축과 관련되어서 안락사가 문제되기 때문이다. 마찬가지로 정신병자나 심신장애자는 무가치한 생명이라고 생명을 끊는 경우를 도태적(淘汰的) 안락사[1]라고 하나 이는 안락사가 아니라 살인행위이다. 용어의 혼란만을 야기할 뿐이므로 위 두 경우는 안락사의 범주에서 제외하는 것이 옳다.

(3) 법적 취급

안락사의 법적 효과에 대해서는 ① 어떠한 유형의 안락사도 허용되지 않는다는 견해,[2] ② 간접적 안락사의 경우에만 위법성이 조각된다는 견해,[3] ③ 간접적 안락사 및 소극적 안락사의 경우에만 허용된다는 견해,[4] ④ 동기가 안락사 본래의 목적을 달성하기 위해서였다면 몇 가지 조건 아래에서는 적극적 안락사도 위법성이 조각된다는 견해[5]가 있다. 안락사를 허용하는 견해는 그 법적 근거를 피해자의 승낙에 의한 행위로 보거나 정당행위(업무로 인한 행위라는 견해, 사회상규에 위배되지 않는다는 견해)로 본다.

안락사가 문제되는 것은 인간 생명의 절대성과 존엄성을 보호하여야 한다는 점과 함께 안락사 남용의 위험성이 존재하기 때문이다. 특히 안락사 남용의 위험성은 여러 가지 측면에서 상존한다. 예를 들어 환자 자신의 안락사에 대한 동의를 환자가족의 동의로 대체하는 것을 인정하는 것이 가장 대표적이다. 육체적·정신적 고통에 시달리는 불치의 말기환자의 입장에서는 환자 자신이 안락사를 원하는 경우가 존재한다. 그러나 환자와 이해관계가 대립될 수 있는 가족에게 환자의 생사를 결정할 권리를 준다면 안락사는 살인의 한 수단이 될 수도 있다.[6]

환자의 생명단축을 목적으로 하지 않는 간접적 안락사는 법적으로 문제될 것이 없다. 그러나 적극적 안락사를 법적으로 허용하는 것은 생명의 존엄

---

1) 김일수(I), 705면.
2) 강구진, 각론(I), 43면; 황산덕, 151면.
3) 최우찬, 앞의 논문, 42면.
4) 김성천/김형준, 248면; 배종대, 320면; 이재상, 283면. 김일수(I), 704면에서는 존엄사의 경우에는 뇌사상태에 빠진 환자의 가족이 동의하는 경우에 생명연장장치를 제거하는 것이 허용된다고 본다.
5) 이형국(I), 276면; 정성근/박광민, 289면.
6) 안락사와 관련하여 관심을 끄는 것은 네덜란드의 「안락사법」이다. 네덜란드는 1971년 개업의가 자신의 모친에게 200g의 모르핀을 주사해서 기소를 당한 사건이 생겨 안락사에 대한 일반의 관심이 고조된 후 안락사의 법제화를 검토하기 시작하였다. 그 결과 촉탁·승낙에 의한 살인죄를 폐지하지는 않았으나, 의사결정과 투약의 자발성 등 일정한 요건하에서 적극적 안락사를 인정하고 있다.

성에 반하며, 장기이식의 필요성 때문에 생명보호를 상대화하고, 의사와 환자 간의 신뢰관계를 무너뜨릴 위험이 있기 때문에 허용되어서는 안 된다. 실정 법상으로도 사망이 임박한 환자에게 독극물을 주사하여 사망하게 하는 것은 환자의 동의 여부를 불문하고 살인행위에 해당한다(제250조 제1항, 제252조 제1항 참조).[1]

소극적 안락사에 대해서는 환자의 의사표시가 가능한 경우에는 본인의 진지한 의사에 따라 의사가 생명연장장치를 연결하지 않거나 제거하여도 위법하지 않다고 본다.[2] 반면에 환자가 식물인간상태[3]나 뇌사상태에 빠진 경우에는 환자 자신의 의사를 확인할 수가 없다. 이때에는 외국에서의 예처럼 생전의 유언이라 할 수 있는 「living will」[4]을 작성하게 하고 환자가 사망한 경우에 그 효력을 발생하게 하는 방법이 타당하다고 본다. 이러한 「living will」은 의사의 행위의 위법성을 조각하는 것을 우선의 목표로 하는 것이 아니라 환자 자신의 의사(자기결정권)를 존중하고 이를 실행에 옮기는 것을 제1의 목표로 한다.

Ⅴ. 기타 社會常規에 違背되지 않는 行爲

1. 체계적 의미

구성요건에 해당하는 행위가 비록 법령이나 업무로 인한 행위가 아닐지라도 사회상규에 위배되지 않는 한 그 행위의 위법성이 조각된다. 이를 형법 제20조가 정당방위(제21조), 긴급피난(제22조), 자구행위(제23조), 피해자의 승낙(제24조) 등을 포괄하는 최광의의 위법성조각사유임을 나타낸 것으로 보는 견해도 있

1) 이는 독일에서도 마찬가지이다(BGHSt 37, 379면; Tröndle/Fischer, §211 Rn. 14; Sch/Sch/Eser, vor §211 Rn. 24).

2) BGHSt 37, 379면; 안동준, 140면.

3) 식물인간상태란 환자가 혼수상태로 계속 잠들어 있을 뿐 인간으로서의 지적·정신적 활동은 못하지만, 자발호흡이나 혈액순환도 하며 소화, 배뇨, 배변 등의 인간의 생리적 기능이 언제 끝날지도 모르게 계속되는 경우를 말한다.

4) 「living will」이란 성인환자가 지적·정신적 판단능력이 있는 동안에 자신이 의학적으로 의식이 회복될 가능성이 없다고 진단되었을 경우 혹은 사망이 임박하여 지적·정신적 판단능력이 쇠퇴하였을 경우에는 생명유지장치를 사용하지 않도록 혹은 사용하고 있는 경우에는 이를 중단하도록 의사에게 요청하는 서면을 작성해 남겨 놓는 것을 법적으로 인정하고, 그 환자의 병세가 말기가 되어 서면에 따라 의사가 실시하여야 할 시기가 되었을 때에는 아직 사망 전이지만 법적으로 효력이 인정되는 일종의 유언을 말한다. 이는 인공적인 생명연장을 하지 않는다는 점에서는 생명단축의 안락사가 아니라 정확하게는 자연사라고 보아야 한다. 그렇기 때문에 1976년 미국 캘리포니아주에서는 이를 인정하는 법을 「자연사법」이라 하였다. 이러한 「living will」은 언제나 철회·변경이 가능하여야 한다.

다.[1] 그러나 이렇게 광의로 해석하게 되면 형법이 이들을 분리해서 규정하고 있는 것과 배치되며, 개별적인 위법성조각사유가 「상당한 이유」를 성립요건으로 규정하고 있기 때문에 결국은 사회상규란 정당행위 이외의 다른 위법성조각사유를 제외한 좁은 의미로 해석하여야 한다.[2] 이렇게 해석함으로써 사회상규가 갖는 개념의 불확정성을 어느 정도 극복할 수 있을 것이다.

사회상규는 그 의미가 언제나 해석에 의지할 수밖에 없는 추상적이고 불확정적인 개념이기 때문에 사회상규적합성을 이유로 한 위법성조각이란 소위 초법규적 위법성조각사유를 입법화한 것이라고 보아야 한다. 그렇기 때문에 형법 제20조에 의한 위법성의 조각은 다른 위법성조각사유와 내용적으로는 중첩적으로 또는 보충적으로 적용되는 것을 배제할 수 없다.

사회상규적합성은 정당행위의 기본적 요건이며 법령에 의한 행위나 업무로 인한 행위는 독자적인 정당행위의 한 구성요소가 아니라 사회상규에 적합한 행위의 한 예시라고 보아야 한다는 견해가 있다.[3] 이에 따르면 설사 법령에 의한 행위라 할지라도 사회상규에서 벗어나는 경우에는 위법하다고 보아야 한다. 즉 정당행위로서 적법하기 위해서는, 우선 법령에 의하거나 업무로 인한 행위여야 하고 동시에 이는 사회상규라는 상위개념에 의해 포섭될 수 있어야 한다는 이중의 요건이 필요한 것이다. 반대로 법령이나 업무와 무관하지만 사회상규에 어긋나지 않는 행위는 구성요건에 해당한다 할지라도 정당행위로서 위법하지 않다고 보게 된다. 그러므로 사회상규는 제20조 내에서 상위개념이면서 동시에 병렬적인 개념이 된다.

2. 사회상규의 의미와 판단기준

사회상규에 위배되지 않는 행위란 사회통념상 용인될 만한 상당한 이유 있는 행위를 의미한다. 이에 관해서 판례는 「초법규적인 법익교량의 원칙이나 목적과 수단의 정당성에 관한 원칙 또는 사회적 상당성의 원리 등에 의하여 도출된 개념」[4]이라고 한다. 내용적으로는 「법질서 전체의 정신이나 그 배후에 놓여 있는 사회윤리 내지 사회통념에 비추어 용인될 수 있는 행위를 말

---

1) 정성근/박광민, 218면 이하. 한편 이정원, 210면은 제20조의 법률적 기능을 부인한다.
2) 정당행위(제20조)의 법이론적 · 체계론적 문제점 등에 관한 비판적 입장으로는 김영환, 「형법 제20조 정당행위에 관한 비판적 고찰」, 고시계(1991/5), 55면 이하 참조.
3) 이재상, 284면; 이형국(I), 267면; 정성근/박광민 219면. 반대견해로는 김일수(I), 678면; 배종대, 322면.
4) 대판 1971.6.22, 71도827.

하고, 어떠한 행위가 사회상규에 위배되지 아니하는 정당한 행위로서 위법성이 조각되는 것인지는 구체적인 사정 아래서 합목적적, 합리적으로 고찰하여 개별적으로 판단」할 문제라고 판시하고 있다.[1] 그리고 사회상규 적합성판단의 기준으로서 판례가 제시하는 것을 살펴보면, 첫째 행위동기나 목적의 정당성, 둘째 행위의 수단이나 방법의 상당성, 셋째 보호법익과 침해법익의 법익균형성, 넷째 긴급성, 다섯째 보충성 등이다.[2] 결국 사회상규는 실질적 개념이라기보다는 내용충족을 필요로 하는 개방적·형식적 개념이라고 보는 것이 타당하다.

사회상규에 위배되지 않는 행위의 예로서는 ① 상대방의 도발이나 폭행 또는 강제연행 등을 피하기 위한 소극적인 저항으로서 사회통념상 허용될 만한 정도의 상당성이 있는 행위,[3] ② 법령상의 징계권이 없는 자의 징계행위로서 객관적으로 징계의 범위 내이고 주관적으로 교육의 목적으로 행한 때,[4] 또는 ③ 의무를 이행하지 않으면 고소하겠다거나 구속시키겠다고 하는 경우,[5] 가스충전소를 경영하는 군수 입후보 희망자가 설날 직전에 택시기사들에게 선물세트(3,500원 상당)를 배포한 경우,[6] 상대방의 요구에 따라 무료로 행한 수지침 시술행위[7] 등이 있다. 또한 ④ 일시오락의 정도에 불과한 도박행위(제246조 제1항 단서)도 이에 해당한다고 본다. 그러나 판례가 인정하고 있는 사회상규에 적합한 정당행위는 오히려 정당방위에 해당하는 경우가 많다. 예를 들면 위 ①의 경우에도 이를 정당방위로 보는 것이 타당하다. 이는 사회상규가 의미하는 내용의 포괄성에서 비롯된다고 볼 수 있다. 그러나 정당방위나 긴급피난에 해당할 수 있는 행위에 대해서 이를 검토하지 않고 정당행위로 파악하는 것은 정당행위 이외의 위법성조각사유를 무의미하게 할 가능성이 있다.

---

1) 대판 2006. 4. 27, 2003도4151; 2003. 9. 26, 2003도3000.

2) 대판 2006. 4. 27, 2005도8074; 2001. 2. 23, 2000도4415.

3) 대판 1996. 5. 28, 96도979(피해자가 양손으로 피고인의 넥타이를 잡고 늘어져 목이 졸리게 된 피고인이 피해자를 떼어 놓기 위해 피해자의 손을 잡아 비틀면서 양팔을 밀고 당기는 행위는 목이 졸린 상태에서 벗어나기 위한 소극적인 저항행위로서 정당행위에 해당한다); 1989. 5. 23, 88도1376(술에 취해 행패를 부리는 자의 뺨을 2회 때린 행위). 또한 대판 1983. 4. 12, 83도327; 1983. 5. 24, 83도942; 1990. 1. 23, 89도1328; 1990. 3. 27, 90도292; 1990. 5. 22, 90도748.

4) 대판 1978. 12. 13, 78도2617.

5) 대판 1977. 6. 7, 77도1107.

6) 대판 1996. 5. 10, 95도2820(공직선거 및 선거부정방지법 위반).

7) 대판 2004. 4. 25, 98도2389.

Ⅵ. 社會常規와 社會的 相當性

사회상규와 사회적 상당성은 내용상 그 한계의 모호성 때문에 문제가 있다. 원래 사회상당성(Sozialadäquanz)의 이론은 벨첼(Welzel)이 주장하였다.[1)]이는 형법상의 구성요건이 갖는 사회적·역사적 성격과 관련이 있다. 즉 설사 어느 행위가 문언상 구성요건에 해당하는 경우라 할지라도 공동체 내에서 역사적으로 형성된 사회윤리적 절서에 의하여 사회적 상당성이 인정되는 경우에는 구성요건에 해당하지 않는다는 내용이다. 이 이론은 오늘날 구성요건 해당성을 배제하는 기능을 한다는 입장(다수설) 이외에도 위법성 또는 책임조각사유의 일종으로 이해하는 견해, 법적 안정성을 위협하는 개념의 불명확성 때문에 불필요한 개념이라는 견해와 일반적인 해석원리로서 인정하는 견해 등 다양하게 분화되어 있다.[2)] 그러나 불법유형을 내용으로 하는 구성요건은 가치중립적이 아니라 행위에 대한 사회 내의 부정적 판단(불법판단)이라는 과정을 통하여 성립하는 것이므로 사회적 상당성은 구성요건을 해석하는 기본원리 중의 하나로 이해하는 것이 타당하다.

대법원은 사회상규를 「… 일응 범죄구성요건에 해당된다고 보이는 경우에도 그것이 극히 정상적인 생활형태의 하나로서 역사적으로 생성된 사회생활질서의 범위 안에 있는 것이라고 생각되는 경우에 한하여 그 위법성이 조각되어 처벌할 수 없게 되는 것으로서, 어떤 법규정이 처벌대상으로 하는 행위가 사회발전에 따라 전혀 위법하지 않다고 인식되고 그 처벌이 무가치할 뿐 아니라 사회정의에 위반된다고 생각될 정도에 이를 경우 … 이를 사회상규에 위배되지 않는다고 할 것이다」[3)]고 정의하고 있다. 이는 구성요건에 해당조차 되지 않는 사회상당성이 인정되는 행위와 사회상규에 적합한 행위를 동일시한 견해로 보인다. 그러나 위법성조각사유로서의 사회상규에 위배되지 않는 행위는 사회적 상당성의 판단을 거친 행위에 대한 위법성판단의 기준이라는 점에서 양자를 동일시하는 것은 사회상규에 대한 지나친 확대해석이다.

1) Welzel, ZStW 58(1939), 514면 이하.
2) Roxin, AT, §10 Rn. 34 이하 참조.
3) 대판 1985. 6. 11, 84도1958.

Ⅶ. 誤想正當行爲

이는 정당행위의 상황이 아님에도 불구하고 이를 오인하여 「정당행위」를 한 경우를 말한다(아래 제 3 절(정당방위) 중 V.「오상방위」 참조).

[예] 쟁의행위의 정당성이 인정될 수 없는 상황임에도 불구하고 정당한 파업이라고 오인하고 파업한 노조위원장의 행위.

제 3 절 正當防衛

Ⅰ. 正當防衛의 意義 및 基本思想

정당방위는 「자기 또는 타인의 법익에 대한 현재의 부당한 침해를 방위하기 위한 상당한 이유가 인정되는 행위」이다(제21조 제 1 항). 구성요건에 해당하는 행위임에도 불구하고 개인에게 정당방위를 인정하는 기본사상은 19세기 독일 형법학자 베르너(Berner)가 적절히 표현한 바와 같이 「법이 불법 앞에 굴복할 필요가 없다」는 데에 있다. 즉 정당방위는 개인적 관점에서는 침해되는 개인의 자기보호를 위한 것이며, 사회적 관점에서는 법질서를 수호하기 위한 것이다(통설).

침해되는 개인의 자기보호를 가능하도록 하기 위하여 정당방위를 인정하는 개인적 관점과 함께 사회적 관점을 토대로 정당방위를 인정하는 것이 국가적·사회적 법익을 보호하기 위한 경우에도 정당방위를 허용하기 위한 것으로 논리를 전개하는 것[1]은 타당하지 않다. 즉 정당방위의 인정근거로 사회적 관점을 드는 것은 정당방위의 대상법익을 확장하기 위한 것이 아니라 정당방위의 사회적 기능을 적시한 것이며, 자기보호사상과 분리된 것이 아니라 연결된 것임을 알아야 한다.

구체적으로 살펴보면 다음과 같다: 정당방위의 자기보호사상은 부당하게 침해되는 법익을 방어하기 위한 행위 — 구성요건 해당행위 — 를 정당화시켜 주는 기능을 한다. 인간의 이러한 자기보호는 실정법적 근거를 통하여 정당화되기 이전에 본능적이며 자연스러운 것으로 인정되어 왔으며, 국가권력의

1) 임 웅, 223면.

강화로 인한 형벌권의 국가독점상황하에서도 여전히 제한된 범위 내에서 인정되지 않을 수 없다. 법공동체의 구성원을 침해하는 범죄행위를 상시적으로 방어할 수 있는 만능적 국가권력은 존재할 수 없기 때문이다. 이처럼 국가권력이 담당할 수 없는 법익 침해적 상황하에서 개인에게 자위권, 즉 국가의 독점적 형벌권을 이양함으로써 법질서는 더욱 효과적으로 수호될 것이다. 법익보호를 목적으로 하는 국가의 법질서가 국가권력이 미치지 못하는 사각지대에서 무너지려고 할 때 개인의 정당방위는 결국 국가의 법질서 수호를 분담할 뿐 아니라 잠재적인 장래의 법익침해자에 대한 일반예방적 기능까지도 담당하여 국민의 법적 신뢰도를 높이게 되는 것이다. 정당방위권의 사회적 기능은 이처럼 정당방위에 의한 보호범위를 국가적·사회적 법익으로 확대하는 의미가 아니라 바로 이러한 국가의 법질서 수호기능을 의미한다. 그리고 이러한 기본사상은 곧 정당방위권의 허용범위를 정하는 기준이 된다.

Ⅱ. 正當防衛의 成立要件

1. 정당방위상황: 현재의 부당한 침해

정당방위가 인정되는 침해는 부당한 것이어야 한다. 즉 부당한 침해에 대한 정당한 방위행위인 것이다(부정 대 정의 관계).

(1) 침 해

침해란 인간에 의해 행해지는 법익에 대한 위해를 의미한다. 정당방위를 인정하는 근거인 법질서는 인간의 침해로부터 보호되어야 하기 때문이다. 그러므로 법인은 해당하지 않으며 인간이 아닌 동물에 의한 침해는 동물이 도구로 이용되었을 때만 정당방위에서의 침해에 해당된다. 여기의 침해는 꼭 범죄행위만을 의미하지 않는다. 그리고 행위가 고의뿐만 아니라 과실에 의한 행위여도 관계 없으며, 책임 없는 자의 행위도 침해에 해당한다. 또한 작위의무가 인정될 경우에는 부작위에 의한 침해도 가능하다.[1] 침해행위가 개념상 작위만을 의미한다는 견해[2]도 있으나 부작위에 의한 살인이 가능한 것처럼 부작위에 의한 침해가 불가능할 리가 없다. 따라서 부작위자에게 보증인적 지위가 인정되고, 작위의무의 불이행이 법익침해에 해당할 경우에는 이에 대

1) 오영근, 358면; 이재상, 222면; 임 웅, 220면; Roxin, AT, § 15 Rn. 11; Wessels/Beulke, AT, § 8 Rn. 326.

2) Bockelmann/Volk, AT, § 15 B I 1 a.

한 정당방위가 가능하다. 그러나 정당방위가 예정하는 법익의 침해형태가 아닌 진정부작위에 대한 정당방위는 인정될 수 없다(예: 퇴거불응죄에 대한 정당방위 불성립).[1]

(2) 현 재 성

현재성은 정당방위의 시간적 한계를 의미한다. 정당방위가 허용되는 침해의 현재성이란 공격자의 침해행위가 목전에 임박하였거나 시작되었을 때 혹은 아직도 계속되고 있는 경우를 말한다. 침해의 현재성을 미수에서의 실행의 착수시점과 동일시하는 것은 옳지 않다. 실행의 착수시점은 되도록이면 기수시점과 가깝게 결정되어야 하는데 이처럼 침해의 현재성을 너무 좁게 인정하게 되면 효과적인 정당방위기회의 확보가 불가능할 경우가 있으므로 실행의 착수시점 직전까지 인정된다고 보는 것이 타당하다. 그리고 계속범의 경우에는 침해가 아직 계속중인 한 현재성이 인정되므로 정당방위가 가능하며, 절취물을 가지고 목전에서 도망중인 자에 대해서도 현재성이 인정된다고 보아야 한다.

[예] 좁은 골목길에서 A는 B에게 말을 거는 척하면서 B가 차고 있던 손목시계를 슬쩍 빼앗아 달아났다. A가 한참 달아난 후에야 이를 안 B는 즉시 A를 뒤쫓아가 들고 있던 가방으로 A를 후려친 후 손에 쥐고 있던 자기의 손목시계를 빼앗았다.

위의 [예]에서 A는 아직 B의 손목시계에 대한 점유를 확립하지 못하였고 즉각적인 추격으로 이를 다시 되찾을 수 있기 때문에 현재성이 인정된다(이 경우 반대설은 자구행위 여부가 문제된다고 한다).

현재의 침해가 존재하는가 여부에 관한 판단은 방위행위자의 기준만으로가 아니라 객관적인 사실관계에 따라야 한다. 즉 본인이 급박한 침해위협을 느꼈으며, 합리적인 사람이라면 누구라도 똑같이 느꼈을 것이 필요하다. 이는 아래에서 설명하는 장래의 침해발생에 대한 예측의 경우에도 마찬가지이다.

1) 예방적 정당방위의 경우 예방적 정당방위란 지금 예방하지 않으면 장래에 예상되는 침해를 피할 수 있는 다른 방법이 불가능하거나 현저히 곤란해질 것으로 예상되는 경우에 취하는 방위행위를 의미한다.[2]

---

1) 반면 김일수/서보학, 293면은 방문객이 집주인으로부터 퇴거요구를 받고 불응한 경우 부작위에 의한 퇴거불응죄에 대하여, 이러한 방문객을 밀어내기 위한 정당방위가 성립된다고 본다.
2) Geilen, Jura 1981, 210면; Kühl, Jura 1993, 63면; Sch/Sch/Lenckner-Perron, § 32 Rn. 16.

예방적 정당방위가 반복될 위험이 있는 침해를 대상으로 하는 행위라는 점에서 긴급피난의 일종으로 파악한다면, 긴급피난의 성립요건이 이 경우에도 적용되어야 한다. 즉 위난의 현재성과 보충성의 원칙이 적용되어야 하는 것이다.

학설 중에서는 예방적 정당방위의 경우 현재성을 인정할 수 없다는 견해도 있다.[1] 그러나 이러한 견해들 역시 손해의 발생이 직접 현존하지 않더라도 더 늦으면 피할 수 없거나 또는 오래 전부터 반복되어온 계속위난의 경우에는 현재의 침해로 보아 긴급피난을 인정하고 있다. 이처럼 긴급피난의 경우 현재성의 시간적 범위가 정당방위보다 더 넓다. 그러므로 긴급피난행위를 미룰 경우 그 피해가 훨씬 증대될 장래의 예상되는 침해를 방어하기 위한 행위에 대해 현재성을 인정할 수 있다. 결과 예방적 정당방위를 긴급피난의 일종으로 본다면 현재성의 시간적 범위를 일반적인 정당방위에서 인정하는 시간적 범위보다 넓게 파악함이 타당하다. 한편 폭력행위 등 처벌에 관한 법률 제 8 조는 「이 법에 규정된 죄를 범한 자가 흉기 기타 위험한 물건 등으로 사람에게 위해를 가하거나 가하려 할 때 이를 예방 또는 방위하기 위하여 한 행위는 벌하지 아니한다」(제1항)라고 규정하고 있다. 이 규정은 특정범죄에 제한된 것이기는 하지만 예방하기 위한 방어행위도 정당방위로 인정하고 있다는 점이 특징이다. 보충성은 예방적 방어행위에 의하지 않고서는 장래의 위법한 침해를 방어할 방법이 없는 경우에 인정된다.

[판례] 자신이 12살 때 의붓아버지로부터 강간을 당한 후 계속적으로 성관계를 강요받아 오다가 결국 남자친구와 함께 술에 취해 자고 있는 의붓아버지를 식칼로 찔러 살해한 사건(대판 1992. 12. 22, 92도2540). 이와 유사한 예로는 남편으로부터 끊임없이 구타당해 온 아내가 남편을 살해한 경우를 들 수 있다. 즉 남편의 계속되는 구타가 아내의 생명을 위협하거나 혹은 신체에 중대한 침해를 야기할 가능성이 있지만 살해할 당시에 남편이 자고 있거나 아니면 전혀 공격할 태도를 취하지 않았을 경우이다. 이 [판례]에서 대법원은 한편으로는 현재의 부당한 침해성과 방어의사를 어느 정도 인정하면서도 살해행위가 사회통념상 상당성을 결여하기 때문에 정당방위가 성립하지 않는다고 하였다.[2] 그러나 이 사건의 핵심은 정당방위의 필요성과 관련

1) 김일수/서보학, 294면; 오영근, 364면; 이재상, 224면; 정성근/박광민, 223면. 손동권, 150면은 과잉긴급피난을 인정한다.

2) 「의붓아버지의 강간행위에 의하여 정조를 유린당한 후 계속적으로 성관계를 강요받아 온 피고인이 상피고인과 사전에 공모하여 범행을 준비하고 의붓아버지가 제대로 반항할 수 없는 상

되는 방어행위의 상당성 문제에 있는 것이 아니라 침해의 현재성 여부에 있다고 본다.

이 문제는 장래의 예상되는 침해의 정도 및 현실화될 가능성을 토대로 판단되어야 한다고 본다. 위에서 의붓아버지나 남편을 살해한 행위 당시에는 언어적 의미로는 침해의 현재성이 인정되지 않는다고 볼 수 있다. 그러나 단순히 이전까지 없던 침해행위가 예상되는 것이 아니라 계속되어 온 침해행위였다는 점에 주목하여야 한다. 즉 과거부터 계속되어 온 침해행위가 언제든지 반복될 현실적인 가능성을 지니고 있고 동시에 가해자와 피해자가 한 가정 내에서 동거중인 점은 지리적으로도 밀접한 관계에 있으므로 침해는 진행중인 것으로 보아 현재성을 인정하는 것이 타당하다. 특히 계속되는 가정내 폭력의 경우 침해의 현재성 여부 및 방위행위의 정도를 판단하는 데에는 폭력의 피해자가 갖는 심리적 특수상태에 대한 고려가 필요하다.[1)]

2) 자동보안장치의 문제 　장래의 침해에 대비하여 설치해 둔 자동보안장치(예: 자동발사장치, 감전장치 등)가 적법한가의 문제가 있다. 이는 현재성의 문제는 아니다. 왜냐하면 이러한 장치들은 침해와 동시에 작동되므로 언제나 현재성은 인정되기 때문이다. 이러한 장치는 장래의 침해에 대한 효과적인 방어수단이 될 수 있으나 다음의 점을 유의하여야 한다. 첫째, 작동결과에 대한 책임은 설치자에게 돌아간다. 예를 들어 단순한 방문객이 감전으로 인하여 부상을 입은 경우에 위법성이 조각될 수 없다. 다음으로 사람의 생명을 침해할 위험성이 있는 장치는 허용되지 않는다.[2)]

태에서 식칼로 심장을 찔러 살해한 행위는 사회통념상 상당성을 결여하여 정당방위가 성립하지 않는다」.

1) 남편의 폭력에 희생당하는 아내의 심리상태를 미국에서는 "구타당하는 여성증후군"(battered woman's syndrome, BWS)이라고 부른다. 남편의 폭력은 가벼운 구타로부터 시작되는 제 1 단계의 긴장형성단계를 지나 구타가 심해지는 제 2 단계, 그리고 이제까지와는 정반대로 남편의 반성과 애정이 표시되는 제 3 단계가 계속적으로 반복된다. 이 과정에서 여성은 일종의 심리적 무력감을 체득하게 되며, 가출을 하더라도 결국은 남편에게 발견될 것이기 때문에 남편의 구타를 벗어날 방법이 될 수 없다는 생각을 갖게 된다고 한다(결국 살인 이외에는 선택수단이 없다는 결론에 이르게 된다). 그러므로 미국의 거의 대부분의 주에서는 가정내 폭력의 피해자가 방위행위로서 살인행위를 하였을 경우에 전문가의 심리감정을 도입하고 있다. 이에 대하여는 State v. Kelly, 478 A.2d 364(N.J. 1984) 및 LaFave/Scott, Criminal Law, 459면 참조.

2) Jakobs, AT, 12/35; Roxin, AT, §15 Rn. 49; Sch/Sch/Lenckner-Perron, §32 Rn. 37. 보다 부정적인 견해로는 Kühl, Jura 1993, 62면. 「정당방위와 유사한 상황」(notwehrähnliche Lage)이란 일방적이지만 필요한 예방조치의 일환으로 한 비밀녹음행위와 관련하여 논의되기 시작하였다. 즉 예상되는 공갈행위 혹은 이혼소송에 대비하기 위하여 모욕적인 발언을 녹음하

현재성과 관련하여 폭력행위 등 처벌에 관한 법률(제8조 제1항)은 「흉기 기타 위험한 물건 등으로 사람에게 위해를 가하거나 가하려할 때 이를 예방 또는 방위하기 위하여 한 행위」는 벌하지 않는다고 하여 정당방위에서의 현재성을 형법 제21조보다 구체적으로 표현하고 있다.

(3) 부 당

부당함은 위법함과 동일하다. 그러므로 형사책임능력이 없는 자의 공격은 위법한 침해행위이므로 정당방위가 가능하다. 그러나 법규범에 의해 허용되는 정당방위나 긴급피난행위에 대한 정당방위는 허용되지 않는다.

침해행위의 위법성에 관하여는 ① 결과불법을 초래하는 침해행위는 모두 위법하다고 보는 견해[1]와 ② 결과불법뿐만 아니라 행위불법이 인정되어야 위법한 침해라고 보는 견해[2]가 있다. 후자의 견해에 의하면 위법성조각사유가 인정되는 행위를 한 자에 대하여는 행위불법성이 없으므로 정당방위는 인정되지 않는다. 그리고 고의가 없고 교통규칙 등과 같은 제반 준수사항을 지킨 객관적으로 합당한 행위(예: 자동차 운전)로 인하여 법익침해가 발생했을 경우에 전자는 결과불법의 입장에서 정당방위가 인정된다고 보는 반면, 후자는 행위불법성이 없으므로 침해의 위법성이 없고 그 결과 정당방위가 아니라 긴급피난의 규정을 적용하는 차이가 있다.

생각건대 결과불법을 지향하는 모든 침해행위를 위법하다고 보는 견해는 정당방위와 긴급피난의 구분을 불분명하게 한다. 나아가서 정당방위는 보호법익과 침해법익간의 균형을 전제하지 않는다고 하더라도 현저히 불균형한 방위행위를 정당화시켜 줄 위험이 있다. 그러므로 결과불법뿐만 아니라 행위불법도 인정되는 침해행위를 위법한 침해라고 하여야 한다.

[판례] 술에 취해 길을 가던 중 근처를 순찰하던 경찰관에게 불심검문을 받게 되자 자신의 운전면허증 등을 주고 신분조회를 위해 순찰차로 가는 동안 경찰에게 항

거나 소송사기의 증거수집을 위한 비밀녹음행위(독일형법 제201조 제 1 항 제 1 호, 대화비밀녹음)의 위법성 여부를 둘러싼 문제이다. 이에 대하여는 정당방위에 해당하기보다는 위법성을 조각하는 긴급피난(제34조)으로 파악하고 있다(Geilen, Jura 1981, 209면; Kühl, Jura 1993, 62면; Sch/Sch/Lenckner-Perron, § 32 Rn. 17, § 34 Rn. 16, 30. 그러나 부분적으로 정당방위라고 보는 견해도 있다. SK/Samson, § 201 Rn. 28).

1) Geilen, Jura 1981, 200, 256면; Jescheck/Weigend, AT, 306면; Köhler, AT, 268면.

2) Hirsch, Dreher-FS.(1977), 211면; Lackner/Kühl, § 32 Rn. 5; Roxin, AT, § 15 Rn. 14; Sch/Sch/Lenckner, § 32 Rn. 19; Schumann, JuS 1979, 560면; Stratenwerth, AT Ⅰ, § 9 Rn. 69.

의하며 욕설을 하고 다툼을 벌이던 중 경찰을 다치게 한 혐의(상해·공무집행방해·모욕죄)로 기소된 사건에서 「피고인을 모욕죄의 현행범으로 체포한 행위는 적법한 공무집행이라 볼 수 없으므로 공무집행방해죄의 구성요건을 충족하지 않았고 피고인이 불법 체포를 면하려고 반항하는 과정에서 경찰에게 상해를 가한 것은 정당방위에 해당한다」고 판시하였다. 즉 「경찰이 피고인을 체포한 행위는 현행범인 체포의 요건을 갖추지 못하여 적법한 공무집행이라고 볼 수 없고 피고인이 체포를 면하려고 반항하는 과정에서 경찰에게 상해를 가한 것은 불법체포로 인한 신체에 대한 현재의 부당한 침해에서 벗어나기 위한 행위로서 정당방위에 해당해 위법성이 조각된다」고 판단했다(대판 2011. 5. 26. 2011도3682).

2. 정당방위행위: 자기 또는 타인의 법익을 방위하기 위한 행위

(1) 방위행위의 상대방

[판례] X의 사격을 받은 A는 Y(여성)와 함께 차에 타고 있는 X를 향하여 응사하였다. 그 결과 X가 맞아 사망하였을 뿐만 아니라 옆에 앉아 있던 Y까지도 맞아 사망한 사건.[1)]

침해자를 향한 방위행위만이 정당방위에 의하여 정당화된다. 그러나 침해행위에 가담하지 않은 제 3 자가 방위행위에 의하여 사망하거나 상해를 입을 수도 있다. 만일 이러한 결과가 방위행위자의 부주의한 방위행위에서 비롯되었다면 제 3 자에 대한 법익침해를 정당방위에 해당한다고 할 수 없음은 물론이다. 그렇지 않은 상황에서 발생한 제 3 자의 법익침해는 긴급피난의 법리에 의하여 해결하는 것이 타당하다(위 [판례]의 경우).[2)]

(2) 보호법익

1) 개인적 법익 정당방위에 의해서 보호되는 법익은 개인적 법익이다(예: 생명, 신체, 재산, 자유, 명예 등).[3)] 여기에서 법익의 귀속자는 자기뿐만 아니라 타인도 가능하며, 자연인 외에 법인의 법익도 해당된다.[4)] 그러나 국가적 법익이나 사회적 법익은 이들 법익이 동시에 개인과 관련된 경우가 아

1) People v. Adams, 291 N.E.2d 54(Ⅲ. App. 1972). 이 사건에서 법원은 사건 당시 주위가 어두웠고 A의 방위행위가 필요한 상황이었으며, 그 방법이 거칠거나 부주의(wildly or carelessly)한 것이 아니었다는 이유에서 정당방위를 인정하였다.

2) 김일수(Ⅱ), 621면은 면책적 긴급피난에 해당한다고 본다.

3) 김성돈, 317면; 김일수/서보학, 322면; 배종대, 338면; 오영근, 328면; 정성근/박광민, 226면; 진계호, 317면. 국가의 개별법익에 대해서만 예외적으로 정당방위를 인정하는 견해로는 손동권, 177면; 이정원, 154면.

4) 타인의 법익을 구조하기 위한 정당방위를 긴급구조라고 하기도 한다(김일수/서보학, 293면; 이재상, 225면).

니면 정당방위의 대상이 될 수 없다. 그렇지 않으면 모든 국민이 국가적·사회적 법익을 수호하는 역할을 하게 되어 법질서 문란을 초래할 위험성이 있고, 이로 인하여 이들 법익에 대한 국가권력의 독점성이 무너질 가능성이 있기 때문이다.

2) 국가적·사회적 법익 정당방위에 의해서 보호되는 법익에 예외적으로 국가적·사회적 법익도 포함된다는 견해도 있다. 즉 국가의 존재에 관한 명백하고 중대한 위험에 직면하여 국가기관이 스스로 방위조치를 취할 수 없는 예외적인 경우에는 사인에게도 국가적 법익을 위한 정당방위가 허용된다는 견해이다.[1] 예를 들어 중요한 국가기밀문서를 외국으로 밀반출하려는 자를 수사기관에 알려 제지할 만한 시간적 여유가 없어서 개인이 사력으로 기밀문서를 탈취한 경우에는 정당방위에 해당한다는 것이다. 그러나 형법상 정당방위에 앞서 정당행위(제20조)를 인정하고 있는 이상 국가적·사회적 법익에 대한 침해가 현재적이고 국가기관에 의한 방위조치가 사실상 기대할 수 없는 상황에서 예외적인 정당방위를 인정하기보다는 정당행위를 인정하는 것이 타당하다고 본다.[2] 또한 국가적·사회적 법익으로 정당방위의 대상을 확대하는 것은 정치적 악용의 위험성이 있다.[3]

3. 상당한 이유

정당방위라고 해서 모두 위법성이 조각되는 것은 아니다. 즉 법익침해행위에 비해 불필요하게 과도한 방법으로 방위행위를 한다든가 그 밖의 사유로 인하여 정당방위가 필요한 행위상황이라고 하더라도 허용되지 않는 경우가 있다. 형법이 상당한 이유가 있을 때에 한하여 방위행위를 정당화하는 것은 이를 의미한다.[4] 상당한 이유에 대한 해석론으로서는 ① '상당한 이유'를 독일형법(제32조 제2항)상의 '필요성'과 마찬가지로 이해하면서 동시에 정당방위의 사회

1) 신동운, 272면; 임 웅, 「정당방위의 '상당성'요건과 정당방위의 제한」, 형사법연구 제10호(1998), 17면 이하; 이재상, 226면; 이형국, 147면. 독일에서는 Roxin AT, 15/139; SK/Samson, §21 Rn. 18; Sch/Sch/Lenckner-Perron, §21 Rn. 6.

2) 대판 1993. 6. 8, 93도766에서는 국군보안사령부의 민간인에 대한 정치사찰을 폭로한다는 명분으로 군무를 이탈한 행위가 정당방위나 정당행위에 해당하지 않는다고 판시하였으나, 정당행위에 해당한다고 봄이 타당하다(반면 김일수/서보학, 309면은 이 경우를 긴급피난으로 본다).

3) 정성근/박광민, 227면.

4) 미국에서는 이를 「방위행위가 필요하다고 합리적으로 비춰질 때」(reasonably appears to be necessary)라고 한다. LaFave/Scott, Criminal Law, 455면 이하 및 Stanley v. Fair, 45 NJ. 77, 211 A.2d 359(1965) 참조. 「상당한 이유」가 명확성 원칙에 위배되는지 여부에 대해서는 헌재결 2001. 6. 28, 99헌바1(합헌).

윤리적 제한은 상당한 이유와 별개의 문제로 보는 견해,[1] ② 상당한 이유에 정당방위의 필요성과 사회윤리적 제한을 포함시키는 견해,[2] ③ 상당한 이유를 독일형법상의 필요성과 독립된 개념으로 이해하는 견해[3]가 있다. 이를 나누어 설명하면 다음과 같다.

「폭력행위 등 처벌에 관한 법률」 제 8 조 제 1 항은 정당방위에서 상당성 요건을 규정하지 않고 있다. 그러나 해석론으로는 동조 제 2 항에서 과잉방위를 규정하고 있으므로 상당성을 초과한 정당방위는 제한된다고 보아야 한다.

(1) 방위행위의 필요성

방위행위의 필요성이란 침해를 방지할 수 있는 방위행위로서 행위당시의 시점에서 상정할 수 있는 여러 수단 가운데 공격자에 대해 침해위험성이 상대적으로 적은 방법을 방위행위로 선택하여야 함을 의미한다(수단선택의 제한원칙).[4] 예를 들어 맨 손으로 공격하는 상대방에 대하여 깨어진 병을 가지고 대항하는 것은 상당성이 결여된 것이다.[5] 그러나 이는 법익균형성을 의미하는 것이 아니므로 공격자인 상대방의 법익이 침해당하지 않도록 하기 위하여 자신의 신체나 재산상의 손해를 감수하여야 한다는 것은 아니다. 그리고 방위행위가 필요한 범위 내에서 행하여졌다면 방위행위자가 예상하지 못한 중한 결과가 발생하였어도 위법성이 조각되는 데에는 변함이 없다. 방위행위는 공격자의 법익을 침해할 위험성을 내재하고 있기 때문에 이로 인한 결과는 방위행위를 유발한 침해자가 부담하여야 하며 침해행위의 피해자인 방위행위자가 부담하여야 할 것이 아니기 때문이다.

(2) 방위행위의 요구성

정당방위의 필요성과 함께 방위행위자가 선택한 수단이 요구되는 상황이어야 한다[6] 정당방위행위의 필요성(Erforderlichkeit)과 요구성(Gebotensein)

1) 김일수/서보학, 296면; 이재상, 228면.
2) 손동권, 181면; 신동운, 277면; 정성근/박광민, 224면; 진계호, 320면.
3) 김성돈, 267면; 오영근, 329면; 임 웅, 225면; 정영일, 174면.
4) 상당성 요건으로서 필요성을 인정하는 것은 일반적이다(김일수/서보학, 296면; 김태명, 「정당방위의 상당성 요건에 대한 해석론」, 형사법연구 제14호(2000, 겨울), 138면; 배종대, 298면; 손동권, 179면; 손해목, 454면; 신동운, 259면; 이재상, 228면; 이정원, 160면; 이형국, 150면; 정성근/박광민, 229면).
5) 대판 1991. 5. 28, 91도80.
6) 김일수/서보학, 297면; 이형국(II), 302면. 이와 달리 이재상, 228면; 이정원, 161면은 정당방위에서의 "상당한 이유"라 함은 방위의 필요성만을 의미한다고 본다.

은 동일한 의미는 아니다. 정당방위의 필요성은 위에서 살펴본 바와 같이 구체적인 사실관계에 따라 객관적으로 판단할 문제이다. 이에 대해 정당방위행위가 요구된다는 것은 규범적인 판단을 전제로 하며 사회윤리적 비교형량에 따라 결정되는 문제로서 결과적으로는 정당방위의 허용성 여부에 관련된 것이라고 볼 수 있다. 이는 다음에 설명할 정당방위권의 제한의 문제로 귀착된다.

한편 정당방위의 상당성과 관련하여 문제되는 것은 침해자의 생명 또는 심대한 신체적 침해를 야기할 수 있는 방위행위가 허용되는가이다. 원칙적으로 침해자의 침해가 이러한 정도의 것이 아닌 이상 허용되지 않는다. ① 먼저 생명이나 심대한 신체적 침해를 야기하는 방위행위의 허용성 여부는 현실적인 결과발생과는 무관하다는 점을 유의하여야 한다. 예를 들어 주먹으로 달려드는 상대방을 향하여 권총으로 사격을 가한 경우에 총알이 빗나갔더라도 방위행위자는 상당성을 초과한 과잉방위를 한 것이다. 이는 구체적으로 선택한 정당방위의 방법이나 수단이 필요성의 원칙에 입각하여 상당하여야 함을 의미한다. ② 반대로 생명이나 심대한 신체적 침해를 야기하지 않는 방법으로 방위행위를 하였음에도 불구하고 예상과 달리 이러한 결과가 발생한 경우에는 상당성이 부인되지 않는다(즉 과잉방위에 해당하지 않는다). 이는 정당방위가 기본적으로 긴급피난과 달리 침해법익과 보호법익간의 균형을 필요로 하지 않음을 의미한다(법익균형의 원칙 배제). ③ 다음으로 특정한 상황에서는 흉기를 사용하지 않더라도 과잉방위가 인정될 수 있다. 예를 들어 프로권투선수가 평범한 체격의 침해자를 향해 전력을 다해 가격하는 행위는 상당성을 상실한다. ④ 반대로 납치나 강간 등을 목적으로 하는 침해행위가 있을 경우에는 상대방의 생명을 위협할 정도의 방위행위가 있더라도 상당성이 인정된다고 보아야 한다.

[판례] 대법원은 「피고인이 그 소유의 밤나무단지에서 피해자가 밤을 푸대에 주워담는 것을 보고 푸대를 빼앗으려다 반항하는 피해자의 뺨·팔목을 때려 상처를 입혔다면 위 행위가 비록 피해자의 절취행위를 방어하기 위한 것이었다 하여도 긴박성과 상당성을 결여하여 정당방위라고 볼 수 없다」(대판 1984. 9. 25, 84도1611)고 하여 이러한 입장을 따르고 있다.

(3) 필요성과 요구성 요건에 대한 비판론

상당성 요건의 내용과 관련하여 이를 필요성 또는 필요성과 요구성을 의미하는 것으로 해석하는 견해에 대하여, 이는 독일형법 제32조의 영향을 받은 것으로서 불필요하다는 비판이 있다. 즉 필요성과 요구성 개념은 추상개념으로서 구체적인 판단기준을 제시하지 못하고 있는 공공식(空公式)에 불과하다는 것이다. 또한 정당방위의 상당성 요건에 "모호하기 짝이 없는 필요성과 요구성 개념을 끌어대는 것은 두 번씩이나 사족을 다는 작업에 지나지 않는다"고 하면서 입법례를 소개하는 것이 아닌 이상 이러한 독일형법상의 요건을 빌어 "우리 형법상의 상당성 요건을 혼탁하게 만드는 것은 독일형법학에 대한 무분별한 맹종의 소치"라고 비판한다.[1] 그리고 결론적으로 "우리 형법상의 '상당성'은 정당방위의 성립요건과 정당방위에 대한 사회윤리적 제한을 하나에 담고 있는 함축개념이고, 이 개념에 정당방위의 구성원리이면서 동시에 정당방위의 제한원리로서의 양면기능을 부여할 수 있으며, 최소한 중언부언을 피하고 있다는 점에서 독일형법보다 우월한 표현이라고 결론지을 수 있다"고 주장한다.[2]

이러한 비판내용은 주로 독일형법의 영향수용에 대한 것과 내용상 불필요한 개념이라는 두 가지 측면에 초점이 맞추어져 있다. 이하에서 이러한 비판의 타당성여부에 대하여 검토해 보기로 한다.

우선 형법상의 '상당성' 개념은 실용적이지만 내용이 구체적이지 못하다. 내용상 정당방위의 허용요건과 동시에 제한요건을 의미한다는 양면기능에 대해서는 학설이 거의 일치되어 있는 바이다. 그러나 과연 양면기능을 갖는 '상당성'을 구체적으로 어떻게 해석하여야 할 것인지에 대해서는 이론적 검토가 필요한 부분이다.[3] 특히 명확성의 원칙이 요구되는 형법학에서 결과적으로 법관에게 지나치게 광범위한 규범해석상의 재량권을 부여하는 개념의 사용은 입법적으로 제한되어야 한다. 이러한 개념의 다면성과 모호성으로 인하여 대법원은 정당방위의 성립여부를 판단하는 데 있어서 「상당성」을 「사회통념」이라는 또 다른 모호개념으로 대치하여 사용하기도 한다.[4]

---

1) 임 웅, 225면. 같은 취지 오영근, 368면.
2) 임 웅, 225면.
3) 상당성 요건에 대한 해석론으로서는 김태명, 앞의 논문 참조.
4) 예를 들면 대판 2001.5.15, 2001도1089. 이 판결에서 대법원은 이혼소송중인 남편이 찾아

이러한 상황에서 학설은 상당성 판단을 구체화하는 기준으로 필요성 또는 요구성 요건을 적용하고 있다고 보면 된다. 즉 필요성 요건과 요구성 요건은 우리 형법상의 상당성 요건과 별개의 내용이 아니라 그 내용해석의 기준요건이라는 점을 분명히 할 필요가 있다.[1] 물론 필요성과 요구성이라는 기준이 상당성 판단의 최후기준은 아니다. 더욱 세분화된 기준설정은 구체적인 사안에서의 정당방위 해당여부를 판단하는 데에 불가피하다. 그러므로 필요성 또는 요구성을 알맹이가 없는(「Leerformel」)[2] 상투적 개념이라고 보는 것[3]은 정확하지 않다. 이는 불필요한 개념이라는 의미보다는 대부분의 규범적 표현에서 요구되는 바와 같이 내용충족을 필요로 하는 개념이라는 의미이다.

먼저 필요성은 정당방위의 수단선택에서의 객관적 상당성을 의미한다.[4] 즉 정당방위를 위하여 객관적으로 필요한 수단이어야지 법익보호를 위하여 불필요하거나 적합하지 않은 수단은 허용되지 않는다는 것이다.

요구성은 법익에 대한 침해가 발생하였더라도 정당방위가 언제나 동원되어야 하는 것은 아니라는 점을 의미한다. 예를 들면 어린 아이에 대한 정당방위처럼 정당방위가 오히려 권리남용에 해당하는 상황을 예상할 수 있다. 그러므로 이는 곧 규범적으로 정당방위권의 제한원리를 의미하는 내용이다. 「상당성」 기준이 정당방위의 제한원리를 내포하고 있다는 점을 인정하고 있으므로 요구성이라는 표현은 양면기능을 갖는 상당성 요건을 보다 구체화하여 주는 개념이라고 보아야 한다. 이것이 외국형법의 영향을 받았다는 점만으로는 비판의 대상이 될 수 없다.[5]

와 가위로 피고인의 오른쪽 무릎 아래 부분을 긋고 피고인의 목에 겨누면서 이혼하면 죽여버리겠다고 협박하고, 계속하여 피고인의 옷을 강제로 벗기고 자신도 옷을 벗은 다음 피고인에게 변태적 성행위를 강요하는 데에 격분하여 처가 칼로 남편의 복부를 찔러 사망에 이르게 한 경우에, 그 행위는 방위행위로서의 한도를 넘어선 것으로 사회통념상 용인될 수 없다는 이유로 정당방위나 과잉방위에 해당하지 않는다고 판시하였다. 그러나 이 판결은 과연 구체적으로 사회통념이 무엇을 의미하는 것인지 불분명하며, 그 결론도 상당성 요건에 비추어 타당하다고 보여지지 않는다. 그 밖에도 1992.12.22, 92도2540 참조.

1) 이를 우리 형법이 '상당성'이라는 표현으로 입법한 것이 독일형법에 비하여 "우월한 표현"인지 여부는 상대적인 것이다.

2) Sch/Sch/Lenckner-Perron, § 32 Rn. 44.

3) 임 웅, 225면.

4) 임 웅, 226면은 이를 "상대적 최소방위의 원칙"이라고 표현하고 있다. 독일판례도 마찬가지이다(BGHSt 3, 217면 참조).

5) 필요성 요건이 독일형법(제32조 제2항)에 규정된 내용임은 분명하지만 반드시 독일형법에만 규정된 것으로서 우리와 무관한 것은 아니다. 즉 우리의 현행 형법전이 통과되기 전 정부초안(1951년)은 정당방위에서 상당성 요건 대신에 필요성 요건을 명시하고 있었기 때문이다

4. 방위의사

정당방위의 주관적 위법성조각사유로서 방위행위자는 정당방위의사를 가지고 방위행위를 하여야 한다. 이는 정당방위를 정당화시켜 주는 주관적 요소로서 정당방위의사가 필요하다는 데에는 학설·판례가 일치하고 있다.[1] 방위의사를 통하여 방어행위의 행위불법성이 제거되기 때문이다.

그러나 정당방위의사의 필요성을 인정하는 경우에도 그 내용에서는 정당방위상황을 인식하는 정도의 단순한 방위의사만으로도 충분한가[2] 아니면 방위행위자가 방위상황을 근거로 방어행위를 추구·실현한다는 의사 또는 정당화목적[3]을 필요로 하는가에 대해서 견해가 나뉜다.

생각건대 방위행위자에게 방위의사 이외에 정당한 방위행위라는 내심의 의사까지도 요구하는 것은 무리이며, 이러한 동기나 목적이 결여되었다고 하여 정당방위를 인정하지 않는 것은 심정형법적 위험성을 내포한다. 그러므로 이 기회에 혼 좀 내주어야겠다는 등의 다른 목적이나 동기가 있다고 하더라도 정당방위가 부인되는 것은 아니라고 보아야 한다.

한편 제 3 자를 위한 방위행위에서 피침해자인 제 3 자에게도 방위의사가 필요한가에 대해서는 긍정설[4]과 부정설[5]이 대립되어 있다. 제 3 자는 방어행위자가 아니라는 점에서 부정설이 타당하다.

5. 과실행위와 정당방위 성립 여부

과실행위의 경우에도 고의범에서와 마찬가지로 정당방위에 의한 위법성조각이 가능하다.[6] 그러므로 정당방위상황에서 방위행위를 하던 행위자가 주의의무를 다한 경우에는 피할 수 있었던 결과를 발생시킨 경우에도 위법성이

([제21조 자기 또는 타인의 법익에 대한 현재의 부당한 침해를 방위하기 위한 필요행위는 벌하지 않는다. 방위행위가 필요한 정도를 초과한 때에는 정황에 의하여 그 형을 감경 또는 면제할 수 있다]. 형사법제정자료집(I), 형법 206면). 그러나 법제사법위원회에서 필요성 대신에 "상당한 이유"라는 표현을 채택하였다. 신동운, 278면.

1) 김성천/김형준, 272면; 김일수/서보학, 304면; 배종대, 342면; 안동준, 107면; 이재상, 226면; 이정원, 160면; 이형국, 149면. 대판 1955. 6. 21, 4288형상98(55도98); 1983. 2. 8, 82도2098.

2) 안동준, 102면; 이형국, 149면; Jakobs, AT, 11/20; Kühl, AT, § 7 Rn. 128; Loos, Oehler-FS.(1985) 235면; Roxin, AT, § 14 Rn. 96; Sch/Sch/Lenckner-Perron, § 32 Rn. 63.

3) 김일수, 333면; 김재봉, 앞의 논문, 109면.

4) 신동운, 275면.

5) 이형국, 149면; 정성근/박광민, 228면.

6) Sch/Sch/Lenckner, vor § 32 Rn. 92 등.

조각된다. 그러나 과실행위에 의해 발생한 결과는 고의행위에 의한 방위의 경우에도 정당화될 수 있는 방어행위 범위 내에 포함되어야 한다. 그러므로 과잉방위에 해당하는 정도의 결과는 제외된다. 예를 들어 경찰관이 도망가는 범인을 체포하기 위한 경고사격 목적으로 권총을 발사하였는데 잘못하여 범인에게 명중하여 사망한 경우 경찰관의 사격이 범인을 맞추기 위하여 발사되었더라도 경찰관직무집행법상의 총기사용허가 범위 내에 포함되지 않는 한 정당방위에 해당하지 않는다.

[판례] 피고인은 어느 날 고향사람들 10~15명을 만났다. 이들은 모인 자리에서 서로 말다툼을 하였고 싸움이 벌어질 상황이었다. 그런데 피고인은 바로 얼마 전 친구로부터 보관해 달라는 부탁을 받고 탄알 7발이 장전된 권총을 몸에 지니고 있었다. 피고인은 싸움을 말릴 생각으로 이들을 설득하여 처음에는 흩어졌으나 그 가운데 세 사람이 되돌아와 한 사람이 드라이버를 손에 든 채 피고인을 향하여 높이 치켜들었다. 이에 피고인은 뒤로 물러섰으나 세 사람이 함께 덤빌 것이라는 생각에 위험을 느꼈다. 그래서 휴대하고 있던 권총을 높이 들고 세 사람에게 물러서지 않으면 쏠 것이라고 위협하였다. 그러면서 동시에 공중을 향하여 공포탄 두 발을 쏘았다. 그러나 이들 세 사람은 위협을 느끼지 않고 계속하여 피고인에게 다가섰다. 그러자 피고인은 자신과 이들 사이의 지면을 향하여 경고사격을 하였다. 그러나 그 중 한 발이 권총을 빼는 순간 잘못 발사되어 상대방 가운데 한 사람의 목을 명중, 며칠 후 출혈과다로 사망하게 하였다. 이 사건에서 독일 연방대법원은 피고인에 대하여 정당방위(독일형법 § 32)를 인정하였다.[1]

문제는 과실행위에 의한 정당방위를 인정할 경우 주관적 정당화사유인 정당방위의사를 어떻게 인정할 것인가의 점이다. 이에 대해서는 ① 과실행위의 경우에는 주관적 위법성조각사유는 문제되지 않는다는 견해,[2] ② 일반적 방위의사로 대체된다는 견해,[3] ③ 정당방위상황을 이미 인식하고 있는 상태이므로 방위의사를 인정할 수 있다는 견해[4] 등이 있다. ③의 견해가 타당하다고 본다. 또한 법적으로 허용되지 않는 결과불법이 존재하지 않는다는 이유에서도 과실에 의한 정당방위가 허용된다고 볼 수 있다.[5]

1) BGHSt 25, 229면 이하.
2) Frisch, Lackner-FS.(1987), 130면 이하; Puppe, Stree/Wessels-FS.(1993), 187면 이하; SK/Samson, § 16 Rn. 32 등.
3) Eser, Strafrecht Ⅱ, 23면; Maurach/Gössel, AT Ⅱ, 154면.
4) Jungclaussen, 「Die subjektiven Rechtfertigungselemente beim Fahrlässigkeitsdelikt usw.」 (1987), 175면. 또한 Roxin, AT, § 24 Rn. 96 참조.
5) Sch/Sch/Lenckner, vor § 32 Rn. 99.

Ⅲ. 正當防衛權의 制限

1. 정당방위권 제한의 의미

정당방위는 원칙적으로 허용되지 않는 개인에 의한 구성요건해당행위를 법적으로 정당화시켜 준다. 그렇기 때문에 이러한 권리의 행사는 일반적인 권리남용금지의 원칙 내에서 행사되어야 할 뿐만 아니라, 방위행위의 상당성 요건의 내용을 이루는 요구성이라는 규범적 요소에 의하여 제한을 받지 않을 수 없다.

이에 대해 정당방위의 사회윤리적 제한은 방위행위자에 대한 처벌범위의 확대를 의미하는 것으로서 법치국가형법의 예외를 인정하는 것이며, 형법과 무관한 형법도그마틱에 불과하므로 오류라는 견해가 있다.[1)] 그러나 정당방위를 제한하는 근거는 반드시 사회윤리적 이유 때문만은 아니다. 그러므로 이를 사회윤리적 제한이라고 하는 것은 가벌성의 근거를 형법에 규정되지도 않은 사회윤리에서 찾는 것을 의미하므로 타당하지 않다. 오히려 우리 형법에 규정된 「상당성」에 따라 정당방위가 허용되지 않는 경우를 일컫는 것으로 이해하여야 한다.

뿐만 아니라 정당방위에 의해 보호되는 개인적인 법익을 독립된 것으로 보고 각각 보호할 것인가 아니면 법익 상호간의 사회적 불가분의 관련성을 인정하여 이를 조절하는 방법으로 정당방위권의 인정범위를 결정할 것인가가 문제된다. 정당방위권의 제한과 관련하여 이론적 추세는 제한의 방향으로 진행되어 왔으나(이를 「정당방위권의 역사는 정당방위권의 제한의 역사이다」라는 말로 표현하기도 한다) 이는 국가형벌권의 강화에 따른 반비례적 측면을 나타내는 것이다. 반면에 현대사회의 새로운 현상은 국가형벌권 행사의 비효율성과 한계성으로 인한 범죄억제의 한계성 노출로 인하여 개인에 의한 자위권 행사, 즉 정당방위의 필요성을 높일 수 있다는 점을 주의하여야 한다.

2. 정당방위권 제한근거: 상당성

정당방위는 권리남용금지(민법 제2조 제2항)라는 일반원칙에 의하여 제한을 받는다. 그러나 보다 직접적으로 정당방위권이 제한되는 실정법적 근거는 형법 제21조 제 1 항의 「상당한 이유」에서 찾을 수 있다. 즉 정당방위가 필요한 객

---

1) 배종대, 347면. 독일에서는 Engels, GA 1982, 119면; LK/Spendel, § 32 Rn. 308.

관적 상황이라 하더라도 제한되는 경우를 실정법적으로 인정하고 있는 것이다. 그러므로 법질서 수호원리가 정당방위의 제한근거라는 견해,[1] 권리남용금지원칙에서 찾는 견해[2]는 타당하지 않다. 특히 법질서 수호원리는 정당방위권을 제한하는 근거가 아니라 정당방위의 기본원리인 자기보호의 원칙과 함께 정당방위권을 제한할 수 없는 한계원칙이라고 보아야 한다.

정당방위의 제한근거는 실정법적이다. 즉 형법은 「상당성」을 기준으로 정당방위의 허용범위를 정하고 있다. 다만 상당성이라는 개념이 불확정적이어서 구체적인 판단기준이 탄력적인 것은 사실이다. 그러나 이것이 정당방위 제한의 부당성을 주장하는 근거가 되지는 못한다.

3. 문제되는 상황

(1) 행위불법이나 책임이 결여·감소된 침해행위

어린 아이, 정신병자, 술에 만취한 자와 같이 책임능력이 결여된 자로부터 공격을 받았을 때가 이에 해당한다. 학설에 따라서는 이 경우에는 피공격자가 자신의 이익을 포기하거나 위태로운 상황에 이르지 않고도 침해행위를 회피할 가능성이 있을 때에는 반격에 의한 정당방위(공격방어)는 제한된다고 본다. 왜냐하면 정당방위행위는 규범적으로나 사회윤리적으로 요구되어야 하며 또한 이의 남용은 금지되어야 하기 때문이라고 한다. 정당방위란 법질서의 수호라는 측면에서 그 정당성을 찾을 수 있는데 이 경우에는 공격자에게 귀책가능한 법질서에 대한 공격이 아니므로 정당방위를 인정할 만한 근거가 희박하다. 반면 이 경우에 자기보호이익은 인정되나 이 역시 사회공동체의식의 차원에서 제한되어야 한다. 그러므로 이러한 공격상황에서는 피하거나, 착오로 인한 경우에는 해명하거나 공격자를 가능한 한 보호하는 방어적 방법에 의한 정당방위를 인정하는 것이 타당하다. 한편 만일 고의를 조각하는 착오의 경우처럼 행위불법이 완전히 결여된 공격행위가 있다면 긴급피난을 적용하는 것이 타당하다.

(2) 침해법익과 보호법익간의 현저한 불균형

침해되는 법익과 방어행위에 의하여 침해될 법익(공격과 방어행위)간에 현저한 불균형이 존재할 때에는 정당방위행위가 제한된다(예: 단순절도범을

1) 이재상, 229면. 임 웅, 229면은 자기보호의 원리와 법질서 수호원리에 있다고 본다.
2) 진계호, 322면.

흉기로 찔러 도품을 회수하는 경우). 기본적으로 정당방위에서는 긴급피난과 달리 보호법익과 침해법익간의 균형성은 요구되지 않는다. 왜냐하면 침해자 자신이 법질서를 위반하였고 이에 따른 결과를 감수하여야 할 뿐만 아니라 또한 법익형량을 요구하게 되면 경우에 따라서는 정당방위권을 부정하게 될 위험성이 있기 때문이다. 그러나 양자간에 현저한 법익의 불균형이 인정될 경우—즉 경미한 침해의 경우—에는 여러 가지 방법으로 점차 법익형량을 인정하는 방향으로 나아가는 경향이 있다.

개인의 이익보호에 치중한 나머지 경미한 침해에 대해서 과도한 방어행위를 인정하게 되면 일반의 법익보호는 유지되지 못할 것이며, 자기보호이익도 법감정에 비추어 인정되기 어렵기 때문이다. 또한 정당방위도 권리남용이 되는 경우에는 제한을 받게 되는 것이다. 특히 법익형량이 요구되는 법익이 생명이다. 생명의 절대적 보호원칙은 정당방위상황에서도 유효하다. 그러므로 자신의 생명 이외의 법익을 방어하는 데에 공격자의 생명이 위태로울 때에는 이를 피하는 방법을 택하여야 한다.

(3) 방위행위자에게 상반된 보호의무가 인정되는 경우

[예] 남편으로부터 심하게 폭행을 당하던 아내가 더 이상 맞지 않기 위해 부엌칼로 방어하다가 남편이 사망하게 된 경우.

이는 정당방위 관련자들간의 특별한 의무관계—부부, 친족 등과 같은 밀접한 개인적 관계—등이 고려되어 정당방위권이 제한되는 경우이다(이를 가족관계, 공동체관계, 부부관계 또는 보증관계 등으로도 부른다).[1] 이러한 관계에 있는 경우에는 보다 경미하고 안전한 방어방법이 사용되어야 한다. 이러한 제한의 근거는 사회윤리적 이유에 있다기보다는 상호간의 보증인적 관계에 있다고 보아야 한다.

그렇더라도 침해행위로 인하여 생명의 위협을 느낄 경우에는 공격자의 생명을 향한 방어행위가 가능하다. 또한 계속적으로 상대방의 침해행위가 있어 온 경우에는 상호간의 보증인적 관계란 더 이상 존재하지 않으므로 방어행위가 가능하다. 그러나 가벼운 폭행과 같은 침해행위에 대하여 인내를 요

1) 이와는 반대로 특히 부부간의 정당방위제한을 부인하는 견해가 점증하고 있다(LK/Spendel, §32 Rn. 310; Engels, GA 1982, 109면; Dencker, NStZ 1983, 399면; Frister, GA 1988, 307면).

구할 수는 없지만 상대방에 대한 배려는 있어야 할 것이다. 그러므로 위의 예에서 아내의 행위는 정당화될 수 없다.[1] 그러나 만일 아내가 임신중이었다면 상황은 달라진다. 이 경우에는 자신뿐만 아니라 태아의 생명보호를 위하여 정당방위가 허용된다.[2]

(4) 도발행위

1) 의도적인 도발 이 경우에는 정당방위는 인정되지 않으며 도발행위에 대한 고의범으로 처벌된다. 법적으로 승인될 수 없는 행위를 통하여 스스로 위험상황을 야기한 자를 법이 보호할 필요가 없으며 사적인 복수의 의미를 띠기 때문이다. 그러므로 예를 들어 피해자를 살해하려고 먼저 가격한 이상 피해자의 반격이 있었다고 하여 피해자를 살해한 경우에는 정당방위에 해당하지 않는다.[3]

2) 과실행위로 정당방위상황을 초래 이 경우에는 정당방위권은 원칙적으로 인정된다. 행위자의 의도(계획)에 따라 이러한 상황이 실현되는 것은 아니기 때문에 정당방위에 의한 보호의 필요성이 인정되는 것이다. 그러나 이 경우에는 가능한 한 방어적 행위만을 하는 보호방위(Schutzwehr)에 국한되며 경미한 침해행위는 감수하여야 할 것이다.

3) 원인이 불법한 행위이론(actio illicita in causa) 학설에 따라서는 의도적인 도발행위를 포함하여 유책한 도발의 경우에 정당방위권을 인정하되, 선행하는 도발행위를 근거로 정당방위자를 과실범이나 또는 고의범으로 처벌하게 하는 이론을 주장한다.[4] 그러나 이는 방위행위자에게 한편으로—정당방위와 관련하여—적법한 행위를 인정하면서 동시에—도발행위와 관련하여—위법한 행위를 인정하게 되는 모순에 빠진다(이러한 논리적 모순은 침해자의 측면에서도 마찬가지이다).

4) 선행행위 선행행위로 인한 부작위범의 처벌과 같은 원칙에서 도발된 침해행위에 대하여 정당방위를 제한하는 견해도 있다. 이 견해에서는 도발자에게 보증인적인 의무를 인정하는데 선행행위와 도발행위는 동일선상에 있지 않기 때문에 타당하다고 볼 수 없다(부작위범에서 보증인의 구조행위

1) BGH NJW 1975, 62면.
2) BGH NJW 1984, 986면 참조.
3) 대판 1983. 9. 13, 83도1467.
4) Sch/Sch/Lenckner-Perron, § 32 Rn. 61. 반대견해로는 BGH NStZ 1983, 452; 1988, 450.

와 정당방위에서 도발자의 최소한의 방어행위).

(5) 싸움과 정당방위

1) 싸움과 형사책임 싸움은 상호간에 위법한 공격을 하는 것을 의미한다. 즉 방어행위가 동시에 공격행위의 성격을 갖는다. 그렇기 때문에 싸움의 당사자는 대부분의 경우 형법상의 폭행죄나 상해죄, 그리고 폭력행위 등 처벌에 관한 법률위반죄에 해당하고, 정당방위 또는 정당방위를 전제로 하는 과잉방위가 인정되지 않는다고 보는 것이 학설의 입장[1)]이고, 판례도 마찬가지이다.

이러한 결론은 정당방위가 침해행위의 부당성을 전제로 하고 이에 대응하는 방어행위의 정당성을 이유로 위법성이 조각된다고 보는 것인데 싸움의 경우에는 상호간 공격행위의 동시성으로 말미암아 한 쪽만의 방어행위성을 인정할 수 없다는 데에서 비롯된다.

그러나 싸움의 경우 일체의 정당방위가 인정되지 않는 구조로만 이루어져 있지는 않으며 싸움의 경위를 분석하여 공격과 방어행위의 동시성이 인정될 수 있는지 여부를 판단하여야 한다.[2)]

2) 판례의 입장 싸움에 관한 판례의 입장은 「가해자의 행위가 피해자의 부당한 공격을 방위하기 위한 것이라기보다는 서로 공격할 의사로 싸우다가 먼저 공격을 받고 이에 대항하여 가해하게 된 것이라고 봄이 상당한 경우, 그 가해행위는 방어행위인 동시에 공격행위의 성격을 가지므로 정당방위 또는 과잉방위행위라고 볼 수 없다」([1] 대판 2000. 3. 28, 2000도228, [2] 대판 1993. 8. 24, 92도1329)는 것이다. 그러나 사실관계를 살펴보면 과연 「서로 공격할 의사로 싸우다가 먼저 공격을 받고 이에 대항하여 가해하게 된 것」이라는 결론이 타당할지 의문이다.

[판례] ① [1]의 판례에서 피고인은 피해자인 처남이 술에 만취하여 누나, 즉 자기 처와 말다툼을 하다가 처의 머리채를 잡고 때리자 피고인이 이를 목격하고 화가 나서 처남과 싸우게 되었다. 그 과정에서 몸무게가 85kg 이상이나 되는 피해자가 62kg의 피고인을 침대 위로 넘어뜨리고 피고인의 가슴 위에 올라타 목 부분을 누르자 호흡이 곤란하게 된 피고인이 안간힘을 쓰면서 허둥대다가 그 곳 침대 위에 놓여 있던 과도로 피해자에게 상해(왼쪽 허벅지를 길이 21cm 가량의 과도로 1회

1) 이재상, 232면; 임 웅, 233면; 정성근/박광민, 226면 등.
2) 같은 취지로는 정현미, 「유책한 도발과 정당방위」, 형사판례연구(10), 112면.

찔러 피해자에게 약 14일간의 치료를 요하는 자상 등을 가하였음)를 가하였다.

이 사안을 살펴보면 술에 취한 피해자가 피고인의 처인 누나를 구타하고, 피고인보다 20kg 이상이나 무거운 피해자가 자신의 목을 눌러 호흡이 곤란한 상황에서 피고인이 위험을 예감하고 손에 잡힌 과도로 피해자의 허벅지에 자상을 입혔다고 볼 수 있다. 그렇다면 이는 전형적인 정당방위의 상황에 해당한다고 보아야 할 것이다. 즉 피고인의 행위는 자신의 생명 또는 신체에 대한 부당한 침해에 대항하여 방어하기 위한 것이었다. 그리고 피고인이 처한 상황은 정당방위가 제한되는 상황도 아니다. 피해자가 술에 취하였으므로 책임능력이 제한적이라고 볼 수도 있겠지만 자신의 목을 누르는 상황에서는 방어적 방법에 의한 정당방위는 사실상 불가능하다.

그럼에도 불구하고 판례가 이를 단순화하여 서로 공격할 의사로 싸우다가 먼저 공격을 받고 이에 대항하여 가해하게 된 것이라고 결론을 내린 것은 사실관계에 대한 분석을 하지 않은 것이다. 대법원의 결론은 마치 싸움에 가담하는 것은 무조건 나쁘다는 양비론적 시각과 마찬가지이다.

② 이러한 시각은 판례 [2]의 경우에도 동일하다.

피고인(갑)은 상피고인 을 및 공소외 병과 공동하여 1991. 9. 29. 00:10경 병이 경영하는 나이트클럽에서 병은 주먹과 발로 피해자 A의 전신을 수회 구타하고, 피고인은 공사용 삽으로 피해자 B의 머리부분을 1회 구타한 다음 봉걸레 자루로 피해자 C의 허리부분을 1회 구타하고, 을은 주먹으로 피해자 D의 얼굴을 3회 구타한 다음 봉걸레 자루로 피해자 E의 가슴부분을 2회 구타하였다. 그리하여 C에게 전치 2주일을 요하는 흉부좌상 등을, B에게 전치 10일을 요하는 좌두정부열상 등을, E에게 전치 10일을 요하는 전두부타박상을 입히고 A와 D에게 각 폭행을 가하였다.

그렇지만 피해자들 일행은 모두 20여명 가량으로 그 중 일부는 병의 나이트클럽에 오기 전에 이미 상당히 취해 있었는데도 나이트클럽에서 다시 술을 마시고 술값을 외상으로 하여 줄 것을 요구한 것이 발단이 되어 언쟁하다가 그 중 1명이 병으로부터 뺨을 맞자 일부는 의자와 탁자 또는 벽돌이나 돌을 마구 집어 던지고, 일부는 주먹이나 봉걸레 자루로 피고인을 비롯한 위 나이트클럽 종업원 등을 구타하는 등 피고인 갑과 을 및 공소외 정에게 각 전치 1주일을 요하는 요추염좌상 등을 입히고 병 소유의 전자올갠 등을 손괴하므로 피고인 등도 이에 대항하여 싸우는 과정에서 위와 같이 피해자들에게 상해를 입히거나 폭행을 가하였다. 이에 대하여 대법원은 「이 사건은 위 병이 피해자 일행 중 1명의 뺨을 때린 데에서 비롯된 것으로 피고인 등의 행위는 피해자 일행의 부당한 공격을 방위하기 위한 것이라기보다는 서로 공격할 의사로 싸우다가 먼저 공격을 받고 이에 대항하여 가해하게 된 것이라고 봄이 상당하고 이와 같은 싸움의 경우 가해행위는 방어행위인 동시에 공격행위의 성격을 가지므로 정당방위 또는 과잉방위행위라고 볼 수 없다」고 판시하여 종래의 입장을 반복하고 있다.[1]

1) 이에 대하여 원심은 「이 사건의 발생경위와 그 진행과정, 이 사건에 가담한 피고인측과 피해

그러나 이 사건에서 병이 피해자 가운데 한 명의 뺨을 때렸지만 이는 술에 취한 20여명의 피해자들이 자신이 운영하는 나이트클럽에 들어와 술값 외상을 요구하는 과정에서 언쟁이 붙어 이를 나무라는 취지의 것에 불과하고 그 정도도 가볍기 때문에 정당행위에 해당한다고 볼 수 있다. 오히려 피해자들은 병의 구타에 흥분하여 피고인을 포함한 나이트클럽 종업원 등을 구타하고, 기물손괴를 하였으며, 피고인 갑은 이에 대응한 것이라고 보아야 한다. 즉 갑의 행위는 병은 물론이고 자신의 법익을 지키기 위한 정당방위에 해당하는 것이다. 그럼에도 불구하고 대법원이 이 사건의 발생경위나 진행과정 등을 전혀 고려하지 않고 정당방위(혹은 이 사건에서 최소한 과잉방위)를 인정하지 않는 것은 잘못이다.[1]

3) 결 론 이상에서 살펴본 바와 같이 싸움의 경우 경위분석 없이 언제나 가담자 상호간에 정당방위 또는 과잉방위를 인정할 수 없다고 보는 것은 타당하지 않다. 싸움은 쌍방 사이에 동시에 시비가 붙어 발생하는 경우도 있지만 많은 경우 일방의 도발에 의하여 발생하게 된다. 즉 정당방위를 불가피하게 할 정도의 중대한 도발행위가 선행하는 경우가 많다. 그럼에도 불구하고 대법원이 이러한 도발행위를 판단하지 않고 쌍방 모두를 비난하는 취지에서 동일하게 취급하는 것은 사실관계를 정확하게 평가하여 문제를 해결하기보다는 이를 회피하려는 태도로 볼 수밖에 없다.[2]

(6) 경찰관에 의한 정당방위의 문제

이는 특히 경찰관에 의한 총기사용의 한계를 어디에 두어야 할것인가를 두고 논란이 된다. 경찰관의 임무수행은 경찰관직무집행법 제11조가 인정하는 무기사용의 범위 내에서라면 그 적법성이 인정되는 것이지만, 한편으로는 공권력이 갖는 대국민 보호기능이라는 측면이 함께 고려되어야 한다. 이 경우 보호의 대상은 법익침해자도 포함되기 때문이다.

경찰관직무집행법 제11조(무기사용) 단서는 정당방위와 긴급피난의 경우와 동조 제 1~4 호의 경우에는 무기사용에 의한 대인적 위해행위를 인정하고

자측의 각 인원수 및 상대방에 대한 폭행정도, 위 나이트클럽의 파손상태 등을 고려하면 위와 같은 피고인의 행위는 자기나 위 병의 법익에 대한 현재의 부당한 침해를 방위하기 위한 행위가 그 정도를 초과한 경우인 과잉방위행위에 해당한다」고 판단하였다.

1) 헌법재판소는 싸움을 말리려다가 상대방의 공격으로 말미암아 폭행을 하게 된 피의자에 대한 검사의 불기소처분(기소유예)이 부당하다고 하면서 싸움에 이르게 된 과정을 살펴볼 것을 요구하고 있다(헌재결 2001. 4. 26, 2001헌마15).

2) 대판 1999. 10. 12, 99도3377은 일방의 불법한 공격으로부터 자신을 보호하고 이를 벗어나기 위한 저항수단으로 유형력을 행사한 경우라면 위법성이 조각되지만 이 때에도 소극적인 방어의 한도 내일 것을 요구하고 있다.

있다. 이 규정의 본래 취지는 경찰관의 무기사용을 억제 또는 제한하기 위한 것이라고 보아야 한다.[1] 그러나 구체적인 내용에서는 많은 문제점을 안고 있다. 우선 동법에 의하면 경찰관은 정당방위와 긴급피난의 요건이 갖추어진 경우에는 일반인과 마찬가지로 무기사용을 할 수 있다. 이 경우에는 경찰관의 무기휴대로 인하여 일반인보다 더 위험한 대인적 위해행위를 할 가능성이 높다. 일반인보다 강도의 방어나 피난행위가 가능한 것이다. 또한 사형·무기 또는 장기 3년 이상에 해당하는 죄를 범하였다고 의심되는 자가 항거나 도주를 하려고 하거나 제 3 자가 그를 도주시키려고 경찰관에게 항거할 때(동법 동조 제 1 호)와 구속영장이나 압수·수색영장을 집행할 때에 본인이 경찰관의 직무집행에 대하여 항거하거나 도주하려고 할 때 또는 제 3 자가 그를 도주시키려고 경찰관에게 항거할 때 이를 방지 또는 체포하기 위하여 무기를 사용하지 아니하고는 다른 수단이 없다고 인정되는 상당한 이유가 있을 때(동법 동조 제 2 호)에는 무기사용이 허용된다. 그러나 이 규정도 행위자의 행위방법의 위험성보다는 직무수행의 용이성에 중점을 둔 규정이다.

그러므로 경찰관의 총기사용은 혐의자가 경찰관이나 기타 일반인의 생명, 신체에 중대한 침해를 초래할 것으로 믿을 만한 단서가 있을 때에 한하여 허용된다고 보아야 한다. 반대로 비무장한 혐의자에 대하여는 치명적인 총기사용이 허용되지 않는다.[2]

[판례] 대법원은 타인의 집 대문 앞에 은신하고 있다가 경찰관의 명령에 따라 순순히 손을 들고 나오면서 그대로 도주하는 범인을 경찰관이 따라 추격하면서 등 부위에 권총를 발사하여 사망하게 한 경우, 이러한 총기사용은 현재의 부당한 침해를 방지하거나(정당방위에 해당), 현재의 위난을 피하기 위한 상당성 있는 행위(긴급피난에 해당)라고 볼 수 없는 것으로서 범인의 체포를 위하여 필요한 한도를 넘어 무기를 사용한 것이라고 하여 국가의 손해배상책임을 인정하였다(대판 1991. 5. 28, 91다10084).

Ⅳ. 過剩防衛

(제 5 장 제 5 절 책임조각사유 참조)

1) 동법 제 1 조(목적) 제 2 항도 「이 법에 규정된 경찰관의 직권은 그 직무수행에 필요한 최소 한도 내에서 행사되어야 하며 이를 남용하여서는 안 된다」고 규정하고 있다.
2) Tennessee v. Garner, 471 U.S. 1. 105 S.Ct. 1694, 1697, 85 L.Ed.2d 1(1985)

V. 誤想防衛

1. 개 념

정당방위요건이 존재하지 않음에도 불구하고 이를 오신하여 방어행위를 한 경우를 오상방위라고 한다. 즉 정당방위가 인정되는 상황이 아님에도 불구하고 이러한 상황이 존재한다고 잘못 생각하고 「정당방위행위」를 한 경우를 말한다. 이는 위법성조각사유의 전제조건에 관한 착오 또는 허용구성요건의 착오의 일종이다.[1] 이 경우 방위행위를 한 자는 첫째, 정당방위상황이라는 객관적인 상황에 착오를 일으킨 점에서 구성요건의 착오와 유사하고, 둘째, 자신이 정당방위행위를 하고 있기 때문에 위법하지 않다는, 즉 정당하다는 생각을 가지고 있다는 점에서(주관적 위법성조각사유의 존재) 위법성의 착오와 유사하다.

2. 과잉방위 및 오상과잉방위와의 구별

과잉방위는 오상방위와 달리 정당방위상황은 존재하나 침해행위에 대한 방위행위의 균형성이 상실되고 방어방법의 상당성이 결여된 경우이다. 과잉방위에 대해 형법은 정황에 따른 형의 임의적 감면을 규정하고(제21조 제2항), 방위행위가 야간 기타 불안스러운 상태하에서 공포 등으로 인한 때에는 처벌하지 않는다고 규정하고 있다(동조 제3항).

오상과잉방위는 오상방위와 과잉방위의 결합형태로서 정당방위상황이 아님에도 불구하고 방위행위를 하였을 뿐만 아니라 방위행위의 정도도 균형성을 상실한 경우를 말한다. 오상과잉방위행위에 대해서는 회피가능성 여부에 따라 그 책임을 감면하면 된다.

3. 법적 취급

오상방위가 갖는 이러한 양면적 성격 때문에 오상방위행위자의 법적 취급에 관해서는 학설상 많은 논란이 있다. 관점에 따라 대별하면 구성요건적 착오와 같이 보자는 견해, 위법성의 착오로 보아야 한다는 견해, 그리고 양

1) 허용착오(Erlaubnisirrtum)와 다른 점은 허용구성요건의 착오는 위법성이 조각되는 상황을 착오로 인해 잘못 인정하고 있는 경우인 데 반해 허용착오는 위법성조각의 법적 한계를 착오로 인해 잘못 인정하거나 또는 법적으로 인정되지 않는 위법성조각사유가 존재한다고 믿는 경우를 의미한다. 즉 자기의 상황에서는 정당방위 등과 같은 위법성조각사유가 법적으로 허용 또는 존재한다고 오신한 경우를 허용착오라 한다. 간접적 금지착오라고도 부른다.

견해를 절충한 형태의 견해들(제한적 책임설과 이의 변형학설들——법효과제한적 책임설 등)로 나눌 수 있는데 세 번째의 입장이 학설상 다수견해이다.

오상방위의 경우에는 형법 제21조 제 3 항이 적용되지 않는다. 왜냐하면 오상방위는 객관적으로 정당방위상황이 존재하지 않는 경우인 데 반하여 과잉방위의 한 경우인 제21조 제 3 항은 일단은 정당방위상황을 상정하는 경우이기 때문이다. 위에서 설명한 바와 같이 오상방위는 위법성조각사유의 전제조건에 관한 착오로서 독자적 형태의 착오상황이기 때문에 과실범 처벌규정이 있는 경우 이에 따라 처벌하는 것이 타당하다(법률효과제한적 책임설).[1]

Ⅵ. 誤想過剩防衛

오상과잉방위란 오상방위와 과잉방위가 결합된 경우를 말한다. 즉 정당방위를 할 상황이 아닌데도 방위행위를 하였으며 그 방법이 필요한 정도를 초과한 경우이다.

오상과잉방위를 법적으로 어떻게 취급할 것인가에 관해서는 논란이 있다. 구체적으로는 ① 오상방위와 마찬가지로 취급할 것인가의 문제 및 ② 과잉방위규정(제21조 제 2 항·제 3 항)을 적용할 것인가이다. ①의 문제점과 관련해서는 오상방위의 예에 따라 처리하되 제한적 책임설을 적용하자는 견해(이에 의하면 부당한 침해에 대한 착오가 회피가능하였는가의 여부에 따라 책임조각 또는 책임감경을 허용한다)[2]와 엄격책임설에 따라 처리하여야 한다는 견해[3]가 있다.

오상과잉방위의 경우에 행위자의 심리상태는 정당방위자와 동일하므로 ①의 경우 오상방위의 예에 따라 처리하는 것이 타당하다.[4] 즉 회피가능하였는가 여부에 따라 구별하여 취급하는 것이 타당하다고 본다. 그러므로 정당방위상황이었다고 오신하지 않을 수도 있었지만 부주의로 이를 인식하지 못한 경우에는 과실범으로 처벌하고, 침해행위가 있는 것으로 오신할 수밖에 없었던 상황이었다면 불가벌이라고 봄이 타당하다.[5] 그러나 ②의 문제는 이를 부인하는 것이 타당하다. 과잉방위규정은 정당방위상황을 전제로 하기 때문이다.

1) 제 5 장 제 2 절 Ⅲ.「위법성조각사유의 객관적 성립요건에 관한 착오」참조.
2) 김성천/김형준, 276면; 안동준, 111면; 이재상, 236면.
3) 정성근/박광민, 239면.
4) 이러한 입장으로는 이정원, 166면.
5) 조준현, 196면.

제 4 절 緊急避難

I. 緊急避難의 意義 및 法的 性質

1. 긴급피난의 의의

긴급피난은 「자기 또는 타인의 법익에 대한 현재의 위난을 피하기 위한 상당한 이유가 있는 행위」를 말한다(제22조 제1항). 즉 긴급상태에 빠진 법익을 보호하기 위해서는 다른 법익을 침해하지 않고는 달리 피할 방법이 없을 때 인정되는 정당화사유의 하나이다.[1)]

[예] ① 야간에 응급환자의 수술을 위해 마취가 필요한데도 불구하고 마취과 당직의사가 특별한 이유없이 이를 거부하고 TV시청만을 하고 있을 때 외과의사가 수술실로 데려가기 위해 폭행을 한 경우.
② 광견병에 걸린 이웃집 개가 하교길의 어린 초등학생을 물려고 덤비자 행인이 근처에 있던 몽둥이로 개를 죽인 경우..

긴급피난은 자기 또는 타인의 법익을 보호하기 위하여 긴급피난상황과 무관한 제 3 자의 법익을 침해하는 것이므로 이를 정당화하는 논리가 필요하다. 긴급피난을 정당화하는 논리는 높은 가치를 지닌 법익을 보호하기 위해서는 이보다 낮은 가치를 지닌 법익을 침해하여도 위법하지 않다는 데에 기초한다. 즉 법익충돌시 법익형량에 따른 비교우위의 이익원칙에 입각하고 있다고 보는 것이 타당하다(법익형량설). 이와 달리 입법자가 정당한 것으로 인정하는 목적을 달성하기 위한 직합한 수단은 위법하지 않다는 입장(목적설)도 있다.[2)]

2. 긴급피난과 정당방위의 차이점

정당방위는 부당한 침해에 대한 방어행위가 목적인데 반해 긴급피난은 상대적으로 중대한 법익보호가 목적이다. 이러한 차이로부터 긴급피난은 첫째, 침해행위가 부당할 필요가 없다. 흔히 정당방위는 부당한 침해를 하는 행위자에 대한 방어 또는 반격행위이므로 부정(침해행위) 대 정(방어행위)의 관계로 표현한다. 그러나 긴급피난은 부당하지 않은 침해는 물론 부당한 침해

---

1) 역사적인 예로는 B.C. 214 Karneades사건과 1884년 영국선적의 Mignonette호 사건이 있다.
2) 두 학설에 관하여는 이형국(I), 313면 이하 참조.

행위에 대한 피난행위도 허용되므로 침해행위와 피난행위가 부정 대 정의 관계도 아니며, 정 대 정의 관계도 아니다.[1] 둘째, 정당방위에서는 보호되는 법익이 피침해법익에 비하여 우월할 필요가 없다는 점이다. 즉 정당방위의 경우에는 법익형량의 원칙이 적용되지 않으나 긴급피난의 경우에는 법익형량의 원칙이 상당성 판단의 한 요소가 된다. 셋째, 피난행위의 상대방에 제3자도 포함된다는 점에서 정당방위와 구별된다. 그리고 부당한 침해라는 동일한 상황에서 정당방위와 긴급피난이 모두 성립가능한 경우, 제3자의 법익을 침해하면 긴급피난이나 부당한 침해행위를 한 자의 법익을 침해하면 정당방위에 해당한다고 보아야 한다. 넷째, 긴급피난에 의해 보호되는 법익은 제한이 없으나 정당방위의 경우에는 개인적 법익보호에 한하여 허용된다는 점이다.

3. 긴급피난의 법적 성질

무고한 제3자의 법익을 침해하는 결과를 초래하였음에도 불구하고 긴급피난행위자를 처벌하지 않는 정당성의 법적 근거를 어디에서 찾을 것인가가 긴급피난의 본질론이다. 형법은 제22조 제1항에서 긴급피난행위라고 하더라도 「상당성」이 인정되는 경우에 벌하지 않는다고 규정함으로써 불처벌의 법적 근거를 두고 있으며, 이러한 입법적 상황에서 긴급피난의 본질론은 「상당성」이 갖는 범죄론적 의미 분석에 해당한다.

긴급피난의 본질에 대해서는 위법성조각설, 책임조각설, 이분설(위법성 및 책임조각설) 등이 있다.

(1) 위법성조각설

긴급피난은 상대적으로 가치가 적은 법익침해를 통하여 우월한 법익을 보호함으로써 결과불법이 배제되므로 위법성이 조각된다는 견해이다.[2] 제22조 제3항은 야간이나 공포, 경악 등 심리적으로 불안스러운 상태에서 과잉방위를 한 경우에는 벌하지 않는다고 규정하고 있다. 이는 형법이 위법성조각의 일반원리로서 우월적 이익을 지닌 법익에 대한 긴급피난을 허용하고 있

1) 긴급피난을 굳이 정 대 정의 관계로 파악하려면 피난행위 대 피침해법익의 관계로 제한하여야 할 것이다.

2) 권오걸, 213면; 김성천, 221면; 김신규, 312면; 손동권, 198면; 안동준, 114면; 오영근, 348면; 이상돈, 302면; 이재상, 241면; 이형국, 155면; 임 웅, 239면; 정성근/박광민, 245면; 정영일, 228면.

으며, 법익의 균형이 무너진 과잉방위의 경우에는 책임을 조각하는 의미로 볼 수 있다. 이러한 의미에서 위법성조각설이 타당하다.

[판례] 위법성조각사유로 인정한 하급심판결: 피고인이 피해자의 목을 잡아끌고 올라온 행위 그 자체는 피해자에 대한 폭행에 해당하는 것이고, 위 폭행이 피해자의 생명이라는 법익에 대한 현재의 위난을 피하기 위한 행위로서 긴급피난에 해당한다면 그 위법성이 없게 되는 것에 불과한 것이지 그 행위가 폭행이 되지 않거나 폭행의 고의가 없는 것은 아니다(대구고법 1987. 9. 16, 87노787 제 1 형사부판결). 또한 서울고법 1987. 3. 20, 87노94 제 3 형사부판결 참조.

(2) 이 분 설

이분설(또는 이원설)은 제22조 제 1 항이 위법성 조각적 긴급피난과 책임 조각적 긴급피난을 동시에 규정한 것으로 보는 견해이다.[1] 즉 ① 피난행위자의 보호법익과 제 3 자의 피해법익을 비교하여 가치가 동등하다고 판단될 때에는 책임을 조각하는 것으로, 그리고 ② 피난행위자의 생명이나 신체를 보호하기 위하여 제 3 자의 기타 법익을 침해하는 긴급피난의 경우에는 위법성이 조각되는 것으로 보는 견해이다.[2]

2007년 1월 1일부터 시행된 스위스 개정형법(§§17, 18)은 구법과 달리 독일형법처럼 정당화적 긴급피난과 면책적 긴급피난으로 구별하여 규정하고 있다. 즉 정당화적 긴급피난(§17)은 「자기 또는 타인의 법익을 달리 방어할 수 없는 직접적인 위험으로부터 구하기 위하여 형벌로 처벌되는 행위를 한 자는 그가 이를 통하여 보다 우월적인 가치를 갖는 이익을 보존하기 위한 때에는 적법하게 행위한 것이다」고 규정하고 있다. 그리고 면책적 긴급피난(§18)에 대해서는 「1. 자기 또는 타인의 신체, 생명, 자유, 명예, 재산 또는 높은 가치를 갖는 이익을 달리 방어할 수 없는 직접적인 위험으로부터 구하기 위하여 형벌로 처벌되는 행위를 한 자는 위험에 처한 이익을 포기하는 것이 그에게 기대가능한 때에는 형을 감경한다. 2. 행위자에게 위험에 처한 이익의 포기를 기대할 수 없는 때에는 행위자는 유책하게 행위를 한 것이 아니다」고 규정하였다.

(3) 책임조각설

책임조각설은 제 3 자의 정당한 법익을 침해한 행위를 정당(적법)하다고

1) 김성돈, 278면; 김일수/서보학, 308면; 배종대, 368면; 신동운, 294면; 이정원, 183면; 허일태, 형법연구(I), 109면.
2) 독일형법의 위법성조각적 긴급피난(§34)과 책임조각적 긴급피난(§35)이 입법적인 예이다.

볼 수 없지만 피난행위자에게는 자신의 법익을 보호할 수 있는 다른 수단이 없는 상황이었다는 점에서 기대불가능성을 이유로 한 책임조각사유로 보는 견해이다.[1] 그러나 적법행위에의 기대불가능성은 타인을 위한 긴급피난의 경우를 설명하기 어려우며, 형법이 상당성을 이유로 긴급피난행위를 처벌하지 않는 것과도 상충된다.

Ⅱ. 緊急避難의 成立要件

1. 객관적 성립요건

(1) 위난의 대상이 되는 법익

긴급피난에 의하여 보호되는 자기 또는 제 3 자의 법익은 개인적 법익(생명, 신체, 자유, 명예, 재산 등)은 물론이고 국가적 법익이나 사회적 법익도 포함한다(예: 교통소통, 진화작업).[2] 보호되는 법익과의 비교형량이나 긴급피난의 보충성 원칙에 의하여 정당방위에서 초래될 수 있는 문제점이 없기 때문이다. 국가적 법익을 예방적으로 보호하기 위한 긴급피난은 위난의 발생이 확실히 예견되는 경우에만 허용된다고 보아야 한다. 그러나 생명을 박탈하는 긴급피난은 제외된다. 예외적으로 국민의 절대적 기본권을 완전히 무시하는 독재자를 살해하는 경우에는 이에 대한 허용성 여부를 배제하지 않는 견해가 있다.

사법상의 법익을 위해서도 긴급피난이 허용된다. 그리고 보호되는 법익의 주체는 구체적으로 특정되어야 하는 것은 아니며 일반의 이익을 위한 긴급피난도 허용된다. 예를 들어 일반인의 도로교통의 안전을 위협하는 행위에 대한 긴급피난[3]이나 일반의 건강을 심각하게 위협하는 마약거래를 방지하여야 할 일반의 이익을 위한 긴급피난행위[4] 등이다. 형법상 「타인의 법익」이란 규정 역시 긴급피난행위자의 법익 이외의 법익으로서 특정·불특정을 불문하고 해당하는 것으로 보아야 한다.

한편 국가(작용)에 의한 긴급피난(일종의 국가긴급피난)을 허용할 것인가

1) 오스트리아 형법은 긴급피난을 책임조각사유로 규정하고 있다(§10).
2) 김성돈, 279면; 김성천, 222면; 김일수/서보학, 310면; 성낙현, 261면; 손동권, 173면; 신동운, 303면; 이재상, 242면; 임 웅, 240면. 반대로 배종대, 366면; 오영근, 346면; 정성근/박광민, 249면은 국가적·사회적 법익을 위한 긴급피난은 인정될 수 없다는 견해이다.
3) Düsseldorf NJW 1970, 674; Koblenz NJW 1963, 1991.
4) BGH StV 1988, 433; München NJW 1972, 2275.

에 대해서 독일에서는 오직 국가적 중요법익에 대한 현실적인 위험이 존재하는 예외적이고 예측 불가능한 상황 아래에서만 인정한다.[1] 예를 들면 테러리스트를 고문하여 인질이 붙잡힌 위치를 알아낸다던가, 동료 테러리스트의 규모와 위치 등을 알아내는 것이 정당화될 수 있는지가 문제되는 상황이다.[2]

(2) 위난원인

위난의 원인은 무엇이든 가능하다. 예를 들어 인간행위나 자연현상, 사고, 전쟁, 폭동이나 동물에 의해 야기된 위난이 있다. 그리고 위법하지 않은 경우는 물론이고 자신의 행위에 의해서 위난상황이 발생한 경우(자초위난)에도 이익형량의 결과에 따라 긴급피난이 가능하다.[3] 그러나 긴급피난을 할 목적으로 위난을 자초한 경우 또는 상대방의 정당방위에 대한 긴급피난은 허용되지 않는다.

자초위난은 피난행위자 자신이 현재의 위난상태를 초래하여 이를 피하기 위하여 타인의 법익을 침해하는 경우이다. 예를 들어 자신의 과실로 불을 내어 이를 피하기 위해 옆집으로 허락도 받지 않고 들어간다거나(과실의 자초위난), 자살을 하기 위하여 여관방에서 불을 지르다가 다시 살아나기 위하여 방문 창을 부수고 나온 경우(고의의 자초위난)처럼 위난의 원인제공자가 긴급피난행위자 자신인 경우를 말한다.

자초위난은 정당방위에서 상대방의 방어행위를 도발한 자의 경우와 유사한 구조를 가지고 있으므로 이에 대한 인정여부를 둘러싸고 찬반양론이 있다.

1) 긍 정 설 이 견해는 책임조각설을 근거로 한다.

2) 부 정 설 자초위난의 경우에 유형 여하를 불문하고 긴급피난을 인정하지 않는 견해이다.

3) 절 충 설 고의의 자초위난의 경우에는 긴급피난을 허용하지 않지만 과실의 자초위난에 대해서는 이를 인정하는 견해이다.

4) 원인이 불법한 행위론(actio illicita in causa) 자초위난의 원인행위와 긴급피난행위를 분리하여 긴급피난에 해당할 경우에 이를 인정하되 원

1) BGHSt 27, 260("Kontaktsperre-Fall". 접촉금지판결).
2) Tröndle/Fischer, §34 Rn. 23 참조.
3) 김성돈, 280면; 김일수/서보학, 315면; 손동권, 200면; 오영근, 348면; 이재상, 242면; 임웅, 240면; 정성근/박광민, 247면.

인행위의 불법성이 인정되면 이를 별도로 처벌할 수 있다는 견해이다.[1] 그러나 상대방에 대한 의도적 도발에서 비롯되는 정당방위와 달리 긴급피난의 경우에 원인이 불법한 행위이론을 원용하는 것은 타당하지 않다.[2]

5) 개별적 처리설 이는 피난행위의 상당성 또는 법익교량의 관점에서 파악하여 구체적으로 긴급피난 인정여부를 판단하는 견해이다.

긴급피난의 성격은 위난에 처한 자기 또는 타인의 법익을 지키기 위하여 타인의 법익을 침해하는 것이다. 그러므로 법익형량이 필요하고 보충성의 원칙이 지켜져야 한다. 자초위난의 경우에는 보통의 긴급피난과 달리 위난의 원인을 제공하였다는 점에서 긴급피난을 인정할 수 있는 여지가 없다. 다만 비록 위난이 자초된 경우라고 하더라도 법익의 중요성에 비추어 긴급피난을 허용하지 않을 수 없는 예외적인 경우가 있을 수 있다. 이러한 경우에 한하여 자초위난의 경우라도 긴급피난을 예외적으로 인정하는 개별적 처리설이 타당하다.

[판례] 강간범이 스스로 야기한 강간범행의 와중에서 피해자가 범인의 손가락을 깨물며 반항하자 물린 손가락을 비틀며 잡아 뽑다가 피해자에게 치아결손의 상해를 입힌 행위를 법에 의하여 용인되는 피난행위라 할 수 없다(대판 1995. 1. 12, 94도2781). 이는 고의범행에 의하여 위난을 자초한 경우로서 이익형량이나 상당성의 관점에서 긴급피난을 인정하지 않은 경우이다.

(3) 현존하는 위난

위난상황은 현존하여야 한다. 이는 정당방위에서 침해의 현재성보다 더 넓은 개념이다. 긴급피난에서는 정당방위가 인정되는 침해의 현재성은 물론이고, 지속적인 위난상황도 포함하기 때문이다. 즉 현존하는 위난이란, 첫째, 위난으로 인해 손해발생이 목전에 임박하지는 않았다고 하더라도 긴급피난행위를 미룰 경우 그 피해가 훨씬 증대될 것으로 예상되는 상황이라거나(소위

---

1) 이와 관련한 독일판례로는 BayOLG, NJW 1978, 2046("Fäkalienschlamm-Fall"). 화물차 운전사가 과적한 상태(22톤 적재)에서 지반이 약한 3미터 넓이의 농로를 25미터 내지 30미터 정도 통과하다가 6만 마르크 정도 하는 화물차가 도로 옆으로 전복할 위험에 처하자 적재한 화학약품을 밭에 무단으로 살포하여 길을 통과한 사건. 여기에서 법원은 긴급피난상황을 야기한 것만으로 긴급피난이 배제되는 것은 아니므로 적재물의 무단살포에 대해서는 긴급피난을 인정하였으며, 위난의 원인행위에 대하여는 과실이 인정되므로 이는 별도로 처벌이 가능하다고 하였다.

2) Erb, in: Münchener Kommentar, §34 Rn. 136; LK/Hirsch, §34 Rn. 70; Roxin, AT/2, §16 Rn. 44.

예방적 긴급피난상황), 둘째, 지속적 위험이 존재하는 경우이다. 지속적 위험이란 위험상태가 일정기간 동안 계속되고 어느 때나 현실화될 수 있는 위험을 말한다.

[판례] ① 집회장소 사용 승낙을 하지 않은 갑 대학교 측의 집회 저지 협조요청에 따라 경찰관들이 갑 대학교 출입문에서 신고된 갑 대학교에서의 집회에 참가하려는 자의 출입을 저지한 것은 경찰관직무집행법 제6조의 주거침입행위에 대한 사전 제지조치로 볼 수 있고, 비록 그 때문에 소정의 신고 없이 을 대학교로 장소를 옮겨서 신고 없이 한 집회를 급박한 현재의 위난을 피하기 위한 부득이한 것이었다고 볼 수는 없는 것이어서 긴급피난에 해당한다고도 할 수 없다(대판 1990. 8. 14, 90도870).

② (외국판례) 일본의 '옴 진리교' 사건: 피고인은 배교자인 피해자를 살해하라는 교조(教祖)의 지시를 거부할 경우 오히려 자신이 살해당할 가능성이 있다는 두려움 때문에 피해자를 로프로 질식사시킨 사건에서 긴급피난 해당성과 관련하여 피고인의 생명에 대한 현존하는 위험을 인정하지 않았고, 오상피난이나 기대불가능성에 기초한 책임조각도 인정하지 않았으며 과잉피난만을 인정하였다.[1)]

(4) 동일 법익주체에 대한 법익충돌과 긴급피난

동일 법익주체에 대한 이익충돌의 경우에도 예외적으로 긴급피난이 인정될 수 있다. 다시 말해 위난에 처한 법익의 주체와 긴급피난행위로 희생당하는 법익의 주체가 동일인일 수 있다. 이러한 조건 하에서도 긴급피난이 인정되는 것은 보호대상법익의 주체가 승낙불가의 상태에 있거나 다른 선택의 여지가 없을 경우 또는 처분가능하지 않은 개인적 법익이 위험에 처한 경우이다(그렇지 않으면 추정적 승낙의 법리에 의하여 해결되기 때문이다). 전자의 예로는 화재 속에서 어린아이를 구하기 위하여 아래 층으로 아이를 던진 경우를 들 수 있으며, 후자의 예로는 자살을 막기 위하여 자살기도자를 강제로 감금하는 행위를 들 수 있다. 앞의 상황은 아이의 생명을 구하기 위하여 동시에 아이의 생명을 위험에 빠뜨리는 행위를 하는 경우로서 구성요건해당성 자체를 배제하는 객관적 귀속론보다는 긴급피난의 법리로 해결하는 것이 타당하다.

그러나 동일한 법익주체에 대한 이익충돌의 경우가 언제나 긴급피난에만 해당된다고 볼 수는 없다. 일반적으로는 법익교량의 결과에 따라 상대적으로 낮은 가치의 법익을 희생하여 상대적으로 우월한 법익을 보호하려는 경우에는 긴급피난에 의하여 정당화된다고 볼 것이다. 그러나 이와 달리 법익주체

1) 東京地判 平成 8년(1996) 6월 26일(判例時報 1578권 39면)

의 가정적인 의사 여하에 따라 법익침해가 허용되는 상황이라면 긴급피난보다는 추정적 승낙의 경우에 해당할 것이다. 뿐만 아니라 동일한 법익주체에 대한 이익충돌의 사안은 대부분 위험감소의 경우에 해당되어 결과귀속이 부인되고 결국 구성요건해당성이 인정되지 않을 수도 있다. 예를 들어 머리 위로 떨어지는 돌에 맞아 사망할 수 있는 위난에 처한 자를 밀어서 결과적으로 부상을 입히는 경우로서 이를 막은 행위는 위험창출을 통한 결과귀속이 아니라 반대로 위험감소를 야기하였다는 점에서 구성요건해당성이 부인된다. 또한 의식불명에 빠진 응급환자의 생명을 구하기 위하여 동의를 받지 않고 수술을 한 행위는 추정적 승낙에 해당되어 위법성이 조각된다고 보아야 한다.[1)]

2. 상당한 이유

긴급피난은 자기 또는 제 3 자의 법익이 위난에 처해 있다고 하여 항상 허용되는 것은 아니다. 형법은 상당한 이유 있는 행위만을 허용하고 있는데 학설에서는 이를 다음과 같은 조건들로 구체화하고 있다.

대법원은 "형법 제22조 제 1 항의 긴급피난이란 자기 또는 타인의 법익에 대한 현재의 위난을 피하기 위한 상당한 이유 있는 행위를 말하고, 여기서 '상당한 이유 있는 행위'에 해당하려면, 첫째 피난행위는 위난에 처한 법익을 보호하기 위한 유일한 수단이어야 하고, 둘째 피해자에게 가장 경미한 손해를 주는 방법을 택하여야 하며, 셋째 피난행위에 의하여 보전되는 이익은 이로 인하여 침해되는 이익보다 우월해야 하고, 넷째 피난행위는 그 자체가 사회윤리나 법질서 전체의 정신에 비추어 적합한 수단일 것을 요하는 등의 요건을 갖추어야 한다"고 하여 보충성의 원칙, 이익형량의 원칙 및 적합성의 원칙을 전제로 하고 있다.[2)]

(1) 보호법익의 우월성

보호되는 이익이 긴급피난으로 인하여 침해되는 이익에 비해 상대적 우월성이 인정되어야 한다.[3)] 이를 이익형량의 원칙이라고 한다. 이익형량의 원칙은 법익간의 비교가 가능함을 전제로 한다. 법익형량은 충돌하는 법익간의 전체적인 비교이어야 한다. 그리고 그 결과 피난행위에 의하여 구조되는 법

1) Lackner/Kühl, §34 Rn. 4; Roxin, AT, §11 Rn. 43, §16 Rn. 86.
2) 대판 2006. 4. 13, 2005도9396.
3) 김일수(I), 650면; 안동준, 116면; 오영근, 391면; 이재상, 244면; 이정원, 174면; 이형국(I), 319면.

익이 침해되는 법익보다 우월하다는 점이 의심할 수 없을 정도로 확실하거나 최소한 보호의 필요성이 피침해법익보다 더 인정되어야 한다.[1] 법익비교에는 위난에 빠진 법익의 종류, 원인행위의 종류와 정도, 충돌하는 법익간의 중요도, 긴급피난에 의한 법익보호의 성공가능성 등이 고려되어야 한다. 또한 긴급피난을 하더라도 법익침해가 불가피한 상황이었는가 여부도 상당성 판단의 고려사항이다. 만일 이와 같은 기준에 의해서도 양 법익간의 비교형량을 할 수 없는 경우에는 일단 긴급피난에 의한 위법성조각은 인정되지 않지만 책임조각의 가능성은 남는다.

[판례] ① 임신의 지속이 모체의 건강을 해칠 우려가 현저할 뿐더러 기형아 내지 불구아를 출산할 가능성마저도 없지 않다는 판단 하에 부득이 취하게 된 산부인과 의사의 낙태 수술행위는 정당행위 내지 긴급피난에 해당되어 위법성이 없는 경우에 해당된다(대판 1976. 7. 13, 75도1205). 이 판결에서는 모체의 건강(경우에 따라서는 생명에 대한 위험까지도 예상된다)을 태아의 생명보다도 우위에 둔 점을 인정할 수 있다. 여기에서 긴급피난에 의해 보호받는 법익주체는 임부이며, 긴급피난행위에 의해 법익이 침해되는 주체는 태아이다. 그리고 낙태시술을 한 의사는 타인(임부)의 법익을 보호하기 위하여 낙태시술을 한 것이다. 반면 기형아나 장애아를 출산할 가능성이 있는 경우에도 임신중절을 인정하는 것은 사회적 논란의 여지가 있는 부분이다.
② 충돌하는 법익간의 형량을 통하여 우월한 이익을 인정한 독일판례를 살펴보면 다음과 같다: 다른 운전자를 보호하기 위해 만취한 사람의 자유를 제한하여 운전을 못하게 한 경우,[2] 의사가 아이를 응급치료하기 위하여 부모의 후견권을 무시한 경우,[3] 자전거를 타는 사람과 충돌하는 것을 피하기 위해 속도제한을 무시한 경우,[4] 가족을 귀찮게 하는 것을 막기 위해 정신병자를 일시적으로 감금한 행위,[5] 마약거래를 수사하기 위한 주거침입행위[6] 등.[7]
반대로 긴급피난을 인정하지 않은 경우로는 정부의 주택건설정책을 비판하면서 비어 있는 타인의 주거를 무단점거하여 그곳에서 생활을 한 경우(§123 StGB),[8] 양심적 병역거부 인정절차의 결과를 무시한 병역거부(§§ 15, 20 Wehrstrafgesetzbuch, 군형법)[9] 등이다.

1) Küper, GA 1983, 289면; Hilgendorf, JuS 1993, 100면; Wessels/Beulke, AT, § 8 Rn. 310.
2) OLG Koblenz NJW 1963, 1991면.
3) RGSt 74, 350.
4) OLG Frankfurt DAR 1963, 244면.
5) BGHSt 13, 197.
6) OLG München NJW 1972, 2275면.
7) Eser, 「위법성과 정당화사유」(최우찬 역), 94면 참조.
8) Düsseldorf NJW 1982, 2678.
9) BayOLG JR 1977, 117.

(2) 보 충 성

긴급피난은 위난에 처한 법익을 보호할 수 있는 유일한 수단이어야 한다. 즉 긴급피난이 아니고서는 현재의 위난을 피할 방법이 없어야 한다. 그러므로 긴급피난이 아니라도 달리 피할 방법이 있는 상황에서는 긴급피난이 인정되지 않는다. 이와 함께 피난행위는 피난행위의 상대방에게 상대적으로 최소의 피해를 주는 방법을 선택할 것을 보충성의 원칙의 한 내용으로 요구하기도 한다(상대적 최소침해의 원칙).[1] 그러나 이는 내용상으로는 타당하나 보충성보다는 적합성의 한 내용으로 보아야 할 것이다.

(3) 적 합 성

적합성이란 긴급피난으로 인한 법익의 희생이 자기 또는 타인의 법익을 보호하기 위해 적합한 수단에 의하여 야기되어야 함을 의미한다. 적합성요건은 법익형량의 산물이다. 왜냐하면 구조이익이 침해이익보다 현저히 경미한 경우에는 피난행위의 선택이 잘못이었음을 인정하는 결과가 되기 때문이다.

[판례] 피조개양식장 부근에 정박해 놓은 선박이 태풍에 밀려 양식장에 물적 피해를 입힌 사건에서 대법원은 태풍으로 인한 선박의 조난이나 전복을 피하기 위하여 선박의 양쪽에 두 개의 닻을 내리고, 한쪽 닻줄의 길이를 5샤클(125m)에서 7샤클(175m)로 늘여 놓은 것이 사고지점에서 태풍의 내습에 대비한 사회통념상 가장 적절하고 필요한 조치로 인정된다면 이는 긴급피난에 해당하며, 선박이동을 위한 새로운 공유수면점용허가의 필요성 및 예인선사용비용관계로 인하여 다른 해상으로 미리 선박을 이동하지 못하고 있는 사이에 태풍을 만났다 하더라도 이러한 책임을 다하지 아니한 점만으로는 긴급피난을 인정하는 데 방해가 되지 않는다고 판시하였다(대판 1987. 1. 20, 85도221). 이 판결의 경우 비록 사전대피를 하지 않은 행위와 관련하여 과실을 인정하지 않음으로써 자초위난으로도 보지 않은 점을 알 수 있다.

학설은 적합성요건에 대하여 필요설[2]과 불필요설[3]로 나뉜다. 그러나 수단의 적합성요건은 신중한 법익형량을 실현하도록 할 뿐만 아니라 인간의 존엄성을 지키는 기능을 한다는 점에서 필요하다고 보아야 한다. 특히 후자의

1) 이재상, 244면; 이형국(I), 318면.

2) 우리의 통설이다(김일수(I), 650면; 배종대, 374면; 손해목, 484면; 안동준, 116면; 이재상, 246면; 이정원, 176면; 이형국(I), 320, 343면; 임 웅, 243면; 정성근/박광민, 252면).

3) Schröder, Eb. Schmidt-FS.(1961), 293면; Baumann/Weber, AT, §22 Ⅱ 1 b; Sch/Sch/Lenckner-Perron, §34 Rn. 46; Küper, JZ 1980, 755면. 또한 LK/Hirsch, §34 Rn. 79.

기능을 통하여 긴급피난에서의 법익형량을 단순한 개별적 이익간의 형량만으로 종결짓는 것이 아니라, 법질서 내의 근본적 보장요소인 인간의 존엄성 보장을 전제로 한 법익형량이어야 함을 확인하게 되었다.

예를 들어 테러범이 인질을 붙잡고서 구속중인 동료 테러범의 석방을 요구하는 경우에 인질을 구출하고자 인질극을 벌이는 테러범의 위치 등을 알기 위해 구속중인 테러범에게 고문을 하는 것이 허용되는가? 인질의 사망과 테러범에 대한 고문행위간에 어느 것이 우선적으로 방지되어야 하는가는 자명하다. 그러나 동시에 이러한 개별적인 법익형량만에 의한 판단이 초래할 위험성을 간과하여서는 안 된다. 만일 고문의 불가피성을 인정하게 되면 예를 들어 신장병으로 죽어가는 사람을 구하기 위하여 타인의 신장을 강제로 적출하여 이식할 수 있다는 논리에 직면하게 되는 것이다. 이 경우에도 생명과 신체의 완전성간의 법익차이는 명백하다. 그러나 장기적출이 인간의 존엄성을 해치는 행위라는 점 또한 명백하다. 여기에서 우리는 수단의 적합성이란 인간의 존엄성에 배치되지 않는 것이어야 함을 의미한다고 보아야 한다.[1)]

3. 긴급피난의 주관적 정당화요소

긴급피난을 정당화시켜 주는 주관적 요소가 피난의사이다. 이는 긴급피난행위가 주관적으로 어떠한 생각을 가지고 행해져야 하는가에 관한 것이다. 형법은 이를 위난을 피하기 위한 행위라고 규정하고 있다. 여기에는 첫째 긴급피난상황에 대한 인식, 둘째 우월적 이익을 보호한다는 의식이 필요하다. 긴급피난상황에 대한 인식이란 행위자가 긴급피난의 객관적 정당화요건이 구비되어 있다는 사실을 인식하여야 함을 의미한다. 만일 이를 인식하지 못하였다면 이러한 행위는 처음부터 위법한 행위가 된다. 다음으로 이러한 객관적 상황인식만으로는 부족하고 행위자는 우월적 이익을 보호한다는 생각으로 행동을 하였을 경우에 긴급피난이 인정된다. 그러나 반드시 이러한 의식이 피난행위의 유일한 동기일 필요는 없다. 그러므로 만일 행위자가 금전적 보상을 받을 목적으로 구조행위를 하였더라도 긴급피난이 인정된다. 주관적 정당화요소가 결여된 피난행위에는 행위불법은 인정되지만 결과불법이 인정되지 않으므로 기수범이 아니라 행위자는 경우에 따라 불능미수범으로 처벌된다.

1) Roxin, AT, § 16 Rn. 84 참조.

Ⅲ. 緊急避難의 排除

위난을 피하지 못할 책임이 있는 자에게는 긴급피난이 허용되지 않는다(제22조 제2항). 여기에서 위난을 피하지 못할 책임이 있는 자란 군인·경찰관·소방관·의사 등과 같이 직무를 수행하는 과정에서 직무내용의 속성상 일정한 위험수반을 감수하여야 할 의무가 있는 자를 말한다. 이들에게는 일반인보다 상대적으로 높은 위험부담이 요구되는데, 그 이유는 이들이 수행하는 직무내용이 이들 개인의 법익에 대한 위태화를 전제로 할 뿐만 아니라 이들이 스스로 이러한 직무수행을 자원하였다는 데에 있다. 물론 이러한 자에게 절대적으로 긴급피난이 부인되는 것은 아니다. 거역할 수 없는 절대의무를 인정할 수 없기 때문이다. 그러므로 자신의 감수범위를 넘는 위난에 대한 긴급피난이나, 보다 경미한 법익의 희생 위에 자신의 우월적 이익을 보호하는 긴급피난이 허용될 수 있음은 물론이다.

Ⅳ. 過剩避難

피난행위가 그 정도를 초과하여 상당성을 결여한 경우를 과잉피난(Notstandsexzeß)이라고 한다. 이 경우에는 위법성은 조각되지 않으나 정황에 따라 형을 감경 또는 면제할 수 있다(제22조 제3항, 제21조 제2항). 행위자가 야간 기타 불안스러운 상태하에서 공포·경악·흥분 또는 당황으로 인하여 과잉피난을 한 때에는 벌하지 아니한다(제22조 제3항, 제21조 제3항). 이는 책임조각적 사유에 기인한 것으로 볼 수 있다.

[판례] 구 안기부 직원이 공소외인이 양심선언을 하지 못하도록 10일 동안 안기부 건물에 감금한 사안에서 대법원은 "피고인이 공소외 2를 감금하면서 그가 허위사실을 공표할 것이라는 점에 관하여 확증이 있었던 것이 아니라 단지 국민회의와 연계하여 양심선언을 할 것이라는 첩보가 입수되었던 것에 불과한 사실이 인정되는바, 그렇다면 피고인으로서는 자기 또는 타인의 법익에 대한 현재의 부당한 침해나 현재의 위난이 있다고 할 수 없어 정당방위나 긴급피난의 요건에 해당하지 아니할 뿐 아니라, 정당방위 또는 긴급피난의 요건에서 그 방위행위나 피난행위의 정도가 초과된 과잉방위나 과잉피난에 해당한다고도 볼 수 없다"고 판시하였다(대판 1999. 4. 23, 99도636: '오익제 편지사건').

V. 誤想避難

객관적으로 긴급피난의 상황이 존재하지 않음에도 불구하고 존재한다고 잘못 믿고 한 피난행위를 오상피난이라 한다. 이는 오상방위와 마찬가지로 위법성조각사유의 객관적 전제조건에 관한 착오의 한 예이다. 오상피난의 법적 효과는 고의를 조각하지는 않으나, 구성요건의 착오와 법적 효과를 같이 하며, 착오에 과실이 있는 경우에 과실범으로 처벌한다고 보는 것이 타당하다(제한적 책임설의 입장).[1]

VI. 義務의 衝突

1. 의무의 충돌의 개념

의무의 충돌이란 다수의 법적인 의무가 서로 충돌하여 일방에 대한 의무이행은 곧 다른 일방에 대한 의무불이행을 전제로 해서만 가능할 때를 일컫는다. 다시 말하면 보호하여야 할 두 개의 서로 다른 의무 중에서 한 의무만 이행할 수 있는 경우를 가리키므로 긴급피난과 구별된다. 충돌하는 의무는 법적인 의무이지 윤리적·도덕적·종교적 의무가 아니다.

[예] ① 많은 응급환자가 있으나 인공심폐기는 1대만이 설치되어 있는 경우.
② 아버지가 두 아들을 익사 직전에 구조해야 하지만 현실적으로 한 아이밖에 구조할 수 없는 경우.
③ 중상을 입은 환자에게 수혈하여야 할 의무와 다른 사람에게서 강제로 혈액을 채취해서는 안 될 의무가 충돌하는 경우.
④ 회사를 위한 작위의무와 채권자를 위한 부작위의무가 충돌하는 경우.

위의 [예]에서 ①, ②의 사례는 환자에게 인공심폐기를 연결하거나 두 아이를 모두 구조할 작위의무만이 충돌하는 경우로서 의무의 충돌이란 이 경우만을 의미한다.[2] 반면에 ③, ④의 [예]처럼 작위의무와 부작위의무가 충돌하는

---

1) 오스트리아형법은 착오로 인하여 긴급피난의 상황을 오인하여 오상피난행위를 한 경우 그 결과가 과실로 처벌되는 경우에는 과실범으로 처벌한다고 규정하고 있다(§10 Ⅱ 2).

2) 김일수/서보학, 352면; 배종대, 384면; 안동준, 118면; 이재상, 248면; 이정원, 450면; 정성근/박광민, 256면; 진계호, 343면. 독일에서는 다수설이다: Jakobs, AT, 15/6; Küper, JuS 1971, 475면; Lackner/Kühl, §34 Rn. 15; LK/Hirsch, vor §32 Rn. 71, 76; Roxin, AT, §16 Rn. 102; SK/Samson, §34 Rn. 27; Sch/Sch/Lenckner, vor §32 Rn. 71; Stratenwerth, AT Ⅰ, §9 Rn. 113.

경우에도 의무의 충돌을 인정하는 견해[1]가 있다. 그러나 작위의무와 부작위의무가 충돌하는 경우는 작위의무이행을 통한 부작위의무의 불이행을 의미하는 것으로서 긴급피난의 경우와 다를 바 없기 때문에 의무의 충돌개념에 포함시킬 필요가 없으며 법익충돌에 관한 긴급피난 규정을 준용하면 된다.[2] 그리고 작위의무가 충돌하는 경우는 부진정부작위범의 문제가 되며 의무의 충돌의 중점은 여기에 있다(부작위범 참조).

2. 의무의 충돌의 법적 성질

전술한 바와 같이 의무의 충돌은 다수의 작위의무가 충돌하는 경우를 의미한다. 의무이행은 오직 한 경우에만 가능하기 때문에 생명과 같이 동등한 가치를 지닌 법익이 충돌하는 경우에는 위법성이 조각되지 않는다는 견해가 있다. 예를 들어 익사 직전의 두 아이 가운데 한 아이만을 구조하였다면 다른 한 아이의 생명을 버린 행위 자체는 위법하다는 것이다.[3] 그렇다고 하더라도 부작위를 이유로 하여 작위의무자를 처벌할 수도 없다.

의무의 충돌이 갖는 이러한 성격 때문에 이를 정당화시켜 줄 해결책도 다양하게 제시되고 있다. 행위자가 어느 편의 의무이든 이행하면 다른 일방의 부작위에 대해서는 위법성이 조각된다는 견해,[4] 사회상규에 위배되지 않는 정당행위에 해당한다는 견해,[5] 초법규적 위법성조각사유라는 견해,[6] 법으로부터 자유로운 영역(rechtsfreier Raum)이므로 처벌되지 않는다는 견해,[7] 긴급피난의 특수한 경우에 해당한다는 견해[8] 등이 그 예이다.

형법상 의무의 충돌에 관한 규정이 없음을 이유로 초법규적 위법성조각

---

1) 오영근, 361면; 이형국(I), 339면; 손해목, 「의무의 충돌」, 월간고시(1988/7), 36면; 손동권, 「의무충돌에 관한 연구」, 형사법연구 제10호(1998), 46면; Tröndle/Fischer, vor §32 Rn. 11; Jescheck, AT, 328면.

2) 김일수/서보학, 352면; 하태훈, 「상관의 명령에 복종한 행위」, 형사판례연구(9), 178면.

3) Gallas, 「Beiträge zur Verbrechenslehre」(1968), 75면; Jescheck/Weigend, AT, 329면.

4) Hruschka, Dreher-FS.(1977), 192면; Otto, 「Pflichtenkollision und Rechtswidrigkeitsurteil」(1974), 130면; Küper, 「Grund-und Grenzfragen」(1979), 118면; Sch/Sch/Lenckner-Perron, §34 Rn. 37; Roxin, AT, §16 Rn. 105.

5) 김일수/서보학, 352면; 손동권, 210면; 오영근, 361면; 임 웅, 246면; 차용석, 482면.

6) 이정원, 517면; 손해목, 앞의 논문, 116면.

7) Arth. Kaufmann, Maurach-FS.(1972), 336면 이하.

8) 김성천, 222면; 배종대, 385면; 신동운, 301면; 이상돈, 320면; 이재상, 251면; 이형국(I), 345면; 정성근/박광민, 255면; 정영일, 238면; 진계호, 344면; 이형국(I), 335, 337면은 위법성조각사유로서의 의무의 충돌 이외에도 책임조각사유와 초법규적 책임조각사유로서도 인정한다.

사유로 보는 것은 타당하다고 볼 수 없다. 어떠한 초법규적인 정당화사유도 인정할 수 없기 때문이다. 그리고 법으로부터 자유로운 영역이란 결국 구성요건에 해당하지 않는 행위영역을 의미하므로 이 견해는 구성요건에 해당하는 의무충돌의 문제를 해결하는 데에는 적당하지 않다. 문제는 위법성을 조각한다고 할지라도 어떻게 이론구성을 할 것인가이다. 한 아이를 구하기 위하여 다른 아이를 방치하는 행위를 사회상규에 위배되지 않는 행위라고 하기에는 법감정상 설득력이 없다. 법익형량이 불가능한 생명에 대해 사회상규 적합성 판단을 하는 것은 허용되지 않기 때문이다. 그리고 긴급피난의 특수한 형태로 보는 견해는 의무의 충돌이 부작위범에서의 위법성의 문제라는 점을 소홀히 한 견해이다. 다시 말해 부작위범에서의 위법성 문제와 긴급피난의 문제를 동일선상에서 해결할 수는 없기 때문이다.

결국 적법한 대체행위가 가능한 상황에서 행위의 위법성이 문제될 수 있으므로 적법한 대체행위가 불가능한 의무의 충돌상황은 위법성조각의 차원에서가 아니라 작위의무의 제한이라는 구성요건의 차원에서 이해하는 것이 타당하다. 즉 충돌하는 법익 전체의 보호가 불가능한 운명적 상황에서 행위의 옳고 그름을 판단한다는 것은 불가능하다는 점에서 의무의 충돌의 법적 성격을 찾아야 하는 것이다.

3. 의무의 충돌의 유형과 법적 취급

의무의 충돌에는 ① 동등한 가치를 지닌 법익간의 충돌과, ② 상이한 가치를 지닌 법익간의 충돌이 가능하다. 또한 ③ 작위의무의 이행이 자신의 법익침해를 야기하는 경우를 상정할 수 있다.

의무의 충돌의 유형으로서 「해결할 수 있는 충돌」(진정 의무의 충돌)과 「해결할 수 없는 충돌」(부진정 의무의 충돌)로 분류하는 견해가 있다. 그러나 충돌하는 의무 가운데 어느 것을 우선시하는가는 동등한 가치를 지닌 법익간에도 언제나 결정되어야 하므로 해결할 수 없는 의무의 충돌이란 없다.

①의 유형은 위에서 설명한 의무의 충돌의 법적 성격에 따라 이해하여야 한다. 이 경우에는 법익침해의 정도가 우선순위를 정하는 기준이 될 수 있다(예: 중상자와 경상자). 만일 법익침해의 정도가 동등한 경우에는 위법성이 조각된다고 보아야 한다. ②의 경우에는 우월한 법익을 우선적으로 보호하여야 한다. ③의 경우에는 선택이 가능한 상황하에서 작위의무자가 구조행위를 하

지 않음으로써 침해된 타인의 법익이 보호된 자신의 법익보다 현저히 중요하지 않을 경우에는 작위의무 불이행은 위법하지 않다.[1)]

4. 의무의 충돌의 인정요건

(1) 작위의무의 충돌

의무의 충돌은 두 개 이상의 작위의무가 충돌하여 한쪽의 의무이행은 불가피하게 다른 한쪽의 의무불이행을 초래할 수밖에 없는 경우이어야 한다. 또한 의무의 내용은 불이행시 법적 책임이 문제되기 때문에 법적인 것이어야 하며, 도덕적 의무는 여기에 해당하지 않는다.

(2) 의무의 내용과 가치교량

충돌하는 의무의 내용이 가치상의 차이가 있을 경우에는 높은 가치를 지닌 의무이행이 정당화되는 것은 당연하다. 이 경우 가치의 서열은 보호법익이나 위난에 처한 위험 자체의 중요도만을 기준으로 하는 것이 아니라 위난에 빠진 자와 의무자와의 결합관계도 역시 판단기준이 된다.[2)]

동등한 가치를 지닌 의무의 충돌의 경우(예: 익사 직전에 있는 두 아이를 구하여야 하는 아버지의 의무)에는 동가치의 법익을 보호하여야 할 의무 중 어느 하나도 포기될 수 없고, 어떠한 의무의 불이행도 정당화될 수 없으므로 위법성이 조각되는 것이 아니라 다만 책임이 조각될 뿐이라는 견해[3)]가 있다. 그러나 이러한 상황은 의무이행자의 의지와 무관한 상황이고, 법이 불가능한 것을 요구할 수는 없으므로 어느 의무를 이행하는가는 행위자의 선택일 뿐이다. 따라서 만일 그가 한편의 의무를 이행하였다면 다른 한편의 의무불이행으로 인한 구성요건의 실현에 대해서는 위법성이 조각된다고 보는 견해[4)]가 타당하다.

(3) 주관적 요건

행위자는 의무의 충돌상황을 인식하고 있어야 한다. 또한 충돌하는 의무가운데 상대적으로 높은 가치의 법익보호의무 또는 최소한 동등한 가치를 지닌 법익보호를 위한 의무이행임을 인식하여야 한다.

---

1) SK/Rudolphi, vor § 13 Rn. 29 b.

2) Stratenwerth/Kuhlen, AT I, § 9 Rn. 117; Sch/Sch/Lenckner, vor § 32 Rn. 75. 신동운, 303면; 이재상, 247면; 임 웅, 247면; 정성근/박광민, 257면.

3) 배종대, 387면; 손해목, 496면.

4) 김일수/서보학, 353면; 신동운, 303면; 이재상, 253면.

제 5 절 自救行爲

Ⅰ. 自救行爲의 意義 및 法的 性質

사법상의 청구권보전이 법정절차에 의해서는 불가능할 때 그 청구권의 실행불능이나 현저한 실행곤란을 피하기 위한 행위를 자구행위라고 한다(제23조 제 1 항). 자구행위는 보전이 가능한 권리를 대상으로 하므로 원상회복이 불가능한 생명·신체·자유·정조·명예 등의 권리는 자구행위의 대상에 포함되지 않는다.

[예] ① 이름과 주소지를 모르는 채무자를 길에서 우연히 만나 다시 놓치면 빌려 준 돈을 받을 수 없는 경우.
② 도둑맞은 자기의 물건을 지니고 있는 절도범을 우연히 만났으나 경찰의 도움을 받을 시간적 여유가 없는 경우.

자구행위는 위법성조각사유라고 하는 데에 견해가 일치되어 있다.[1] 자구행위를 초래한 원인은 상대방의 채무불이행에 있으므로 정당방위와 같은 사전적인 법익보호책이라기보다는 사후적인 법익보호책이라고 할 수 있다.

또한 원칙적으로 청구권은 국가권력에 의하여 보전되어야 하지만 이러한 국가권력의 행사를 기대할 수 없는 상황에서는 개인에 의한 직접적인 보호조치를 인정한다는 점에서 일종의 긴급상태하의 위법성조각사유이다. 그러나 자구행위는 청구권의 이행을 직접 추구하는 권리라기보다는 채권자로서의 지위를 확보하기 위한 보전적 성격을 지니고 있다.

Ⅱ. 自救行爲의 成立要件

자구행위가 성립하기 위하여는 첫째 법정절차에 의한 청구권보전이 불가능한 자구행위상황이 인정되어야 하며, 둘째 청구권의 실행불능 또는 현저한 실행곤란을 피하기 위한 상당성이 인정되는 자구행위이어야 한다.

1. 청구권의 인정범위

민법은 자구행위(자력구제)를 점유물의 침탈행위에 대하여 인정하고 있다(제209조 제 2 항). 그러나 형법상의 자구행위에는 이러한 제한이 없다. 그러므로 청

1) 김일수/서보학, 321면; 배종대 390면; 오영근, 363면; 이재상, 257면; 이형국(I), 349면; 정성근/박광민, 261면.

구권의 원인이 물권인가 채권(무체재산권 포함)인가를 불문한다. 반드시 재산권일 필요도 없으며 친족권이나 상속권도 해당한다고 보는 것이 통설이다.[1)]

자구행위는 타인을 위해서는 인정되지 않으므로 자기의 청구권에 대한 침해여야 한다. 이는 정당방위나 긴급피난이 자기뿐만 아니라 타인의 법익을 위하여도 인정되는 것과 구별된다. 그러나 청구권자로부터 자구행위의 실행을 위임받은 자는 자구행위를 할 수 있다.[2)]

2. 법정절차

자구행위는 법정절차에 의한 청구권보전이 불가능한 경우에 인정된다. 이는 일정한 권리에 대한 위법한 침해를 전제로 한다. 즉 위법한 권리침해가 청구권의 발생원인에 해당한다. 청구권을 보전하는 법정절차란 국가기관에 의한 권리구제절차를 의미한다. 여기에는 주로 민사소송법상의 가압류·가처분과 같은 청구권보전절차(제696조 이하)가 포함될 것이나, 반드시 재판상의 절차에 국한시킬 필요는 없다.

[판례] ① 암장된 분묘라 하더라도 당국의 허가 없이 자구행위로 이를 발굴하여 개장할 수 없다(대판 1976. 10. 29, 76도2828).

② 양○○ 등이 임대인인 피고인의 승낙 없이 윤○○나 윤○○으로부터 이 사건 지하실을 전차하였기 때문에 그 전대차로써 임대인인 피고인에게 대항할 수 없다고 하더라도 위 양○○ 등이 불법침탈 등의 방법에 의하여 위 지하실의 점유를 개시한 것이 아니고 그동안 평온하게 음식점영업을 하면서 점유를 계속하여온 이상 동인들의 업무를 업무방해죄에 의하여 보호받지 못하는 권리라고 단정할 수 없고 피고인으로서는 마땅히 정당한 소송절차에 의하여 점유를 회복하여야 하고 위력으로 그 권리를 행사할 수 없다고 할 것이므로 피고인이 그 지하층의 열쇠를 새로 만들어 잠그고 박○○으로 하여금 그곳에 설치되어 있는 피해자 양○○ 등 소유의 의자, 탁자 등을 들어내게 한 행위는 결코 사회상규에 위배되지 않는 정당한 행위이거나 자구행위에 해당한다고 볼 수 없다(대판 1986. 12. 23, 86도1372).

③ 절의 출입구와 마당으로 약 10년 전부터 사용하고 또 그곳을 통하여서만 출입할 수 있는 대지를 전 주지의 가족으로부터 매수하여 등기를 마쳤다는 구실로 불법 침입하여 담장을 쌓기 위한 호를 파 놓았기 때문에 그 절의 주지가 신도들과 더불어 그 호를 메워버린 소위는 자구행위로서의 요건을 갖추었다고 볼 수 없고 그와 같은 사정 하에서의 주지의 소위는 이를 인용하는 것이 사회상규에 해당된다거나 또한 그러한 사회상규가 있다고 인정되지 아니하므로 사회상규에 위배되

---

1) 김일수/서보학, 322면; 배종대, 391면; 이재상, 258면; 이형국(I), 350면; 정성근/박광민, 263면.

2) 이재상, 257면; 이형국(I), 351면.

지 아니한 행위라고 단정할 수도 없다(대판 1970. 7. 21, 70도996).

3. 청구권보전의 불가능

청구권을 보전하는 것이 불가능하여야 한다(보충성의 원칙). 불가능하다는 것은 절대적 불가능을 의미하는 것이 아니라, 장소적·시간적 제약관계라고 볼 수 있는 당시의 상황으로 인하여 법정절차에 따른 권리구제가 불가능함을 의미한다. 이를 인정할 수 없는 사례는 다음과 같다.

[판례] ①「피고인이 피해자에게 석고를 납품한 대금을 받지 못하고 있던 중 피해자가 화랑을 폐쇄하고 도주하자, 피고인이 야간에 폐쇄된 화랑의 베니아판 문을 미리 준비한 드라이버로 뜯어내고 피해자의 물건을 몰래 가지고 나왔다면, 위와 같은 피고인의 강제적 채권추심 내지 이를 목적으로 하는 물품의 취거행위를 형법 제23조 소정의 자구행위라고 볼 수 없다」(대판 1984. 12. 26, 84도2582).
②「현실적으로 공소외 갑이 관리하고 있는 건조물의 자물쇠를 쇠톱으로 절단하고 침입한 피고인 등의 소위에 현재 민사소송이 계속중에 있는 이 사건에서 법정절차에 의하여 그 권리를 보전하기가 곤란하고 그 권리의 실행불능이나 현저한 실행곤란을 피하기 위한 상당한 이유가 있다고 할 수도 없다」(대판 1985. 7. 9, 85도707). 이 판례는 청구권보전의 불가능성뿐만 아니라 후술하는 방법의 상당성도 부인한 것으로 볼 수 있다.

4. 청구권의 실행불능 또는 현저한 실행곤란을 피하기 위한 행위

청구권의 실행불능이나 현저한 실행곤란을 피하기 위한 행위가 자구행위이나 그 구체적인 방법은 일정하지 않다. 물건의 취거나 채권자의 체포 및 체포현장에서의 강제추심, 파괴 등이 가능하다. 그 밖에도 청구권보전을 위한 부수적 행위로서 일시적 감금이나 강요행위, 수거침입 능을 예상할 수 있다. 그러나 자구행위란 청구권을 보전하기 위한 수단이므로 이러한 목적을 벗어나 피청구권자의 재산을 임의로 처분하여 변제받거나 자의적으로 추심 또는 이행받는 것은 여기에 해당되지 않는다.

5. 상 당 성

자구행위는 상당한 이유가 있어야 한다. 자구행위의 상당성은 자구행위의 목적의 상당성과 그 방법의 상당성을 의미한다. 이에 따라 자구행위의 목적이 권리남용이나 사회윤리에 반하여서는 안 된다거나[1] 청구권의 보전이익

1) 김일수/서보학, 354면; 이재상, 261면.

과 침해이익 사이에 어느 정도의 균형성이 필요하다는 등[1])을 그 내용으로 한다.

6. 자구의사

이는 다른 위법성조각사유에서와 마찬가지로 자구행위의 주관적 정당화 요소이다. 그러므로 행위자는 청구권의 실행불능 또는 현저한 실행곤란을 피하기 위한 의사로 자구행위를 하였어야 한다.

Ⅲ. 過剩自救行爲

자구행위가 그 정도를 초과한 경우를 과잉자구행위라 한다. 이 때에는 정황에 따라 그 형을 감경하거나 면제할 수 있다(제23조 제2항). 과잉자구행위는 위법성이 조각되는 것이 아니라 책임이 감경 또는 면제될 수 있다. 그러나 야간 기타 불안스러운 상태에서 공포 · 경악 · 흥분 또는 당황으로 인한 불벌조항은 과잉자구행위에는 적용되지 않는다.

Ⅳ. 誤想自救行爲

오상자구행위는 자구행위가 허용되는 객관적인 상황이 아닌데도 불구하고 잘못 자구행위를 한 경우이다. 이는 위법성조각사유의 객관적 전제조건에 관한 착오의 한 형태이다.

제 6 절 被害者의 承諾

Ⅰ. 被害者의 承諾의 意義

피해자의 승낙은 법익주체의 자유로운 처분이 가능한 법익에 대한 침해를 본인이 승낙(Einwilligung)한 때에는 위법성을 조각하는 것을 말한다. 즉 「처분할 수 있는 자의 승낙에 의하여 그 법익을 훼손한 행위는 법률에 특별한 규정이 없는 한 벌하지 아니한다」(제24조).

형법이 보호하는 법익을 개인이 처분할 수 있는가에 대해서는 여러 시각이 있다. 법익이 주관적 권리에 속하는 경우에 가능하다는 견해(자연법학파나

1) 배종대, 393면; 이형국(I), 353면.

헤겔학파)가 있는 반면에, 형법이라는 국가법질서에 종속되는 모든 법익은 성질상 처분이 불가하다는 입장(역사법학파)이 있다. 범죄를 이익침해로 이해하는 사회법학파의 입장에서는 승낙은 법익침해행위의 법침해성 자체를 배제시킨다고 본다.[1)]

Ⅱ. 承諾과 諒解

피해자의 승낙은 구성요건해당성 자체를 조각하는 양해(Einverständnis)와 구별하여야 한다는 주장이 있다.[2)] 즉 구성요건이 피해자의 의사에 반하는 것을 전제로 할 때, 특정한 (침해)방법에 의한 법익침해가 구성요건의 내용을 이룰 때에는 법익주체의 동의에 의해 그 구성요건해당성 자체가 조각된다는 것이다.

[예] 주인의 허락을 받고 재물을 가져가거나, 초대를 받아 남의 집을 방문한 행위, 합의하의 성교 등.

양해와 승낙을 구별하는 경우에 도출되는 법적 차이점은 다음과 같다.[3)] ① 의사표시가 양해인 경우에는 내심의 의사만으로 충분하지만 승낙의 경우에는 외부에 표시되어야 하는 점, ② 양해의 경우에는 피해자 본인의 자연스런 의사가 있으면 되고 다른 판단능력 등을 필요로 하지 않는다는 점, ③ 양해의 경우에는 착오나 기망, 강요와 같은 의사의 흠결요인이 그 효력에 영향을 미치지 않는다는 점, ④ 승낙의 경우에는 윤리적·도덕적 한계를 일탈하지 않는 범위 내에서만 유효성이 인정된다는 점[4)] 등이다. 그 밖에도 양자의 구별은 ⑤ 피해자의 승낙사실을 알지 못하고 구성요건을 실현한 경우에 양해와 달리 직접 미수규정을 적용하지 못하는 점, ⑥ 착오의 경우에 양해의 착오는 직접 고의를 배제하나, 승낙의 착오는 위법성조각사유의 전제조건에 관한 착오의 문제로 귀착된다는 체계상의 차이점이 있다.

이에 반해 위법성이 조각되는 승낙과 구성요건해당성이 조각되는 양해를 구별하는 것에 반대하는 견해가 있다.[5)] 그 이유로는 양해된 행위는 구성요건

1) Roxin, AT, §13 Rn. 1 참조.
2) 손해목, 「피해자의 승낙」, 고시계(1992/7), 132면; 신동운, 310면; 오영근, 375면; 이재상, 265면; 이형국(I), 359면; 장영민, 「피해자의 승낙」, 고시계(1994/11), 66면; 최우찬, 「피해자의 승낙」, 고시계(1990/10), 109면; Geerds, 「Einwilligung und Einverständnis」(1953); Geppert, ZStW 83(1971), 968면; Jescheck/Weigend, AT, 334면; SK/Samson, vor §32 Rn. 36; BGHSt 23, 3면.
3) Roxin, AT, §13 Rn. 4 이하.
4) 대판 1985. 12. 10, 85도1892 참조.
5) 배종대, 397면.

의 성립 자체를 부인하는 경우이기 때문이라고 한다. 한편 양자의 구별을 반대하면서도 양자 모두에게 구성요건을 배제하는 효력을 인정하는 견해가 있다.[1)]

그러나 우선 승낙과 양해를 동일시하면서 구성요건을 배제한다고 보는 견해는 이론적 타당성은 별론으로 하고 형법해석상 무리라고 본다. 형법은 피해자의 승낙에 의한 행위를 위법하지 않은 행위로 규정하고 있다고 보아야 하기 때문이다. 다음으로는 승낙과 구별되는 양해개념을 인정하여 이를 구성요건을 조각하는 것으로 인정할 실익이 있겠는가 하는 것이다.

Ⅲ. 違法性阻却의 根據

피해자의 승낙이 위법성을 조각하는 실질적·내용적 근거를 어떻게 파악하느냐에 관해서는 아래와 같은 견해가 있다.

1. 법률행위설

이 설은 피해자의 승낙을 일종의 법률행위로 보아 본인의 승낙에 의해 행위자는 법익침해의 권리를 부여받았으므로 이 권리의 행사는 불법일 수는 없다고 본다. 그러므로 승낙이 형법상 정당화되어 위법성을 조각한다는 설이다. 그러나 이 학설은 민법상의 법률행위의 개념을 원용한 것이지만 민법과 형법의 상이한 목적설정을 간과하고 있다.

2. 이익포기설

피해자 스스로가 보호받을 이익을 포기할 때 법공동체(사회)는 이에 개입할 명분이 없다는 견해이다. 권리보호포기설이라고도 한다.[2)]

3. 처분권설

구성요건은 개별적인 실질적 보호법익과 함께 법익향유자의 처분권까지도 보호하는데 본인의 승낙에 의해 이러한 보호객체의 일부가 흠결됨을 위법성조각의 근거로 든다.

4. 법률정책설

개인적 자유를 방해받지 않고 행사하는 것은 자유주의적 법치국가에서 사회적 가치로 인정되어야 하므로, 법익주체의 법익침해에 대한 승낙은 이러

1) 이는 독일에서 최근 많은 지지를 받고 있는 학설이다(Armin Kaufmann, Zipf, Eser, Rudolphi, Schmidhäuser, Weigend, Sax, Horn, Kühne 등). Roxin, AT, §13 Rn. 11 이하 및 Arth. Kaufmann, Maurach-FS.(1972), 336면 이하 참조. 또한 김일수(I), 540면.

2) 오영근, 377면; 조준현, 208면.

한 자유의 행사로 인하여 포기되는 법익보다 가치비중이 더할 경우 그 위법성이 조각되어야 한다는 견해이다.[1)]

5. 상 당 설

피해자의 승낙이 사회질서 전체의 이념에 비추어 상당하기 때문에 위법성이 조각된다는 견해이다.[2)] 그러나 이 학설은 상당성의 의미를 또 다른 원리에 의하여 보완하지 않는 한 극히 추상적이라는 비판을 면하기 어렵다.

6. 결 론

피해자의 승낙에 의한 행위가 위법성을 조각한다고 보는 것은 법익주체가 포기한 법익을 법은 보호할 필요가 없다는 취지 때문이다. 즉 재산이나 신체의 자유 등은 개인에게 자유로운 처분이 인정되는가의 여부가 형법적 평가의 내용이 된다. 그러나 피해자의 승낙이 있는 경우에는 처분권이 침해되었다고 볼 수 없으므로 위법성이 조각된다고 보는 처분권설이 타당하다고 본다.

Ⅳ. 被害者의 承諾의 成立要件

1. 법익주체의 승낙

승낙의 주체는 승낙에 의한 행위로 인해 자신의 법익이 침해된 자이어야 한다(개인적 법익의 주체). 즉 이는 구성요건에 의해 보호되는 법익주체의 승낙이어야 함을 의미한다. 그러나 예외적으로 대리승낙도 가능하다(후술 참조).

2. 처분가능한 법익

(1) 처분가능한 법익의 범위

승낙에 의하여 위법성이 조각되는 법익으로는 우선 소유권이나 신용, 명예, 신체의 완전성 등과 같은 개인적 법익을 들 수 있다(예: 명예훼손죄, 모욕죄, 상해죄, 폭행죄 등). 국가적 법익은 승낙에 의해 포기할 수 있는 법익이 아니다. 그러나 일부 사회적 법익의 경우에는 승낙에 의한 구성요건해당성의 배제가 가능하다고 볼 수 있다. 이 경우 개인의 승낙에 의하여 사회적 보호법익의 훼손위험성을 허용한다는 의미는 아니며 훼손위험성이 사라지기 때문에 구성요건해당성을 배제한다고 보는 것이다.

[판례] ① 무고죄는 국가의 형사사법권 또는 징계권의 적정한 행사를 주된 보호법익

1) 안동준, 128면; 이재상, 268면; 이형국(I), 363면; 임 웅, 260면; 정성근/박광민, 275면.
2) 진계호, 364면; 황산덕, 176면.

으로 하고 다만, 개인의 부당하게 처벌 또는 징계받지 아니할 이익을 부수적으로 보호하는 죄이므로, 설사 무고에 있어서 피무고자의 승낙이 있었다고 하더라도 무고죄의 성립에는 영향을 미치지 못한다 할 것이고, 무고죄에 있어서 형사처분 또는 징계처분을 받게 할 목적은 허위신고를 함에 있어서 다른 사람이 그로 인하여 형사 또는 징계처분을 받게 될 것이라는 인식이 있으면 족한 것이고 그 결과발생을 희망하는 것까지를 요하는 것은 아니므로, 고소인이 고소장을 수사기관에 제출한 이상 그러한 인식은 있었다고 보아야 한다(대판 2005. 9. 30, 2005도2712).

② 문서의 위조라고 하는 것은 작성권한 없는 자가 타인 명의를 모용하여 문서를 작성하는 것을 말하는 것이므로 사문서를 작성함에 있어 그 명의자의 명시적이거나 묵시적인 승낙(위임)이 있었다면 이는 사문서위조에 해당한다고 할 수 없다(대판 1998. 2. 24, 97도183).

③ 공문서의 위조라 함은 행사할 목적으로 공무원 또는 공무소의 문서를 정당한 작성권한 없는 자가 작성권한 있는 자의 명의로 작성하는 것을 말하므로, 공문서인 기안문서의 작성권한자가 직접 이에 서명하지 않고 피고인에게 지시하여 자기의 서명을 흉내내어 기안문서의 결재란에 대신 서명케 한 경우라면 피고인의 기안문서 작성행위는 작성권자의 지시 또는 승낙에 의한 것으로서 공문서위조죄의 구성요건해당성이 조각된다(대판 1983. 5. 24, 82도1426). 이는 문서의 명의인의 승낙에 의하여 문서위조죄의 보호법익인 '문서의 진정성에 대한 공공의 신뢰'를 무너뜨리는 것을 허용할 수 있다는 것이 아니라 승낙에 의하여 문서의 진정성에 대한 공공의 신뢰가 훼손될 위험성이 없어진다는 점에서 구성요건해당성을 배제하는 것이다.

(2) 생명 · 신체의 경우

처분할 수 있는 법익 여부와 관련하여 문제되는 것은 사람의 생명과 신체이다. 먼저 생명에 대한 처분은 제한된다고 보아야 한다. 촉탁 · 승낙에 의한 살인죄를 처벌하고 있기 때문이다(제252조 참조). 형법은 처분할 수 있는 자의 승낙에 의한 행위는 법률에 특별한 규정이 없는 한 벌하지 아니한다고 규정하고 있으므로 신체상해의 승낙행위도 허용된다고 보아야 할 것인가가 문제된다.

그러나 신체에 대한 처분권행사는 사회상규나 윤리적 제약을 받아야 한다고 본다. 이와 관련하여 독일형법(제226a조)은 「피해자의 승낙에 의해 상해를 입힌 자는 그 행위가 선량한 풍속에 위배될 때에 한하여 위법하다」고 규정하고 있다. 형법의 해석에도 같은 제한을 두는 것이 타당하다고 본다. 대법원 역시 피해자의 승낙이 개인적 법익을 훼손하는 경우에 법률상 이를 처분할 수 있는 사람의 승낙을 말할 뿐만 아니라 그 승낙이 윤리적 · 도덕적으로 사회상규에 반하는 것이 아니어야 한다고 본다. 즉 침해의 경우를 포함하여 승낙의 대상행위가 윤리적·도덕적으로 사회상규에 위배되지 않을 것이 요구된다.[1)] 다수학설도 마찬가지 견해[2)]이다.

[판례] 각종의 장기와 신경이 밀집되어 있어 인체의 가장 중요한 부위를 점하고 있는 흉부에 대한 강도의 타격은 생리적으로 중대한 영향을 줄 뿐만 아니라 신경에 자극을 줌으로써 이에 따른 쇼크로 인해 피해자를 사망에 이르게 할 수 있고, 더욱이 그 가격으로 급소를 맞을 때에는 더욱 그러할 것인데, 피할만한 여유도 없는 좁은 장소와 상급자인 피고인이 하급자인 피해자로부터 아프게 반격을 받을 정도의 상황에서 신체가 보다 더 건강한 피고인이 피해자에게 약 1분 이상 가슴과 배를 때렸다면 사망의 결과에 대한 예견가능성을 부정할 수도 없을 것이며 위와 같은 상황에서 이루어진 폭행이 장난권투로서 피해자의 승낙에 의한 사회상규에 어긋나지 않는 것이라고도 볼 수 없다(대판 1989. 11. 28, 89도201).

한편 군형법(제41조 제1항)은 근무를 기피할 목적으로 하는 신체상해행위를 처벌함으로써 이를 제한하고 있다(또한 병역법 제86조 참조). 그 밖의 법익에 대한 처분권 행사에 대해서도 사회상규적 제한을 두어야 한다는 견해가 있으나, 상해행위의 경우로 제한하는 것이 타당하다.[3)]

3. 사전적 승낙

법익침해 이전에 승낙의 의사표시가 있어야 하며, 사후적인 승낙은 위법성을 조각하지 않는다.[4)] 피해자의 승낙은 원칙적으로 행위 전에 언제든지 자유로이 철회할 수 있다. 그러나 철회 이전의 행위에 대해서는 승낙의 효력이 그대로 인정된다.

4. 유효한 의사표시에 의한 승낙

(1) 승낙능력

먼저 승낙자에게는 정신적 성숙도에 비추어 승낙능력이 있어야 한다. 피해자의 승낙능력은 민법상의 행위능력을 의미하지는 않으며 일반적 판단능력을 의미한다. 형법은 미성년자에 대한 간음·추행죄(제305조)에서 13세, 아동혹사죄(제274조)에서 16세, 미성년자약취·유인죄(제287조)에서 미성년(20세)과 같이

1) 대판 1985. 12. 10, 85도1892; 2008. 12. 11, 2008도9606.
2) 신동운, 326면; 오영근, 423면; 이형국, 203면; 임 웅, 263면; 정성근/박광민, 278면. 상해의 경우에 한해서 사회상규 적합성이 필요하다는 견해도 있다(이재상, 269면).
3) 생명·신체뿐만 아니라 신체적 활동의 법익까지도 제한하여야 한다는 견해도 있다(전지연, 「형법상 피해자의 동의」, 차용석박사화갑기념논문집(1994), 11면 이하).
4) 배종대, 405면.

유효하게 승낙할 수 있는 연령을 규정하고 있다. 법익주체가 승낙능력을 갖추지 못한 경우에는 대리가 허용되는 경우에 한하여 대리승낙도 허용된다고 보아야 한다(예: 아동에 대한 부모의 승낙). 그러나 예를 들어 장기이식과 같이 처분하는 법익의 성질상 대리할 수 없는 승낙이 있다.

(2) 유효한 승낙

유효한 승낙은 자유의사에 기한 승낙이어야 하며 강제나 기망에 의한 의사의 흠결상태에서 표시된 것이 아니어야 한다. 그러나 모든 강제나 기망에 의한 승낙이 승낙의 유효성을 배제하는 것은 아님을 주의하여야 한다. 그러므로 착오에 의한 승낙의 경우에도 착오의 내용이 법익관계적인 경우에만 유효하지 않은 것으로 보아야 한다.[1] 또한 기망으로 인하여 승낙의 동기에 관해서 착오를 일으킨 경우에는 승낙의 유효성에 영향을 미치지 않는다. 피해자의 승낙이 유효하기 위해서는 일정한 경우에는 설명이 전제되어야 한다. 이는 특히 환자로부터 치료의 승낙을 받기 위한 의사의 설명의무와 관련되어 의미가 있다. 피해자의 일반적인 생활경험이나 지식만으로는 스스로 모든 상황을 인식하고 예측할 수 없기 때문이다.

[판례] ① 산부인과 전문의 수련과정 2년차인 의사가 자신의 시진, 촉진결과 등을 과신한 나머지 초음파검사 등 피해자의 병증이 자궁외 임신인지, 자궁근종인지를 판별하기 위한 정밀한 진단방법을 실시하지 아니한 채 피해자의 병명을 자궁근종으로 오진하고 이에 근거하여 의학에 대한 전문지식이 없는 피해자에게 자궁적출술의 불가피성만을 강조하였을 뿐 위와 같은 진단상의 과오가 없었으면 당연히 설명받았을 자궁외 임신에 관한 내용을 설명받지 못한 피해자로부터 수술승낙을 받았다면 위 승낙은 부정확 또는 불충분한 설명을 근거로 이루어진 것으로서 수술의 위법성을 조각할 유효한 승낙이라고 볼 수 없다(대판 1993. 7. 27, 92도2345).

② 타인의 주거에 거주자의 의사에 반하여 들어가는 경우는 주거침입죄가 성립하며 이 때 거주자의 의사라 함은 명시적인 경우뿐만 아니라 묵시적인 경우도 포함되고 주변사정에 따라서는 거주자의 반대의사가 추정될 수도 있는 것인데, … 피해자는 피고인의 노크 소리를 듣고 피해자의 남편으로 오인하고 용변 칸 문을 연 것이고, 피고인은 피해자를 강간할 의도로 용변 칸에 들어간 것으로 봄이 상당한바, 그렇다면 피고인이 용변 칸으로 들어오는 것을 피해자가 명시적 또는 묵시적으로 승낙하였다고는 볼 수 없다 할 것이다(대판 2003. 5. 30, 2003도1256). 이 판결에서 피해자의 승낙은 동기의 착오에 기인하는 것이 아니라 객관적 행위정황에 대한 착오에서 비롯된 것으로 볼 수 있다.

1) 대판 2001. 12. 24, 2001도5074 참조.

한편 승낙내용이나 승낙에 의한 행위방법이 법문에 규정되어 있지는 않지만 사회적 상당성이나 공서양속에 반하지 않아야 한다. 즉 사회상규에 반하는 내용의 승낙이거나 또는 행위방법이 일반적으로 인정될 수 있는 것이 아닐 때에는 위법성을 조각한다고 볼 수 없다. 그러므로 예를 들어 보험사기를 위한 위장 교통사고의 피해자가 승낙을 하였더라도 위법성이 조각되지 않는다(아래 판례 ② 참조).

[판례] ①「피해자의 승낙은 해석상 개인적 법익을 훼손하는 경우에 법률상 이를 처분할 수 있는 사람의 승낙을 말할 뿐만 아니라 그 승낙이 윤리적, 도덕적으로 사회상규에 반하는 것이 아니어야 한다고 풀이하여야 할 것이다. 이 사건에 있어서와 같이 폭행에 의하여 사람을 사망에 이르게 하는 따위의 일에 있어서 피해자의 승낙은 범죄성립에 아무런 장애가 될 수 없는 윤리적, 도덕적으로 허용될 수 없는 즉 사회상규에 반하는 것이라고 할 것이므로 피고인 등의 행위가 피해자의 승낙에 의하여 위법성이 조각된다는 상고논지는 받아들일 수가 없다」(대판 1985. 12. 10, 85도1892).

②「피해자의 승낙은 개인적 법익을 훼손하는 경우에 법률상 이를 처분할 수 있는 사람의 승낙이어야 할 뿐만 아니라 그 승낙이 윤리적·도덕적으로 사회상규에 반하는 것이 아니어야 한다. 원심은 그 판시와 같은 사실을 인정한 다음, 피고인이 피해자와 공모하여 교통사고를 가장하여 보험금을 편취할 목적으로 피해자에게 상해를 가하였다면 피해자의 승낙이 있었다고 하더라도 이는 위법한 목적에 이용하기 위한 것이므로 피고인의 행위가 피해자의 승낙에 의하여 위법성이 조각된다고 할 수 없다」(대판 2008. 12. 11, 2008도9606).

만일 승낙이 협박에 의하여 이루어진 경우에도 유효한 승낙이라고 볼 것인가에 대해서 대법원은 아래와 같이 그 유효성을 인정하고 있다.

[판례] 예금주인 현금카드 소유자를 협박하여 그 카드를 갈취하였고, 하자 있는 의사표시이기는 하지만 피해자의 승낙에 의하여 현금카드를 사용할 권한을 부여받아 이를 이용하여 현금을 인출한 이상, 피해자가 그 승낙의 의사표시를 취소하기까지는 현금카드를 적법, 유효하게 사용할 수 있고, 은행의 경우에도 피해자의 지급정지 신청이 없는 한 피해자의 의사에 따라 그의 계산으로 적법하게 예금을 지급할 수밖에 없는 것이므로, 피고인이 피해자로부터 현금카드를 사용한 예금인출의 승낙을 받고 현금카드를 교부받은 행위와 이를 사용하여 현금자동지급기에서 예금을 여러 번 인출한 행위들은 모두 피해자의 예금을 갈취하고자 하는 피고인의 단일하고 계속된 범의 아래에서 이루어진 일련의 행위로서 포괄하여 하나의 공갈죄를 구성한다고 볼 것이지, 현금지급기에서 피해자의 예금을 취득한 행위를 현금지급기 관리자의 의사에 반하여 그가 점유하고 있는 현금을 절취한 것이라 하여 이를 현금카드

갈취행위와 분리하여 따로 절도죄로 처단할 수는 없다(대판 1996. 9. 20, 95도1728).

(3) 승낙의 표시방법

승낙의 표시방법으로는 ① 내심의 동의만을 필요로 한다는 의사방향설(주관설)과, ② 승낙의사가 명시적으로 외부에 표시되어야 한다는 의사표시설(객관설), ③ 명시적일 필요는 없으나 어떤 방법이든지 승낙사실을 인식할 수 있어야 한다는 절충설이 있다. 추정적 승낙까지도 인정하는 형법의 입장에서는 어떤 형식이든 의사가 외부에서 인식할 수 있는 상태이면 충분하다고 보는 절충설이 타당하다.[1)]

5. 주관적 요건

피해자의 승낙이 인정되기 위해서는 행위자가 피해자의 승낙사실을 인식하였어야 한다. 만일 피해자의 승낙사실이 없음에도 불구하고 착오로 인하여 오인한 경우에는 오상방위처럼 위법성조각사유의 성립요건에 관한 착오의 문제로 해결하여야 한다. 반대로 승낙하였음에도 불구하고 행위자가 이를 알지 못하고 구성요건에 해당하는 행위를 한 경우에는 위법성이 인정된다.

그러나 만일 승낙과 양해를 구성요건을 조각하는 사유로 보는 견해에 의하면 모두 고의가 인정되지 않는 구성요건의 착오에 해당한다.

Ⅴ. 推定的 承諾

1. 추정적 승낙의 의의

추정적 승낙이란 처분가능한 법익이 침해될 위험상황하에서 피해자가 현재는 승낙을 할 수 있는 상황이 아니지만, 그러한 상황에 있었다면 객관적으로 판단해 볼 때 유효한 승낙을 하였으리라고 기대될 경우를 말한다.

추정적 승낙은 현실의 승낙을 대신하기 때문에 법익주체의 명시적인 의사가 항상 존중되어야 하며 그 의사가 불분명할 때에 한하여 대치될 수 있다. 그리고 추정적 승낙에 의한 행위자는 법익주체의 추정적인 의사가 무엇인지를 진지하게 검토하여야 하며 이는 바로 추정적 승낙을 인정할 수 있는 주관적 정당화요소이다.

---

1) 통설이다(배종대, 405면; 오영근, 421면; 이재상, 270면; 이형국(I), 365면; 정성근/박광민, 277면).

2. 추정적 승낙의 법적 성질

추정적 승낙의 법적 성질에 관해서는 다음과 같은 견해가 있다.

(1) 독자적 위법성조각사유설[1)]

추정적 승낙은 긴급피난과 피해자의 승낙의 중간에 위치하는 독자적 구조를 가진 위법성조각사유라는 견해이다. 그러나 형법이 규정하지 않는 위법성조각사유라고 보는 점에서 무리한 해석이다.

(2) 긴급피난설[2)]

추정적 승낙을 긴급피난의 일종으로 보는 견해이다. 그러나 긴급피난이 상이한 주체에 속하는 법익의 충돌을 의미하는 데 반해 추정적 승낙은 동일 주체에 속하는 법익의 충돌을 의미하므로 양자는 속성이 다르다.

(3) 사무관리설[3)]

민법상의 사무관리(제734조 제1항)에 의하여 위법성이 조각된다는 견해이다. 그러나 형법상의 추정적 승낙이 민법상의 사무관리와 항상 일치한다고 볼 수 없다.

(4) 승낙대체설[4)]

이 설은 추정적 승낙과 피해자의 승낙에 의한 행위를 동등하게 보는 견해이다. 추정적 승낙의 위법성조각근거를 피해자의 객관적 이익이 아니라 피해자의 가정적인 의사에 합치된다는 점에서 찾는다.

(5) 이 원 설

추정적 승낙의 유형에 따라 사회상당성이나 허용된 위험의 원리에 의하여 위법성이 조각된다고 보는 견해이다.

(6) 정당행위설[5)]

형법 제20조에 정당행위를 규정하고 있는 형법의 구조상 추정적 승낙도 결국 동조의 「기타 사회상규에 위배되지 않는 행위」로서 파악할 수 있다는 견해이다.

이상의 여러 견해 가운데 추정적 승낙은 사실상의 승낙을 받을 수 없는 상황에서 나타나는 현상이라고 보아 피해자의 승낙과 동일한 법적 성질을 갖

1) 김성천/김형준, 313면; 안동준, 132면; 이재상, 272면; 이형국(I), 370면; 임 웅, 266면; 정성근/박광민, 281면; 차용석, 667면.

2) Welzel, Strafrecht, 92면.

3) Baumann/Weber, AT, 332면.

4) 배종대, 359면; 신동운, 328면.

5) 김일수/서보학, 328면; 진계호, 369면.

는 것으로 보는 것이 타당하다(승낙대체설). 사무관리설은 사무관리의 확대가능성으로 인한 타인의 생활영역 간섭이 문제될 수 있다. 승낙대체설에 대해서는 승낙이 없음에도 불구하고 있는 경우와 같다고 보는 것은 논리의 비약이라는 비판이 있다.[1] 그러나 추정적 승낙은 여러 가지 정황으로 보아 승낙이 확실히 기대되는 경우로서 피해자의 추정적 의사와 합치된다는 점을 그 내용으로 한다. 그러므로 명시적 승낙이 없음에도 불구하고 승낙이 있는 것과 마찬가지로 취급하여 제24조를 준용하여야 한다.

3. 추정적 승낙의 유형

(1) 피해자의 이익을 위한 승낙행위

이 경우에는 경험적으로 보아 누구나 경미한 이익을 희생하고서라도 상대적으로 중요한 이익을 보호하려는 생각을 갖고 있음을 전제로 해서 위법성의 조각을 인정한다(비교우위이익의 원칙).

[예] ① 교통사고로 의식불명인 환자에 대한 동의 없는 수술행위.
② 부재중인 이웃집의 불을 끄기 위해 창문을 부수고 들어가는 행위.

추정적 승낙은 이 경우 법익주체와 피해자가 동일한 긴급피난의 경우(예: 의식불명자의 생명을 구하기 위해 화재가 난 가옥의 창문에서 밖으로 던지는 경우)와 중복되는데 긴급피난에 우선한다고 보아야 한다. 그 결과 추정적 승낙이 배제될 때에만 긴급피난이 인정된다. 본인의 승낙을 대체하는 추정적 승낙이 본인(피해자)의 의사와 무관하게 인정되는 긴급피난보다 우선시된다고 보아야 하기 때문이다.

(2) 자기나 제 3 자의 이익을 위한 경우

여기에서는 침해행위가 피해자를 위해서가 아니라 행위자나 제 3 자의 이익을 위해서 실현된 경우를 가리키는데, 피해자의 이익이 크게 침해되지 않는 한 위법성이 조각된다.

[예] ① 폭우를 피하기 위해 남의 집에 잠깐 들어간 경우.
② 가정부가 주인이 입지 않는 옷을 집 밖에 내놓아 가져가게 하는 경우.

1) 김성천/김형준, 312면; 안동준, 132면; 이재상, 272면; 조준현, 212면; 이기헌, 「추정적 승낙」, 형사판례연구(6), 122~123면.

4. 추정적 승낙의 요건

피해자의 승낙과 동일한 요건으로서 ① 처분권을 가진 법익주체의 처분할 수 있는 법익이어야 하며(개인적 법익에 국한), ② 추정되는 승낙내용이 선량한 풍속에 위반되지 않아야 한다. 그 밖에도 ③ 명시적 승낙을 받을 수 없어야 하며(추정적 승낙의 보충성), ④ 승낙이 객관적으로 기대되어야 하고(승낙의 기대가능성), ⑤ 피해자의 진정한 의사에 대한 양심적 심사가 있어야 한다.[1] 특히 피해자의 승낙이 기대되는지 여부에 대한 행위자의 양심에 따른 심사는 추정적 승낙의 주관적 정당화요소에 해당한다. 만일 양심적 심사가 결여된 경우에는 행위자에게 행위불법은 인정되지만 결과불법은 인정되지 않는다.

1) 양심적 심사에 대한 부정설로는 이기헌, 앞의 논문, 129~130면.

제 5 장 責　任

제 1 절 責任主義

Ⅰ. 責任主義

1. 의　의

책임주의라 함은 형벌을 과하기 위해서는 행위자의 책임이 전제되어야 하고, 동시에 형벌은 책임의 정도를 넘어서는 안 된다는 것을 말한다(양형의 기초). 이는 형사책임과 개인의 관계를 나타낸 원칙으로서, 개인에 대한 국가의 과도한 간섭(요구)을 방지하는 법치국가적 방어기능을 한다(nulla poena sine culpa—"책임 없으면 형벌도 없다"). 책임은 범죄론체계 내에서 행위가 아니라 행위자를 판단대상으로 하는 구성요건 및 위법성 다음으로 요구되는 제 3 의 조건이다

형법은 책임주의를 직접 규정하고 있지는 않다. 그러나 제16조에서 「자기의 행위가 법령에 의하여 죄가 되지 아니하는 것으로 오인한 행위는 그 오인에 정당한 이유가 있는 때에 한하여 벌하지 아니한다」고 하여 자기의 행위가 법령에 의하여 금지된 사실을 인식할 수 있을 때에 불법인식(위법성인식)이 인정되고 이에 따라 처벌이 가능함을 밝히고 있다. 형법상 책임이 인정되기 위해서는 우선 행위자 개인에게 형사책임능력(제 9 조, 제10조, 제11조 등)이 있어야 하고, 행위자가 자기행위의 불법성을 인식하고 있어야 하며(제16조 위법성의 인식 참조), 그 밖에 책임을 조각하는 사유(제12조, 제21조 제 3 항, 제22조 제 3 항 등)가 없어야 한다.

미국의 Model Penal Code에서는 정당성(justification, 위법성)과 면책(excuse, 책임성)개념의 구별을 하지 않고 있다. 대신에 상황이나 필요성에 대한 오판에서 비롯된 행위는 정당성의 문제로, 행위자의 구성요건적 행위가 정당화될 수는 없으나 최소한 책임을 인정하기에는 미흡하다고 판단될 때에는 면책되는 것으로 본다. 이

는 양자의 개념적인 구별실익을 인정하지 않은 결과이다. 그러나 일반적인 시각에서 양자를 구별하면 구성요건에 해당하는 어느 행위가 정당화된다는 것은 그 행위가 옳거나 혹은 최소한 바람직하지 않다고 볼 수는 없는 행위(「The conduct is thought to be right, or at least not undesirable」)를 가리키고, 면책된다는 것은 그 행위가 바람직하지는 않으나 어떤 이유에서 행위자를 비난할 수는 없는 행위(「The conduct is thought to be undesirable but that for some reason the actor is not to be blamed for it」)행위라고 본다.[1)]

2. 기 능

책임형법은 불법행위를 한 개인에 대하여 형사책임을 지게 하여야 한다는 것을 의미한다. 이러한 책임형법의 실익은 형벌이 객관적으로 제한됨으로써 국가권력이 형사사법의 영역에서 제약을 받도록 하는 데에 있다. 그 결과 행위자 자신은 자신의 범행에 대한 형사책임의 정도를 예측할 수 있게 된다. 책임원칙은 결국 국민 개개인을 위한 보호원칙이며 형벌권을 독점하는 국가로부터 개인을 방어하는 기능을 담당한다. 그리고 이는 개인을 형벌의 객체가 아니라 자기의 범행에 대하여 스스로 책임을 부담하는 성숙한 시민으로 간주함을 의미한다.[2)]

이러한 책임주의는 헌법적 지위를 갖는다. 이는 법치주의원칙(헌법 제1조, 제10조, 제11조, 제12조, 제13조 등)에서 도출되는데, 즉 행위(결과)가 개인적으로 귀책될 수 있을 때에 비로소 행위자를 처벌하는 것이 정의관념에 맞고 인간의 존엄성을 지킬 수 있기 때문이다(객관적, 주관적 귀책가능성—객관적, 주관적 구성요건해당성—에 이어 책임은 개인적 귀책가능성이 된다).[3)]

책임주의원칙은 후술하는 바와 같이 인간은 자유로이 자신의 의사를 결정할 수 있다는 자유의사론(비결정론)을 일반적 전제로 한다. 불법 여부를 판별하고 그에 따라 행위결정을 할 능력이 없는 인간을 처벌한다는 것은 무의미하기 때문이다. 책임주의원칙은 또한 처벌할 필요가 있을 정도의 불법을 전제한다. 사소하고 경미한 불법은 형법의 관심대상에서 제외되어야 하기 때문이다.

1) LaFave, Modern Criminal Law, 461면 참조.
2) 하인쯔 찌프, 형사정책(김영환/허일태/박상기 역), 115면 이하 참조.
3) 신동운, 341면은 헌법 제10조를 책임주의의 실정법적 근거라고 본다. 또한 임 웅, 265면도 마찬가지이다.

3. 책임과 의사의 자유

인간에게 책임을 묻기 위해서는 개인의 자유로운 의사결정에 따른 행위를 전제로 하여야 한다. 인간이 행위결정을 자유롭게 할 수 있는가에 관하여는 결정론과 비결정론의 대립이 있다.

결정론의 입장에서는 인간의 행동은 인과적으로 이미 결정되어 있기 때문에 범죄란 소질과 환경의 산물에 불과하다고 본다. 그러므로 결정론의 입장에서는 책임의 개념이 인정되지 않는다. 그러나 이러한 결정론적 입장에 대하여는 인간이란 동물과는 달리 본능을 억제하고 가치지향적으로 자기의 행동을 조종할 수 있는 존재라는 점을 무시하고 있다는 비판이 가능하다.

비결정론의 입장에서는 인간의사란 절대적으로 자유롭기 때문에 불법과 합법 가운데 한편을 선택해서 그에 따라 행동할 수 있는 자유로운 의사를 가지고 있다고 본다. 이에 따라 불법행위를 선택한 개인에게 책임을 물을 수 있게 된다. 비결정론에 대해서는 의사의 자유가 일반적으로는 인정될 수 있으나, 과연 구체적인 상황에서도 항상 그러한 자유로운 의사결정이 가능할 수 있는가는 증명될 수 없다는 비판을 받는다. 그러나 자유의사를 전제로 할 때에만 비로소 행위자 개인에 대한 책임비난이 가능하며, 구체적인 유책성은 개별 행위자마다 판단할 문제이다.

책임형법이란 행위자 스스로가 각자의 책임유무에 대한 판단자가 되는 것을 의미하는 것이 아니다. 오히려 그것은 행위자에게 그가 책임질 수 있는 법질서의 위반에 대한 대가를 부담시키는 것을 의미한다. 그리고 자유의사에 대한 문제는 형법의 선결문제라기보다는 존재론적 문제이면서 법적 당위의 가능성과 관련된 문제이다.[1] 결정론의 입장이 내부적 본능이나 외부적인 영향요소들과 같은 인과관계적 요인에 의해 인간의 행동이 결정된다고 본다면 법규범에 의한 영향가능성 또한 배제될 수 없는 것이며, 비결정론에서 주장하듯이 형법상의 책임이 개별적인 행위자의 자유의사에 종속되어 있는 것만도 아니다. 어느 정도까지 유형화되고 기준이 제시될 뿐 개개인의 다른 행위가능성(Andershandelnkönnen) 여부에 따라 책임유무를 결정할 수는 없는 것이다. 그렇기 때문에 형법은 전형적인 형사책임무능력자를 규정하고 있으며 (제9조 참조) — 이는 반대로 평균인에게는 모두 책임능력이 인정됨을 의미한다 —

1) Waldstein, F. Schwind-FS.(1978), 329면 참조.

이 경우에는 설사 현실적으로 책임능력이 인정될 수 있을 만한 정신적·신체적 발달단계에 있다 하더라도 일률적으로 책임능력을 부인하고 있는 것이다.

그럼에도 불구하고 책임주의 아래에서 개인의 자유의사와 책임이 전제(인정)되지 않고서는 법적인 공동체 안에서의 인간의 삶이란 생각할 수 없다. 그러나 책임비난은 직접적으로 자유의사라는 준거점을 필요로 한다기보다는 단지 인간의 합규범적인 행동에 대한 인간능력이라는 준거점을 필요로 한다.[1] 인간의 행동은 본능적 틀에 의하여 자동적으로 확정되는 것이 아니라 문명화·사회화·인간화 과정을 거쳐 사회문화적인 규범구조 안으로 편입되는 것이다. 이러한 규범구조 안에서 공동체 구성원은 자기행위의 동기를 부여받게 되고 각자는 의식적인 또는 회피할 수 있는 규범일탈에 대하여 비난받는 것이다.[2]

Ⅱ. 責任의 根據

책임의 근거와 관련하여 소위 구파의 형법이론에서 주장한 도의적 또는 윤리적 책임론과 신파에서 주장한 사회적 책임론이 있다.

1. 도의적 책임론

도의적 책임론은 책임을 위법한 행위를 한 자에게 가해지는 도의적·윤리적 비난이라고 파악하였다. 도의적 책임론은 적법행위의 가능성이 있음에도 불구하고 불법행위를 하였다는 점에 대하여 책임을 인정하므로(응보형주의) 비결정론적 입장에 선다.

2. 사회적 책임론

사회적 책임론은 범죄행위는 소질과 환경에 의하여 지배되는 필연의 소산이므로 책임의 근거는 행위가 아니라 행위자의 반사회적 성향이라고 본다. 행위자의 이러한 반사회적 성향 또는 주관적 악성으로부터 사회를 방위하기 위해서는 형법적 조치가 필요하다고 보고(목적형주의), 그 근거가 책임이라고 보는 입장이다. 그리고 범죄행위를 개인적 행위결정의 문제가 아니라 개인의

1) Grünwald, ZStW 82(1970), 281면. 판례 역시 비결정론을 전제하고 있다(대판 1968. 4. 30, 68도400).

2) 하인쯔 찌프, 형사정책(김영환/허일태/박상기 역), 104면 이하.

내재적 성향의 결과라고 보기 때문에 자유의사를 인정하지 않는다는 결정론적 입장에 선다.

3. 인격적 책임론

인격적 책임론은 행위자의 인격형성이나 생활영위방식에는 행위자의 인격적 결단작용이 개입한다는 점에 책임의 근거를 인정하는 학설이다.[1] 즉 이 학설은 개인의 인격형성과정에 대한 책임을 묻는다. 그러나 이러한 입장에 대해서는 행위책임을 무시하고 행위자의 인격책임을 묻는다는 비판이 가능하다.

4. 결 론

의사의 자유를 전제하는 도의적 책임론이나 의사의 부자유를 전제하는 사회적 책임론은 의사의 자유문제를 존재론적으로만 파악하는 결점이 있다. 또한 행위자의 자유의사가 책임의 절대적 조건은 아니며, 행위자와 무관한 사회적 제 환경요소들로 인하여 행위자가 책임을 부담하게 되는 사회적 책임론의 입장은 모순이다. 책임의 근거에 관한 이러한 논의는 오늘날은 학설사적 의미밖에 없는 논쟁이다.

Ⅲ. 責任槪念의 本質

1. 심리적 책임개념

19세기의 자연과학적 사고에 바탕을 둔 고전적 범죄론 체계에서 고의나 과실과 같은 행위자의 주관적 측면은 모두 책임의 범주에 포함되는 것으로 보았다. 즉 책임의 본질을 행위에 대한 행위자의 주관적·정신적 관계에서 찾는다. 그래서 책임개념은 심리적 내용(인식 여부, 의욕 여부)과 동일하다고 보며, 고의와 과실이 인정되면 책임 역시 인정된다. 그리고 책임능력은 책임이나 형벌의 전제조건이라고 본다.[2]

그러나 심리적 책임론은 책임요소를 간과하고 있으며, 강요된 행위(제12조)에서처럼 고의가 인정되는 행위가 왜 경우에 따라서는 책임이 조각되는지를 설명할 수 없다. 그리고 인식있는 과실의 경우에도 책임을 인정하는 이유를 설명할 수 없는 문제점이 있다.

---

1) 신동운, 345면은 도의적 책임론과 인격적 책임론의 관점에 서 있다.
2) 이러한 학자들로는 v. Buri, v. Liszt, Löffler, Radbruch 등이 있었다.

2. 규범적 책임개념

규범적 책임개념에서는 책임의 본질은 행위자가 범죄행위를 하기로 의사를 형성하고 이를 실현한데 대한 비난가능성이라고 본다.[1] 즉 행위자의 심리적 사실관계에 대한 규범적 반가치판단으로 이해한다. 예를 들어 고의범에서는 의식적으로 법규범을 위반한 점을 들 수 있고, 과실범의 경우에는 사회생활상 요구되는 주의의무를 다하지 않는데 대한 비난이 가능하다. 이처럼 책임은 행위에 대한 개인적 비난가능성과 사회적 비난을 핵심으로 한다. 또한 목적적 행위론이 등장하여 고의·과실을 책임요소에서 구성요건요소로 파악하면서 심리적 책임개념의 핵심이 사라졌다.

규범적 책임개념은 오늘날 통설적인 견해로서 구체적인 책임의 요소로는 일반적으로 책임능력, 위법성인식(불법인식), 그리고 책임조각사유의 부존재를 든다.

3. 기능적 책임개념

기능적 책임개념(또는 사회적 책임개념)에서는 책임의 본질규명보다 책임의 기능을 중시한다. 이러한 관점에서 출발하여 책임은 일반예방의 파생어로서 형벌제한적 기능을 한다고 본다. 즉 책임개념은 무엇보다도 형벌의 예방적 기능으로부터 정의를 내리는데, 범죄예방이라는 형벌목적을 달성하기 위한 수단으로 파악한다.[2]

그러나 기능적 책임개념으로는 책임의 실질적 내용을 파악할 수 없고, 결과적으로 형법상 책임원칙이 갖는 독자적 의의를 상실하게 하는 문제점이 있다.[3] 또한 형벌의 기능과 책임개념을 연계시켜 이해하기보다는 형벌의 예방적 기능은 양형단계에서 고려할 수 있다. 그래서 불법행위를 한 행위자에게 형사책임을 인정하기 위해서는 먼저 행위에 대한 책임이 인정되어야 하고, 다음으로는 예방적 관점에서 형사처벌의 필요성이 인정되어야 한다는 절

---

1) 규범적 책임개념은 독일의 프랑크(Frank)에 의하여 주장되었다(「Aufbau des Schuldbegriffs, 1907」). 자세한 것은 Achenbach, 「Historische und dogmatische Grundlagen der strafrechtssystematischen Schuldlehre」(1974) 참조.

2) Achenbach, in: Schünemann, 「Grundfragen des modernen Strafrechtssystems」(1984), 135면 이하.

3) Hirsch, 「Das schuldprinzip und seine Funktion im Strafrecht」, ZStW 106(1994), 746면 이하; Maiwald, Lackner-FS.(1987), 149면; Wessels/Beulke, AT, § 10 Rn. 398.

충적 입장이 전개되기도 한다.[1)]

4. 양심범의 문제

양심범(Gewissenstäter)이란 금지규범을 알고 있으면서도 양심이나 기타 윤리적 동기로 인하여 행위가 강제되고 이에 따른 자신의 행위는 정당하거나 당연하다고 믿는 범죄자를 의미한다. 예를 들면 종교적 이유로 병역을 거부하는 경우이다. 이는 소위 저항투사와는 다르다. 저항투사는 자신의 행위가 위법하고 처벌대상임을 알고 있을 뿐만 아니라 자신의 행위의 정당성을 확신하지 않는 경우를 말한다.[2)] 양심범은 또한 확신범(Überzeugungstäter)과도 구별된다. 확신범이란 선악에 대한 확신적 판단의 영역에 머물러 있는 상태를 의미한다. 그러므로 양심범은 행위가 강제된 확신범의 특별한 경우로 본다.[3)]

양심범의 문제를 판단하는 데에는 개인의 양심(확신)과 공동체의 양심을 구별하는 것이 중요하다. 양심범이 위법성의 착오에 해당하지 않는 것은 본인이 자기 행위의 불법성을 인식하고 있기 때문이며, 나아가서는 개인차원의 확신에 불과하기 때문이다. 그러나 법규범(질서)은 개인의 동의를 전제로 하여 효력을 발생하는 것은 아니다. 만일 개인의 동의를 전제로 한다면 형벌규범은 단순히 구속력 없는 권고규정에 불과하게 될 것이기 때문이다. 그러나 양심범의 문제가 개인의 양심을 넘어 공동체의 양심으로 인정할 만한 단계에 이르면 법규범이 이를 수용하는 것이 사회적 양심을 확립하는 길이다. 또한 형법 제51조 제3호는 범행의 동기를 양형의 조건으로 삼고 있기 때문에 양심범에 대한 처벌시에는 이를 고려하는 것이 타당하다.[4)] 양심범에 대해서는 그 밖에 윤리적인 기대가능성이 없음을 특징으로 들기도 한다.

Ⅳ. 責任判斷의 對象

책임판단의 대상으로는 행위불법 및 결과불법과 함께 잘못된 의사형성을 내용으로 하는 심정불법을 들 수 있다. 그렇다고 하여 형법을 심정형법이라

1) Roxin, AT, § 19 Rn. 3. 김학태, 「기능적 책임론의 한계」, 형사법연구 제9호(1997), 137면 이하.

2) 양심범에 관한 문헌으로는 Ebert, 「Der Überzeugungstäter in der neueren Rechtsentwicklung」(1975); Struensee, JZ 1984, 645면 이하를 참조할 것.

3) 손동권, 「양심범 처벌의 법이론적 기초」, 형사법연구 제4호(1991), 47면.

4) 손동권, 앞의 논문, 55면은 「양심강제에 의해 윤리적으로 달리 행동할 수 없는 동기형성력의 제한상태는 책임감소에 의한 형벌감경사유로 고려되어야 한다」고 본다.

고 할 수는 없다. 처벌되는 것은 심정이 아니라 심정을 유책하게 한 행위이기 때문이다. 즉 행위책임의 대상은 행위자의 평소의 생활태도나 그의 범죄적인 성격이 아니라 구체적으로 그가 행한 구성요건에 해당하는 위법한 행위이다.

행위책임, 행상책임(Lebensführungsschuld), 성격책임은 범죄행위를 각각 개별적이고 구체적인 위반행위로 보거나, 행위자의 잘못된 생활태도 또는 잘못된 인격형성의 표출로 보고 이러한 준거점에 따라 책임을 인정하는 개념이다.[1] 책임에 대해 어떠한 기능을 부여하는가에 따라 이러한 준거점 선택의 방향이 결정되며 이는 양형과정에서 중요한 의미를 지닌다. 그러나 오늘날은 행위책임만이 양형과정에서 책임원칙에 부여되어 있는 명확한 법치국가적 제한기능을 수행할 수 있다는 것이 지배적인 견해이다(행위책임원칙). 왜냐하면 책임개념의 제한기능은 명확한 행위책임개념에 의해서만 수행될 수 있기 때문이다. 반대로 행위책임을 제외한 나머지의 책임이란 그 개념과 한계가 모호하여 책임의 한계를 무너뜨릴 위험이 내재되어 있다.[2]

제 2 절 責任能力

I. 責任能力의 意義

책임요소로서 책임능력이란 행위의 불법성을 변별하고(변별능력), 이에 따라 행동을 조종할 수 있는 능력(행위조종능력)을 의미한다. 책임능력은 행위자에 대한 규범적 비난가능성의 기본요건이며, 행위시에 존재하여야 한다. 책임능력을 판단하는 방법은 생물학적 또는 심리학적 방법이 가능하다.

책임능력에 관한 형법의 규정으로는 형사미성년자(제9조), 심신상실자와 심신미약자를 내용으로 하는 심신장애자(제10조) 및 농아자(제11조)에 대한 것이 있다. 심신장애의 유무판단은 전문감정인의 정신감정결과가 중요하지만, 법원이 반드시 감정결과에 기속되는 것은 아니다. 즉 이는 사실판단의 문제가 아니라

1) 행상책임은 인격책임이라고도 하며 Mezger가 주장하였다. 여기에서 유래하는 개인적 책임론에 따르면 행위는 인격과 불가분의 관계이므로 결국 책임도 인격책임이라는 입장이다.

2) 하인쯔 찌프, 형사정책(김영환/허일태/박상기 역), 100면 이하 참조.

법적 판단의 문제에 속한다.[1] 한편 심신상실자(제10조 제1항)를 제외한 형법 제9조, 제10조 제2항, 제11조의 적용을 배제하는 예외규정으로는 담배사업법 제31조가 있다. 아동·청소년의 성보호에 관한 법률(제7조의 2)에서도 "음주 또는 약물로 인한 심신장애 상태에서 아동·청소년에 대하여「성폭력범죄의 처벌 등에 관한 특례법」제3조부터 제11조까지의 죄를 범한 때에는 형법 제10조 제1항·제2항 및 제11조를 적용하지 아니할 수 있다"고 규정하여 형법상의 책임능력 규정에 대한 예외를 인정하고 있다.

Ⅱ. 責任無能力者

1. 형사미성년자

「14세 되지 아니한 자의 행위는 벌하지 아니한다」(제9조). 이는 생물학적 표지로 책임능력을 결정한 것이다. 14세가 되지 아니한 미성년자는 개인별 정신적·육체적 성숙 정도와는 상관없이 형사책임능력이 없는 것으로 간주된다(절대적 책임무능력자). 이러한 자의 행위는 책임이 부인되어 형사처벌이 불가능하며, 단지 소년법에 따른 보호처분(소년법 제4조 제1항 제2호·제3호·제4호 및 제32조 참조)이 가능할 뿐이다.

형사미성년자 가운데 형벌법령에 저촉되는 행위를 한 10세 이상 14세 미만의 소년을 촉법소년이라고 한다(소년법 제4조 제1항 제2호). 촉법소년에 대해서는 형사처벌을 과할 수 없지만 소년법상의 보호처분은 가능하다. 형사책임능력이 인정되는 14세 이상의 소년이라 할지라도 19세 미만의 자는「소년」(동법 제2조 참조)으로서 소년법상 특별한 취급을 받는다. 즉 14세 이상 19세 미만의 소년으로서 형벌법규에 저촉되는 행위를 한 자를 범법소년이라고 한다(소년법 제4조 제1항 제1호). 범법소년에게는 형사책임능력이 인정된다. 다만 소년이 법정형 장기 2년 이상의 유기형에 해당하는 죄를 범한 때에는 법정형의 범위 안에서 장기와 단기를 정한 부정기형을 선고한다. 이 경우에 장기는 10년, 단기는 5년을 초과하지 못한다(동법 제60조 제1항). 그러나 형의 집행유예나 선고유예를 선고할 때에는 정기형을 선고한다(동조 제3항). 또한 18세 미만의 소년에 대하여는 사형 또는 무기형으로 처할 것인 때에는 15년의 유기징역으로 하여야 하며(동법 제59조), 원칙적으로

1) 대판 1996.5.10, 96도638. 다만 판례는 심신장애가 의심되는데도 전문가의 감정 등의 방법으로 심신장애 여부를 심리하지 아니한 것은 위법하다고 한다(대판 2006.10.13, 2006도5360; 대판 2002.5.24, 2002도1541).

형법 제70조의 규정에 의한 환형유치선고를 하지 못한다(동법 제62조).

2. 심신상실자

형법 제10조 제 1 항은 「심신장애로 인하여 사물을 변별할 능력이 없거나 의사를 결정할 능력이 없는 자의 행위는 벌하지 아니한다」고 규정하고 있다.

즉 형법이 정하고 있는 심신상실의 요건으로는 심신장애라는 생물학적 요소와 사물을 변별할 능력 또는 의사를 결정할 능력이라고 하는 심리적 요소를 갖추어야 한다. 「사물을 변별할 능력」이란 행위의 성질이나 의미, 선악을 판단할 수 있는 능력을 의미한다. 범죄와 관련하여서는 자신의 행위가 범죄행위라는 사실을 깨달을 수 있는 능력을 말한다(변별능력). 「의사를 결정할 능력」이라 함은 행위의 의미를 인식하고 이에 따라 자신의 행위를 조종할 수 있는 능력을 의미한다(행위조종능력).

이에 관해 영미법상으로는 M'Naghten Rules[1]가 있다. 이는 살인행위에 대하여 범인의 정신이상을 이유로 무죄를 선고한 판결로부터 유래된 법칙이다.

대법원은 심신장애는 생물학적 요소로서 정신병, 정신박약 또는 비정상적 정신상태와 같은 정신적 장애가 있는 외에 심리학적 요소로서 이와 같은 정신적 장애로 말미암아 사물에 대한 판별능력과 그에 따른 행위통제능력이 결여되거나 감소되었음을 요한다고 판시하고 있다.[2] 그리고 이와 같은 사물변별능력이나 의사결정능력은 판단능력 또는 의지능력과 관련된 것으로서 사실의 인식능력이나 기어능력과는 반드시 일치하는 것이 아니라고 하여 자신의 범행에 대한 인식과 범행과정에 대한 기억이 있어도 심신상실자일 수 있음을 인정하고 있다.

[판례] 대법원은 자기가 다니는 교회목사를 사탄이라고 믿고 그를 살해한 사건에서 「범행 당시 정신분열증으로 심신장애의 상태에 있던 피고인이 피해자를 살해한다

1) 사건개요는 다음과 같다. 1843년 Daniel M'Naghten은 광적인 망상(insane delusion)에 사로잡혀 Robert Peel경이 자기를 괴롭힌다고 생각하고 그를 살해한다는 것이 그만 그의 비서를 살해하였다. 법원은 그에게 정신이상(insanity)을 이유로 무죄를 선고하였다. 이에 관해서는 Curzon, L. B., Criminal Law(1991), 102면 이하 참조.

2) 대판 1992. 8. 18, 92도1425. 또한 1990. 8. 14, 90도1328(사물변별무능력자를 사물의 선악과 시비를 합리적으로 판단하여 구별할 수 있는 능력이 결여된 자로, 의사결정무능력자를 사물을 변별한 바에 따라 의지를 정하여 자기의 행위를 통제할 수 있는 능력이 결여된 상태에 있는 자를 의미한다고 본다); 1991. 5. 28, 91도636.

는 명확한 인식이 있었고 범행의 경위를 소상하게 기억하고 있다고 하여 범행 당시 사물의 변별능력이나 의사결정능력이 결여된 정도가 아니라고 단정할 수는 없는 것인바, 피고인이 피해자를 살해할 만한 다른 동기가 전혀 없고 오직 피해자를 사탄이라고 생각하고 피해자를 죽여야만 피고인 자신이 천당에 갈 수 있다고 믿어 살해하기에 이른 것이라면, 피고인은 범행 당시 정신분열증에 의한 망상에 지배되어 사물의 선악과 시비를 구별할 만한 판단능력이 결여된 상태에 있었던 것으로 볼 여지가 없지 않다」(대판 1990. 8. 14, 90도1328)고 하였다.

심신상실자의 행위는 벌하지 아니한다. 즉 책임능력의 결여를 이유로 책임이 조각되는 것이다. 그러나 심신상실자와 심신미약자가 금고 이상의 형에 해당하는 죄를 범하면 치료감호를 선고할 수 있다(치료감호법 제2조 제1항 제1호).

Ⅲ. 限定責任能力者

한정책임능력자는 책임무능력자가 아니라, 책임능력은 있으나 규범합치적인 행동을 하는 것이 곤란한 자를 말한다. 형법상으로는 심신미약자와 농아자가 이에 해당한다.

1. 심신미약자

심신장애로 인하여 사물을 변별할 능력이나 의사를 결정할 능력이 미약한 자의 행위는 형을 감경한다(제10조 제2항).

심신미약이란 생물학적 요소와 심리적 요소를 포함한다. 심신장애는 생물학적 요소이며, 사물을 변별할 능력이나 의사를 결정할 능력이 미약하다는 것은 심리적 요소이다. 판례는 심리적 요소로서 정신장애가 정신분열증과 같은 고정적 정신질환의 경우에는 범행의 충동을 느끼고 범행에 이르게 된 과정에 있어서의 범인의 의식상태가 정상인과 같아 보이는 경우에도 범행의 충동을 억제하지 못하는 것이 흔히 정신질환과 연관이 있을 수 있고, 이러한 경우에는 정신질환으로 말미암아 행위통제능력이 저하된 것이어서 심신미약이라고 볼 여지가 있다는 입장이다.[1)]

심신미약자의 행위는 형을 감경한다(필요적 감경). 심신미약자에 대해서도 보안처분이 가능하다. 즉 심신미약자로서 형이 감경되는 자가 금고 이상

1) 대판 1992. 8. 18, 92도1425(정신분열증세로 처를 살해하여 치료감호처분을 받은 사실이 있는 피고인이 티켓다방 여종업원과 식사를 하다가 시간 전에 돌아가려 하자 식칼을 휘두르고 이를 가로막은 식당주방 여자종업원(72세)을 칼로 찔러 사망하게 한 사건).

의 형에 해당하는 죄를 범하고 재범의 위험성이 있다고 인정되는 때에는 치료감호에 처한다(치료감호법 제 2 조 제 1 항 제 1 호).

2. 농 아 자

농아자의 행위는 형을 감경한다(제11조). 농아자라 함은 청각기능과 언어기능에 모두 장애가 있는 자를 말한다. 선천적이든 후천적이든 불문한다. 그러나 농아자에 대한 교육이 발달한 상황에서는 농아자에 대해서는 현재와 같이 별도규정을 둘 것이 아니라 일반적인 심신상실이나 심신미약 여부를 판단하여 이 규정에 따라 처리하는 것이 입법론상 타당하다는 주장이 있다.

[판례] 정신박약자를 간음한 행위는 성폭력특례법 제 6 조(신체적인 또는 정신적인 장애로 항거불능인 상태에 있음을 이용하여 여자를 간음하거나 사람에 대하여 추행한 자를 형법 제297조의 강간죄나 제298조의 강제추행죄에 따라 처벌)에 해당하지 않고 형법상의 준강간죄(제299조)에 해당한다(대판 1998. 4. 10, 97도3392).

Ⅳ. 原因이 자유로운 行爲

1. 개　　념

원인이 자유로운 행위(actio libera in causa)는 책임능력 있는 자가 자의로 자신을 심신장애상태(책임무능력 내지 한정책임능력)에 빠뜨리고 이러한 상태에서 하는 범행을 의미한다.

형법은 「위험의 발생을 예견하고 자의로 심신장애를 야기한 자의 행위에는 전 2 항의 규정을 적용하지 아니한다」(제10조 제 3 항)라고 규정하고 있다. 형법 제10조 제 1 항은 행위자가 심신상실상태인 경우에는 처벌하지 않으며, 제 2 항에서는 심신미약자인 경우에는 형을 감경한다는 책임능력에 관한 원칙을 규정하고 있다. 그러나 동 제 3 항은 행위자가 음주나 약물복용과 같은 자책적인 원인으로 심신장애상태를 초래한 경우에는 제 1 항과 제 2 항을 적용하지 않고 이를 처벌한다고 하여 행위시 책임능력의 존재를 요구하는 기본원칙에 대한 예외를 인정한 것이다.

원인이 자유로운 행위는 심신장애야기행위(원인행위)를 어떻게 이해할 것인지 여하에 따라 달라진다. 예를 들어 「행위자가 고의 또는 과실로 자기를 심신장애상태에 빠지게 하고 이러한 상태에서 범죄를 실행하는 것」이라고 정의하는 견해는 자의적인 심신장애야기행위에 대해 고의나 과실개념을 부여하는 결과이다.

성폭력범죄의 처벌 등에 관한 특례법 제19조는 형법상 감경규정에 관한 특례를 규정하고 있다. 즉 음주 또는 약물로 인한 심신장애 상태에서 제3조부터 제11조까지의 죄를 범한 때에는 형법 제10조 제1항(심신상실)·제2항(심신미약) 및 제11조(농아자)를 적용하지 아니할 수 있다. 그리고 특정범죄가중처벌 등에 관한 법률 제5조의 11(위험운전치사상)은 음주 또는 약물의 영향으로 정상적인 운행이 곤란한 상태에서 운전 중 교통사고를 일으켜 사망이나 상해를 입힌 경우에 처벌하는 규정으로서 심신장애상태가 구성요건요소에 해당하므로 제10조 제3항의 적용대상이 아니다.

2. 법적 근거

원인이 자유로운 행위를 이해하기 위해서는 독일형법의 상황을 이해할 필요가 있다. 이 문제를 설명하기 위한 우리 학계의 접근방법이 독일형법학의 이론을 차용하는 방법을 취하고 있는 부분이 많기 때문이다. 우리 형법은 독일형법과 달리 심신장애상태를 자의로 야기한 자의 범죄행위, 즉 원인이 자유로운 행위를 처벌할 수 있는 법적 근거를 제10조 제3항에 두고 있다. 반면에 독일형법은 이러한 규정을 두고 있지 않다. 다만 독일형법 제323a조(Vollrausch, 완전명정죄)는 제1항에서 「고의·과실로 알코올, 음료 또는 기타의 명정제에 의하여 자신을 명정상태에 빠지게 한 자는 그가 이 상태에서 위법한 행위를 하였고 또한 명정에 의하여 책임무능력이었거나 이것을 배제할 수 없었기 때문에 처벌될 수 없는 경우에는 5년 이하의 자유형 또는 벌금형에 처한다」고 규정하고 있다.

이 규정이 형법 제10조 제3항과 다른 점은 완전명정죄는 고의·과실로 자신을 명정상태에 빠지게 하는 것 자체를 구성요건으로 하고 있다는 점이다(이 상태에서 위법행위를 하는 것은 이 죄의 객관적 처벌조건에 해당한다). 그러므로 명정상태에 빠지게 하는 행위 자체를 고의나 과실행위로 파악하는 것이 이론상 가능하다. 그러나 형법 제10조 제3항은 자의로 심신장애상태를 야기한 행위는 범죄구성요건을 실현한 것이 아니며 이 상태에서 한 구성요건해당행위를 전제로 하고 있다는 점에서 양자는 기본적으로 다르다.

그러나 독일형법이 원인이 자유로운 행위 규정을 두고 있지 않음에도 불구하고 판례[1] 및 학설[2]이 이를 인정하고 있다는 점에서 해결책의 모색이 필요하게 된다. 환언하면 독일형법에서는 구성요건 실현시 요구되는 책임능력(실행행위와 책임의 동시존재원칙)이 행위자의 귀책사유로 책임무능력상태에 빠진 경우에도 행위자를 처벌하기 위한 이론적 근거가 필요하게 된다. 독일에서 예외모델(우리 학계에서는 **책임모델** 또는 **확장모델**이라고도 부른다)과 **구성요건모델**이 등장하는 것은 이러한 이유 때문이다.

전자의 견해는 원인이 자유로운 행위는 형법상 행위와 책임이 동시에 존재하여야 한다는 책임의 기본원칙, 즉 실행행위와 책임의 동시존재원칙에서 벗어나는 형태이므로 예외적으로 인정된다는 것이다. 그리고 행위자가 유책하게 행위조종능력을 감쇄시킨 점에서 처벌이 가능하며, 책임능력을 규정하고 있는 독일형법 제20조(형법 제10조 제 1 항·제 2 항에 해당) 역시 원인이 자유로운 행위를 전제로 한다고 보게 된다. 이러한 논리로 이해를 하게 되면 책임능력이 없는 행위자라고 하더라도 원인이 자유로운 행위에 해당하지 않는 전제하에서 비로소 책임이 없는 것으로 보게 된다.

이와 달리 구성요건모델에서는 원인이 자유로운 행위에 대한 책임인정이 형법상의 책임원칙에 배치되지 않는다고 본다. 그 이유는 책임능력에 장애를 일으킨 원인행위시에 이미 구성요건 실현행위가 개시된 것으로 보기 때문이다. 즉 원인행위시까지 확장하여 구성요건 실현행위를 인정하기 때문에 구성요건모델이라고 부르는 것이며, 독일형법 제20조에 대한 예외로 볼 필요도 없게 된다. 그리고 원인이 자유로운 고의범의 경우에는 책임능력에 장애를 받는 스스로를 이용한 일종의 간접정범의 형태에 의한 범행으로 파악한다. 그러나 이 견해에 대해서는 독일형법상 미수범에서 구성요건 실현과 연결되는 실행의 착수에 해당하는 경우가 아닌 한 책임능력에 장애를 야기하는 시점에서 구성요건 실현행위를 인정하는 것은 무리라는 비판이 있다. 특히 자수범의 경우가 그러하다.

이러한 독일형법학에서의 논의와 달리 형법은 제10조 제 3 항에서 원인이 자유로운 행위를 명시하고 있으므로 예외모델도 아니고 구성요건모델로 정당화할 필요성도 없다. 그러므로 형법 제10조 제 3 항에 양 모델을 대입시켜 설

1) BGHSt 21, 381면 참조.
2) Jescheck/Weigend, AT, § 40 Ⅵ 1; Kühl, AT, § 11 Rn. 9; Sch/Sch/Lenckner-Perron, § 20 Rn. 33; Tröndle/Fischer, § 20 Rn. 18; Wessels/Beulke, AT, Rn. 415 등 참조.

명하는 것은 우리 형법해석에 적합하지 않은 접근방법이다.[1] 다만 제10조 제3항을 정당화시켜 줄 수 있는 가벌성의 이론적 근거에 대한 논의로서 원인설정행위설과 원인설정행위와 실행행위의 결합설, 실행행위설이 주장될 수 있는데, 독일형법에서 논의하는 것과는 목적이 다르다.

3. 가벌성의 근거

원인이 자유로운 행위는 연혁적으로 독일 관습법의 소산이며 독일의 판례에 의해 인정되고 있음은 기술하였다. 형법은 이를 명문화함으로써 처벌의 법적 근거는 마련되었으나 범행 당시에 책임능력의 존재를 전제로 하는 책임주의와의 상충으로 인하여 처벌의 논리적 근거가 문제된다. 가벌성의 논리적 근거, 다시 말해 원인이 자유로운 행위를 처벌하는 정당성의 근거에 대하여는 다음과 같은 견해가 있다.

1) 원인설정행위설　　원인이 자유로운 행위를 심신장애상태에 빠진 자신을 도구로 이용하는 간접정범의 형태로 파악하는 견해[2]처럼 심신장애상태를 야기하는 원인설정행위시에는 책임능력이 있었으므로 이에 대한 책임비난이 가능하다고 보고, 실행의 착수시기는 동기의 연속성이 미치는 법익위해의 근접점이라고 본다.[3] 그러나 실행행위와 무관한 원인설정행위[4] 자체만으로 가벌성의 근거를 인정하는 것은 무리이다. 또한 간접정범의 형태로 파악하는 것도 제34조 제1항의 규정과 맞지 않는 논리이다.

2) 원인설정행위와 실행행위의 결합설　　행위자가 법익침해를 계획하거나 예상하면서 유책하게 심신장애상태라는 원인설정행위를 하고 이에 따라 구성요건을 실현하였다는 점에서 원인설정행위는 실행행위의 필요적 전단계로서 양자의 상관관계를 인정할 수 있으므로 원인이 자유로운 행위를 처벌하는 것이 책임주의와 배치되지 않는다고 보는 견해이다. 거의 통설적 입장[5]이다. 독일형법과 달리 심신장애상태야기행위 자체를 고의나 과실행위로 파악

1) 같은 취지 한상훈, 「고의의 원인에 있어서 자유로운 행위」, 형사판례연구(10), 153면.
2) Welzel, Strafrecht, 156면.
3) 김일수/서보학, 384면.
4) 이는 엄밀한 의미에서는 구성요건해당행위의 원인이 되는 행위가 아니라 심신장애의 원인이 되는 행위이므로 「심신장애야기행위」로 부르는 것이 정확하다(김종원, 「소위 원인에 있어서 자유로운 행위에 관한 소고」, 오선주교수정년기념논문집(2001), 89면).
5) 김성천/김형준, 346면; 배종대, 436면; 손해목, 612면; 신동운, 377면; 안동준, 155면; 이용식, 「원인에 있어서 자유로운 행위」, 고시계(1994/5), 122면 이하; 이재상, 313면; 임 웅, 286면; 정성근/박광민, 319면; 조준현, 228면.

할 수 없는 형법해석상 이 견해가 타당하다.

3) 실행행위설 책임능력이 결여된 상태에서 한 실행행위가 가벌성의 근거라고 보는 견해이다. 이 경우 행위시에 책임이 존재하여야 한다는 책임원칙에 대한 예외로서 원인이 자유로운 행위의 가벌성을 인정하는 것이다. 그러나 원인설정행위와 무관한 실행행위는 원인이 자유로운 행위라고 볼 수 없으며, 따라서 책임원칙의 예외를 인정할 근거가 될 수 없다.

4. 유 형

우리 형법상 원인이 자유로운 행위에서 논란이 되는 부분이 유형과 관련한 것이다. 일부를 제외하고는 대부분의 학설들이 실행행위뿐만 아니라 원인행위까지도 고의행위와 과실행위로 분류하고 양자의 조합에 따라 유형분류를 하거나(고의-고의, 과실-고의, 고의-과실, 과실-과실)[1] 또는 위험발생에 대한 예견가능성 유무까지 포함시켜서 더욱 세분하기도 한다.[2] 이는 우리 형법상 원인이 자유로운 행위에 대한 견해의 차이라기보다는 입법상황이 상이한 독일형법이론과의 직접 비교에서 비롯된 것이다.[3]

(1) 원인이 자유로운 고의행위

1) 의의 · 성립요건 원인이 자유로운 고의행위란 행위자가 결과발생을 인식 또는 예견하면서 자의로 자신을 심신장애상태에 빠뜨리고 이러한 심신장애상태를 이용하여 작위 또는 부작위로 구성요건을 실현한 경우를 의미한다. 이 경우에 원인행위와 관련하여 고의를 가져야 하는 것으로 이해하는 것이 일반적이다.[4] 그러나 기술한 바와 같이 구성요건과는 무관한 음주행위

1) 예를 들면 김일수/서보학, 385면은 고의범의 경우에는 고의-고의, 과실범의 경우에는 고의-과실, 과실-과실의 세 가지 조합을 인정한다(손동권, 239면; 이재상, 314면도 같은 견해이다). 신동운, 356면은 위험발생을 예견하고 행한 고의의 원인행위, 위험발생을 예견하고 행한 과실의 원인행위, 위험발생을 예견하지 못하고 행한 고의의 원인행위, 위험발생을 예견하지 못하고 행한 과실의 원인행위라는 네 가지 유형으로 분류한다. 정성근/박광민, 320면은 고의범의 경우에는 고의-고의, 과실범의 경우에는 의도-과실, 과실-고의의 세 가지 조합을 인정한다. 반면 한상훈, 앞의 논문, 166면 이하는 고의 · 과실을 구성요건적인 것과 책임관련적인 것으로 나누고, 책임관련 고의 · 과실은 다시 후행행위에 대한 태도와 선행행위에 대한 태도로 구분하여 여덟 가지의 조합을 주장한다.

2) 오영근, 463면은 위험발생예견-고의-고의 형태의 고의범 이외에 일곱 가지 과실범의 조합이 가능하다고 본다. 이와 유사하게 임 웅, 288면 이하는 범행결의 여부를 포함시켜 범행결의-고의-고의 형태를 고의범으로, 그 외의 일곱 가지 조합을 과실범의 형태로 인정한다.

3) 이에 관해서는 김종원, 앞의 논문, 83면 이하 참조.

4) 김성천/김형준, 349면; 이재상, 307면; 조상제, 「과실의 원인에 있어서 자유로운 행위」, 형사판례연구(4), 63면.

와 같은 심신장애상태야기행위에 대하여 고의성을 요구하는 것은 타당하지 않다. 즉 형법 제10조 제 3 항이 규정하는 「자의」를 반드시 고의 · 과실개념과 동일선상에서 비교할 필요가 없다.[1)]

[판례] 상습적으로 대마초를 흡연하는 피고인들이 이 사건 각 살인범행 당시에도 대마초를 흡연하여 그로 인하여 심신이 다소 미약한 상태에 있었음은 인정되나, 이는 위 피고인들이 피해자들을 살해할 의사를 가지고 범행을 공모한 후에 대마초를 흡연하고, 위 각 범행에 이른 것으로 대마초 흡연시에 이미 범행을 예견하고도 자의로 위와 같은 심신장애를 야기한 경우에 해당하므로, 형법 제10조 제 3 항에 의하여 심신장애로 인한 감경 등을 할 수 없다(대판 1996. 6. 11, 96도857).

이러한 원인설정행위시의 고의와 책임능력결함상태에서 실행한 행위와는 그 내용이 일치하여야 되는데, 첫째, 고의는 구체적으로 실현된 구성요건을 지향하였어야 한다.[2)] 그러므로 심신상실의 상태에서는 막연히 어떤 행위를 하게 되리라고 생각하고 이러한 상태를 야기한 후 구성요건이 구체화된 경우에 이는 원인이 자유로운 행위로서의 고의책임을 지지 않는다.

그러나 세부적인 부분까지 확정할 것을 요건으로 하지 않는다. 그러므로 예를 들어 정상상태에서 특정하지는 않았으나 부녀의 강간을 결심하고, 명정상태를 야기하여 어느 여성을 강간하는 경우에도 원인이 자유로운 고의행위가 인정된다.[3)]

둘째, 심신장애의 상태에서 범한 행위와 원인행위 야기시의 고의내용이 부합되지 않는 경우에는 착오의 일반적인 예에 따라 처리한다. 즉 구체적인 행위객체를 목표로 하였으나 심신장애상태하에서 행위객체를 실현하는 단계에서 착오를 일으킨 경우에는 객체의 착오가 인정된다.[4)]

2) 실행의 착수시점 　원인이 자유로운 고의행위의 실행의 착수시점은 구성요건에 해당하는 실행행위시점이라고 보아야 한다(실행행위시설).[5)] 왜냐하면 원인행위는 원인이 자유로운 행위를 처벌하는 책임의 근거는 될 수

1) 이기헌, 「원인이 자유로운 행위」, 고시계(1993/10), 34면 역시 같은 입장이다.

2) 원인이 자유로운 행위에서의 고의와 착오문제에 대하여는 전지연, 「원인에 있어서 자유로운 행위」, 한림법학 제 3 집(1993), 104면 이하 참조.

3) BGHSt 21, 381.

4) Roxin, AT, § 20 Rn. 69; Sch/Sch/Lenckner-Perron, § 20 Rn. 37.

5) 김종원, 앞의 논문, 89면; 배종대, 438면; 손해목, 614면; 신동운, 376면; 안동준, 156면; 오영근, 457면; 이재상, 315면; 이형국, 192면; 임 웅, 288면; 정성근/박광민, 321면.

있으나 이를 곧 범행의 착수로 볼 수는 없기 때문이다. 이에 반해 원인행위시설과 절충설[1](원인설정 행위가 완전히 끝나고 책임능력흠결상태에서 법익을 위태롭게 할 수 있는 행위의 진행이 결정적으로 개시된 시점으로 보는 견해)이 있다.

부작위범의 경우 실행의 착수시점은 심신장애야기시점을 기준으로 하는 견해와 통상의 부작위범처럼 작위행위가 요구되는 시점, 즉 부작위시점을 기준으로 하는 견해로 나뉜다. 예를 들어 중환자에게 주사를 놓아야 할 의무가 있는 간호사가 살인을 할 생각으로 스스로 수면제를 복용하고 잠을 잔 경우 수면제 복용시를 기준으로 할 것인가, 아니면 주사를 놓아야 할 시점을 기준으로 하여야 할 것인가의 차이이다.[2] 전자의 견해는 수면제 복용시점이 직접적인 살인죄의 범죄구성요건 실현으로 움직인 때라고 보아야 한다는 것이다. 실행의 착수시점은 범죄구성요건의 실현을 위한 직접적인 착수 여부를 기준으로 판단하여야 한다고 볼 때 부작위범의 경우 작위의무이행이 요구되는 시점을 기준으로 하여야 한다고 본다. 이러한 관점에서 원인이 자유로운 고의행위시에는 부작위범의 경우 심신장애야기행위시에 이미 작위의무이행에 대한 기대는 무산된 것으로 보아 전자의 견해가 타당하다고 본다.

(2) 원인이 자유로운 과실행위

1) 의 의 원인이 자유로운 과실행위는 자의로 심신장애상태(원인행위)를 야기하고 부주의하게 구성요건적 결과를 발생시킨 경우를 말한다. 예를 들면 자신이 평소에 주벽이 심하여 명정상태에 빠지면 폭행을 할지도 모른다는 생각을 하면서도 자의로 과음을 하고 실제로 폭행을 한 결과 상해를 입힌 경우이다(폭행치상죄).

[판례] 스스로 명정상태에 빠진 다음 자동차운전의 위험성을 예측하지 못하고 운전을 한 결과 행인을 사망케 한 경우. 이에 관한 대법원판례는 다음과 같다: 「형법 제10조 제 3 항은 「위험의 발생을 예견하고 자의로 심신장애를 야기한 자의 행위에는 전 2 항의 규정을 적용하지 아니한다」고 규정하고 있는바, 이 규정은 고의에 의한 원인에 있어서 자유로운 행위만이 아니라 과실에 의한 원인에 있어서의 자유로운 행위까지도 포함하는 것으로서 위험의 발생을 예견할 수 있었는 데도 자의로 심신장애를 야기한 경우도 그 적용대상이 된다고 할 것이다. 원심이 같은 취지에서 피고인이 음주운전을 할 의사를 가지고 음주만취한 후 운전을 결행하여 그 판시와 같

1) 김일수, 416면.
2) 김종원, 앞의 논문, 89~90면.

은 교통사고를 일으킨 이 사건에서 피고인은 음주시에 교통사고를 일으킬 위험성을 예견하였는 데도 자의로 심신장애를 야기한 경우에 해당하므로 형법 제10조 제3항에 의하여 심신장애로 인한 감경 등을 할 수 없다…」(대판 1992. 7. 28, 92도999).

또한 자신의 차를 운전하여 술집에 가서 술을 마신 후 운전을 하다가 교통사고를 일으킨 경우에는 피고인이 음주할 때 교통사고를 일으킬 수 있다는 위험성을 예견하고도 자의로 심신장애를 야기한 경우에 해당하여 심신미약으로 인한 형의 감경을 할 수 없다고 판시하고 있다(대판 1995. 6. 13, 95도826).[1]

최근 독일 연방대법원은 주취운전 관련 구성요건인 도로교통위태죄(Gefährdung des Straßenverkehrs, 독일형법 제315c조 제1항 a), 주취운전죄(Trunkenheit im Verkehr, 독일형법 제316조) 및 무면허운전죄(Fahren ohne Fahrerlaubnis, 독일도로교통법-StVG－제21조)의 경우에는 원인이 자유로운 행위원칙이 적용되지 않는다고 판시하였다. 이러한 구성요건상의 행위는 구성요건해당행위와 분리되는 결과의 야기행위로 볼 수 없다는 것이다. 즉 자동차의 '운전'은 구성요건을 실현시킨 원인행위라기보다는 자동차를 운전하기 시작한 그 자체가 구성요건 실현행위에 해당한다는 이유이다.[2] 반면에 동 법원 제4부(4. Senat)에서는 여전히 주취운전행위가 원인이 자유로운 행위유형에 포함된다고 판시하고 있다.[3]

2) 성립요건 원인이 자유로운 과실행위가 인정되기 위해서는 과실범에게 요구되는 주의의무위반이 있어야 한다. 그러므로 원인이 자유로운 과실행위는 일반적인 과실범 성립요건에 따라 판단하면 된다. 반면 심신장애상태를 야기한 이후에 결과발생을 방지하기 위하여 안전조치를 취하였으나 결국 예상하지 못한 원인으로 인하여 결과가 발생한 경우에는 여기에 해당되지 않는다.

과실범의 미수를 처벌하지 않기 때문에 과실에 의한 원인이 자유로운 행위에서 실행의 착수시점을 논하는 것은 무의미하나 논리적으로는 고의에 의한 경우와 마찬가지라고 보아야 한다.

5. 형법의 규정

(1) 성립요건

형법 제10조 제3항은 「위험발생을 예견하고 자의로 심신장애의 상태를 야기한 행위」에는 심신상실(불벌)과 심신미약(감경)의 규정(동조 제1항·제2항)을 적용

1) 또한 대판 1996. 6. 11, 96도857(대마초 흡연시에 이미 범행을 예견하고 자의로 심신장애를 야기한 경우 심신장애로 인한 감경 등을 할 수 없다).
2) BGHSt 42, 235(4. Senat).
3) BGH JR 1997, 391면.

하지 않는다고 하고 있다. 그러므로 원인이 자유로운 행위를 근거로 행위자를 처벌할 수 있기 위하여는 자의에 의한 심신장애상태의 야기와 위험발생이 필요하다.

1) 자의적인 원인설정행위 형법은 원인이 자유로운 행위에서의 원인설정행위를「자의로」야기한 것으로 규정하고 있다. 학설에서는 이를 고의로만 해석하는 견해[1)]가 있는 반면, 고의와 과실을 모두 포함하는 견해[2)]도 있다. 학설은 이러한 원인설정행위를 고의나 과실행위로 야기한 것을 전제로 하여 원인이 자유로운 고의행위와 과실행위를 분류하고 있다. 그러나 이러한 분류는 오해의 소지가 있다. 왜냐하면 마치 고의나 과실에 의한 원인이 자유로운 행위라고 할 때에 고의나 과실이 심신장애상태의 야기행위에 있는 것으로 이해될 수 있기 때문이다. 예를 들어 자의로 야기한 행위를 어떻게 과실행위로 볼 수 있는지 의문이다.

이러한 견해는 독일형법상 구성요건모델에서 주장할 수밖에 없는 이론을 반복하는 것이라고 볼 수 있다. 즉 구성요건모델은 원인설정행위시부터 구성요건이 실현되는 것으로—실행에 착수한 것으로—보기 때문에 불가피하게 원인설정행위를 고의행위와 과실행위로 분류하게 된다. 그리고 실행행위는 당연히 고의행위와 과실행위로 분류하기 때문에 예를 들어 원인이 자유로운 고의행위에는 원인설정행위시의 고의와 실행행위시의 고의라는 이중의 고의가 필요하다고 본다. 이를 통하여 책임능력을 인정하기 위한 원인행위와 실행행위간의 내적 연결고리를 찾고자 하는 것이다.

반면에 우리 형법의 해석상 원인설정행위를 고의행위와 과실행위로 분류할 필요성은 없다. 물론 행위자가 의식적 또는 자의적으로 행위변별능력이나 행위조정능력에 장애를 초래하여야 한다고 보는 것은 당연하다. 그러나 이는 구성요건요소로서의 고의, 과실과는 의미가 다르다.

이처럼 원인설정행위의 성격이 구성요건해당성과 무관한 것인데도 불구하고 이를 고의나 과실행위로 분류하는 것은 독일형법규정에 따른 해석론을 그대로 반복하는 것으로서 우리 형법규정상 불필요한 것이다. 이러한 비판에 대해 제10조 제 3 항의「자의로」의 의미를 넓은 의미의 고의나 과실로 이해

1) 안동준, 156면; 이재상, 317면; 이정원, 218면.
2) 정성근/박광민, 323면.

하면 된다고 주장하고 있으나 이는 궁색하다.

또한 원인설정행위의 성격규명은 책임능력을 예외적으로 인정하기 위한 책임비난의 근거일 뿐 실행행위의 성격, 즉 실행행위를 고의행위로 볼 것인지 아니면 과실행위로 볼 것인지를 결정하는 것은 아니라는 점을 간과한 것이다. 판례가 원인이 자유로운 행위에는 고의범과 과실범 모두 인정된다고 판시[1]하고 있음은 원인행위시의 자의성을 고의나 과실과 연결지어 해석하지 않고 있다는 반증이다. 그러므로 원인행위를 자의로 야기하였다는 의미는 책임능력 있는 행위자가 「자발적으로」 또는 「스스로」 심신장애상태를 야기하는 것으로 해석하여야 한다.[2]

2) 위험발생의 예견 　위험발생을 예견한다는 것은 위험의 발생 또는 위험발생가능성을 예견하는 것을 의미한다. 그리고 자신의 심신장애상태야기로 인하여 고의의 실행행위뿐만 아니라 과실범의 결과를 초래할지도 모른다는 예견까지를 포함한다.[3] 그러므로 만일 위험한 결과발생에 대한 예견이 없이 단순히 명정상태에 빠진 다음에 구성요건을 실현한 경우(예: 술에 대취하여 폭행을 하거나 손괴행위를 한 경우)에는 형법의 일반원리에 따라 책임능력이 인정되면 그에 따라 처리하면 된다.[4] 그러나 심신장애상태 야기시에 범행을 계획하거나 결과발생을 예견하지 못한 상태에서 구성요건이 실현되면 제10조 제3항이 적용되지 않는다. 그 결과 책임능력의 제한을 이유로 처벌되지 않거나 형이 감경되는 결과가 될 수밖에 없다.

한편 위험발생의 예견과 관련하여 이를 위험발생 또는 위험발생가능성의 예견이 아니라 「위험발생의 예견가능성」으로 이해하는 견해가 있다.[5] 그러나 이러한 해석은 위험발생의 가능성을 예견(인식)하지 못한 경우를 포함하게 되어 결과적으로 인식없는 과실범의 경우까지도 원인이 자유로운 행위의 범주에 포함하게 된다. 그러므로 「위험발생의 예견가능성」으로 해석하는 것은 확장해석으로서 허용되지 않는다고 보아야 한다.

1) 대판 1992. 7. 28, 92도999.
2) 김일수/서보학, 385면; 임 웅, 291면. 신동운, 377면도 마찬가지이다. 그럼에도 불구하고 제10조 제3항에서 자의의 요건에는 원인행위가 고의나 과실로 행해진 경우를 모두 포함한다고 보고 있다. 즉 과실의 원인행위가 있다면 그 과실에는 유책성이 인정된다는 것이다(신동운, 378면).
3) 김종원, 앞의 논문, 90면; 배종대, 438면; 신동운, 378면.
4) 기술한 독일형법 제323a조(Vollrausch)는 바로 이러한 경우를 규정하고 있다.
5) 임 웅, 291면.

그리고 자의에 의한 심신장애상태의 야기란 원인행위를 자발적으로 야기한 경우를 의미한다. 자의의 의미를 고의나 과실과 같은 맥락에서 해석하여서는 안 된다. 그러나 원인행위는 아니지만 실행행위를 과실로 범한 경우를 포함하므로 형법이 원인이 자유로운 고의행위만을 규정하고 있다는 주장[1)]은 정확하지 않다.

(2) 효 과

원인이 자유로운 행위에 해당하면 실행행위가 책임무능력상태에서 이루어졌더라도 행위결과에 따라 고의범 또는 과실범으로 처벌되고, 한정책임능력상태에서의 행위도 형이 감경되지 않는다.

제 3 절 違法性認識

Ⅰ. 違法性認識의 槪念

위법성인식이란 행위(작위, 부작위)가 법질서에 반하고 그렇기 때문에 금지되어 있는 사실을 행위자가 인식하는 것을 의미한다. 즉 자신의 행위가 구성요건에 해당하고, 위법하다는 행위자의 인식을 말하며 이를 불법인식(혹은 불법의식)이라고도 한다. 형사책임능력 있는 행위자가 자신의 행위가 정당화될 수 없음을 알고서도 고의로 불법구성요건을 실현시키는 경우에 행위자는 자기행위의 불법성을 인식하고 있다고 볼 수 있다. 이와 같이 위법성인식은 독립적인 책임요소로서 이의 부존재를 인정할 만한 근거(법률의 착오)가 없는 한 그 존재가 추정된다. 그러므로 위법성인식은 고의의 구성요소가 아니다(책임설의 입장. 제15조 및 제16조 참조).

한편 행정법규 가운데에는 형법 제16조(법률의 착오)의 적용을 배제하는 규정을 둠으로써 이 경우에는 위법성인식이 없어도 책임이 조각되지 않으므로 형사처벌이 가능하다(예: 담배사업법 제31조).

Ⅱ. 違法性認識의 內容

위법성인식의 대상은 행위에 대한 처벌규정이나 가벌성에 대한 인식이

1) 조상제, 「과실의 원인에 있어서 자유로운 행위」, 형사판례연구(4), 73면.

아니라, 자신의 행위가 법적으로 금지되어 있음에 대한 인식을 의미한다. 그렇기 때문에 위법성인식은 범죄성립요건인 구성요건과 연관된 인식이며, 해당 구성요건의 불법내용을 인식대상으로 한다.[1] 즉 자신의 행위가 현행 법질서에 어긋난다는 인식이면 충분하며 반드시 형법규정에 위반된다는 인식일 것을 필요로 하는 것은 아니다. 심지어 자신의 행위가 사회정의와 조리에 어긋난다는 점에 대한 인식이 있더라도 위법성인식은 인정된다.[2] 그렇기 때문에 금지규범에 해당하는 구체적 사실에 관한 인식인 고의와 구별된다.

위법성인식은 행위자가 도덕적·종교적 또는 정치적인 확신에서 자신의 범죄행위를 정당하다고 생각하는 경우(확신범)나 양심에 비추어 옳다고 생각하고 그러한 행위를 하는 경우(양심범)에도 배제되지 않는다(그렇다고 하여 이 경우 다른 법적인 관점에서 책임이 감경되거나 배제될 수 있는 가능성을 부인하는 것은 아니다).

Ⅲ. 違法性認識의 體系的 位置

고의를 가치중립적이고 심리적인 내용으로 파악하는 것은 일반적으로 인정된 바이다. 위법성인식의 체계적 위치가 논란이 되는 것은 고의를 이처럼 행위에 대한 행위자의 심리적 관계만으로 파악할 것인가 아니면 불법을 행한다는 악의적인 인식(dolus malus)으로서의 불법인식까지도 필요하다고 보는가 하는 시각의 차이에서 비롯되는 문제이다.[3]

1. 고 의 설

고의를 책임요소로 파악하는 고전적 범죄론체계에 기초를 둔 고의설에 의하면 고의는 구성요건적 고의와 함께 위법성의 인식을 포함하는 상위개념이다. 그러므로 행위자가 자기행위의 불법성을 인식하지 못하였을 때에는 고의의 핵심요소가 결여되기 때문에 고의를 인정하지 않는다(책임의 부인).

① 엄격고의설에 따르면 고의는 구성요건요소에 대한 인식과 위법성인식을 모두 포함하므로 구성요건의 착오와 위법성의 착오를 구별하는 것은 무의미하며 오직 형법상의 착오문제로서 동일하게 고의가 부인되는 결과가 된다.

1) 이에 관해서는 BGHSt 42, 123면; Küper, JZ 1989, 621면; Lesch, JA 1996, 504면; Neumann, JuS 1993, 793면; Wessels/Beulke, AT, §10 Rn. 428 참조.
2) 대판 1987. 3. 24, 86도2673.
3) 역사적 전개과정에 관해서는 Jescheck, ZStW 93(1981), 3, 32면 참조.

그러나 이러한 입장은 법적으로 무관심한 태도를 가진 행위자일수록 고의가 배제되어 유리하게 된다는 모순이 있을 뿐만 아니라 과실범 처벌규정이 없는 경우에는 과실범으로서의 처벌도 불가능하다.

② 제한적 고의설은 위법성의 인식을 현실적으로 요구하는 것이 아니라 그 가능성만으로도 충분하다고 보고 고의를 인정한다. 그리하여 행위자가 법맹목성이나 법적대적 태도 때문에 위법성인식이 없는 경우에는 고의를 인정하는 견해도 있다. 그러나 이 견해 역시 위법성인식을 배제하는 기준이 모호할 뿐만 아니라, 논리적으로 어떠한 동기, 이유에서건 불법인식이 결여되어 있음에도 불구하고 고의를 인정하게 되는 경우가 있으므로 진정한 의미의 고의설이라고 볼 수 없다.

2. 책 임 설

책임설은 위법성인식을 고의의 구성요소로 보지 않고 구성요건적 고의와 별개의 독자적인 책임요소로 파악한다. 즉 책임은 고의의 이중기능에 따른 책임요소로서의 고의와 독자적인 책임요소로서의 위법성의 인식을 포함하는 상위개념이 된다. 그렇기 때문에 위법성인식의 결여는 곧 책임요소가 결여된 것으로서 고의가 아니라 오직 책임이 배제된다. 즉 책임설의 입장에서는, 첫째 책임이 인정되기 위해서는 위법성의 인식이 전제되며, 둘째 위법성인식이 결여되더라도 고의에 영향을 미치지 않는다.

> 독일형법은 제17조에서 자기행위의 불법성을 인식하지 못한 착오는 회피가능성(Vermeidbarkeit) 여부에 따라 책임을 배제 또는 감경한다고 규정하여 책임설의 입장을 따르고 있다.

그러나 위법성조각사유의 객관적 성립요건에 관한 착오를 어떻게 파악할 것인가에 대하여는 형법이 규정하고 있지 않기 때문에 다시 엄격책임설과 제한적 책임설이라는 학설의 대립이 있다(제 5 절 Ⅲ. 위법성조각사유의 객관적 성립요건에 관한 착오 참조).

① 엄격책임설은 위법성조각사유에 대한 일체의 착오를 법률의 착오로 보는 견해이다. 이는 원래 책임설이 위법성인식을 고의가 아니라 책임요소로 파악하고, 고의는 구성요건적 사실에 대한 인식만으로 제한하는 데에서 출발하는 학설이다.

② 제한적 책임설은 위법성에 관한 착오를 분류하여 취급한다. 즉 위법성조각사유의 객관적 성립요건에 대한 착오에 대해서는 구성요건의 착오와 마찬가지로 고의를 조각한다고 보는 반면, 일반적인 위법성의 착오에 대해서는 책임설에 따라 법률의 착오로 보는 견해이다.

3. 판례의 입장

대법원은 「임산물단속에 관한 법률(폐지) 제 7 조 위반의 범죄가 성립하려면 그 범의에 있어서 허가권자의 허가 없이 벌채한다는 인식만으로는 부족하고 그 벌채행위가 산림보호를 해한다는 위법성에 관한 인식까지를 필요로 한다 할 것이고, 동법과 같은 행정형벌법규의 부지는 특별한 사정이 없는 한 동 법규에 위반된 범죄행위의 범의를 조각한다」[1]고 한다. 이러한 판례의 입장은 고의가 인정되기 위해서는 구성요건요소에 관한 인식만으로는 부족하고 위법성까지를 인식할 것을 요구함으로써 고의설을 기조로 하고 있다고 보여진다.

그러나 그 후 판례에서는 「체신부장관의 위 회신내용에 의하여 자기의 행위가 법령에 의하여 죄가 되지 아니하는 것으로 오인하였다 하더라도 피고인에게 원심의 위 판시사실에 대한 범의가 없었다고는 할 수 없다」[2]고 판시하여 위법성의 인식과 고의를 별개로 취급하는 듯한 결론을 내리고 있다. 다른 판례에서는 법률의 착오는 「단순한 법률의 부지를 말하는 것이 아니고 일반적으로 범죄가 되는 행위이지만 자기의 특수한 경우에는 법령에 의하여 허용된 행위로서 죄가 되지 아니한다고 그릇 인식하고 그와 같은 그릇 인식함에 있어 정당한 이유가 있는 경우」라고 하고 있다.[3] 이 판례는 자신의 행위가 범죄가 되는 행위라는 점을 인식한 것을 전제로 하고 있으므로 고의와 위법성의 인식을 구별하는 듯한 판시를 하고 있다.

이상과 같이 대법원의 입장은 명확하지 않다. 다만 전체적으로 보아 대법원은 단순한 법률의 부지는 법률의 착오에 해당하지 않으며, 위법성의 인식을 인정하기 위해서는 자기행위가 금지되어 있다는 점까지도 인식하여야 한다는 입장인 것으로 판단된다.

---

1) 대판 1978. 1. 31, 77도3332.
2) 대판 1987. 4. 14, 87도160.
3) 대판 1985. 4. 9, 85도29. 이 판례와 관련된 논의는 손용근, 「관계기관의 회답 또는 의견을 믿고 한 행위와 형법 제16조 소정의 정당한 이유 유무」, 차용석박사화갑기념논문집(1994), 369면 이하 참조.

제 4 절 違法性의 錯誤

Ⅰ. 違法性의 錯誤의 概念

구성요건의 착오에서 행위자는 구성요건적인 관점에서 「죄의 성립요소인 사실」을 알지 못함으로서 자기가 무엇을 하고 있는지를 모르고 있다(고의의 결여). 이에 반해 위법성의 착오나 법률의 착오 또는 금지착오(Verbotsirrtum)[1]란 자기행위의 위법성을 인식하지 못한 경우를 가리킨다(위법성인식의 결여). 다시 말하면 행위자는 그의 행위가 구성요건에 해당한다는 사실을 알고 있으나, 그것이 법적으로 금지되지 않고 허용되어 있다고 잘못 믿고 있는 것이다. 형법은 이를 법률의 착오라 하여 「자기의 행위가 법령에 의하여 죄가 되지 아니하는 것으로 오인한 행위는 그 오인에 정당한 이유가 있는 때에 한하여 벌하지 아니한다」(제16조)고 규정하고 있다. 이는 일반적으로 범죄가 되는 경우이지만 자기의 특수한 경우에는 법령에 의하여 허용된 행위로서 죄가 되지 않는다고 잘못 인식하고, 그와 같이 잘못 인식함에 정당한 이유가 있는 경우에는 벌하지 않는다는 취지이다.[2]

Ⅱ. 違法性의 錯誤의 形態

1. 직접적인 위법성의 착오

직접적인 위법성의 착오란 행위자가 자신의 행위의 위법성을 전혀 인식하지 못하는 경우를 일컫는다. 이는 문화의 차이나 부수형법으로서 그 내용이 일반성을 띠지 않기 때문에 나타날 수 있는 현상이다. 이에는 ① 자기행위와 관련된 법규범을 무효라고 여기거나(효력의 착오. 그러나 이 경우에는 오직 행위자가 일반적인 법질서에 입각하여 무효성을 인정하였어야 한다. 다시 말해 개인적인 확신이나 양심에 터잡은 확신범 또는 양심범은 위법성의 착오의 경우가 아니다) 또는 ② 금지규범을 잘못 해석한 결과 그 효력범위에 관하여 착오가 발생하여 자기행위의 적법성을 믿은 경우(포섭의 착오. 예: 선물로 받은 장물은

1) 독일형법 제17조의 표현이다. 본서에서는 양자를 혼용한다. 이에 관한 독일에서의 이론적 전개에 관해서는 조준현, 「금지착오에 관한 독일형법이론사 소고」, 손해목박사화갑기념논문집(1993), 187면 이하 참조.

2) 대판 2008. 10. 23, 2008도5526.

장물취득죄에 해당되지 않는다고 믿은 경우)에 직접적인 위법성의 착오가 발생한다. 그러나 판례는 관할 행정청의 행정처분이나 회신 또는 법령해석을 잘못한 결과 행위의 적법성을 믿은 경우에 법률의 착오를 인정하지 않는다.[1)]

③ 행위자가 자기의 행위와 관련된 금지규범을 알지 못한 경우(법률의 부지)도 직접적인 위법성의 착오의 한 유형이라고 할 수 있는데 대법원은 이를 인정하지 않고 있다.[2)] 그러나 금지규범을 인식하지 못하였다는 것은 반대로 자기의 행위가 허용된다고 믿은 것과 다를 바 없으므로 위법성의 착오의 한 유형으로 보는 것이 타당하다(후술).

2. 간접적인 위법성의 착오

간접적인 위법성의 착오 또는 위법성조각사유에 관한 착오는 일반적으로 범죄가 되는 행위의 위법성을 인식하였지만 자신의 경우에는 법령에 의하여 허용되므로 범죄가 되지 않는다고 오신하고 있는 경우(허용의 착오, 즉 위법성조각사유규정의 존재나 또는 법적 한계에 관한 착오라고도 한다)와 현실적으로는 놓여 있지 않은 위법성을 조각하는 행위상황이 존재한다고 오신한 경우(허용구성요건의 착오, 즉 위법성조각사유의 객관적 성립요건에 관한 착오)를 포함한다. 이는 위법성의 착오에 해당하지 않는다.

3. 법률의 부지

(1) 법률의 부지의 개념

법률의 부지란 행위자가 규범의 존재 자체를 전혀 알지 못한 결과 자기 행위의 위법성을 인식하지 못한 경우를 말한다. 직접적 금지착오의 형태인 이러한 법률의 부지상태를 ① 형법이 규정한 법률의 착오(제16조)의 일종으로 보는 견해[3)]와, ② 법률의 부지는 법률의 착오와는 다른 것으로 보고 법률의 부지는 범죄성립에 전혀 영향이 없다는 입장[4)]이 있다.

후자의 견해에 의하면 법률의 부지는 행위자가 자기행위의 법적 금지사실을 소극적으로 모르는 경우인 데 반하여, 법률의 착오는 어느 행위가 법으

1) 대판 1998. 6. 23, 97도1189; 1997. 6. 13, 96도2767; 1987. 4. 14, 87도160.

2) 대판 1995. 8. 25, 95도1351; 2005. 9. 29, 2005도4592.

3) 김일수/서보학, 406면; 안동준, 160면; 오영근, 「법률의 착오」, 고시계(1994/11), 81면; 이재상, 328면; 이형국(II), 426면; 정성근/박광민, 334면; 차용석, 「위법성의 인식 · 위법성의 착오」, 고시연구(1993/11), 146면; 허일태, 「법률의 부지의 효력」, 형사판례연구(1), 40면 이하.

4) 대법원의 입장이다(대판 1986. 6. 24, 86도810; 1992. 4. 24, 92도245; 1995. 8. 25, 95도1351; 2003. 4. 11, 2003도451; 2005. 9. 29, 2005도4592). 또한 손해목, 635면.

로 금지된 사실을 행위자가 알고 있었으나 자기의 경우에는 법령에 의하여 그 행위가 허용된다고 적극적으로 오인한 경우(허용의 착오)로서 오인에 정당한 이유가 있으면 불가벌적인 착오라고 한다. 그러므로 법률의 부지는 그 원인에 정당한 이유가 있더라도 범죄의 성립에는 지장이 없다고 한다.

(2) 법률의 부지와 법률의 착오

대법원은 법률의 부지는 단순히 자기행위를 금지하는 법규범의 존재사실 자체를 알지 못하는 경우인 데 반하여 법률의 착오는 자기행위가 법적으로 허용되어 있다고 적극적으로 잘못 인식하고 있는 점에서 다르다고 본다. 그리고 법률의 부지의 경우에는 형법 제16조(법률의 착오)에 해당하지 않으므로 범죄의 성립에 영향을 미치지 않는다고 한다.

[판례] 「형법 제16조에 자기의 행위가 법령에 의하여 죄가 되지 아니하는 것으로 오인한 행위는 그 오인에 정당한 이유가 있는 때에 한하여 처벌하지 아니한다고 규정하고 있는 것은 단순한 법률의 부지를 말하는 것이 아니고, 일반적으로 범죄가 되는 행위이지만 자기의 특수한 경우에는 법령에 의하여 허용된 행위로서 죄가 되지 아니한다고 그릇 인식하고 그와 같이 인식함에 있어 정당한 이유가 있는 경우에는 벌하지 아니한다는 취지이므로, 피고인이 자신의 행위가 국토이용관리법상의 거래허가대상인 줄을 몰랐다는 사정은 단순한 법률의 부지에 불과하고 특히 법령에 의하여 허용된 행위로서 죄가 되지 않는다고 적극적으로 그릇 인식한 경우가 아니어서 이를 법률의 착오에 기인한 행위라고 할 수 없다」(대판 1992. 4. 24, 92도245).[1)]

이에 대해서는 양자의 구별기준이 명확한 것이 아니기 때문에 결국 법관의 자의적 구별기준에 따라 법률의 부지를 인정하고 그 결과 가벌성의 범위를 확장할 수 있게 한다는 점에서 타당하지 않다는 견해가 있다.[2)] 이 문제는 법률의 부지상태를 위법성인식(불법의식)이 없는 상태와 동일하게 볼 수 있는가라는 문제로 귀착된다.

위법성의 인식은 구체적인 처벌법규의 존재사실을 인식하는 것이 아니다. 자신의 행위가 법적으로 금지되어 있음을 현실적으로 인식하거나 잠재적으로라도 인식가능하면 인정된다. 그런데 자기행위가 법규범에 의하여 금지

1) 본 판례사안을 구성요건적 착오의 문제로 보는 견해도 있다. 강동범, 「허가 등의 대상인 줄 모르고 한 행위의 형법상 취급」, 형사판례연구(3), 80면 참조. 이는 대법원의 일관된 판례이다(대판 1979. 6. 26, 79도1308; 1980. 2. 12, 79도285; 1986. 6. 24, 86도810; 1990. 10. 30, 90도1126; 1998. 6. 23, 97도1189).

2) 허일태, 앞의 논문, 48면 이하; 김일수/서보학, 406면; 이재상, 328면; 이형국(II), 426면, 독일의 경우 Sch/Sch/Cramer, § 17 Rn. 10 참조.

된 사실 자체도 모르는 자에게 위법성인식이 있다고 보기는 일반적으로 어렵다. 특히 법정범의 경우에는 더욱 그러하다. 즉 법률의 부지는 위법성인식의 결여와 같다고 볼 수 있는 것이다. 이처럼 위법성인식이 없는 행위자에 대하여 형사책임을 지운다는 것은 책임주의원칙을 무시하는 결과가 된다. 여기에서 문제는 법공동체의 구성원 모두가 법규범의 내용을 알 것을 기대할 수 없는 현실이다. 특히 법률의 부지를 통하여 법규범에 무관심한 구성원에게 오히려 법규범의 적용이 불가능하게 된다는 모순에 봉착하게도 된다. 그렇기 때문에 법률의 부지는 행위자가 금지규범을 알지 못한 데 대하여 정당한 이유가 인정되는 경우로 제한하여 인정하는 것이 타당하다.

그렇다면 어떠한 경우에 위법성인식이 인정된다고 볼 수 있는가? 구체적으로는 먼저 행위자 개인의 능력과 인식수준, 그리고 행위자의 생활관계 등을 고려하여 인식가능성이 검토되어야 한다. 다음으로는 행위의 위법성 여부가 의심스러울 때에는 이를 전문기관 등에 조회 또는 확인하는 인식노력이 요구된다.[1] 이러한 요구는 법공동체 구성원으로서의 당연한 의무라고 보아야 할 것이다.

(3) 법률의 부지의 효과

법률의 부지를 법률의 착오와 같은 의미로 이해한다면 법률의 부지로 인한 형법상의 효과는 착오의 정당성을 전제로 인정될 수 있을 것이다. 착오에 정당성이 인정되는 경우에도 법적 효과에 대해서는 ① 고의설, ② 책임설과 같은 견해가 있다(이는 위법성의 인식에 관한 일반적인 학설대립의 연장선이다). 고의설에 의하면 고의의 내용에는 구성요건적 고의뿐만 아니라 위법성의 인식도 포함하는 것으로 보기 때문에 위법성의 인식이 없으면 고의도 인정되지 않는다고 본다.

그러나 전술한 바와 같이 법공동체의 구성원은 자기행위의 적법성에 대해서 언제나 숙고하여야 할 의무를 지므로 위법성인식을 고의와는 별개의 내용으로 보는 책임설의 입장이 타당하며 오늘날 이는 거의 일치된 견해임은 주지하는 바와 같다. 이에 따라 법률의 부지의 경우에도 형법 제16조에 따라

1) 그러나 대법원판례 중에는 문의에 따른 관계기관의 회신을 신뢰하고 한 행위까지도 정당한 이유있는 착오로 보지 않는 경우(대판 1987.4.14. 87도160; 2006.3.24, 2005도3717), 보건사회부장관의 고시를 믿고 한 행위도 정당한 착오라고 볼 수 없다는 경우(대판 1991.8.27, 91도1523)가 있다.

정당한 사유가 있으면 책임이 조각되는 것으로 보아야 할 것이다.[1)]

Ⅲ. 正當한 理由

형법(제16조)은 법률의 착오를 인정하기 위해서는 착오에 정당한 이유가 있을 것을 규정하고 있다.[2)] 정당한 이유가 있는지 여부는 "행위자에게 자기 행위의 위법의 가능성에 대해 심사숙고하거나 조회할 수 있는 계기가 있어 자신의 지적능력을 다하여 이를 회피하기 위한 진지한 노력을 다하였더라면 스스로의 행위에 대하여 위법성을 인식할 수 있는 가능성이 있었음에도 이를 다하지 못한 결과 자기 행위의 위법성을 인식하지 못한 것인지 여부에 따라 판단하여야 할 것이며, 이러한 위법성의 인식에 필요한 노력의 정도는 구체적인 행위정황과 행위자 개인의 인식능력, 그리고 행위자가 속한 사회집단에 따라 달리 평가되어야 한다"는 것이 판례의 입장이다.[3)]

형법이 요구하는 정당한 이유는 독일형법 제17조의 회피가능성(Vermeidbarkeit)과 비교될 수 있는 규정으로서 대법원은 이를 위법성의 착오의 형태적 제한을 통해 해석하고자 하는 태도를 보이고 있다.[4)] 즉 법률의 부지를 제외시키면서 자기행위만은 허용된다는 적극적인 오인에서 정당성의 근거를 찾고자 한다.

[판례] 「형법 제16조에서 자기가 행한 행위가 법령에 의하여 죄가 되지 아니한 것으로 오인한 행위는 그 오인에 정당한 이유가 있는 때에 한하여 벌하지 아니한다고 규정하고 있는 것은 일반적으로 범죄가 되는 경우이지만 자기의 특수한 경우에는 법령에 의하여 허용된 행위로서 죄가 되지 아니한다고 그릇 인식하고 그와 같이 그릇 인식함에 정당한 이유가 있는 경우에는 벌하지 아니한다는 취지이고, 이러한 정당한 이유가 있는지 여부는 행위자에게 자기 행위의 위법의 가능성에 대해 심사숙고하거나 조회할 수 있는 계기가 있어 자신의 지적능력을 다하여 이를 회피하기 위한 진지

1) 김영환, 「법률의 부지의 형법해석학적 문제점」, 형사판례연구(11), 59면 이하; 허일태, 앞의 논문, 60면.

2) 관세법 제278조 제 2 항 및 조세범처벌법 제 4 조 제 1 항은 형법 제16조를 적용하는 경우에 정당한 이유의 유무를 묻지 않는다고 규정하고 있는데 이는 착오에 정당한 이유가 없더라도 법률의 착오를 인정하겠다는 취지라고 본다(징역형에 처하는 때에는 예외).

3) 대판 2006. 3. 24, 2005도3717; 2008. 2. 28, 2007도5987; 2008. 10. 23, 2008도5526.

4) 대판 1992. 4. 24, 92도245 참조; 정현미, 앞의 논문, 15면(대법원 판례에 동조). 김신규, 「형법 제16조의 '정당한 이유'의 의미와 판례검토」, 형사법연구 제15호(2001, 여름), 103면 이하는 「정당한 이유」의 존재유무는 규범적 책임론의 바탕하에서 회피가능성 유무로서 판단하여야 한다는 입장이다. 이에 반해 오영근, 「법률의 착오」, 고시계(1994/11), 83면은 「정당한 이유」를 독일형법상의 「회피가능성」으로 보는 것이 타당하지 않다고 본다.

한 노력을 다하였더라면 스스로의 행위에 대하여 위법성을 인식할 수 있는 가능성이 있었음에도 이를 다하지 못한 결과 자기 행위의 위법성을 인식하지 못한 것인지 여부에 따라 판단하여야 할 것이고, 이러한 위법성의 인식에 필요한 노력의 정도는 구체적인 행위정황과 행위자 개인의 인식능력 그리고 행위자가 속한 사회집단에 따라 달리 평가되어야 한다」(대판 2006. 3. 24, 2005도3717-'낙천운동반박사건').

그러나 이러한 대법원의 입장은 타당하지 않다. 왜냐하면 정당한 이유는 위법성을 인식하지 못한 원인에 대한 규정이지 위법성을 인식하지 못한 행위자의 태도나 방식만을 설정한 것이 아니기 때문이다(그 결과 독일판례에서 나타나는 양심의 긴장[1]은 행위자의 판단태도를 의미하는 것으로서 타당한 판단기준이라고 보기 어렵다).

위법성의 착오에서 정당한 이유가 인정되기 위해서는 자기행위에 대한 구체적인 위법성의 인식가능성을 전제로 한다. 이는 평균인적 판단을 기초로 하면서 개별적인 인식능력도 고려한다. 환언하면 행위자의 인식능력을 통하여 행위의 위법성을 인식할 수 있는 현실적인 가능성을 전제로 하므로, 위법성을 인식하지 못한 것이 이러한 가능성의 한계로 인한 것이라면 이는 착오에 대한 정당한 이유가 있다고 볼 수 있다. 문제는 이러한 가능성의 범위 내에서 위법성을 인식하지 못한 경우이다. 특히 이 경우에는 행위자의 법의식이나 도덕적 수준이 영향을 미쳐 위법성 판단을 그르칠 수도 있다. 결국 위법성 판단을 잘못한 원인이 행위자를 비난할 만한 사유가 아닌 한 정당성이 인정된다고 할 것이지만, 법의식에 문제가 있거나 과실범에게 요구되는 주의의무처럼 오인의 내용이 행위자의 업무와 관련되어 있다거나 행위자에게 특히 중요한 사안일 경우에는 귀책적이라고 보아 정당성이 인정되지 않는다고 보아야 한다.

[판례] 대법원이 정당성을 인정하는 위법성의 착오의 경우를 살펴보면 다음과 같다.
① 국민학교 교장이 교과식물을 비치하기 위하여 학교화단에 양귀비 종자를 심은 경우(대판 1972. 3. 31, 72도64), ② 복귀명령위반이 죄가 되지 않는다고 오인한 경우(대판 1974. 7. 23, 74도1399), ③ 행정청의 허가가 있어야 함에도 불구하고 허가를 받지 아니하여 처벌대상 행위를 한 경우, 허가를 담당하는 공무원이 허가를 요하지 않는 것으로 잘못 알려주어, 이를 믿었기 때문에 허가를 받지 아니하였다면, 허가를 받지 않더라도 죄가 되지 않는 것으로 착오를 일으킨 데 대하여 정당한 이유가 있는 경우에 해당하여

1) BGHSt 2, 194(201) 참조.

처벌할 수 없다(대판 1995.7.11, 94도1814). ④ 자신이 제조·판매하는 양말이 타인의 의장권을 침해하는 것이 아니라고 믿은 경우(대판 1982.1.19, 81도646).

한편 다른 판례에서는 「…피고인들이 변리사로부터 그들의 행위가 고소인의 상표권을 침해하지 않는다는 취지의 회답과 감정결과를 통보받았고, 피고인들의 행위에 대하여 3회에 걸쳐서 검사의 무혐의처분이 내려졌다가 최종적으로 고소인의 재항고를 받아들인 대검찰청의 재기수사명령에 따라 이 사건 공소가 제기되었으며, 피고인들로서는 이 사건과 유사한 대법원의 판례들을 잘못 이해함으로써 자신들의 행위는 죄가 되지 않는다고 확신을 하였고, 특허청도 피고인들의 상표출원을 받아들여서 이를 등록하여 주기까지 하였다는 등 피고인들이 주장하는 사유들만으로는 위와 같은 기준에서 볼 때 피고인이 자신의 행위가 고소인의 상표권을 침해하는 것이 아니라고 믿은 데에 정당한 이유가 있다고 볼 수 없다고 할 것」이라고 판시하여 법률의 착오를 인정하지 않고 있다(대판 1998.10.13, 97도3337). 이 판례를 살펴보면 피고인의 상표권 침해 여부와 관련된 행위는 피고인의 업무와 관련된 것이므로 일반인보다 더 행위의 위법성 여부판단을 숙고하여야 할 경우에 해당한다. 그런데 판결내용을 통하여 사실관계를 살펴보면 피고인은 상표권을 침해하지 않는다는 변리사의 회답과 감정통보를 받았고, 검사의 무혐의처분 및 특허청의 상표등록을 받는 등 상표권침해에 대한 위법성인식은 인정하기 어렵다고 보여진다. 또한 피고인이 위의 과정을 통하여 상표권침해 여부를 확인하였다면 위법성을 인식할 수 있는 현실적 수단은 사법적 심사 이외에는 더 이상 없다고 보아야 할 것이다. 그러나 법원의 판결을 통한 사법심사는 위법성 판단의 수단이 될 수 없다. 사법적 심사는 적법행위를 위한 사전적 심사기능을 하는 것이 아니라 사후적 평가에 해당하기 때문이다.

Ⅳ. 主觀的 正當化事由의 不存在와 刑事責任

행위의 위법성을 조각시키는 적법한 행위상황이 존재함에도 불구하고 착오로 이를 알지 못한 경우, 즉 주관적인 위법성조각사유(주관적 정당화사유)가 없는 경우에 형사책임이 문제된다.

[예] 사이가 나쁜 옆집 창문을 깨버려야겠다는 생각에서 돌멩이를 던졌는데, 그 때 가스에 중독되어 혼수상태에 빠져 있던 집주인이 깨진 창문 덕분에 의식을 회복한 경우, 정당방위의사 없이 행인을 구타하였는데 사실은 이 행인이 강도행위 직전이었던 경우.

여기에서 행위자는 집주인을 구조할 목적이나 방어목적이 아니라 공격목적으로 투석, 구타를 하였다. 그렇기 때문에 이 경우에 행위의 위법성이 조각된다고 볼 수는 없다. 왜냐하면 주관적 위법성조각요소가 결여되어 있기 때문이다. 이 경우에 행위자를 미수범으로 처벌할 것인가 아니면 기수범으로서 처벌할 것인가에 대해서는 견해가 나뉜다.

(1) 기수책임설

주관적 정당화요소가 결여되어 있으므로 위법한 행위가 되어 개념적으로 미수가 아니라 기수책임을 져야 한다는 주장이다.[1] 즉 위의 [예]에서 손괴죄의 객관적·주관적 구성요건이 충족되었고, 위법성이 조각되지도 않기 때문에(주관적 요소의 결여) 손괴죄의 기수책임을 져야 한다고 한다.

(2) 미수책임설

미수의 경우와 마찬가지로 불법한 결과가 발생하였다고 볼 수 없으므로(결과불법의 부존재) 미수범에 불과하다고 본다.[2] 위의 [예]에서 손괴죄의 구성요건은 객관적으로 위법성이 조각되는 상황이 존재하였기 때문에 결과불법이 인정되지 않으나, 주관적으로는 행위결정이 있었으므로 행위불법(성)이 인정된다고 보아 불능미수범으로 처벌하여야 한다고 주장한다.

생각건대 이 경우에는 미수책임을 묻는 것이 타당하다고 본다. 왜냐하면 위의 [예]에서 보듯이 창문손괴로 집주인을 구했기 때문에 손괴죄의 결과불법이 상쇄된다고 보아 오직 주관적으로만 불법성이 인정되기 때문이다(행위불법). 이는 곧 미수범과 유사한 상황이라 할 수 있으므로 미수로서 처벌하여야 할 것이다.

V. 違法性阻却事由의 客觀的 成立要件에 관한 錯誤

1. 개 념

위법성조각사유(혹은 정당화사유)의 객관적 상황이 존재하지 않는데도 불구하고 행위자는 이러한 사정이 존재한다고 오인하고 행위하는 경우를 위법성조각사유의 객관적 성립요건(전제조건)에 관한 착오 또는 허용구성요건의 착오라 한다. 구체적으로는 오상방위나 오상피난이 그 예이다. 즉 정당방위라는 위법성조각사유를 인정하기 위한 객관적인 성립조건인 정당방위상황에 대

1) BGHSt 2, 114면; Tröndle/Fischer, § 32 Rn. 14, § 34 Rn. 18; Zielinski, 「Handlungs- und Erfolgsunwert im Unrechtssystem」(1973), 263면; LK/Hirsch, vor § 32 Rn. 59 이하.

2) Frisch, Lackner-FS.(1987), 127면; Jakobs, AT, 11/23; Jescheck/Weigend, AT, 296면; Lackner/Kühl, § 22 Rn. 16; SK/Rudolphi, § 22 Rn. 29; Sch/Sch/Lenckner, vor § 32 Rn. 15; Stratenwerth/Kuhlen, AT I, § 9 Rn. 148.

하여 착오를 일으킨 경우이다.

[예] A는 자기의 가방을 소매치기한 20대 초반의 젊은 여자 X를 추격하였다. 그러자 X는 "강도야!"하고 소리치면서 달아났다. 이 소리를 들은 행인 B는 X를 구하기 위해 뒤쫓는 A의 발을 걸어 넘어뜨린 후 쓰러진 A의 얼굴을 발로 걷어찼다. 이 경우 행인 B는 X가 강도피해자인 줄로 잘못 알고 무고한 A를 공격한 결과가 되었다.

형법 제21조 제 1 항은 정당방위가 성립하기 위해서는 (자기 또는 타인의 법익에 대한) 현재의 부당한 침해행위가 있어야 한다고 규정하고 있는 데 반하여 오상방위는 이러한 정당방위상황이 아님에도 불구하고 이를 오신한 경우이므로 오상정당행위, 오상피난이나 오상자구행위 등과 함께 위법성조각사유의 객관적 전제조건에 관한 착오의 문제로 다루어진다.

2. 개념의 양면성

오상방위는 방위행위자의 의사가 「적법한」 사실을 실현코자 함에 있었다는 점에서 자신의 행위가 현실적으로 객관적 구성요건에 해당한다는 사실을 인식하지 못하고 이를 실현하는 구성요건의 착오와 구조적으로 유사하다. 만일 행위자가 믿은 바와 같은 상황이 실제로 존재한다면 그의 행위는 위법성 여부가 하등 문제될 수 없을 것이다. 즉 법률의 착오와 같이 규범의 평가를 내용으로 하는 착오가 아니라 사실관계에 관한 착오라는 점에서 구성요건의 착오와 비슷하다.

그러나 오상방위에서 방위행위자는 내심으로 자신의 행위가 구성요건에 해당하지만 위법하지 않다고 믿은 점에서 결과적으로 자신의 행위의 위법성을 인식하지 못하는 위법성 착오와도 유사하다. 위법성조각사유의 전제조건은 구성요건요소가 아니라 위법성의 문제와 관련이 있기 때문이다. 이처럼 위법성조각사유의 전제조건에 관한 착오는 구조적으로 구성요건의 착오 및 위법성의 착오와 공통점을 가지고 있다.

이와 같이 오상방위와 같은 위법성조각사유의 전제조건에 관한 착오는 양자 중 그 어느 것과도 완전하게 일치하는 것은 아니기 때문에 독자적 유형의 착오형태로 보아야 한다. 즉 위법성조각사유의 객관적 전제조건은 사실관계에 관한 것이기는 하나 객관적 구성요건요소는 아니라는 점에서 구성요건의 착오와 구별되고, 법률의 착오와는 허용되는 규범에 대한 착오(Erlaubnisnormirrtum)가 아니라 허용되는 상황에 관한 착오를 그 대상으로 하는 점에서 구별되기 때문이다.

3. 법적 효과

형법은 위법성조각사유의 객관적 전제조건에 관한 착오를 규정하고 있지 않으므로 그 법적 효과에 관한 해결책은 학설에 의할 수밖에 없다.[1] 그리고 학설은 이와 같은 착오의 법적 효과에 관해서는 언제나 범죄론체계로부터 도출해 내고자 시도하였다. 결국 위법성조각사유의 성립요건에 관한 착오의 양면적 특성상 이를 구성요건의 착오와 위법성의 착오 가운데 어느 쪽에 더 가까운 형태의 착오로 볼 것인가에 따라 그 법적 효과가 결정된다고 볼 수 있다.

(1) 엄격책임설

책임설이라 함은 불법인식을 고의나 과실과 같은 구성요건요소가 아니라 책임의 문제로 보는 입장이다. 그리고 이러한 입장을 엄격하게 유지하는 엄격책임설은 고의와 과실을 불법구성요건의 영역에 한정시키고 위법성조각사유에 관한 행위자의 주관적인 관계는 책임의 문제로 돌린다. 이에 따라 위법성조각사유의 객관적 조건들은 구성요건요소가 아니므로 구성요건의 착오와 같이 취급할 수가 없으며, 이에 대한 착오는 위법성의 착오의 일종으로 보는 입장이다.[2] 즉 위법성조각사유에 관한 착오는 구성요건적 고의가 아니라 위법성 인식을 배제한다는 것이다. 예를 들면 정당방위의 상황을 잘못 알고 방위행위를 한 자는 비록 정당방위의 목적이었다고는 하나 의식적으로 법익을 침해하였으며 이 경우에는 자기행위의 법적인 허용 여부에 관한 심사숙고가 요청되는 데도 이를 소홀히 하였다는 점에서 위법성의 착오에 해당한다고 본다. 그러나 이 학설의 난점은 기본적으로 법에 충실하게 행동한 자를 고의범으로 취급한다는 데에 있다. 뿐만 아니라 오늘날 과실범에서도 객관적 주의의무를 다한 경우에 구성요건해당성이 조각되는 것과 비교할 때 균형이 맞지 않는다는 비판이 있다.

(2) 제한적 책임설

제한적 책임설은 다양한 견해를 총칭하는 개념이다. 이에 따르면 위법성

1) 이에 관해서는 정진연, 「위법성조각사유의 객관적 전제사실에 관한 착오」, 김종원교수화갑기념논문집(1991), 265면 이하 참조.

2) 김종원, 「정당화사정의 착오에 관한 일고찰」, 고시연구(1993/8), 14면 이하; 오영근, 492면; 정성근/박광민, 348면. Welzel, Strafrecht, 168면 이하; LK/Schroeder, §16 Rn. 52.

조각사유의 객관적 성립요건에 관한 착오의 법적인 결과는 구성요건의 착오에 준하여 취급한다. 즉 이처럼 구성요건의 착오에 준하여 취급한다는 점에서 제한적 책임설이다. 이 학설은 오상방위를 포함한 위법성조각사유의 객관적 성립요건에 관한 착오를 범죄론적 측면보다는 형사정책적 관점이나 정의의 관점에서 파악하고자 한다. 제한적 책임설의 입장은 결론에서는 구성요건의 착오에 준하여 문제를 해결하고자 하는 점에서는 일치하나 그 논거는 아래와 같은 견해로 세분된다.

제한적 책임설이란 위법성조각사유의 사실적인 조건들을 오신한 경우에는 행위불법이 없기 때문에 구성요건적 고의를 배제하지는 않으나 책임요소로서의 고의를 배제하자는 입장이다.[1] 고의의 이중기능에 입각하여 책임요소로서의 고의를 배제한다는 점에서는 고의를 인정하지 않는 구성요건의 착오와 결과적으로 동일시한다.

1) 구성요건의 착오유추적용설 이 견해에서는 위법성조각사유의 성립요건이 존재한다고 오신한 행위자는 법에 충실하였으나 다만 상황에 대한 판단에 착오를 일으킨 경우라고 보아 구성요건적 고의를 인정할 수 없다고 한다. 그러므로 구성요건의 착오와 마찬가지로 취급하되 이러한 착오가 회피가능하였다면 과실범으로 처벌하여야 한다고 본다.[2] 독일판례의 입장이다.[3]

2) 법률효과제한적 책임설 또는 과실책임의제설 법률효과제한적 책임설[4]은 위법성조각사유의 객관적 성립요건에 관한 착오를 독자적인 형태의 착오로 파악한다. 구성요건적 고의는 이러한 착오에 의하여 영향을 받지 않으므로 구성요건의 착오에 관한 규정은 직접적으로는 적용될 수 없다고 한다. 그러나 행위자는 위법성조각사유와 관련하여 준법적으로 행동하였으며, 비난받아야 할 점은 행위자의 부주의성(不注意性)에 있다고 본다. 그렇기 때문에 이러한 착오는 과실책임의 경우와 비견될 수 있으므로 과실범에 따라

---

1) Engisch, ZStW 70(1958), 566면; Eser, Strafrecht I, Fall 14 Rn. 24 a; Herzberg, JA 1989, 243, 294면("불법설"이라고 부름); Arth. Kaufmann, Lackner-FS.(1987), 192면; Roxin, ZStW 76(1964), 599면; SK/Rudolphi, §16 Rn. 10, 12; Sch/Sch/Cramer, §16 Rn. 18: Stratenwerth/Kuhlen, AT I, Rn. 499 이하.

2) 김일수/서보학, 288면; 이형국(I), 241면; 장영민, 「위법성조각사유의 착오와 책임설」, 고시계(1992/7), 153면 이하; 하태훈, 「오상방위」, 고시계(1994/11), 96면.

3) BGHSt 3, 105면; 31, 264면.

4) 배종대, 454면; 이재상, 332면; 정진연, 앞의 논문, 292면; 임 웅, 314면 이하. Gallas, ZStW 67(1955), 45면; Jescheck/Weigend, AT, 418면; Lackner/Kühl, §17 Rn. 10.

처벌하는 것이 타당하다고 주장한다. 그러므로 오상방위의 경우 고의범으로 처벌하는 것이 아니라 착오를 일으킨 데 대하여 부주의함이 인정되면 과실범으로 처벌하여야 한다고 본다. 이 학설에 따르면 오상방위의 경우에 책임요소로서의 고의는 부인하나 구성요건적 고의는 인정하므로 제한적 종속설에 입각한 공범성립이 가능하게 된다. 고의의 이중기능을 인정할 실익은 바로 법률효과제한적 책임설을 인정하는 데에 있다.

3) 소극적 구성요건요소론 소극적 구성요건요소론이란 개별적인 위법성조각사유를 불법구성요건을 구성하는 소극적 요소로 파악하는 입장이다. 그러므로 고의의 내용에는 단지 구성요건요소만을 인식하는 것뿐만 아니라 위법성조각사유의 부존재를 인식하는 것도 포함된다(그러므로 위법성조각사유를「소극적」구성요건요소라고 부른다).

이 이론이 갖는 기능은 적법과 불법의 한계를 명확히 하고, 범죄행위를 구성요건해당성과 위법성, 책임의 3단계가 아니라 불법구성요건과 책임이라는 2단계 범죄체계구조 속에서 파악한다. 이에 따라 구성요건의 착오에 관한 이론이 그대로 적용가능하게 된다. 즉 위법성조각사유의 객관적인 성립요건을 오신한 경우에는 구성요건의 착오와 마찬가지로 구성요건적 고의가 배제된다고 보며, 경우에 따라서는 과실범으로 처벌할 수 있다고 본다.[1] 그 결과 위법성을 조각하는 행위상황이 존재하지 않는다는 것을 인식한 악의의 공범에 대해서 공범으로서의 처벌이 불가능하게 된다(공범종속성).

4. 결 론

위법성조각사유의 객관적 성립요건에 관한 착오는 우선 구성요건의 착오 및 금지착오와는 성격을 달리하는 독자적 형태의 착오상황임을 알아야 한다. 행위자는 마치 정당화되는 행위에 대한 불능미수범과 유사하다고 볼 수 있다. 이 경우에는 행위자가 고의를 가지고 구성요건을 실현시킨 점은 부인할 수 없다. 이러한 점에서 구성요건요소로서의 고의를 배제하는 입장(소극적 구성요건요소론, 독일연방대법원 견해)은 타당하지 않으며 오직 책임요소인 고의책임만을 배제한다고 보는 법률효과제한적 책임설의 입장이 타당하다.

또한 법률효과제한적 책임설이 착오를 회피하지 못한 부주의성이 인정되더라도 과실범 처벌규정이 있는 경우에만 처벌하는 처벌상의 허점을 지니고

1) Schünemann, GA 1985, 347면 이하.

는 있으나, 위법성조각사유의 객관적 성립요건에 관한 착오는 일반적인 위법성의 착오와 성질을 달리하고, 오히려 행위상황에 관한 착오인 점에서 고의가 부인되는 구성요건적 착오와 유사한 점을 무시할 수 없다. 그리고 과실범은 명문의 규정이 있는 경우에만 처벌되는 것이므로 비록 오상방위자를 과실범에 의해 처벌할 수 없다 하더라도 이를 곧 처벌상의 허점이라고 볼 수는 없다. 전체적으로 제한적 책임설 가운데 법률효과제한적 책임설의 입장이 타당하다.

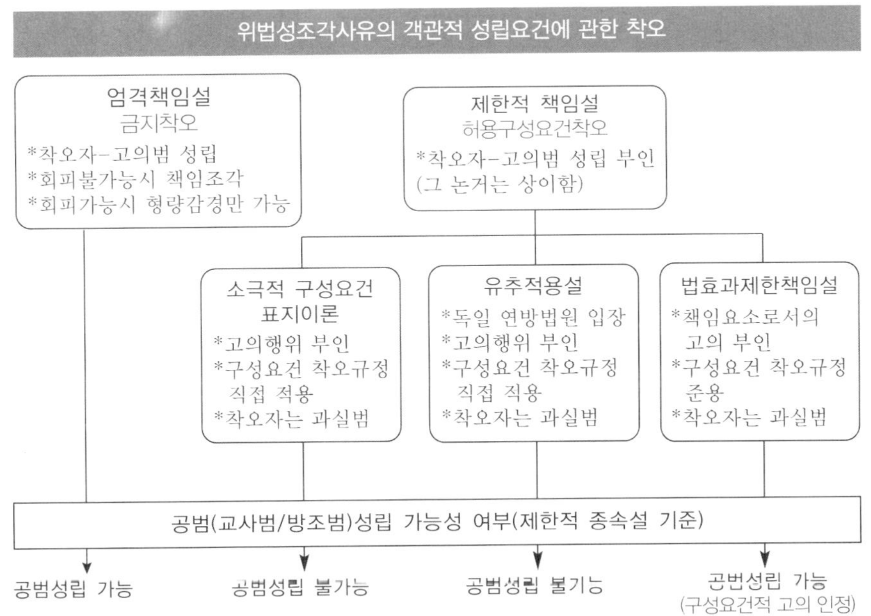

Ⅵ. 幻 想 犯

이는 자기의 행위가 (현실적으로는 존재하지 않는) 형벌규범에 의해 금지되어 있다고 오신한 경우로서 자기행위의 적법성을 믿고 있는 직접적인 위법성의 착오의 경우와 반대되는 형태이다. 환상범(Wahndelikt) 또는 환각범이라고도 부르는데 이는 형법상 처벌되지 않는다.

[예] 아내와 함께 사용하기는 하나 자기의 단독소유에 속하는 물건을 타인에게 매각하고서 아내에 대하여 횡령죄를 범하였다고 믿는 경우, 동성연애가 처벌된다고 믿는 경우(금지착오의 반대형태), 심야에 침입한 도둑을 향해 총을 쏘았는데 재산보호를 위한 정당방위의 경우에는 생명·신체에 대한 공격은 금지되어 있기 때문에 자기의 행위가 처벌된다고 믿은 경우(허용착오의 반대형태), 피고인이 법정에서 허위의 진술을 하면서 이러한 행위는 처벌된다고 믿는 경우, 수표장 양식의 위조만으로도 문서위조죄에 해당된다고 믿은 경우(포섭착오의 반대형태).

환상범은 행위자가 자신의 행동이 현실적인 법질서에 저촉되지 않음에도 불구하고 처벌된다고 믿는 경우이다. 환상범이 처벌되지 않는 것은 위법성의 인식여부를 떠나서 범죄실현의 구성요건적 고의가 인정될 수 없기 때문이다.

환상범이 개념관련적인 착오인 데 비해 불능미수는 대상관련적인 착오로서 행위자의 의사가 실현불가능한 결과를 지향하는 점이 환상범과의 차이이다. 금지착오와 환상범은 전자가 실제로 처벌되는 행위를 불가벌로 생각하는 반면에 후자는 현실적으로 처벌되지 않는 행위를 개인적으로 처벌된다고 잘못 생각하는 점에서 다르다.

Ⅶ. 기타의 錯誤

1. 인적 처벌조각사유에 관한 착오

(개)인적 처벌조각사유란 친족간의 절도죄나 증거인멸죄, 범인은닉죄 등에 규정되어 있듯이 범죄는 이미 성립하였지만 특수한 신분관계로 인하여 행위자에게 형벌권이 발생하지 않는 경우를 말한다. 그리고 인적 처벌조각사유에 관한 착오는 만일 행위자가 이러한 신분관계를 착오로 인하여 오인하고 범인을 은닉하거나 증거를 인멸하였을 경우에 그 법적 효과에 대한 문제이다.

이에 관해서는 세 가지 견해가 있다. ① 첫째, 착오를 인정하지 않고 객관적 상황에 따라서 처리하는 견해이다.

[판례] 대법원은 이러한 입장에서 자기의 본가의 소유물로 잘못 알고 이를 절취한 사건에서 「그 오신은 형의 면제사유에 관한 것으로서… 그 오신은 본건 범죄의 성립이나 처벌에 아무런 영향을 미치지 아니한다」고 판시하였다(대판 1966. 6. 28, 66도106).

② 둘째, 행위자의 (착오로 인한) 행위동기를 참작하여 비록 구성요건, 위법성 및 책임과 관련한 착오가 아닐지라도 행위자를 처벌하지 않아야 한다

는 견해이다. 그리고 반대로 행위자가 신분관계를 인식하지 못한 경우에는 처벌하여야 한다고 한다.[1] ③ 마지막으로 입법적 목표에 따라 인적 처벌조각사유를 구별하여 개별적인 판단을 하는 견해(분리설)가 있다. 이에 따르면 먼저 처벌조각사유의 설정이 정치적 목적이나 형사정책적 합목적성을 근거로 한 경우에는 행위자의 착오를 고려하지 않아야 한다고 본다. 그러나 친족이 형사처벌을 받지 않도록 하겠다는 경우처럼 긴급피난과 유사하거나 책임의 내용이 감소된 경우(친족간의 범행 특례)에는 착오를 인정하여야 한다는 것이다.[2] ①의 견해가 적용상 가장 명확하다.

인적 처벌조각사유의 해당 여부에 대하여 불분명한 경우에는 「의심스러운 때에는 피고인의 이익으로」의 원칙을 적용한다. 그러므로 예를 들어 국회의원의 동료의원에 대한 명예훼손적 발언이 국회 내에서 회의중에 한 것인지 휴식시간에 한 것인지가 불분명한 경우에는 회의중의 발언으로 보아 면책특권을 인정하여야 한다.

2. 이중의 착오

이중의 착오란 다수의 착오가 동시에 존재하는 경우를 말한다. 이중의 착오에 따른 행위에는 먼저 위법성조각사유의 전제조건에 관한 착오상태에서 다시 위법성의 착오를 일으킨 경우를 들 수 있다(위법성 인식이 결여된 형태). 이와 같은 이중의 착오는 위법성의 착오의 예에 따라 처리한다. 다음으로는 자신의 행위가 위법하다는 사실을 알지 못하였으나(위법성의 착오) 또 다른 착오(반대형태의 위법성의 착오)에 의해 자신의 행위가 위법하다고 오신한 경우가 있다. 이 경우에도 위법성의 착오의 예에 따라 처리하는 것이 타당하다.[3]

[예] 전자의 예로는 어린아이가 징계를 받을 만한 잘못을 저지르지 않았는데도 불구하고 이를 오인하여 어린아이를 때리고, 동시에 폭행의 정도가 적법한 징계권의 범주에 포함되어 정당하다고 잘못 생각하는 경우이다. 후자의 예로는 다른 사람의 명예를 훼손하는 내용이지만 진실인 사생활 관련사실을 여러 사람들에게 알리면서 진실한 사실의 적시는 명예훼손죄에 해당하지 않는다고 믿으면서도 그러나 동시에 비밀침해죄에는 해당한다고 잘못 믿은 경우이다.

---

1) Sch/Sch/Cramer/Sternberg-Lieben, § 16 Rn. 34.
2) Warda, Jura 1979, 291면 이하.
3) Sch/Sch/Cramer/Sternberg-Lieben, § 17 Rn. 11 참조.

제 5 절 責任阻却事由

Ⅰ. 意義 및 根據

책임조각사유(Entschuldigungsgründe)란 일단 인정되는 책임을 가벌성의 하한선에 미달할 정도로 불법성이나 책임의 내용이 감소하여 결국 책임을 조각시키는 사유를 가리킨다.

책임조각사유의 근거를 과거에는 대부분 행위자에게 적법행위를 기대할 수 없다는 점, 즉 기대불가능성(Unzumutbarkeit)에서 구했다.[1] 그러나 기대불가능성이란 책임조각 여부를 판단하기 위한 구체적 내용이라기보다는 법관으로 하여금 구체적 사안별로 관련된 행위정황을 고려하여 판단할 것을 요구하는 제한원칙에 불과하다.[2]

오히려 책임조각사유는 행위자가 일상적인 상황이 아닌 예외적인 한계상황에서 행동하였기 때문에 비난받을 만한 심정의 표출이 없었다는 점에서 불법성과 책임이 감소되는 경우라고 보아야 할 것이다. 즉 개별적인 책임조각사유에서 행위의 불법 및 책임의 양에 대한 평가가 책임조각의 근거가 된다. 예를 들어 화재현장에서 어린아이를 창 밖으로 던져 구조하는 행위와 같이 정당한 목적달성을 위한 행위불법은 구조목적에 의해서, 그리고 결과불법은 행위자에 의하여 보호되는 이익(아이의 생명)에 의해서 감소된다. 또한 이러한 입장에서 위난을 피하지 못할 책임이 있는 자에게는 긴급피난의 상황이 존재하여도 이를 허용하지 않는 형법 제22조 제 2 항의 취지가 이해될 수 있다. 즉 경찰관이나 군인, 소방관 등에게 요구되는 임무란 바로 그들에게 특유한 위험상황을 전제로 하고 있기 때문에 이러한 임무에 종사하는 사람들의 긴급피난은 불법성과 책임이 조각될 정도로 감소된다고 볼 수 없는 것이다(경찰관직무집행법 제 1 조 제 1 항 참조).

이에 대하여 책임의 실질적 내용확정에 형사정책적 일반예방 혹은 특별예방적 목적을 접목시키고자 하는 견해가 있다.[3] 이러한 입장에서도 책임을 타행위가능성

1) Jakobs, AT, 17/53; Welzel, Strafrecht, 179면; Lackner/Kühl, vor §32 Rn. 30.
2) 이에 대하여는 Henkel, Mezger-FS.(1954), 267면 참조.
3) 이를 기능적 책임론(funktionale Schuldlehre)이라고 부르기도 한다(Roxin, Henkel-FS.(1974), 181면 이하 참조).

으로 보지만 이로 인하여 반드시 책임이 인정되는 것은 아니라고 한다. 그 밖에도 책임은 형사정책적 관점에서 형벌의 예방적 목적과 관련하여 판단한다. 책임능력 있는 자만이 형벌의 예방적 기능에 감응하며 형벌로 인하여 자기행위를 제어하기 때문이라는 것이다.[1] Roxin은 기존의 책임범주에 일반예방적 처벌필요성 여부를 추가하고 이를 답책성(Verantwortlichkeit)이라는 새로운 체계개념으로 설명한다. 이에 대하여는 이러한 예방적 관점이 행위의 가벌성을 판단하는 데에 중요한 역할을 하는 것은 사실이지만 책임의 내용은 가벌성 판단의 대상으로서 처벌의 필요성이 있는가라는 형사정책적 문제와는 별개의 것이라는 비판이 있다.[2]

Ⅱ. 期待可能性

1. 기대가능성의 개념

기대가능성이란 행위자에게 범죄행위 대신 적법행위를 기대할 수 있는 가능성을 말한다. 책임의 본질을 범죄적 의사형성과 의사실현에 대한 비난가능성이라고 보는 규범적 책임론에서는 책임비난의 근거를 행위자의 타행위가능성에 두기 때문에 이러한 적법행위에 대한 기대가능성이 없을 경우, 즉 기대불가능성을 독자적인 책임조각사유로 인정하는 결론을 도출한다.

2. 기대가능성의 기능문제

(1) 초법규적 책임조각사유 인정 여부

독일에서는 제 2 차대전 후의 경제 · 사회적 한계상황으로 인하여 개인윤리적 책임개념이 등장하였다. 즉 행위자가 처한 행위 당시의 구체적 정황으로 볼 때 범행을 회피할 수 없었다면 형사처벌이 불가능하다는 주관적 기대불가능성론(Freudenthal)이 그것이다. 그러나 이 견해는 형벌법규의 확정성이나 개별사안의 해결시 균일성에 문제가 제기되었기 때문에 개인이 아니라 평균인의 행위동기 부여능력을 근기로 하는 초법규적 책임조각사유가 인정되어 왔다. 우리 학계에서는 기대불가능성을 초법규적 책임조각사유로 인정하는 견해[3]와 개별적인 책임조각사유를 규정한 실정법 해석의 제한원리로서 인정하는 반대견해[4]로 나뉜다.

생각건대 기대불가능성은 독자적인 초법규적 책임조각사유라기보다는 마치 허용된 위험개념처럼 기대가능성이 없기 때문에 책임이 조각되는 개별적

1) Noll, H. Mayer-FS.(1966), 219면 이하 참조.
2) SK/Rudolphi, vor §19 Rn. 1 b; Jescheck/Weigend, AT, 431면.
3) 손동권, 308면; 이재상, 340면; 이형국(Ⅱ), 441면; 임 웅, 321면; 정성근/박광민, 352면.
4) 김일수/서보학, 409면; 배종대, 469면; 안동준, 167면; 이정원, 252면; 조준현, 244면.

인 사례군의 공통요소를 나타내는 집합개념의 의미로 이해하는 것이 타당하다고 본다.[1] 독자적 책임조각사유라고 보기 위해서는 명확한 요건이 전제되어야 할 것이나 기대불가능성은 한계가 불분명한 척도에 불과하기 때문이다.

[판례] 기대불가능성과 관련하여 다음과 같은 대법원판례가 문제된다.

① 어로작업중 북한지역에서 한 찬양·고무행위는 살기 위한 부득이한 행위로서 기대가능성이 없기 때문에 벌할 수 없다(대판 1967. 10. 4, 67도1115; 1971. 12. 14, 71도1657). 그러나 이 판결은 결론은 타당하나 그 이유로서 든 기대불가능성보다는 형법 제12조(강요된 행위)에 따른 것이라고 보아야 한다. 즉 기대불가능성이 일반적인 책임조각사유임을 인정한 것이 아니라 강요된 행위의 기본취지가 기대불가능성임을 밝힌 데 지나지 않는다. 실제로도 동일한 사안에서 대법원은 강요된 행위(제12조)임을 근거로 처벌할 수 없음을 밝히고 있다(대판 1968. 11. 5, 68도1334; 1968. 11. 19, 68도1308; 1971. 6. 22, 71도868).

② 입학시험응시자가 우연한 기회에 미리 출제될 입학시험문제를 알게 되어 그에 대한 답을 암기하였을 경우 암기한 답을 입학시험 답안지에 기재하여서는 안 된다는 것을 일반수험생에게 기대하는 것은 보통의 경우에 불가능하므로 업무방해죄(제314조)는 무죄라고 판시한 판례가 있다(대판 1966. 3. 22, 65도1164). 그러나 이 사안에서는 업무방해죄의 구성요건해당성 자체가 없다고 보아야 할 것이다.

③ 자기의 범죄사실을 은폐하기 위한 위증도 기대가능성이 없기 때문에 벌할 수 없다고 한 판례(대판 1961. 7. 13, 4294형상194)는 더 이상 근거가 될 수 없다. 왜냐하면 판례는 이러한 경우에 형사소송법상 증언거부권을 인정하고 있으므로 적법행위에의 기대가능성이 여전히 인정되어 증언거부권을 포기하고 허위의 증언을 하였다면 위증죄의 처벌을 면할 수 없다고 하였기 때문이다(대판 1987. 7. 7, 86도1724).

④ 사용자가 모든 성의와 노력을 다했어도 임금의 체불이나 미불을 방지할 수 없었다는 것이 사회통념상 긍정할 정도가 되어 사용자에게 더 이상의 적법행위를 기대할 수 없는 불가피한 사정이 있는 때에는 근로기준법 제36조 제 2 항 위반범죄(동법 제109조)의 책임조각사유로 된다(대판 2008. 10. 9, 2008도5984; 대판 2002. 9. 24, 2002도3666; 대판 1994. 3. 25, 93도2903). 이상에서 살펴본 바와 같이 대법원은 기대불가능성을 책임조각의 근거로서는 분명히 인정하고 있으나 독립적인 책임조각사유로서 인정하고 있지는 않다고 보아야 한다.

⑤ 양심적 병역거부자에게 그의 양심상의 결정에 반한 행위를 기대할 가능성이 있는지 여부를 판단하기 위해서는, 행위 당시의 구체적 상황하에 행위자 대신에 사회적 평균인을 두고 이 평균인의 관점에서 그 기대가능성 유무를 판단하여야 할 것인바, 양심적 병역거부자의 양심상의 결정이 적법행위로 나아갈 동기의 형성을 강하게 압박할 것이라고 보이기는 하지만 그렇다고 하여 그가 적법행위로 나아가는 것이 실제로 전혀 불가능하다고 할 수는 없다고 할 것인바, 법규범은 개인으로 하여금 자기의 양심의 실현이 헌법에 합치하는 법률에 반하는 매우 드문 경우에는 뒤로 물러나야 한다는 것을 원칙적으로 요구하기 때문이다(대판 2004. 7. 15, 2004도2965 전원합의체—

1) Jescheck, AT, 455면; Sch/Sch/Lenckner, vor §32 Rn. 122; SK/Rudolphi, vor §19 Rn. 10; Stratenwerth/Weigend, AT Ⅰ, §10 Rn. 95; Welzel, Strafrecht, 182면 등(독일의 통설이다).

'양심적 병역 거부사건').

(2) 개별적 기능

기대가능성을 초법규적 책임조각사유가 아니라 개별적인 형법규정의 범위와 한계를 제한하는 기능만을 인정하게 되면 고의의 작위범에서는 기대불가능성만을 이유로 책임이 조각되지 않는다. 오로지 기대불가능성을 본질로 하는 개별적인 책임조각규정에 따라 판단하여야 한다.

반면에 과실범과 부작위범의 경우에는 주의의무와 작위의무의 범위를 각각 한계짓는 제한원칙(regulatives Prinzip, Henkel)으로서 기능을 한다. 과실범의 경우에는 객관적 주의의무의 이행을 기대할 수 없을 때에 과실이 인정되지 않는다. 문제가 되는 것은 주관적인 주의의무위반시에도 기대가능성이 제한원칙으로 작용하는가이다. 이 경우에도 초법규적 책임조각사유로서가 아니라 제한원칙으로서 개인적 주의의무의 범위를 제한한다고 보아야 한다. 특히 인식있는 과실의 경우에 행위자가 구성요건의 실현가능성을 예상하였더라도 결과발생을 피할 수 있으리라고 믿었다면 이에 따라 주의의무가 제한되기 때문에 책임조각사유는 독자적인 기능을 발휘하지 못한다.

부작위범에서 적법행위의 기대가능성은 부작위범의 가벌성을 인정하기 위한 전제조건이다. 그러므로 기대가능성은 보증인적 지위에서 비롯되는 작위의무를 제한하는 기능을 한다. 만일 작위의무를 이행하는 것이 보다 큰 위험을 수반할 것이 예상되는 경우에는 부작위가 허용된다.

3. 기대가능성의 체계적 위치와 판단기준

기대가능성의 체계적 위치에 관하여는 독자적인 책임조각사유로 인정하는 견해나 더 나아가 책임요소라고 보는 견해가 있다. 그러나 전술한 바와 같이 기대가능성이란 독립적인 책임조각사유라기보다는 기대가능성이 없음을 이유로 책임을 조각시키는 여러 유형의 형법상의 책임조각사유의 공통요소에 불과하다.

기대가능성 유무의 판단기준에 관하여는 ① 적법행위를 기대하는 국가가 판단하여야 한다는 **국가표준설**, ② 행위자가 아니라 평균인을 기준으로 하여야 한다는 **평균인표준설**,[1] ③ 행위당시의 행위자의 구체적 사정을 표준으로

1) 대판 2004.7.15, 2004도2965. 김일수/서보학, 411면; 신동운, 419면; 이재상, 343면; 임웅, 320면; 정성근/박광민, 357면.

하여야 한다는 행위자표준설[1]이 대립된다. 그러나 기대가능성을 일반적인 책임조각사유로 인정하지 않는 한 의미가 없다. 그럼에도 불구하고 위의 학설을 비판하자면 책임판단을 하면서 구체적 행위자가 아닌 평균인을 중심으로 하는 평균인표준설이나, 결국 법관의 재량에 일임하게 되는 국가표준설은 이해하기 곤란하다.

4. 기대불가능성을 이유로 한 책임조각·감경사유

형법상 기대불가능성을 이유로 한 책임조각 내지 감경사유에는 다음과 같은 것이 규정되어 있다.

(1) 강요된 행위(제12조)
(2) 과잉방위(제21조 제2항·제3항)
(3) 과잉피난(제22조 제3항)
(4) 과잉자구행위(제23조 제2항)
(5) 친족간의 범인은닉·증거인멸죄(제151조 제2항, 제155조 제4항)

Ⅲ. 刑法上의 責任阻却事由

1. 강요된 행위

(1) 의 의

형법 제12조는「저항할 수 없는 폭력이나 자기 또는 친족의 생명, 신체에 대한 위해를 방어할 방법이 없는 협박에 의하여 강요된 행위는 벌하지 아니한다」고 규정하여 강요된 행위(duress)를 인정하고 있다. 이는 구성요건을 실현하는 행위가 정당방위나 긴급피난에는 해당하지 않지만 부득이한 강요상태하에서 이루어진 경우에는 처벌하지 못하도록 하기 위한 것이다.[2]

(2) 법적 성질

강요된 행위규정은 적법행위에의 기대불가능성이 일반적인 책임조각사유임을 예시한 규정이라고 보는 것이 타당하다.[3] 그러나 이는 기대불가능성이 독자적인 책임조각사유임을 인정하는 것은 아니다. 오히려 기대가능성이라는 개념의 포괄성이 초래하는 법적 불안전성과 예측불가능성 때문에 오직 법에 규정된 요건이 인정되는 경우에 한해서 기대불가능성이 책임조각사유의 한

1) 이형국, 205면; 진계호, 420면.
2) Neumann, JA 1988, 329면 이하.
3) 배종대, 480면; 안동준, 170면; 이정원, 246면; 이형국(Ⅱ), 442면.

근거가 될 수 있음을 인정한 것이라고 보아야 한다.

그리고 강요된 행위와 긴급피난은 첫째, 긴급피난은 자기 또는 타인의 법익에 대한 현재의 위난이 있으면 성립하지만 강요된 행위는 폭행 또는 협박으로 인하여 부당하게 강요된 상태에 있을 것이 요구된다는 점, 둘째, 긴급피난에서는 충돌하는 이익간의 균형이 요구되지만 강요된 행위에서는 강요상태로 야기된 적법행위에의 기대불가능성을 기준으로 한다는 점에서 구별된다고 한다.[1] 그러나 이는 형법상의 긴급피난을 이분설에 입각하여 해석하는 경우를 전제하고 있다. 즉 독일형법(제35조)은 강요된 행위에 해당하는 상황을 책임이 조각되는 긴급피난이라고 규정하여 위법성이 조각되는 긴급피난(제34조)과 구별하여 규정하고 있다. 그리고 한국형법에서처럼 긴급피난 외에 독립적인 강요된 행위 규정을 두지 않고 있다. 그러므로 만일 형법상의 긴급피난을 위법성이 조각되는 긴급피난과 면책적 긴급피난으로 구분하는 이분설의 입장이 아니라 위법성조각설의 입장에서 본다면 면책적인 긴급피난은 부인되기 때문에 구별 자체가 무의미하다.

(3) 성립요건

1) **저항할 수 없는 폭력** 강요된 행위에서 폭력이란 상대방의 저항을 억압하기 위하여 사용되는 유형력을 의미한다. 폭력은 개념상 절대적 폭력(vis absoluta)과 강제적 폭력(vis compulsiva)으로 나누는데, 전자는 사람을 저항할 수 없도록 하는 육체적·물리적인 유형력을 말하며, 후자는 상대방의 의사형성에 영향을 미쳐 일정한 행위를 하거나 하지 못하도록 하는 심리적 강제력을 말한다. 강요된 행위의 폭력은 심리적 폭력만을 의미한다고 보는 것이 통설이다.[2]

[판례] 대법원은 「저항할 수 없는 폭력은 심리적인 의미에 있어서 육체적으로 어떤 행위를 절대적으로 하지 아니할 수 없게 하는 경우와 윤리적인 의미에 있어서 강압된 경우」를 말한다고 판시하고 있다(대판 1983. 12. 13, 83도2276).

그러나 제12조의 폭력을 심리적 폭력만으로 제한하는 것은 타당하지 않

1) 김일수/서보학, 452면; 이재상, 345면; 이형국(Ⅱ), 443면; 임 웅, 338면 이하; 정성근/박광민, 362면.

2) 김일수/서보학, 422면; 배종대, 480면; 신양균, 「강요된 행위」, 고시계(1993/10), 82면; 안동준, 171면; 오영근, 476면; 이재상, 346면; 이형국(Ⅱ), 445면; 임 웅, 338면; 정성근/박광민, 363면; 손준현, 246면; 신세호, 427면.

다. 만일 절대적 폭력에 의하여 강요된 행위가 있었다면 이는 형법에서 요구되는 행위의 최소요건인 인간의 의사에 의한 행위가 아니므로 구성요건 자체가 해당되지 않음은 당연하다. 즉 강요된 행위에서 배제되는 절대적 폭력은 이로 인하여 인간의 행위라고 볼 수 없는 신체에 의한 기계적인 동작만이 초래된 경우에 국한된다고 보아야 한다(예: A가 B를 밀고, 바로 옆에 서 있던 C가 B에 떠밀려 건물옥상에서 떨어져 사망한 경우. 이 경우 B의 행위는 강요된 행위여서 C의 사망에 책임이 없는 것이 아니라 형법상의 행위가 없었기 때문이다). 이러한 정도에 이르지 못한 그 밖의 경우에는 비록 물리적 폭력을 사용하였다 하더라도 행위자의 자유로운 의사형성에 영향을 주었다면 이는 심리적으로도 저항할 수 없는 폭력에 해당하므로 제12조의 적용대상에서 제외시킬 이유는 없다.[1] 여기에서 저항할 수 없다는 것은 물리적 힘의 열세로 인한 경우뿐만 아니라 행위자의 입장에서 거부할 입장이 못되는 경우도 포함한다. 현실적으로 저항을 시도하였는가는 문제되지 않는다.

2) 방어할 방법이 없는 협박 강요된 행위는 자기 또는 친족의 생명, 신체에 대한 위해를 방어할 방법이 없는 협박으로 인한 경우여야 한다. 협박이란 상대방으로 하여금 공포심을 갖게 할 생각으로 해악을 가하겠다고 알리는 행위를 말한다. 협박내용의 실현가능성이나 협박자의 실현의사는 문제되지 않으며 중요한 것은 상대방이 협박으로 인하여 공포심을 느끼고 구성요건에 해당하는 행위를 하였는가이다. 협박의 내용은 생명이나 신체에 국한되므로 재산상의 손해위협이나 명예훼손 등은 제외된다. 그러나 강간위협은 신체에 대한 위해에 포함된다고 본다. 친족은 민법의 규정을 따르지만 내연관계에 있는 부부나 사생아도 여기에 포함된다고 보는 것이 타당하다(통설).[2]

3) 강제상태하에서의 행위 폭력이나 협박에 의하여 의사결정이 강제되어 나타난 행위여야 한다. 즉 폭력이나 협박과 피강요자의 구성요건해당행위 사이에 인과관계가 있어야 한다. 그리고 외부로부터의 폭력이나 협박에 따른 행위여야 하므로 성장과정을 통하여 형성된 내재적인 확신이나 관념으

1) 미국의 Model Penal Code §2.09(1) 역시 "신체적 위해"(bodily harm)를 필요로 한다고 규정할 뿐 구체적인 행위방법은 제한하지 않고 있다. 참고로 미국법상 강요된 행위(duress)의 요건은 ① 제3자의 위협(Threat), ② 공포심(Fear), ③ 위험의 즉각성(Imminent danger), ④ 신체적 위해(Bodily harm)이다(LaFave/Scott, Criminal Law, 437면 이하 참조).

2) 김일수/서보학, 423면; 배종대, 483면; 신양균, 앞의 논문, 84면; 오영근, 436면; 이재상, 354면; 이형국, 211면; 임 웅, 339면; 정성근/박광민, 364면.

로 인하여 행위자 스스로 의사결정이 강제된 경우는 포함되지 않는다.[1)]

(4) 효 과

형법 제12조에 의하여 강요된 행위는 벌하지 아니한다. 의사결정의 자유가 박탈된 상황에서 한 구성요건해당행위는 다른 적법행위를 기대할 수 없으므로 책임이 조각된다고 보는 것이다. 그러므로 강요된 행위의 상대방은 정당방위를 할 수 있다. 한편 강요자는 책임이 조각되는 자를 이용하여 자신이 의도한 범죄를 실행한 것이므로 행위자가 실현한 구성요건 해당행위에 대하여 간접정범이 된다.

(5) 위법한 명령수행행위

구성요건에 해당하는 상관의 위법한 명령을 수행한 경우에 이러한 행위의 위법성 여부에 관하여 논란이 있었다. 학설은 ① 절대적 구속력을 가진 상관의 명령수행행위는 기대가능성이 없으므로 책임을 조각하나(초법규적 책임조각사유) 그 밖의 경우에는 위법하다고 보는 견해[2)]와 ② 면책적 긴급피난에 해당한다는 견해,[3)] ③ 그리고 강요된 행위(제12조)에 따라 처리하여야 한다는 견해[4)]로 나뉜다.

[판례] 대법원은 「휘발유 등 군용물의 불법매각이 상사인 포대장이나 인사계 상사의 지시에 의한 것이라 하여도 그 같은 지시가 저항할 수 없는 폭력이나 자기 또는 친족의 생명, 신체에 대한 위해를 방어할 방법이 없는 협박에 상당한 것이라고 인정되지 않는 이상 강요된 행위로서 책임성이 조각된다고 할 수 없다」(대판 1983. 12. 13, 83도2543)고 하여 위법한 명령수행행위를 강요된 행위의 일종으로 보고 있다.
또한 대법원은 「직장의 상사가 범법행위를 하는데 가담한 부하에게 직무상 지휘복종관계에 있다 하여 범법행위에 가담하지 않을 기대가능성이 없다고 할 수 없다」(대판 1986. 5. 27, 86도614)거나, 「설령 대공수사단 직원은 상관의 명령에 절대 복종하여야 한다는 것이 불문율로 되어 있다 할지라도 국민의 기본권인 신체의 자유를 침해하는 고문행위 등이 금지되어 있는 우리의 국법질서에 비추어 볼 때 그와 같은 불문율이 있다는 것만으로는 고문치사와 같이 중대하고도 명백한 위법명령에 따른 행위가 정당한 행위에 해당하거나 강요된 행위로서 적법행위에 대한 기대가능성이 없는 경우에 해당하게 되는 것이라고는 볼 수 없다」(대판 1988. 2. 23, 87도2358)고 하여 기대

1) 대판 1990. 3. 27, 89도1670.

2) 안동준, 173면; 이재상, 349면; 이형국(II), 457면.

3) 김일수/서보학, 425면; 하태훈, 「상관의 명령에 복종한 행위」, 형사판례연구(9), 178면은 이를 정당화적 긴급피난에 해당한다고 본다.

4) 배종대, 483면; 이용식, 「상관의 위법한 명령에 따른 행위」, 형사판례연구(4), 55면은 강요된 행위에 해당한다고 보거나 최소한 부분적인 면책이 인정된다고 본다.

가능성의 부존재만으로 인한 책임조각을 부인하는 입장을 취하고 있다.

특히 군인이나 공무원과 같이 명령체계 내에서 직무를 수행하는 자에게는 상관의 직무상 명령(국가공무원법 제57조)이나 정당한 명령(군형법 제44조)에 복종할 의무가 있다. 그러나 이러한 명령은 직무상의 정당한 명령을 의미하는 것이지 부당한 명령까지를 포함하는 것은 아니다. 즉 이러한 부당한 명령은 원칙적으로 구속력이 없다. 그러므로 만일 상사의 부당한 명령을 수행한 행위는 위법하다고 보지 않을 수 없다. 즉「상관에 대한 충성이 범죄허가증을 주는 것은 아니다」(Loyalty to a superior does not provide a license for crime).[1] 다만 강요된 행위의 요건을 구비한 경우에는 명령수행자의 행위는 책임이 조각된다고 볼 것이다.

2. 과잉방위

(1) 개 념

과잉방위라 함은 정당방위가 상당성의 정도를 넘었을 때를 말한다. 형법은「방위행위가 정도를 초과한 때에는 정황에 의하여 그 형을 감경 또는 면제할 수 있다」(제21조 제2항)고 규정하고 있다. 또한「그 행위가 야간 기타 불안스러운 상태하에서 공포, 경악, 흥분 또는 당황으로 인한 때에는 벌하지 아니한다」(동조 제3항)고 하였다. 이는 과잉방위는 정당방위로서의 상당성을 넘은 행위이기 때문에 위법성이 조각되지 않지만 행위정황이나 기타 행위자의 특별한 심리적 위약상황을 근거로 하여 형을 임의적으로 감면하거나 또는 필요적으로 벌하지 않는 것이다.[2]

과잉방위는 정당방위상황에서 방위행위의 정도를 초과한 경우를 가리킨다고 보는 것이 다수설이다.[3] 이를 독일에서는 소위 정도(程度)상의 과잉방위(intensiver Notwehrexzeß)라고 하며 혹은 내포적,[4] 질적[5] 과잉방위라고도 한다.

1) United States v. Decker, 304 F.2d 702(6th Cir. 1962).

2) 그러므로 대법원이「과잉방위에 해당한다 하더라도 그 행위가 야간에 술에 취한 피해자의 행패와 폭행으로 인한 불안한 상태에서의 공포, 경악, 흥분 또는 당황에서 기인된 것이라면 무죄이다」(대판 1974. 2. 26, 73도2380)라고 판시한 것은 정확하지 않다.

3) 김일수/서보학, 416면; 안동준, 110면; 이재상, 233면. 독일에서는 Geilen, Jura 1981, 378면; Jescheck/Weigend, AT, 444면; Lackner/Kühl, §33 Rn. 2; Rudolphi, JuS 1969, 462면; Stratenwerth, AT I, §9 Rn. 92; Welzel, Strafrecht, 89면. 반대견해로는 Roxin, Schaffstein-FS.(1975), 111면; Sch/Sch/Lenckner-Perron, §33 Rn. 7.

4) 김일수/서보학, 417면.

5) 정성근/박광민, 234면.

[예] 몸에 총기나 흉기를 휴대하지 않은 A는 「죽이겠다」고 하면서 B를 향해 다가갔다. 총을 지니고 있었던 B는 A를 향해 발사하여 A는 사망하였다(이 경우 B는 A에 대해 몸으로 방어한다던가, 총기휴대사실을 알려서 제지하거나, 발사하더라도 총상 정도로 끝날 수 있었던 상황이었다).1) 이때에는 제21조 제 2 항에 의해 형을 감면할 수 있다.

이와 구별하여야 할 것으로는 침해의 현재성이 없는 경우에 하는 방위행위—선제공격이나 보복공격—를 일컫는 소위 **확장적 과잉방위**(extensiver Notwehrexzeß 혹은 외연적 과잉방위, 양적 과잉방위)이다.

[예] 위의 예에서 B는 A를 향해 총을 발사하지 않을 수 없는 상황이었다. 그래서 A를 향해 발사한 결과 A는 총상을 입고 쓰러졌다. B는 이미 쓰러진 A에 대한 분노에서 A를 향해 두 발을 더 쏘았다.2)

확장적 과잉범위는 정당방위의 시간적 한계를 초과한 경우로서, 이때에는 존재하는 정당방위상황에서 그 정도가 초과한 것이라고 볼 수 없다. 이러한 입장에서 확장적 과잉방위는 과잉방위에 포함시킬 수 없다는 견해3)가 있는 반면에, 이 경우에도 형을 감면 또는 불처벌하여야 한다는 견해4)가 나뉘어 있다.

기본적으로 과잉방위는 방위행위의 정도를 초과한 경우라고 보아야 할 것이다. 그러나 동시에 약간의 시간적 한계초과가 과잉방위규정의 적용을 배제할 만큼 불법성이 크다고 볼 수도 없다. 그러므로 확장적 과잉방위도 과잉방위에 해당할 수 있지만 여기에는 박두하였거나 이미 끝난 침해행위와 시간적으로 밀접한 범위 내여야 한다는 제한이 필요하다.5) 또한 확장적 과잉방위가 인정되는 시간적 한계 내라면 정도상의 과잉방위와 결합된 경우에도 과잉방위라고 보아야 할 것이다.

[예] 침해행위가 끝났음에도 불구하고 필요한 정도를 넘어 공격자를 가격한 경우. 물

1) Geilen, Jura 1981, 379면.
2) Geilen, 앞의 논문.
3) 김일수/서보학, 417면; 차용석, 형사법강좌(I), 243면. 독일의 다수설이다. Jescheck/Weigend, AT, 444면; Stratenwerth, AT I, §9 Rn. 93; SK/Rudolphi/Kühl, §33 Rn. 2; Lackner, §33 Rn. 2; Geilen, Jura 1981, 379면; Eser, Strafrecht I, Fall 11, Rn. 45.
4) 이형국, 「과잉방위」, 월간고시(1992/4), 43면 이하. 독일의 경우 Jakobs, AT, 20/31; Roxin, AT, §22 Rn. 88; Sch/Sch/Lenckner-Perron, §33 Rn. 7; LK/Spendel, §33 Rn. 4.
5) Roxin, AT, §22 Rn. 89 이하 참조.

론 이때에는 이러한 과잉행위가 제21조 제 2 항이나 제 3 항에 규정하는 정황이나 심리적 상태에서 행하여졌어야 함은 당연하다.

(2) 오상과잉방위

오상과잉방위는 착오로 인하여 존재하지 않는 정당방위상황이 존재한다고 믿고 이러한 오신(誤信)상황을 토대로 하더라도 그 정도를 초과한 경우이다. 이러한 오상과잉행위는 오상방위와 과잉방위가 결합된 형태이다.

[예] A는 담뱃불을 빌릴 생각으로 B에게 갑자기 다가갔다. 시간이 늦은 밤이었고 조금 전에 이 곳에서 이미 싸움이 벌어졌던 곳이라 B는 A가 자신을 공격하는 것으로 잘못 알고 어떠한 상황인지 파악하지도 않고 가지고 있던 총을 쏘아 A에게 중상을 입혔다.[1)]

오상과잉방위의 경우 과잉방위규정(제21조 제2항·제3항) 적용여부에 대해서는 ① 과잉방위규정은 책임과 관련되어 있으며, 책임은 행위자의 주관적 의사 여하가 중요한 것이라는 이유로 이를 전면적으로 긍정하는 견해[2)]와 ② 정당방위상황을 오인한 것이 불가피하였는가의 여부에 따라 구분적용하자는 견해[3)] 및 ③ 오상방위와 동일하게 취급하자는 견해[4)]로 나뉜다. ③의 견해는 오인이 회피할 수 없었던 경우에는 행위불법이 과잉방위의 경우처럼 감소하기 때문에 과잉방위규정을 적용하자는 것이다.

오상과잉방위의 경우에는 정당방위상황이 존재하지 않는다는 점 및 그로 인하여 결과불법의 정도가 과잉방위와 동일하지 않다는 점을 고려할 때 과잉방위규정을 적용하지 않는 것이 타당하다.[5)]

독일형법 제33조는 과잉방위의 필요적 불가벌을 규정하고 있다. 이에 따라 회피불가능한 오상과잉방위의 경우에는 제한적 책임설의 입장에 따라 고의가 부인되고, 오상과잉방위와 과잉방위의 행위불법은 동등하므로 과잉방위규정을 적용하여야 한다는 견해가 있다.[6)] 그러나 언제나 과잉방위규정을 유추적용하는 것도 타당

1) Geilen, 앞의 논문.
2) Schönke/Schröder(17. Aufl.), § 53 Rn. 36(독일 구형법). 김일수, 399면은 과실에 의한 오상과잉방위의 경우에 오상방위와 같게 취급하고, 고의적인 오상과잉방위의 경우에는 과잉방위는 물론 오상방위도 원용할 수 있다고 본다.
3) SK/Rudolphi, § 33 Rn. 6 및 JuS 1969, 464면; Sch/Sch/Lenckner-Perron, § 33 Rn. 8.
4) 정성근/박광민, 238면.
5) 이재상, 236면.
6) SK/Rudolphi, § 33 Rn. 6.

하지 않다. 왜냐하면 회피불가능한 착오에 의한 오상방위와 오상과잉방위의 경우는 다르기 때문이다. 즉 후자의 경우에는 과잉행위로 인한 피해자의 보호필요성이 제기되는 것이다.[1)]

나아가서는 만일 상황의 유사성을 근거로 오상과잉방위에 과잉방위규정을 적용한다면 무고하게 공격자로 오인당한 제 3 자만 희생(법익침해)을 강요당하는 결과가 될 것이며, 회피가능한 오상방위자는 처벌이 가능한 데 반해 회피가능한 오상과잉방위자는 불가벌까지도 가능하다는 모순이 생긴다. 결국 오상과잉방위에 대하여는 오상방위와 마찬가지로 위법성조각사유의 객관적 성립요건에 관한 착오의 문제로 보아 해결하여야 할 것이다.[2)]

(3) 법적 성질

과잉방위의 법적 성질에 관하여는 ① 위법감소·소멸설과, ② 책임감소·소멸설,[3)] 그리고 ③ 양자를 함께 포함하는 위법 및 책임감소·소멸설,[4)] ④ 인적 처벌배제사유설[5)] 등이 주장되고 있다.

과잉방위의 형을 감면하거나 처벌하지 않는 근거는 우선 위법한 공격에 대한 방위행위라는 점이다. 이러한 점에서 적법한 정당방위의 한계를 넘어선 과잉방위의 경우 위법성이 감소 혹은 소멸된다는 주장은 논리적으로 문제가 있다. 또한 인적 처벌배제사유는 면책특권과 같이 행위자에게 전속하는 신분으로 인하여 처벌이 배제되는 사유라는 점에서 과잉방위의 경우에는 맞지 않다. 다른 하나의 근거는 방위행위자가 처한 정황이나 심리적 상태에서 비롯된다.[6)] 이는 상황에 맞는 적정수준의 행위를 결정할 의사형성이 어려운 경우를 의미한다. 그러나 과잉방위행위자의 이상심리적 상태(야간 기타 불안스러운 상태하에서의 공포, 경악, 흥분, 당황)는 형사책임무능력자인 심신장애자(제10조 제1항 참조)의 상태와 동일하지 않다. 만일 동일하다면 굳이 제21조 제 3 항을 규정할 필요가 없기 때문이다. 이상의 두 가지 근거에 의하여 과잉방위의 책임은 이중

1) Roxin, AT, §22 Rn. 96 참조.
2) 안동준, 111면; 이형국, 앞의 논문, 51면.
3) 신동운, 439면; 이재상, 234면.
4) 김일수/서보학, 417면; 정성근/박광민, 236면; 차용석(I), 605면.
5) M. E. Mayer, AT(2. Aufl.), 282면; Fischer, 「Die straflose Notwehrüberschreitung」(1971), 82면. 또한 독일의 초기 판례도 이를 따랐으나, 나중에는 유동적인 입장이 되었다가(RGSt 66, 288면 이하 참조) 현재는 책임조각사유로 보고 있다(BGHSt 3, 197면 이하).
6) Jakobs, AT, 20/28.

으로 감소·소멸되는 것이라고 보아야 한다.[1]

(4) 과잉방위의 성립요건

1) 정당방위상황의 현실적 존재 과잉방위가 인정되기 위하여는 우선 정당방위상황이 존재하여야 한다. 즉 현재의 부당한 침해행위가 있어야 한다. 현재의 침해여야 하므로 과거의 침해나 장래의 침해가 명백한 경우에는 정당방위가 허용되지 않으므로, 결과적으로 과잉방위도 인정되지 않는다.

2) 상당성의 결여와 인식 요부

① 상 당 성 정당방위가 성립하기 위해서는 엄격한 법익균형을 전제로 하지 않는다. 즉 정당방위는 보충성(혹은 필요성)이나 법익균형성의 원칙이 전제되지 않는다. 그럼에도 불구하고 정당방위에서 상당성이 요구되는 것은 적정수준의 일탈 여부를 판단하는 기준으로서 작용하기 때문이다. 그렇다면 정당방위에서의 방위행위의 정도는 결과적으로 일정한 수위를 유지하여야 한다고밖에 볼 수 없다. 정당방위에서 균형성의 원칙배제는 무제한적이 아닌 것이다. 그러나 정당방위가 상당성이 결여되었다고 해서 자동적으로 과잉방위가 되는 것도 아니다.

[판례] 이러한 의미에서 대법원은 「피고인이 피해자를 7군데나 식칼로 찔러 사망케 한 소위가 피해자의 구타행위로 말미암아 유발된 범행이었다 하더라도 그와 같은 사정만으로는 위 소위가 정당방위 또는 과잉방위에 해당된다고 볼 수 없다」고 판시하였다(대판 1983. 9. 27, 83도1906).

이와 유사한 판례를 보면 다음과 같다.

①「피고인이 그 소유의 밤나무단지에서 피해자가 밤을 푸대에 주워 담는 것을 보고 푸대를 빼앗으려다 반항하는 피해자의 뺨·팔목을 때려 상처를 입혔다면 위 행위가 비록 피해자의 절취행위를 방지하기 위한 것이었다 하여도 긴박성과 상당성을 결여하여 정당방위라고 볼 수 없다」(대판 1984. 9. 25, 84도1611).

②「타인의 집 대문 앞에 은신하고 있다가 경찰관의 명령에 따라 순순히 손을 들고 나오면서 그대로 도주하는 범인을 경찰관이 뒤따라 추격하면서 등 부위에 권총을 발사하여 사망케 한 경우, 위와 같은 총기사용은 현재의 부당한 침해를 방지하거나 현재의 위난을 피하기 위한 상당성 있는 행위라고 볼 수 없는 것으로서 범인의 체포를 위하여 필요한 한도를 넘어 무기를 사용한 것이라고 하여 국가의 손해배상을 인정한다」(대판 1991. 5. 28, 91다10084).

1) 현재 독일의 판례·통설의 입장이다.

이상의 판례는 방위행위의 상당성이 부인될 뿐만 아니라 그 과잉성이 제21조 제 2 항 · 제 3 항에도 해당하지 않는 경우라고 보아야 한다. 즉 정당방위는 물론 과잉방위에도 해당하지 않는 경우이다.

② 상당성초과의 인식 여부 과잉방위가 인정되기 위해서는 방위행위자가 상당성을 초과한다는 사실을 인식하고 있어야 하는가에 관해서는 논란이 있다. 인식 여부에 관계없이 성립한다는 견해[1]와 인식없는 경우에만(우리나라에서는 과실적 과잉방위라고도 부른다) 과잉방위에 포함된다는 견해가 있다.[2] 인식 여부에 관계없이 모두 과잉방위가 성립한다고 보는 입장에서도 인식있는 경우에는 과잉방위의 결과에 대한 고의범의 성립을 인정하고, 인식하지 못한 경우에는 과실범의 성립을 인정한 다음 각각 제21조 제 2 항 및 제 3 항에 따라 형을 감면 또는 불처벌로 하여야 한다는 견해가 있다.[3]

과잉방위가 성립하기 위해서는 자신의 방위행위가 정도를 초과한다는 사실을 알았거나, 알지 못한 경우이거나 상관없다고 하여야 한다. 형법도 두 경우를 구분하지 않고 있다. 만일 인식없는 과잉방위만으로 제한한다면 과잉방위는 초과되는 부분에 관한 한 오상방위의 상황을 전제로 하는 것과 같다. 자신의 과도한 방위행위를 인식하지 못하여야 한다고 보기 때문이다. 그러나 과잉방위는 정당방위상황을 전제로 할 뿐만 아니라 오상방위에는 형법 제21조 제 3 항이 적용되지도 않는다.[4] 나아가서는 형법 제21조 제 3 항의 경우처럼 심리적 불균형상태에서는 방위행위의 정도초과를 행위자가 인식하였는지 여부를 판단한다는 것이 용이하지도 않다.

그리고 과잉부분에 대한 인식 여부에 따라 고의범과 과실범의 성립을 인정하고 이에 대해 과잉방위를 인정하여야 한다는 견해는 과잉방위의 위법성이 반드시 과잉부분에 대한 방위행위자의 인식 여부에 의존하고 있지 않다는 점을 무시한 것이다. 그리고 소위 심약적 충동상태(asthenische Affektzustände) 아래에서는 자기방어에 급급한 나머지 방위행위의 상당성에 대한 판단 자체가 매우 힘들다. 그럼에도 불구하고 이에 대한 인식 여부를 차별화하는 것은

1) 이재상, 234면; 정성근/박광민, 234면. 독일의 통설이기도 하다(Roxin, AT, § 22 Rn. 82 참조).
2) 차용석(I), 600면.
3) 김일수(II), 138면.
4) 제한적 책임설에 따라 처리하는 것이 일반적이다

너무 기교적인 해결책이라고 보지 않을 수 없다. 또한 과잉부분에 대하여 인식하였다는 것이 반드시 인식하지 못한 경우에 비해 불법성이 무거운 것도 아니다. 왜냐하면 방위행위자는 현존하는 공격의 위험성과 함께 그 공격행위에 잠재되어 있는 가중적인 위험성도 함께 고려하여 방위행위를 한다고 보아야 하며, 이때에는 자신의 현재의 방위행위가 갖는 과잉성을 인식하였다고 볼 수 있기 때문이다. 다음의 대법원판례를 살펴보자.

[판례] 「이유없이 집단구타를 당하게 된 피고인이 더 이상 도피하기 어려운 상황에서 이를 방어하기 위하여 곡괭이자루를 마구 휘두른 결과 그 중 1명을 사망케 하고 다른 사람에게 상해를 입힌 것은 반격적인 행위를 하려던 것이 그 정도가 지나친 행위를 한 것이 명백하므로 과잉방위에 해당한다」.[1)]

위의 상황은 피고인이 집단구타로 인한 일종의 심리적 위약상태에서 방위행위를 한 경우이다. 집단구타는 결과가 치명적일 수도 있는 폭행행위이다. 더구나 도피가 어려운 위와 같은 상황에서 방위행위의 상당성에 대한 피고인의 인식 여부에 따라 과실범과 고의범으로 구별하는 것은 합리적이지 못하다. 이러한 인식은 피고인의 방위행위의 정도에 대한 상당성판단을 전제로 하는데 위와 같은 상황에서는 이를 기대하기 어렵다는 데에 과잉방위의 형벌감면 혹은 불가벌적 규정의 존재의의가 있기 때문이다. 이러한 점에서 과잉성(상당성)판단의 문제와 과잉성에 대한 인식의 문제는 별개라고 하는 견해[2)]는 타당하지 않다. 과잉성판단을 전제로 하지 않는 과잉성인식은 불가능하며, 양자의 처벌상의 차이를 인정하지 않는다면 구별이 무의미하기 때문이다. 그리고 만일 상당성초과를 인식하고도 의도적으로 과잉방위를 한 경우를 상정한다면 이는 제21조 제2항 · 제3항이 전제로 하는 과잉방위와는 무관한 것이라는 점을 간과한 것이다.

한편 과실의 과잉방위를 오상방위의 일종으로 취급하여 과실범의 성립을 주장하는 학설이 있다.[3)] 즉 과잉방위의 본질은 고의범성에 있고, 오상방위의 본질은 과실범성에 있다고 하면서 과실의 과잉방위는 제21조 제2항에 포함시키지 않고, 오상방위의 일종으로서 해결하여야 한다는 것이다.[4)] 그러나 이

1) 대판 1985. 9. 10, 85도1370.
2) 정성근/박광민, 235면.
3) 차용석, 형사법강좌(I), 243면 및 「과잉방위」, 사법행정(1983/12), 13면 이하 참조.
4) 차용석, 앞의 책, 242면.

는 현행법 규정을 넘어서는 해석이라고 보아야 한다. 오상방위는 정당방위상황이 존재하지 않은 데 대한 착오의 문제이지 존재하는 위급한 상황에서 정도를 초과하는 상황을 의미하지 않기 때문이다.

③ 과잉행위의 원인 방위행위자가 과잉행위로 나아간 원인은 제21조 제 2 항의 경우에는 정황적인 것이고, 동 제 3 항의 경우에는 공포, 경악, 흥분 또는 당황이라는 심리적 위약상태에서 비롯된 것이다. 제 3 항의 원인은 제한적으로 해석하여야 한다. 그리고 분에 못이겨 한 과잉행위는 과잉방위에 해당하지 않는다.

[판례] 「피해자의 침해행위에 대하여 자기의 권리방위상 부득이한 것이 아니고 그 침해행위에서 벗어난 후에 설분의 목적에서 나온 공격행위는 정당방위에 해당한다고 할 수 없다」(대판 1986. 2. 11, 85도2642).

(5) 도발된 정당방위와 과잉방위

과잉방위자가 유책하게 침해를 야기한 경우에도 과잉방위규정을 적용할 것인가의 문제가 있다. 이 경우에는 적용을 배제하여야 한다는 견해가 있다.[1)] 그러나 이 경우에 문제의 중점은 도발 자체가 아니라 정당방위가 인정되는 상황인가의 여부에 있다. 즉 설사 유책한 도발이 있었다 하더라도 이에 대한 방어행위와의 시간적 간격 등을 검토하여 직접적인 연계가 인정된다면 정당방위가 제한되고 그 결과 과잉방위도 인정되지 않겠지만, 반대로 도발이 있었더라도 정당방위가 인정된다면 과잉방위도 인정된다고 보아야 하기 때문이다.[2)] 이러한 해석이 「반드시 유책하게 초래하지 않은 정당방위」여야 한다고 규정하지 않은 제21조 제 2 항의 내용과도 일치한다.

만일 도발행위자가 의도적인 도발을 한 경우에는 과잉방위는 인정될 수 없다. 의도적인 도발상황은 과잉방위가 인정될 수 있는 정황이 아니기 때문이다.

3. 과잉피난, 과잉자구행위

(제 4 장 제 4 절 긴급피난과 제 5 절 자구행위 부분 참조)

1) OLG Hamm NJW 1965, 1928.
2) Sch/Sch/Lenckner-Perron, § 33 Rn. 9.

4. 친족간의 범인은닉과 증거인멸

형법 제151조 제 2 항과 제155조 제 4 항은 친족간의 범인은닉과 증거인멸행위는 벌하지 아니한다고 규정하고 있다. 이는 친족간의 정의(情誼)에 비추어 이러한 행위를 하지 않을 것을 기대하기 어렵다는 데에 입법취지가 있다고 보아야 한다. 그러므로 책임조각사유로 이해하는 것이 타당하다.

제 6 장 過 失 犯

제 1 절 一 般 論

Ⅰ. 序 論

형법은 「정상의 주의를 태만히 함으로써 죄의 성립요소인 사실을 인식하지 못한 행위」를 과실행위로 정의한다(제14조). 즉 과실범이란 사회생활상 요구되는 주의의무를 다하지 못하여 법익침해 혹은 위태화에 이르게 한 범죄를 말한다. 그러나 형법은 고의범 처벌을 원칙으로 하므로 과실행위는 법률에 특별한 규정이 있을 때에 한하여 처벌되는데(제14조) 형법은 이를 결과범 및 거동범의 형태로 규정하고 있다. 형법이 규정하고 있는 과실범에는 실화죄(제170조, 제171조), 과실폭발성물건파열죄(제173조의 2), 과실일수죄(제181조), 과실교통방해죄(제189조), 과실치사상죄(제266조, 제267조, 제268조), 과실장물취득죄(제364조) 등이 있다. 이 가운데 실화죄, 과실치사상죄나 과실장물취득죄는 결과범에 속하며, 과실교통방해죄는 거동범에 해당한다.

Ⅱ. 故意와 過失의 관계

고의와 과실은 본질적 속성을 달리한다. 그러므로 동일한 행위에 의하여 동일한 결과가 발생하였을 때에는 고의와 과실은 동시에 존재할 수 없다(배척적 관계). 그러나 동일행위로 상이한 결과가 발생하였을 경우에는 동일한 행위에 고의와 과실을 동시에 인정할 수 있다.

[예] A는 B를 쏘려고 하였으나 옆에 서 있던 C가 맞은 경우 이는 방법의 착오(aberratio ictus)의 형태로서 B에 대하여는 살인미수죄, C에 대하여는 과실치사죄를 인정할 경우(양죄의 상상적 경합관계).

서로 다른 행위로 인하여 동일한 결과가 발생하였을 경우에는 결과와 관련한 한편의 행위에는 과실이, 다른 한편의 행위에는 고의가 인정될 수 있다.

예를 들면 다음과 같다: A는 자동차운전중 과실로 B를 치었는데 중상을 입은 B에 대하여 구조행위를 하지 않은 채 달아나서 B가 사망하였다. 이 경우 ① 자동차사고와 관련해서는 업무상 과실치사죄(제268조 및 특가법 제5조의 3 제1항 제1호)가 인정되나, 구조행위를 하지 않은 부작위와 관련해서는 살인죄(제250조)가 인정될 수 있다. 그러나 동일한 결과로서 행위자를 이중처벌할 수 없으므로 과실행위는 고의행위(B를 두고 달아난 행위)가 인정되는 경우에는 배제된다(제268조 대신 제250조 적용). 그리하여 업무상 과실치사죄는 배제되고, 업무상 과실치상죄(제268조. 이는 고의행위 개시 전에 이미 기수에 달했다)와 살인죄(제250조)의 실체적 경합이 인정된다. ② B를 그대로 두고 달아난 A의 (고의) 행위가 B의 사망의 원인이 못 되었을 때—B는 사고 직후 이미 회생이 불가능하였다든가 하는 이유로—A에게는 업무상 과실치사죄(제268조)와 살인미수죄(제250조, 제254조)의 실체적 경합이 인정된다(이와 같은 사건을 일률적으로 특가법 제5조의 3 제1항 제1호에 문의함은 부작위범과 관련하여 의문이다). 여기에서 살인미수죄가 인정되는 것은 사망의 원인행위가 B를 두고 달아난 행위가 아니라 사고행위이기 때문이다.

Ⅲ. 過失의 類型

1. 인식없는 과실과 인식있는 과실

인식없는 과실과 인식있는 과실은 구성요건의 실현에 대한 행위자의 심리적 태도에 의하여 구별된다. 인식없는 과실이란 행위자가 자기행위의 위험성을 현실적으로 인식하지 못한 상태에서 주의의무를 위반하여 구성요건을 실현시킨 경우를 말한다(예: 자동차 운전중 통화에 열중한 나머지 신호등을 보지 못하여 교통사고를 일으킨 경우). 인식있는 과실이란 행위자가 구성요건이 실현될 가능성을 인식하였음에도 불구하고 주의의무를 위반하여 결국 구성요건이 실현된 경우의 과실을 말한다(예: 건축공사장에서 무리한 굴착작업에 의해 지반이 무너질 수도 있다고 생각하였으나 숙련된 방법으로 조심해서 하니까 그런 일은 없을 것이라고 믿고 작업을 계속한 결과 결국 옆 건물까지 붕괴된 경우).

인식있는 과실은 미필적 고의와의 구별개념으로서 의미가 있다. 그러나, 인식있는 과실과 인식없는 과실의 구별은 과실범의 성립에 영향을 주지 않는 동일한 과실범으로서 다만 양형에 영향을 미칠 가능성이 있을 뿐이다.

2. 일반과실 · 업무상 과실 · 중과실

형법은 과실범처벌규정을 두면서 통상의 과실과 업무상 과실 그리고 중과실로 구분하여 각각 형량의 차이를 두고 있다. 업무상 과실의 경우 업무는 계속적 · 반복적 수행을 요건으로 하기 때문에 결과발생에 대한 예견가능성이 높다고 할 수 있으므로 무겁게 처벌하는 것이다(예: 제268조의 업무상 과실치사상죄, 제171조의 업무상 실화죄, 제173조의 2 제 2 항의 업무상 과실폭발성물건파열죄, 제189조 제 2 항의 업무상과실교통방해죄, 제364조의 업무상 과실장물죄). 이 경우의 업무는 내용상 실현된 구성요건과 관련성이 인정되어야 하며, 이와 무관한 업무를 수행하던 중에 발생한 결과에 대해서는 업무상 과실을 인정할 수 없다.[1] 중과실은 통상의 과실에 비해 주의의무를 현저히 태만히 한 경우로서 그 판단은 「구체적인 경우에 사회통념을 고려하여」 판단한다(예: 제171조의 중실화죄, 제189조의 중과실교통방해죄, 제268조의 중과실치사상죄, 제364조의 중과실장물죄).[2]

Ⅳ. 過失의 體系上 位置

과실의 체계상 위치 혹은 지위에 대해서는 고의범에서와 마찬가지로 범죄론체계에 따라 아래와 같은 세 가지 입장이 있다. 그러나 오늘날 이러한 논의는 과실을 구성요건요소로 보는 견해로 일단락되었다고 보아야 한다. 이는 학설에 따른 구체적인 결과의 차이점은 없는 범죄론체계 형성적인 영역에 속하는 문제이다.

1. 책임요소설

인과적 행위론에 따른 고전적 범죄론체계에서는 과실을 고의와 함께 책임요소로 본다. 이에 따라 과실범의 구성요건단계에서는 행위와 결과간의 인과관계만을 확정한다(과실의 결과범인 경우). 즉 과실행위의 불법내용인 주의의무위반과 예견가능성은 고전적 범죄론에서는 전적으로 책임의 영역에 속한다. 그러면서 한편으로는 행위자 개인에게 가능한 주의의무(주관적 주의의무위

1) 대판 1985. 7. 9, 84도822(교사의 체벌행위 중 이를 구경하다 학생이 실명한 사건에서 교사에게 업무상 과실치상죄를 부인함. 그러나 이 판결은 체벌이 교사의 업무에 포함되는지 여부에 대해서는 판단하고 있지 않다).

2) 대판 1997. 4. 22, 97도538; 1980. 10. 14, 79도305.

반)만을 기준으로 하는 견해와 다른 한편으로는 의무위반을 두 단계, 즉 일반에게 요구되는 객관적 주의의무위반 여부와 행위자 개인에게 가능한 주관적 주의의무위반 여부로 나누어 판단하는 견해가 있다.

2. 위법성요소설

과실범에서의 주의의무위반을 위법성요소로 이해하는 견해이다. 즉 객관적 주의의무는 객관적 불법요소로서 개인적 책임비난보다 논리적으로 선재한다는 견해를 바탕으로 한다.[1] 그 결과 통상으로 과실은 책임요소가 아닌 위법성요소로 파악하므로 주의의무의 준수는 책임의 유무를 논할 필요없이 이미 위법성을 배제한다는 것이다(소위 신과실론). 이는 허용된 위험론이 등장하여 결과불법이 당연히 주의의무를 다하지 못한 행위만이 위법하다고 보게 된 결과이다. 그러나 주의의무를 불법요소로 파악한다면 이는 위법성의 요소이기 전에 이미 구성요건요소에 해당한다고 보아야 한다.

3. 구성요건요소설

불법을 결과불법과 행위불법으로 분류하는 목적적 행위론의 입장에서는 결과보다는 행위자의 행위방식에 주목한다. 그러므로 과실범에서는 주의의무를 위반하는 행위방식(행위불법)을 구성요건요소라고 본다. 고의범과 과실범은 결과불법의 측면에서는 동등하므로 행위불법성에 의하여 구별되어야 하는데, 과실범의 주의의무위반성은 바로 이러한 요건을 채워주는 기능을 한다. 이렇게 책임의 영역으로부터 고의와 과실을 주관적 구성요건의 요소로 위치변동을 가능하게 한 것은 목적적 행위론의 개인적 불법론의 공헌이다. 현재 과실을 구성요건요소로 보는 데에 견해가 일치되어 있다.

이와 함께 논의되는 것은 과실범에서 결과가 구성요건의 문제인가 아니면 과실범 처벌의 객관적 조건에 불과한 것인가이다. 이에 따르면 금지되는 것은 과실행위이며 그 결과는 과실범처벌조건에 불과하다고 보는데 이는 고전적 범죄론체계 내에서 과실의 결과만이 구성요건에 해당하고 과실행위는 배제한 관점과 정반대의 이론이다. 그러나 과실범은 행위와 결과가 동시에 실현되어야 한다는 입장이 지배적이다.

4. 과실개념의 이중기능

오늘날의 지배적 견해는 과실을 구성요건의 단계에서는 행위형태(객관적

---

1) 이는 Engisch의 「Untersuchungen über Vorsatz und Fahrlässigkeit im Strafrecht」(1930)의 영향을 받았다.

주의의무의 위반)로, 책임의 단계에서는 비난가능성(행위자가 개인적 능력에 비추어 객관적 주의의무를 준수할 상황에 있었다는 사실)을 나타내는 이중의 의미로 파악한다. 즉 객관적 주의의무위반 여부는 구성요건의 단계에서 확정하고, 책임의 단계에서는 행위자가 충분한 개인적 능력과 결과 및 인과관계에 대한 주관적인 예견가능성에도 불구하고 요구되는 주의의무를 다하지 못한 점(주관적 주의의무위반)을 심사한다.[1]

이처럼 객관적 주의의무위반을 구성요건의 문제로 보는 것은 다음과 같은 사고의 소산이다. 즉 과실의 결과범에서 행위와 결과간의 단순한 인과관계의 존재는 구성요건해당성의 기능을 위하여 필요한 유형화된 행위반가치(행위불법)일 수 없다는 점이다. 과실의 결과범을 규정한 규범은 단순히 결과를 야기시키지 말라는 내용일 수 없으며 오히려 규범의 내용을 구성요건적 결과의 방지를 위한 주의의무에 초점을 맞출 때 의미가 있다. (유형화된) 행위반가치를 확정하는 문제는 그렇기 때문에 객관적으로 통상 요구되는 주의의무의 위반 여부에 관한 것이 된다.

V. 行政刑法과 過失犯의 처벌

행정형법은 양벌규정을 통하여 행위자를 처벌하는 외에 법인의 대표자나 법인 또는 개인의 대리인·사용인 기타 종업원을 처벌하고 있다. 한편 대법원은 「행정상의 단속을 주안으로 하는 법규」인 경우에는 고의범 이외에 과실범도 처벌할 수 있음을 밝히고 있다.[2] 즉 행정형법은 원칙적으로 고의범만을 처벌할 수 있으나 예외적으로 명문규정이 있을 경우에는 과실범을 처벌할 수 있음은 물론이다(형법 제13조 참조). 이 경우 과실범 처벌을 명문으로 규정한 경우만으로 제한할 것인지 아니면 해석상 과실범을 처벌할 수 있음이 명확한 경우까지도 포함할 것인지에 대해서는 견해가 나뉜다. 판례는 이를 긍정하는 경우[3]

1) 우리 나라에서도 이러한 입장이 다수이다. 배종대, 665면; 서보학, 「과실범에 있어서 주의의무위반의 체계적 지위와 판단기준」, 형사법연구 제15호(2001, 여름), 19면 이하; 오영근, 213면; 이재상, 186면; 이형국, 327면; 임 웅, 432면; 정성근/박광민, 418면. 한편 김일수/서보학, 439면 및 조상제, 「과실범론의 체계적 재구성」, 고시계(1995/10), 116면 이하에서는 과실개념을 주관적 예견가능성으로 파악한다. 김일수/서보학, 439면은 객관적 주의의무위반은 과실의 구성요소가 아니라 고의범과 과실범에 공통되는 객관적 귀속척도로 파악한다.

2) 대판 1986. 7. 22, 85도108.

3) 대판 2010. 2. 11, 2009도9807

와 제한하는 경우[1])로 나뉘고 있다. 과실범을 처벌할 경우에는 형법 제14조의 규정상 명문의 규정을 전제로 한다고 해석하는 것이 타당하다. 즉 행정형법은 고의범을 처벌하는 것을 원칙으로 하고 있으므로 이를 해석의 방법에 의하여 행위유형을 과실범까지 확장하여 처벌하는 것은 타당하지 않다.[2])

제 2 절 過失犯의 成立要件

Ⅰ. 構成要件

과실범이 성립하기 위해서는 과실행위와 결과의 발생 그리고 주의의무 위반이 있어야 하고 그 밖에 예견가능성이 전제되어야 한다고 보는 것이 일반적이다.[3]) 그리고 주의의무는 객관적 주의의무와 주관적 주의의무로 나누어 전자는 구성요건요소로, 후자는 책임요소로 평가한다.

1. 구성요건적 결과의 발생과 그 야기

과실범이 성립하기 위해서는 구성요건에 해당하는 결과의 발생이 있어야 한다. 구체적으로 과실의 침해범이나 위험범이 여기에 해당된다. 그러므로 과실범에서는 그 속성상 결과범이 원칙이며 미수범이 인정될 수 없다. 또한 과실범의 공동정범이나 교사범 또는 방조범도 가담자의 고의를 전제로 하므로 성립할 수 없다. 그러나 과실행위에 의해 결과나 위험이 야기된 점만으로는 과실범이 인정될 수 없다. 이는 마치 금지된 행위를 행하는 자는 그로부터 초래되는 일체의 결과에 대해 모든 책임을 진다는 것(versari in re illicita)과 같으며 이러한 결과책임주의는 형법상 인정될 수 없는 것이다.[4])

이에 따라 학설과 판례는 결과의 발생이 주의의무를 다하였어도 회피할 수 없었다면 과실책임을 물을 수 없다는 데에 견해가 일치되어 있다. 문제는 이를 이론적으로 뒷받침하는 방법이다. 이와 관련하여 행위자가 주의의무를 다하였어도 피해자의 잘못된 행동 때문에 결과가 발생하였으리라고 인정될

1) 대판 1983. 12. 13, 83도2467.
2) 신동운, 「행정형법과 과실범의 처벌」, 법학(서울대), 제158호(2011. 3), 129면 이하 참조.
3) 김일수/서보학, 445면; 손해목, 711면; 배종대, 576면; 안동준, 278면; 이재상, 196면; 이형국(Ⅱ), 661면; 정성근/박광민, 421면.
4) BGHSt 32, 262면 참조.

때에는 결과의 야기를 부인하는 견해가 있다.[1] 이는 주의의무위반이 발생한 결과의 원인이 되었는지 여부를 기준으로 삼기 때문에 인과관계의 문제로 보는 입장이라 할 수 있다. 그러나 다수 학설은 이 문제를 아래에서 설명하는 바와 같이 과실범의 객관적 귀속의 문제로 본다.

2. 주의의무위반

(1) 객관적 주의의무위반 및 객관적 예견가능성

과실범의 객관적 구성요건요소로는 결과와 중요한 인과관계에 대한 객관적 예견가능성을 전제로 한 객관적 주의의무위반이 있어야 한다(객관설). 객관적 주의의무는 사회생활상 요구되는 주의를 태만히 하여 예견이 가능하고 그래서 회피가능하였던 결과를 야기한 것(객관적 예견가능성과 회피가능성)[2]을 그 내용으로 한다.

이에 대해 ① 구성요건의 단계에서는 오직 행위자 개인의 주관적 주의의무위반과 주관적 예견가능성만을 심사해야 한다는 견해(주관설)가 있다. 주지하다시피 이는 다시 주관적 구성요건단계에서 검토되어야 한다는 견해와, 구성요건이 아니라 책임의 단계에서 검토되어야 한다는 견해(고전적 범죄론체계)로 나뉨은 전술한 바와 같다. 첫번째 견해에 의하게 되면 과실범에서의 책임이란 행위자가 행위의 불법성을 인식하고 이에 따라 조종할 수 있었는가 여부가 문제되며 주의의무위반 여부는 검토의 대상이 아니다. 또한 ② 구성요건단계에서 객관적·주관적 주의의무위반과 주관적 예견가능성을 함께 판단해야 한다는 견해,[3] ③ 객관적 주의의무위반을 심사하되 위법성의 단계에서 검토되어야 한다는 견해도 있다

주의의무위반의 판단기준에 관해서는 객관설과 주관설이 있다. ① 객관설은 주의의무위반 여부의 판단은 사회 일반인을 기준으로 하여야 한다는 견해이다. 즉 과실범의 주의의무위반은 사회생활상 요구되는 주의의무를 표준으로 하므로 일반인을 기준으로 판단하여야 한다는 것이다. 그러므로 평균인표

1) BGHSt, 11, 1면; 33, 61면.

2) 배종대, 672면; 안동준, 274면; 오영근, 214면; 이재상, 188면; 이형국(Ⅱ), 661면; 임 웅, 488면; 정성근/박광민, 422면; 조준현, 277면. 예견가능성과 회피가능성을 요구한 판례(대판 1991. 4. 9, 91도415: 황색실선의 중앙선을 침범하였다가 급히 자기차선으로 복귀중이던 버스와 반대차선을 운전면허 없는 피고인이 운전하던 봉고차가 충돌한 교통사고에서 각 차량의 중앙선침범 여부와 「피고인이 위 버스를 미리 발견할 수 있었던 거리에서 피행운행이 가능하였는지의 여부」가 가려지지 않고서는 피고인의 과실유무를 판단할 수 없다).

3) 김일수/서보학, 451면은 구성요건의 단계에서 객관적·주관적 주의의무위반을 심사하고, 책임의 단계에서도 주관적 주의의무위반을 심사하여야 한다고 한다.

준설이라고도 하며, 판례 및 다수설의 입장이다.[1] ② 주관설은 행위자 개인의 능력을 기준으로 주의의무위반 여부를 판단하여야 한다는 입장이다. 즉 행위자가 자신의 능력에 비추어 가능한 주의의무를 다하지 않은 경우에는 주의의무위반을 인정할 수 있다고 보며, 행위자표준설이라고도 한다.

생각건대 과실범에서 요구되는 객관적 구성요건요소로서의 주의의무는 통상적으로 일반인에게 요구되는 수준이라는 점에서 객관설의 입장에서 판단하는 것이 타당하다. 다만 행위자가 주의의무의 내용과 관련하여 전문지식을 가지고 있다면 행위자의 이러한 전문지식도 고려하여야 한다. 그러나 이는 행위자를 판단기준으로 삼았다고 보기보다는 일반인일지라도 이러한 경우에는 그에게서 특별한 주의의무를 기대하는 것이 사회생활상 요구되기 때문이다.

그러나 이러한 주의의무위반론에 대해 과실범의 구성요건은 객관적 귀속론에 의해 그 내용이 충족될 수 있다고 보는 견해가 있다.[2] 이에 따르면 과실범의 구성요건을 주의의무위반에서 찾게 되면 요구되는 주의의무를 다하지 않은 데에(부작위) 과실범의 본질이 있다고 보므로 작위범을 부작위범으로 의미를 변질시키는 문제점이 있다고 지적한다.[3] 이는 기존의 견해가 객관적 주의의무위반과 객관적 귀속의 문제를 병렬적으로 파악한 데 비해 주의의무위반을 객관적 귀속의 한 요소로 보는 점이 다르다. 체계론적으로 볼 때 주의의무위반은 구체적 내용이 결여된 일반적 개념에 불과하여 과실행위 여부를 확정하기 위한 구체적 기준을 제공하지 못하므로 고의범에서와 같이 객관적 귀속판단을 함에 있어 한 척도로 보는 것이 정확하다고 볼 수 있다. 그 밖에 준수사항을 규정한 법규범이나 신뢰의 원칙 등도 귀속의 한 척도가 되는 것이다.

(2) 주의의무위반관련성

1) 개 념 　과실범은 주의의무위반과 결과나 위험의 야기만으로 형사책임을 물을 수 없다. 주의의무를 다하였다 할지라도 결과발생이 불가피하였을 수도 있기 때문이다. 그러므로 과실범에서는 결과의 발생에 대한 주의의무위반의 구성요건적 중요성이 인정되어야 한다. 다시 말해 행위자의 주의의무위반에 의하여 결과가 야기되어야 한다. 이를 주의의무위반관련성(혹은 위법성관련성, 적법한 대체행위이론)이라고 하며 과실범의 객관적 귀속의 또 다

1) 대판 2003. 1. 10, 2001도3292. 손동권, 327면; 오영근, 230면; 이재상, 188면; 이정원, 379면; 임 웅, 495면; 정성근/박광민, 425면.
2) Roxin, AT, § 24 Rn. 8, 10 이하 참조.
3) Roxin, AT, § 24 Rn. 12; Jakobs, AT, 9/6.

른 척도가 된다.[1] 이는 행위자의 의무위반행위(규범준수의무 혹은 주의의무위반행위)와 구성요건적 결과발생간의 관계에서 구성요건적 결과발생이 행위자의 의무위반에서 비롯되어야 함을 의미한다. 즉 주의의무위반(예: 과속)으로 인하여 발생한 법익침해의 결과가 주의의무준수(예: 규정속도준수)의 상황에서도 발생하였으라고 예상되는 경우에는 회피할 수 없는 결과에 해당하므로 의무위반관련성을 인정할 수 없으며 결국 행위자에게 결과를 귀속시킬 수 없게 된다.[2]

주의의무위반관련성은 일종의 주의의무위반과 결과간의 법적 인과관계라고도 볼 수 있다. 그 이유는 행위자의 (의무위반)행위가 내포하는 위험성이 행위자의 행위로 인하여 실현되지 않았다고 하더라도 가정적인 다른 원인으로 인하여 결국 결과가 발생하였으리라고 예상되는 상황에서는 행위자의 의무위반행위로 인하여 형성된 위험이 실현된 것으로 볼 수 없기 때문이다. 그리고 주의의무위반관련성 판단을 할 때 주의의무 준수는 결과(사고) 발생지점에서 규정속도를 준수하였을 경우를 가정하여 판단하는 것이다. 이와 달리 행위자가 출발지점부터 규정속도를 지켰을 경우(이 경우에는 아직 사고지점에 도달하지 않았을 것이다)를 가정하여 판단하듯이 소급적 조건을 기준으로 하는 것은 아니다.

[판례] ① 피고인이 운전하던 택시가 이미 정차하였음에도 뒤쫓아오던 택시가 추돌하는 바람에 앞의 차를 추돌한 사건. 이 사건에서 대법원은 「설사 피고인에게 안전거리를 준수치 아니한 위법이 있다 하여도 그것만으로는 추돌사건과 인과관계가 있다고 할 수 없다」[3]고 하여 (상당)인과관계를 부인하였다. 그러나 이 사건에서 자연과학적 인과관계를 부인할 수는 없다. 이 사건을 의무위반관련성이라는 귀속기준에 따라 분석하면 법원은 피고인이 앞차와의 안전거리를 지켰다 하더라도 뒤쫓아온 택시에 의한 추돌에 의하여 앞차를 추돌할 수밖에 없었는가 여부를 판단하여야 한다. 만일 이것이 긍정된다면 사고는 피고인의 의무위반관련성에서 비롯된 것이 아니므로 피고인의 형사책임을 부인하게 된다. 한편 이 사건은 규범의 보호목적이라는 귀속척도에 의해서도 검토되어야 한다. 즉 도로교통법 제19조(안전거리 확보)는 동일방향의 앞차를 따라 운행하는 때에는 「앞차가 갑자기 정지하게 되는 경우에 그 앞차와의 충돌을 피할 만한 필요한 거리를 확보」하는 것이 목적이다. 그러므로 앞차와의 안전거리 확보가 뒷차에 의한 추돌을 통하여 앞차와 연

1) 신동운, 238면; 이재상, 194면; 임 웅, 501면; 정성근/박광민, 427면.
2) 대판 1996. 11. 8, 95도2710.
3) 대판 1983. 8. 23, 82도3222; 1984. 1. 17, 83도2746.

쇄충돌하는 상황을 방지하기 위한 것은 아니므로 객관적 귀속을 부인하게 된다.

②「피고인이 트럭을 도로의 중앙선 위에 왼쪽 바깥바퀴가 걸친 상태로 운행하던 중 피해자가 승용차를 운전하여 피고인이 진행하던 차선으로 달려오다가 급히 자기차선으로 들어가면서 피고인이 운전하던 트럭과 교행할 무렵 다시 피고인의 차선으로 들어와 그 차량의 왼쪽 앞 부분으로 트럭의 왼쪽 뒷바퀴 부분을 스치듯이 충돌하고 이어서 트럭을 바싹 뒤따라가던 차량을 들이받았다면 설사 피고인이 중앙선 위를 달리지 아니하고 정상차선으로 달렸다 하더라도 사고는 피할 수 없다 할 것이므로 피고인이 트럭의 왼쪽 바퀴를 중앙선 위에 올려놓은 상태에서 운전한 것만으로는 위 사고의 직접적인 원인이 되었다고 할 수 없다」.[1] 이 사건에서는 피고인이 차선을 준수하지 않고 중앙선위를 달린 의무위반행위로 인하여 사고가 발생한 것으로 볼 수 없다는 취지이다. 그러나 이 사건 역시 인과관계는 인정되지만, 의무위반관련성을 부인함이 타당하다.

그러나 주의의무위반 관련성에 대해서는 다음과 같은 비판이 있다. 즉 현실적으로 행위자의 주의의무위반과 이로 인한 결과발생에 대한 원인제공이 있었음에도 불구하고 가정적 상황추정(「주의의무를 다한 대체적 행위상황」)과 이에 기초한 위험비교를 통하여 객관적 귀속대상에서 제외시키는 것은 부당하다고 한다.[2] 바꾸어 말하면 실제로 발생한 사건 대신에 가설적인 사실을 형법적 평가의 기초로 삼는다는 것이다. 또한 주의를 하였더라면 결과가 발생하지 않았을 것이 확실하지는 않지만 추정되는 경우에도 주의의무에 위반한 행위자를 무죄라고 보는 문제점을 지적한다. 그러나 반대로 이 경우에 유죄판결을 하게 되면 주의의무를 준수하였더라면 결과가 발생하지 않았을 것이라는 책임추정을 토대로 유죄판결을 하는 결과가 된다는 비판을 면하기 어렵다. 또한 회피불가능한 결과발생에 대한 형사책임의 귀속은 결과책임에 해당한다는 점에서 과실범에서는 주의의무위반관련성이 인정되어야 한다고 본다.

2) 위험증대설과 객관적 귀속 주의의무위반관련성론이 의무를 다한 행위상황에서도 결국 결과발생이 예견되는 경우에는 결과귀속을 부인하는 입장인 데 반하여 위험증대설(Risikoerhöhungstheorie)[3]은 주의의무위반관련성 여

1) 대판 1991. 2. 26, 90도2856.

2) Küper, Lackner-FS.(1987), 255면.

3) 위험증대설에 대하여 자세한 것은 Burgstaller, 「Das Fahrlässigkeitsdelikte im Strafrecht」(1974), 133면 이하; Roxin, ZStW 74(1962), 425면 이하; Stratenwerth, AT, §8 Rn. 345 참조.

하에 따른 결과귀속판단을 거부한다. 즉 위험증대설에서는 행위자가 조성하였거나 증대시킨 위험이 결과발생과정에서 실현되었는가의 여부에 따라 결과귀속을 판단한다. 여기에서 문제되는 것은 위험증대 판단기준과 규범위반행위가 허용된 위험과 비교하여 결과발생의 기회를 증대시켰을 때에 위험실현을 인정할 것인가이다. 즉 위험증대설에서는 어느 행위가 주의의무에 위반하였는가는 행위가 허용된 위험의 범주를 초과한 것인가의 여부에 좌우된다. 이를 초과하여 구성요건적 결과가 발생할 가능성이 생겼으면(위험실현) 구성요건을 충족시키는 의무위반행위가 인정된다고 본다(결과귀속의 인정). 반대로 허용된 위험을 초과하는 위험증대가 인정되지 않으면 행위자에 대한 결과귀속은 인정하지 않는다. 일반적으로 허용된 것 이상의 위험창출이 없었는데도 불구하고 결과귀속을 인정한다면 이는 결과책임을 인정하는 것과 다름없다는 것이 그 이유이다. 그러므로 위의 [판례] ①에서 법정간격을 유지하였더라면 위험이 감소하였을 것인가(과실치사부분 유죄) 아니면 동일한 위험성에 머물렀을 것인가(과실치사부분 무죄, 도로교통법위반)에 따라 판단하게 된다. 또한 행위자가 주의를 했더라도 다른 원인(예: 다른 자동차에 의한 추돌)에 의하여 동일한 결과가 발생하였을 경우에도 행위자에게 결과에 대한 형사책임을 인정한다.

이러한 위험증대설의 입장에서는 주의의무를 다했더라도 동일한 결과가 발생할 가능성이 있는 경우에도 위험증대가 있으면 형사책임을 인정한다. 예를 들어 교통사고의 위험성이 있음에도 불구하고 일정한 상황에서 추월을 허용하는 것은 원활한 교통소통을 위한 것이다. 그렇다고 하여 입법자가 설정한 허용범위를 초과하는 추월행위에 의하여 발생한 결과에 대해서까지 주의의무를 다했더라도 동일한 결과가 발생할 가능성이 있었다는 이유만으로 처벌하지 않는다는 것은 타당하지 않다는 것이다.

위험증대설에 대해서는 「의심스러운 때에는 행위자에게 유리하게」라는 법원칙을 제한적으로 적용하고 또한 침해범을 구체적 위험범으로 바꾸어 해석한다는 비판이 있다.[1] 또한 결과발생에 대한 객관적인 위험성의 증대만으

1) 위험증대설에 대한 비판으로는 Jakobs, AT, 7/98 이하; Koriath, 「Grundlagen Strafrechtlicher Zurechnung」(1994), 491면; Krümpelmann, GA 1984, 491; Hirsch, ZStW 94(1982), 251면 이하; Puppe, Jura 1997, 410면; Sch/Sch/Cramer/Sternberg-Lieben, §15 Rn. 173; Wessels/Beulke, AT, §6 Rn. 186 등.

로 객관적 귀속을 인정하는 문제점이 있다. 그 결과 의료행위는 언제나 환자의 건강이나 생명침해의 위험성을 증대하기 때문에 실패로 끝난 의료행위는 과실의 경중을 불문하고 의사의 형사책임으로 귀속될 수 있는 문제점이 있다.

(3) 보호목적관련성

과실범에서 행위자의 행위로 인한 결과귀속이 가능하기 위해서는 행위자가 주의의무를 다하였다면 결과가 발생하지 않았으리라는 주의의무위반 관련성만으로는 부족하다는 것이 보호목적관련성의 취지이다. 이 입장에 따르면 규범의 보호목적관련성이라는 귀속기준은 고의범뿐만 아니라 과실범에서 금지되는 행위유형이 곧 당해 규범이 금지하고 있는 결과발생을 방지하는 데에 기여할 것을 요구한다. 즉 규범의 보호목적이라는 귀속기준은 형법규범의 일반적인 의미나 목적이 아니라 침해된 규범의 구체적인 주의의무의 보호영역과 관련하여 판단하는 것을 말한다. 이에 따라 주의의무에 위반하여 결과가 발생하였을지라도 주의의무위반행위와 발생한 결과가 금지규범의 목적범위 내에서 일치하지 않을 때에는 객관적 귀속을 인정하지 않는다.

3. 객관적 주의의무위반의 제한원리

(1) 허용된 위험

1) 허용된 위험의 본질 허용된 위험론은 사회변화에 따른 법이론적 접근의 한 모습으로서 기계문명의 발달로 인한 빈번한 사고발생과 연관되어 제기되었다. 예를 들어 광산의 채굴행위, 육상·해상·항공교통, 원자력 발전, 건설공사, 공장가동행위, 과학적 실험행위, 그리고 의사의 수술행위 등은 제반 안전조치를 다하더라도 그 행위 자체가 여러 가지의 위험성을 내포하고 있다. 그럼에도 불구하고 사회적 유용성이나 필요성 때문에 이와 같은 위험수반행위 자체의 근본적인 금지를 요구할 수는 없다. 즉 일정한 수준의 안전장치를 전제로 해서 위험한 산업활동 등이 허용되고 있는 것이다. 이를 허용된 위험 또는 금지되지 않은 위험이라고 한다.[1] 그리고 허용된 위험행위로부터 발생하는 법익침해의 결과를 이유로 행위자에게 형사책임을 지울 수 없다고 보는 것이 허용된 위험론의 주장이다. 다른 한편으로는 피해자 자신의 위험행위에 대한 승낙 혹은 위험감수행위도 허용된 위험의 유형으로 논의되기

1) 이에 대해 Klug은 구성요건해당성을 배제하는 "요구되는" 위험과 위법성을 조각하는 "허용된" 위험으로 분류하고 있다(Eb. Schmidt-FS.(1961), 260면). 또한 과거 사회주의국가에서는 생산위험(Produktionsrisiko)이라고 부르기도 하였다.

도 한다.

2) 허용된 위험의 유형 　허용된 위험은 행위자의 객관적 주의의무를 제한하는 원칙으로 인정되는 등 특히 과실범과 관련된 문제로서 다루어져 왔다.[1] 그러나 허용된 위험이 반드시 과실행위에만 제한되어 인정될 수 있는 것은 아니다. 허용된 위험은 법익침해의 결과를 예상하면서 이를 용인하는 미필적 고의범의 경우에도 존재할 수 있다. 예를 들어 광산사고의 발생은 항상 예상할 수 있는 일이지만 이를 무릅쓰고 광부를 갱도로 보내는 광산주의 위험행위도 허용되지 않는다고 볼 수 없는 것이다.[2] 이와 같이 허용된 위험은 과실행위뿐만 아니라 고의범과도 관련성을 갖는다. 이러한 전제하에서 형법이론상 논의되고 있는 허용된 위험의 유형을 살펴보면 다음과 같다.[3]

① 제 1 유형 　형법상의 보호법익이 침해당할 위험성이 있음에도 불구하고 사회적 · 경제적 필요성과 유익성 때문에 인정되는 경우로서 가장 전형적인 유형이다(예: 공장의 생산설비나 육상 및 항공운송, 투기적 성질을 갖는 모험거래).[4]

② 제 2 유형 　위험한 인명구조행위도 유일하고 가장 안전한 방법이 아니었다고 하더라도 허용된 위험행위의 유형에 포함시킨다(예: 화재시 아이를 구하기 위해 창 밖으로 던지는 행위, 인질을 위협하는 납치범을 향해 사격하는 행위 등).[5]

③ 제 3 유형 　보호법익의 주체가 스스로 위험한 행위로 나아간 경우로서 허용된 위험에 대한 승낙 혹은 위험의 인수(Gefahrübernahme)라고도 한다(예: 사회적 상당성이 인정되는 위험한 운동경기, 주취상태에서 운전을 하는 친구의 차에 동승한 경우).[6] 후자의 경우에 교통사고로 인하여 동승자가 사망하였다면 생존자의 사망자에 대한 과실치사죄의 성립 여부를 논함에 있어 주의의무의 범위를 제한하는 것이 허용된 위험론의 입장이다. 그 이유로는 사망자가 위험한 행위를 스스로 승낙하고서 행하였다는 것을 든다.

1) Sch/Sch/Lenckner, vor §32 Rn. 107 b; 이재상, 189면; 이형국(Ⅱ), 677면.
2) Hirsch, ZStW 74(1962), 97면; Kienapfel, 「Das erlaubte Risiko im Strafrecht」(1966), 11면 이하 참조.
3) Preuß, 「Untersuchungen zum erlaubten Risiko im Strafrecht」(1974), 20면 이하 참조.
4) Jescheck/Weigend, AT, 326면; Tröndle/Fischer, §266 Rn. 25.
5) Jescheck/Weigend, AT, 324면.
6) Krey, BT I, Rn. 120.

그 밖에 기대가능성이 거의 없는 인과관계를 믿고서 한 행위로 인하여 실제로 그 결과가 발생한 경우(예: 교통사고로 사망하게 되기를 기대하면서 여행을 권유하였는데 실제로 사망한 경우)에도 이러한 행위들이 사회생활상 불가결한 점을 들어 허용된 위험의 범주에 포함시키고 있으나[1] 이는 타당하지 않다. 구체적인 위험성이 결여되었거나 아니면 최소한의 통계상의 위험성도 내재하지 않는 「위험한」 행위는 형법상의 의미 자체를 갖지 못하기 때문이다.[2]

3) 허용된 위험의 법적 성격

① 구성요건해당성배제사유설 허용된 위험에 의해 법익침해의 결과가 발생하였을 때에는 형법상의 구성요건해당성 자체가 배제된다는 견해이다.[3] 이에 의하면 제 1 유형과 관련하여서 허용된 위험은 사회생활상 요구되는 주의의무의 한계를 제시(객관적 주의의무의 제한)한다고 보아 이 범위 내에서 발생한 결과의 객관적 귀속을 부인한다. 목적적 행위론에 의하면 규범의 본질은 규범의 수명자가 불법을 행하지 않도록 의사를 형성케 하는 의사결정 기능에 있다고 본다. 즉 형법은 평가규범(Bewertungsnorm)이 아니라 결정규범(Bestimmungsnorm)으로 파악된다.[4] 그렇기 때문에 과실범의 처벌은 결과보다는 주의의무위반 여부에 의하게 되고, 허용된 위험의 경우에는 주의의무의 기준이 완화되어 그 위반성이 부인된다는 것이다.

그러나 과실범에서 주의의무위반 여부 판단의 중점은 행위가 허용된 위험의 한계 내인가 여부가 아니라 통상으로 요구되는 주의의무를 다하였는가이다. 그리고 각각의 주의의무의 범위는 구체적인 의무범위와 상황에 따라서 결정되어야 하며 허용된 위험이라는 일반적인 기준에 의할 수는 없다.

다음으로 제 1 유형의 위험한 행위가 행정관서에 의해서 허가되었으므로 구성요건해당성이 배제된다는 주장이 있다. 그러나 예를 들어 공장설립에 대한 허가를 공장가동으로 인하여 발생된 여러 가지 산업재해 등에 대한 책임면제로까지 확대해석할 수는 없다.

또한 사회상당성의 개념을 통하여 허용된 위험의 구성요건해당성이 배제

1) Kienapfel, 앞의 책, 13면; Preuß, 앞의 책, 22면 이하.
2) 형법상의 위험개념에 관하여는 특히 Frisch, 「Vorsatz und Risiko」(1983), 118면 이하 참조.
3) Hirsch, ZStW 74(1962), 94면; Jakobs, AT, 7/39; Welzel, Strafrecht, 123면; Niese, Eb. Schmidt-FS.(1961), 367면; 안동준, 275면; 이재상, 189면; 이정원, 381면; 이형국, 334면; 임 웅, 444면; 조준현, 275면.
4) Sch/Sch/Lenckner, vor § 13 Rn. 50 이하 설명 참조.

된다는 주장도 있다.[1] 그러나 사회상당성은 모든 허용된 위험의 상위개념이 아니며 사회적인 상당성이 인정되지 않는 허용된 위험도 가능하다는 점에서 타당하지 않다. 즉 보호법익의 주체가 자초한 위험행위(제 3 유형의 경우)가 항상 사회적 상당성이 인정될 수는 없는 것이다. 뿐만 아니라 오늘날 사회상당성의 개념 자체가 불명확한 것으로서 일반적인 구성요건의 배제사유로 인정하기에는 문제가 있으며[2] 오히려 과실행위의 불법성을 규정하는 해석기준으로 이해하는 것이 타당하다.

그 밖에 모험거래행위의 배임죄 성립을 부인하는 근거로서 허용된 위험의 법리를 원용한다. 그러나 이는 배임죄의 구성요건에 대한 목적론적 해석에 따른 것이라고 보아야 한다. 모험거래란 손실발생의 위험성을 내포한 행위로서 신임관계를 침해하였다고 볼 수 없기 때문이다.

② 위법성조각사유설 이는 허용된 위험상황하에서 불가피하게 발생한 위험의 결과는 독자적으로 위법성을 조각한다고 보는 입장이다.[3] 그러나 허용된 위험의 상황과 일반적인 위법성조각사유인 정당방위나 긴급피난의 행위정황을 동일시 하는 것은 수긍하기 어렵다. 정당방위나 긴급피난 등은 예외상황인데 반해 허용된 위험은 정상상황이기 때문이다. 나아가서 위법성조각사유는 발생한 결과까지 정당화하지만 허용된 위험론에서 허용되는 것은 위험한 행위일 뿐 그로 인해 발생한 위험결과는 아니다. 이렇게 볼 때 허용된 위험을 위법성조각사유의 체계 내에 편입시킬 경우 기존의 위법성조각사유는 그 입지가 축소 내지 중복될 뿐만 아니라 경우에 따라서는 허용된 위험의 구체적인 한 예에 불과하게 된다. 이는 각 위법성조각사유를 독립적으로 규정하고 있는 형법체계와도 배치되는 결론이다.

③ 책임배제사유설 과실행위의 책임요소를 객관적인 주의의무위반과 예견가능성으로 파악하여 허용된 위험행위의 결과는 책임이 배제된다고

1) 이재상, 189면.
2) Sch/Sch/Lenckner, vor §13 Rn. 70 이하 참조.
3) Jescheck, AT, 324면; Maurach/Zipf, AT/ I, Rn. 23; Oehler, Eb. Schmidt-FS.(1961), 240면; SK/Samson, vor §32 Rn. 53; Schmidhäuser, AT, 9/29 이하; Eser, JZ 1978, 373면 이하; Sch/Sch/Lenckner, vor §32 Rn. 100; 김일수, 580면은 원칙적으로 구성요건해당성배제사유라고 보면서도 예외적으로 형법 제20조의 정당행위에 속하는 위법성조각사유로 보기도 한다. 정성근/박광민, 433면. 특히 이 견해는 BGHZ(GS) 24, 21(26)면에서 주장되었다.

보는 견해가 있다.[1] 즉 허용된 위험은 책임요소로서의 일반적인 주의의무위반(제 1 유형의 경우)과 예견가능성(기대가능성이 거의 없는 인과관계를 믿고서 한 행위의 경우)의 문제라고 보는 입장이다. 이는 기본적으로 책임의 본질을 행위에 대한 행위자의 주관적 · 정신적인 관계에서 찾는 심리적 책임론을 출발점으로 삼고 있다. 그러나 오늘날은 의사형성과 의사실행에 대한 비난가능성에 책임의 본질이 있다고 보는 규범적 책임개념이 일반적이다. 이에 의하면 허용된 위험을 일반적인 주의의무위반과 비난가능성의 문제로 파악하여 책임이 배제된다는 주장은 타당하지 않게 된다. 또한 그렇게 함으로써 책임요소인 책임능력이 없는 자에게 비난가능성을 요구하는 심리적 책임론의 모순도 해소될 수 있다.

④ 기타 — 행위개념과 허용된 위험　허용된 위험행위로 인하여 발생한 결과에 대한 형법적 처리를 놓고 이를 형법상의 행위개념에 의해 해결할 수 있다고 주장하는 견해가 있다.[2] 즉 일반적인 행위개념 속에 목적성이나 혹은 사회적 중요성 등 규범적인 내용을 포함시킴으로써 허용된 위험행위를 형법적 평가의 대상에서 제외시킬 수 있다는 주장이다. 그러나 전구성요건적 행위개념을 부인하고 오직 구성요건과 관련지어서만 형법상 의미있는 행위개념을 인정하는 행위개념부인론[3]을 따르게 되면 허용된 위험의 문제는 항상 구성요건해당성 · 위법성 · 책임의 단계에서만 검토될 수 있을 뿐이다.[4]

4) 결　론　이상에서 살펴본 바와 같이 형법상의 허용된 위험론은 개념의 불명확성 내지는 포괄성으로 인하여 형법체계상의 독자적인 기능을 부여하는 것은 타당하지 않다. 또한 허용된 위험의 법리를 원용하지 않고서도 과실의 결과범(제 1 유형)은 이익교량이라든가 일반적인 주의의무의 한계를 정하는 바에 따라 위법성의 단계에서 해결될 수 있다. 특히 형법은 정당행위(제20조)를 규정함으로써 허용된 위험론에 의하지 않고서도 대부분 실정법적인 해결이 가능하다. 그리고 제 2 유형은 긴급피난(제22조 제 1 항), 제 3 유형은 피해자

1) Kienapfel, 앞의 책, 21면.
2) Eb. Schmidt, Engisch-FS.(1969), 339면; Arth. Kaufmann, H. Mayer-FS.(1966), 116면.
3) Otter, 「Funktion des Handlungsbegriffs im Verbrechensaufbau」(1973), 136면 이하; Sch/Sch/Lenckner, vor § 13 Rn. 23 이하.
4) 전형법적 행위개념을 인정할 것인가 부인할 것인가는 행위론의 문제에 속하나, 지적되어야 할 점은 형법상의 행위개념이 규범화되는 경향이다. 기본적으로 행위와 비행위를 구별하는 것이 행위개념의 주요 기능이라고 보아야 할 것이다.

의 승낙(제24조) 등의 규정을 적용함으로써 해결할 수 있다. 이렇게 본다면 허용된 위험이론이란 범죄체계론적 독자성을 가진 원칙이라고 할 수 없는 집합개념으로서, 주의의무위반 여부를 평가하는 내재적 척도로서의 성격을 갖지만 이는 결국 주의의무위반의 판단기준과 중복된다.[1)]

(2) 신뢰의 원칙

1) 개 념 도로교통과 관련한 독일의 판례[2)]를 통해 발전한 이론인 신뢰의 원칙(Vertrauensgrundsatz)이란 교통규칙을 준수하는 운전자는 상대방도 교통규칙을 준수하리라는 것을 신뢰하면 족하며, 상대방이 교통규칙을 위반하는 경우까지 예상하여 이에 대한 방어조치를 취할 의무는 없다는 원칙을 말한다. 환언하면 타인의 주의의무위반까지 예상하여 통상의 수준을 넘는 고도의 주의의무는 요구되지 않는다는 원칙이다.[3)] 대법원도 주로 도로교통과 관련하여 신뢰의 원칙을 인정하고 있지만 그 밖의 경우에도 확대적용하고 있다.

[판례] ①「상대방 차량이 중앙선을 침범하여 진입할 것까지를 예견하고 감속하는 등 조치를 강구하여야 할 주의의무는 없다」(대판 1982. 4. 13, 81도2720; 1984. 5. 29, 84도520; 1983. 2. 8, 82도2617).

② 도로교통 관련 사건 이외의 경우에 신뢰의 원칙이 적용된 예

(i) 내과의사가 신경과 전문의에 대한 협의진료 결과 피해자의 증세와 관련하여 신경과 영역에서 이상이 없다는 회신을 받았고, 그 회신 전후의 진료 경과에 비추어 그 회신 내용에 의문을 품을 만한 사정이 있다고 보이지 않자 그 회신을 신뢰하여 뇌혈관계통 질환의 가능성을 염두에 두지 않고 내과 영역의 진료 행위를 계속하다가 피해자의 증세가 호전되기에 이르자 퇴원하도록 조치한 경우, 피해자의 지주막하출혈을 발견하지 못하여 식물인간상태에 빠진 사건에서 내과의사의 업무상과실을 부정(대판 2003. 1. 10, 2001도3292). (ii) 경찰관인 피고인들은 동료 경찰관인 갑 및 피해자 을(경찰정보원)과 함께 술을 많이 마셔 취하여 있던 중 을의 말에 화가 난 갑이 을의 제의에 따라 총을 꺼내 을과 같이 총을 번갈아 자기의 머리에 대고 쏘는 소위 '러시안 룰렛게임'을 하다가 갑의 차례에서는 불발이 되고, 을이 자신이 쏜 총에 맞아 사망하였다. 대법원은 피고인들에게 중과실치사죄를 적용한 검찰의 상고를 기각하면서 다음과 같이 판시하였다. 즉「술자리에서 갑자기 일어난 이 광경을 목격한 피고인들은 갑과 을이 '러시안 룰렛'게임을 함에 있어 갑과 어떠한 의사의 연락이 있었다거나 어떠한 원인행위를 공동으로 한 바가 없고, 다만 위 게임을 제

1) 동지: 배종대, 677면.
2) BGHSt 4, 47면; 4, 182면; 7, 118면; 9, 93면; 14, 97면; 14, 211면.
3) 김일수/서보학, 456면; 배종대, 678면; 손동권, 335면; 신동운, 234면; 이재상, 189면; 임웅, 497면; 정성근/박광민, 430면.

지하지 못하였을 뿐인데 보통사람의 상식으로서는 함께 수차에 걸쳐서 흥겹게 술을 마시고 놀았던 일행이 갑자기 자살행위와 다름없는 위 게임을 하리라고는 쉽게 예상할 수 없는 것이고(신뢰의 원칙), 게다가 이 사건 사고는 피고인들이 "장난치지 말라"며 말로 갑을 만류하던 중에 순식간에 일어난 사고여서 음주만취하여 주의능력이 상당히 저하된 상태에 있던 피고인들로서는 미처 물리력으로 이를 제지할 여유도 없었던 것이므로, 경찰관이라는 신분상의 조건을 고려하더라도 위와 같은 상황에서 피고인들이 '러시안 룰렛'게임을 즉시 물리력으로 제지하지 못하였다 한들 그것만으로는 갑의 과실과 더불어 중과실치사죄의 형사상 책임을 지울 만한 위법한 주의의무위반이 있었다고 평가할 수 없다」(대판 1992. 3. 10, 91도3172). 그러나 이 판례사안은 신뢰의 원칙과 관련되었다고 보기보다는 피해자가 자기의 책임영역에 속하는 자손행위로 결과를 야기하였기 때문에 피고인에게 결과귀속이 부인되는 경우라고 보는 것이 타당하다.

이 원칙은 기술한 바와 같이 포괄적이기 때문에 독자적 기능을 인정할 수 없는 허용된 위험론의 내용을 구체화시켜 주는 기능을 하는 원칙으로서 과실범의 주의의무범위를 제한하는 기능, 즉 객관적 귀속범위를 제한하는 기능을 한다.

2) 신뢰의 원칙의 적용범위 　신뢰의 원칙은 오늘날 도로교통과 관련해서만 인정되는 것은 아니다. 그 밖에도 위험을 수반하는 활동에도 주의의무의 내용을 정하는 원칙으로 작용한다.[1] 예를 들어 수인이 합동으로 하는 수술행위시 각자는 동료의사의 실수 없는 협력을 신뢰하여도 된다는 것이다.[2] 또한 타인이 고의의 범행을 하지 않을 것이라는 점에 대해서도 신뢰의 원칙이 적용된다. 그러므로 판매한 흉기가 범죄에 사용되지 않으리라고 믿은 판매자의 신뢰는 존중되며 기타 과학적 실험이나 구조행위와 같이 분업에 의한 공동작업의 경우에도 적용된다.

3) 신뢰의 원칙의 적용한계 　신뢰의 원칙은 본인과 상대방 상호간의 규칙준수를 전제로 한다. 그러므로 ① 스스로 규칙을 위반한 경우, ② 상대방이 규칙을 위반할 것이 명백하거나 혹은 상대방이 이미 규칙을 위반한 경우에는 신뢰관계를 기대할 수 없다. ③ 규칙위반이 예상되는 특별한 사정이 있는 경우에도 신뢰의 원칙은 적용되지 않는다.[3] 예를 들어 어린 아이나 노약

1) 배종대, 681면; 이재상, 190면; 임 웅, 499면. 이와 달리 도로교통 이외의 영역에 신뢰의 원칙을 확대적용하는 것에 반대하는 견해로는 신동운, 217면.

2) BGH NJW 1980, 649면.

3) BGHSt 7, 118면; 12, 81면; 13, 169면; BGH VRS 14, 294면.

자가 길을 횡단할 때는 오던 길로 되돌아 가는 등 행동을 예측하기 어려우므로 신뢰의 원칙을 적용할 수 없다.

[판례] 「… 상대방이 도로중앙선을 넘어 자기의 진로에 따라 자동차를 운행하고 있거나 이와 같은 사정이 예상되는 객관적 사정이 있는 때에는 그와 같은 신뢰는 기대할 수 없기 때문에 그 대향운전자로서도 경적을 울린다거나 감속서행, 일단정지 또는 가능한 한 도로의 우측으로 피하여 자동차를 운행하는 등의 적절한 조치를 취함으로써 상호간의 충돌을 방지할 업무상 주의의무가 있다고 할 것이다」(대판 1984. 3. 13, 83도1859). 이 판례는 위 ②의 경우에 해당한다. 즉 상대방의 규칙위반이 이미 진행되고 있기 때문에 신뢰의 원칙에 의한 주의의무제한이 인정되지 않는 경우이다.

[과실범의 주관적 구성요건]

주관적 구성요건의 내용을 고의만으로 제한한다면 과실범의 경우 주관적 구성요건을 인정하는 것은 불가능하다. 그러나 인식있는 과실의 경우 구성요건적 행위상황의 인식이나 결과발생가능성을 신뢰하지 않는 인식을 근거로 주관적 구성요건을 인정할 수 있다는 주장이 있다.[1] 반면에 인식없는 과실은 객관적 구성요건요소나 전제조건을 전혀 인식하지 못하므로 주관적 구성요건은 결여되어 있다.

이에 대해 고의와 과실을 동일구조로 파악하는 견해에 의하면 과실범의 경우에도 주관적 불법성을 인정할 수 있다고 본다.[2] 예를 들어 신호를 위반하여 달리는 자동차운전자는 의식적으로 구성요건적 결과를 발생할 수 있는 상황을 조성한 점에 그 목적성이 인정된다는 것이다. 이러한 견해에 의하면 과실범은 결과발생의 위험상황을 인식하지 못한 경우에만 인정된다. 그러나 과실범은 위험상황인식이 필수적인 성립요건이 아니다. 이러한 위험상황을 인식하지 못하고 실현하였더라도 신호등을 주의하지 않아 인식하지 못한 점 때문에도 결과에 대한 책임을 져야 하는 것이다.

Ⅱ. 違 法 性

과실범의 구성요건은 법관의 판단에 의해 구체화되는 성격을 띠고 있다.[3] 이러한 성격 때문에 과실범에서는 위법성이 논의되기 전에 구성요건 자체가 배제되는 경우가 많다(특히 허용된 위험론을 적용하는 입장). 그렇더라도 과실범의 경우에 위법성조각사유가 있으면 위법하지 않다.

[예] 의사가 중환자를 이송하던 중 교통법규를 위반하여 교통사고를 유발한 경우(긴

1) Roxin, AT, § 24 Rn. 66.

2) Struensee, JZ 1987, 62면.

3) Roxin, AT, § 24 Rn. 91. 과실범의 이러한 성격은 죄형법정주의의 내용인 명확성의 원칙에 배치되지 않는가라는 문제를 제기하기도 한다. 그러나 이 점은 과실범에서 요구되는 행동기준이 법규범에 의해 제시된다는 점을 생각하면 명확성의 원칙에 어긋나는 것이 아니다.

급피난), 운동경기중 상대방 선수에게 과실로 상해를 입힌 경우(피해자의 승낙), 막차를 놓쳐 음주한 친구의 승용차에 동승하고 가다가 교통사고로 부상을 입은 경우(피해자의 승낙).

문제가 되는 것은 객관적으로는 위법성이 조각되는 상황이지만 주관적 정당화사유가 없는 경우이다(예: 권총을 부주의하게 다루다가 오발로 옆사람을 맞추었는데 사실은 맞은 사람이 자신을 흉기로 위협하여 강도행위를 하려고 한 경우). 이 경우에 필요설은 정당방위상황에서 행동한다는 사실을 행위자가 인식하고 있어야 한다는 점을 이유로 주관적 정당화사유를 요구한다. 이에 따라 위법성이 조각되지 않으나 과실범의 미수가 성립한다고 본다(과실범의 미수는 처벌하지 않으므로 결론은 불필요설과 같다).[1] 그러나 이때에는 주관적 위법성조각사유가 불필요하다고 보는 것이 타당하다(불필요설).[2] 그 이유는 주관적 정당화사유에 의하여 배제될 가벌적인 행위불법이 인정되지 않기 때문이다. 만일 행위불법성을 인정한다고 하더라도 결과불법이 인정되지 않으므로 행위불법만이 남게 되어 미수범 성립이 문제된다. 그러나 과실범의 미수는 처벌하지 않으므로 결국 주관적 정당화사유는 불필요하게 된다.

Ⅲ. 責　任

과실범에서도 책임능력과 불법인식(잠재적인 것으로 충분함)이 필요한 것은 당연하며 고의범에서와 다를 바가 없다. 이와 함께 주관적 주의의무위반이 있어야 한다.[3] 이를 판단하는 기준은 개인적 능력과 행위자의 지식 등이다. 이에 대해 주관적 주의의무위반을 책임의 단계가 아니라 주관적 구성요건해당성의 단계에서 검토하는 견해가 있음은 위에서 살펴본 바와 같다.

주관적 주의의무위반과 함께 주관적 예견가능성이 인정되어야 한다. 즉 구성요건에 해당하는 결과발생과 이에 대한 인과의 진행과정을 예견할 개인적 능력이 있어야 한다. 주관적 예견가능성과 관련하여 대법원은 결과적 가중범과 관련된 사건이지만 「폭행과 치사상 사이에 상당한 인과관계가 인정되는 경우라면 치사상의 결과발생에 대한 예견의 유무를 불문하고 발생된 그

1) 손해목, 732면; 안동준, 280면; 임 웅, 506면.
2) 배종대, 685면; 이재상, 197면; 정성근/박광민, 428면.
3) 김일수/서보학, 463면; 배종대, 686면; 손동권, 341면; 이재상, 197면; 임 웅, 506면; 정성근/박광민, 428면.

결과에 대한 책임을 지게 되는 것」[1]이라 하면서, 한편으로는 또한 「행위자가 그 결과를 의도할 필요는 없고 그 결과의 발생을 예견할 수 있으면 족하다」[2]고 판시하고 있다. 이는 예견가능성이 있어야 하지만 인과관계가 인정되면 예견가능성 유무에 대한 평가를 필요로 하지 않는다고 본 것이다.

또한 책임조각사유가 존재하지 않아야 하며 이에는 규범합치적 행동에 대한 기대불가능성이 포함된다.[3]

제 3 절 結果的 加重犯

Ⅰ. 結果的 加重犯의 槪念

기본범죄를 범하여 경험칙상 예견가능한 중한 결과가 발생한 경우에 그 형이 가중되는 범죄를 결과적 가중범이라고 한다. 형법은 「결과로 인하여 형이 중한 죄에 있어서 그 결과의 발생을 예견할 수 없었을 때에는 중한 죄로 벌하지 아니한다」(제15조 제2항)고 하여 결과적 가중범의 형식을 인정하고 있다.[4]

Ⅱ. 結果的 加重犯의 問題點

기본범죄에 의해 중한 결과가 발생한 경우에 기본범죄와 중한 결과간에 상상적 경합을 인정할 경우 가장 중한 죄의 형으로 처벌하지 않고 이를 초과하여 가중처벌하는 결과적 가중범 규정의 정당성을 놓고 논란이 있다. 예를 들어 상해와 과실치사의 결합형태인 상해치사죄(제259조)의 경우 상해죄(제257조 제1항)는 7년 이하의 징역이며 과실치사죄(제267조)는 2년 이하의 금고형이다. 이를 상상적 경합으로 처리하면 7년 이하의 징역에 해당하는데(제40조 참조) 결과적 가중범으로 규정한 상해치사죄는 3년 이상의 징역이라는 가중된 형벌로 처벌을 받게 되기 때문이다. 이는 기본범죄에 대한 고의와 결과에 대한 과실에 상응하

1) 대판 1968. 4. 30, 68도365.
2) 대판 1980. 5. 27, 80도796.
3) 이에 관한 대표적인 판례가 독일제국법원의 Leinenfänger(RGSt 30, 25)사건이다. 즉 사나운 말을 모는 마부가 행인을 다치게 할 위험성을 알았지만 실직의 위험을 무릅쓰고 주인의 명령을 어길 가능성을 기대할 수 없기 때문에 무죄를 선고한 사건이다(오늘날의 상황에서는 근로조건과 관련한 다른 문제점을 제기하므로 같은 결론이 나올 수는 없다).
4) 결과적 가중범에 관한 문헌으로는 Rengier, 「Erfolgsqualifizierte Delikte und verwandte Erscheinungsformen」(1986)을 참조할 것.

는 형벌의 범위를 넘었으며 이 초과부분은 책임주의원칙에 위배된다는 것이다. 이로 인해 결과적 가중범의 폐지론과 함께 그 독자성을 인정할 것인가에 대한 논란이 있다.

결과적 가중범이 갖는 이상의 문제점 때문에 이의 형사책임의 범위를 제한하고자 하는 시도가 있어 왔다. 이미 중세에 원인행위의 범죄성을 전제로 결과책임을 인정하였으며(versari in re illicita), 원인행위자의 중한 결과발생에 대한 간접고의를 이유로(Carpzow), 또는 고의에 의해 과실이 결정됨을 이유로(Feuerbach) 해서 결과적 가중범을 인정하였다.[1)]

오늘날 법 앞의 평등조항이나 책임주의원칙의 위반을 이유로 결과적 가중범을 반대하는 견해도 있으나 다수입장은 결과적 가중범의 필요성을 인정하고 있다. 그리고 동시에 이를 정당화시켜 줄 수 있는 독자적인 불법표지의 확보를 중심으로 한 논의가 진행되고 있다.

Ⅲ. 眞正結果的 加重犯과 不眞正結果的 加重犯

1. 진정결과적 가중범

진정결과적 가중범은 고의에 의한 기본범죄와 과실에 의한 중한 결과의 발생을 야기한 경우를 말하며 결과적 가중범의 일반적인 형태이다. 상해치사죄(제259조)나 연소죄(제168조)가 그 예이다. 즉 상해치사죄의 경우에 상해에 대한 고의는 있었으나 사망의 결과는 행위자의 과실로 발생한 때가 이에 해당한다. 만일 사망에 대한 고의가 있었다면 상해치사죄가 아니라 살인죄로서 처벌받게 된다. 그리고 후술하는 바와 같이 기본범죄가 과실에 의해 발생하고 중한 결과 역시 과실에 의한 결과적 가중범도 진정결과적 가중범에 해당한다.

2. 부진정결과적 가중범

부진정결과적 가중범이란 중한 결과의 발생이 과실에 의한 경우뿐만 아니라 고의에 의한 경우까지를 포함하는 형태를 말한다.[2)] 예를 들어 현주건조물방화치사죄(제164조 제2항 후단)에서 현주건조물에 대한 방화로 인하여 결과적으로—

1) 결과적 가중범의 역사적 전개 및 독자성 인정 여부에 관해서는 조상제, 「결과적 가중범의 문제점」, 형사법연구 제5호(1992/93), 83면 이하 참조.

2) 대부분의 학자가 부진정결과적 가중범을 인정하고 있으며, 이를 부정하는 견해로는 정성근/박광민, 447면.

과실로—사람을 사망하게 한 경우뿐만 아니라 처음부터 사람을 살해할 고의로 현주건조물에 방화하고 목적을 달성한 경우에도 본죄에 해당한다고 보는 것이다.[1] 이때에 만일 부진정결과적 가중범을 인정하지 않는다면 현주건조물방화죄와 살인죄와의 상상적 경합이 된다. 현주건조물방화죄와 살인죄와의 상상적 경합으로 본다면 5년 이상의 징역에 해당되어 현주건조물방화치사죄의 7년 이상의 징역형에 비해 형이 가벼워지는 폐단이 생긴다. 즉 부진정결과적 가중범의 경우에는 결과적 가중범과 고의범의 상상적 경합을 인정하여야 중한 결과에 대하여 고의가 있음에도 불구하고 과실범보다 가볍게 처벌하는 형의 불균형을 바로잡을 수 있다. 이 경우에는 결과적가중범이 고의범에 대하여 특별관계에 있으므로 결과적가중범만 성립하고 이와 법조경합의 관계에 있는 고의범에 대하여는 별도로 죄를 구성하지 않는다.[2] 반면에 고의범을 더 무겁게 처벌하는 구성요건이 있는 경우에는 부진정결과적 가중범을 인정할 실익이 없는 경우로서 부진정결과적 가중범과 고의범은 상상적 경합관계가 인정된다(예: 존속살해죄와 현주건조물방화치사죄는 상상적 경합범 관계에 있으며, 법정형이 중한 존속살해죄로 처벌됨).[3]

부진정결과적 가중범으로는 그 밖에 특수공무집행방해치상죄(제144조 제2항), 현주건조물방화치상죄(제164조 제2항), 폭발성물건파열치상죄(제172조 제2항), 가스·전기등방류치상죄(제172조의 2 제2항), 가스·전기등공급방해치상죄(제173조 제3항), 현주건조물일수치상죄(제177조 제2항), 교통방해치상죄(제188조 전문), 음용수혼독치상죄(제194조), 체포·감금치상죄(제281조 세1항 선문) 등이 있다.

Ⅳ. 結果的 加重犯의 成立要件

1. 기본범죄의 실현

결과적 가중범이 성립하기 위해서는 기본범죄가 실현되었어야 한다. 여기에서 기본범죄의 실현이란 완성, 즉 기수를 의미하는 것이 아니라 기본범죄의 실행에 착수하였음을 의미한다. 기본범죄는 고의범뿐만 아니라 과실범도 포함할 수 있다. 기본범죄는 고의범에 한한다는 견해가 다수설[4]이지만 결과

1) 대판 1983. 1. 18, 82도3241; 1996. 4. 26, 96도485 참조.

2) 대판 2008. 11. 27, 2008도7311(음주단속을 하는 경찰관에 대하여 자동차로 고의로 상해를 가한 경우에는 특수공무집행방해치상죄만 성립할 뿐, 이와는 별도로 폭력행위 등 처벌에 관한 법률 위반(집단·흉기 등 상해)죄를 구성한다고 볼 수 없다).

3) 대판 1996. 4. 26, 96도485.

4) 김일수/서보학, 470면; 배종대, 691면; 손해목, 758면; 안동준, 282면; 오영근, 243면; 이

적 가중범의 기본범죄가 반드시 고의범이어야 한다는 것은 형법이론적 필연이 아니다. 우리 형법상으로는 고의의 기본범죄만을 규정하고 있지만 「환경범죄의 단속에 관한 특별조치법」 제 3 조 제 2 항은 오염물질을 불법배출함으로써 사람을 사상에 이르게 한 경우를 처벌하고 있다.[1] 여기에서 기본범죄는 오염물질의 고의적 불법배출은 물론이고 업무상 과실에 의한 오염물질의 불법배출행위도 포함한다(동법 제 5 조 제 2 항 참조). 그러므로 과실에 의한 기본범죄와 과실에 의한 중한 결과발생을 전제로 하는 결과적 가중범이 인정되고 있는 것이다.

2. 기본범죄로 인한 중한 결과의 발생: 직접성의 원칙

결과적 가중범은 기본적으로 고의와 과실의 결합형식으로 인정되고 있다. 그러나 결과적 가중범은 기본범죄와 중한 결과의 우연한 혹은 단순한 결합이 아니라[2] 고의의 기본범죄 안에 내재되어 있는 전형적인 잠재적 위험성을 근거로 형을 가중하는 범죄형태이다. 이러한 전형적 위험성이 현실화되었다고 하기 위해서는 중한 결과가 기본범죄로부터 직접 초래되었다고 볼 수 있어야 하는 것이다(내적 연관성의 존재). 이를 객관적 귀속론의 관점에서 파악하면 개별적인 기본범죄의 구성요건이 지향하는 가중적인 결과발생의 저지라는 규범의 보호목적범위 내의 결과여야 한다. 그러므로 결국 직접성의 원칙이란 단순한 구성요건의 해석원리라기보다는 「당해 규범에 고유한 규범의 보호목적」이란 표지와 동일한 것으로 볼 수 있다.[3] 이것이 바로 결과적 가중범에서의 직접성의 요구이다.

[판례] 판례에서는 기본범죄를 피하기 위하여 피해자가 스스로 초래한 중한 결과에도 인과관계 — 직접성 — 를 인정하고 있다.

① 강간을 피하려다 사상에 이른 경우(대판 1978. 7. 11, 78도1331; 1995. 5. 12, 95도425).

② 폭행을 당하고 숨어 있던 피해자가 다시 폭행을 당하지 않으려고 창문 밖으로

재상, 197면; 이형국(II), 685면; 임 웅, 514면; 정성근/박광민, 445면.

1) 특가법 제 5 조의 3 제 2 항 제 1 호(도주차량운전자의 가중처벌)의 규정이 기본범죄가 과실범인 예라고 보는 견해도 있다(신동운, 「결과적 가중범」, 고시연구(1993/6), 112면). 즉 「특가법 제 5 조의 3 의 규정은 업무상 과실치상죄(형법 제268조) 등과 유기죄의 결합범이 기본범죄로 되고 피해자의 사망이 중한 결과로 되어 있다. 따라서 이러한 경우는 이례적으로 과실범이 결과적 가중범에 있어서 기본범죄의 일부를 이루고 있다」고 한다. 독일형법 § 306 d(Fahrlässige Brandstiftung) II, § 312(Fehlerhafte Herstellung einer Kerntechnische Anlage) VI, Nr. 2는 과실범도 결과적 가중범의 기본범죄에 포함시킨다.

2) 결과적 가중범을 단순한 고의범과 과실범의 결합형태로만 본다면 결과적 가중범의 독자성에 따라 형량을 가중할 것이 아니라 상상적 경합범으로 처리하는 것이 타당하다고도 볼 수 있다.

3) 조상제, 앞의 논문, 91면 이하.

숨으려다가 실족사한 경우(대판 1990. 10. 16, 90도1786).

③ 아파트 안방에 감금된 피해자가 가혹행위를 피하려고 창문을 통하여 아파트 아래 잔디밭에 뛰어 내리다가 사망한 경우(대판 1991. 10. 25, 91도2085).

④ 독일판례[1]는 알코올중독증에 걸려 주취상태(0.14%)에 있던 여성의 머리를 때려 상해를 입히고, 그 결과 피해여성이 사망한 경우에 비록 피해자가 입원치료를 거부하고 병원에서 진찰만 한 후에 집으로 돌아가 계속 술을 마셨고, 그 3일 후 다시 병원에 입원시켰으나 결국 뇌출혈로 사망한 사건에서 상해와 사망간의 직접성을 인정하여 상해치사죄(독일형법 제227조)를 인정하고 있다. 만일 피해자가 즉시 입원치료를 받았더라면 뇌출혈상태가 발견되어 치료가 가능하고 사망하지 않았으리라는 것이 확인되었다. 그럼에도 법원은 피해자의 치료거부는 결과귀속의 장애가 되지 않는다고 보았는데, 그 이유는 피해자의 사망이 (비록 생존가능성이 있는 정도라도) 결국 상해행위로부터 비롯되었음을 들었다. 이러한 결과귀속은 피해자에게 생명의 위험성을 사전에 주지시켰음에도 불구하고 거부한 경우에도 달라지지 않는다고 판시하였다.

3. 중한 결과에 대한 과실이나 고의와 예견가능성

결과적 가중범의 성립요건으로는 중한 결과에 대하여 과실(진정결과적 가중범) 혹은 고의(부진정결과적 가중범)가 인정되어야 하며, 동시에 진정결과적 가중범의 경우 중한 결과에 대한 예견가능성이 있어야 한다. 즉 형법 제15조 제 2 항은 「그 결과의 발생을 예견할 수 없었을 때」라고 규정하고 있다. 이러한 현행 형법규정에 따라 결과적 가중범을 정의하면 고의의 기본범죄행위를 넘어 행위자가 예견할 수 있는 범위 내에서 중한 결과가 발생한 경우에 형이 가중되는 범죄를 말한다. 그리고 중한 결과에 대한 예견가능성은 이론적으로 과실과 동일한 의미로 이해되고 있다.[2] 그 밖에 다른 과실의 표지는 고의의 기본범죄 속에 포함되어 있다고 본다.

[판례 1] 예견가능성을 부인한 판례

사실관계: 피고인이 피해자와 시비가 붙어 서로 멱살을 잡고 다투다가 피해자의 앞가슴 부분 상의를 잡아끌어 당기면서 뒤로 미는 등 폭행을 가하여 그를 땅바닥에 넘어지게 하였다. 이때 피해자가 엉덩방아를 찧으면서 땅에 넘어지면서 바로 땅바닥에 주저앉아 두 손으로 얼굴을 감싸고 앉아 있다가 일어나 몇 발자국 걸어가서 목판에 앉는 순간 옆으로 쓰러져 사망하였다.

판결이유: 폭행치사죄는 결과적 가중범이므로 폭행의 고의 외에 사망의 결과에 대한 예견가능성이 있음을 요하며 이러한 예견가능성이 전혀 없는 경우에는 폭행

1) BGH Urt. v. 9. 3. 1994(NStZ 1994, 394면).

2) 이재상, 204면; 이형국, 343면; 임 웅, 515면 등 참조.

과 사망의 결과 사이에 조건적 인과관계가 인정된다고 하여도 폭행치사죄가 성립하지 않는다. 사안에서 피고인의 폭행 정도가 서로 시비하다가 피해자를 떠밀어 땅에 주저앉게 한 정도에 지나지 않은 것이었고, 또 피해자는 외관상 건강하여 전혀 병약한 흔적이 없는 자인데 사실은 관상동맥경화 및 협착증세를 가진 특수체질자이었기 때문에 위와 같은 정도의 폭행에 의한 충격에도 심장마비를 일으켜 사망하게 된 것이라면, 피고인에게 사망의 결과에 대한 예견가능성이 있었다고 보기 어려워 결과적 가중범인 폭행치사죄로 처벌할 수는 없다(대판 1985. 4. 23, 85도303).

[판례 2] 예견가능성을 인정한 판례

사실관계: 피고인이 피해자의 멱살을 잡아 흔들고 주먹으로 가슴과 얼굴을 1회씩 구타하고 멱살을 붙들고 부근의 통나무 쌓아놓은 곳으로 넘어뜨리는 등 피해자의 신체 여러 부위에 외상이 생길 정도로 심하게 폭행을 가하여 사망하게 하였다.

판결이유: 피고인이 폭행을 함으로써 나쁜 상태에 있는 피해자의 심장에 더욱 부담을 주었다면 비록 평소에 오른쪽 관상동맥폐쇄 및 심실의 허혈성근섬유화증세 등의 심장질환을 앓고 있던 피해자가 관상동맥부전과 허혈성심근경색 등으로 사망하였다고 하더라도, 피고인의 폭행의 방법, 부위나 정도 등에 비추어 피고인의 폭행과 피해자의 사망간에 상당인과관계가 있었다고 볼 수 있을 뿐만 아니라, 피고인이 피해자의 사망이라는 결과의 발생을 예견할 수 있었다고도 보이므로(또한 피고인이 평소에 피해자의 건강상태가 좋지 않았다는 것을 알고 있었음을 인정), 폭행치사죄가 인정된다고 판시하였다(대판 1989. 10. 13, 89도556).

그러나 결과발생에 대한 예견가능성은 과실범의 객관적 귀속을 가능하게 하는 하나의 조건이지 전부는 아니다. 학설에서 예견가능성을 과실과 동일한 의미로 이해하는 것은 결과적 가중범을 책임원칙에 보다 근접시킬 수 있다는 점에서 반대할 이유는 없다. 그러나 내용적으로는 과실이 아니라 다시 예견가능성으로 돌아오기 때문에 과실의 의미로 이해하는 실익이 없다. 그리고 결과적 가중범에서 중한 결과발생이란 고의의 기본범죄 내에 상존하는 잠재적 위험성의 현실화이므로 항상 예견이 가능하다고 주장될 수 있다. 그렇기 때문에 책임원칙과의 충돌이 특히 문제되는 것이다.[1]

이러한 점들을 고려할 때 결과적 가중범의 구성요건으로 인과관계와 예견가능성만을 요구하는 것은 문제가 있다고 본다(물론 형법 제15조 제 2 항의 명문규정에 따른 한계는 있다).

1) 이를 피하기 위하여 독일형법이 제18조에서 중한 결과에 대한 과실을 요구하는 이외에 개별구성요건에서 중과실에 상응하는 「경솔함」(Leichtfertigkeit)을 요구하고 있는 것을 이해할 수 있다.

4. 결과적 가중범의 위법성과 책임

정당방위의 경우에는 중한 결과발생의 위험성이 있더라도 구체적인 방어행위는 필요하다. 그래서 중한 결과는 결과적으로 보아 공격에 대한 방어로서 불필요했다고 판명되었더라도 가중적인 결과는 정당방위(제21조 제1항)에 의해 위법성이 조각된다.

결과적 가중범의 경우에도 책임능력과 기타 특별한 책임요소가 인정되어야 하며 중한 결과에 대한 과실책임이 인정되어야 함은 물론이다.

V. 結果的 加重犯의 共同正犯

1. 문 제 점

결과적 가중범의 공동정범을 인정할 수 있는가의 여부에 관한 논의의 중점은 기본범죄의 공동정범자 가운데 일부가 행한 범행으로 인하여 중한 결과가 발생한 경우에 나머지 기본범죄의 공동정범에게도 그 중한 결과까지 귀책시킬 것인가 하는 데에 있다.[1)]

만일 고의범인 기본범죄의 공동정범이 인정되면 중한 과실의 결과까지도 형사책임을 인정하여 전체적으로 결과적 가중범의 공동정범이 인정되는 것으로 본다면 이는 과실인정의 기본조건을 벗어난 것이기 때문에 타당하지 않다(기술한 바와 같이 형법 제15조 제2항의 규정에도 어긋난다). 다음으로 공동정범자 각자가 중한 결과에 대한 과실이 있는 경우에 이를 결과적 가중범의 공동정범으로 볼 것인가 하는 점이다. 그러나 이 경우에 굳이 결과적 가중범의 공동정범을 인정할 필요는 없다고 본다. 발생한 결과에 대한 동시범으로서 각자를 결과적 가중범으로 인정하면 결국 마찬가지이기 때문이다. 그리고 중한 결과를 고의로 발생시킨 부진정결과적 가중범의 경우에는 중한 결과에 대한 공동정범을 인정하는 것이 문제되지 않는다.

2. 학 설

결과적 가중범의 공동정범 성립 여부에 관한 학설의 경향은 긍정설[2)]과 부정설[3)]로 대별된다. 이하에서 그 각각의 논거를 살펴본다.

1) 이하 자세한 설명은 박상기, 「결과적 가중범의 공동정범」, 형사판례연구(1), 83면 이하 참조.
2) 이재상, 205면; 정성근/박광민, 450면. 이형국, 287면은 과실범의 공동정범을 부인하나, 344면에서는 과실로써 중한 결과를 초래한 자는 결과적 가중범의 공동정범으로서 책임을 진다고 하여 과실범의 공동정범 성립 여부와 결과적 가중범의 성립 여부를 서로 연계시키지 않고 있다.
3) 김일수/서보학, 475면; 배종대, 704면; 안동준, 287면; 오영근, 256면; 임 웅, 518면.

(1) 긍 정 설

이는 주의의무를 공동으로 위반하는 과실범의 공동정범이 가능하다는 것을 전제로 결과적 가중범에서도 중한 결과에 대한 공동의 과실, 즉 공동의 주의의무위반이 있을 때에는 공동정범이 성립한다고 본다. 그러므로 중한 결과에 대하여 과실이 없는 자가 기본범죄만을 공동으로 범했을 경우에는 기본범죄에 대하여만 공동정범이 되고, 기본범죄의 공동정범 전원이 중한 결과에 대한 과실이 있는 경우에만 결과적 가중범의 공동정범을 인정한다. 그러나 고의가 아닌 주의의무위반의 공동이란 의사의 연락이 없는 단순한 시간적 일치(동시성)만을 의미한다. 또한 중한 결과에 대하여 각자가 과실이 인정된다면 굳이 공동정범의 법리를 원용하지 않더라도 각자를 결과적 가중범으로 처벌할 수 있을 것이다. 그러므로 이를 굳이 결과적 가중범의 공동정범이라고 부를 필요는 없다.

(2) 부 정 설

공동정범은 고의범간에만 성립할 수 있다는 것이 부정설의 출발점이다. 즉 공동정범의 성립요건인 공동의 의사는 과실범간에는 인정될 수 없다는 것이다. 그러므로 기본범죄의 공동정범 가운데 중한 결과에 대한 과실이 있는 자만이 개별적으로 결과적 가중범이 성립한다고 본다. 만일 이러한 과실이 여러 사람에게 있는 경우 그들은 동시범일 뿐 공동정범은 아니라고 한다.

3. 판　　례

결과적 가중범이 공동정범간에도 성립할 수 있는가에 대하여 대법원은 기본적으로 이를 인정하는 입장을 취하면서 그 성립요건으로 다음과 같은 기준을 제시하고 있다.

[판례] 기본범죄의 공동을 이유로 결과적 가중범을 인정한 판례

① 학생들이 경찰관들을 불법억류한 것을 진압하기 위하여 경찰이 도서관건물에 진입하자 일부 학생들이 화염병과 돌을 투척하는 등의 행위로 인하여 경찰관을 사상에 이르게 한 사건에서 「부진정결과적 가중범인 특수공무방해치사상죄에 있어서 공무집행을 방해하는 집단행위의 과정에서 일부 집단원이 고의행위로 살상을 가한 경우에도 다른 집단원에게 그 사상의 결과가 예견가능한 것이었다면 다른 집단원도 그 결과에 대하여 특수공무방해치사상의 책임을 면할 수 없는 것」(대판 1990. 6. 26, 90도765)이라고 판시하였다.

② 갑과 을은 공모하여 유흥비를 마련하기 위해 술취한 사람을 상대로 금품을 갈

취할 것을 마음먹고, 소나타승용차를 빌려 운전하고 가다가 밤 12:00경에 술에 취한 피해자를 집에까지 데려다 주겠다고 위 승용차에 태워 가다가 폭행과 협박을 한 후 금품을 강취하고, 계속하여 위 피해자를 주먹과 발로 때리며 승용차 밖으로 끌어낸 다음 경찰관서에 신고하지 못하도록 하기 위해 을은 부근에 있는 길이 1미터 정도의 각목으로 위 피해자의 다리를 여러 차례 때리고 또 뒤통수를 때려 머리에 피를 흘리며 쓰러지게 하여 즉석에서 위 피해자를 외상성 뇌출혈 등으로 죽게 하여 살해한 사건(대판 1991. 11. 12, 91도2156). 갑에게 강도치사죄 인정.

③ 「피고인 등(갑, 을, 병)이 피해자의 신체에 대하여 폭행을 가하는 기회에 피고인 갑이 피해자를 살해한 것이라면 피고인 을이 살인의 공모를 하지 않았다 하더라도 상해나 폭행에 대하여는 인식이 있었다 할 것이므로 그 살인행위나 치사의 결과를 예견할 수 없었다고 할 수 없는 이상 상해치사죄의 죄책을 면할 수 없다」(대판 1993. 8. 24, 93도1674. 또한 대판 2000. 12. 8, 2000도4459). 을, 병에게 상해치사죄 인정.

(1) 기본범행에의 가담

판례는 결과적 가중범의 공동정범이 성립하기 위해서는 기본범행에 가담하였을 것을 요구하고 있다. 그러나 기본범죄를 공동으로 할 의사가 있으면 성립되고, 결과를 공동으로 할 의사는 필요 없다고 본다. 그리고 이 경우 기본범죄에 대한 실행행위의 분담까지를 요구하는 것으로는 보이지 않는다. 오히려 소위 공모공동정범을 인정하고 있는 대법원의 입장 및 위 판례에서 「고의의 공동」을 주장하는 점으로 보아 기본범죄의 모의에만 가담한 자도 중한 결과에 대한 결과적 가중범의 성립을 인정하는 것으로 보인다.

(2) 중한 결과발생에 대한 예견가능성

결과적 가중범의 공동정범이 성립하기 위해서는 중한 결과 발생에 대한 예견가능성이 있어야 한다는 것이 판례의 입장이다. 이는 형법 제15조 제2항(결과로 인하여 형이 중한 죄에 있어서 그 결과의 발생을 예견할 수 없었을 때에는 중한 죄로 벌하지 아니한다)에 따른 것으로 기본범죄만을 공동으로 할 의사가 있으면 된다는 기존의 입장과는 다른 변화한 입장이다.

(3) 행위공동설

판례는 결과적 가중범의 공동정범은 행위를 공동으로 할 의사가 있으면 성립하고 결과를 공동으로 할 의사는 필요없다고 하여 공동정범의 본질에 관한 소위 행위공동설의 입장에서 인정하고 있다.[1)]

1) 대판 1978. 1. 17, 77도2193; 1990. 6. 26, 90도765.

4. 비판적 검토

(1) 초과된 실행부분과 결과적 가중범의 인정문제

여기에서 검토되어야 할 첫번째 문제점은 공동정범에서 초과된 실행부분의 처리문제와 결과적 가중범의 인정문제를 구별하여야 한다는 것이다. 위 [판례](②)는 「살인행위 … 를 예견할 수 없었던 경우가 아니면 강도치사죄의 죄책을 면할 수 없다고 할 것」이라고 하여 반대로 해석하면 상호 모의한 기본범죄를 초과한 부분에 가담하지 않았더라도 이를 예견하기만 하면 다른 공동정범이 초과실행한 부분까지도 나머지 공동정범자에게 인정할 수 있는 것처럼 판시하고 있다. 그러나 이는 공동정범의 경우에 초과된 실행부분을 처리하는 기본원칙에서 벗어난 것이라고 볼 수밖에 없다.

또한 판례는 중한 결과발생(치사)에 대한 예견가능성을 새로이 요구하고 있는데 중한 결과도 모의한 부분(강도)에서 벗어난 초과부분(경찰관서에 신고하지 못하도록 피해자를 각목과 돌멩이로 때린 사실)과 연결되는 결과이므로 먼저 초과부분에 대한 공동정범의 성립 여부가 검토되어야 할 것이다.

이러한 점은 다른 판례[1]에서도 찾아볼 수 있다. 즉 강도의 수단으로 행한 폭행이나 상해행위를 지나쳐 공동정범자 가운데 1인의 행위에 의해 살인의 결과가 발생한 경우 폭행이나 상해행위만을 한 공동정범자에게 (사실상) 자동적으로 강도치사의 죄책까지도 인정하고 있는 것이다. 이러한 문제점은 공모공동정범을 인정하는 판례의 입장을 염두에 둘 때 더욱 두드러진다. 즉 단순히 강도의 모의에만 가담한 자가 강도치사죄의 공동정범이 될 수 있다는 위험성을 안고 있는 것이다.

(2) 행위공동설과 과실의 공동정범

공동정범의 본질에 관한 학설로서 주장되고 있는 행위공동설은 행위를 공동으로 하면 구성요건적 고의를 달리하더라도 공동정범이 성립한다고 본다. 뿐만 아니라 행위의 공동이 인정되는 한 고의범과 과실범 사이에도 혹은 과실범 상호간에도 공동정범의 성립이 가능하다고 보게 된다.

그러나 오늘날 공동정범의 본질을 규명하기 위한 학설로서 범죄공동설과 행위공동설은 한계성을 드러내고 있다. 공동정범이 인정되기 위한 전제조건으로는 주관적으로 공동의 의사가 있어야 하고 객관적으로 공동의 실행이 있

1) 대판 1984. 2. 28, 83도3162.

어야 한다는 점은 학설과 판례[1]가 인정하고 있는 바이다. 그런데도 불구하고 범죄를 객관적 정형성(범죄공동설)만에 입각하거나 혹은 반사회적 악성의 징표행위(행위공동설) 정도로 파악하고 이에 터잡아 공동정범의 본질을 밝히고자 하는 것은 타당하지 않다.[2]

공동정범의 본질문제는 궁극적으로 공동정범의 인정범위문제와 일치한다. 이는 한편으로는 공동정범의 성립요건을 밝힘으로써, 그리고 다른 한편으로는 공범과의 구별을 통해 접근하는 것이 옳다. 그러나 핵심은 후자에 있다. 공동의 실행이라는 공동정범성립의 객관적 요건도 결국은 공범행위와의 구별문제로 귀착되기 때문이다.

(3) 과실의 공동가능성 여부

공동정범의 객관적·주관적 성립요건은 상호 결합적인 요건이지 선택적이 아니다. 다시 말하면 행위공동설에 입각하여 주장되듯이 (고의행위이든 과실행위이든) 행위(만)의 공동을 근거로 한 공동정범의 인정은 타당하지 않으며, 또한 과실범의 본질에도 반한다.

오늘날 고의와 과실의 상관관계에 관해서는 양자를 규범적 계층관계(normatives Stufenverhältnis)로 파악하는 것이 일반적이다.[3] 그렇기 때문에 의심스러운 경우에는 과실범으로 처벌하는 것이 가능하다. 이는 고의의 불법성과 책임이 과실에서의 그것보다 크다는 규범적 차이를 전제로 하며 이로부터 양자의 선택적 인정이 가능하다. 그러나 양자는 개념적으로 양립적이 아니라 상호 배척적이기 때문에 대가 소를 포함하듯 고의에는 항상 과실이 포함된다(「개념논리적 계층관계」, begriff-logisches Stufenverhaltnis)고는 보지 않는다.[4]

(4) 직접성의 원칙

결과적 가중범의 공동정범을 인정하는 입장은 결과적 가중범에서 요구되는 기본범죄와 중한 결과간의 「직접(원인)성의 원칙」을 무너뜨릴 위험성이 내재되어 있다. 즉 기본범죄의 고의공동(또는 모의가담)을 근거로 하고 결과

1) 대판 1987. 9. 22, 87도347 참조. 이재상, 451면 이하 참조.
2) 공동정범의 본질파악에 관한 판례의 이러한 모순된 태도는 공동정범의 성립요건으로 공동의 실행을 요구하면서도 동시에 이를 결여하는 소위 「공모공동정범」을 인정하는 데에서도 나타난다.
3) Roxin, AT, §24 Rn. 72.
4) 즉 선택적 확정(Wahlfeststellung)이 인정되지 않는 경우이다.

발생에 대한 예견가능성을 전제로 하여 결과적 가중범의 공동정범을 인정하는 것은 결과적 가중범에서 요구되는 행위와 결과간의 직접성을 무시하는 것이다.

(5) 예견가능성의 요구

중한 결과를 초래한 직접적인 원인행위에 가담하지 않은 기본범죄의 공동정범에게 단순히 결과발생의 예견가능성만을 근거로 무거운 결과적 가중범으로 처벌하는 것은 결과적 가중범을 순수한 결과책임의 전형으로 자리잡게 할 위험성을 지니고 있다.[1] 또한 기본범죄를 통한 중한 결과의 발생을 예견할 가능성은 상존한다고 볼 수 있다. 그렇다고 하더라도 예견가능성이라는 내심의 의사영역을 토대로 무겁게 처벌하는 것은 정당화될 수 없다.

5. 결　론

결과적 가중범의 공동정범을 인정할 것인가의 문제를 보는 시각은 과실범의 공동정범을 인정하는 바탕에서 출발하는 것처럼 보인다. 그러나 엄격하게 보면 고의의 기본범죄에 공동정범으로 참가한 것을 근거로 모두에게 그 이후의 모든 결과까지도 인정할 수 있다는 발상이 자리잡고 있는 것으로 보인다(실제로 위에서 소개한 대법원판례는 강도의 수단으로 한 폭행이나 상해에 가담하지 않은 행위자도 강도치사죄의 결과적 가중범으로 인정하고 있다). 그러나 이는 결과책임사상의 굴레를 벗어나지 못하고 있는 것이다.

이를 피하기 위하여는 결과적 가중범의 공동정범 성립 여부는 과실범의 공동정범이라는 관점에서가 아니라, 개별적인 행위자의 결과적 가중범 성립 여부라는 관점에서 판단되어야 한다. 즉 기본범죄의 공동정범자 가운데 1인의 행위를 기준으로 다른 공동정범자의 죄책을 판단할 것이 아니라 중한 결과에 대한 개별행위자의 관련성을 기준으로 하여야 하는 것이다. 그리고 이 경우에도 중한 결과에 대한 과실 유무를 확정하기 위한 기준으로 과실범의 객관적 귀속을 위한 제반 조건이 충족되어야 한다. 이를 통해 결과적 가중범의 형벌가중이 정당화될 수 있기 때문이다.

---

1) 더구나 상당인과관계설을 바탕으로 하는 대법원의 판례를 검토하여 보면 결과적 가중범의 인과관계를 너무 확장하여 인정하는 것을 알 수 있다.

Ⅵ. 結果的 加重犯과 未遂

1. 기본범죄가 미수인 경우

고의의 기본범죄가 미수인데도 불구하고 중한 결과가 발생한 경우에는 이를 미수범으로 볼 것인가 아니면 기수범으로 처리하여야 하는가라는 문제가 발생한다. 기본적으로 이 경우에 판례[1)]·학설[2)]은 결과적 가중범의 기수로 본다. 중한 결과가 발생하면 기본범죄가 미수인 경우에도 결과적 가중범의 기수범으로 보는 것은, 결과적 가중범인 형법 제301조(강간 등에 의한 치사상)의 행위주체에 강간미수범(제300조)까지도 포함하는 경우가 그 예이다. 결과적 가중범은 기본범죄에 내재된 중한 결과의 발생가능성 때문에 가중처벌하는 범죄유형이다. 그런데 기본범죄로 인한 중한 결과발생은 기본범죄의 기수 여부와 상관없이 행위자가 기본범죄의 실행에 착수한 후 중한 결과가 발생한 경우도 포함하는 것으로 보는 것이 결과적 가중범의 속성이 비추어 타당하다. 왜냐하면 결과적 가중범의 핵심은 기본범죄와의 연관성 속에서 중한 결과가 발생한 데에 있으므로 기본범죄가 미수인 경우에도 중한 결과가 발생하면 기본범죄에 내재된 잠재적 위험성을 실현시킨 것으로 보아서 결과적 가중범의 기수로 보는 것이 합당하기 때문이다. 그러므로 예를 들어 손괴죄의 미수범을 처벌하는 형법 제371조가 중손괴치상죄나 치사죄(제368조)의 미수범을 제외하고 있는 것은 기본범죄인 중손괴가 미수이더라도 상해나 사망의 결과가 발생하면 기수범으로 처벌한다는 의미이다.

> 예를 들어 제174조(미수범)가 제164조 제 2 항(현주건조물방화치사상죄)이나 제172조 제 2 항(폭발성물건파열치사상죄), 제172조의2 제 2 항(가스·전기등 방류치사상죄), 제173조 제 3 항(가스·전기등 공급방해치사상죄)을 제외하고 있는 것도 마찬가지이다. 또한 제190조(미수범)가 교통방해치사상죄(제188조)의 미수범을 처벌하지 않고 있으며, 제196조(미수범)도 음용수혼독치사상죄(제194조)의 미수범을 처벌하지 않고 있고, 제280조(미수범)도 체포감금치사상죄(제281조)의 미수범을 처벌하지 않고 있으며, 제276조 등 기본범죄가 미수인 경우에도 상해나 사망의 결과가 발생하면 제281조를 적용한다. 그리고 제300조(미수범)가 강간치상죄(제301조)나

---

1) 대판 1984. 7. 24, 84도1209(강간은 미수이나 상해의 결과가 발생한 경우 강간치상죄가 성립); 1985. 10. 22, 85도2001(강도의 미수와 강도치상죄의 성립); 1986. 9. 23, 86도1526(재물강취의 미수와 강도치상죄의 성립).

2) 손해목, 763면; 신동운, 530면; 이재상, 366면; 이형국(II), 687면.

강간치사죄(제301조의 2)의 미수범을 제외하고 있으므로 강간이 미수이더라도 상해나 사망의 결과가 발생하면 결과적 가중범인 이들 범죄의 기수범으로 처벌된다.

그러나 형법 규정에 의하여 중한 결과가 발생하더라도 기본범죄가 미수인 경우에는 결과적 가중범의 미수로 처벌하여야 할 경우가 발생하였다. 그 예는 다음과 같다.

(1) 형법 제182조는 현주건조물등 일수치사상죄(제177조 제2항)의 미수범을 처벌한다고 규정하고 있다. 이는 기본범죄인 현주건조물등에의 일수행위가 미수이지만 상해나 사망의 결과가 발생한 경우에는 동죄의 미수범으로 처벌한다는 것이다.

(2) 형법 제262조(폭행치사상)는 제257조(상해, 존속상해)의 예에 의한다고 규정하고 있다. 그런데 제257조 제3항은 제1항과 제2항의 미수범을 처벌한다고 규정하고 있으므로 이를 그대로 해석할 경우 폭행치상죄의 미수범 처벌이 가능하다는 결론이 된다(폭행치사죄의 미수범 처벌규정은 없다). 이 규정이 입법자의 의도가 담긴 것이라고 보기는 어렵다. 그러므로 이에 대해 결과적 가중범의 미수범은 생각할 수 없으므로 제257조 제3항은 적용될 여지가 없다는 견해도 있다.[1] 그러나 이 경우 역시 명문의 규정을 무시할 수는 없으므로 예를 들어 폭행을 가하려고 하자 이를 피하려다가 상해를 입은 경우에 폭행치상죄의 미수를 인정할 수 있다고 볼 것이다. 그러나 이 경우에는 기본범죄와 중한 결과 사이의 직접성 요건이 충족되어야 한다.

(3) 형법 제324조의 5는 인질치상죄(제324조의 3) 및 인질치사죄(제324조의 4)의 미수범을 처벌한다고 규정하고 있다. 여기에서 인질치상죄나 인질치사죄의 미수는 과실로 상해나 사망의 결과는 발생하였지만 기본범죄인 인질강요행위가 미수에 그친 경우를 의미한다고 보아야 하므로 결과적 가중범인 인질치상죄와 인질치사죄의 미수를 인정할 수밖에 없다.

(4) 또한 형법 제342조(미수범)는 강도치상죄(제337조)와 강도치사죄(제338조), 해상강도치상·치사죄(제340조 제2항·제3항)의 미수범을 규정하고 있다. 이는 상해나 사망의 결과는 발생하였으나 기본범죄인 강도가 미수에 그친 경우에 (해상)강도치상죄나 (해상)강도치사죄의 미수범을 인정하는 것을 의미한다. 그러므로 예를 들어 강도를 시도하는 범인의 과실로 피해자가 상해를 입은 경우에

1) 이재상, 65면.

는 강도치상미수죄(제337조, 제342조)를 인정하게 될 것이다.

이상의 경우에는 명시적인 법규정을 뛰어넘는 해석을 할 수가 없으므로 결과적 가중범의 미수를 인정할 수밖에 없다.[1] 그러므로 결과적 가중범의 미수범 성립여부는 개별 구성요건의 규정에 따라 판단하는 수밖에 없다. 그러나 현행 법규정은 일정한 기준에 따라 결과적 가중범의 미수범 처벌 규정을 두거나 두지 않는 것으로 보이지 않으며 의도하지 않은 입법의 결과 나타난 것이라는 문제점이 있다. 즉 현행 법규정을 결과적 가중범의 미수범 처벌을 위한 의도적 입법의 결과로 보기는 어렵다. 입법론적으로는 결과적 가중범의 미수범 처벌 필요성이 인정된다면 전체적인 형량의 균형을 맞추어 조정하여야 할 것이다.

2. 부진정결과적 가중범의 미수

부진정결과적 가중범의 미수는 중한 결과에 대하여 고의가 있었지만 중한 결과가 발생하지 않은 경우를 말한다. 예를 들어 사람을 살해할 생각으로 현주건조물에 방화를 하였으나 사망하지 않은 경우이다(현주건조물방화치사죄의 미수범처벌규정은 없으므로 현주건조물방화죄와 살인미수죄의 상상적 경합이 인정된다). 이 때에는 기본범죄로 처벌하고 부진정결과적 가중범의 미수범은 부인하는 것이 통설이다.[2] 이론상으로는 중한 결과에 대하여 고의가 있으므로 미수범 성립의 가능성은 인정되지만 부진정결과적 가중범의 미수범 처벌규정이 없는 한 미수범을 인정할 수 없다.

참고로 독일에서는 ① 중한 결과가 기본범죄의 미수에도 불구하고 초래된 경우에는 결과적 가중범의 미수를 인정한다(결과적 가중범의 미수). 예를 들면 성적 강요치사·강간치사죄(§178), 강도치사죄(§251)가 있다. 그리고 ② 중한 결과에 대하여 고의가 인정되는 부진정결과적 가중범에서 중한 결과가 미수에 그친 경우에 역시 결과적 가중범의 미수범이 가능하다(미수의 결과적 가중범).[3] 예를 들면 감금치

1) 반대견해로는 오영근, 254면.

2) 신동운, 529면; 이재상, 357면; 이정원, 425면; 이형국(Ⅱ), 687면; 정성근/박광민, 449면. 개정 전 형법에서는 부진정결과적 가중범인 현주건조물방화치사상죄(제164조 후단)의 미수범이 제174조에 의하여 처벌되었기 때문에 부진정결과적 가중범의 미수가 성립할 수 있었다. 그러나 개정형법에서는 개정 전 형법 제164조 후단의 규정을 제164조 제 2 항으로 함과 동시에 미수범 처벌규정인 제174조에서는 제164조 제 1 항(현주건조물 등 방화죄)만을 처벌하고 있으므로 부진정결과적 가중범의 미수범이 처벌되는 경우는 없다고 할 수 있다.

3) Tröndle/Fischer, § 18 Rn. 4; Lackner/Kühl, § 18 Rn. 9; Wessels/Beulke, AT, § 14 Rn. 617. 판례도 마찬가지이다(BGHSt 10, 309; 21, 194).

사상등의 죄(§239 Ⅲ·Ⅳ), 중상해죄(§226 Ⅰ)가 있다.

Ⅶ. 結果的 加重犯과 敎唆·幇助

결과적 가중범에 대한 교사나 방조는 기본범죄에 대한 정범의 고의가 인정되는 때에 한하여 가능하다. 동시에 중한 결과에 대하여 과실이 인정되는 때에 한하여 공범으로 처벌된다. 즉 기본범죄를 교사하거나 방조한 이외에 중한 결과에 대해서도 과실이 인정되어야 한다. 중한 결과에 대해서는 일종의 과실의 동시범으로 보는 것이다. 오상방위와 같은 허용구성요건의 착오의 경우에도 책임설에 의하면 기본범죄의 구성요건적 고의는 인정되므로 공범가담이 가능하다.

제 7 장 不作爲犯

제 1 절 不作爲犯 一般論

Ⅰ. 不作爲의 本質

형법상의 의미를 갖는 행위에는 적극적인 행위인 작위뿐만 아니라 소극적인 행위, 즉 부작위도 포함된다. 즉 형법규정에는 특정한 행위를 하지 않는 경우를 처벌하는 것을 내용으로 하는 구성요건이 있으며(진정부작위범), 작위범을 전제로 하는 통상의 구성요건도 「위험의 발생을 방지할 의무가 있거나 자기의 행위로 인하여 위험발생의 원인을 야기한 자가 그 위험발생을 방지하지 아니한 때」(부진정부작위범)에 발생한 결과에 따라 처벌하는 경우가 있다(제18조).

[판례] 조카를 살해하기 위하여 이를 데리고 제방을 산책하던 중 조카가 미끄러져 물에 빠지자 구하지 않고 방치하여 익사하도록 한 경우(대판 1992. 2. 11, 91도2951).

이러한 부작위를 행위로 파악할 것인가 아닌가에 관하여는 논란이 있다. 형법상의 행위개념을 인정하면서도 특히 사회적 행위개념을 취하는 입장에서는 작위와 부작위를 동시에 포함하는 행위개념의 존재를 믿는다. 그러나 부작위가 존재론적으로 보아 「무」라는 사실을 감안할 때 작위와 부작위에 대한 상위개념으로서의 행위개념이란 모순이며, 또한 이러한 논란은 그 실익도 없다. 왜냐하면 상위개념으로서의 행위개념이 아니더라도 부작위가 작위와 마찬가지로 형법적 평가의 대상이 된다는 점에서는 다툼이 없기 때문이다.

부작위가 형법적인 의미를 갖기 위해서는 부작위에 대한 어떠한 판단을 전제로 한다. 그러나 부작위에 작위와 같은 형법적 의미를 부여하는 이러한 판단이 부작위의 존재론적 실체를 확인하는 것은 아님을 알아야 한다. 부작위는 결과발생을 방지할 수 있는 행위의 가능성과 그 필요성을 전제한 규범적 판단을 거쳐서 비로소 형법적 의미를 갖는다. 따라서 결과방지를 위한 작위행위의 필요성이나 요구성이야말로 부작위에 대한 형법적 평가의 동기를 제공해 준다고 할 수 있다. 이에 따라 부작위를 정의하면 「요구되는 행위를 하지 않는 것」 즉 「무산된 기대」(enttäuschte Erwartung)라 할 수 있다.

Ⅱ. 作爲와 不作爲의 區分

1. 문 제 점

작위인가 부작위인가가 외부적 행태에 의해 분명한 경우에는 그 구별에 별 문제가 없다. 그러나 작위적 요소와 부작위적 요소를 동시에 포함하는 행태의 경우에는 구별이 쉽지 않다. 예를 들어 과실범에서는 주의의무위반행위라는 작위적 요소와 주의의무를 준수하지 않는다는 부작위적 요소를 항상 내포하고 있으며(예: 주의의무를 다하지 않은 부작위와 결과발생을 야기한 작위), 고의범에서도 구조행위를 중간에 중단한 경우(예: 의사가 인공심폐기의 작동을 정지시킨 때)에는 역시 구조행위를 하지 않은 부작위와 중단행위라는 작위의 두 요소를 공통으로 갖고 있다.

2. 구별기준

작위와 부작위를 구별하는 데에는 ① 결과발생에 가장 밀접한 원인에 의해 구별하는 견해, ② 행위의 사회적 의미를 기준으로 하는 견해(행위에 대한 비난성의 중점이 어디에 놓여 있는가?), ③ 의심스러운 때는 작위를 인정하는 견해 및 ④ 인과관계를 기준으로 구별하는 견해의 대립이 있다. 이 가운데 구성요건적인 결과의 발생이 작위적인 방법으로 야기되었을 때에는 작위가 인정되고, 이러한 인과관계가 결여되어 있을 때에는 부작위가 인정된다고 보는 ④의 견해가 타당하다. 그러므로 작위와 부작위를 구별하기 위해서는 먼저 일정한 결과를 지향하는 신체적 활동이 있었는가 여부와 이러한 적극적 행위와 발생한 결과간에 인과관계가 있는지를 확인하여야 한다.[1] 이러한 요건이 구비되면 작위이며, 그렇지 않으면 부작위에 해당한다.

판례 역시 행위자가 자신의 신체적 활동이나 물리적 · 화학적 작용을 통하여 적극적으로 타인의 법익 상황을 악화시킴으로써 결국 그 타인의 법익을 침해

1) Kühl, AT, §18 Rn. 16; SK/Rudolphi, vor §13 Rn. 6; AK/Seelmann, §13 Rn. 28; Sieber, JZ 1983, 435면.

하였다면 이는 작위에 의한 범죄로 보는 입장이다.

[판례] 부작위의 보충성: 「어떠한 범죄가 적극적 작위에 의하여 이루어질 수 있음은 물론 결과의 발생을 방지하지 아니하는 소극적 부작위에 의하여도 실현될 수 있는 경우에, 행위자가 자신의 신체적 활동이나 물리적·화학적 작용을 통하여 적극적으로 타인의 법익 상황을 악화시킴으로써 결국 그 타인의 법익을 침해하기에 이르렀다면, 이는 작위에 의한 범죄로 봄이 원칙이고, 작위에 의하여 악화된 법익 상황을 다시 되돌이키지 아니한 점에 주목하여 이를 부작위범으로 볼 것은 아니며, 나아가 악화되기 이전의 법익 상황이, 그 행위자가 과거에 행한 또 다른 작위의 결과에 의하여 유지되고 있었다 하여 이와 달리 볼 이유가 없다」(대판 2004. 6. 24, 2002도995). 이 판결은 소위 '보라매병원 사건'으로서 가족의 요구에 따라 의사들이 1년차 수련의에게 환자를 집으로 후송한 다음 호흡보조장치를 제거할 것을 지시하는 등의 적극적 행위를 통하여 환자가 사망에 이르게 한 것을 작위범으로 본 것이다(살인방조죄 인정).

인과관계가 인정되면 과실범의 경우에는 그 작위가 과실행위에 해당하는지 여부를 밝히는 것이 다음 단계의 검토대상이다. 이에 따라 예를 들어 뇌염예방접종시 주사량을 확인하지 않고 건네 준 행위(작위)와 그로 인해 뇌염에 걸린 아이의 사망결과는 작위범의 성격을 갖는 것이며, 주사량이 정확한가의 여부를 검사하지 않고 건네 준 작위행위가 과실행위인지 여부를 밝혀야 한다. 만일 주의의무를 다하지 않았다는 점을 이유로 부작위라 한다면 이론상 과실의 작위범은 성립할 수 없게 될 것이다. 반면에 작위와 결과간에 인과관계가 인정되지 않든가 인정되더라도 그 작위가 과실행위라고 볼 수 없는 경우에 비로소 행위자가 결과방지를 위해 법적으로 요구되는 어떠한 행위를 하지 않았는가 하는 점, 즉 부작위를 중심으로 검토하여야 한다.

Ⅲ. 眞正不作爲犯과 不眞正不作爲犯

진정부작위범과 부진정부작위범을 구별함에 있어 통설은 형식설의 입장에서 구성요건상 요구규범에 위반한 부작위만을 행위내용으로 하는 범죄를 진정부작위범(예: 제103조 제1항, 제116조, 제117조 제1항, 제145조 제2항, 제319조 제2항), 결과발생을 방지할 의무있는 자가 부작위에 의하여 작위범의 구성요건을 실현하는 경우를 부진정부작위범(부작위에 의한 작위범)이라고 한다.[1)]

1) 배종대, 718면; 안동주, 291면; 이재상, 121면; 정성근/박광민, 457면.

실질설의 입장에서는 진정부작위범은 규범이 요구하는 특정한 행위를 하지 않음으로써 성립되는 범죄이고, 부진정부작위범은 결과범의 일종으로 보증인에게 결과방지의무가 부과된 범죄라 한다. 그러므로 실질설에 의하면 진정부작위범은 거동범을, 부진정부작위범은 결과범을 전제로 한다.

진정부작위범과 부진정부작위범을 구별하면서 우선 염두에 두어야 할 점은 진정·부진정을 불문하고 모두가 진정한 부작위범이라는 사실이며, 때문에 학자에 따라서는 단순 부작위범과 가중적 부작위범으로 구분하기도 한다. 그러므로 진정·부진정부작위범의 분류가 본질적인 것은 아니다.

인간과 인간의 삶의 다양한 모습을 상정할 때 인간행태는 그야말로 천태만상이다. 부작위의 형태 또한 다양하여 이를 작위범에 상응하는 형태로 모두 구성요건상에 규정하기란 사실상 불가능하다고 할 수 있다. 그렇기 때문에 부작위에 의한 구성요건의 실현이 전제되는 경우를 제외하고는 이를 범주적으로 규정할 수밖에 없는 것이다(제18조 참조). 그러므로 단순히 행위방법이 부작위로 구성요건에 규정된 경우를 진정부작위범이라 하고, 그렇지 않은 경우를 부진정부작위범이라 함은 행위방법 및 그 해석의 다양성을 무시하는 피상적인 구분법일 수 있다. 뿐만 아니라 형법상의 구성요건 중에는 행위방법이 부작위를 전제로 하고 있지만 작위의 형태로도 실현가능한 구성요건이 존재한다. 직무유기죄(제122조)와 유기죄(제271조)가 그 예이다. 이 경우 형식설에 의하면 진정부작위범에 해당한다고 보아야 하지만, 이들 범죄가 신분범에 해당하므로 작위의무 있는 자의 부작위란 점에서 부진정부작위범에도 해당한다. 또한 작위의 방법으로도 가능하므로 작위범에도 해당하게 된다. 이처럼 양자의 구별은 상대적이다. 그러므로 진정부작위범에 대하여 부진정부작위범이란 제18조가 규정하고 있는 바와 같이 보증인적 지위에 있는 자가 결과발생을 방지하지 않았을 때 성립되는 경우를 지칭하며, 이를 구체적으로 구성요건에 규정하는 여부는 입법기술상의 문제에 불과하다고 이해하는 것이 타당하다.[1)]

1) 이정원, 430면; 조준현, 298면; Wessels/Beulke, AT, § 16 Rn. 696 이하 참조.

제 2 절 不眞正不作爲犯의 構成要件

Ⅰ. 不眞正不作爲犯의 客觀的 構成要件

1. 결과의 발생

부진정부작위범이 성립하기 위하여는 우선 구성요건에 해당하는 결과가 발생하였을 것과 행위자가 이러한 결과발생을 저지하지 아니하였을 것이 요구된다. 만일 결과가 발생하지 않은 경우에는 부진정부작위에 의한 미수범의 성립 여부를 검토하여야 한다(미수범 처벌규정을 전제로 함은 물론이다).

[판례] 아이를 납치한 후 음식을 제공하지 않아 굶어서 사망한 경우(대판 1982. 11. 23, 82도2024).

2. 인과관계와 객관적 귀속

발생한 결과가 부작위에 귀속(객관적 귀속)이 가능하여야 한다.

(1) 부작위범의 인과관계 문제

부작위로 인한 결과의 발생에 대하여 부작위자에게 이 결과를 귀속시키기 위해서는 부작위와 결과 사이에 관련성이 인정되어야 한다. 모든 범죄행위의 결과는 행위로부터 비롯되어야 하기 때문이다. 그러나 부작위란 어떠한 현실적인 움직임도 없는 상태에서 결과가 발생하도록 방치하는 것을 의미하므로 이러한 관련성을 인과관계라고 보아야 하는가에 대해서는 논란이 있다.[1)]

부작위범의 경우에 인과관계란 작위범에서의 그것과 같은 현실적·자연적인 인과관계일 수 없다. 존재론적으로 무인 부작위는 그 자체로서는 어떠한 결과발생도 야기할 수 없기 때문이다. 그래서 부작위범의 경우에는 결과에 대한 원인이 문제가 되는 것이 아니라, 부작위 대신 일정한 행위를 하였을 때에도 결과가 발생하였을 것인지의 여부가 중요하다. 즉 법적으로 기대되는 작위행위가 있었더라면 구성요건적 결과가 발생하지 않았으리라고 판단될 때 부작위의 원인성은 인정된다. 작위의무를 이행하였을 때 결과가 발생하지 않았을 가능성의 정도에 대해서는 고도의 개연성이 인정되는 수준이어야 한다. 그러므로 부작위의 인과관계 문제는 행위자가 작위의무를 다했을

1) 이에 관해서는 Lackner/Kühl, vor §13 Rn. 12 참조.

때에는 결과가 어떻게 되었을 것인가 하는 조건적 판단의 문제로서 이것이 부작위의 인과관계인지 아닌지는 실익이 없는 논쟁에 불과하다. 중요한 것은 객관적인 귀속을 위한 부작위와 결과간의 관련성에 대한 규범적 평가이다.

(2) 객관적 귀속의 조건

부진정부작위범에서의 객관적 귀속의 조건은 작위범의 경우와 다를 바 없다. 즉 발생한 결과는 부작위라는 의무위반행위에 기초한 것이어야 한다(의무위반관련성).[1] 만일 결과방지의무를 다한 경우에도 동일한 결과가 발생할 것으로 예견되는 경우에는 객관적 귀속은 부인된다.

3. 보증인적 지위(행위자 요건)

(1) 의의 및 법적 성질

1) 의 의 진정부작위범의 경우에는 모든 사람이 구성요건에 제시된 법적 의무를 부담하기 때문에 행위주체의 자격에 제한이 없다. 반면에 부진정부작위범에서는 구성요건 실현을 방지할 의무있는 자만이 행위주체가 될 수 있으므로 보증인지위는 부진정부작위범을 처벌하는 법적 근거의 문제가 된다. 즉 부진정부작위범에서 보증인지위는 구성요건 실현의 방지를 위한 행위자의 지위를 가리키며, 형법(제18조)은 이를 「위험의 발생을 방지할 의무가 있는 자」라고 규정하고 있다. 구성요건이 실현되지 않도록 방지할 의무를 부담한다는 의미에서 보증인이라고 부르며, 구성요건 실현의 방지의무를 작위의무라고 한다.

2) 법적 성질 형법은 제18조에서 부진정부작위범으로 처벌하기 위해서는 「위험의 발생을 방지할 의무」가 있거나 「자기의 행위로 인하여 위험발생의 원인을 야기」하였을 것을 규정하고 있다. 즉 결과발생의 방지를 보증하여야 할 위치에 있는 작위의무자(결과발생방지의무자)만이 부진정부작위범으로 처벌되는 것이다. 따라서 부진정부작위범은 누구나 범할 수 있는 것이 아니라 작위의무자만이 범할 수 있는 진정신분범의 성격을 띤다. 이러한 보증인적 지위는 부진정부작위범의 행위주체에 해당하는 요건이므로 구성요건요소에 속한다. 반면에 보증인지위의 내용을 이루는 작위의무는 법적 의무에 해당하는 것으로서 이에 위반하면 구성요건해당성이 아니라 위법성이 인정된

1) Kahlo, 「Das Problem des Pflichtwidrigkeitszusammenhanges bei den unechten Unterlassungsdelikten」(1990), 306면.

다(이분설).[1]

독일에서도 보증인적 지위는 구성요건요소이나 보증인의무(결과방지의무)는 위법성요소라는 소위 이분설이 통설·판례의 입장이다.[2] 그러므로 보증인의무에 관한 착오는 금지착오에 해당하고, 보증인지위를 착오로 인하여 알지 못한 경우에는 구성요건의 착오에 해당한다.

(2) 보증인의무의 발생근거

보증인의무의 발생근거에 관하여 학설은 전통적인 형식설과 기능설로 대립되어 있다.

1) **형식설**(형식적 법의무설) 형식설은 작위의무의 발생근거를 법령, 계약, 선행행위(Ingerenz)[3] 및 밀접한 생활관계(조리)에서 찾는데[4] 형식설에서도 법령과 선행행위만을 인정하는 입장도 있다.

법령에 의한 작위의무의 예로는 사업주의 안전조치의무(산업안전보건법 제23조), 사고발생시 운전자의 구호조치의무(도로교통법 제54조), 의사의 진료와 응급조치의무(의료법 제15조), 친권자의 보호의무(민법 제913조), 부부간의 부양의무(민법 제826조), 친족간의 부양의무(민법 제974조), 금치산자의 후견인의 요양, 감호의무(민법 제947조), 경찰관의 보호조치의무(경찰관직무집행법 제 4 조) 등이 있다. 계약에 의한 작위의무로는 고용계약이나 의사와 환자와의 진료계약 등에서 비롯되는 보호의무나 치료의무 등이 있다.

조리에 의한 작위의무를 인정할 것인가에 대하여는 적극설[5]과 소극설[6]이 대립되어 있다. 그러나 조리의 내용을 어떻게 파악하느냐에 따라 그 내용과 범위가 달라지므로 표면적인 학설대립은 무의미하다. 원칙적으로는 보증인 지위가 부진정부작위범의 형법에 규정되지 않은 구성요건이라는 점에서 이를 부인하는 것이 타당하다.

선행행위에 의한 작위의무는 형법 제18조(「자기의 행위로 인하여 위험발생의 원인을 야기한 자」)에서 비롯된다(후술하는 기능설 참조).

1) 이분설이라고도 하며 통설의 입장이다. 김일수, 619면; 손해목, 793면; 안동준, 296면; 이재상, 126면; 이형국, 358면; 정성근/박광민, 464면.
2) BGHSt 16, 158면; Jescheck/Weigend, AT, 570면; Sch/Sch/Stree, § 13 Rn. 2 참조.
3) 대법원은 피감금자에 대한 위험발생을 방지함이 없이 방치한 경우에 부작위에 의한 살인죄의 성립을 인정하였다(대판 1982. 11. 23, 82도2024).
4) 대판 1996. 9. 6, 95도2551; 배종대, 723면; 진계호, 179면.
5) 손해목, 797면; 이재상, 126면; 조준현, 304면; 진계호, 148면; 황산덕, 71면.
6) 김성천/김형준, 202면; 임 웅, 547면; 차용석, 307면.

2) 기 능 설 형식설이 보증의무의 근거를 중심으로 하는데 반해 기능설은 보증의무를 실질적 내용에 따라 정한다. 기능설[1]은 작위의무를 ① 특정법익에 대한 보호의무(Obhutspflicht)와, ② 특정한 위험원인에 대한 안전조치의무(Sicherungspflicht)로 나눈다. 전자는 법익주체와의 밀접한 관련성을 전제로 하는 작위의무로서 보증인은 보호대상법익에 대한 모든 침해행위를 방지하여야 할 의무가 있는데 반해 후자의 경우에는 오직 위험원인에 대한 안전조치 — 위험원의 제거 — 에 국한되어 작위의무가 인정되는 것이기 때문에 그 인정범위가 더 협소하다고 볼 수 있다. 이리하여 예를 들면 타인을 위험으로부터 돌보아야 할 의무(예: 미성년의 아이가 범죄를 저지르지 않도록 할 아이에 대한 부모의 감독)는 안전의무에서 기인하고, 자진해서 의무를 지는 경우(예: 의사가 환자의 치료를 맡는 경우)는 보호의무에서 기인한다. 그러나 양자의 구별이 항상 명확한 것은 아니며 중복될 수도 있다.

㈎ 특정법익에 대한 보호의무의 구체적 내용을 살펴보면 ① 자연적 결합관계, ② 밀접한 공동체관계, ③ 보호적 지위의 자발적 인수를 들 수 있다.[2]

(i) 자연적 결합관계란 부모와 자녀간 혹은 부부관계처럼 가족이나 친족간에 상호 인정되는 의무를 말한다. 그러나 구체적으로 어느 범위까지 인정될 수 있는가에 대해서는 개별적으로 판단하여야 할 것이다. 동거중인 남녀간에는 이에 해당한다기보다는 밀접한 공동체관계에 따라서 인정된다고 보는 것이 타당하다. 사생아에 대한 부의 보증인지위는 사생아에 대한 부의 인지가 없는 한 인정할 수 없다고 본다.[3] 또한 손자에 대한 조부의 보증인지위는 조부가 손자에 대한 사실상에 보호의무를 지고 있는 범위 내에서만 인정된다고 본다.[4]

(ii) 밀접한 공동체관계는 위험공동체(예: 산악등반이나 항해시 혹은 위험한 공사중인 경우)가 대표적인 예이다. 그러나 모두가 위험한 상태에 처한 경우(예: 구명보트에 우연히 동승한 난파선 승객들)에는 상호간에 보증인의무가 없

1) 이형국(Ⅱ), 711면. 기능설은 현재 독일의 다수설(Lackner/Kühl, §13 Rn. 12 참조)로서 우리 나라에서도 형식설을 그대로 따르는 입장보다는 기능설에 의해 작위의무의 범위를 구체화하는 입장이 다수라고 생각된다(김일수 · 손해목 · 안동준 · 이재상 · 정대관 · 정성근/박광민 · 조준현 등).

2) Tröndle/Fischer, §13 Rn. 5 a; Jescheck/Weigend, AT, 562면 이하; Sch/Sch/Stree, §13 Rn. 17 이하.

3) Jakobs, AT, 29/62. 반대견해로는 Sch/Sch/Stree, §13 Rn. 8.

4) SK/Rudolphi, §13 Rn. 48.

다.[1] 그러나 공범자간에는 설사 상호간에 범죄 수행시의 위험을 제거하여 준다는 합의를 하였더라도 인정할 수 없다. 법질서가 범죄적 목적달성에 조력할 수는 없기 때문이다.

(iii) 보호적 지위의 자발적 인수란 사법상의 계약이나 혹은 보호의무의 사실상의 인수에 의하여 인정되는 보증인의무이다. 이에 따른 보증인지위(예: 환자의 치료를 맡은 의사, 계약의 상대방에게 자신이 지불불능상태에 빠지게 되었음을 알리지 않은 경우)는 인수합의의 사법적 유효성이나 계약체결 여부와는 상관 없이 인정된다. 다시 말하면 무효인 계약이라 할지라도 위법한 내용이 아닌 한 보증인지위를 인정하는 근거가 될 수 있다. 그리고 반드시 법적인 인수가 아니더라도 사실상 인수한 경우에도 인정된다(예: 같은 방향으로 출퇴근하기 때문에 동승시킨 경우의 운전자).

(나) 안전조치의무는 다시 세 가지 경우로 나뉘어지는데 ① 선행행위로 인한 보증의무, ② 위험원인에 대한 감독의무에 기인하는 보증의무, ③ 제 3 자의 위법행위에 대한 보증책임이 그것이다. 선행행위로 인한 보증의무는 자신의 행위로 인하여 결과발생의 위험성을 야기한 자는 그 결과의 발생을 방지할 보증인지위에 서게 됨을 의미한다.

[예] 자동차 운전자가 행인을 치어 중상을 입힌 후 의사의 응급치료 없이는 살아날 수 없음을 알았으면서도 부상자를 그대로 둔 채 달아난 결과 사망하게 된 경우.[2] 이 사례에서 중상을 입힌 작위행위와 관련해서는 업무상 과실치상죄(제268조)가 적용된다. 피해자를 구조하지 않고 달아난 점은 선행행위에 의한 보증인지위를 인정할 경우 피해자의 사망에 대하여 운전자의 미필적 고의가 인정되면 살인죄(제250조 제 1 항)가 성립한다. 또한 특정범죄가중처벌 등에 관한 법률 제 5 조의 3(도주차량운전자의 가중처벌)에도 해당한다. 피해자의 사망과 관련하여 업무상 과실치사죄가 성립하지 않는 것은 사망의 결과는 고의행위에 의하여 야기되었다고 보기 때문이다.

(i) 선행행위로 인한 보증의무는 제 3 자의 법익에 대한 작위나 부작위로 인하여 법익침해의 위험성을 야기한 결과 이를 방지할 의무가 발생하는 경우이다. 위법한 선행행위에 의해서만 보증인의 의무가 발생하는 것인가 아니면 적법한 선행행위를 하였을지라도 그로 인한 결과발생을 방지할 보증인으로서의 책임을 지는가에 관해서는 견해가 대립된다. 즉 학설은 결과발생을 초래

1) Maurach/Gössel/Zipf, AT/2, 204면; AK/Seelmann, § 13 Rn. 104.
2) 이와 유사한 판례로는 BGH NStZ 1992, 125면 참조.

케 한 선행행위의 적법, 위법을 불문하고 결과발생을 야기하였으면 보증인의 의무를 인정하는 견해(야기설),[1] 위법한 선행행위에 국한해서 보증인의 의무를 인정하는 견해(의무위반설)[2] 및 선행행위로 인한 보증인의 의무를 근본적으로 인정하지 않는 견해(선행행위부인설)[3]가 있다. 의무위반설이 타당하다.

선행행위의 위법성과 관련하여서는 구체적으로 두 가지 경우가 문제된다. ① 안전조치를 다하였음에도 불구하고 결국은 선행행위로 인하여 발생한 법익침해의 결과에 대하여 보증인지위가 인정되겠는가의 문제와, ② 정당방위와 같은 위법성조각사유에 따른 적법한 대응행위를 한 경우에도 대응행위자에게 보증인지위를 인정할 것인가의 문제이다.[4]

[예] ①의 예: 건설공사장의 중장비운전자가 엔진을 끄고 잠깐 자리를 비운 사이에 인근에서 놀던 국민학생이 올라가 놀다가 떨어져 머리를 다쳐 사망한 경우에 중장비운전자가 돌아와 이를 보고 응급조치를 하지 않아 사망하였다면 이에 대한 책임을 물을 수 있는가(운전자의 긴급후송이 있었다면 아이는 구조될 수 있었다)?
②의 예: 정당방위행위로 인하여 공격자가 부상당한 경우에 방위행위자는 공격자가 치료받을 수 있도록 조치할 작위의무를 인정할 것인가?

①의 경우에는 보증인지위를 인정할 수 없다고 보아야 한다. 왜냐하면 선행행위는 이로 인하여 초래된 위험과 관련하여 의무에 위반하였어야 하는데 중장비운전자의 선행행위는 전혀 주의의무를 위반하였다고 볼 수 없기 때문이다. 만일 중장비가 절취한 것이었다 할지라도 절취행위는 사망의 결과를 발생하게 한 선행행위는 아니므로 마찬가지로 평가하여야 한다. ②의 경우 정당방위자에게는 공격자의 행위를 방어할 권리가 인정되어 있다. 그러므로 비록 방위행위로 인하여 공격자가 부상을 당하였다고 하더라도 방어자는 공격자의 생명·신체를 보호할 보증인의 지위에 있지 않다.[5] 결론적으로 선행행위가 법익침해의 결과발생에 대한 원인행위라고 하여 이로부터 언제나 보증인의 지위가 인정되는 것은 아니다. 야기설은 선행행위의 피해자가 너무

1) 대판 1994. 8. 26, 94도1291 참조. Lackner/Kühl, §13 Rn. 13; Sch/Sch/Stree, §13 Rn. 43; Weber, Oehler-FS.(1985), 83면.
2) Celle VRS 41, 98면; Ruldolphi, JR 1987, 162면; Hirsch, ZStW Beiheft 81, 30면; Gallas, 「Studien zum Unterlassungsdelikt」(1989), 92면; Wessels/Beulke, AT, §16 Rn. 725; 배종대, 726면; 신동운, 143면.
3) Schünemann, GA 1974, 231면 이하.
4) Maiwald, JuS 1981, 482면 이하 참조.
5) BGHSt 23, 327면; BGH NStZ 1987, 171면.

방치된다는 점을 우려한다. 이 경우 독일형법은 구조불이행죄(제323c조)에 의해 해결할 수 있다. 그러나 이러한 규정이 없는 현실에서는 야기설을 취함으로써 이러한 문제점을 제거할 수 있다고 볼 수 있으나 보증인의무의 확대로 해결할 문제가 아니다.

(ii) 위험원에 대한 감독의무에서 비롯되는 보증의무(Gefahrüberwachungsgarant)로는 먼저 시설물 소유자나 관리자의 위험방지의무와 제 3 자의 위법한 행위에 대한 보증책임이 있다. 전자는 예를 들어 자동차나 동물(맹견), 공작물 등과 같이 생명·신체에 대한 위험을 야기할 가능성이 있는 물건들을 사실상 혹은 법적으로 지배하는 자의 결과발생방지의무를 의미한다.

[예] 맹견이 옆집 아이를 물어 상처를 입힌 경우에 맹견의 주인은 이에 대한 형사책임을 진다(과실치상죄 제266조). 또한 민사상의 책임에 관한 민법 제758조(공작물등의 점유자, 소유자의 책임), 제759조(동물의 점유자의 책임) 참조.
그 밖에 문제되는 예로는 브레이크가 고장난 줄을 알면서도 자동차를 계속 운행하다가 행인을 친 경우, 자신의 공장설비가 낡아서 환경을 심각하게 오염시킨다는 사실을 알면서도 방지시설을 설치하지 않은 채 계속 가동하는 경우, 생산제품에 결함이 발견되어 그대로 둘 경우 사고위험이 있는데도 불구하고 이를 소비자에게 알리거나 제품을 회수하지 않아 사고가 발생한 경우[1](제조물책임의 문제로서 선행행위에 의한 보증의무를 인정하기도 한다)를 들 수 있다.

다음으로 제 3 자의 위법한 행위에 대한 보증책임은 특정인이 법익침해행위를 하지 않도록 할 지도·감독자의 의무를 말한다. 예를 들어 교사는 교내에서 학생들의 범죄행위를 방지할 의무가 있으며, 부모는 미성년의 자녀가 범죄행위를 하지 않도록 할 의무가 있는 것이다. 또한 정신병자를 수용하고 있는 정신병원 원장이나 감독자의 정신병자에 대한 책임도 마찬가지이다. 이는 형법상의 자기책임의 원칙에 대한 예외이다.[2][3]

이상과 달리 보증인지위를 단일원칙으로 통합하여 파악하는 견해가 있다. 즉 보증인지위는 결과발생원인에 대한 지배(Herrschaft über den Grund des Erfolges)라고 보고 이러한 지배상황이 부작위를 작위와 동등하게 취급할 수 있도록 한다는 것

1) BGHSt 37, 106면 이하.
2) 은행 지점장이 부하직원의 은행에 대한 배임행위를 방치한 사건에서 지점장의 보증인지위를 인정하여 배임방조죄 성립을 인정하였다(대판 1984. 11. 27, 84도1906). 또한 Sch/Sch/Stree, § 13 Rn. 13.
3) Kühl, AT, § 18 Rn. 116 이하 참조.

이다.[1] 여기에서 지배란 결과발생의 상황에서 현장에 있었다는 것을 의미하거나, 규범을 통하여 형성된 결과귀속일 수도 있다. 후자의 경우는 마치 어머니가 외출중이라서 아이에 대한 현실적인 지배가 없더라도 지배관계를 인정하는 것과 같다. 그러나 결과발생의 원인—이는 결과발생방지의 가능성을 의미하지 않는다—이 결국은 보증인지위를 전제로 하여 규정될 수밖에 없기 때문에 이 견해는 보증인지위에 관한 실질적인 내용을 제공하지는 못한다.

3) 결 론 형법의 규정이 형식설과 기능설 가운데 어느 입장에서 해석할 수 있는가는 명백하지 않다. 「위험의 발생을 방지할 의무」의 근거를 문제삼는다면 이는 형식설의 입장이고, 만일 이와 같은 의무의 내용을 중시한다면 이는 기능설의 관점과 같다. 그러나 부진정부작위범에서 보증의무의 존재가 처벌의 법적 근거라면 보증의무의 내용은 실질적인 관점에서 파악하는 것이 타당하다. 이러한 관점에서 본다면 형식설은 보증의무의 발생근거에 관한 것으로서 결과발생을 방지할 구체적인 의무의 내용은 제시하지 못하고 있다. 반면에 기능설은 보증인지위에 있는 자의 행위방향을 제시하고 있다. 그러므로 두 학설은 상호 배척관계에 있다기보다는 보완관계에 있는 것으로 보아야 한다.[2]

[판례] 대법원은 함께 술을 마시고 만취되어 의식이 없는 피해자를 부축하여 방에 옮긴 후 촛불을 켜고 이불을 덮어 준 다음 피해자를 혼자 두고 나온 결과 피해자가 잠결에 촛불을 건드려 화재가 발생, 피해자가 사망한 사건에서 촛불을 끄거나 양초가 쉽게 넘어지지 않도록 안전조치를 취하여야 할 주의의무를 인정하여 과실치사죄를 인정하였다(대판 1994. 8. 26, 94도1291). 이 경우 보증인의무는 형식설보다는 기능설에 따라 안전조치의무 중 선행행위로 인한 보증의무에 기인한 것으로 볼 수 있다.

부진정부작위범에서의 작위의무란 기술한 바와 같이 부작위를 작위와 동일시하는 결과가 되기 때문에 그 인정범위는 죄형법정주의의 원칙을 벗어나지 않는 제한적인 것이어야 한다. 그러나 법감정과 공동체의 기능원리의 차원에서 독일형법 제323 c조(구조불이행죄)—소위 선한 사마리아인 규정[3]—와 같은 규정의 신설을 고려하는 것이 바람직하다고 본다.

---

1) Schünemann, 「Grund und Grenzen der unechten Unterlassungsdelikte」(1971), 236, 341면 이하.
2) 손해목, 795면; 신동운, 138면; 이재상, 127면도 같은 견해이다.
3) 각국의 입법례에 관하여는 C. 그레고리, 「착한 사마리아인법」(최종고 역), 280면 이하 참조.

4. 작위와 부작위의 동가치성(행위요건)

(1) 동가치성의 개념

형법은 부진정부작위범에 대하여 어떠한 작위의무의 구체적인 내용도 기술하고 있지 않다. 그럼에도 불구하고 부진정부작위범을 작위범과 동일하게 처벌하는 것은 죄형법정주의에 대한 중대한 침해의 위험성을 안고 있다. 이 문제를 해결하기 위한 것이 하나는 기술한 작위의무에 관한 내용이며, 다른 하나는 동가치성의 문제이다.[1)]

부진정부작위범이 작위범의 구성요건에 포섭될 수 있기 위해서는 보증인의 지위에 있는 자의 부작위가 작위적 방법에 의한 구성요건의 실현과 동등한 것으로 평가될 수 있어야 한다. 이를 부진정부작위범에서의 동가치성이라고 한다. 독일형법(§13)과 달리 우리 형법은 이를 입법화하고 있지는 않으나 학설[2)]에서는 이를 인정하고 있다. 판례 역시 부진정부작위범의 성립요건으로서 부작위가 작위와 동등하게 평가될 수 있어야 한다는 입장이다. 즉 대법원은 「형법이 금지하고 있는 법익침해의 결과발생을 방지할 법적인 작위의무를 지고 있는 자가 그 의무를 이행함으로써 결과발생을 쉽게 방지할 수 있었음에도 불구하고 그 결과의 발생을 용인하고 이를 방관한 채 그 의무를 이행하지 아니한 경우에, 그 부작위가 작위에 의한 법익침해와 동등한 형법적 가치가 있는 것이어서 그 범죄의 실행행위로 평가될 만한 것이라면, 작위에 의한 실행행위와 동일하게 부작위범으로 처벌할 수 있다고 할 것이다」[3)]고 하여 이를 인정하고 있다.

(2) 동가치성의 내용

동가치성의 문제는 우선 작위범과 부작위범의 불법평가가 동등하여야 한다는 의미가 아님을 유의하여야 한다. 부작위범의 불법은 본질적으로 작위범의 불법보다 무거울 수 없기 때문이다. 그렇다면 동가치성은 무엇을 의미하는가? 이를 밝히기 위해서는 부작위로 범할 수 있는 작위범을 단순결과범과 특정한 행위태양(방법)과 결부된 결과범(verhaltensgebundene Erfolgsdelikte)으

---

1) 작위의무와 별도로 동가치성을 인정할 실익이 없다는 견해도 있다. Nitze, 「Die Bedeutung der Entsprechungsklausel beim Begehen durch Unterlassen(§13 StGB)」(1989), 111, 189면 참조.

2) 김성천/김형준, 205면; 김일수/서보학, 503면; 배종대, 729면; 안동준, 300면; 오영근, 302면; 이재상, 133면; 이정원, 438면; 이형국(Ⅱ), 711면; 정성근/박광민, 470면; 조준현, 306면 등.

3) 대판 1992. 2. 11, 91도2951; 1996. 9. 6, 95도2551; 1997. 3. 14, 96도1639.

로 나누어 고찰할 필요가 있다.

단순한 결과범(예: 살인죄)은 결과발생을 위하여 특정한 행위방법이 구성요건화되어 있지 않은 것과 마찬가지로 부작위의 태양에도 제한이 없다. 그러므로 부작위로 인하여 결과가 발생하면 보증인의 작위의무와 결과발생 방지가능성이 인정되면 부작위범이 인정된다. 즉 구체적으로는 자연과학적 의미의 인과관계가 결여되어 있음에도 불구하고 보증인지위에 있는 자가 부작위에 머문 것이 개인적 불법성의 측면에서 작위적인 구성요건의 실현에 버금가는 불법으로 인정될 때 동가치성이 있다고 보는 것이다.[1] 그러므로 추가적인 동가치성의 문제가 특별히 문제되지 않는다. 굳이 부른다면 이 경우의 동가치성이란 발생결과의 동가치성을 의미한다고 볼 수 있다.[2] 반면에 사기죄(기망행위)나 공갈죄(공갈행위)처럼 특정한 행위방법에 의한 구성요건적 결과발생만을 인정하는 범죄유형은 부작위 역시 이러한 작위범의 행위방법에 상응하는 것이어야 한다.[3] 그렇지 않을 경우 구성요건 해당행위가 존재하지 않기 때문이다. 결과범과 거동범의 결합형태로서 행위관련적 결과범은 결과발생이 특정한 구성요건적 형태에 의하여야 하는 구성요건 유형으로 부작위에 대하여 구성요건적 형태와 동일한 가치가 있다는 판단이 요구된다. 즉 작위와 비교될 만한 부작위 형태로 결과를 발생시켰을 경우에 동가치성이 인정된다는 것이다. 이를 행위방법의 동가치성(Modalitätenäquivalenz)이라 할 수 있으며, 이를 통하여 형사처벌을 제한하는 기능을 한다.[4]

Ⅱ. 不眞正不作爲犯의 主觀的 構成要件

부작위범의 고의는 구성요건에 해당하는 결과발생의 가능성에도 불구하고 이를 방치하겠다는 의사결정에 의하여 인정된다. 그러므로 행위자는 위험상황과 이에 대한 적절한 결과방지의 가능성을 인식하고 있어야 한다. 미필

1) Tröndle/Fischer, § 13 Rn. 17.

2) 김일수/서보학, 501면; Sch/Sch/Stree, § 13 Rn. 4. 그러나 대판 2002. 1. 22, 2001도2254는 부작위에 의한 살인죄의 경우에도 작위와의 동가치성이 인정되어야 한다는 입장이다.

3) Ingelfinger, GA 1997, 573; Jakobs, AT, 29/78; Sch/Sch/Stree, § 13 Rn. 4. 이와 달리 일체의 결과발생에서 동가치성이 필요하다는 견해도 있다(Lackner/Kühl, § 13 Rn. 16).

4) 배종대, 730면; 이재상, 133면; 이형국, 361면; 조준현, 306면. 이와 달리 보증인적 지위를 동가치성의 제 1 요소, 행위방법상의 동가치성을 동가치성의 제 2 요소로 분류하면서도 사실상 행위방법의 동가치성만을 인정하는 견해도 있다(김일수/서보학, 501면; 안동준, 300면; 정성근/박광민, 486면).

적 고의도 포함한다. 또한 보증인지위는 구성요건요소이므로 사실적인 행위정황을 인식하고 있어야 한다.

보증인지위와 여기에서 비롯되는 보증인의무를 분류하는 이분설의 입장에 따르면 보증인적 지위는 구성요건요소로서 이에 관한 착오는 구성요건적 착오이다. 그러나 보증인의 지위에서 나오는 보증인의 의무의 구체적인 내용은 행위정황에 속하지 않으므로 구성요건요소가 아니고 이에 관한 착오는 위법성의 착오에 해당된다.

제 3 절 違 法 性

부작위범에 대한 위법성조각사유가 없는 한 위법성이 인정된다. 부작위범의 위법성과 관련하여 특히 문제가 되는 것은 작위의무와 작위의무간의 의무의 충돌(Pflichtenkollision)의 경우이다.

[예] 화재로 인해 두 아이(X, Y)가 화염에 휩싸여 A는 오직 한 아이만을 구할 수 있는 상황이었다. 이 순간 A는 X를 구하기로 결심하고 X를 안아 밖으로 탈출하였다(작위의무의 이행). 반면에 Y는 빠져 나오지 못해 사망하고 말았다(또 다른 작위의무의 위반).

이와 같이 동종의 작위의무가 충돌하는 경우에 한편의 작위의무이행은 다른 작위의무의 불이행을 불가피하게 초래한다는 데에 문제가 있다. 법은 수범자에게 불가능을 요구할 수는 없기 때문에 동등한 가치의 법익이 충돌한 경우에 행위자의 선택은 정당화된다. 위의 [예]에서 두 아이를 모두 살리기는 불가능한 상황이었으므로 A가 X와 Y 가운데 누구를 구하든, 위반한 다른 작위의무에 대한 위법성은 인정되지 않는다고 보는 것이 타당하다. 이와 달리 동가치의 법익이 아닌 상이한 가치의 법익이 충돌한 경우에 높은 가치의 법익보호를 위해 낮은 가치의 법익이 침해되었더라도 위법성이 조각된다(예: 화재진화를 포기하고 건물 안에 있는 사람을 구한 경우). 또한 보호대상에 대한 작위의무자의 관계 혹은 결과발생의 가능성의 정도에 따라서도 의무이행의 우선순위가 판단된다.[1)]

1) Wessels/Beulke, § 16 Rn. 736.

제 4 절 責 任

Ⅰ. 一 般 論

작위범에서의 일반적인 책임의 요소는 부진정부작위범에 그대로 적용된다. 즉 책임무능력, 보증인의무를 인식하지 못한 위법성의 착오 및 책임조각사유가 존재하면 부작위범의 책임은 인정되지 않는다. 원인이 자유로운 행위(작위)는 원인이 자유로운 부작위(omissio libera in causa)로서 인정된다.

Ⅱ. 期待可能性

작위범과는 달리 부진정부작위범의 경우에 가벌성은 합규범적 행위에 대한 일반적인 기대가능성이 있을 것을 전제로 한다(적법행위의 기대가능성). 기대가능성이 없는 경우란 보증인이 작위의무를 이행하면 자신의 이익이 중대한 정도로 침해될 위험이 있을 때를 의미한다. 즉 보증인이라는 점과 보증인으로서의 작위행위를 할 수 있는 가능성뿐만 아니라 결과발생을 방지할 가능성이 있어야 하는 것이다.

이러한 부진정부작위범에서의 기대불가능성이 작위의무를 제한하기 때문에 체계상 구성요건에서 검토되어야 할 것인가, 아니면 위법성조각사유로 보아야 할 것인가 혹은 책임을 배제하는가에 관하여 견해가 나뉜다. 이 문제는 부작위범에 대한 공범 성립가능성과 관련이 있는데(공범의 종속성) 기대불가능성을 초법규적인 책임조각사유로 파악하면 부작위범에 대한 공범의 성립이 가능하게 된다(제한적 종속형식의 입장). 그러나 기대불가능성은 독자적인 책임조각사유라기보다는 개별적인 사안에 따라 판단되어야 하는 책임요소에 불과하다. 기대가능성은 부진정부작위범에서 작위의무를 인정하기 위한 전제조건의 한 요소이므로 구성요건해당성의 단계에서 파악하는 것이 타당하다.

제 5 절 기타 關聯問題

Ⅰ. 不眞正不作爲犯과 過失犯

과실범처벌규정이 있는 한 과실에 의한 부진정부작위범도 처벌된다. 부작위에 의한 과실이 인정되는 경우란 ① 작위의무를 이행하지 않는 것이 주의의무위반에 해당하고, ② 구성요건적인 상황(법익에 대한 위험, 구조가능성 및 구조수단의 존재, 구조불이행, 보증인지위)의 인식 및 결과발생의 방지가 가능한 상황에서 구성요건적 결과가 발생한 때이다. 이를 유형화하면 첫째 작위의무자가 구성요건에 해당하는 결과가 발생할 가능성이 있는 상황임에도 불구하고 부주의하여 이를 인식하지 못한 경우이다. 예를 들어 낚시광인 아버지가 낚시터에 데리고 간 어린 아들이 물가에서 놀다가 물에 빠져 허우적거리는 것도 모르고 낚시에만 열중하다가 결국 아이가 익사한 경우 아버지는 과실치사죄의 죄책을 진다. 둘째 부작위자가 자신의 보증인적 지위를 알지 못한 경우이다. 예를 들어 운전자가 야간에 술에 취해 길에 누워있는 취객을 치어 중상을 입혔는데도 불구하고 이를 알지 못하여 구조하지 않고 계속 주행을 한 경우이다. 셋째 보증인적 지위에 있는 자가 신중하지 못하여 자신은 결과방지를 할 수 없다고 판단하여 부작위에 머문 경우이다. 예를 들어 중상을 입은 부상자를 자신은 의사가 아니어서 구할 수 없다고 판단하고 부작위에 머문 경우로서 부작위자는 자신이 소지한 휴대전화로 구조요청을 하였다면 사망의 결과를 방지할 수 있었던 경우이다. 넷째 보증인 지위에 있는 자가 결과발생 방지행위를 부주의하게 수행하여 결과가 발생한 경우로서 예를 들면 익사직전의 사람에게 본인의 수영실력으로 보아 직접 구조가 충분히 가능함에도 불구하고 대신에 너무 짧은 줄을 던져서 이를 잡지 못한 피해자가 결국 익사한 경우이다.[1] 즉 과실에 의한 부진정부작위범의 구성요건은 고의의 부작위범에 관한 객관적 구성요건과 과실범의 구성요건을 함께 구비하여야 한다.

[판례] ① 함께 술을 마신 후 만취된 피해자를 촛불이 켜져 있는 방안에 혼자 눕혀 놓고 촛불을 끄지 않고 나오는 바람에 화재가 발생하여 피해자가 사망한 경우 과

1) Roxin, AT, Band Ⅱ(2003), §31 Rn. 196 이하 참조.

실치사책임을 인정한 사례(대판 1994. 8. 26, 94도1291).

② 간호사가 다른 환자에게 수혈하여야 할 혈액봉지를 피해자에 대한 혈액봉지로 오인함으로써 혈액형이 B형인 피해자에 대하여 A형 혈액을 수혈하여 피해자로 하여금 급성용혈성 수혈부작용 등으로 사망하게 한 사건. 대법원은 의사는 간호사에 대하여 의사의 참여 없이는 수혈을 하지 않도록 지도·교육하여야 하며, 자신의 참여하에 간호사로 하여금 수혈을 하게 하더라도 그 환자에게 수혈할 혈액봉지가 맞는지 여부를 확인하여야 할 업무상의 주의의무가 있는데도 불구하고 간호사에게 단독으로 수혈을 하게 내버려 둠으로써 주의의무를 다하지 않았다(부작위)고 보아 의사인 피고인에게 업무상 과실치사죄를 적용하였다(대판 1998. 2. 27, 97도2812).

위 판례는 과실에 의한 부진정부작위범의 작위의무를 인정한 것으로서 주목된다. 즉 대법원은 위 ①의 판례에서 「피해자를 혼자 방에 두고 나오는 피고인들로서는 촛불을 끄거나 양초가 쉽게 넘어지지 않도록 적절하고 안전한 조치를 취하여야 할 주의의무가 있다 할 것인바, 비록 피고인들이 직접 촛불을 켜지 않았다 할지라도 주의의무를 다하지 않은 이상 … 과실책임을 면할 수 없다」고 하였다. ②의 판례 역시 의사가 주의의무불이행이라는 부작위를 통하여 환자의 사망을 초래하였으므로 업무상 과실치사죄가 인정된 것이다.

Ⅱ. 不作爲犯의 未遂

진정부작위범에 있어서도 미수범 처벌규정이 있는 한 미수범을 인정할 수 있다(제319조 제 2 항, 제322조 참조). 뿐만 아니라 부진정부작위범의 경우에도 미수범의 성립을 인정하는 것이 타당하다.[1] 문제가 되는 것은 부진정부작위범의 미수시점이다. 이에 관하여는 ① 최초의 구조가능시점을 기준으로 하는 견해[2]와, ② 최후의 구조시점을 기준으로 하는 견해[3]가 대립되어 있다. 예를 들면 전자의 견해는 수영교사가 교습생을 익사로부터 구조할 수 있는 최초의 시점이 실행의 착수시점이 되고, 후자의 견해에 의하면 수영교습생이 해안으로부터 멀어져 수영교사가 구조할 수 있는 한계거리에 도달하였을 때가 비로소 실행에 착수한 시점이 된다. ③ 그러나 행위자(부작위범)의 입장에서 보아 결과방지가 요구되는 시점을 기준으로 함이 타당하다. 이는 곧 행위자가 판단할 때

1) BGH Strafverteidiger 1993, 24면(BGH, Urt. v. 22. 9. 1992); BGH NStZ 1993, 32면; Jakobs, AT, 29/113; Jescheck/Weigend, AT, 576면; Sch/Sch/Eser, vor § 22 Rn. 27; LK/Vogler, § 22 Rn. 109; Maurach/Gössel, AT/Ⅱ, 32면 이하.

2) Herzberg, MDR 1973, 89면 이하; Maihofer, GA 1958, 297면; Schröder, JuS 1962, 86면.

3) Welzel, Strafrecht, 221면; Armin Kaufmann, 앞의 책, 216면.

즉각적인 구조행위가 없으면 법익의 보호가 구체적이고 직접적으로 위태로운 때가 실행에 착수한 시점이 된다.

부진정부작위범의 중지미수도 성립할 수 있다. 즉 작위적 방법으로 결과의 발생을 방지하면 중지범이 성립하는 것이다.

Ⅲ. 不作爲犯과 共犯

부작위범의 경우에는 외부적인 행태가 존재하지 않기 때문에 작위범에서와 같은 주관설이나 행위지배설 등에 의한 정범과 공범의 구별이 타당하지 않다[1](자세한 것은 종범의 성립요건 중 「부작위에 의한 방조행위」 부분 참조).

1. 부작위범에 대한 공범

부작위범에 대한 작위의 공범(교사범, 종범)은 제한 없이 그 성립이 가능하다. 행위자는 작위범이므로 보증인지위는 필요하지 않다. 교사범은 작위의 무자로 하여금 부작위에 머물 것을 결심케 함으로써 성립하고, 종범은 부작위범에 대한 정신적인 격려 등으로 부작위의 결정을 강화시키는 방법에 의해 성립할 수 있다.

2. 부작위에 의한 공범

부진정부작위범에서 부작위에 의한 공범성립 가능성에 대한 문제는 첫째 부작위라는 행위태양에 의하여 공범이 성립할 수 있는지 여부에 관한 것과 둘째 부작위범에서 정범과 공범의 구별에 관한 것을 중심으로 논의될 수 있다. 첫 번째 점과 관련해서는 우선 교사범은 부작위에 의해서 성립할 수 없다고 보아야 한다. 교사범은 심리적인 영향력 행사의 방법으로 범행결성을 하게 함이 그 성립요건인데 부작위에 의해서는 불가능하기 때문이다.

두 번째 점과 관련해서는 부진정부작위범의 경우 작위의무를 이행하지 않은 보증인에게 방조범 또는 (공동)정범을 인정하는 견해[2]와 언제나 방조범만을 인정하는 견해[3]가 있다. 생각건대 부작위범의 경우 보증인적 지위에 근

1) 부작위범에서의 정범과 공범의 구별에 관하여 상세한 것은 전지연, 「부작위에 의한 참가」, 형사법연구 제 5 호(1992/93), 63면 이하 참조.

2) 손해목, 807면; 이상돈, 238면, 540면; 이용식, 「부작위 상호간에 있어서 정범과 공범의 구별 및 공동정범의 성립가능성」, 법학(서울대), 제158호(2011. 3), 147면, 151면 이하. 이정원, 428면.

3) 김일수/서보학, 614면; 배종대, 723면; 손동권, 391면; 이재상, 135면; 임 웅, 556면; 정성근/박광민, 476면.

거하여 결과발생을 방지할 작위의무가 인정될 경우에는 원칙적으로 (공동)정범을 인정하여야 한다. 그렇지 않고 단독정범이라면 부진정부작위범으로서 정범이 될 수 있음에도 불구하고 공동정범의 상황에서는 부작위범이라는 이유로 언제나 방조범이 된다고 보는 것은 합리적인 이유가 없다고 보기 때문이다. 또한 부진정부작위범이 정범요건을 구비한 경우 정범을 인정하여야 하지만 우리 형법이 독일형법과 달리 부진정부작위범에 대한 형감경규정이 없는 점을 감안하여 방조범을 인정하여야 한다는 견해도 타당하지 않다. 비록 부작위범이 작위범에 비해 범죄성이 약한 것은 사실이지만 작량감경이 가능하기 때문에 굳이 정범을 양형상의 이유 때문에 방조범이라고 보아야 할 이유는 없다.

그러므로 부진정부작위범이라고 하더라도 결과발생을 방지할 보증인으로서 정범성을 갖춘 경우에는 정범을 인정하여야 하고, 예외적으로 정범의 범죄를 방지할 보증인의 지위에 있는 자가 공동가공의 의사 등 요구되는 정범성의 표지를 갖추지 않고 부작위로 나아간 경우에는 방조범을 인정할 수 있다(아래 판례 참조).[1] 방조행위는 정범의 실행행위를 용이하게 하는 직·간접적인 모든 행위를 의미하기 때문이다. 또한 부작위에 의한 범행기여의 정도가 행위지배의 정도에 이르지 않은 경우에도 방조범을 인정할 수 있다. 그 밖에 자수범의 경우에도 정범이 아니라 방조범을 인정하여야 하지만 이는 부작위범으로서의 성질뿐만 아니라 자수범의 구성요건적 특징에서 비롯되는 것이기도 하기 때문에 성격이 다르다.

[판례] 백화점에서 바이어를 보조하여 특정매장에 관한 상품관리 및 고객들의 불만사항 확인 등의 업무를 담당하는 직원은 자신이 관리하는 특정매장의 점포에 가짜 상표가 새겨진 상품이 진열·판매되고 있는 사실을 발견하였다면 고객들이 이를 구매하도록 방치하여서는 아니되고 점주나 그 종업원에게 즉시 그 시정을 요구하고 상급자에게 보고하여 이를 시정하도록 할 근로계약상·조리상의 의무가 있다고 할 것이다. 그럼에도 불구하고 이러한 사실을 알고서도 점주 등에게 시정조치를 요구하거나 상급자에게 이를 보고하지 아니함으로써 점주로 하여금 가짜 상표가 새겨진 상품들을 고객들에게 계속 판매하도록 방치한 것은 작위에 의하여 점주의 상표법위반 및 부정경쟁방지법위반 행위의 실행을 용이하게 하는 경우와 동등한 형법적 가치가 있는 것으로 볼 수 있으므로, 백화점 직원인 피고인은 부작위

1) 신양균, 「부작위에 의한 방조」, 형사판례연구(6), 150면 이하; 전지연, 「부작위범에서 정범과 공범의 구별」, 형사판례연구(13), 139면 이하.

에 의하여 공동피고인인 점주의 상표법위반 및 부정경쟁방지법위반 행위를 방조하였다고 인정할 수 있다(대판 1997. 3. 14, 96도1639).

부진정부작위범에서 부작위범 상호간 공동정범 성립가능성에 대해서도 논의가 필요하다. 판례는 진정부작위범 사이의 공동정범 성립은 인정하고 있다. 즉 공중위생관리법 위반사건에서 동법 제 3 조 제 1 항 전단은 「"공중위생영업을 하고자 하는 자는 공중위생영업의 종류별로 보건복지부령이 정하는 시설 및 설비를 갖추고 시장 · 군수 · 구청장에게 신고하여야 한다"고 규정하고 있고, 제20조 제 1 항 제 1 호는 '제 3 조 제 1 항 전단의 규정에 의한 신고를 하지 아니한 자'를 처벌한다고 규정하고 있는바, 그 규정 형식 및 취지에 비추어 신고의무 위반으로 인한 공중위생관리법 위반죄는 구성요건이 부작위에 의하여서만 실현될 수 있는 진정부작위범에 해당한다고 할 것이고, 한편 부작위범 사이의 공동정범은 다수의 부작위범에게 공통된 의무가 부여되어 있고 그 의무를 공통으로 이행할 수 있을 때에만 성립한다」고 판시하여 원칙적으로 부작위범의 공동정범을 인정하고 있다.[1] 학설에서는 긍정설[2]과 부정설[3]이 대립하고 있다. 부정설은 무엇보다도 부작위범에서 '공동'이라는 행태는 있을 수 없다는 점을 지적한다. 즉 '공동'이라는 행태는 작위범을 전제로 하고 있다는 것이다. 그러나 공동으로 보증인 지위에 있는 자들이 사전 모의에 따라 결과발생을 방지하지 않고 부작위에 머무른 경우에도 이는 '공동'행위에 해당한다고 보아야 한다. 물론 형법 제30조의 공동정범은 다른 형법규정들과 마찬가지로 작위범을 전제로 하고 있다. 그러나 형법상의 행위에는 작위 이외에 부작위도 인정되고 있는 점에 비추어보면 결국 공동정범은 부작위를 포함하여 2인 이상이 공동의 행위로 결과를 발생시킨 경우에 인정되는 범행형태로 볼 수 있다.[4]

1) 대판 2008. 3. 27, 2008도89. 독일판례로는 BGHSt 37, 106면 이하('Lederspray사건': 피혁보호분무기를 사용한 후 호흡곤란, 오한, 고열과 같은 건강침해결과가 많이 발생한 사안에서 제품의 불회수결정에 관여한 복수의 회사간부에 대하여 부작위에 의한 공동정범을 인정하였다). 이 판결에 대해서는 Roxin, AT Ⅱ, § 32 Rn. 195 이하 참조.

2) 이용식, 위 논문, 168면 이하; 이재상, 135면; 임 웅, 556면.

3) 김성룡, 「부작위범 사이의 공동정범」, 형사판례연구(17), 25면 이하; 이정원, 521면.

4) 이 경우에도 공동정범은 일부실행 · 전부책임의 경우에 실익이 있으므로 전부실행 · 전부책임에 해당하는 경우에는 각자 단독범이나 또는 동시범으로 보는 것과 다를 바 없음은 물론이다. 결국 보증인지위의 차별화가 필요할 것이다.

Ⅳ. 不眞正不作爲犯과 錯誤

부진정부작위범에서의 착오란 결과발생방지의 가능성에 관하여 착오를 일으킨 경우와 보증인적 지위에 관하여 착오를 한 경우의 두 가지 형태가 있다.

(1) 결과발생방지의 가능성에 대한 착오

결과발생을 방지하기 위하여 객관적으로 요구되는 행위를 할 수 있어야 할 가능성은 부진정부작위범에서 객관적 구성요건요소가 된다. 학설에 따라서는 이러한 가능성이 아니라 방지행위의 목표나 행위방법에 대한 현실적인 인식을 요구하기도 하나[1] 이는 너무 제한적인 해석이다. 그리하여 만일 부작위범에게 이러한 가능성이 존재하지 않는다면 객관적 구성요건을 결여한 경우로서 부작위범이 성립하지 않는다. 그러나 만일 행위자가 객관적으로 존재하는 이러한 결과발생방지의 가능성을 착오로 인하여 인식하지 못하였다면 그는 고의를 갖지 않는 것이 된다.[2] 예를 들어 아이를 보호하여야 할 의무를 지고 있는 자가 익사 직전의 아이를 구하기 위한 도구(배, 밧줄 등)를 전혀 갖지 못한 경우 만일 그가 수영도 못하기 때문에 그대로 방치한 결과 익사하였다고 하자. 이때 사후적으로 아이를 구할 수 있는 구조선이 바로 근처에 있었다는 사실이 밝혀졌다면 이는 객관적 구성요건은 존재하나 주관적 요소인 살인의 고의는 없는 것이다.

(2) 보증인적 지위와 보증의무에 대한 착오

결과발생방지의무를 지는 보증인적 지위는 부진정부작위범의 객관적 구성요건요소이기 때문에 이에 대한 부지는 구성요건의 착오에 해당한다. 이에 따라 만일 익사 직전의 아이가 자기가 돌보아야 할 의무가 있는 아이가 아닌 줄로 착각하고 구하지 않은 결과 익사하였다면 이는 살인죄의 고의가 없는 구성요건의 착오에 해당한다(그러나 과실치사죄의 성립가능성은 남는다).

보증인적 지위와 구별하여야 하는 것은 보증인적 의무이다. 보증인적 의무란 보증인적 지위로부터 나오는 것으로서 작위로 나아가야 할 법적 의무를

1) Welzel, Strafrecht/Sternberg-Lieben, 201면.

2) Maiwald, JuS 1981, 478면; SK/Rudolphi, vor §13 Rn. 3; Sch/Sch/Stree, vor §13 Rn. 143.

의미하며 이는 위법성에 해당한다. 그렇기 때문에 보증인적 지위를 인식하고 있다 할지라도 보증인적 의무에 착오를 일으키면 이는 고의에 영향을 미치지 않는 위법성의 착오가 된다. 따라서 형법 제16조에 의하여 그 착오에 정당한 이유가 인정되면 처벌되지 않는다.

제 8 장 未遂論

제 1 절 序　　論

Ⅰ. 犯罪의 實現段階

행위자가 범죄의사를 자신의 의도대로 실현하기 위해서는 몇 가지 단계를 거치게 된다. 먼저 범죄의 결심을 한 다음 실행의 준비단계와 실행의 착수를 거쳐 기수에 이르러야 하고(범행계획 및 준비 → 착수 → 완성), 범행이 기수에 도달하면 범죄구성요건이 실현된 것이다. 형법은 범죄의 객관적 구성요건요소가 실현되지 않았음에도 불구하고 이를 예외적으로 미수범으로 처벌하는데 이는 행위자의 범행의사가 범죄실행의 착수를 통하여 표출되었기 때문이다. 그러므로 미수범은 고의범에서만 인정되며, 범죄의사가 없는 경우인 과실범에서는 미수범이 인정되지 않는다. 이하에서 나누어 설명한다.

1. 음모 · 예비

범죄는 먼저 범죄를 결의하는 사람의 심리적 과정에서부터 시작한다. 그러나 범죄의사는 외부에 행위로 표출되기 전까지는 처벌의 대상이 될 수 없다. 내심의 의사만으로는 어떠한 법익도 침해하는 것이 아니며, 형법은 사회구성원의 의식을 규제하여서도, 규제할 수도 없기 때문이다. 그러므로 형법은 범죄실행의 착수단계인 미수에서부터 처벌이 가능하며(제29조 참조), 범행의 준비단계인 예비 · 음모는 법률에 특별한 규정이 없는 한 처벌하지 않는다(제28조).

음모와 예비는 범죄실행의 착수 이전의 준비행위로서 내부의사가 외부로 표출된 형태이다. 음모는 2인 이상이 범죄를 실행하기 위하여 합의하는 심적 형태의 준비행위이다. 즉 2인 이상이 일정한 범죄를 하기 위하여 서로 의사를 교환하고 합의하는 것을 말한다. 예비는 범죄를 실행하기 위한 물적 형태의 준비행위이다. 예를 들면 범행에 사용할 무기를 구입하는 것 등이다. 형법에서 예비와 음모를 처벌하는 경우는 법익의 중요성에 비추어 범행이 실행에 착수하기 전 단계에서부터 보호하여야 할 필요성이 인정될 때이다. 음모와 예비는 언제나 같이 취급하므로 양자를 구별할 실익은 없으나 행위의 내용이 다르므로 개념적으로는 구별하여야 한다.[1)]

2. 미　　수

범죄의 실행에 착수하였으나 행위를 종료하지 못하였거나 결과가 발생하지 않은 단계를 미수라고 한다(제25조 제1항). (장애)미수범의 형은 기수범보다 감경할 수 있다(동조 제2항).

범죄실행에 착수하였으나 결과가 발생하지 않은 점에서는 중지미수(제26조)나 불능미수(제27조)의 경우도 넓은 의미의 미수범에 포함된다. 장애미수와는 결과불발생의 원인이 행위자 스스로 범행을 중지하였거나, 결과의 발생이 불가능하였다는 점에서 다를 뿐이다. 형법은 구성요건이 완전히 실현된 기수범 처벌을 원칙으로 하므로 미수범(장애미수 · 중지미수 · 불능미수)은 처벌규정이 있어야 처벌된다(제29조).

3. 기　　수

기수란 형법 각칙 본조에 규정된 구성요건이 충족된 경우를 말한다. 즉 범죄의 실행에 착수하여 구성요건이 완전히 실현된 경우를 말한다. 따라서 어떠한 경우에 범행이 기수에 이르렀는가는 일률적으로 정할 수 있는 것이 아니고 각 구성요건의 해석에 따라 그 시점이 결정될 것이므로 형법각론의 문제영역에 속한다.

4. 종　　료

(1) 종료의 의의

기수를 구성요건의 형식적 실현으로 이해하고(형식적 기수), 종료(Beendigung)를 범죄의 실질적 기수(또는 완료)라고 하여 기수 이후의 시점에 해당하는 종료를 인정하는 견해가 있다.[2)] 이러한 주장은 일반적으로 그 근거를 범죄행위의 기수시점이 형법상의 구성요건에 대한 형식적인 해석에 의해 결정된다는 데에 두고 있다. 즉 형식적인 기수시점에 대하여 범죄행위를 보다

1) 한편 밀항단속법 제 3 항은 예비행위만을 처벌하고 있다(대판 1986. 6. 24, 86도437 참조).
2) 김일수/서보학, 510면; 이재상, 359면; 이정원, 245면; 이형국(Ⅱ), 473면; 임 웅, 342면

실질적인 관점에서 파악하는 견해에 의하면 경우에 따라서는 기수 이후의 행위도 형법적인 의미를 지닐 수 있으며, 결과적으로 기수와 관련된 법적인 효과를 범행의 종료시에도 그대로 인정하자는 결론에 도달하게 된다. 양자를 형식적 기수와 실질적 기수로 부르기도 하는 까닭이 바로 여기에 있다.

이와 같은 종료개념의 효과는 기수 이후 종료시점 이전까지는 공동정범과 종범의 성립이 가능하게 되며, 정당방위에서 침해의 현재성을 범행의 종료시점까지 인정하며, 공소시효의 기산점을 범행의 기수시점이 아닌 종료시점으로 본다. 그리고 죄수결정에서도 종료시점까지 일죄로 인정하게 되며, 그 밖에 기수 이후 일지라도 중지미수의 성립이 가능하게 되고, 미수뿐만 아니라 기수에 도달한 범행일지라도 종료되기 전이라면 소위 함정교사가 인정될 수 있다. 또한 기수 이후에 형의 가중사유가 실현된 경우에 이를 적용할 수 있다고 보기도 한다.

(2) 종료개념확정을 위한 기준

종료이론은 범행을 내용적으로 고찰하여 얻어지는 불법성을 문제삼고 있다. 이러한 인식의 출발점에서 다음과 같은 기준들이 제시되고 있다.

1) 행위과정에 대한 자연적 관찰 범행의 종료시점은 관련구성요건의 모든 요소가 실현되었는가의 여부가 아니라 구체적인 범행의 실현과정을 전체적으로 고찰하여 결정되어야 한다는 것이다. 이러한 기준을 제시하는 의도는 범행의 종료시점을 법감정과 일치시키려는 데에 있다.

2) 법익침해 보호받아야 될 법익의 실질적인 침해를 법규범 위반판단의 기준으로 삼는 경우 범죄는 법익의 완전한 침해와 함께 비로소 끝나게 된다고 본다. 예를 들어 절도죄의 경우에 절취행위 후 일정한 정도의 점유확보상태에 이르러야 절도행위가 종료된다는 것이다.

3) 목적의 달성 형법상 목적이라는 개념은 크게 두 가지로 사용된다. 하나는 직접고의의 한 형태로서 사용되는데, 이 경우에는 객관적 구성요소의 실현의사와 내용상 일치한다. 다른 하나는 행위자의 심리적인 경향으로서 주관적 목표를 나타내기도 한다(소위 목적범). 이러한 목적범에서는 범죄의 기수와 종료시점이 일치하지 않게 되는데 목적이 달성되어야 비로소 범행이 종료된다고 보는 것이다.[1)]

1) Welzel, Strafrecht, 112면.

4) 행위종료와 결과종료의 구분 위의 종료이론들은 종료개념의 구성요건적 부합성문제를 야기하게 되는데 이를 보완하는 이론으로서 종료를 행위종료와 결과종료로 분리하여 설명하는 견해가 있다.[1] 이에 의하면 종료개념을 확정짓기 위한 제 기준들은 각 구성요건이 추구하는 보호목적만을 염두에 두고 범행의 종료시점을 결정하려고 함으로써 범죄가 갖는 행위의 불법이라는 측면을 도외시하게 되었다고 주장한다. 그리하여 이 입장에서는 범행이 기수에 이른 이후 구성요건에 부합되는 행위의 방법으로 계속될 때나 또는 구성요건적 결과의 발생이 계속되었을 때에 종료개념을 인정한다.[2] 그리고 범행의 종료시점을 행위의 종료에 의할 것인가 아니면 결과의 종료에 의할 것인가는 범행의 종료시점과 관련된 문제들에 따라 각각 결정할 것이라고 한다.

(3) 독자적인 범행단계로서의 종료개념에 대한 비판

1) 단일행위개념에 입각한 종료이론 종료이론에서는 가장 전형적인 예로 연속적인 구타행위나 모욕행위 등과 같이 행위구조상 수개의 행위이지만 공간적·시간적 관련성을 고려하여 단일행위로 평가되는 경우를 든다.[3] 그러나 이 경우에 기수와 종료는 범죄행위의 시작과 끝을 의미하는 것에 불과하므로 종료를 인정할 법적인 이유나 의미가 없다. 또한 계속범과 같이 범행의 기수 이후에도 범행상태가 지속되는 경우를 기수와 종료가 구분되는 예로 들기도 한다. 그러나 계속범에서는 그 본질상 위법한 범죄상태가 제거되지 않는 동안에는 매순간마다 구성요건이 실현되는 것이므로 형식적인 기수와 실질적인 기수, 즉 종료를 구별할 수는 없는 것이다. 예를 들어 감금죄(제276조)에서 형식적인 범행의 기수시점은 최초의 감금행위시일 뿐만 아니라 감금죄의 구성요건은 피해자가 석방될 때까지 실현되므로 감금상태가 제거되는 시점은 동시에 실질적인 기수시점인 것이다.

뿐만 아니라 법률적 의미의 단일행위인 연속범에서도 종료이론은 그 기반을 유지할 수가 없다. 연속범이란 여러 개의 동종행위가 각각 해당 구성요건을 충족시킴으로써 본래 수죄로서 실체적 경합범의 예에 따라 처벌되어야

1) Kühl, JuS 1982, 113면 이하.

2) 이러한 예로서 독일형법 제263조(사기죄)에 의한 기망행위로 연금을 수령하는 경우에 마지막 연금수령시가 곧 결과의 종료시점이 된다고 보며, 수회에 걸친 구타의 경우 마지막 구타행위가 끝난 시점이 행위의 종료라고 보고 있다(Kühl, JuS 1982, 114면).

3) Jescheck, Welzel-FS.(1974), 668면 이하 참조.

할 것이나, 소송경제나 양형의 문제 등 실질적인 이유에서 법률상의 단일행위로 보는 것을 말한다.[1] 바꾸어 말하면 법률상의 단일행위를 구성하는 여러 개의 행위에 대해서는 각각 구성요건해당성, 위법성 및 책임의 문제를 평가하여야 하며 이를 바탕으로 하여 전체를 법률상 하나의 행위처럼 본다는 것이다. 그렇다면 종료이론과 관련되어 있는 여러 가지 문제점—공동정범이나 종범의 가담시기, 공소시효의 기산점 등—은 각각의 행위를 기초로 독자적인 판단을 하여야 하며, 연속범에 종료이론을 적용하여 포괄적인 평가를 하는 것은 타당하다고 볼 수 없다.

2) 구성요건의 내용에 입각한 종료이론　여기에서는 방화죄와 같은 위험범은 법익침해가 현실적으로 발생하기 전의 단계에서 범행의 기수를 인정하고 이 경우에 법익에 대한 현실적인 침해나 훼손으로 범행은 종료된다고 본다. 그러나 위험범의 경우 법익침해의 위험성을 발생시킨 그 자체로서 이미 구성요건은 완벽하게 충족된 것이며, 법익의 현실적인 침해를 이유로 종료이론을 적용시킬 필요는 없다.

목적범의 경우에도 마찬가지이다. 공문서위조죄(제225조)를 예로 들면「행사할 목적」이 위조행위와 분리되어 인정될 수 있는가도 의문이다. 오히려 위조는「행사할 목적」의 외부적 발현으로 보는 것이 타당할 것이며, 이에 따라 위조행위가 완성되면「행사할 목적」도 달성되었다고 봄이 합리적일 것이다.

3) 범행의 종료이론과 죄형법정주의　범행의 종료이론은 구성요건에 대한 확장해석을 통하여 종료개념을 인정함으로써 죄형법정주의와의 마찰이 문제된다. 즉 범행의 종료시점을 확정함에 있어서 구성요건을 직접 연관시켜서 해석할 것이 아니라, 완화된 해석을 함으로써 법문에 내재된 의미를 찾는다는 것이 죄형법정주의의 원칙에 위배될 것이 없다는 것이다.[2]

그러나 구성요건의 목적론적 해석도 형법이 지향하는 보장적 기능의 한계 내에서만이 가능하고, 또한 허용되는 것이다. 법익의 보다 완벽한 보호를 위한 구성요건의 확장적 해석은 죄형법정주의의 대명제에 우선할 수가 없는 것이다. 설사 법적인 허점을 보완하기 위한 것이라고 하더라도 그것은 확장적이거나 완화된 법해석을 통해서가 아니라 입법적으로 해결해야 될 문제이

1) Sch/Sch/Stree, vor § 52 Rn. 31 이하.
2) Jescheck, 앞의 논문, 684, 691면.

다. 그리고 범행의 종료시점이 구성요건에서 제시된 법문의 한계 내에서 인정될 수 있다고 하더라도 이 점이 곧 범행의 기수시점과 별개의 종료시점을 인정할 필요성과 직결되는 것은 아니다. 즉 기수개념이 갖는 기능의 한계성이 노출되지 않는 한 또 하나의 범행의 실질적인 기수시점이란 불필요하다.[1][2]

Ⅱ. 未遂犯處罰의 理論的 根據

구성요건이 상정하는 범행의 결과가 발생하지 않았음에도 불구하고 이를 처벌하는 이유가 무엇인가에 관하여는 전체적으로 주관적인 입장과 객관적인 입장, 그리고 이를 결합하는 입장이 대립되어 있다.[3]

1. 주 관 설

미수범의 경우에도 행위자의 범죄의사는 기수범의 경우와 다를 바 없다는 기본인식에서 출발하여 미수범도 기수범과 동일하게 처벌되어야 한다고 한다(책임형법적 사고, 행위불법의 중시). 미수범의 처벌근거로서 기본적으로는 주관설이 타당하다고 보아야 할 것이다. 왜냐하면 행위자의 내부의사에 관한 관찰과 평가없이는 미수범의 가벌성을 근거짓기가 불가능하기 때문이다. 주관설의 입장에서 미수는 형의 단순한 임의적 감경사유에 불과하게 된다(제25조 제2항). 주관설에 대하여는 행위자의 내심의 의사만으로는 미수범처벌이 정당화될 수 없으며, 범죄의 예비단계까지 처벌을 확대할 위험성이 지적된다.

2. 객 관 설

미수범의 처벌근거를 보호되는 행위객체에 대한 구체적인 위험성에서 찾는 견해이다. 때문에 구성요건적인 결과의 발생이 불가능한 경우에는 위험성이 없기 때문에 불가벌적이라고 본다. 구체적 위험성의 존재 여부는 법관에 의한 사후적인 예측을 근거로 판단한다. 그러나 객관설은 미수범을 처벌하고자 하는 본래의 목적은 범인의 법익침해적 범죄의사가 갖는 위험성인 점을 간과한 문제점이 있다.

3. 인 상 설

인상설(Eindruckstheorie)은 주관설과 마찬가지로 행위자의 범죄의사를

1) 종료개념을 죄형법정주의적 관점에서 비판한 견해로는 Hruschka, JZ 1983, 218면(Urteilsanmerkung) 참조.

2) Park, Sang-Ki, 「Die nachträgliche Tatbeteiligung」(1986), Diss. Göttingen, 16면 이하 참조.

3) 미수범을 처벌하는 근거에 대해서는 Fletcher, 「Rethinking Criminal Law」, 157면 이하 참조.

미수범 처벌의 근거로 인정하나 이를 객관적인 기준에 의하여 제한하는 입장이다(절충설이라고도 한다). 즉 위법한 의사의 실행이 법질서의 효력에 대한 신뢰와 법적 안정성에 대한 일반의 감정을 무너뜨리는 정도에 이를 때에 미수범으로 처벌하여야 한다고 한다.

4. 이 원 설

미수범은 첫째, 사후적으로 관찰하였을 때 행위자의 행위가 구성요건적 결과를 발생시킬 수 있는 위험을 야기시켰거나(위험불법), 둘째, 구성요건적 결과발생을 추구하는 행위자의 의도가 불법일 때(목표불법) 처벌되어야 한다는 견해가 이원설이다.

5. 형법의 규정

형법은 결과발생이 불가능하더라도 위험성이 있는 때에는 불능미수로 처벌한다고 규정하여(제27조) 기본적으로는 주관설의 입장에 서 있다고 볼 수 있다(행위불법의 중시). 그러나 한편 미수범의 처벌은 형법에 규정된 경우로 제한하여(제29조) 객관설의 입장도 반영하고 있다. 생각건대 미수범의 형이 임의적 감경사유(제25조 제2항)인 점은 주관설에 의하면 기수범과 같이 처벌하여야 되고, 객관설에 의하면 기수범보다 형을 필요적으로 감경하여야 할 것임을 감안할 때 객관설과 주관설이 절충적으로 반영되었다고 볼 수 있는 인상설이 타당하다(통설).[1)]

제 2 절 豫 備 罪

Ⅰ. 豫備의 概念

예비란 범죄실현을 위한 준비단계로서 아직 실행의 착수에 이르기 전의 단계를 말한다. 실행의 착수 이전이라는 점에서 미수와 구별된다. 예비는 단순한 내심의 의사와는 다르기 때문에 예비라고 하기 위해서는 의사의 외부적 표출이 필요하다. 범행도구를 마련하는 것이 그 예이다. 이에 반해 음모란 일정한 범죄를 실현할 목적으로 2인 이상이 합의를 이루는 것을 의미한다. 형

1) 김일수/서보학, 515면; 안동준, 177면; 이정원, 256면; 정성근/박광민, 383면; 조준현, 253면.

법은 음모를 예비와 구별하면서 양자를 모두 처벌하고 있다(제90조 제1항 참조).[1] 음모와 예비의 구별기준에 관하여는 ① 음모는 예비의 전단계라는 견해(이 견해를 따르면 음모행위는 처벌할 수 없게 된다),[2] ② 음모는 심리적 준비행위이고, 예비는 물적 준비행위라는 견해,[3] ③ 음모를 예비의 일종으로 보는 견해, ④ 양자의 구별실익이 없다는 견해[4] 등으로 나눌 수 있다. 형법은 음모와 예비를 구별하여 규정(「음모 또는 예비행위」)하면서 양자를 모두 처벌하고 있으며, 양자가 시간적 선후관계에 있는 것이 아니므로 ②의 견해에 따라 내용상 구별하는 것이 타당하다.

[판례] 일본으로 밀항하고자 공소외인에게 도항비로 일화 100만 엔을 주기로 약속한 바 있었으나 그 후 이 밀항을 포기하였다면 이는 밀항의 음모에 지나지 않는 것으로 밀항의 예비정도에는 이르지 아니한 것이다(대판 1986. 6. 24, 86도437).

음모 또는 예비행위가 실행의 착수에 이르지 아니한 때에는 법률에 특별한 규정이 없는 한 벌하지 아니한다(제28조). 형법상 처벌되는 예비죄로는 내란죄·간첩죄·이적죄·폭발물사용죄·방화죄·일수죄·교통방해죄·통화위조죄·살인죄·강도죄 등이 있다. 그리고 국가보안법은 거의 대부분의 구성요건에서 예비행위를 처벌하는 규정을 두고 있다(제 3 조 제 4 항, 제 5 조 제 4 항, 제 6 조 제 5 항·제 6 항 등). 또한 군형법에서도 예비죄를 처벌하는 다수의 구성요건이 존재한다(제 8 조, 제16조 등).

Ⅱ. 豫備罪의 法的 性格

예비죄의 법적 성격은 두 가지 측면에서 문제된다. 하나는 예비죄와 기본범죄와의 관계이며, 다른 하나는 예비행위의 실행행위성을 인정할 것인가의 문제이다. 예비죄의 법적 성격을 어떻게 규정할 것인가에 따라 예비죄의 미수와 공범 및 죄수문제에서 결론을 달리한다.

1. 발현형태설

이는 예비죄를 독립적인 범죄유형으로 보는 것이 아니라 효과적인 법익

1) 그러므로 여기에서 예비죄는 「예비·음모죄」를 가리킨다.
2) 대판 1986. 6. 24, 86도437. 또한 정성근/박광민, 370면; 차용석, 「예비죄」, 고시계(1985/5), 65면.
3) 백형구, 「예비죄」, 고시계(1988/5), 84면; 배종대, 474면. 또한 이재상, 409면.
4) 임 웅, 353면.

보호를 위하여 처벌범위를 확장한 수정적 구성요건형태라고 보는 견해이다. 구성요건의 수정형식설이라고도 부를 수 있으며, 다수설의 입장이다.[1)]

2. 독립범죄설

독립범죄설 또는 독립구성요건설은 예비·음모행위는 독자적인 불법성을 지니고 있는 독자적인 범죄행위라고 보는 견해이다.[2)]

3. 이 분 설

예비행위가 유형화되어서 기본범죄에 해당하는 경우(예: 범죄단체조직죄, 마약류소지죄 등)와 비유형화된 기본범죄의 수정형식에 해당하는 경우(예: 살인예비죄, 강도예비죄 등)로 구분하는 학설이다.[3)]

4. 결 론

형법상의 구성요건 가운데는 원래 예비행위에 해당하는 행위를 독립적인 구성요건으로 처벌하는 규정이 있는 반면에(예: 범죄단체조직죄, 음화 등 소지죄), 기본범죄에 대한 음모·예비행위를 처벌하는 규정만을 둔 경우도 있다. 후자의 경우는 기본범죄가 보호하고자 하는 법익을 사전적으로 보호한다는 데에 그 목적을 두고 있으며 형법상의 예비죄는 이러한 경우를 가리킨다. 그러므로 기본범죄에 대한 예비죄는 구성요건의 수정된 형식에 의하여 처벌을 확대하는 것이라고 하여야 한다(발현형태설).

Ⅲ. 豫備罪의 成立要件

1. 주관적 요건

(1) 예비의 고의

예비죄가 성립하기 위하여는 고의가 있어야 한다. 그렇지만 예비죄가 성립하기 위하여 고의가 필요하다고 하면서도 고의의 내용에 대해서는 ① 준비행위에 대한 고의를 의미한다는 견해[4)]와 ② 기본범죄에 대한 고의를 의미한

1) 권오걸, 491면; 김신규, 455면; 손동권, 446면; 신동운, 537면; 안동준, 206면; 오영근, 493면; 이재상, 410면; 이정원, 280면; 이형국(Ⅱ), 481면; 임 웅, 354면; 정성근/박광민, 372면; 백형구, 「예비죄」, 고시연구(1988/5), 80면.

2) 김일수/서보학, 548면; 배종대, 533면.

3) Jakobs, AT, 25/9; Jescheck/Weigend, AT, 472면; LK/Vogler, vor §22 Rn. 88; Sch/Sch/Eser, vor §22 Rn. 14; SK/Rudolphi, vor §22 Rn. 4.

4) 김일수/서보학, 550면; 배종대, 534면; 손동권, 447면; 이재상, 412면; 이정원, 296면; 조준현, 270면.

다는 견해[1])로 나누어진다. 전자의 견해는 예비행위와 기본범죄간의 차이를 전제로 하면서 예비행위 자체에 대한 고의가 있어야 예비행위를 처벌할 수 있다는 입장이다. 이에 대하여 후자의 견해는 미수범의 고의가 기본범죄에 대한 고의를 의미하듯이 예비죄의 고의 역시 기본범죄를 지향하는 것이어야 하고, 기본범죄의 실행행위를 염두에 두지 않은 준비행위만의 인식은 무의미하다는 것을 그 근거로 한다.

고의는 구성요건요소를 그 인식대상으로 한다. 그러므로 예비죄의 고의를 구성요건해당행위가 아닌 예비(준비)행위에 대한 고의로 보는 것은 타당하지 않다. 구성요건상 독립적 형태의 범죄가 아닌 예비죄의 경우에는 예비행위 자체만으로는 범죄성을 띠지 않는 경우가 대부분인데(예: 등산용 칼을 구입하는 행위) 기본범죄를 염두에 두지 않은 이러한 행위를 범죄행위의 고의라고 부를 수는 없기 때문이다. 나아가서 준비행위에 대한 고의로 보는 견해는 예비죄의 처벌범위를 확장할 위험성을 내포하고 있다. 따라서 예비죄의 법적 성격을 처벌범위를 확장한 수정적인 구성요건형태로 보는 입장에서는 기본범죄에 대한 고의를 필요로 한다고 보는 것이 논리적이다.

(2) 기본범죄를 범할 목적

예비죄는 「~죄를 범할 목적으로」라고 규정하고 있으므로 목적범의 형식을 취하고 있다. 그러나 원래 목적범은 고의 이외의 초과주관적 구성요건요소라는 점에서 예비죄에서의 목적을 본래의 목적범과 동일시할 수는 없다. 그러므로 예비죄에서의 목적은 예비죄의 고의가 기본적 구성요건에 해당하는 고의임을 나타내는 징표라고 보는 것이 타당하다.

2. 객관적 요건

예비죄가 성립하기 위해서는 예비행위가 있어야 한다. 예비행위의 태양은 다양하다. 여러 가지 범행도구를 준비하거나 범행현장을 답사하는 행위, 장물처분을 맡을 사람을 물색하는 행위, 도주로를 확인하는 행위 등은 그 예이다.

통상적으로 예비행위란 자신이 계획하고 있는 범행의 준비행위를 의미한다(자기예비). 그런데 타인의 범죄실행을 위한 준비행위(타인예비)에 대해서도 예비죄를 적용할 것인가의 문제가 있다. 그러나 예비죄의 인정은 제한적이어

1) 백형구, 앞의 논문, 81면; 신동운, 539면; 안동준, 207면; 이형국(II), 482면; 정성근/박광민, 374면.

야 하며, 예비단계에서의 방조행위는 정범이 실행에 착수한 이후에 방조범에 해당한다고 보는 것이 타당하다. 그러므로 타인예비는 예비죄에 포함되지 않는다고 보아야 한다.[1)]

Ⅳ. 關聯問題

1. 예비죄의 공범

(1) 예비죄의 공동정범

학설[2)]과 판례[3)]는 예비행위를 공동으로 한 경우에 예비죄의 공동정범을 인정하고 있다. 범죄실행의 준비행위가 공동정범의 형태로 가능한 것은 당연하다. 이를 위해서는 상호간의 의사합치와 준비행위를 공동으로 할 것이 요구된다.

(2) 예비행위에 대한 교사범 · 방조범

(i) 예비행위에 대한 교사는 형법 제31조 제2항에 따라 처리한다. 여기에서 주의할 점은 예비행위에 대한 교사란 예비행위만을 목표로 한 교사가 아니라 범죄실현을 목표로 하였으나 예비단계에서 그친 경우를 의미한다는 점이다. 왜냐하면 범행의 기수가 아니라 예비행위만을 목표로 하는 교사범이란 인정될 수 없기 때문이다. 학설에 따라서는 예비죄에는 구성요건에 해당하는 실행행위라는 개념을 인정할 수 없으므로 예비죄에 대한 교사범 성립을 인정할 수 없다는 견해[4)]가 있다. 그러나 피교사자가 교사자의 교사행위를 승낙하고 예비단계에도 이르지 않은 경우에는 예비 · 음모에 준하여 처벌하는 데 반하여(제31조 제2항 참조), 범행의 기수를 목표로 하였으나 예비단계에 그친 경우를 처벌하지 않는다면 균형이 맞지 않는다. 이러한 해석은 예비행위에 대한 교사가 형법 제31조 제2항이 규정하고 있는 「범행의 실행을 승낙하고 실행의 착수에 이르지 아니한 때」에 해당한다고 볼 수 있기 때문에 가능하다.

(ii) 예비행위에 대한 방조범 인정여부에 대해서는 논란이 있다. 공범독립성설의 입장에서는 예비죄의 방조행위를 방조의 미수로 보게 된다. 방조행위 자체를 독립적인 범죄유형으로 보기 때문이다. 반면에 공범종속성설의 입장

1) 대판 1979. 5. 22, 79도552. 김일수/서보학, 549면; 배종대, 535면; 손동권, 449면; 이재상, 414면; 임 웅, 358면; 정성근/박광민, 375면.
2) 김일수/서보학, 553면; 배종대, 536면; 손동권, 450면; 손해목, 832면; 신동운, 545면; 안동준, 209면; 이재상, 415면; 이형국(Ⅱ), 488면; 임 웅, 358면; 백원기, 「미수론연구」, 347면.
3) 대판 1978. 2. 23, 77도340; 1979. 5. 22, 79도552.
4) 이형국(Ⅱ), 491면; 정성근/박광민, 379면.

에서는 긍정설[1]과 부정설의 대립이 있다. 그러나 예비죄에 대한 방조행위를 처벌하는 규정이 없고, 정범이 실행에 착수하지도 않은 단계에서의 방조행위를 처벌할 수 없다는 점, 예비죄의 처벌범위가 지나치게 확장된다는 점, 법감정에도 반한다는 점 등에 비추어 부정설을 취하는 것이 타당하다.[2]

[판례] 형법 제32조 제1항 소정의 타인의 범죄란 정범이 범죄의 실현에 착수한 경우를 말하는 것이므로 종범이 처벌되기 위하여는 정범의 실행의 착수가 있는 경우에만 가능하고 예비의 단계에 그친 경우에는 예비의 공동정범이 되는 경우를 제외하고는 종범이 성립하지 않는다(대판 1976. 5. 25, 75도1549).

2. 예비죄의 미수

예비죄의 미수범이 가능한가에 대하여는 소극설[3]과 이론상으로는 가능하나 처벌규정이 없다는 견해[4]가 있으나 별 차이는 없다. 예비죄의 미수는 불가능하다고 보는 것이 타당하다.

3. 예비죄의 중지미수

(아래 제 4 절 중지미수 중 「예비의 중지」부분 참조)

제 3 절 未 遂 犯

I. 未遂犯의 槪念

미수범이란 범죄의 실행에 착수하여 행위를 종료하지 못하였거나 결과가 발생하지 아니한 때(제25조 제1항)를 말한다(장애미수). 또한 실행에 착수한 행위를 자의로 중지하거나 그 행위로 인한 결과의 발생을 방지한 때(중지미수 제26조)와 실행의 수단 또는 대상의 착오로 인하여 결과의 발생이 불가능하더라도 위험성이 있는 경우(불능미수 제27조) 역시 광의의 미수범에 해당한다. 미수는 고의범에서만 가능하고 과실범의 미수란 불가능하다(제 1 절 미수범처벌의 이론적 근거 참조).

---

1) 김일수/서보학, 553면.
2) 대판 1976. 5. 25, 75도1549; 1978. 2. 28, 77도3406; 1979. 5. 22, 79도552; 1979. 11. 27, 79도2201; 배종대, 537면; 백형구, 앞의 논문, 92면; 손동권, 451면; 손해목, 836면; 신동운, 547면; 이재상, 416면; 이형국(II), 491면; 임 웅, 359면; 진계호, 443면.
3) 백형구, 앞의 논문, 93면; 이재상, 416면.
4) 이형국(II), 480면.

장애미수범의 형은 임의적으로 감경할 수 있다(제25조 제2항). 이 점에서 형법은 미수범에 대하여 행위자의 범행의사에 기초하는 행위불법성을 인정하고 있다고 볼 수 있다. 그러나 미수범도 범죄의 실행에 착수하여야 하고, 이는 보호법익에 대한 침해의 위험성이 인정된다고 볼 수 있기 때문에 결과불법의 실현가능성은 존재한다.

Ⅱ. 未遂犯의 成立要件

1. 주관적 구성요건

미수범(중지미수 및 불능미수 포함)의 주관적 요건으로는 기수범과 마찬가지로 범행을 기수단계까지 수행하겠다는 행위결정(고의) 또는 목적과 같은 기타의 주관적 구성요건요소가 필요하다. 그러므로 범죄를 미수에 그치게 할 고의(미수의 교사의 경우)로는 부족하다. 그러나 성취 여부가 행위자의 지배범위밖에 놓인 조건에 범행실행을 결부시키는 결정을 하더라도 주관적 구성요건은 인정된다.

2. 실행의 착수

모든 유형의 미수범이 성립하기 위한 객관적 요건은 실행의 착수이다. 이는 범죄실행의 개시를 의미하는데 예비의 다음 단계이다. 실행의 착수의 내용에 관한 학설에는 다음과 같은 것이 있다.

(1) 형식적 객관설

구성요건에 해당하는 행위의 일부분을 실행하였을 때에 실행의 착수가 있다고 보는 학설이다. 그러나 이 학설을 따를 경우 행위자의 범행의사를 도외시하고, 행위의 외관만 중시하게 되어 실행의 착수를 인정하는 시점이 너무 늦어진다는 문제점이 있다.

(2) 실질적 객관설

형식적 객관설을 완화하여 비록 엄격한 구성요건 해당 행위가 아니더라도 이와 밀접한 또는 결합된 행위를 하거나 법익침해에 직접적인 위험을 야기시킨 시점에서 실행의 착수가 있다고 보는 견해이다. 독일 형법학자 프랑크(Frank)의 설명에 의하면 객관적으로 보아 구성요건적 행위와 필연적으로 결합되어 있기 때문에 구성요건적 행위의 한 부분으로 볼 수 있는 행위가 있으면 범죄실행에 착수했다고 본다.

(3) 주 관 설

주관설은 범죄를 범의의 표현이라고 보는 입장에서 출발한다. 즉 행위자의 의사가 외부로 나타나기 시작한 때에 실행의 착수가 있다고 보는 것이다. 이 견해는 행위를 외부적·객관적으로 관찰하지 않고 행위자의 관념 여하에 따라 실행의 착수시점을 결정함으로써 예비단계까지 미수범성립을 확대할 위험성이 있다.

(4) 주관적 객관설(절충설)

행위자의 관념(범죄계획)과 행위객체에 대한 행위의 직접성(직접적 위험성)을 중심으로 실행의 착수 여부를 판단하여야 한다는 설이다.[1] 개별적 객관설이라고도 한다. 이 학설은 실질적 객관설과 비슷하나 객관적 기준 이외에 개별 행위자의 범죄계획이 판단기준에 포함되는 점에서 구별된다. 즉 행위자의 범행계획에 비추어 볼 때 행위가 당해 구성요건에 의하여 보호되는 법익에 대한 직접적인 위험행위로 볼 수 있을 때에 실행의 착수를 인정하는 학설이다. 독일형법 제22조가 「범행에 대한 행위자의 의사에 비추어 볼 때 직접 구성요건해당행위를 실현한 자」를 미수범이라고 보는 것이 그 예이다.

[예] 권총을 빼어든 때, 소음 없이 유리창을 깨뜨리기 위해 절도범이 유리에 덧칠할 때, 절도범이 물건을 살 것처럼 상점주인에게 물건을 꺼내 보이게 한 때, 어느 물건이든 훔치려고 방에 들어간 때, 물건을 훔치기 전에 짖는 개부터 제거하였을 때, 소매치기가 사람을 밀지며 목표물에 접근할 때.

(5) 형법의 규정 및 판례의 입장

형법은 범죄의 실행의 착수에 관하여 구체적인 규정을 두고 있지 않다. 그러므로 학설에 따라 해석할 수밖에 없으나 구체적인 행위상황과 행위자의 범행계획을 고려하여 판단하는 절충설이 타당하다고 본다. 미수범 처벌의 기본적 토대는 행위자의 주관적 의사인 점에서 행위자의 범행계획은 실행의 착수 여부를 판단하는 데에 도외시할 수 없는 요소이기 때문이다. 대법원은 실행의 착수시기에 관하여 일관된 입장을 취하고 있지 않다.[2]

1) 김일수/서보학, 515면; 김종원, 「실행의 착수」, 법정(1977/5), 34면; 손동권, 401면; 신동운, 466면; 안동준, 181면; 오영근, 484면; 이재상, 361면; 임 웅, 346면; 정성근/박광민, 339면; 정영일, 「실행의 착수」, 고시계(1993/8), 114면 이하 참조.

2) 대판 1984.7.24, 84도832(관세포탈죄의 실행의 착수시기); 1984.9.11, 84도381(간첩죄의 실행의 착수시기) 참조.

Ⅲ. 關聯問題

1. 가중적 구성요건과 실행의 착수시점

가중적 구성요건의 경우에도 실행의 착수시점은 기본적 구성요건을 기준으로 하여 판단한다. 예를 들어 흉기를 휴대하였다고 해서 이미 특수절도(제331조 제2항)의 실행에 착수하였다고 볼 수 없고, 절취행위의 실행에 착수한 시점에서 결정된다.

2. 결과적 가중범과 미수[1]

1) 기본범죄가 미수에 그쳤으나, 중한 결과는 이미 발생한 경우에 대법원판례는 결과적 가중범의 기수를 인정한다.[2] 학설 역시 마찬가지이다.

[예] 강간하기 위해 여자의 뺨을 때리고 강제로 넘어뜨리는 과정에서 강간행위를 하기 전에 여자가 사망한 경우에 강간치사죄(제301조)의 미수가 아닌 기수로 처벌(결과적 가중범의 미수 부인).

2) 기본범죄는 기수에 달했으나, 중한 결과는—이에 대해 고의 또는 미필적 고의는 있었으나—미수에 그친 경우는 결과적 가중범의 미수로 처벌함이 타당하나 결과적 가중범의 미수를 규정하고 있지 않은 경우에는(제29조 참조) 기본범죄에 의해서만 처벌된다.

[예] 젊은 여성의 하복부를 자상하면서 앞으로 출산이 불가능하게 될지도 모른다고 생각하였으나 단순히 상처만 입힌 경우에(결과적 가중범인) 중상해죄(제258조 제2항)의 미수로 처벌하는 것이 타당할 것이나, 현행 형법상 상해죄(제257조 제1항)의 기수범으로 처벌할 수밖에 없다(중상해죄가 결과적 가중범인가는 다툼 있음). 한편 재물손괴치상죄(제368조 제2항)와 같은 부진정 결과적 가중범에서 중한 결과에 대한 고의행위가 미수에 그친 경우에는 기본범죄인 재물손괴죄(제366조)와 상해미수죄의 상상적 경합이 된다.

3) 기본범죄도 미수에 그쳤고, 중한 결과도 발생하지 않았을 때에는 기본범죄의 미수로 처벌한다.

3. 간접정범 및 공동정범의 미수

1) 간접정범에서 정범은 어디까지나 타인을 도구로 이용하는 간접정범 본인이므로 실행의 착수시점도 그를 중심으로 판단하여야 한다. 즉 간접정범

1) 이에 대해서 자세한 것은 제 6 장 제 3 절(결과적 가중범) 참조.
2) 대판 1971. 7. 25, 71도1294.

의 판단에 따라 피이용자가 구성요건을 실현할 수 있는 제반 영향력의 행사를 완료한 시점에서 범죄실행에 착수하였다고 볼 수 있다.

[예] A는 X를 죽이기로 결심하고 이를 위해 M을 이용하기로 하였다. A는 자신의 목적—살인—을 감춘 채 M에게 말하기를 X를 털면 많은 돈이 나올 것이니 자기가 주는 수면제를 X에게 먹이고 강취할 것을 부추겼다. 이리하여 A는 M에게 수면제로 가장한 치사량의 염산을 건네 주었는데 M은 X에게 가던 도중 궁금증에서 병마개를 열어 보니 독극물 냄새가 나서 병을 버렸다. 이 사건에서 위의 견해에 의하면 A가 치사량의 염산을 M에게 건네 준 시점에서 실행에 착수하였다고 보아 A는 살인미수죄(제250조, 제254조)의 간접정범에 해당한다.

2) 공동정범의 경우에는 수인의 공동정범 중 1인이 범죄실행에 착수하였으면 이는 모두에게 인정된다(전체설). 통설인 전체설은 공동정범자간의 공동책임을 논리적 근거로 든다.

[예] 부부인 A와 B는 X의 가게를 털기로 하고 남편 A가 가게문을 부수는 동안 물건을 나르기로 되어 있던 아내 B는 남편 옆에 그냥 서 있었다고 할지라도 B 역시 실행에 착수한 것이 된다.

4. 공범의 미수

공범으로서의 행위수행을 완결하였으나 정범이 미수에 그친 경우에는 정범의 미수죄에 대한 공범(교사범·방조범)으로서의 죄책을 진다. 정범이 실행의 착수에도 이르지 못한 경우에는 공범의 미수에 불과하므로 제31소 제 2 항과 제 3 항에 의해 교사범에 한하여 예비·음모에 준하여 처벌한다.

[예] ① A는 X에게 살인을 교사하였으나 X는 이를 거절하였다. A는 제250조, 제255조 및 제31조 제 3 항에 해당한다.
② A는 X가 계획하고 있는 범행에 사용하라고 예리한 칼을 빌려 주었으나 X는 범행현장에 가지 않았다. A는 방조의 미수에 불과하므로 무죄이다.

5. 원인이 자유로운 행위와 미수

원인이 자유로운 고의행위의 실행의 착수시점은 구성요건해당행위시점, 즉 심신장애상태하에서의 실행행위개시시점이라고 보아야 하며,[1] 부작위범의 경우에는 행위자의 입장에서 결과방지가 요구되는 시점에서 실행에 착수한

1) 이형국, 192면; 성성근/박광민, 388면.

것으로 봄이 타당하다.

6. 부작위범의 미수

(제7장 부작위범 참조).

제4절 中止未遂

Ⅰ. 概 念

중지미수 또는 중지범이란 범죄의 실행에 착수한 자가 그 범죄가 완성에 이르기 전에 자의로 착수한 행위를 중지하거나 결과의 발생을 방지한 경우를 말한다. 중지범의 형은 필요적으로 감경 또는 면제된다(제26조). 중지미수는 이미 실행에 착수하였으나 아직 그 실행행위를 모두 끝마치지 못한 시점에서 행위를 중지하는 착수중지(미수)와 행위자가 실행행위를 끝마쳤으나 결과가 발생하기 전에 그 결과의 발생을 방지한 경우의 실행중지(미수)로 나누어진다.

Ⅱ. 中止未遂의 刑의 減免根據

중지미수의 형은 필요적으로 감경하거나 면제하도록 형법은 규정하고 있는데 그 이론적 근거에 관하여는 아래와 같이 다양한 견해가 주장되고 있다.[1)]

1. 형사정책설

중지미수범에게 형의 감경 또는 면제를 약속하는 것은 실행중인 범행을 중단하거나 아니면 실행행위가 끝난 범행의 결과발생을 방지하게끔 하는 동기부여를 하는 데에 있다고 보는 입장이다. 포이어바흐(Feuerbach)는 이와 같은 형의 감면이 범죄자로 하여금 불법성의 세계에서 적법성의 세계로 되돌아가게 하는 「황금의 다리」(goldene Brücke)와 같은 형사정책적 기능을 한다고 보았다(그래서 황금교설이라고도 한다). 그러나 이 학설에 대하여는 형의 감면약속이 범죄자의 범행중지결심에 별 실효성이 없거나 범죄억제효과가 근거 없는 추측에 불과할 뿐이라는 현실적인 이유에서 비판이 가해지고 있다.

1) 일반적으로 중지미수의 형의 감면근거와 체계적 위치의 문제를 결합하여 중지미수의 법적 성격의 문제로 보지만 양자는 내용상 구분하는 것이 타당하다고 본다. 중지미수의 법적 성격에 관하여는 류인모, 「중지미수의 법적 성격」, 김종원교수화갑기념논문집(1991), 375면 이하 참조.

2. 보 상 설

보상설 또는 은사설은 행위자의 자의에 의한 범행중단에 대한 보상(대가)으로서 또는 은사로서 형을 감면한다는 견해이다. 그러나 이 학설은 형의 감면근거가 미수행위로 인해 이미 발생하여 요구되는 형벌을 예외적으로 포기하는 은사의 문제가 아니라 형법의 목적을 달성하기 위한 형벌이 중지미수의 경우에 처음부터 필요한 것인가라는 형법적인 문제와 관련되어 있음을 간과한 이론이라는 비판을 받는다. 이 학설은 중지미수를 책임조각사유의 일종으로 파악하는 견해로서 우리 나라의 다수설이다.[1)]

3. 형벌목적설

형벌목적설에 의하면 중지미수는 일반예방적이든 특별예방적이든 형벌의 목적이 흠결되어 처벌할 필요가 없다는 견해이다. 즉 행위자가 범행의 중지를 결심한 이상 형벌이 갖는 범죄예방적 기능은 무의미하게 되었음을 그 이유로 든다. 이는 중지미수에서 형벌감면이 갖는 의미를 적극적인 측면에서가 아니라 형벌의 유지가 무의미하다는 소극적인 관점에서 형벌감면의 근거를 찾는다.[2)]

4. 책임이행설

이상의 세 학설들이 모두 법익보호라는 기본사상을 지향하고 있는 것과는 달리 책임이행설은 행위자가 자의적인 책임이행을 통하여 범죄가 기수에 이르는 것을 방지하는 데에서 형벌감면의 근거가 있다고 본다.[3)] 그러나 책임의 이행을 범행중지나 결과발생의 방지와 동일시하는 것은 타당하지 않다. 실행의 착수로 인하여 이미 침해되기 시작한 법익의 측면을 간과하고 있기 때문이다.

5. 법 률 설

법률설(Rechtstheorie)에 의하면 범행의 중지는 형사처벌의 법적인 장애요인으로 파악된다. 그러나 중지범의 처벌 여부를 결정하는 것은 법적 논리의 문제가 아니라 법적인 재량의 문제에 귀속된다.

이상의 여러 견해를 살펴볼 때 범행 당시의 범인의 심리와 관련하여 생

1) 이재상, 371면; 이형국(II), 526면; 임 웅, 364면; 정성근/박광민, 395면 참조.
2) 김성천/김형준, 431면; 김일수/서보학, 535면. 독일에서는 판례, Roxin, Otto, Eser, Rudolphi 등.
3) Herzberg, NStZ 1989, 49면 이하 및 Lackner-FS.(1978), 325면 이하.

각해 보면 사전적으로 범행으로부터 후퇴를 유도하는 형사정책적인 고려는 현실감이 없다. 오히려 사후적인 보상설의 입장이 설득력이 있으며, 형을 면제하는 경우에는 형벌목적설의 주장내용도 타당하다고 볼 수 있다. 전체적으로는 이상의 근거들이 복합적으로 결합되어 있다고 보면 될 것이다(결합설).[1]

Ⅲ. 中止未遂의 體系的 位置

중지미수의 형의 감면근거와 중지미수의 범죄체계론적 위치는 서로 다른 문제이다. 형의 감면근거와 체계적 위치가 논리필연적 연결관계를 갖는 것도 아니며, 체계적 위치를 어디에 설정할 것인가의 문제는 형의 감면근거가 아니기 때문이다.

중지미수의 체계적 위치와 관련하여서는 위법성감소·소멸설, 책임감소·소멸설, 인적처벌조각사유설, 양형규정설 등이 있다.

생각건대 형을 감경하거나 또는 면제한다 하더라도 이는 무죄와는 다르다. 그렇기 때문에 위법성이나 책임이 감소·소멸된다는 주장은 형법이 중지범의 형을 일단 유죄로 인정하고 형의 감경·면제를 인정하고 있다고 보는 점에서 설득력이 약하다. 오히려 중지미수의 형을 감면하는 것은 양형상의 입법적 배려라고 보는 것이 타당하다.[2]

Ⅳ. 主觀的 成立要件: 自意性

중지미수가 장애미수(제25조)와 구별되는 것은 범인이 자의로 범행을 중지한 점에 있다. 이러한 자의성 판단과 관련하여 다음과 같은 학설이 있다.[3]

1. 심리설(주관설)

범행의 중지를 초래하게 한 동기가 심리적인 강제에 의해서인가(장애미수), 아니면 행위자가 범행의 계속 수행 여부를 자유롭게 선택할 수 있었는가(중지미수)를 기준으로 자의성을 판단한다. 또는 윤리적 동기에 의하여 중지한 경우에는 중지미수이고, 다른 동기에 의한 경우에는 모두 장애미수로 보는 학설을 주관설이라고 부르기도 한다.[4]

---

1) 동지: 신동운, 판례백선(총론), 355면; 조준현, 257면.
2) 같은 견해로는 신동운, 판례백선(총론), 355면; 신양균, 「판례에 나타난 중지미수」, 고시연구(1998/5), 66면; 오영근, 559면.
3) 박상기, 「중지미수의 성격과 자의성 판단」, 형사법연구(14), 307면 이하 참조.
4) 배종대, 507면; 이재상, 381면 등.

주관설과 관련하여 소위 프랑크(Frank)의 공식이 인용된다. 이에 따르면 행위자가 결과를 발생시킬 수 있지만 이를 원하지 않아서 범행을 중단하였을 때에는 자의성이 인정되나, 반대로 결과발생을 원하지만 이를 달성할 수 없을 때에는 자의성이 부인된다는 것이다.[1] 이에 따라 재물이 너무 적어 절취를 중단한 경우에도 중지미수를 인정한다. 이는 행위자의 심리 여하에 따라 자의성을 판단하는 가장 대표적인 학설이다. 그러나 프랑크의 공식은 보상적 가치를 전혀 인정할 수 없는 자율적 포기에도 중지범을 인정하여야 한다는 점, 그리고 자의성 여부를 계속적인 범행수행의 가능성 유무에 따라 구별하고 있으나, 자의성의 문제는 범행수행의 가능성이 있음을 전제로 해서만이 문제된다는 점에서 타당하지 않다.

2. 객 관 설

범행의 중지원인이 내부적 요인에 기인한 것인가 아니면 외부적 사정으로 인한 것인가에 따라 전자의 경우에는 중지미수이나 후자의 경우에는 장애미수라고 보는 견해이다. 객관설에 따르면 단순한 공포심으로 인하여 범행을 중지한 경우에는 자의성이 인정된다고 본다.

이 견해의 문제점은 내부적·외부적 사정의 구별이 쉽지 않다는 점에 있다. 왜냐하면 내부적 동기변화로 인한 중지라 할지라도 외부적 자극에 의하여 유발되는 것이 일반적이기 때문이다. 또한 외부적 요인에 의한 경우에는 중지범이 아니라고 하여 너무 협소하게 보는 반면에 외부적 상황에 대한 내심의 착각으로 인한 중지도 중지미수라고 하여 부당하게 확장할 위험성이 있다.

3. 절 충 설

절충설은 범행중지가 행위자의 자율적 동기에 따른 것일 때에 자의성이 인정된다고 본다. 즉 행위자가 중대한 위험에 직면하지 않고도 범행을 마칠 수 있었음에도 불구하고 범행을 중단한 경우에는 자율적 동기에 의한 것으로서 중지범에 해당한다. 반대로 강요된 장애사유로 인하여 범행을 포기한 경우에는 자의성이 인정되지 않는다. 그러므로 행위자가 범행중단의 주체였으며, 계속적인 범행수행이 가능한 상황이었는가가 중요한 기준이 된다. 행위자에게 범행중단의 동기를 제공한 것이 외부적인 요인이었더라도 상관없다. 다

---

1) Frank, StGB, § 46 Anmerkung II; 임 웅, 360면.

수설[1]의 입장이다.

이 학설이 갖는 문제점은 행위자의 범행중단결정을 심리적 측면에서만 평가한다는 점이다. 다시 말하면 자의적인 중지였는가는 오로지 행위자가 자유로운 심리상태에서 스스로 내린 결정이었는가에 좌우된다. 그 결과 중지범의 형을 필요적으로 감면하도록 한 범인에 대한 보상적 취지와 배치되는 경우에도 자의성을 인정하게 된다는 비판이 있다.[2]

4. 판례의 입장

대법원은 「강도행위를 하던 중 피해자를 강간하려다가 피해자가 수술한지 얼마 안 되어 배가 아프다면서 애원하는 바람에 간음행위를 중단한 것은 피해자를 불쌍히 여겨서가 아니라 피해자의 신체조건상 강간을 하기에는 지장이 있다고 본 데에 기인하는 것이므로, 이는 일반의 경험칙상 강간행위를 수행함에 장애가 되는 외부적 사정에 의하여 범행을 중지한 것에 지나지 않는 것으로서 중지범의 요건인 자의성을 결여하였다」고 판시하였다.[3]

이러한 대법원의 태도는 절충설[4]이 아니라 오히려 객관설에 입각한 것이라고 볼 수 있다. 왜냐하면 범인은 강요된 장애사유 때문이 아니라 피해자의 애원을 듣고 스스로의 판단에 따라 범행중지를 결정하였으므로 절충설에 의할 경우 자의성이 인정되기 때문이다.[5] 그리고 판례는 외부적 사정과 내부적

1) 김종원, 총론(8인 공저), 297면; 배종대, 507면; 이재상, 381면; 이형국(II), 530면; 정성근/박광민, 401면; 진계호, 461면. 독일에서도 판례(BGHSt 7, 299; 35, 186) 및 다수학설의 입장이다(Kühl/Tröndle/Fischer, § 24 Rn. 6; Jescheck/Weigend, AT, § 51 III 2; Kühl, AT, § 16 Rn. 55; Lackner, § 24 Rn. 16.

2) 전처와 전처의 애인(M)에게 100,000DM를 내지 않으면 살해하겠다고 위협하던 피고인은 이 요구가 받아들여지지 않자 전처를 살해하기 위해 퇴근시간에 맞추어 전처의 직장 주차장에서 기다리다가 전처를 만나러 온 M을 보자 칼로 수회 찔러 중상을 입히고 도망가는 M을 뒤쫓다가 전처가 떠나기 전에 전처를 살해하기 위하여 다시 주차장으로 되돌아와 전처를 살해한 사건에서 피고인이 M을 추적하여 살해하지 않고 되돌아온 결정은 외부적 강요에 의해서가 아니라 피고인의 주체적 판단에 따른 결정으로서 자의성이 인정된다고 한 판결(BGHSt 35, 186)은 그 대표적인 예이다.

3) 대판 1992. 7. 28, 92도917; 1997. 6. 13, 97도957(피고인이 장롱 안에 있는 옷가지에 불을 놓아 건물을 불태우려 하였으나 불길이 치솟는 것을 보고 겁이 나서 물을 부어 끈 사안에서 치솟는 불길에 놀라거나 자신의 신체안전에 대한 위해 또는 범행발각시의 처벌 등에 두려움을 느끼는 것은 일반사회통념상 범죄를 완수함에 장애가 되는 사정에 해당한다고 보아 중지미수를 부인함).

4) 이재상, 381면; 하태훈, 「중지미수의 성립요건」, 형사판례연구(7), 69면.

5) 만일 피해자의 애원이 아니라 범인이 피해자의 몸을 확인한 결과 생리 등의 이유로 범행의 계속적 수행이 적합하지 않음을 알고 중단하였다면 절충설이 기준으로 삼는 자율적 동기가 아니라 장애사유에 따른 중지이므로 자의성이 인정되지 않는다(BGHSt 20, 279: 피해자가 생리중임을 직접 확인하고 강간을 포기한 경우 중지미수를 부인한 판례). 또한 임신사실을 알고 강

동기를 구별하는 기준으로서 사회통념 등을 들고 있다.

[판례] 피해자를 강간하려다가 다음 번에 만나면 응해 주겠다는 취지의 간곡한 부탁으로 인하여 그 목적을 이루지 못한 사안에서 「피고인은 자의로 피해자에 대한 강간행위를 중지한 것이고 피해자의 다음에 만나 친해지면 응해 주겠다는 취지의 간곡한 부탁은 사회통념상 범죄실행에 대한 장애라고 여겨지지 아니하므로 이 사건 피고인의 행위는 중지미수에 해당한다」고 판시한 사건(대판 1993. 10. 12, 93도1851).

5. 규 범 설

규범설은 자의성 판단의 기준을 행위자의 심리적 측면만이 아니라 중지범의 형을 감면하는 법규범의 취지와 부합되는지 여부에서 찾는다. 즉 중지범의 형을 감면하는 이유로는 범인의 범행중지에 대한 보상적 성격을 부인할 수 없다(보상설). 그렇다면 논리적으로 보아 범행중지자의 심리적 자유 여부가 아니라 중지동기가 그에 상응하는 보상을 받을 만한 평가를 받을 수 있는가가 중요하다 할 것이다. 만일 행위자가 오직 덜 위험한 방법으로(또는 보다 나은 방법으로) 목적을 달성하기 위해서 범행에 즉시 나아가지 않았다면 이러한 행위자의 중지행위는 어떠한 보상의 가치도 인정될 수 없는 것이다. 그러므로 중지범을 인정한 형법의 목적—중지미수의 형의 감면근거—과 범행중지사유가 일치되는 범위 내에서 중지범이 인정되어야 한다. 이는 자의성을 규범적 의미로 이해하고 판단하여야 함을 의미한다.[1] 이러한 제한을 통하여 단지 행위자의 자율적 동기 여부에 따라 자의성을 판단함으로써 야기되는 문제점을 제거할 수 있다.

이러한 관점에서 자의성이 문제되는 경우를 살펴보면 ① 범행 도중에 계획했던 대로 진행되지 않자 보다 유리한 기회를 잡기 위하여 범행을 연기한 경우에는 자의성이 인정되지 않는다.[2] ② 만일 범인이 특정한 범행목표를 설정하지 않은 상태에서 기대하였던 것보다 적은 금액을 보고 실망한 나머지

간을 중지한 경우 자의성(voluntariness)을 부인한 미국판례로는 Le Barron v. State, 32 Wis. 2d 294, 145 N.W. 2d 79(1966).

1) Bockelmann, NJW 1955, 1421면; Roxin, Heinitz-FS.(1972), 256면 이하; SK/Rudolphi, §24 Rn. 25; Ulsenheimer, 「Grundfragen des Rücktritts vom Versuch in Theorie und Praxis」(1976), 289면 이하 참조. 김일수/서보학, 539면; 정성근/박광민, 399면도 같은 입장이다.

2) 미국의 Model Penal Code 5.01(4)에서도 보다 유리할 때까지 범행을 연기하는 경우에 중지범(renunciation) 성립을 부인한다. 또한 U.S. Code, Crimes and Criminal Procedure, §373 (b) 참조.

범행을 중지하였거나,[1] 특정한 범행대상을 발견하지 못하여 중지한 경우에는 자의성이 인정되지 않는다.[2] ③ 단순한 범행연기의 경우에는 인정되지 않는다. ④ 공포심에서 비롯된 중지의 경우, 예를 들어 범인이 지나가는 경찰차를 목격한 후 곧 체포될 것 같은 두려움 때문에 범행을 중지하였다면 자의성이 인정되지 않는다.

반대로 ① 범인이 특별한 상황이나 사태로 인하지 않고 막연한 심리적 공포심이나 체포될지도 모른다는 두려움이 원인이 되어 중지한 경우에는 자의성이 인정된다. ② 피해자의 설득에 의하여 범행을 중지한 경우에는 자의성이 인정된다. 또한 ③ 피해자에 대한 연민의 정이나 피해자가 당하는 고통의 모습을 보고 중지한 경우[3]에도 자의성이 인정된다.

6. 중지범 성립이 불가능한 미수

중지범 성립이 불가능한 미수(fehlgeschlagener Versuch, '실패한 미수')란 중지범이 원천적으로 성립할 수 없는 상황을 말한다. 즉 범행의 계속적 수행이 무의미하거나 불가능한 경우를 일컫기 때문에 이러한 상황에서는 자의적으로 범행을 중지하거나 결과의 발생을 방지할 필요도 없다. 그러므로 중지범에서의 형의 필요적 감면혜택을 부여할 필요가 없다. 여기에 해당하는 경우는 다음과 같다. ① 구성요건이 행위자의 생각에 따라 실현될 가능성이 없을 때, ② 목표로 한 행위객체가 존재하지 않을 때, ③ 행위객체가 그 질이나 상태가 행위자의 계획에 현저히 미치지 못할 경우이다.[4] 이상의 세 경우에는 행위자가 설사 범행을 중도에 포기하였다 하더라도 이를 자의성 여부와 관련하여 판단하여서는 안 된다. 오히려 행위자의 원래의 범행계획에 비추어 계속적인 범행수행이 무의미하다고 보여지는 경우이므로 결국 판단기준은 자의성 여부에서 계속적인 범행수행의 실익 여부로 옮겨지게 된다.[5] 그 결과 장애미수 또는 불능미수(①과 ②의 경우)가 인정된다. 이처럼 실패한 미수의 경우에 중지범 성립을 부정하면 중지미수와 장애미수를 구분하는 자의성 여부

1) BGHSt 4, 59면. 반대로 이 경우에 자의성을 인정하는 견해로는 Kühl, AT, §16 Rn. 60.
2) BGHSt 13, 156면.
3) BGHSt 21, 217면.
4) Roxin, ESJ Strafrecht, Fall 61(Anmerkung).
5) BGHSt 4, 56면 이하. 실패한 미수를 인정한 독일판례로는 BGH MDR 1985, 1039면; BGHSt 34, 56면. 한편 법적인 불가능성(예: 피해자의 위장적 동의에 따른 사실의 착오 등)은 실패한 미수의 유형에서 제외한다(BGHSt 39, 246면).

에 관한 논의는 사실상 그 의미가 축소된다고 할 것이다.

[판례] 「범행 당일 미리 제보를 받은 세관직원들이 범행현장 주변에 잠복근무를 하고 있어 그들이 왔다갔다 하는 것을 본 피고인이 범행의 발각을 두려워한 나머지 자신이 분담하기로 한 실행행위에 이르지 못한 경우 이는 피고인의 자의에 의한 범행의 중지가 아니어서 형법 제26조 소정의 중지범에 해당한다고 볼 수 없다」는 대법원판례(대판 1986. 1. 21, 85도2339)는 결론적으로 타당하다. 왜냐하면 구성요건이 행위자의 생각에 따라 실현될 가능성이 없는 「실패한 미수」(①의 경우)에 해당되기 때문이다.

V. 客觀的 成立要件: 實行의 中止 또는 結果의 防止

형법은 중지범을 착수한 행위를 중지한 경우(착수미수)와 결과의 발생을 방지한 경우(실행미수)로 구별하여 규정하고 있다. 착수미수의 경우에는 자신의 범행계획을 포기하고 더 이상의 행위를 하지 않음으로써 결과가 발생하지 않게 되므로 중지미수범에 해당할 수 있지만 실행미수의 경우에는 결과발생의 방지행위가 있어야 한다는 점에서 구별된다. 착수미수와 실행미수[1]를 구별하는 데에는 다음과 같은 학설이 있다.

1. 착수미수와 실행미수의 구별

(1) 전체행위설

전체행위설(주관설 또는 범행계획설이라고도 부른다)은 범행중지시의 행위자의 생각(주관적 판단) 여하에 의한다. 이에 따라 행위자가 범죄의 완성을 위하여 필요하다고 생각되는 행위를 다하지 않았을 때에 착수미수에 해당되고, 행위자의 범죄계획에 의한 모든 행위가 완결되었을 때를 실행미수라 한다. 그 결과 범행계속을 위해 행위자가 새로운 범행결심이 필요하다면 이는 실행미수에 해당한다.[2] 이는 범행개시시의 행위자의 생각을 기준으로 하는 것[3]에서 출발하였다. 이러한 범행계획이 없는 경우에는 실행행위 중지시의 행위자의 생각을 기준으로 하기도 한다.[4]

---

1) 「실행미수」와 「결과미수」라 함이 더욱 정확한 표현이다.

2) BGHSt 14, 75(Messerstich-Fall: 이혼을 원하는 아내를 칼로 왼쪽 복부를 한번 찌른 다음 중지한 사건에서 착수미수가 아니라 실행미수를 인정함).

3) 이는 독일연방대법원이 처음에 따랐던 입장이다(BGHSt 22, 176: 사건 당시 21세인 자신의 의붓딸을 쇠파이프로 살해하기 위하여 한 번 내리친 후 딸이 기절하자 그만 둔 사건. 여기에서 피고인은 범행 전 1회의 가격으로 사망하리라고 생각하였다).

4) BGHSt 22, 330(Stilett-Fall: 피고인은 질투심에서 애인(여)을 살해하기로 하고 단도로 여

(2) 절 충 설

절충설은 주관적인 범행계획과 객관적 기준을 결합하여 구별하자는 학설로서 죄수개념에 입각하고 있다. 이에 따르면 죄수론에 따라 결과발생 없이 끝난 행위와 이후에 계속된 행위가 단일행위를 구성한다면 결과발생 없이 끝낸 시점에서 착수미수를 인정한다. 그리고 계속된 행위가 이전의 행위에 대해 새로운 범행이라고 볼 수 있는 경우에는 새로운 행위를 계속하기 전의 시점에서 실행미수를 인정하여 결과발생의 방지를 요한다고 본다.[1] 죄수론에 입각하여 하나의 행위인가 아니면 수개의 행위라고 볼 것인가에 따라 구별하므로 행위자의 범행계획을 기준으로 하는 주관설에 비해 객관적 요소가 가미되었다고 보는 것이다.[2]

(3) 개별행위설

개별행위설(Einzelaktstheorie)은 범행계획에 따른 전체행위를 중심으로 중지 여부를 판단하는 것이 아니라 행위자가 한 개별행위를 중심으로 판단한다. 이 학설에 의하면 만일 행위자가 결과발생을 위해서 보충적인 행위가 필요하다고 여기면 착수미수단계에 있으므로 단순한 행위중지로 중지범이 인정될 수 있다. 반면에 개별행위가 결과발생을 가져올 수 있다고 판단되면 실행미수단계에 있다고 본다. 즉 행위를 중지한 시점에서의 행위자의 생각이 중요하다. 이 경우에는 차후의 재범행의 가능성을 염두에 두었거나 아니면 범행실패의 경우에 다른 범행방법을 생각하고 있었거나를 불문한다.[3]

러 차례에 걸쳐 찔러 심장부위에 약 4.2cm 깊이의 자상을 입혔다. 피고인은 한 번만 찔러도 피해자가 사망할지도 모른다고 생각하였다. 범행 후 피해자의 노모(80세)가 딸의 비명소리를 듣고 방에 들어서자 피고인은 쓰러진 피해자 앞에 칼을 들고 서 있었으며, 더 이상 칼로 찌르지는 않았다. 노모가 피해자를 일으켜 소파에 눕힌 다음 전화로 구급차를 부르자 피고인은 범행현장을 떠났으며, 피해자는 응급처치의 결과 구조된 사건). 김성천/김형준, 442면; 이재상, 379면(중지시를 기준); 이형국(Ⅱ), 528면도 주관설을 따르고 있다.

1) BGHSt 10, 129(Flachmann-Fall. 범인이 자기 신부를 죽이기 위해 병으로 머리를 내리쳤으나 죽지 않자 다시 목을 조르다가 중지한 사건에서 연방대법원은 병으로 내리친 행위와 목을 조른 행위는 전체적으로 신부를 살해하기 위한 하나의 행위를 이루고 있으므로 착수미수에 해당한다고 하였다).

2) 김일수/서보학, 543면; 배종대, 512면; 신양균, 앞의 논문, 69면; 안동준, 192면; 오영근, 516면; 정성근/박광민, 401면 등은 절충설을 취하고 있다. 그러나 내용구성에서는 단순히 행위자의 의사와 행위 당시의 객관적 사정을 고려한다고만 하여 구체적으로 무엇을 의미하는지 명확하지 않다.

3) Baumann/Weber, AT, 488면; Lackner/Kühl, §24 Rn. 6; Maiwald, 「Die natürliche Handlungseinheit」(1964), 92면; Sch/Sch/Eser, §24 Rn. 20.

(4) 결 론

착수미수와 실행미수를 구분하는 기준으로서는 범행진행상황에 대한 행위자의 생각이 중요하다고 보는 것이 타당하다. 중지범의 형을 감면하는 근거는 행위자가 합법성의 세계로 돌아온 데 대한 보상적 성격을 지니고 있기 때문이다. 그러나 범행계획설은 범행계획이 있었고 범행이 계획대로 진행된 경우에는 별 문제가 없으나 만일 범행이 계획대로 진행되지 않았거나 처음부터 확정된 계획이 없던 경우에는 구별이 쉽지 않다. 그러므로 범행계획의 유무를 불문하고 범행중지시에 행위자가 범행의 완성을 위해 필요한 행위를 하지 않고 중단하였거나, 다른 대체방법을 통한 범행완성이 가능한 데도 이를 자의로 포기하였다면 착수미수에 해당한다고 본다. 그리고 실행미수는 범행계획의 존재나 내용과는 상관없이 범행완성을 위하여 추가적인 행위의 필요성이 없다고 판단하여 중지한 경우에 인정된다.

현재 독일연방대법원은 범행의 중지시점을 기준으로 하여 「행위자가 마지막 실행행위를 마친 후에 결과발생의 가능성을 믿은 경우」에는 실행미수를 인정한다.[1] 이는 행위자가 이제까지의 자신의 행위를 결과발생에 불충분한 것으로 여기고(그러므로 이 단계에서는 단순한 범행포기만으로도 중지미수가 가능하다) 다른 방법에 따라 범행계속의 가능성을 믿은 경우에는 착수미수에 해당함을 의미한다.

2. 착수미수의 객관적 요건

(1) 범행의 종국적 포기

학설에 따라서는 중지범을 처벌하지 않는 독일형법(제24조)과 달리 우리 형법은 단순히 형을 감경 또는 면제하도록 규정하고 있어서 범행의 종국적 포기를 필요로 하지 않고 보다 유리한 상황을 기다리기 위한 범행의 잠정적인 중지도 중지범에 해당한다고 주장한다.[2]

그러나 이는 해석의 문제라고 본다. 중지 이후 다시 계속된 행위가 중지 이전의 행위와 별개의 범행으로 인정될 수 있을 때에는 잠정적인 중지가 아니라 실질적으로 종국적인 중지였다고 볼 수 있기 때문이다.

잠정적인 범행중지를 만일 범행의 실행에 착수한 후에 일시 중단하였다가 다시 범행을 마친 경우를 포함하는 것으로 보면 이는 중지미수라고 할 수

1) BGHSt 31, 170면 이하.

2) 김일수/서보학, 541면; 배종대, 513면; 오영근, 569면; 이재상, 386면; 임 웅, 374면; 하태훈, 「중지미수의 성립요건」 형사판례연구(7), 77면

없다. 중지 이전과 이후 계속된 범행이 하나의 범죄행위를 구성하는 경우에도 잠정적 중지를 중지미수로 인정하는 것은 부당하다. 이는 중지미수의 형을 감면하는 기본취지와 상충되기 때문이다. 결국 범행포기 여부는 범행상황과 범행목표를 근거로 판단하여야 하며, 후속범행이 선행하는 중지범행과 하나의 단일범행을 이루는 경우에는 범행포기를 인정할 수 없다.

(2) 결과의 불발생

착수행위의 중지로 인하여 결과가 발생하지 않아야 한다. 문제가 되는 것은 만일 행위자가 자신의 자의적인 범행중단만으로도 결과가 발생하지 않으리라고 생각하였으나 결과가 발생한 경우이다(예: 미량의 독극물을 매일 먹여 살해하려고 하였으나 중지한 경우에 행위자는 지금까지의 양으로는 부족하다고 여겼으나 실제로는 사망한 경우). 이 경우는 인과관계에 관한 단순한 착오에 불과하기 때문에 살인죄의 기수를 인정하는 것이 타당하다.[1] 오직 양형의 단계에서 고려할 수 있을 뿐이다.

3. 실행미수의 객관적 요건

범행을 자의로 중지한 후에 결과발생의 방지행위와 그로 인하여 결과가 발생하지 않았어야 중지미수가 인정된다.

(1) 작위에 의한 방지행위

결과발생의 방지행위는 적극적 행위(작위)여야 한다. 부작위에 의한 실행미수의 중지란 불가능하다.

(2) 직접적인 방지행위

스스로의 행위여야 한다. 그러나 의사의 치료행위를 요청하는 경우처럼 타인의 도움을 통해 결과발생을 방지한 경우도 해당된다.

(3) 결과의 불발생과 인과관계의 문제

결과발생을 방지하기 위한 행위에도 불구하고 결과가 발생한 경우에는 기수의 책임을 진다. 그러나 결과가 행위자에게 귀속될 수 없는 원인으로 발생되었을 때에는 중지미수에 해당된다고 보아야 한다.

[예] 살인의 고의를 가진 상해행위로 생명이 위독한 피해자를 살리기 위해 구급차를 불러 병원으로 옮기던 중 자동차사고로 사망한 경우에는 살인죄의 중지범(第250조, 第26조 후단)으로서 형이 감경 또는 면제된다.

1) SK/Rudolphi, §24 Rn. 16; Stratenwerth, AT I, §11 Rn. 82.

문제는 결과가 발생하지 않은 것이 방지행위로 인한 경우뿐만 아니라 방지행위가 아닌 다른 원인에 의하여 발생하지 않은 경우까지를 포함하는지의 여부이다. 학설은 방지행위와 결과의 불발생 사이에 원칙적으로 인과관계가 있어야 한다고 본다.[1] 그러나 학설에서 방지행위와 결과의 불발생간에 인과관계가 인정되어야 한다고 보면서도 구체적인 사안에서는 반드시 요구하는 것은 아니라는 점을 주의하여야 한다. 즉 불능미수에 대한 중지범의 성립이 가능한가의 문제가 그 예이다. 이는 결과발생이 처음부터 불가능한 데도 행위자는 이를 모르고 진지한 방지행위를 한 경우이다.[2]

소극설은 행위자의 방지행위에 의하여 결과가 발생하지 않은 것은 아니라는 이유에서 중지범이 될 수 없다고 한다.[3] 그러나 중지범의 형을 필요적 감면으로 하는 것은 중지(방지)행위가 있었고 결국 결과가 발생하지 않은 점에 있다고 볼 수 있으며, 행위자는 결과발생방지의 가능성을 믿었던 점, 또한 결과방지를 위한 동일한 노력과 결과의 불발생에도 불구하고 단지 양자간의 인과관계부존재를 이유로 하여 형의 임의적 감면인 불능미수를 인정하는 것은 형의 균형상 타당하지 않다고 본다(적극설).[4]

Ⅵ. 多數人의 犯行加擔과 中止未遂

1. 문 제 점

형법 제26조는 단독범에 의한 중지미수를 전제로 하고 있다. 뿐만 아니라 학설에서는 중지미수의 형을 감경 또는 면제하는 법적 성격에 대해서는 개인적 처벌조각사유 또는 책임감경사유로 봄으로써 중지행위를 한 개인만이 형벌감면의 혜택을 입을 수 있다고 본다. 그러므로 공범(정확하게는 협의의 공범이 아니라 수인이 범행에 가담한 경우인 광의의 공범이다. 공동정범이나 간접정범의 경우에도 해당되기 때문이다)의 경우에는 그 성립요건 및 범행중지의 효과가 미치는 범위에 대하여 문제가 발생한다. 한편 수인이 범행에 가담한 경우라 할지라도 가담자 모두가 범행을 중지하여 제26조의 요건을 구비한 경우

1) 김성천, 455면; 김일수(Ⅱ), 242면; 배종대, 514면; 이재상, 388면; 이형국(Ⅱ), 529면.

2) 독일형법은 이를 명문화하여(제24조 제 2 항), 결과가 발생하는 것이 처음부터 불가능하였거나(불능미수) 아니면 사후적인 요소에 의해 불발하게 된 것이든 모두 중지범으로 인정한다.

3) 김종원, 총론(8인 공저), 295면; 유기천, 264면.

4) 김일수/서보학, 543면; 배종대, 514면; 안동춘, 194면; 오영근, 571면; 이재상, 389면; 이형국(Ⅱ), 509면.

에는 단독범의 범행중지와 다를 바 없음은 당연하다.

2. 범행중지의 형태

형법상 중지미수가 성립하기 위해서는 ① 실행의 착수와, ② 행위자에게 귀속될 수 없는 경우를 제외하고는 결과가 발생하여서는 안 된다. 즉 범행에 필요한 행위를 마치지 않은 상태인 착수중지는 중단행위의 결과로, 실행중지는 결과발생을 방지하기 위한 방지행위로 인하여 결과가 발생하지 않아야 하는 것이다(제26조 참조).

수인의 공범자 가운데 1인이 범행을 중지함으로써 전체적으로 범행결과가 발생하지 않은 경우에는 단독범의 경우와 마찬가지이다. 반면에 범행에 다수인이 관여하여 그 가운데 1인이 자신의 범행을 중지한 경우에는 결과적으로 중지미수의 성립요건이 단독범행의 경우보다 강화된다. 왜냐하면 범행에 다수인이 가담한 사실 자체가 법익침해의 위험성이 더 크며, 1인의 중지행위만으로 전체범행이 중지되지는 않기 때문이다.

즉 1인의 중지만으로는 결과발생방지가 불가능한 공범사건의 경우 중지미수가 성립하기 위해서는 공범자 중의 1인이 중지행위를 하였을 뿐만 아니라 다른 공범자에 대해서도 결과의 방지를 위하여 진지한 노력을 하였을 것이 요구된다고 보는 것이 일반적이다.[1] 그리고 ① 공범의 진지한 중지행위가 있었으나 설사 그러한 중지행위가 없었더라도 결과가 발생하지 않았을 경우에는 중지미수라고 보아야 할 것이며(예: 불능미수에 대한 중지미수),[2] ② 공범의 중지행위가 있었으나 중지자의 분담행위 이외의 원인으로 결과가 발생하였을 때에도 중지미수에 해당한다고 봄이 타당하다(예: 자동차의 열쇠를 만들어 자동차 절도범에게 건네 준 자가 절도행위를 저지하기 위해 열쇠를 회수하였지만 자동차문이 열려 있고 열쇠도 꽂혀 있어서 모조열쇠 없이도 자동차를 훔쳐 달아난 경우).

이 경우 결과발생을 방지한 공범자 중 1인만이 중지미수에 해당하며, 그 외의 공범자에게는 장애미수를 인정해야 한다.

---

1) 이는 독일형법(제24조 제2항)에서 명문규정을 두고 있어 우리 학계에서도 이를 그대로 수용하고 있다. 그러나 공범사건의 위험성이 단독범보다 크다는 형사정책적인 고려는 별론으로 하더라도 피고인에게 불리한 이와 같은 결론이 중지미수범에 관한 형법규정의 확대해석이라는 논란의 여지는 있을 수 있다.

2) 독일형법 제24조 제2항 후단 참조.

3. 공범과 중지미수

간접정범 · 공동정범에서 중지미수의 문제는 간접정범이나 개별 공동정범만을 중심으로 판단할 것인가(개별설)[1] 아니면 간접정범과 피이용자 그리고 모든 공동정범의 행위를 전체로 파악할 것인가(전체설)에 관한 것이다. 후술하는 바와 같이 전체설[2]의 입장이 타당하다.

(1) 간접정범

간접정범의 경우에는 착수미수와 실행미수의 구별은 있을 수 없다. 왜냐하면 간접정범은 피이용자를 통한 결과발생을 위하여 필요한 모든 행위를 마친 경우에 인정되기 때문이다. 간접정범은 의사지배라는 특수성에 비추어 ① 만일 피이용자가 간접정범의 의사에 반하거나 무관하게 중지한 경우에는 간접정범에게 자의에 의한 중지미수가 인정될 수 없다. ② 피이용자가 간접정범의 의사와 일치하여 중지한 경우에는 피이용자의 중지행위가 간접정범의 의사대리라고 인정되는 때에 한하여 간접정범의 중지미수가 된다.[3]

(2) 공동정범

공동정범의 경우에는 본인은 물론 다른 공동정범의 범행도 중지시킨 경우에 한하여 중지미수가 인정된다. 그러나 만일 공동정범 중의 1인이 자신의 분담행위가 범행완성에 불가결인 경우에 더 이상의 행위를 중단하면(부작위) 중지미수가 성립한다.[4] 한편 범행의 실행에 착수하기 전에 자의로 공모관계에서 이탈하면 공동정범에 해당하지 않는다.[5]

[판례] ① 공범이 피해자의 사무실에서 금품을 절취하기 위해 물건을 물색하고 있는 동안 부근의 포장마차에 있던 피고인이 자신의 범행전력 등을 생각하여 가책을 느낀 나머지 스스로 그 결의를 바꾸어 피해자에게 공범의 침입사실을 알리고, 피해자와 함께 공범을 체포한 사건에서 중지범의 성립을 인정하였다(대판 1986. 3. 11, 85도2831).
② 피고인이 원심 공동피고인과 합동하여 피해자를 텐트 안으로 끌고 간 후 공동피고인, 피고인의 순으로 성관계를 하기로 하고 피고인은 텐트 밖으로 나와 주변에서 망을 보고 공동피고인은 피해자의 옷을 모두 벗기고 피해자의 반항을 억압

1) Schilling, 「Der Verbrechensversuch des Mittäters und des mittelbaren Täters」(1975), 11면 이하.
2) 김성천/김형준, 450면; 배종대, 517면; 안동준, 196면; 이재상, 392면; 이형국, 252면; 정성근/박광민, 404면.
3) Sch/Sch/Eser, § 24 Rn. 106.
4) Stratenwerth/Kuhlen, AT I, § 12 Rn. 111.
5) 대판 1995. 7. 11, 95도955 참조.

한 후 피해자를 1회 간음하여 강간하고, 이어 피고인이 텐트 안으로 들어가 피해자를 강간하려 하였으나 피해자가 반항을 하며 강간을 하지 말아 달라고 사정을 하여 강간을 하지 않은 사안. 대법원은 공동피고인이 피고인과의 공모 하에 강간행위에 나아간 이상 비록 피고인이 강간행위에 나아가지 않았다 하더라도 중지미수에 해당하지는 않는다고 판시하였다. (구)성폭력범죄의처벌및피해자보호등에관한법률 제6조 제1항, 형법 제297조의 기수범을 인정(대판 2005. 2. 25, 2004도8259).

(3) 교사범 · 방조범

교사범 및 방조범의 경우에는 정범이 실행에 착수하여야 중지미수의 성립이 가능하다. 그리고 이 경우에는 정범의 실행행위를 중지시킨 경우에 중지미수의 공범이 된다. 반대로 이들의 자의적인 중지행위에도 불구하고 결과가 발생하면 중지미수는 인정되지 않는다(공범성립).

Ⅶ. 豫備의 中止

예비 · 음모행위를 처벌하는 경우에 예비단계에서나 또는 예비행위 이후 실행에 착수하지 않은 경우에 중지범을 인정할 것인가의 문제이다. 예를 들어 살인을 계획하고 범행도구로 등산용 칼을 구입한 자가 살인의 실행에 착수하기 전에 범행을 포기하고 칼을 버린 경우 또는 칼은 소지하였지만 살인범행은 포기한 경우(제255조)이다. 예비죄의 미수는 인정되지 않으므로 예비행위에 착수하면 예비죄는 인정된다. 그런데 예비의 중지규정을 두고 있지 않기 때문에 이를 부정하는 경우에는 예비단계의 중지가 형이 필요적으로 감면되는 실행의 착수 이후의 중지범보다 무겁게 처벌될 수도 있다는 점에서 문제가 발생한다. 이에 대해서는 긍정설과 부정설, 그리고 절충설이 대립된다.

1) 부정설[1]의 논거는 중지범은 범죄의 실행에 착수한 후 자의로 그 행위를 중지한 때에 성립하는 것이고, 예비 · 음모는 실행의 착수가 있기 전의 단계이므로 부정되어야 한다는 것이다. 이로부터 초래되는 처벌상의 불균형은 예비행위를 자수한 경우에 자수에 대한 필요적 감면규정(제90조 제1항 단서, 제101조 제1항 단서 등)을 유추적용하여 시정할 수 있다고 한다.

2) 긍정설[2]은 예비의 중지행위에도 중지미수의 규정을 준용하여 언제나 형을 감경 또는 면제하여야 한다는 견해이다. 그리고 감면대상이 되는 형은

1) 김일수/서보학, 552면.
2) 오영근, 526면; 임 웅, 360면.

중지미수의 경우처럼 기수의 형이 아니라 예비·음모에 대한 형이라고 한다.

3) 절충설[1]은 예비의 형이 중지미수의 형보다 무거울 때에는 중지미수의 규정을 준용하여 형의 균형을 이루어야 한다는 견해이다.

생각건대 중지미수는 실행에 착수한 이후의 단계를 문제삼기 때문에 예비행위를 중지한 경우에는 중지미수규정이 적용될 수 없다고 보는 것이 문리해석상 타당하다고 볼 수도 있다. 판례도 이러한 입장에서 부정적이다.[2]

그러나 실행에 착수한 이후에 중지한 경우에는 형이 면제 또는 감경되는데 반해 실행에 착수하기도 전에 중지한 경우에는 예비죄로 처벌받아야 한다는 것은 불합리한 결론이라고 보지 않을 수 없다. 예비에도 중지미수의 규정을 준용하자는 주장은 형의 불균형을 이유로 하므로 예비의 형이 중지미수의 형에 비해 무거운 경우에는 중지미수의 규정을 준용하는 것이 타당하다.

Ⅷ. 不作爲犯과 中止未遂

부작위범의 경우에도 중지미수는 가능하다. 즉 작위의무자가 실행에 착수한 후 범행이 기수에 이르기 전에 결과발생의 방지를 위한 행위를 하는 경우에는 중지미수가 인정된다. 그 결과 단독의 부작위범에서는 작위의무자의 적극적인 결과발생방지행위가 요구되기 때문에 착수미수와 실행미수의 구별은 있을 수 없다. 그러나 현실적으로는 결과가 발생하지 않았기 때문에 외견상 자위적인 구성요건해당 행위가 없는 상황에서 구성요건해당성 자체가 문제되지는 않을 것이다.

Ⅸ. 中止未遂의 處罰

중지미수의 형은 감경 또는 면제한다(필요적 감면). 착수미수와 실행미수 사이에 형량의 차이는 없기 때문에 형의 감경과 면제는 법관의 양형판단에 달려 있다.

중지미수의 형을 필요적으로 감면한다고 해서 중지행위시까지의 모든 범행이 감면되는 것은 아니다. 오로지 행위자가 최종목표로 삼았던 범행에 대

1) 김종원, 총론(8인 공저), 298면; 배종대, 516면; 이재상, 392면; 이형국(Ⅱ), 535면; 정성근/박광민, 377면.

2) 대판 1991.6.25, 91도436(「중지범은 범죄의 실행에 착수한 후 자의로 그 행위를 중지한 때를 말하는 것이고, 실행의 착수가 있기 전인 예비음모의 행위를 처벌하는 경우에 있어서는 중지범의 관념은 이를 인정할 수 없다」).

한 형을 감면하는 것에 지나지 않는다. 그러므로 중지행위 이전에 이미 기수에 달한 범행이나 다른 독립적 구성요건에 해당하는 결과가 발생한 경우(예: 상상적 경합)에는 그에 해당하는 형이 적용된다.

X. 各則上의 刑의 減輕規定

형법은 약취·유인의 죄를 범한 자가 약취·유인·매매 또는 이송된 자를 안전한 장소로 풀어 준 경우(제295조의 2)와 인질강요(제324조의 2)나 인질상해·치상(제324조의 3)의 죄를 범한 자 또는 그 미수범이 인질을 안전한 장소로 풀어 준 때에는 그 형을 감경할 수 있다(제324조의 6)고 규정하고 있다. 이는 임의적 감경이며, 미수범만을 인정하는 총칙상의 중지범과 달리 기수범까지도 포함하여 인정하고 있는 점, 자의성을 요구하지 않는 점에 특색이 있으며, 범죄 피해자의 생명·신체를 우선적으로 보호하기 위한 양형상의 배려차원에서 신설한 규정이다.

제 5 절 不能未遂

I. 不能未遂의 概念

불능미수(또는 불능범. 제27조)란 행위의 성질상 어떠한 경우에도 구성요건이 현실적으로 실현될 가능성은 없지만 잠재적으로 존재하는 위험성 때문에 미수범으로 처벌되는 경우를 말한다. 바꾸어 말하면 행위자가 실행수단이나 행위객체의 성질상 결과발생의 가능성이 없음에도 불구하고 이를 가능하다고 오신한 경우로서 행위상황이 실제로 존재한다면 결과발생의 가능성이 있는 경우이다.

[예] ① 사체를 살아 있는 것으로 오인하고 살해하기 위하여 사격을 가한 경우(대상의 착오).
② 치사량에 미달하는 농약을 먹여 살해하고자 한 경우(실행수단의 착오)(대판 1984. 2. 14, 83도2967).

형법은 불능범이라는 표제 아래 「실행의 수단 또는 대상의 착오로 인하여 결과의 발생이 불가능하더라도 위험성이 있는 때에는 처벌한다」고 규정하고 있다(제27조 본문). 이는 불능미수가 일종의 미수범으로서 위험성 유무를 기준으로 하여 불가벌적인 불능범(예: 범인이 마네킹을 사람으로 오인하고 총격을 가한 경우)과 구별하여 처벌하고 있는 것으로 보아야 한다.[1] 불능미수는 임의적인 형벌감면사유이다(제27조 단서).

불능미수를 반대형태의 구성요건의 착오라고도 한다. 구성요건의 착오가 존재하는 구성요건요소를 착오로 인식하지 못한 경우인 데 반하여, 불능미수는 존재하지 않는 구성요건요소가 존재하는 것으로 착오를 일으킨 경우이기 때문이다. 이 경우에는 행위자의 생각—오신—과는 달리 객관적 구성요건의 실현, 즉 결과발생이 불가능하다. 그러나 행위자는 최소한 자신의 생각으로는 비록 범행의 대상이나 수단에 대한 착오가 있었다고 하더라도 범행의 실현가능성을 믿었다는 점에서 그 가벌성이 인정된다.

불능미수와 환상범의 구별은 전자는 구성요건의 착오의 반대형태이고, 후자는 위법성의 착오의 반대형태인 점이다. 그러나 양자의 구별은 규범적 구성요건요소에 관한 착오의 경우에는 쉽지 않다.

[예] ① 물건의 소유권자가 법적 판단을 잘못하여 자기 물건을 타인에게 속한다고 생각하면서 절취한 경우.
② 피고인이 진실을 말하지 않으면 위증죄에 해당한다고 생각하고 허위로 진술한 경우.
③ 구성요건에 해당하지 않는 행위를 한 자를 숨겨 주면서 범인은닉이라고 믿거나 탈세에 해당하지 않는데도 탈세라고 생각한 경우.

①의 경우는 불능미수에 해당하며, ②는 위증죄의 경우 피고인의 허위진술은 처벌되지 않음에도 불구하고 처벌된다고 오인한 점에서 환상범에 해당한다. ③의 경우에는 구체적 사실관계에 관한 착오인 점에서 불능미수에 해당한다고 보아야 한다.

---

1) 김종원, 총론(8인 공저), 306면; 성시탁, 「불능미수」, 김종원교수화갑기념논문집(1991), 392면; 심재우, 「불능미수범」, 고시연구(1982/10), 12면; 오영근, 582면; 이재상, 396면. 이에 반해 불능범과 불능미수라는 용어를 동일한 개념으로 보는 견해도 있다(배종대, 464면; 이형국(II), 543면).

Ⅱ. 不能未遂와 구별해야 할 概念

1. 미 신 범

미신범이란 인과관계가 지배하는 현실세계에서는 존재할 수 없는 방법──마력──으로 구성요건을 실현하려는 행위를 말한다(예: 주술적 방법으로 살인을 하고자 하는 경우). 그러나 행위동기의 미신성은 이에 해당하지 않는다.

미신범에는 범죄실현의 가능성을 전제하는 구성요건적 고의가 존재하지 않기 때문에 범행결의가 결여되어 있고, 구성요건실현을 위한 실행의 착수도 인정될 수 없어서 불가벌이다. 그러나 순수한 주관설에 의할 경우 미신범을 미수범으로 처벌할 가능성이 있기 때문에 이를 배제하기 위하여 객관설에 의한 제한이 가해졌다.

2. 구성요건의 흠결론

구성요건의 흠결론이란 불능미수의 경우 결과가 발생하지 않은 원인을 규범적으로 세분하는 이론이다. 즉 구성요건 중 인과관계의 흠결로 인하여 결과가 발생하지 않으면 불능미수가 되지만, 그 이외의 요소인 행위자(예: 공무원이 아닌 자의 타인의 권리행사방해죄, 제123조)나 행위객체(예: 자기물건의 절취)가 구성요건에 해당하는 객관적 요소를 갖추지 않은 경우에는 미수범 성립의 가능성을 개념적으로 부인한다. 이에 따라 불능미수범이란 오직 인과관계의 이탈로 인하여 결과가 발생하지 않은 경우에만 인정하게 된다. 그러나 미수범의 처벌근거로서 주관설의 입장을 완전히 배제할 수가 없을 뿐만 아니라 형법 제27조는 대상이나 수단의 착오로 인하여 결과의 발생이 불가능하더라도 위험성이 있으면 처벌하므로 이 이론은 타당하다고 볼 수 없다(통설).

미국법에서는 불능미수(impossibility)를 사실상의 불능(factual impossibility)과 법률상의 불능(legal impossibility), 양자가 결합된 형태의 불능(factual impossibility related to legal relationship)으로 구별한다. 그리고 사실상의 불능의 경우에는 미수범으로 처벌하나 법률상의 불능은 처벌하지 않는다. 양자가 결합된 불능의 경우에는 대체적으로 법률상의 불능에 포함시켜 불가벌적이라고 본다. 이와 달리 플레쳐(Fletcher)는 행위자가 진실을 알았을 경우 범행계획을 변경하였을 경우에만 미수범으로 처벌하여야 한다고 본다.[1)]

---

1) Fletcher, 「Rethinking Criminal Law」(1978), 157면 이하.

Ⅲ. 不能未遂의 成立要件

1. 결과발생의 불가능

(1) 대상의 착오

이는 행위자가 목표로 삼은 행위객체는 구성요건실현의 대상이 될 수 없는 것을 의미한다. 구성요건의 착오형태인 객체의 착오는 행위객체의 동일성을 혼동하는 것임에 반하여 불능미수는 처음부터 범죄행위가 성립하지 않는 대상에 관한 것이다.

[예] 살아 있는 줄로 알고서 시체를 향해 살인의 고의로 사격하는 경우, 타인의 물건인 줄 알고서 자기 물건을 훔친 경우, 범인이라고 오인하고 은닉시켜 준 경우, 임신하지 않았는데 임신으로 오인하고 낙태를 시도한 경우.

(2) 수단의 착오

이 경우는 행위자가 의도하는 행위방법으로는 결과의 실현이 처음부터 불가능한 경우를 의미한다. 그러므로 구성요건의 착오형태인 방법의 착오와는 두 가지 점에서 다르다. 첫째, 행위수단의 객관적인 결과실현가능성의 측면과, 둘째, 이에 대한 행위자의 주관적인 태도가 수단의 착오는 적극적이고, 방법의 착오는 소극적인 점에서 양자는 상이하다. 즉 구성요건의 착오의 경우에는 행위자가 행위 당시 의도했던 방법으로 결과발생이 가능하다는 점에서 불능미수와 다르고, 불능미수의 경우 자신이 선택한 행위수단으로는 결과발생이 불가능하다는 점을 행위자가 인식하지 못한 점에서 다르다.

[판례] 독약인 줄 알고서 감기약을 건네 준 경우, 치사량 미달의 농약을 우물에 혼입한 경우(대판 1973. 4. 30, 73도354), 치사량 미달의 농약을 먹여 사람을 살해하고자 한 경우(대판 1984. 2. 14, 83도2967), 에페트린과 빙초산 등 화공약품을 혼합하고 섭씨 80~90도로 가열하여 메스암페타민(속칭 히로뽕) 1kg을 제조했으나 제조기술과 경험부족으로 히로뽕 완제품이 아닌 염산메칠에페트린만을 생성시킨 경우(대판 1978. 3. 28, 77도4049).[1)]

(3) 주체의 착오

구성요건상 전제되어 있는 주체의 성질에 관한 착오로 인하여 결과발생

1) 이에 관해서는 신동운, 판례백선(총론), 357면 이하 참조. 마찬가지로 제조기술의 부족으로 히로뽕 완제품 제조에 실패한 경우 (구)향정신성의약품관리법 제42조 습관성의약품제조미수범(불능미수범)으로 처벌한 판례로는 대판 1985. 3. 26, 85도206

이 불가능한 경우에도 불능미수가 성립하는가에 관하여는 형법 제27조가 이를 규정하고 있지 않기 때문에 논란이 있다. 문제는 진정신분범과 관련하여서이다(예: 공무원으로 임용된 줄로 알고서 수뢰한 경우). 다수설은 주체의 착오는 불능미수에 속하지 않는다고 본다(그렇기 때문에 불가벌적인 순수한 불능범에 속한다).[1] 이에 대하여 주체는 객체 및 수단과 동일한 가치를 지니는 것이기 때문에 신분범의 자격에 대한 착오는 반대형태의 구성요건의 착오라는 이유로 불능미수가 성립한다는 견해,[2] 그리고 어느 학설에 의하건 주체의 착오로 인한 결과발생의 불가능은 처벌되지 않을 것이기 때문에 학설대립의 실익이 없다는 견해[3]로 나뉜다.

이 문제는 두 가지 관점에서 고찰되어야 한다. 첫째는 형법 제27조에서 규정한 불능미수의 형태인 실행의 수단 또는 대상의 착오가 예시규정인가 아니면 제한규정인가 하는 점이다. 이를 제한규정으로 본다면 우리 나라의 다수설이 주장하는 것처럼 죄형법정주의의 원칙상 불능미수의 성립을 부인하여야 할 것이다. 둘째는 신분범의 본질과 관련하여서이다. 즉 형법상의 신분범규정이 오직 일정한 신분자만을 수범자(Normadressat)로 하였고, 이러한 신분을 가진 자만이 규범의 준수의무가 있는가 여부이다. 만일 이를 긍정한다면 신분에 착오를 일으킨 비신분자의 행위는 불가벌적인 불능범에 해당될 것이다.

생각건대 첫번째의 문제는 이를 예시규정으로 봄이 타당하다고 본다. 제27조의 핵심은 결과 불발생의 원인이 아니라 행위의 위험성 유무에 있다고 보아야 한다. 즉 어떤 형태의 불능범이든간에 위험성이 인정되면 이는 불능미수범으로 처벌하려는 입법취지인 것이다. 다음으로 신분의 착오와 관련해서도 모든 구성요건요소들은 동등한 비중을 지니며, 구성요건요소를 행위자의 착오의 대상이 되는 구성요건요소와 그렇지 않은 요소로 구별할 합리적 기준도 인정하기 어렵다. 그렇다면 사안을 잘못 파악하여 자신을 신분자로 오인한 자는 구성요건의 실현의사를 가졌고 행위의 반가치성(불법성)도 인정되어 위험성이 있는 때에는 이를 처벌함이 타당할 것이다. 이는 또한 미수범

1) 김일수/서보학, 528면; 김종원, 형사법강좌(I), 629면; 성시탁, 앞의 논문, 395면; 안동준, 201면; 오영근, 534면; 이재상, 401면; 임 웅, 381면; 정성근/박광민, 409면; 하태훈, 「불능주체의 가벌성」, 김종원교수화갑기념논문집(1991), 435면 이하.

2) 이정원, 287면; 이형국, 256면.

3) 배종대, 524면.

의 처벌근거를 기본적으로는 행위자의 주관적 태도에서 찾는 인상설의 입장과도 일치된다.

2. 위 험 성

형법 제27조는 결과의 발생이 불가능하더라도 「위험성」이 있는 때에는 처벌한다고 규정하여 불능미수와 불능범을 구별하는 기준으로 삼고 있다. 가벌적인 불능미수와 불가벌적인 불능범을 구별하는 기준인 「위험성」을 어떻게 파악할 것인가에 관해서는 견해가 대립되는데 현재 소개되고 있는 학설에는 다음과 같은 것이 있다.

(1) 구객관설(절대적 불능 및 상대적 불능설)

이 설은 결과발생의 불능을 상대적인 경우와 절대적인 경우로 나누어 상대적 불능의 경우에만 미수범으로 처벌하여야 한다는 견해이다. 절대적 불능은 소화제를 복용하여 낙태를 시도하는 것과 같이 어떠한 경우에도 결과발생이 불가능한 것을 의미하며, 상대적 불능은 치사량 미달의 독극물로 사람을 살해하려고 시도하는 경우와 같이 원천적이 아니라 구체적 행위상황으로 인하여 결과발생이 불가능한 경우를 의미한다. 그러나 상대적 불능과 절대적 불능의 구별이 유동적이라는 문제점이 있는 학설이다.

(2) 사실적 불능(미수범) 및 법률적 불능설(불능범)

이 설은 사실적 불능을 상대적 불능으로 보아서 미수범으로, 법률적 불능(주체의 착오의 경우)을 절대적 불능이라고 보아서 불능범으로 본다. 이 견해에 대해서도 법률적 불능과 사실적 불능의 구별이 불명확하며, 사실적 불능이 상대적 불능이라는 것도 타당하지 않다.

(3) 구체적 위험설(신객관설)

미수범의 처벌근거를 법익침해의 위험성에서 찾고, 행위 당시에 행위자가 인식한 사실과 일반인이 인식할 수 있었던 사실을 기초로 일반적 경험법칙과 객관적 사후예측에 따라 위험성 유무를 판단하는 설이다.[1] 이에 따르면 통찰력있는 인간이 판단할 때 결과발생의 개연성이 인정될 경우에는 구체적 위험성이 있으므로 불능미수에 해당한다고 본다. 이 학설에 대해서는 행위자의 인식과 일반인의 인식이 일치하지 않을 경우 누구를 기준으로 하여 판단

1) 김종원, 총론(8인 공저), 304면; 배종대, 528면; 이재상, 404면; 이정원, 291면; 백원기, 미수론연구, 221면.

할 것인지가 명확하지 않다는 비판이 있다. 그러나 이 경우에는 행위자의 특유한 지식이 아니라 일반인의 평균적 지식을 토대로 판단하면 될 것이다.[1)]

(4) 추상적 위험설(주관적 객관설)

행위자가 생각한대로의 사정이 존재하였으면 일반인의 입장에서 판단할 때 결과발생의 위험성이 있다고 보는 경우에 불능미수를 인정하는 견해이다.[2)] 「일반인이 인식한 대로라면 위험하지 않지만 행위자가 인식한 대로라면 위험하다」는 의미로 위험성 요건을 해석하는 견해[3)]도 마찬가지이다. 이 학설은 행위자의 위험성 인식에 보다 중점을 두는 견해이다. 그러나 불능미수가 구성요건의 착오의 반대형태인 점에서 착오에 빠진 행위자의 인식을 토대로 하여 위험성을 판단하는 것은 불가벌적인 불능범과의 구별을 어렵게 할 것이다.

(5) 주 관 설

이 설은 범죄의사가 확실하게 표현된 이상 객관적으로 (절대)불능일지라도 (장애)미수범으로 처벌하여야 한다는 것으로서 원칙적으로 불가벌적인 불능범을 인정하지 않는다.[4)] 그러나 이 설은 미수범의 처벌근거를 행위자의 범죄적 의사의 실현에서만 보고 그 행위의 위험성은 고려하지 않는 문제점이 있다.

(6) 인 상 설

이 설에 의하면 결과발생의 가능성 여부와는 관계없이 행위자의 법적대적 의사가 표출된 (불능미수)행위를 처벌하지 않을 경우 일반인의 법적 안정감이나 사회적 평온상태를 위협하는 인상을 줄 경우에 행위의 위험성을 인정한다.[5)] 인상설에서는 행위자가 인식한 구성요건적 사실과 법익평온상태의 교란을 위험성 판단의 기초로 삼는다. 장애미수는 법익객체에 대한 구체적인 위험성을 의미하는 데 반해 불능미수는 일반적 위험성을 의미한다고 본다.

(7) 종 합

먼저 가벌적인 불능미수의 전제조건으로서 위험성을 어떠한 기준에 의하

1) 김일수/서보학, 530면; Lackner/Kühl, §23 Rn. 6; Jescheck/Weigend, AT, 531면.
2) 정성근/박광민, 414면.
3) 임 웅, 391~392면.
4) 이기호, 「불능미수의 성립요건」, 사법행정(1991/3), 32면; 이영란, 420면.
5) 이형국(II), 554면; 신양균, 「불능미수의 법적 성격」, 김종원교수화갑기념논문집(1991), 425면; 허일태, 「불능미수범에 있어서 위험성의 의미」, 형사판례연구(8), 54면 이하.

여 판단할 것인가 하는 문제는 곧 (불능)미수의 처벌근거가 무엇인가 하는 문제와 직결됨을 알아야 한다. 우선 형법 제27조에 의하면 불능미수란 현실적으로 결과발생의 가능성이 없는 경우임을 전제하고 있다. 때문에 인상설에서는 제27조에 규정되어 있는 위험성이란 현실적인 결과발생가능의 위험성이라고 보지 않는다. 그러나 인상설은 위험성 판단의 기준이 매우 유동적이라는 문제점이 있다.

그러므로 행위시의 상황에서는 결과발생의 현실적 가능성이 없었다고 할지라도 행위수단이나 대상 등의 착오가 없었던 정상적인 상태였다면 결과발생이 가능하였으리라는 조건에서 위험성을 인정하고, 이를 토대로 처벌하는 것이 타당하다고 본다(구체적 위험설). 그렇다면 형법 제27조가 규정하는 위험성이란 결국 구성요건 실현의 잠재적 위험성이라고 할 수 있을 것이다. 그러나 이 규정은 입법적으로 보다 명확히 규정할 필요가 있다.

Ⅳ. 不能未遂의 處罰

형법 제27조는 결과발생이 불가능하더라도 위험성이 있으면 처벌하고, 다만 그 형을 감경 또는 면제할 수 있다고 규정하고 있다. 즉 임의적 감면사유로서 불능미수를 인정하고, 반면에 결과발생이 불가능할 뿐만 아니라 위험성도 없는 행위에 대해서는 처벌하지 않는다. 이는 형의 필요적 감면사유인 중지범보다 무거우며, 장애미수범보다는 가볍다. 불능미수도 미수범이므로 형법에 미수범 처벌규정이 있어야 함은 물론이다.

제 9 장 正犯과 共犯

제 1 절 一 般 論

Ⅰ. 正犯의 槪念

형법상의 구성요건을 실현하는 데는 1인의 행위자에 의하는 경우도 있지만 수인이 공동으로 범행을 완성시키는 경우도 있다. 그러나 형법각칙의 각 구성요건은 1인에 의한 범행을 상정하고 규정되어 있기 때문에 수인이 범행에 가담하는 경우에는 각자의 귀책범위를 정하여야 하는 문제가 발생한다. 이처럼 수인이 범행에 가담하여 범죄가 행하여졌을 경우에 정범과 공범(교사범, 종범)을 구별하지 않고 모두를 정범으로 취급하는 것을 단일정범개념(Einheitstäterbegriff)이라고 한다.[1] 이에 따르면 각자가 범죄행위를 수행함에 있어 어떠한 역할을 담당하였는가는 문제되지 않으며 이는 오직 양형의 단계에서 의미가 있을 뿐이다. 즉 단일정범개념 아래에서는 정범과 공범의 구별은 무의미하고, 정범의 성립을 전제로 해서 공범성립을 인정하는 공범의 종속성 원칙은 인정되지 않는다.

그러나 이러한 단일정범개념은 법익침해 또는 위태화라는 결과만을 볼 뿐 각 구성요건에 특유한 행위불법(예:「기망」,「강취」)을 무시하게 되며, 비신분자도 신분범이 될 수 있게 되고, 공범의 미수범이 정범의 미수범으로 처벌받게 되는 등 처벌범위를 너무 확대하는 결함을 갖고 있다. 우리 형법은 단일정범개념을 채택하지 않고 있으며,[2] 정범(단독정범, 공동정범, 간접정범) 이외에 교사범(제31조)과 방조범(제32조)을 인정하고 있다.

1) Kienapfel, JuS 1974, 4면 이하 및「Der Einheitstäter im Strafrecht」(1971).
2) 예외적으로 우리나라의 경범죄처벌법(제3조), 독일의 질서위반법(Ordnungswidrigkeitsgesetz)은 단일정범개념을 인정하고 있다(제14조). 또한 오스트리아형법(제12조 이하).

이와 같은 정범과 공범의 구별은 고의범에서만 타당할 뿐이다. 과실범의 경우에는 독자적인 귀책기준이 적용되므로 정범과 공범의 구별기준은 과실범에는 해당하지 않는다.

1. 확장적 정범개념

확장적 정범개념에 의하면 구성요건의 실현에 원인을 제공한 자는 모두 정범에 해당되고 그에 따라 처벌된다. 확장적 정범개념의 이론적 근거는 단일정범개념과 마찬가지로 인과관계에서의 등가설에 두고 있으며, 형법상의 공범 규정은 정범으로서의 형을 일정한 전제조건하에서는 제한하는 형벌제한사유가 된다. 즉 확장적 정범개념은 범죄행위의 불법성을 결과관련적(인과관계적)으로 파악하고, 구성요건의 실현과 관련된 모든 원인들은 동가치를 지닌다고 보기 때문에 가담자 모두는 정범이고, 상이한 가담형식간의 차이는 배제되어야 한다고 본다.

이에 따라 살인죄의 경우 직접 칼로 찌른 자뿐만 아니라 칼을 준비해서 건네 준 자 또는 살인을 교사한 자도 모두 정범이 된다. 다만 형벌제한사유인 공범의 규정에 따라 종범의 경우 형이 감경될 뿐이다. 이 입장에 의하면 정범과 공범은 인과관계적으로 동등하게 취급하므로 객관적이 아니라 주관적인 관점에서만 구별되어야 한다는 결론에 도달하게 된다(주관설의 입장).

그러나 이 개념은 정범과 별도로 공범을 규정하고 있는 형법규정과 맞지 않는다. 또한 확장적 정범개념설을 따를 경우 신분범이나 자수범의 특징과 상충된다. 즉 이들 범죄유형은 결과를 유발한 원인행위가 아니라 신분유무 또는 범행의 직접실행 여부에 따라 정범성을 판단하기 때문이다.

2. 제한적 정범개념

제한적 정범개념에 따르면 정범은 형법각론상의 각 구성요건을 직접 실현시킨 자로 제한된다. 그리고 다른 행위가담자(교사범과 종범)는 공범으로서 정범과는 구별된다. 이에 따라 구성요건의 실현에 직접 가담하지 않은 공범자들을 처벌하기 위해서는 별도의 규정이 필요하게 된다. 그렇기 때문에 공범의 처벌규정(제31조, 제32조)은 제한적 정범개념의 입장에서 보면 형벌확장사유가 된다.

이처럼 제한적 정범개념에서는 정범과 공범이 구성요건의 실현 여부에 따라 구별되기 때문에 구성요건적 결과발생에 원인을 제공한 자를 모두 정범으로 보는 확장적 정범개념과 다르다. 그러므로 형법상으로는 제한적 정범개념의 입장이 원칙적으로 타당하다. 그러나 간접정범은 구성요건상의 행위를 직접 실행한 자가 아니기 때문에 이 입장에서는 이론상 정범성이 부인될 수 밖에 없고, 공동정범의 경우에도 구성요건의 전부를 실행하지 않은 이상 정범성을 인정할 수 없게 되는 난점이 있다. 그러나 제한적 정범개념이 교사범과 종범을 정범에서 제외시킴으로써 정범개념의 제한성을 인정한 것은 기본적으로 타당하며, 정범과 공범의 구별에 관한 여러 이론들의 출발점이 되고 있다. 형법이 제한적 정범개념을 근간으로 하고 있는 점은 예를 들어 종범의 형을 정범보다 감경하는 점(제32조 제2항)이나 교사범을 「죄를 실행한 자」(정범)와 동일하게 처벌하도록 규정함으로써(제31조 제1항) 공범이 정범과 다름을 나타낸 데서도 알 수 있다.[1]

Ⅱ. 犯行加擔의 형태

범행에 가담하는 형태는 먼저 가담자의 수에 따라 분류하여 정범과 공범으로 나누는 방법이 있다. 이에 따르면 단독정범 이외의 공동정범, 간접정범, 종범(방조범), 교사범은 모두 공범이 된다. 반면에 범행에 가담하는 행위자의 수가 아니라 구성요건을 실현하는 행위내용에 따라 정범과 공범을 구별하고(아래의 구별기준에 관한 학설 참조), 정범 성립을 전제(공범의 종속성)로 공범을 인정하는 입장에서는 단독정범 이외에 공동정범과 간접정범도 정범으로 보며, 교사범과 방조범만을 공범으로 분류한다. 본서에서도 후자의 분류방법에 따라 설명하기로 한다(부분적으로 공범의 표제 아래 공동정범과 간접정범을 포함하여 설명하기도 하였으나 이는 순전히 설명의 편의성을 위한 것이다).

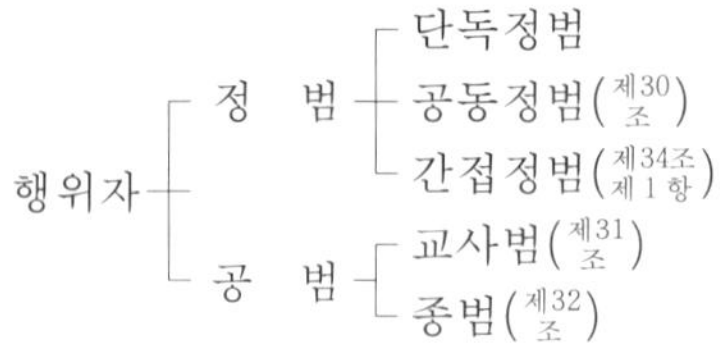

- 행위자
  - 정 범
    - 단독정범
    - 공동정범(제30조)
    - 간접정범(제34조 제1항)
  - 공 범
    - 교사범(제31조)
    - 종범(제32조)

1) 확장적 정범개념과 제한적 정범개념은 독일의 형법학자 Zimmerl(ZStW 1929, 39면 이하)에서 비롯되었다. 이 개념의 역사적 전개 및 이론적 문제점에 관해서는 Bloy, 「Die Beteiligungsform als Zurechnungstypus im Strafrecht」(1985), 115면 이하 참조.

Ⅲ. 正犯과 共犯의 區別

문제되는 전형적인 경우는 다음의 두 가지이다.

1. 간접정범과 교사범의 구별

간접정범이란 타인을 이용하여 범죄를 실행하는 자를 말한다. 즉 타인을 도구 또는 행위매개자로 하여 구성요건을 실현하는 것이 간접정범이다. 그러나 타인으로 하여금 범죄를 실행하게 하는 것은 교사범의 경우에도 마찬가지이므로 양자의 구별이 문제된다(아래 간접정범 참조).

[예] A는 정신병자인 B를 시켜 X를 살해하도록 부추겼다. 이에 B는 X를 살해하였다. A는 살인죄의 교사범(제250조, 제31조 제1항)인가, 살인죄의 간접정범(제250조, 제34조 제1항)인가?(제한적 종속형식을 따르면 교사범에서 정범의 행위는 구성요건에 해당하고 위법하면 되므로 책임능력이 없는 정신병자의 행위를 이용하는 경우에 교사범과 간접정범을 모두 생각할 수 있다)

2. 공동정범과 종범의 구별

공동정범은 구성요건을 수인이 분담하여 실행하는 경우를 말하는데 여러 사람이 범행에 가담한다는 점에서 역시 정범의 구성요건실현에 가담하는 형태인 종범과의 구별이 문제된다(아래 정범과 공범의 구별에 관한 학설 참조).

[예] A는 B가 야간주거침입절도를 하는 데에 필요한 문을 열 수 있는 도구를 마련해 주고, 또한 집 앞에서 감시해 줌으로써 B를 도왔다. A는 야간주거침입절도죄의 종범인가(제330조, 제32조 제1항), 아니면 공동정범인가(제330조, 제30조)가 문제된다.

3. 정범과 공범의 구별기준

형법은 2인 이상이 공동하여 죄를 범하는 공동정범(제30조), 타인을 교사하여 죄를 범하게 하는 교사범(제31조) 및 타인의 범죄를 방조하는 종범(제32조)으로 구별하여 규정하고 있다. 그러나 구체적으로 공동정범과 공범을 구별하는 기준에 대해서는 다음과 같은 이론이 있다.

(1) 객 관 설

형식적 객관설은 구성요건에 해당하는 행위를 직접 행한 자만이 정범이라는 학설이다(제한적 정범개념의 입장). 그러나 이 학설은 정범의 범위를 너무 제한적으로 해석하는 결함이 있다. 그 결과 타인을 이용하여 범행을 하는 간접정범의 정범성은 인정할 수 없으며, 공동정범도 직접 구성요건을 실현하지 않는 한 대부분 인정할 수 없게 된다. 실질적 객관설의 입장에서 필연설과 동시설이 주장되기도 한다. 결과발생에 필수적인 행위를 한 자(필연설) 또는 행위수행과정에 협력한 자(동시설)가 정범이라고 보는 견해이다. 그러나 필연설과 동시설에 대해서는 인과관계의 필연성 여부는 명확한 것이 아니며, 간접정범과 교사범을 구별할 수 없다는 비판이 따른다. 이러한 객관적 기준만에 의하여 정범과 공범을 구별하는 객관설은 오늘날 주장자를 거의 찾아볼 수 없다.

(2) 주 관 설

주관설은 고의설 또는 의사설과 이익설, 목적설을 통칭하는 학설로서, 정범과 공범을 객관적 행위분담(역할)이 아니라 행위자의 주관적 의사 여하에 따라 구별한다. 즉 구성요건을 실현하기 위하여 자발적인 정범의사(animus auctoris)를 가지고 하였는가 아니면 비자발적인 공범의사(animus socii)로써 하였는가에 있다고 본다(확장적 정범개념의 입장). 고의설에 의하면 공범은 정범의 의사결정에 따라 행위하는 것이 되고, 이익설에 의하면 자기의 이익을 위해 구성요건을 실현한 자는 정범이며, 타인의 이익을 위한 자는 공범에 불과하게 된다. 고의설은 정범의사와 공범의 범행의사가 다르다는 점에서 양자를 구별하는데, 오늘날 행위지배설의 주관적 변형이라고 할 수 있다. 또한 19세기 자연과학적 실증주의의 산물로서 결과에 대한 모든 원인을 동등하게 취급하기 때문에 정범과 공범을 구별하기 위해서는 행위자의 주관적 의사를 기준으로 할 수밖에 없었던 것이다. 그러나 이러한 주관설의 결함은 행위자의 의사만을 중시하는 나머지 정범과 공범의 구별을 구성요건의 문제에서 양형의 문제로 변질시킨다는 점이다.

[판례] 이익설을 따른 대표적인 독일판례는 「목욕조사건」(Badewannenfall)[1]과 구소련 KGB의 스파이였던 「쉬타쉰스키사건」(Staschynskij-Fall)[2]을 들 수 있다. 특히 유명한 목욕조사건의 개요는 다음과 같다. 시골농부의 두 딸 중 동생이 사생아를 잉태하여 이를 출산하게 되자, 몇 년 전 언니의 사생아 잉태로 인해 경험했던 아버지의 꾸중이 두려워 사전에 몰래 언니에게 부탁을 하여 자기가 출산하면 아이를 죽여 달라고 부탁을 하였다. 이에 언니는 동생이 걱정되어 부탁대로 아이가

1) RGSt 74, 84면.
2) BGHSt 18, 87면.

태어난 즉시 목욕물에 익사시켰다.
이 사건을 담당한 제국재판소 판사들은 당시 객관설의 입장에 서 있던 판례대로라면 직접 아이를 살해한 자는 사형을 면할 수 없었던 상황에서 타인의 부탁을 받고 살인을 한 것은 자기의 이익을 위한 것이 아니므로 종범에 불과하다는 주관설(이익설)의 입장을 취하여 사형을 면하게 하였다.[1)]

(3) 행위지배설

행위(또는 범행)지배설은 행위의 객관적 요소와 행위자의 주관적 요소를 모두 고려하여 정범과 공범을 구별하는 학설이다. 그러나 그 구체적인 내용에서는 다양한 기준을 제시하고 있다. 즉 주관설과 객관설의 배합 여하에 따라 행위지배설의 뉘앙스가 다르게 된다.

1) 행위지배설의 판단기준 행위지배설에 따라 정범과 공범을 구별하는 기준은 행위자가 수행한 행위분담의 정도·성질에 있다. 즉 정범을 공범으로부터 구별짓는 것은 행위지배라는 기준에 의해서인데, 이에 따르면 정범이란 범행을 지배하는 자, 즉 구성요건에 해당하는 범행실현의 중심인물이고, 사건의 전개과정을 지배하지 못하는 자는 공범에 불과하다. 이처럼 행위지배설의 핵심은 범행의 객관적 측면에 대한 지배 여하에 따라 정범과 공범을 구별한다는 점이다.

학설[2)]과 판례[3)] 역시 공동정범성과 관련하여 공동가공의 의사와 공동의사에 의한 기능적 행위지배를 통한 범죄의 실행사실을 필요로 한다고 하여 외견상 행위지배설을 따르고 있다.[4)] 즉 판례는 공동정범이 성립하기 위해서는 "주관적 요건인 공동가공의 의사와 객관적 요건으로서 그 공동의사에 기한 기능적 행위지배를 통하여 범죄를 실행하였을 것이 필요"하다는 입장이다.[5)]

이에 따라 정범을 정의해 보면 다음과 같다. ① 구성요건을 직접 실행한 자는 그의 의사 여하를 불문하고 (직접)정범이다. ② 실질적으로 범행을 지

1) 이러한 배경설명과 함께 법이론상으로도 주관설의 타당함을 주장하는 당시 제국재판소 판사로서 이 사건에 관여했던 Hartung의 글 JZ 1954, 430면 참조.
2) 김일수(Ⅱ), 285면; 배종대, 545면; 손해목, 936면; 안동준, 218면; 이재상, 427면; 이정원, 315면; 이형국(Ⅱ), 579면; 임 웅, 400면; 조준현, 401면.
3) 대판 2008. 4. 10, 2008도1274; 2004. 6. 24, 2002도995; 1997. 1. 24, 96도2427.
4) BGHSt 28, 349면; BGH NStZ 1994, 422면 등. 행위지배설은 독일의 지배적인 학설이다. 이에 관하여는 Roxin, Tatherrschaft, 60면 이하 및 Stein, 「Die strafrechtliche Beteilgungsformenlehre」(1988), 188면 이하 참조.
5) 대판 2004. 6. 24, 2002도995(소위 '보라매병원'사건).

배하거나 또는 공동으로 지배하는 자는 정범이다. 행위지배는 전체적인 범행수행과정에서 자기의 의사에 따라 사건진행을 중단시키거나 계속시킬 수 있는 자에게 인정된다. 그러므로 직접 구성요건적 행위에 가담하지 않더라도 범행을 조정·분담하고, 지배적 입장에서 이를 지휘하거나 이용하는 공동정범과 간접정범은 정범에 해당한다.

행위지배설은 독일에서 발전한 이론으로서 록신(Roxin)은 행위지배의 내용을 세분하여 ① 실행행위지배(Handlungsherrschaft), ② 의사지배(Willensherrschaft), ③ 기능적 행위지배(funktionelle Taterrschaft)로 분류한다. 그리고 직접정범은 실행지배를, 간접정범은 의사지배를, 공동정범은 기능적 행위지배를 하는 자라고 본다.[1)]

2) 행위지배설의 한계 행위지배설은 정범과 공범을 구별하는 데 있어서 가장 합리적인 기준이라고 할 수 있지만 어느 범죄유형의 경우에나 모두 타당할 수는 없음을 유의하여야 한다. 즉 진정신분범 또는 의무범과 자수범에서는 행위지배설에 따라 정범과 공범을 구별할 수 없다. 그 밖에 부진정부작위범에서 이 학설이 어느 정도의 역할을 할 수 있는지에 대해서도 논란이 있다.

(i) 신분범의 경우에 현실적인 행위지배 여부와는 관계없이 행위가담자가 구성요건상의 신분자이면 그는 진정신분범(죄)의 정범이 된다. 신분범에서는 정범과 공범의 분류가 구성요건해당성의 문제에 속하며 그에 따라 결정되어야 하기 때문이다(이는 다음에 설명할 의무범의 경우에도 마찬가지이다).

[예] 형법 제317조(업무상 비밀누설)의 직에 있는 자(신분자)가 일반인(비신분자)으로 하여금 타인의 비밀을 누설하게 한 경우에 직접 비밀을 누설한—행위지배를 한—비신분자는 「신분 없는 고의의 도구」에 불과하여 업무상 비밀누설죄의 정범이 될 수 없으며 누설하게 한 신분자만이 (간접)정범이 된다.

(ii) 의무범의 경우도 신분범과 같다. 의무범이라 함은 살인범죄나 강도범죄처럼 법익을 침해하는 외부적 행위에 중점을 두는 행위범죄와 달리 구성요건상 정범에게 특정한 의무가 부과되고, 이를 위반하는 경우에 이러한 의무자를 정범으로 보는 범죄로서 신분범 대신에 주장되는 개념이다.[2)] 의무범의

1) Roxin, Tatherrschaft, 126면 이하 참조.
2) Roxin, AT(Ⅱ), Rn. 267 이하 참조.

경우 정범의 가능성은 작위 또는 부작위를 통한 구성요건상의 의무위반 여부에 달려 있다. 의무범의 예로는 횡령죄·배임죄(제355조), 유기죄(제271조) 및 공무원범죄와 부진정부작위범 등을 들 수 있다.

(iii) 자수범에서는 구성요건의 성질상 직접 구성요건을 실현한 자만이 정범이 되기 때문에 공동정범이나 간접정범은 인정되지 않는다. 즉 자수범에서는 타인의 행위에 대한 행위지배(간접정범)와 행위기여(공동정범)는 정범성의 표지가 되지 않는다(예: 위증죄).

Ⅳ. 共犯의 概念과 處罰根據

1. 공범의 개념

공범이란 정범의 행위에 가담하여 범행을 실현하는 자를 말한다. 형법에 규정된 공범의 가담형태로는 교사범(제31조 제1항)과 방조범(제32조 제1항)이 있다. 공범이 성립하기 위해서는 공범으로서의 고의가 있어야 하므로 과실범의 공범이란 있을 수 없다.

2. 공범의 처벌근거(불법근거)

(1) 책임가담설

책임가담설에서는 공범은 정범을 범죄행위로 끌어들임으로써 정범의 범행을 유발시켰기 때문에 처벌된다고 본다. 다시 말하면 공범이 정범의 행위에 가담하여 정범이 유책한 행위를 하게 만든 데에서 공범의 불법성을 찾는다. 즉 공범에 의한 법익침해가 아니라 정범을 범죄행위로 유인하는 데에 공범의 기여가 있다고 보는 것이다. 이러한 의미에서 부패화설(Korrumpierungstheorie)이라고도 한다. 그러나 제한적 종속형식을 따르면 책임이 없는 정범의 행위에도 공범이 성립할 수 있기 때문에 이 견해는 타당성을 잃고 있다.[1]

(2) 불법가담설

불법가담설은 제한적 종속형식을 고려하여 책임가담설을 변형한 이론이다. 이 견해에 의하면 정범의 행위는 공범행위의 결과이다. 이에 따라 신분범에 대한 비신분자의 공범성립이 가능하다고 보게 되며, 또한 범행의 미수를 목표로 삼는 미수의 교사의 불법성도 인정된다. 그러나 이 학설은 정범의 범행에 대한 인과적인 행위분담만을 강조한 나머지 필요적 공범인 소위 대립범

1) 신동운, 판례백선(총론), 475면.

(대향범 예: 간통죄(제241조))에서 피해자도 조건적으로는 정범의 범행에 인과적으로 협력하였기 때문에 공범이 되는 결과가 된다.

(3) 독립적 공범설

독립적 공범(범죄)설에 의하면 공범의 처벌근거는 정범의 구성요건실행에 관여한 행위분담이 아니라 공범의 독자적인 구성요건적 불법성에 있다고 본다. 즉 이 견해에 의하면 정범에 종속하는 공범이 아닌 독자적인 범행가담형태로서의 공범범죄(Teilnehmerdelikt)가 인정되고, 이러한 공범의 불법내용은 정범과 마찬가지로 공범에 의한 의식적인 법익침해에 있다.[1] 그렇기 때문에 순수야기설이라고도 불리는 이 입장에서는 공범의 정범에 대한 종속성을 법기술적이거나 또는 순수한 사실적 의미로 파악한다. 즉 정범과 공범 상호간의 종속성의 원칙에 따른 필연적인 관련성을 부인한다. 그러나 이 설은 공범종속성설의 입장에 따라 정범의 불법성이 공범의 불법성을 제한하고 그 결과 공범의 형은 정범의 형보다 감경되는 현행의 형법규정(제32조 제 2 항 참조)과 부합되지 않는다.

(4) 야 기 설

종속성을 기초로 하는 야기설 또는 촉진설(Förderungstheorie)은 공범이 신체적 또는 정신적인 협력을 통해서 정범의 범행을 조장함으로써 스스로 유책하게 되는 데에 공범의 처벌근거가 있다고 본다. 즉 공범은 구성요건을 직접 실현하는 것이 아니라 정범의 구성요건실현을 촉진시킨다는 것이다. 여기에서 공범은 정범범행의 기수를 지향하는 고의를 가져야 하며, 단순히 정범의 기수의사(고의)를 인식하는 것만으로는 부족하다. 그러므로 미수의 교사에서 교사범(소위 함정교사자)을 처벌하지 않으며 또한 정범범행의 불법이 완전히 실현된 이후(기수 이후)의 공범이란 불가능하게 된다. 이 설이 오늘날 다수설로서 타당하다.[2)]

1) Schmidhäuser, AT(Studienbuch), 10/9; Lüderssen, 「Zum Strafgrund der Teilnahme」(1967), 192면.

2) Jescheck/Weigend, AT, 685면; Sch/Sch/Cramer-Heine, vor §25 Rn. 22; Stratenwerth/Kuhlen, AT Ⅰ, §12 Rn. 121; Welzel, Strafrecht, 115면; 배종대, 557면; 안동준, 224면; 이재상, 436면; 이형국(Ⅱ), 570면; 조준현, 408면.

V. 共犯의 從屬性

1. 공범종속성설과 공범독립성설

공범의 종속성이란 공범은 정범성립을 전제로 하여 성립함을 의미한다(성립상의 종속성). 이와 달리 정범의 성립을 전제로 하지 않고 독립하여 공범이 성립한다는 견해도 있다(공범독립성설).

공범독립성설에 의하면 공범은 독자적인 범죄형태로서 정범의 성립 여부에 관계없이 성립한다고 본다. 그러므로 정범이 성립하지 않더라도 그에 대한 교사범이나 종범은 성립되고, 피교사자의 책임능력 유무를 불문하므로 교사범이나 간접정범을 구별할 필요가 없으며 간접정범도 공범 속에 포함된다고 주장한다.

이에 대하여 공범종속성설에서 공범이란 정범의 행위에 대한 공범으로 이해된다. 그러므로 정범이 성립하여야 그에 대한 공범성립이 가능한 것이다. 이러한 의미에서 공범의 종속성은 법치주의에 입각한 보장적 기능을 담당한다.[1]

형법은 제31조 제 1 항(교사범)과 제32조 제 1 항(종범)에서 각각 「타인을 교사하여 죄를 범하게 한 자」와 「타인의 범죄를 방조한 자」로 규정하여 문언상 공범은 정범의 성립을 전제로 하고 있음을 나타내 주고 있다. 또한 대법원도 공범종속성설에 입각하고 있다.[2]

2. 종속형식과 종속성의 정도

공범이 정범에 종속하여 성립된다고 할 때 정범의 행위는 구성요건에 해당하기만 하면 되는가 아니면 가벌성의 조건까지를 갖춰야 하는가 하는 문제가 종속형식의 문제이다. 이는 독일의 형법학자 마이어(M. E. Mayer)의 분류에 따라 다음과 같이 나뉜다.

(1) 최소한의 종속형식

정범의 행위가 구성요건에만 해당하면 공범이 성립한다고 본다.

---

1) 배종대, 554면; 신동운, 606면; 손해목, 1048면; 이재상, 431면; 임 웅, 404면; 정성근/박광민, 500면.

2) 대판 1998. 2. 24, 97도183(교사범의 정범종속성); 1979. 2. 27, 78도3113(방조죄는 정범의 범죄에 종속하여 성립하는 것이므로 방조의 대상이 되는 정범의 실행행위의 착수가 없는 이상 방조죄만이 독립하여 성립될 수 없다); 1970. 3. 10, 69도2402(종범의 범죄는 정범의 범죄에 종속하여 성립하는 것이므로 사기방조죄는 정범인 본범의 사기 또는 사기미수의 증명이 없으면 사기방조죄가 성립할 수 없다)

(2) 제한적 종속형식

정범의 행위가 구성요건에 해당하고 위법하여야 공범의 성립을 인정한다.

(3) 극단적 종속형식

정범의 행위가 구성요건에 해당하고 위법, 유책하여야 공범의 성립을 인정한다.[1)]

(4) 확장적 종속형식

정범의 행위가 구성요건에 해당하고 위법, 유책하며 가벌성의 조건까지를 갖추어야 공범의 성립을 인정한다.

이상의 4가지 종속형식 중 형법에 명문의 규정은 없지만 공범의 처벌근거에 관한 야기설의 입장에 부합되는 제한적 종속형식을 취함이 타당하다.[2)] 그 근거로는 피교사자의 실행행위가 없음에도 교사자를 처벌하는 것(제31조 제2항·제3항 참조)은 정범의 행위에 대해 유책성까지 요구하는 주관적 종속형식과는 배치되기 때문이다. 이러한 입장에서 공범성립의 전제로서 정범의 요건을 분설하면 다음과 같다.

(i) 정범의 행위는 객관적·주관적 구성요건에 해당하여야 한다. 구성요건에 해당하면 되므로 정범이 미수에 그쳐도 미수범처벌규정이 있는 한 상관없다. 또한 정범은 고의범에 한한다. 과실범에 대한 공범이란 인정될 수 없기 때문이다. 그러나 고의와 과실의 결합형태인 결과적 가중범의 경우에는 공범성립이 가능하다.

(ii) 정범의 행위는 위법하여야 한다. 즉 정범의 행위에 위법성이 조각되는 경우에는 공범이 성립할 수 없다. 그러므로 정당방위(제21조)를 격려, 지원하였다고 해서 종범이 성립하지 않는다.

(iii) 정범의 행위는 유책할 것을 요하지 않는다. 예를 들면 13살짜리 아들에게 범행을 교사하는 경우 아들은 책임이 없지만(제9조 참조) 아버지는 교사범으로 처벌되는 것이다.

1) 신동운, 616면; 오영근, 593면.

2) 김일수/서보학, 633면; 배종대, 555면; 손해목, 1053면; 이재상, 433면; 이정원, 310면; 이형국(Ⅱ), 566면; 임 웅, 406면; 정성근/박광민, 502면; 조준현, 318면.

Ⅵ. 必要的 共犯

1. 개 념

필요적 공범이라 함은 형법각칙상의 구성요건을 실현하기 위해서는 반드시 2인 이상의 범행참가를 전제로 하는 범죄유형을 말한다. 즉 범죄의 성질상 다수인의 범행가담을 필요로 하는 범죄이다. 이에 대하여 필요적 공범이 아닌 본래의 공범을 임의적 공범이라고 부를 수 있다. 총칙상의 공범규정은 임의적 공범을 전제로 한 것이다. 필요적 공범은 정범의 범행에 협력한 자가 공범으로 처벌되지 않는다는 점에서 공범의 종속성원칙이 적용되지 않는 경우이다.

판례는 필요적 공범이 법률상 범죄의 실행을 위해 다수인의 행위의 공동을 필요로 할 뿐 반드시 협력자 전부의 책임을 필요로 하는 것은 아니라고 한다.[1] 마치 행위공동설에 입각한 공범관계를 상정한 듯한 이러한 입장은 필요적 공범이라고 하여 반드시 공범 모두가 형사책임을 지는 것은 아니라는 데에 특징이 있다.

2. 필요적 공범의 유형

필요적 공범은 다시 다음과 같은 유형으로 나눌 수 있다.

(1) 집 합 범

집합범이란 다수인이 동일한 목표와 방향을 가지고 범하는 범죄를 말한다. 이에 해당하는 범죄로는 내란죄(제87조)와 소요죄(제115조)가 있다.

(2) 합 동 범

합동범이란 2인 이상의 합동이 행위의 태양으로서 구성요건에 명시된 범죄유형을 말한다. 특수도주죄(제146조), 특수절도죄(제331조 제2항), 특수강도죄(제334조 제2항), 특수강도강간죄(성폭력범죄의 처벌 등에 관한 특례법 제3조) 등이 그 예이다. 합동범을 필요적 공범으로 볼 수 있는가에 대해서는 긍정설[2]과 공동정범의 특수한 경우에 불과하다는 부정설[3]이 있다. 합동범에 대해서는 공범에 관한 형법규정이 적용되지 않기 때문에 필요적 공범으로 보는 것이 타당하다. 반면에 판례는 합동범의 공동

1) 대판 1987. 12. 22, 87도1699(뇌물공여죄가 성립되기 위해서 반드시 뇌물수수죄가 성립되어야 하는 것은 아니다).

2) 김일수/서보학, 620면; 오영근, 546면; 임 웅, 394면.

3) 이재상, 420면; 이형국(Ⅱ), 559면; 정성근/박광민, 403면.

정범을 인정하고 있어서(대판 1998. 5. 21, 98도321) 결과적으로 공동정범의 특수한 경우로 분류하는 것으로 볼 수 있다.

(3) 대 향 범

대향범이란 2인 이상의 자가 상이한 방향에서 동일목표를 향하여 협력함으로써 성립하는 범죄를 말한다. 즉 상대방의 대응행위가 있어야 성립하는 범죄형태이다. 간통죄(제241조), 부녀매매죄(제288조 제2항), 수뢰죄(제129조), 증뢰죄(제133조), 배임수재죄와 배임증재죄(제357조) 등이 있다. 판례는 대향범의 경우에는 공범(공동정범 포함)에 관한 형법총칙의 규정이 적용되지 않는다는 입장이다. 그래서 마약류관리에 관한 법률위반사건에서 매도인에게 따로 처벌규정이 없는 이상 매도인의 매도행위는 그와 대향적 행위의 존재를 필요로 하는 상대방의 매수범행에 대하여 공범이나 방조범 관계가 성립되지 않는다고 판시하고 있다.[1)]

[판례] 2인 이상의 서로 대향된 행위의 존재를 필요로 하는 대향범에 대하여는 공범에 관한 형법총칙 규정이 적용될 수 없다(대법원 2007. 10. 25. 선고 2007도6712 판결 참조). 공무원인 피고인 2가 직무상 비밀을 누설한 행위와 피고인 1이 그로부터 그 비밀을 누설받은 행위는 대향범 관계에 있다 할 것인데, 형법 제127조는 공무원 또는 공무원이었던 자가 법령에 의한 직무상 비밀을 누설하는 행위만을 처벌하고 있을 뿐, 직무상 비밀을 누설받은 상대방을 처벌하는 규정이 없는 점에 비추어 볼 때, 직무상 비밀을 누설받은 자에 대하여는 공범에 관한 형법총칙 규정이 적용될 수 없다(대판 2009. 6. 23, 2009도544; 2011. 4. 28, 2009도3642).

3. 필요적 공범과 공범규정의 적용

필요적 공범에 가담한 자에 대해서는 총칙상의 공범규정이 적용되지 않는다. 필요적 공범은 범행참가자의 수를 기준으로 하여 공범이라고 부를 뿐 정범에 종속하는 공범의 의미로 사용된 개념이 아니기 때문이다. 그러나 필요적 공범을 외부에서 방조하거나 교사한 자는 각각 방조범 또는 교사범으로 처벌된다.

Ⅶ. 多數形態의 犯行加擔

1인이 동일범죄에 여러 형태로 범행에 가담하는 경우(예: 1인이 공동정범이면서 동시에 교사범으로 가담하는 경우)에는 상대적으로 가벼운 범행형태는

1) 대판 2001. 12. 28, 2001도5158. 또한 조 국, 「대향범 중 불가벌적 대향자에 대한 공범규정 적용」, 형사판례연구(Ⅱ), 123면.

보충적이 된다(법조경합). 그러므로 공동정범이 인정되면 동 범행에 대한 교사범은 인정되지 않는다. 마찬가지로 교사범이나 방조범은 정범에 대하여 보충적이고,[1] 방조범은 교사범에 대하여,[2] 그리고 교사행위나 방조행위에 가담한 행위는 정범의 범행에 가담한 경우에 대하여 보충적이다.[3]

제 2 절 共同正犯

Ⅰ. 共同正犯의 意義

형법 제30조는 공동정범에 관하여 「2인 이상이 공동하여 죄를 범한 때에는 각자를 그 죄의 정범으로 처벌한다」고 규정하고 있다.[4] 형법이 특히 공동정범을 규정하고 있는 입법적 필요성 및 이유는 단독정범과 범행실현 정도가 다르다는 데에 있다고 할 수 있다. 즉 다수의 범행가담자가 모두 단독정범과 같은 정도로 구성요건을 실현한 경우에는 굳이 각자를 정범으로 처벌한다는 공동정범 규정은 불필요하다. 형법 제30조는 구성요건을 실현하는 범행의 정도가 단독정범이 될 수 없는 범행가담자라고 하더라도 정범으로 처벌이 가능함을 명시하고 있는 것이다(일부실행 · 전부책임).

이처럼 공동정범의 특징은 분업적 범죄실행에 있다. 즉 각자의 역할분담이 집약되어 의도한 범죄가 실현되는 범행형태인데 각자는 공동의 범행의사에 따라 공동으로 행위를 수행하였으므로 전체범행에 대한 행위지배자이고 그렇기 때문에 정범이다. 판례는 공동정범이란 2인 이상의 「기능적 행위지배를 통한 범죄의 실행사실」을 전제로 「공동의 의사로 특정한 범죄행위를 하기 위하여 일체가 되어 서로 다른 사람의 행위를 이용하여 자기의 의사를 실행에 옮기는 것을 내용」으로 한다고 하고 있다.[5]

공동정범 규정은 형사처벌의 인적 범위, 즉 정범의 범위를 확대하는 의미를 지닌다. 이처럼 형사처벌의 범위를 확대하는 정당성의 근거는 다수 가

1) BGHSt 30, 28면.
2) BGHSt 4, 244면.
3) Lackner/Kühl, Vor § 25 Rn. 13.
4) 이를 수인이 범행을 한다는 점에서 광의의 공범에 포함시킬 수도 있으나 정확하게는 정범이다.
5) 대판 2003. 3. 28, 2002도7477, 2001. 11. 9, 2001도4792; 1993. 3. 9, 92도3204.

담자가 비록 개개인의 행위로는 구성요건을 실현하지 않았지만 공동의 범행계획하에서 전체 범행을 완성하였다는 데에 있다. 즉 1인의 범인이 전체 범행을 완성한 것과 마찬가지로 보는 것이다. 그러나 범행가담자를 정범으로 취급하기 위해서는 각자의 구체적 역할이 전제되어야 한다.

록신(Roxin)은 이러한 분업적인 범죄실행(소위 기능적 공동정범)만이 공동정범이라고 한다. 그러나 각자가 구성요건 전체를 공동의 결의에 따라 실현시키는 소위 중첩적 공동정범(additive Mittäterschaft, 아래 [예] ①[1])이나, 범행계획을 실현시키기 위해서 역할을 분담하지만 결과발생에는 인과적이지 않은 행위를 포함하는 공동정범의 형태인 선택적 공동정범(alternative Mittäterschaft, 아래 [예] ②[2])도 있을 수 있다.

[예] ① 수인의 암살범이 범행의 성공률을 높이기 위해 여러 곳에 잠복해 있다가 대상인물이 나타나자 동시에 저격하여 살해한 경우 어느 암살범의 총에 맞았는지 확인될 수 없을 때 in dubio pro reo의 원칙에 따를 것인가, 공동정범을 인정할 것인가? 기능적 행위지배설의 입장에서도 이를 공동정범으로 인정하나 이 경우가 기능적인 행위분담인가는 의문이다(형법 제19조의 동시범 규정과 혼동하지 말 것[3]).
② A와 B는 M을 살해하기로 모의하였다. 그러나 M이 매일 두 가지 도로 가운데 하나로 퇴근하기 때문에 각자가 서로 다른 길에서 잠복하고 있다가 살해하기로 하였다. 범행 당일 M은 A가 잠복중인 길로 지나갔기 때문에 A에 의하여 살해당했다.[4] 이 경우 B를 살인죄의 미수범이나 방조범으로 보는 견해도 있으나 공동정범으로 보아야 할 것이다. 범행계획의 성공률을 높이기 위한 A와 B의 역할분담은 전체범행지배에 해당한다고 볼 수 있기 때문이다.

Ⅱ. 共同正犯의 成立要件

Ⅰ. 주관적 요건

(1) 공동의 범행의사(공동가공의 의사)

공동정범이 성립하기 위해서는 범행실현에 관한 상호간의 의사의 합치가 있어야 한다. 즉 수인이 동등한 파트너로서 범행을 결의하는 공동의 범행의사가 있어야 하며, 이는 묵시적으로도 성립될 수 있고, 행동으로 표시될 수도 있으며, 행위실행 이전뿐만 아니라 행위 도중에 생겨날 수도 있다. 이러한 점

1) Herzberg, Täterschaft, 51면 참조.
2) Bloy, 「Die Beteiligungsform als Zurechnungstypus im Strafrecht」(1985), 376면.
3) 대판 1985. 12. 10, 85도1892(공동가공의 의사가 있었다면 이에는 독립행위의 경합이나 동시범의 문제는 제기될 여지가 없다).
4) Rudolphi, Bockelmann-FS.(1979), 379면.

에서 공동정범은 의사의 연락이 없는 다수의 범행가담 형태인 동시범과 구별된다(제19조 참조).

범행의사는 공동이어야 하므로 각 공동정범자는 자기의 고의 범위 내에서만 책임을 진다. 즉 공동정범자간의 고의의 상호귀속이란 인정되지 않는다. 그렇기 때문에 어느 한 사람이 공동의사의 범위를 초과하였을 때에는 그 부분에 관하여 다른 공동정범자는 책임이 없다.

[예] 절도만 하기로 했는데 동료 중 1인이 강간까지 한 경우.

(2) 편면적 공동정범

편면적 공동정범이란 범행의사의 교환을 통하여 공동의사를 형성하지 않고 한 사람만 공동실행의 의사를 가진 경우를 말한다. 공동정범은 2인 이상의 의사의 공동을 전제로 하므로 편면적 공동정범은 인정되지 않으며 이는 행위 정도에 따라 동시범이나 방조범에 해당할 뿐이다.[1]

2. 객관적 요건

(1) 공동의 범행실행(공동가공의 사실)

공동정범이 인정되기 위해서는 공동의 범행계획에 따른 공동의 범행실행이 있어야 한다. 주관적 요건과 달리 범행실행의 정도는 역할분담이 다른 만큼 각 공동정범간에 차이가 있을 수 있다. 반드시 신체적 행위분담에 국한되지 않고 조언을 함으로써 기술적인 문제를 해결하여 수는 것과 같이 정신적인 역할분담도 가능하다. 그렇지만 이 경우에는 조언이 범행을 완수하기 위한 필요적 조건이 아니라면 방조범이 성립할 뿐이다.

(2) 예비행위와 공동정범

예비단계의 협력을 근거로 해서도 공동정범이 성립할 수 있는가? 예를 들어 방화범을 방화현장에 데려다 준 행위나 살인의 예비행위에 가담한 행위, 범행결의를 강화하는 행위 등이다. 정범과 공범의 구별에 관하여 주관설을 취한다면 정범의사만으로도 정범성립을 인정하므로 비록 예비단계에서의 역할분담이라도 공동정범을 인정할 것이다.[2] 그러나 행위지배를 공동정범의

1) 대판 1985. 5. 14, 84도2118.

2) BGHSt 16, 12면; 28, 346면; BGH NStZ 1994, 29면; Tröndle/Fischer, §25 Rn. 7; Sch/Sch/Cramer-Heine, §25 Rn. 66. Jakobs, AT, 21/48 역시 주관설을 따른 것은 아니지만 예비단계에서의 공동정범 성립을 인정한다.

성립요건으로 인정한다면 범행의 중요 부분에 대한 행위수행단계가 아닌 예비단계에서의 가담자는 공동정범이 아닌,[1] 방조범에 불과하다. 판례 역시 실행행위 이전에 공모관계에서 이탈한 경우에는 공동정범을 인정하지 않는다.[2]

(3) 공동가공의 정도

공동정범은 각각의 기능적 행위분담이 결집되어 전체 범행을 완결짓게 되며, 각자는 범행 전체에 대하여 책임을 진다. 즉 공동정범은 반드시 직접 구성요건을 모두 실현시켜야 하는 것은 아니다. 예를 들면 범행현장이 아니고서도 범행지휘는 가능하기 때문이다. 그러나 단순히 범행계획을 수립한 행위 등과 같이 범행의 현실적 수행에 직접 관여하지 않은 자에게까지도 공동정범을 인정하게 되면 공동정범의 객관적 성립요건이 허구화될 위험성이 있다(공모공동정범의 문제). 그리고 객관적인 행위분담이 극히 미약할 때 이를 공동정범으로 볼 것인가 아니면 공범으로 볼 것인가 하는 점인데, 전술한 정범과 공범을 구별하는 이론에 의해 해결한다.

[판례] 공동가공의 행위와 관련하여 포괄일죄의 경우에는 일부 실행 후 공범관계에서 이탈하였으나 다른 공범자들이 나머지 범행을 실행하였다면, 관여하지 않은 부분에 대해서도 공동정범으로서의 죄책을 인정한다(대판 2002. 8. 27, 2001도513).[3]

(4) 공범관계로부터 이탈

범행의 모의에 가담하였으나 이로부터 이탈한 경우의 형사책임에 대해서는 이탈시점을 기준으로 판단하여야 한다. 즉 실행의 착수 이전과 이후를 구분하여 판단할 필요가 있는데 실행의 착수 이전단계인 경우에는 예비단계에 불과하므로 공동정범이 성립하지 않는다. 반면에 실행의 착수 이후에 이탈한 경우 중지범 성립여부가 문제된다. 공범자가 비록 범죄를 실행하는 도중에 이를 중지하였더라도 나머지 공범자의 범행을 저지하지 않은 이상 공동정범의 책임을 진다.

[판례] ① 피고인이 3명의 다른 공범자들과 함께 피해자를 차에 태워 강간 및 강도

1) 김일수(II), 331면; Herzberg, Täterschaft, 66면; Jescheck/Weigend, AT, 616면; Kühl, AT, § 20 Rn. 112; Roxin, Tatherrschaft, 292면 이하; Rudolphi, Bockelmann-FS.(1979), 369면; SK/Samson, § 25 Rn. 47.

2) 대판 1995. 7. 11, 95도955.

3) 다단계금융판매조직을 통하여 포괄일죄의 관계에 있는 사기죄를 실행한 경우.

(미수)를 한 후 다른 공범자의 제의로 피해자를 살해하기로 공모하고 저수지 부근에서 피해자를 내리게 하여 공범자들과 같이 피해자를 데리고 저수지로 갔는데 피고인이 그 때 심경의 변화를 일으켜 공범자들에게 피해자를 놓아주자고 말하였으나 거절당하자 혼자 그 장소를 떠났고 그 후 나머지 공범자들이 피해자를 저수지에 던졌다가 피해자가 헤엄쳐서 나오자 다시 산으로 데리고 들어가 목을 졸라 살해한 사건. 이에 대해 대법원은 「구체적인 살해방법이 확정되어 피고인을 제외한 나머지 공범들이 피해자의 팔, 다리를 묶어 저수지 안으로 던지는 순간에 피해자에 대한 살인행위의 실행의 착수가 있다 할 것이고 따라서 피고인은 살해모의에는 가담하였으나 다른 공모자들이 실행행위에 이르기 전에 그 공모관계에서 이탈하였다 할 것이고 그렇다면 피고인이 위 공모관계에서 이탈한 이후의 다른 공모자의 행위에 관하여는 공동정범으로서의 책임을 지지 않는다」고 판시하여 피고인에 대한 강도살인죄를 인정하지 않았다(대판 1986. 1. 21, 85도2371, 85감도347).

이 판결은 피고인이 실행의 착수 이전에 공모관계로부터 이탈하였다는 것을 근거로 피고인에게 강도살인죄의 공동정범을 인정하지 않은 것이다. 여기에서 피해자를 살해하기 위하여 저수지까지 데리고 간 행위가 아직 실행의 착수가 없었다고 볼 것인지 여부가 문제된다. 만일 실행의 착수를 인정한다면 다른 공모자들의 범행을 저지하지 못하였으므로 강도살인죄의 공동정범을 인정하게 된다. 대법원은 이러한 판단을 하지 않고 실행의 착수이전단계에서 피고인에 대한 중지범 성립을 인정한 것으로 보인다.[1)]

② 피고인(21세)은 범행 전날 밤 11시경에 14세 또는 15세의 원심공동피고인 1, 2, 3과 강도 모의를 하였는데 이때 피고인이 삽을 들고 사람을 때리는 시늉을 하는 등 주도적으로 그 모의를 하였고, 원심공동피고인 1 등과 사건 당일 새벽 1시 30분경 특수절도의 범행을 한 후 함께 일대를 배회하면서 새벽 4시 30분경 강도상해 범행을 하기까지 강도 대상을 물색하였으며, 원심공동피고인 1, 2가 피해자를 발견하고 뒤쫓아 가자 단지 "어?"라고만 하고 비대한 체격 때문에 뒤따라가지 못한 채 범행현장에서 200m 정도 떨어진 곳에 앉아 있었으나 공모자들이 피해자를 쫓아가 강도상해의 범행을 한 사안.

이에 대해 대법원은 「피고인에게 공동가공의 의사와 공동의사에 기한 기능적 행위지배를 통한 범죄의 실행사실이 인정되므로 강도상해죄의 공모관계에 있고, 다른 공모자가 강도상해죄의 실행에 착수하기까지 범행을 만류하는 등으로 그 공모관계에서 이탈하였다고 볼 수 없으므로 강도상해죄의 공동정범으로서의 죄책을 진다」고 판시하였다(대판 2008. 4. 10, 2008도1274).

③ 피고인이 갑 투자금융회사에 입사하여 다른 공범들과 특정 회사 주식의 시세조정 주문(허위매수주문행위, 고가매수주문행위 및 통정매매행위 등)을 내기로 공모한 다음 시세조정행위의 일부를 실행한 후 갑 회사로부터 해고를 당하여 공범관계로부터 이탈하였고, 다른 공범들이 그 이후의 나머지 시세조정행위를 계속한 사안.

1) 민유숙, 「공범관계로부터의 이탈」, 형사재판의 제 문제(제 5 권), 2005, 23면 이하.

대법원은 시세조정 주문행위가 수개의 행위를 단일하고 계속된 범의 하에서 일정 기간 계속하여 반복한 범행이고, 각 범행의 피해법익의 동일성도 인정되므로, (구)증권거래법(현 「자본시장과 금융투자업에 관한 법률」) 제188조의 4에 정한 불공정거래행위금지 위반의 포괄일죄가 성립한다고 보았다. 그리고 피고인이 다른 공범들의 범죄실행을 저지하지 않은 이상 그 이후 나머지 공범들이 행한 시세조정행위에 대하여도 죄책을 부담한다고 판시하였다(대판 2011. 1. 13, 2010도9927).

그러나 주가조작의 제 행위가 계속적·반복적으로 이루어졌더라도 범죄의 피해자가 각각 다르고, 독립적으로 이루어진 별개의 행위로 보아야 하므로 포괄일죄로 보는 것은 타당하지 않다. 그리고 피고인의 이탈 후(퇴사 후)의 범행에 대하여 공동정범의 책임을 인정한 것 역시 행위자(피고인)의 행위가 없었고 행위자와 무관하게 이루어진 범행에 불과하므로 이에 대하여 공동정범을 인정한 것은 타당하지 않다.

3. 판례의 입장

(1) 주관적 요건

공동정범의 성립요건에 관하여 대법원은 「공동정범의 주관적 요건인 공모는 공범자 상호간에 범죄의 공동실행에 관한 의사의 결합만 있으면 족할 것이고, 그 의사의 결합이 공범자 전원이 동일한 일시, 장소에서 모의하지 아니하고 순차적으로 그리고 암묵적으로 상통하여 이루어져도 공범관계는 성립하는 것」이라 하여 위에서 설명한 공동정범의 주관적 성립요건과 그 입장을 같이하고 있다.[1]

(2) 객관적 요건

객관적 성립요건인 공동의 실행행위에 관하여 판례는 공동의사에 기한 기능적 행위지배를 통한 범죄의 실행사실이 필요하다고 하여[2] 기능적 행위지배설에 가까운 태도를 보이고 있다. 그러나 다른 한편으로는 공모가 이루어진 이상 실행행위에 관여하지 않았더라도 다른 공범자의 행위에 대하여 형사책임을 지는 것[3]이라 하여 실행행위가 없어도 공동정범으로 처벌되는 소위 공모공동정범을 인정하고 있다.

이러한 판례의 입장은 일관성과 논리성이 결여되어 있다. 상술한 바와 같이 공동의 실행행위가 없는 공동정범이란 이미 그 객관적 성립요건을 결여하고 있다. 그렇기 때문에 이는 기존의 공동정범의 범주에 속할 수 없는 새

1) 대판 2000. 7. 7, 2000도1899; 2002. 6. 28, 2002도868; 2006. 5. 11, 2003도4320.
2) 대판 1998. 6. 26, 97도3297; 1997. 9. 30, 97도1940.
3) 대판 1990. 6. 22, 90도767; 2001. 6. 29, 2001도1319; 2003. 12. 12, 2001도606.

로운 형태의 공동정범으로서 이를 수용하는 것은 형법 제30조에 대한 허용될 수 없는 확대해석을 의미한다. 그리고 정범과 공범의 구별에 관한 학설로는 공모공동정범과 공범의 차이를 설명하기도 어렵다.

4. 「폭력행위 등 처벌에 관한 법률」상의 공동행위

「폭력행위 등 처벌에 관한 법률」 제 2 조 제 2 항은 「2인 이상이 공동하여 제 1 항 각 호에 열거된 죄를 범한 때에는 각 형법 본조에 정한 형의 2분의 1까지 가중한다」고 규정하고 있다.[1] 이는 공동정범의 규정과 유사함에도 불구하고 그 처벌이 가중되어 있으므로 공동정범과의 차이를 분명히 할 필요가 있다.

「2인 이상이 공동하여」의 의미와 관련하여 ① 공동자 전원이 제 1 항에 규정된 범행의 일부를 하여야 한다고 하여 공모공동정범을 배제하는 견해, ② 공모자 중 2인 이상이 실행행위를 한 경우에는 다른 공모자가 실행행위를 분담하지 않았더라도 인정하는 견해, ③ 공모자가 범행을 공동으로 수행한다는 사실을 외부적으로 알 수 있는 상태여야 하므로 범행장소에 현존하여야 한다는 견해 등으로 나눌 수 있다.[2] 판례는 동 규정이 수인 간에 공범관계가 존재하는 것을 요건으로 하는 것이고 수인이 동일 장소에서 동일 기회에 상호 다른 자의 범행을 인식하고 이를 이용하여 범행을 한 경우임을 요하므로 폭행의 실행범과의 공모사실은 인정되나 그와 공동하여 범행에 가담하였거나 범행장소에 가지 않은 경우에는 공동하여 죄를 범한 때에 해당하지 않는다고 본다.[3] 이러한 판례의 입장은 통상의 공동정범 성립요건보다 강화된 요건을 필요로 한다는 의미로 이해할 수 있다. 그렇다면 판례는 폭처법상의 「2인 이상이 공동하여」라는 요건은 합동범과 같은 수준으로 이해하는 것으로 볼 수 있다. 그러나 대법원은 동 규정에 대해서 공모공동정범을 인정함으로써[4] 결과적으로 3인 이상이 가담한 경우에는 2인을 제외한 가담자에 대해서 통상의 (공모)공동정범 인정이 가능한 완화된 해석을 하고 있다. 그러나 동 규정이

1) 폭력행위 등 처벌에 관한 법률 제 2 조 제 1 항의 죄: 형법 제260조 제 1 항(폭행), 제283조 제 1 항(협박), 제319조(주거침입, 퇴거불응), 제366조(재물손괴등), 제260조 제 2 항(존속폭행), 제276조 제 1 항(체포, 감금), 제283조 제 2 항(존속협박), 제324조(강요), 제257조 제 1 항(상해)·제 2 항(존속상해), 제276조 제 2 항(존속체포, 존속감금), 제350조(공갈).

2) 신양균, 「형사특별법」(「폭력행위등 처벌에 관한 법률」), 93면 이하.

3) 대판 1990. 10. 30, 90도2022.

4) 대판 1994. 4. 12, 94도128.

형을 2분의 1까지 가중하고 있다는 점에서 「2인 이상이 공동하여」를 합동범의 수준으로 해석하는 것이 타당하다.

Ⅲ. 承繼的 共同正犯

1. 개 념

승계적 공동정범이라 함은 선행자의 범행 도중 그와의 사후적 의사연락하에 후행자가 ― 선행자와 함께 또는 단독으로 ― 범행의 잔존부분을 수행하는 경우를 가리킨다. 승계적이라는 것은 후행자의 범행가담 이전에 이루어진 범행부분까지도 후행자가 형사책임을 승계한다는 의미에서 붙여진 명칭이다. 그러므로 승계적 공동정범을 의사의 연락 없이 단순히 범행 도중에 가담하는 경우 또는 그 가능성만으로 이해하는 것은 실익이 없다. 승계적인 공동정범을 인정할 것인가의 문제는 이를 (공동)정범의 문제와 별개로 판단할 성질이 아니기 때문이다. 이는 결국 후행자의 범행가담이 공동정범의 성립요건을 충족시키는가라는 문제로 귀결되며 이에 따라 형사책임의 인정범위가 결정되어져야 한다.

2. 승계적 공동정범의 문제점

1) 승계적 공동정범에 특유한 문제점은, 첫째 범행가담 이전에 선행자에 의해 이루어진 행위부분을 후행자에게도 귀책시킬 수 있는가(후행 가담자의 책임범위)와, 둘째 과연 범행의 어느 시점까지 후행자가 공동정범으로서의 범행가담을 할 수 있는가 하는 승계적 공동정범 성립의 시간적 한계에 그 핵심이 놓여 있다.

2) 승계적 공동정범의 문제를 논하면서 과거에는 이를 범죄공동설과 행위공동설에 결부시켜 설명하기도 하였다. 그러나 두 학설은 승계적 공동정범과 관련하여 그 구별의 기준이 모호해졌을 뿐만 아니라, 정범과 공범을 구별하는 학설과 병존하여 주장될 실익이 과연 있는가는 의문이다.[1)]

3. 승계적 공동정범성립의 시간적 한계

승계적 공동정범의 귀책범위는 별론으로 하더라도 범행이 기수에 이르기 전까지는 후행자가 동 범행에 가담할 수 있다는 데에 이론이 없다. 예를 들

1) 범죄공동설과 행위공동설의 유용성에 관하여 의문을 제기하는 입장으로는 이재상, 458면 및 이형국(Ⅱ), 591면. 또한 박정근, 「승계적 공동정범」, 고시계(1967/7), 44면 참조.

어 강도죄와 같은 결합범의 경우 폭행에는 가담하지 않고 이후에 재물절취에 만 가담하는 것은 사전모의에 의한 행위분담이든 사후적인 가담이든 가능한 것이다. 이와 함께 범행이 기수에 이른 후 종료되기 전까지도 공동정범으로서 후행자의 범행가담이 가능한가 하는 점도 문제이다.

공동정범성립의 시간적 한계에 관하여 대법원은 기수 이후의 공동정범 성립가능성을 부인하고 있는 것으로 사료된다.[1] 또한 포괄일죄의 일종인 연속범에 있어서 연속된 범행 도중에 가담한 자는 비록 그가 가담 이전에 이루어진 범행을 알았다 하더라도 그 가담 이후의 범행에 대해서만 공동정범으로서의 책임을 지는 것이라고 하여[2] 승계적 공동정범에 관한 제한적인 태도를 보이고 있다.

독일의 다수 학설과 판례에 의하면 승계적 공동정범은 범행의 종료시점까지도 가능하다.[3] 예를 들어 절도죄의 경우 범행은 행위자가 피해자의 공간적인 지배범위 내에 머물러 있을 때에는 아직 종료되지 않았다고 봄으로써 준강도죄(Räuberischer Diebstahl, 독일형법 제252조)의 성립가능성을 인정한다.[4] 이에 따라 연방대법원은 P가 상점을 부수고 침입하여 많은 양의 생필품을 N의 집으로 운반해 놓은 후에 N에게 이러한 사실을 알리고 상점에 남아 있던 나머지 물건은 N과 함께 절취한 사건에 있어서 N에게도 P와의 가중절도죄(독일형법 제243조)[5]의 공동정범을 인정하였다.[6] 즉 범행의 기수 이후에 가담한 공동정범에게도 범행가담 이전의 실행부분을 귀책시킴으로써 승계적 공동정범이 범행의 종료시점까지도 성립할 수 있음을 인정한 것이다.[7] 한편 결합범의 경우에는 전체 범행의 종료가 아니라 부분적인 범행의 종료 여부에 공동정범의 성립을 의존하고 있는데, 이는 폭행행위로 인해 피해자가 쓰러져 있는 상태에서 절취한 경우 폭행행위의 미종료를 이유로 강도죄의 성립을 인정한 독일연방대법원의 판례에서 볼 수 있다.[8]

1) 대판 1953. 8. 4, 4286형상20(원래 공동정범관계는 범죄가 기수되기 전에 성립되는 것이고 횡령죄가 기수된 후에 그 내용을 지득하고 그 이익을 공동취득할 것을 승낙한 사실이 있더라도 횡령죄의 공동정범관계는 성립될 수 없을 것인바 …).

2) 대판 1982. 6. 8, 82도884(히로뽕 제조행위 사건).

3) BGHSt 2, 344면 이하; BGH GA 1966, 210면; BGH MDR 1969, 533면; BGH JZ 1981, 595면; BGH JZ 1985, 299면; Tröndle/Fischer, § 25 Rn. 9; Jescheck/Weigend, AT, 418면; Sch/Sch/Cramer-Heine, § 25 Rn. 91; Klussmann, MDR 1974, 187면.

4) BGH NJW 1987, 2687면.

5) 제243조 중 우리 형법상의 특수절도(제331조)와 유사한 제 1 항 제 1 호를 적용하였다.

6) BGHSt 2, 344면 이하.

7) 위의 사건에서 N이 P와 함께 수행한 부분에 대하여는 절도죄의 공동정범이 성립함은 특별한 문제가 되지 않는다.

8) BGH MDR 1969, 533면; BGH JZ 1981, 596면. 이와 유사한 판시내용은 강간죄의 경우에서도 찾아볼 수 있다(BGH NStZ 1981, 344면; BGH MDR 1982, 446면). 그러나 독일연방대법

4. 승계적 공동정범의 귀책범위

(1) 적 극 설

적극설[1]에 의하면 일부실행 · 전부책임이라는 공동정범의 본질에 비추어 후행자는 기능적 행위지배가 가능한 범위 내에서 선행자가 실현한 부분에까지 공동정범의 책임을 부담시키는 것이 타당하다거나, 또는 승계적이라는 개념에 유의하여 후행자가 선행자의 실행부분을 승계할 의사—기존의 상황에 대한 승인—가 있으며, 잔존부분을 완성했을 경우 전체 실현부분에 대한 공동정범의 성립을 인정하는 것이 승계적 공동정범의 개념에 합치된다고 하여, 결과적으로 승계적 공동정범을 독립된 공동정범의 한 형태로 인정하는 입장 등이 있다.

(2) 소 극 설

소극설[2]에서는 실현된 범행부분에 대한 행위지배가 불가능하다거나 인과관계가 인정될 수 없다는 점, 또는 실현의사가 없었다는 점을 이유로 선행자의 실행부분에 대한 후행자에의 귀책을 부인한다.

[판례] 계속된 거래행위가 업무상 배임죄에 해당하는 경우 도중에 공동정범으로 범행에 가담한 자는 비록 그가 그 범행에 가담할 때에 이미 이루어진 종전의 범행을 알았다고 하더라도 그 가담 이후의 범행에 대하여만 공동정범으로 책임을 진다(대판 1997. 6. 27, 97도163)

(3) 결 론

승계적 공동정범의 문제는 포괄일죄의 경우, 그 중에서도 특히 결합범의 경우에 이의 인정 여부가 실질적인 의미를 갖고 있다. 단순일죄의 경우에는 일반적인 공동정범의 예에 따라 이를 해결하여도 문제가 없으며, 과형상의 일죄에 있어서도 각죄에 대하여 공범관계를 논하면 되므로 특별히 승계적 공동정범의 법리를 원용해야 할 필요는 없다. 승계적 공동정범을 인정하는 입장에서는 폭행에 가담하지 않았다고 하더라도 이를 인식 · 인용하면서 그 후의 절취행위에 가담하였다면 이는 절도죄가 아니라 강도죄의 공동정범에 해

원의 판례가 일관된 입장을 취하고 있지는 않다.

1) 김성돈, 581면; 김종원,「승계적 공동정범」, 사법행정(1964/7), 25면 이하; 이형국(Ⅱ), 596면 이하; 손해목, 1010면; 정영석, 252면; 황산덕, 266면.

2) 김일수/서보학, 597면; 박양빈,「공동정범」, 고시연구(1993/11), 212면; 배종대, 567면; 안동준, 230면; 오영근, 578면; 이재상, 464면; 임 웅, 419면; 정성근/박광민, 538면; 조준현, 325면; 진계호, 501면.

당한다고 보아야 하는 것이 논리적 귀결이라 할 수 있다.[1)]

독일에서는 승계적 공동정범을 인정하는 견해[2)]와 이를 부인하는 입장(현재의 다수설이다)이 있다. 부인설의 논거로는 실현된 범행부분과 후행행위간의 인과관계의 흠결이나 행위지배의 불가능성[3)] 또는 행위시의 고의의 흠결[4)] 또는 기수시점 이후의 승계적 공동정범 성립가능성과 관련해서는 공동정범이 전제하고 있는 구성요건의 공동실현이 불가능하다는 점을 든다.[5)] 그 밖에 공동정범을 단순한 단독정범의 복합체로서 이해하는 새로운 관점에 입각하여 승계적 공동정범을 부인하는 견해도 있으며[6)] 가담한 범행 전체에 대하여는 승계적 공동정범이 아닌 종범으로서의 죄책을 인정하는 수정적인 견해[7)] 등이 있다.

5. 승계적 공동정범의 한계

(1) 승계적 공동정범과 정범이론

정범과 공범을 구별함에 있어 주관설의 입장은 행위자가 어떠한 생각(의사)을 가지고 범행에 가담하였는가를 그 기준으로 삼는다. 즉 행위자가 자기의 범행을 실현하고자 하는 의도였다면—정범의사—정범이 성립하고, 반대로 타인의 범행을 도와 줄 의도밖에 없었다면—공범의사—공범에 불과하다고 본다. 이러한 주관설의 입장에 영향을 받은 학설과 판례는 승계적 공동정범의 문제에도 마찬가지의 결론을 내리고 있다.[8)] 즉 이미 실현된 일부 범행을 인식하고 이를 바탕으로 하여 범행을 종결시킨 경우에, 이러한 후행자의 의사는 전체 범행에 대하여 (공동)정범성을 인정할 수 있는 원인력을 갖는다고 파악하는 것이다.

1) 그러나 이러한 논리적 관계가 유지되지 않는 견해도 발견된다. 즉 강도죄와 같은 결합범의 경우에 승계적 공동정범을 인정하면서 포괄일죄에 대해서는 범행의 분할이 가능하다고 주장하는 것이 그 예이다(정성근, 「승계적 공동정범」, 고시계(1981/9), 70면 참조). 포괄일죄라 함은 계속범, 연속범과 함께 결합범을 포함 할 뿐만 아니라 또한 범행의 분할이 가능하다 함은 가담 이후의 행위에 대해서만 귀책이 가능함을 의미하며, 결국 승계적 공동정범을 부인하는 결론이 되기 때문이다.
2) Tröndle/Fischer, § 25 Rn. 9; Furtner, JR 1960, 367면. BGHSt 2, 344면; BGH GA 1966, 210면.
3) Honig, JW 1924, 1436(Nr. 2)면; Kühl, AT, § 20 Rn. 129; SK/Samson, § 25 Rn. 48; Rudolphi, Bockelmann-FS.(1979), 377면; Eser, Strafrecht Ⅱ, Nr. 40 Rn. 16 이하; Seelmann, JuS 1980, 573면.
4) SK/Samson, § 25 Rn. 48.
5) Herzberg, Täterschaft, 72면; Sax, Nottarp-FS.(1961), 136면.
6) Schilling, 「Der Verbrechensversuch des Mittäters und des mittelbaren Täters」(1975), 104면 이하.
7) Roxin, Tatherrschaft, 290면 이하.
8) 그렇다고 하여 승계적 공동정범을 인정하는 입장이 모두 정범이론에서 주관설을 취하고 있다는 것은 아니다. 이는 오히려 변혁적인 의미를 지닌다.

그러나 이러한 결론의 도출이 과연 주관설의 입장과 일치하는 것인지는 의문스럽다. 물론 후행자가 가담 이전에 이미 실현된 범행부분에 관하여 이를 양해 내지 동의한다는 의사를 표시할 수는 있다. 그러나 주관설에서 말하는 정범의사란 행위에 대한 단순한 동의와는 구별되어야 한다. 주관설에 따라서 후행자에게 공동정범으로서의 귀책이 가능하기 위해서는 범행의 실현의사가 요구된다. 즉 공동의 의사결정에 기초한 다수의 협력적인 범행실현의 범위 내에서만 공동정범은 인정될 수 있는 것이다. 이러한 공동의사의 범위에 포섭될 수 없는 행위에 대해서는 어느 가담자도 공동정범으로서의 책임을 부담할 수 없는 것이다.

결과적으로 후행자의 의사를 근거로 하여 승계적 공동정범을 인정하는 것은 극단적인 주관설에 입각하고 있다고 볼 수 있다. 이에 따르면 범행의 기수뿐만 아니라 종료시점까지라도 행위분담을 한 자는 범행 전체에 대한 공동정범이라고 보게 된다. 그러나 이미 실현된 범행을 인식하고 이를 동의하는 후행가담자의 의사만을 근거로 전체범행에 대한 공동정범의 성립을 인정하는 것이 과연 후행가담자의 의사와 일치하는지도 의문이다. 이러한 점은 예를 들어 후행자가, 폭행행위가 이미 끝났기 때문에—이를 인식하고 또한 이 점을 받아들이면서—비로소 두려움 없이 절취행위에만 가담한 경우에 분명해진다. 즉 이때에도 후행자의 의사는 분담행위를 넘어 이미 실현된 범행부분에까지 미치는 것인지는 의문인 것이다.

형식적 객관설에 의하게 되면 승계적 공동정범을 인정할 가능성은 더욱 줄어들게 된다. 왜냐하면 정범이란 구성요건을 전체적으로나 부분적으로 직접 실현할 때에만 인정되게 되며, 행위가담자의 의사란 공동정범으로서의 책임을 결정하는 데에 의미가 없기 때문이다.[1] 또한 구성요건적 범행의 실현만이 정범에 해당된다고 보게 되므로 범행이 기수에 이른 후에도 승계적 공동정범을 인정할 수 없게 된다.

오늘날 정범개념을 정하는 데 있어서 지배적인 학설은 행위지배설이다. 이에 따르면 공동정범이란 공동의 범행계획하에서 다른 범행가담자와 함께 자기의 분담행위를 통해 범죄의 실행을 지배하는 자이다.[2] 이러한 입장에서

1) Jakobs, AT, 21/25; Roxin, Tatherrschaft, 34면.
2) 행위지배설에 관한 문헌은 LK/Roxin, §25 Rn. 10 참조.

볼 때 공동의 (행위)지배로서의 공동정범이란 특정한 의사방향이나 범행가담자의 주관적인 태도에 의해 결정되는 것이 아니라, 범행실현단계에서의 행위분담에 따라 결정되어지는 것이다. 때문에 구성요건이 부분적으로 실현된 이후에 비로소 범행에 가담한 자는 이 실현된 부분에 대하여는 어떠한 행위지배도 없었다고 보아야 한다. 우선은 실현된 범행부분에 대하여는 행위지배가 객관적으로 불가능하다. 또한 이미 실현된 범행의 순간에는 공동의 범행실현을 위한 후행자의 고의도 결여되어 있다. 결국 행위지배설에 따르면 승계적 공동정범에 있어서는 오직 구성요건을 실현하는 과정에서만 행위지배를 생각할 수 있으며, 정범이론이 구성요건에 속하는 문제임을 인정한다면 승계적 공동정범에서의 소급적인 귀책이란 근거가 없는 것이다.[1]

(2) 주관적 한계

범죄의 실현을 인식하고 의욕하는 협력형태로서의 공동정범이 공동의 범행결의(Tatentschluß)를 전제하고 있음은 당연하다.[2] 그러나 승계적 공동정범에서 실현된 범행부분의 행위과정은 다른 범행가담자—선행자—에 의해 이미 결정되어진 경우에 해당된다. 이 점은 공동정범이 성립하기 위해서는 각자가 역할분담에 따라 명시적 또는 묵시적으로 자기의 분담부분을 맡아야 한다는 요건과 상치되는 것이다. 또한 주관적인 범행준비를 내포하는 범행의 실현의사란 사후적인 양해나 동의에 의해 상쇄될 수도 없는 것이다. 왜냐하면 범행의 부분적인 실현시점 이전에도 후행자에게 이러한 양해나 동의를 기대할 수 있는가의 여부는 불분명하기 때문이다.

(3) 객관적 한계

공동정범이 성립하기 위해서는 공동의사에 기초한 범행의 공동실현이 요구된다. 범행의 공동실현 사실이 있다고 하더라도 공동의 의사에 따른 것이 아닐 때에는 동시범이 존재할 뿐 공동정범은 아니다. 그런데 범행 도중에 가담하는 행위자가 이미 실현된 범행부분에 관하여 기존의 행위자와 공동으로 행위지배를 하였다고는 볼 수 없다. 다만 예외적으로 공동의 범행결의에 가

1) 정범이론에서 행위지배설을 취하면서도 승계적 공동정범의 소급적 귀책을 인정하는 견해는 위와 같은 논거에서 수긍하기 어렵다(이형국(II), 577면 이하, 596면 및 앞의 논문, 118면 이하; 손해목, 994면 및 1010면; 황산덕, 251면 및 266면 참조).

2) BGHSt 6, 248면 이하(249); Jakobs, AT, 21/40 이하; Herzberg, Täterschaft, 62면 이하; Roxin, Tatherrschaft, 285면 이하 참조.

담하고 범행계획에 따라 범행 도중에 가담할 때에만 전체 범행에 대한 행위지배가 인정될 수 있다.

이와 관련하여 문제될 수 있는 것은 사후적인 범행가담의 경우라 할지라도 사전행위에 대해서 부작위에 의한 범행가담으로 인정될 수 있는가의 여부이다. 예를 들어 폭행에 가담하지 않고 구경만 하다가 폭행이 끝난 후에 절취행위에만 가담하였을 때에 폭행행위를 제지하지 않고 방관한 데 대해서 부작위에 의한 폭행가담이 성립할 수 있겠는가 하는 점이다. 이는 부작위범의 일반론에 의해 해결하여야 할 것이나, 결과방지를 위한 보증인적 지위라는 것이 사회공동체 내에서 일반화되어 인정될 수 없는 법적인 의무인 점을 감안할 때 이는 부인되어야 할 것이다.

6. 결 론

이상에서 살펴본 바와 같이 승계적 공동정범이 범행의 기수시점을 지나 종료시점까지도 인정될 수 있는가 하는 문제에 관해서는 이를 부인하여야 할 것이다. 물론 계속범이라든가 수회에 걸친 구타의 경우와 같이 범행의 성격상 기수 이후의 시점에서 공동정범으로서의 범행가담이 가능할 수는 있다. 그러나 이로부터 곧 범행 종료시점까지의 공동정범 성립가능성을 일반화시켜 주장할 수는 없을 것이다. 왜냐하면 위의 경우에는 범행이 기수에 달한 이후에도 구성요건이 실현되고 있다는 점에서 공동정범 성립이 가능한 것이며, 그 밖의 경우에는 기수시점 이후에 구성요건해당성이 인정될 수 없기 때문이다.

절도죄와 같은 단순범의 경우에는 물론 범행 도중에 공동정범으로서의 행위가담이 가능하다. 그러나 이 경우에는 승계적 공동정범의 법리를 적용하지 않고도 일상적인 공동정범의 예에 따라 설명될 수 있으며, 결합범에서는 범행계획에 따른 사후적인 범행가담이 아닌 한 범행가담 이후 부분에 대해서만 공동정범으로서의 책임을 인정하여야 할 것이다. 이러한 해석이 공동정범을 규정하고 있는 형법 제30조의 취지와도 일치된다고 본다. 즉 「2인 이상이 공동하여 죄를 범한 때」란 형법상의 구성요건실현을 전제하며, 공동성은 공동의사와 함께 분업적 협력관계인 공동실현을 포함하고 있다고 보아야 하기 때문이다. 뿐만 아니라 공동정범이 정범의 성립조건에 관한 예외를 인정한 것이며 동시에 귀책범위의 법적인 확장을 의미한다고 볼 때 공동정범의 성립조건을 제한적으로 해석하는 것이 타당하다고 본다.

Ⅳ. 共謀共同正犯

1. 공모공동정범의 개념

공모공동정범이란 2인 이상의 자가 공모하여 그 공모자 가운데 일부가 범죄를 실행하였을 때 실행행위를 담당하지 않는 공모자를 일컫는 용어로서 이러한 공모자에게도 공동정범이 성립한다는 것이 공모공동정범을 인정하는 이론이다. 특히 일본의 판례를 통하여 형성·발전된 이 이론은 우리 나라에도 영향을 미쳐 오늘날 대법원 판례의 입장으로 수용되고 있다.[1)]

여기에서 주의하여야 할 점은 대법원이 공동정범과 다른 유형의 공동정범을 인정한 것이 아니라 형법이 규정한 공동정범의 개념 속에 이미 공모공동정범도 포함된 것으로 보고 있다는 점이다. 즉 판례는 공동정범의 개념을 정의하면서 「반드시 공범자 전원이 범죄의 실행행위에 가담할 필요는 없고 적어도 공범자들 사이에 범죄에 대한 공동가공의 의사가 있는 경우, 즉 상호간에 범의의 연락이 있고 그 공범자 일부가 범죄의 실행에 당한 경우에는 결국 전원이 공동일체로서 범죄를 실행한 것이 되고, 스스로 직접 그 실행행위를 분담하지 아니한 자도 그 범죄 전체에 관하여 공동정범으로 책임을 진다」[2)]고 한다. 이러한 입장은 독립된 공동정범의 한 유형으로서의 공모공동정범론이 아니라 일반적인 공동정범의 본질론으로 돌아가 문제를 해결하여야 한다는 점을 시사하는 것이다.

2. 공모공동정범에 관한 학설 및 판례

공모공동정범의 인정 여부에 관하여는 긍정설과 부정설[3)]이 대립하고 있다. 통설인 부정설은 실행행위의 분담이 전혀 없는 가담자를 공동정범으로 볼 수 없다는 것이 그 이유이다. 긍정설로는 판례를 통하여 형성된 공동의사주체설, 간접정범유사설 및 공동정범설이 있다.

1) 대판 1983. 3. 8, 82도3248; 1993. 4. 23, 92도2628.
2) 대판 1988. 3. 22, 87도2539; 1987. 9. 8, 87도1507; 2002. 7. 26, 2001도4947.
3) 김성돈, 595면; 김일수/서보학, 603면; 배종대, 581면; 신동운, 577면; 오영근, 580면; 이형국(Ⅱ), 604면; 임 웅, 428면; 정성근, 「공모공동정범 재론」, 김종원교수화갑기념논문집, 450면 이하.

(1) 판례의 입장

대법원은 「공모공동정범은 공동범행의 인식으로 범죄를 실행하는 것으로 공동의사주체로서의 집단 전체의 하나의 범죄행위의 실행이 있음으로써 성립하고 공모자 모두가 그 실행행위를 분담하여 이를 실행할 필요가 없고 실행행위를 분담하지 않아도 공모에 의하여 수인간에 공동의사주체가 형성되어 범죄의 실행행위가 있으면 실행행위를 분담하지 않았다고 하더라도 공동의사주체로서 정범의 죄책을 면할 수 없다」[1]고 하여 전통적인 공동의사주체설의 입장에서 공모공동정범을 인정하고 있다.[2]

그러나 대법원은 공모공동정범의 성립요건과 관련하여 기능적 행위지배설에 입각한 새로운 입장을 나타내고 있다. 즉 「형법 제30조의 공동정범은 공동가공의 의사와 그 공동의사에 기한 기능적 행위지배를 통한 범죄 실행이라는 주관적·객관적 요건을 충족함으로써 성립하는바, 공모자 중 구성요건행위 일부를 직접 분담하여 실행하지 않은 자라도 공동정범으로서의 죄책을 질 수도 있는 것이기는 하나, 이를 위해서는 전체 범죄에 있어서 그가 차지하는 지위, 역할이나 범죄 경과에 대한 지배 내지 장악력 등을 종합해 볼 때, 단순한 공모자에 그치는 것이 아니라 범죄에 대한 본질적 기여를 통한 기능적 행위지배가 존재하는 것으로 인정되는 경우여야 한다」고 판시하고 있다.[3] 이는 종래 범행계획에만 가담하여도 인정하던 공모공동정범을 범죄에 대한 본질적 기여를 통한 기능적 행위지배가 존재하는 것으로 인정될 경우에 한하여 제한적으로 인정하는 새로운 입장이라고 할 수 있으며, 이러한 요건 하에서라면 굳이 공모공동정범으로 부를 필요 없이 통상적인 공동정범에 해당한다고 할 수 있다.

(2) 간접정범유사설

간접정범유사설은 실행행위에 가담하지 않은 자도 타인의 실행행위를 통하여 자신의 범죄의사를 관철시켰으므로 타인을 도구로 이용하여 범죄를 하는 간접정범과 유사하다는 것이다. 그리고 이러한 이용관계는 실행행위분담자와 단순한 공모가담자 상호간에 존재한다고 한다.

1) 대판 1983. 3. 8, 82도3248.
2) 반면 간접정범유사설을 취하고 있는 대법원판례도 있음을 유의하여야 한다(아래 참조).
3) 대판 2007. 10. 26, 2007도4702; 2011. 5. 13, 2011도2021.

> 대법원판례 가운데에는 간접정범유사설에 입각한 것이 있다. 즉「공모공동정범이 성립되려면 두 사람 이상이 공동의 의사로 특정한 범죄행위를 하기 위하여 일체가 되어 서로가 다른 사람의 행위를 이용하여 각자 자기의 의사를 실행에 옮기는 것을 내용으로 하는 모의를 하여 그에 따라 범죄를 실행한 사실이 인정되어야 하고, 이와 같이 공모에 참여한 사실이 인정되는 이상 직접 실행행위에 관여하지 않았더라도 다른 사람의 행위를 자기의사의 수단으로 하여 범죄를 하였다는 점에서 자기가 직접 실행행위를 분담한 경우와 형사책임의 성립에 차이를 둘 이유가 없다」(대판 1988. 4. 12, 87도2368; 1988. 9. 13, 88도1114; 1993. 4. 23, 92도2628)고 판시하였다. 이는 위의 공동의사주체설에 입각한 판례와 입론의 근거를 달리하며, 공모공동정범을 인정하기 위한 이론구성이 여의치 않음을 반영하는 것으로 보인다.

간접정범유사설이 공동정범성을 인정하기 위하여 성립요건이 다른 간접정범을 근거로 삼는 것은 무리한 해석이다. 외형상의 유사성이 형사책임의 근거가 될 수는 없기 때문이다. 우선 공동정범에서 실행행위를 분담하지 않고 모의에만 가담한 공모공동정범은 간접정범과 본질적으로 다르다. 간접정범과 피이용자는 지배와 피지배의 관계인 데 반하여 공동정범자간에는 상호협력가공 또는 역할분담의 관계에 있기 때문이다. 또한 간접정범은 외견상 이용자와 피이용자라는 수인의 가담을 전제로 하지만 본질적으로 간접정범 단독의 범행에 불과하다. 반면에 공동정범은 수인의 협력을 전제로 하는 범행형태로서 양자를 동일선상에서 평가할 수는 없다.

(3) 적극이용설

이 설은 실행행위자를 적극적으로 이용한 공모자는 공동정범이 된다고 본다.[1] 즉 공모자의 이용행위를 실행행위 수행과 동일한 것으로 보아 여기에 공동정범성을 인정하려는 것이다. 그러므로 공모는 단순한 의사연락 정도로는 부족하고 공모자 사이에 자타구속적인 정도의 것이어야 하는데, 적어도 예비·방조 등 실행행위를 용이하게 하여야 한다는 점에서 단순히 타인을 이용하여 자기 범죄를 수행하는 간접정범과 다르다고 한다. 결과적으로 이 설은 문제가 되는 공모공동정범, 즉 범행의 실행행위에 전혀 가담하지 않은「공동정범」의 문제를 언급하고 있는 학설이 아니다.

(4) 공동정범설

마지막으로 공모공동정범을 공동정범에서의 기능적 역할분담 차원에서

1) 김종수,「공모공동정범」, 형사법강좌(Ⅱ), 751면.

인정하는 견해가 있다.[1] 이에 따르면 공동정범의 객관적 요건인 공동가공의 사실은 구성요건에 해당하는 실행행위를 분담한 경우에만 인정되는 것이 아니라 각자가 전체 계획의 범위 안에서 공동하여 결과를 실현하는 데 불가결한 요건이 되는 기능을 분담하였느냐에 따라 결정하여야 한다는 것이다. 이러한 의미에서 실행행위를 분담하지 않은 경우에도 범죄를 조직하고 지휘하거나 범죄의 실행자를 지정하여 실행하는 때와 같이 전체 계획의 중요한 기능을 담당하였다고 인정되는 공모자는 공동정범으로 처벌되어야 하므로 공모공동정범은 인정되어야 한다고 본다.

그러나 이러한 기능적 행위지배의 관점에서 공모공동정범을 파악한다면 이는 이미 논란의 대상이 되는 공모공동정범론과는 무관한 문제가 된다. 왜냐하면 구성요건에 해당하는 실행행위를 분담하지 않더라도 다양한 방식의 기능적 역할분담을 통하여 공동정범을 인정할 수 있다는 것은 공동정범의 본질에 비추어 당연히 도출되는 결론이기 때문이다.

3. 결　론

공모공동정범을 중심으로 한 오늘날의 논의는 우선 단순화되어야 한다. 즉 공모공동정범의 문제는 공동의 실행행위 정도가 아니라 실행행위 유무를 둘러싼 것이다. 그러므로 공모공동정범의 개념은 공모에만 가담하고 실행행위에는 전혀 가담하지 않은 자를 의미하는 것으로 제한시켜 이해하여야 한다. 그리고 이러한 자에게 형법 제30조가 규정하고 있는 공동「정범」으로서의 죄책을 지울 것인가의 문제가 공모공동정범의 문제의 핵심이다.

공동정범이 성립하기 위해서는 공동실행의 의사뿐만 아니라 공동실행의 사실이 있어야 한다는 것은 학설이 예외없이 인정하고 있는 바이다. 이는 공모공동정범을 인정하는 입장에서도 공동정범에 관하여는 모두 이러한 성립요건을 인정하고 있다. 그럼에도 불구하고 공동실행의 사실이 전혀 없는 자에게까지 공동정범을 확대하여 인정하는 것은 결과적으로 형법상 2종류의 공동정범을 인정하는 것과 다름없다. 이러한 결론이 형법규정과 합치되어 인정될 수는 없다고 본다. 상호 모순되는 결론이기 때문이다.

그렇다면 문제는 공동정범의 성립요건의 해석론으로 돌아가게 된다. 이는 정범과 공범을 구별하는 학설에서 나타난 바와 같이 그 경계선을 긋기가

1) 이재상, 475면.

명확한 것은 아니다. 그러나 최소한 공범수준 이상의 역할분담을 전제로 하지 않는 공동정범이 있을 수 없다는 점에서 실행행위의 분담이 전혀 불필요하다고 보는 종래의 공모공동정범론의 문제점을 알 수 있다. 이와 함께 공모의 범위를 합리적으로 제한하여 이를 인정하고자 하는 견해도 있으나, 공모공동정범은 원래 공모에만 참가하고 실행행위에는 가담하지 않은 자를 의미하므로 이에서 벗어난 공모공동정범이란 이미 「공모」공동정범이 아니며, 이는 일반적인 공동정범의 법리에 의해 해결하여야 될 문제이다.[1)]

원래 공모공동정범론은 조직범죄의 배후인물이나 수괴를 처벌하기 위한 필요성에서 비롯된 이론이다. 그러나 정범과 공범의 문제는 구성요건의 문제이므로 형사정책적 배려에서 신축적으로 적용할 성질의 것이 아니다. 그러므로 이러한 자에 대한 처벌은 간접정범이나 정범과 동일한 형으로 처벌할 수 있는 교사범의 이론으로 해결하여야 할 것이다. 특히 제34조 제 2 항(특수교사·방조)의 규정은 조직범죄의 우두머리에 대한 처벌을 공모공동정범론에 의하지 않고도 가능하게 하여 주는 해결책을 제시하고 있다고 본다.

Ⅴ. 過失犯의 共同正犯

1. 의의 및 문제점

과실범의 공동정범을 인정하는 견해에 의하면 2인 이상이 공동의 과실로 인하여 과실범의 구성요건적 결과를 발생하게 한 경우에도 공동정범(형법 제30조)을 인정하여야 한다고 주장한다. 이 경우 여러 사람의 과실이 동시적으로 작용한 경우도 있지만 특히 누적적으로 작용한 경우에 과실범의 공동정범을 인정할 수 있을 것 같은 유혹을 받는 점도 과실범의 공동정범을 인정하게 되는 원인이다. 그런데 만일 과실범의 공동정범을 인정한다면 공동정범에서 요구되는 범행계획과 범행실행의 「공동성」을 어떻게 파악할 것인지가 문제된다.

2. 학설의 입장

(1) 과실범의 공동정범을 인정하는 견해[2)]

이 견해는 우선 행위공동설을 근거로 한다. 행위공동설은 공동정범을 특

1) 천진호, 「'공모'공동정범에 있어서 공모의 정범성」, 형사판례연구(9), 197면 이하.
2) 이용식, 「과실범의 공동정범」, 형사판례연구(7), 81면 이하; 이재상, 467면 이하; 정성근/박광민, 555면; 조준현, 327면.

정의 구성요건이 아니라 행위를 공동으로 할 의사로 이해하기 때문에 과실행위도 공동으로 할 경우 공동정범이 인정된다는 것이다(공동정범의 본질론으로 등장한 행위공동설과 범죄공동설은 독일형법학에서는 존재하지 않는 이론이다). 공동행위주체설[1)]에 의하면 공동정범이 성립하기 위해서는 공모만으로는 부족하고 실행행위의 분담이 있어야 하지만 공동행위를 하겠다는 의사의 연락에 의하여 공동행위주체가 성립한다고 보고 각자가 실행행위를 분담한 이상 과실로 결과를 발생시킨 경우에도 공동정범이 성립한다고 한다. 그러나 이 학설은 결과적으로 개인책임원칙을 무시하고 공동행위주체라는 단체책임을 인정하고 있다. 과실공동·행위공동설[2)]에 의하면 과실범에서는 의사의 연락을 요하지 않고 의무의 공동이 있고 행위의 공동이 있을 때에는 공동정범이 성립할 수 있다는 견해이다. 공동정범의 본질에 관하여 행위공동설을 취하면서도 행위의 공동을 전법률적이 아니라 구성요건적 행위로 이해하는 점이 이 견해의 특색이다. 이 견해 역시 공동정범의 본질·성립요건을 무시하고 고의범의 공동정범과 과실범의 공동정범으로 이원화한 문제점이 있다. 기능적 행위지배설에서는 공동정범의 본질을 기능적 행위지배라고 보면서 과실범의 공동정범도 주의의무위반의 공동과 기능적 행위지배가 인정되는 한 가능하다고 본다.[3)] 또한 과실로 「구성요건적 행위사태를 지배하는 것」을 인정할 수 있다고 보면서 과실범의 공동정범을 인정하기도 한다.[4)] 그러나 기능적 행위지배설은 사전에 목표로 삼은 범죄를 공동으로 수행하는 과정에서 그 진행상황을 통제할 수 있는 자에게 인정되는 개념이기 때문에 기능적 행위지배설에 입각하여 과실범의 공동정범을 인정하는 것은 이 학설의 본질과 배치된다.

(2) 과실범의 공동정범을 부인하는 견해[5)]

범죄공동설에서는 의사의 연락이 필요한 특정의 범죄를 행하는 것이 필요하므로 고의의 공동이 불가능한 과실범의 공동정범을 부인한다. 그러나 범죄공동설이 과실범의 공동정범을 부인한다고 해서 이 학설의 타당성 또는 실익

1) 유기천, 288면.
2) 이재상, 468면.
3) 정성근/박광민, 555면.
4) 조준현, 326면.
5) 김성돈, 587면; 배종대, 573면; 손동권, 505면; 손해목, 1028면; 신동운, 584면; 안동준, 233면; 오영근, 573면; 이정원, 「과실범에서의 정범과 공범」, 형사법연구 제16호(2001), 122면; 이형국, 286면; 임 웅, 423면; 허일태, 「과실범의 공동정범이 가능한가」, 고시계(1994/3), 41면 이하.

이 인정되는 것은 아니다.

과실범의 공동정범은 외관상 주의의무를 공동으로 위반하였다는 점에서는 현상적으로는 가능할 수 있다. 그러나 공동의 의미는 의사의 합치를 통한 협력적 가공형태를 의미한다고 보는 것이 어의적으로 맞는다고 보아야 할 것이다. 즉 공동정범에서 요구되는 공동의 범행결의가 없다는 점 또는 행위지배설에 따른 공동의 범행지배가 없다는 점 등에서 과실범의 공동정범은 인정될 수 없다고 보아야 한다. 그리고 공동가공의 의사를 기능적 행위지배의 본질적 요건으로 파악한다면 더욱 더 주의의무의 공동위반을 공동정범의 주관적 요건으로 대치할 수는 없다고 본다. 또한 과실범의 공동정범은 개별 행위자의 주의의무위반과 그로부터 비롯되는 결과발생의 문제를 간과하여 형사처벌의 범위를 확대할 가능성이 있다. 그러므로 여러 사람의 공동과실에 의하여 결과가 발생한 경우에는 각자를 동시범으로 보아야 한다.

형법은 동시범 가운데에서도 결과발생의 원인이 밝혀지지 않은 경우(소위 중첩적 인과관계의 경우)에는 미수범으로 처벌하며(독립행위의 경합, 제19조), 상해의 경우에는 공동정범으로 처벌한다(제263조)고 규정하고 있다. 이 규정들이 고의범뿐만 아니라 과실범의 경우에도 적용된다고 볼 때 일반적인 과실의 공동정범 성립을 부인하고 예외적인 처벌의 예를 규정한 것이라고 볼 수 있다. 즉 제19조는 우선 고의행위와 고의행위가 경합하여 결과가 발생하였으나 원인행위가 판명되지 않은 경우에는 미수범으로 처벌한다는 내용이다. 이는 행위와 결과간의 인과관계 입증을 전제로 하는 기수범의 처벌조건이 충족되지 않은 경우를 규정한 당연한 내용이다. 반면에 과실행위와 과실행위가 경합한 경우에는 과실범의 미수를 처벌할 수 없게 되어 결과발생에도 불구하고 처벌할 수 없게 된다. 제263조는 이와 같은 처벌상의 허점을 메우기 위한 것이다. 먼저 제263조의 규정에 따라 고의행위와 고의행위가 독립적으로 경합한 경우에는 인과관계가 입증되지 않았더라도 상해죄의 기수의 공동정범으로 처벌한다.[1)] 상해와 과실치상이 경합한 경우에는 상해기수죄와 과실치상죄의 동시범이 인정된다. 즉 과실치상은 제19조에 따른 미수(불가벌)가 아니라 기수범으로 처벌되는 것이다. 마지막으로 과실치상과 과실치상이 경합한 경우에는 과실치

1) 이 경우에도 제19조에 의하면 상해미수죄가 될 것이다(김일수, 874면 참조). 그러나 제263조를 별도로 규정하고 있는 것은 상해죄의 기수범을 인정하는 취지로 보아야 한다.

상죄의 동시범(제263조)이 인정된다.[1] 이는 과실범의 공동정범을 인정한 것보다는 과실의 미수범으로서 불가벌이라는 처벌상의 허점을 보완하기 위한 입법적 해결책으로 보는 것이 타당하다.

3. 판 례

판례는 행위공동설에 입각하여 과실범의 공동정범을 인정하고 있다. 즉 판례는 「형법 제30조에서 공동하여 죄를 범한 때의 죄는 고의범이고 과실범이고를 불문한다고 해석하여야 할 것이고 따라서 공동정범의 주관적 요건인 공동의 의사도 고의를 공동으로 가질 의사임을 필요로 하지 않고 고의행위이고 과실행위이고 간에 그 행위를 공동으로 할 의사이면 족하다고 할 것이므로 2인 이상이 어떠한 과실행위를 서로의 의사연락 아래 하여 범죄되는 결과를 발생케 한 것이라면 여기에 과실범의 공동정범이 성립되는 것이다」라고 판시하였다.[2]

또한 '성수대교 붕괴사고'에 대한 판례에서도 공동의 행위를 건설업자의 시공상의 주의의무와 감독공무원들의 감독상의 과실, 유지·관리담당 공무원들의 유지·관리의무 등에 관한 과실행위를 근거로 과실범의 공동정범을 인정하고 있다.

[판례] 성수대교 붕괴사건: 「공동정범에 관하여 이 사건 성수대교와 같은 교량이 그 수명을 유지하기 위하여는 건설업자의 완벽한 시공, 감독공무원들의 철저한 제작 시공상의 감독 및 유지·관리를 담당하고 있는 공무원들의 철저한 유지·관리라는 조건이 합치되어야 하는 것이므로, 위 각 단계에서의 과실 그것만으로 붕괴원인이 되지 못한다고 하더라도, 그것이 합쳐지면 교량이 붕괴될 수 있다는 점은 쉽게 예상할 수 있고, 따라서 위 각 단계에 관여한 자는 전혀 과실이 없다거나 과실이 있다고 하여도 교량붕괴의 원인이 되지 않았다는 등의 특별한 사정이 있는 경우를 제외하고는 붕괴에 대한 공동책임을 면할 수 없다고 봄이 상당하다 할 것이다. 이 사건의 경우, 피고인들에게는 트러스 제작상, 시공 및 감독의 과실이 인정되고, 감독공무원들의 감독상의 과실이 합쳐져서 이 사건 사고의 한 원인이 되었으며, 한편 피고인들은 이 사건 성수대교를 안전하게 건축되도록 한다는 공동의 목표와 의사연락이 있었다고 보아야 할 것이므로, 피고인들 사이에는 이 사건 업무상과실치사상등죄에 대하여 형법 제30조 소정의 공동정범의 관계가 성립된다고 보아야 할 것이다.」(대판 1997.11.28, 97도1740)[3]

1) 독일연방대법원도 과실치사죄의 동시범을 인정한다(BGH NStZ 1992, 234면).

2) 대판 1962.3.29, 4294형상598(61도598).

3) 또한 대판 1996.8.23, 96도1231(삼풍백화점 붕괴사건); 1994.5.24, 94도660.

위 판례는 비구성요건적 행위에 해당하더라도 과실범의 공동정범을 인정할 수 있다고 보는 행위공동설에 입각한 것이라고 할 수 있다. 즉 다리의 안전건축이라는 공동의 목표와 다리 건설에 관한 의사연락을 공동의 행위내용으로 보았다.

그러나 공동정범을 구성요건의 공동실현을 목표로 하는 범행가담형태로 파악하지 않고 단순히 비구성요건적 행위공동을 공동정범이라고 부른다면 친구들과 운동을 함께 하는 행위도 공동정범이 가능한 형법적 의미를 지니는 행위에 해당한다고 보아야 할 것인지 의문이다.

4. 결과적 가중범의 공동정범

대법원은 「결과적 가중범의 공동정범에서 공동정범은 행위를 공동으로 할 의사가 있으면 성립하고 결과를 공동으로 할 의사는 필요없다」[1]고 하여 행위공동설에 입각하여 공동정범을 인정하고 있다. 그러나 이에 대하여는 많은 비판이 있음을 주의하여야 한다(결과적 가중범 참조).

Ⅵ. 共同正犯과 客體의 錯誤

1. 원 칙

공동정범 가운데 1인에 의한 객체의 착오는 다른 공동정범의 고의를 배제하지 않는다(공동정범 전원에 대한 고의인정). 즉 객체의 착오는 무시된다. 이는 단독범의 경우와 마찬가지이다.

2. 동료를 범행의 목표물로 오인한 경우

위의 결론은 공동정범 사이에서 동료가 동료를 범행의 목표물로 오인한 경우에도 적용될 것인가의 문제가 제기된다. 즉 공동정범 가운데 1인이 객체의 착오를 일으킨 동료 공동정범의 범행피해자라 할지라도 이 범행의 공동정범으로 보아야 할 것인가이다.

[외국판례] X와 Y는 야간에 미술관에 침입하여 고가의 미술품을 훔치기로 합의하고 뒤쫓는 자는 사살하기로 하였다. 즉 자신들이 붙잡히지 않기 위해 추격자가 사살되어도 할 수 없다고 생각하였다. 그런데 X와 Y가 미술관의 출입문을 열고 들어가기 위해 특별한 도구로 문을 여는 순간 경보기가 울려서 놀란 나머지 두 사람은 도망쳤다. 도망과정에서 X는 Y가 뒤따라 오는 줄 모르고 그를 추격자로 오인, 사

1) 대판 1990. 6. 26, 90도765; 2002. 4. 12, 2000도3485.

살하기 위해 총을 쏘았으나 Y는 상처만을 입었다.[1)]

(1) 제 1 설

공동정범 가운데 1인이 범행의 대상이 된 경우에 이는 공동의 범행계획의 범위를 넘어선 것이기 때문에 피해자인 공동정범은 제외된다는 견해[2)]가 있다.

(2) 제 2 설

이와 달리 범행계획에는 계획을 실현하는 데에 따르는 실패의 위험성까지도 포함되기 때문에 비록 범행동료를 범행대상으로 잘못 알았다고 할지라도 공동정범인 이상 피해자인 공동정범도 자신에 대한 범행의 공동정범에 해당한다는 견해[3)]가 있다.

위의 예를 두 학설에 따라 해결하면 다음과 같다.

제 1 설은 이 사건에서 추격자가 있을 경우 사살하자는 범행계획은 오직 추격자만을 대상으로 하기 때문에 공동정범인 Y를 오인해서 쏜 경우에는 X가 범행계획을 초과하였음을 이유로 Y는 살인미수가 아니라 살인예비·음모죄에 해당한다고 본다. 제 2 설은 공동정범에서 객체의 착오는 다른 공동정범의 형사책임에 영향을 미치지 않는다고 보아 X의 행위가 Y와의 합의내용에 부합된다는 견해이다. 이에 따라 Y는 스스로가 살인미수의 대상이 됨과 동시에 살인미수죄의 공동정범이 된다고 한다.

생각건대 피해자인 공동정범에게도 가해자인 공동정범과 동일한 형사책임(위의 [예]에서는 살인미수죄)을 귀속시키는 것이 공동정범과 객체의 착오에 대한 이론적 결론과 부합한다. 공동정범은 공동정범자간의 범행계획에 따라 모두가 동등하게 형사책임을 부담하며, 동일한 객체의 착오는 고의를 배제하지 않기 때문이다.

---

1) BGHSt 11, 268면. 내용은 약간 변형하였다.

2) Herzberg, Täterschaft, 63면; LK/Roxin, §25 Rn. 178; Rudolphi, Bockelmann-FS.(1979), 426면; Seelmann, JuS 1980, 572면; Spendel, JuS 1969, 314면.

3) BGHSt 11, 268면; Tröndle/Fischer, §25 Rn. 8a; Jakobs, AT, 21/45; Kühl, AT, §20 Rn. 121; Küper, 「Versuchsbeginn und Mittäterschaft」(1978), 38면; Streng, JuS 1991, 916면; Wessels/Beulke, AT, §13 Rn. 533.

Ⅶ. 合 同 犯

1. 합동범의 개념

형법상 2인 이상이 「합동하여」 죄를 범하도록 규정된 경우(특수절도, 제331조 제 2 항; 특수강도, 제334조 제 2 항; 특수도주, 제146조)를 합동범이라 한다. 여기에서 「합동하여」라 함은 「주관적 요건으로서의 공모와 객관적 요건으로서의 범행현장에서의 범행의 실행의 분담이 있는 경우를 의미」[1]한다는 것이 판례의 입장이다. 또한 판례는 「주관적 요건으로서의 공모나 모의는 반드시 사전에 이루어진 것만을 필요로 하는 것이 아니고 범행현장에서 암묵리에 의사상통하는 것도 포함」된다고 본다.[2]

[판례] 피고인 갑과 원심공동피고인 을은 피해자인 여성 A, B와 함께 술을 마시고 나서 피해자들을 집까지 데려다 주겠다면서 승합차에 모두 태워 을이 차를 운전하여 피해자들의 집쪽으로 가던 도중에 방향을 바꾸어 야산으로 가서 차를 세운 뒤, 을의 제의에 따라 피해자들을 각기 강간하기로 공모하였다. 우선 을이 A녀에게 잠시 이야기하자고 말하여 그녀를 차에서 내리게 한 다음 그 부근의 숲속으로 데리고 가서 이야기를 나누던 중에 강간할 마음이 없어져 이를 포기하고 차 있는 데로 돌아왔으나, 갑은 그 사이 A녀가 차에서 내린 후 혼자 남은 B가 차에서 내리려고 하자 그녀를 협박하여 제지한 다음 차 안에서 강제로 간음하였다. 이 사건에서 대법원은 피고인 갑에게 특수강간죄의 합동범(특정범죄가중처벌등에 관한 법률 제 5 조의 7. 현재는 성폭력범죄의 처벌 및 피해자보호등에 관한 법률 제 6 조 제 1 항)을 인정하지 않았다. 그 이유로는 갑과 을 사이에 범행현장에서 서로 긴긴의 실행행위를 분담한 시산석·상소석 협농관계가 있었다고 보기는 어려우므로, 갑을 특수강간죄의 합동범으로 볼 수는 없다는 것이다(대판 1994. 11. 25, 94도1622; 1998. 2. 27, 97도1757).[3]

2. 합동범의 본질에 관한 학설 및 비판

형법에 규정된 합동범의 본질이 무엇인가에 관하여는 ① 합동범에는 공동정범은 물론이고 공모공동정범까지도 포함하는 의미로 해석하는 공모공동정범설,[4] ② 합동범이 통상적인 공동정범의 경우와 본질적인 차이가 없지만 집단범죄에 대한 대책상 특별히 형을 가중한 것으로 보는 가중적 공동정범설,[5]

1) 대판 1988. 11. 22, 88도1557; 1992. 7. 28, 92도917.

2) 대판 1988. 11. 22, 88도1557; 2001. 12. 11, 2001도4013.

3) 반면 사전모의에 따라 강간할 목적으로 심야에 인가에서 멀리 떨어진 야산으로 피해자들을 유인한 다음 암묵적인 합의에 따라 각자 마음에 드는 피해자들을 데리고 100m 이내의 거리에 흩어져 동시 또는 순차적으로 피해자들을 각각 강간한 경우에는 시간적·장소적 협동관계가 인정된다고 한다(대판 2004. 8. 20, 2004도2870).

4) 김종수, 「공모공동정범」, 법조(1965/2), 20면 이하.

5) 김종원, 각론(상), 194면; 황산덕, 각론, 284면.

③ 합동을 시간적·장소적 협동을 의미한다고 보는 **현장설**[1] 및 ④ 가중적 공동정범설과 현장설의 중간에서 파악하는 **현장적 공동정범설**[2] 등이 있다.

생각건대 합동범이란 법문의 내용뿐만 아니라 대법원 판례에서도 요구하고 있는 바와 같이 범행현장에서의 실행의 분담이 있어야 하기 때문에 공동정범의 「공동」보다 넓게 「합동」을 해석하거나(공모공동정범설) 또는 공동정범과 본질을 같이하는 것(가중적 공동정범설)이라고 볼 수 없다. 그러므로 그 본질은 현장설에 의해 파악하는 것이 타당하다. 그러나 아무리 현장에서 범행에 가담하였다 하더라도 정범에게 요구되는 정도의 기능을 하지 못하고 종속적 기능만을 수행했을 때에는 당연히 공범에 불과하다고 보아야 할 것이다. 이 점에서 현장적 공동정범설과 결론을 같이하나, 정범과 공범의 구별을 대전제로 하여 합동범의 본질을 논하는 것이기 때문에 현장적 공동정범설이 갖는 독자적 의미는 적다고 보아야 한다.

3. 합동범의 공동정범

형법이 합동범으로 규정한 범죄에 대해서도 각 가담자에게 공동정범을 인정할 것인가에 대해서 다음과 같은 학설대립이 있다.

(1) 긍 정 설

합동범에 관하여 현장설을 취하고 있는 판례는 3인 이상의 합동범의 경우에는 공동정범의 법리를 적용하여 결과적으로 합동범의 성립범위를 확장하고 있다. 자세한 논거는 다음과 같다.

[판례] **사실관계**: 술집 지배인인 피고인 갑은 피해자에게 술을 먹여 신용카드를 강취하고 신용카드의 비밀번호를 알아낸 후 현금자동지급기에서 인출한 현금을 분배할 것을 전제로 을, 병, 정과 술집 내에 피해자를 계속 붙잡아 두면서 감시하는 동안 을, 병, 정은 피해자의 신용카드를 이용하여 현금자동지급기에서 현금을 인출하기로 공모하였고, 그에 따라 을, 병, 정은 편의점 내에 설치된 현금자동지급기에서 현금 4백 70여만원을 꺼냈다.

판결이유: ① 2인 이상이 공동의 의사로 특정한 범죄행위를 하기 위하여 일체가 되어 서로가 다른 사람의 행위를 이용하여 각자 자기의 의사를 실행에 옮기는 내용의 공모를 하고, 그에 따라 범죄를 실행한 사실이 인정되면 그 공모에 참여한 사람은 직접 실행행위에 관여하지 아니하였더라도 다른 사람의 행위를 자기 의사

1) 배종대, 593면; 손해목, 1034면; 신동운, 707면; 이재상, 각론, 285면; 정성근/박광민, 559면.
2) 김일수/서보학, 620면.

의 수단으로 하여 범죄를 하였다는 점에서 자기가 직접 실행행위를 분담한 경우와 형사책임의 차이를 둘 이유가 없다(형법 제30조).
② 이와 같은 공동정범이론을 형법 제331조 제 2 항 후단의 합동절도와 관련하여 보면, (i) 2인 이상의 범인이 합동절도의 범행을 공모한 후 1인의 범인만이 단독으로 절도의 실행행위를 한 경우에는 합동절도의 객관적 요건을 갖추지 못하여 합동절도가 성립할 여지가 없는 것이지만, (ii) 3인 이상의 범인이 합동절도의 범행을 공모한 후 적어도 2인 이상의 범인이 범행현장에서 시간적·장소적으로 협동관계를 이루어 절도의 실행행위를 분담하여 절도범행을 한 경우에는 공동정범의 일반이론에 비추어 그 공모에는 참여하였으나 현장에서 절도의 실행행위를 직접 분담하지 아니한 다른 범인에 대하여도 그가 현장에서 절도범행을 실행한 위 2인 이상의 범인의 행위를 자기 의사의 수단으로 하여 합동절도를 하였다고 평가할 수 있는 정범성의 표지를 갖추고 있다고 보여지는 한 그 다른 범인에 대하여 합동절도의 공동정범이 성립한다.
③ 형법 제331조 제 2 항 후단의 규정이 위와 같이 3인 이상이 공모하고 적어도 2인 이상이 합동절도의 범행을 실행한 경우에 대하여 공동정범의 성립을 부정하는 취지라고 해석할 이유가 없을 뿐만 아니라, 만일 공동정범의 성립가능성을 제한한다면 직접 실행행위에 참여하지 아니하면서 배후에서 합동절도의 범행을 조종하는 수괴는 그 행위의 기여도가 강력함에도 불구하고 공동정범으로 처벌받지 아니하는 불합리한 현상이 나타날 수 있다. 그러므로 합동절도에서도 공동정범과 교사범, 종범의 구별기준은 일반원칙에 따라야 하고, 그 결과 범행현장에 존재하지 아니한 범인도 공동정범이 될 수 있으며, 반대로 상황에 따라서는 장소적으로 협동한 범인도 방조만 한 경우에는 종범으로 처벌될 수 있다(대판 1998. 5. 21, 98도321(전원합의체). 대판 1976. 7. 27, 75도2720은 변경).

(2) 부 정 설

부정설의 입장에서는 합동범의 성립요건으로 인정하고 있는 현장설을 주요 근거로 하여 합동범의 공동정범의 성립을 부정한다. 즉 언어적 의미에서 「합동」은 공동과 다르기 때문에 직접 실행행위에 가담하지 않은 자의 행위도 실행행위의 합동으로 해석하는 것은 일상 언어적 의미, 공동정범 규정과의 연관관계, 합동범의 연혁 등을 고려하면 문언상의 가능한 해석범위를 넘어선 것으로서 유추해석의 금지원칙에 위배된다고 한다.[1] 또한 범행의 수괴에 대해서는 합동절도의 교사범이나 방조범으로 처벌할 수 있으므로 처벌불가의 불합리성도 근거가 없다는 점, 합동범의 성립에 가담자가 2인인 경우와 3인 이상인 경우의 구별이 무의미한다는 점, 실행행위의 분담방식에 특별한 제한

1) 하태훈, 「합동범의 공동정범 성립 여부」, 법률신문 제2709호(1998. 7. 13), 14면.

이 없는 공동정범과 현장설을 기초로 하는 합동범은 서로 다르다는 점 등을 반대이유로 들 수 있다. 뿐만 아니라 합동범의 공동정범을 인정할 경우, 공모공동정범까지도 인정하고 있는 판례의 입장에서 볼 때 결국 합동범의 공모공동정범까지도 인정하게 될 수 있는 문제점이 있다. 예를 들면 다음과 같은 판례의 경우 결과적으로 합동범의 공모공동정범을 인정하는 방향으로 나아간 것으로 볼 수 있다.

[판례] 사실관계: 절도전과가 있는 피고인은 피고인, 원심 공동피고인 1, 2는 광주 서구 화정동 소재 피해 택시회사가 주말에는 사납금을 회사 금고에 보관한다는 사정을 알고 이를 훔치기로 공모하여, 2010. 7. 11. 18 : 50경 피해 회사에 이르러 공동피고인 1은 회사 사무실 앞에서, 피고인은 위 사무실에서 약 100m 떨어진 곳에서 각각 망을 보고, 공동피고인 2는 사무실 밖에 있는 배전기함을 망치로 손괴하고 전원 스위치를 내려 CCTV가 작동되지 않도록 전원을 차단한 후, 열려진 사무실로 들어가 공동피고인 1은 미리 복사하여 건네 준 금고 열쇠를 이용하여 금고 안에 있던 피해자 소유인 현금 535만 원을 가지고 나와 절취하였다.

판결이유: 대법원은 피고인 역시 합동범에 해당하는 특정범죄가중처벌 등에 관한 법률위반(절도)방조를 인정하였다. 즉 「3인 이상의 범인이 합동절도의 범행을 공모한 후 적어도 2인 이상의 범인이 범행 현장에서 시간적, 장소적으로 협동관계를 이루어 절도의 실행행위를 분담하여 절도 범행을 한 경우에는 공동정범의 일반이론에 비추어 그 공모에는 참여하였으나 현장에서 절도의 실행행위를 직접 분담하지 아니한 다른 범인에 대하여도 그가 현장에서 절도 범행을 실행한 위 2인 이상의 범인의 행위를 자기 의사의 수단으로 하여 합동절도의 범행을 하였다고 평가할 수 있는 정범성의 표지를 갖추고 있는 한 그 다른 범인에 대하여 합동절도의 공동정범의 성립을 인정할 수 있다. 한편, 형법 제30조의 공동정범은 공동가공의 의사와 그 공동의사에 기한 기능적 행위지배를 통한 범죄 실행이라는 주관적·객관적 요건을 충족함으로써 성립하는바, 공모자 중 일부가 구성요건 행위 중 일부를 직접 분담하여 실행하지 않은 경우라 할지라도 전체 범죄에 있어서 그가 차지하는 지위, 역할이나 범죄 경과에 대한 지배 내지 장악력 등을 종합해 볼 때, 단순한 공모자에 그치는 것이 아니라 범죄에 대한 본질적 기여를 통한 기능적 행위지배가 존재하는 것으로 인정된다면, 이른바 공모공동정범으로서의 죄책을 면할 수 없다」고 판시하였다(대판 2011. 5. 13, 2011도2021). 여기에서 대법원이 들고 있는 피고인에 대한 합동범 인정이유는 범행을 공모한 점, 범행도구(면장갑과 쇼핑백)를 마련해 준 점, 범행 후 함께 이동하면서 절취한 현금을 나누어 가진 점, 공동피고인 2를 공동피고인 1에게 소개해 준 점 등을 들고 있으나 이러한 사실은 합동범을 인정할 수 있는 요건이라고 하기 보다는 공모공동정범을 인정할 수 있는 요건에 불과하다. 그리고 대법원은 피고인에게 공동피고인 1, 2와의 공모공동정범을 인정하고 이를 통하여 피고인에게 특가법상의 합동절도(동법 제5조의 4 제1항, 제6항)의 방조범으로 판단한 것으로 볼 수 있다.

또한 제331조 제 2 항의 특수절도는 흉기휴대와 합동절도를 동등하게 취급하고 있다. 그렇다면 합동절도에 가담하는 개별 범인의 합동은 흉기휴대에 버금가는 행위불법성을 보여야 할 것인데도 불구하고 전체범행의 위험성을 이유로 합동성을 확대하고 있다. 결론적으로 합동범의 공동정범을 인정하는 주요 논거가 집단범죄에 대한 대처 필요성 때문이라면 현재의 합동범의 형식을 포기하고 이들 구성요건을 공동정범으로 파악하여 형을 가중하는 것이 입법론적으로 타당하다.

Ⅷ. 同 時 犯

1. 동시범의 개념

동시범이란 2인 이상의 행위자가 상호 의사의 연락이 없이 개별적으로 구성요건을 실현시키는 범행형태를 말한다. 동시범은 고의범뿐만 아니라 과실범의 형태로도 인정된다.[1)]

[예] ① 서로 알지 못하는 갑과 을이 병을 살해하기 위하여 독자적으로 사격을 하여 살해한 경우(고의의 동시범).
② 안개 속에서 반대방향으로 운전하던 두 운전자가 각각 주의의무를 태만히 하여 정면충돌, 승객이 다친 경우(과실의 동시범).

동시범은 단독정범의 동시적 결합에 불과하므로 독자적 의미는 없으며, 공동의 의사가 없다는 점에서는 공동정범과 다르고(주관적 성립요건의 결여), 범행현장에서의 의사합치에 의하는 소위 우연적 공동정범(이는 통상의 공동정범과 동일하다)과도 다르다.

동시범은 수인이 범행을 하지만 단순한 단독범의 결합형태에 불과하다. 그러므로 이 경우에는 원칙적으로 각자가 자기의 행위에 대해서만 책임을 지게 된다.[2)] 형법은 「동시 또는 이시의 독립행위가 경합한 경우에 그 결과발생의 원인된 행위가 판명되지 아니한 때에는 각 행위를 미수범으로 처벌한다」(제19조)고 규정하고 있다(독립행위의 경합). 만일 공동정범의 법리에 따른다면 이 경우에는 기수범을 인정하여야 할 것이다. 그러나 수인간에 의사의 합치가 없는 동시범에서는 모든 구성요건을 단독으로 실현시켜야 하므로 각자의

1) BGH NStZ 1992, 234면.
2) BGH NStZ 1996, 227면; Murmann, 「Die Nebentäterschaft im Strafrecht」(1993).

행위와 결과간에 인과관계가 입증되지 않는 한 미수범으로 처벌할 수밖에 없는 것이다.

2. 동시범과 상해죄의 동시범

(1) 문 제 점

위의 동시범과 달리 상해죄의 경우에는 「독립행위가 경합하여 상해의 결과를 발생하게 한 경우에 있어서 원인된 행위가 판명되지 아니한 때에는 공동정범의 예에 의한다」(제263조)고 규정하고 있다. 이는 결과발생에 대한 검사의 입증책임의 어려움을 제거하기 위한 예외규정이라고 할 수 있다. 본조가 적용되기 위해서는 상해의 결과만 발생하면 되므로 방법이 상해가 아닌 폭행에 의하여 발생하였더라도(즉 폭행치상) 본조는 적용되게 된다.

그러나 본조는 공동정범의 본질과 관련하여 공동의 의사가 결여되어 있는데도 불구하고 공동정범으로 처벌하는 문제점이 있다.

(2) 법적 성질

상해죄의 동시범을 공동정범으로 처벌하는 형법규정을 어떻게 이해할 것인가에 대해서는 아래와 같은 학설대립이 있다.

1) 거증책임전환설　　피고인에게 자기가 그 상해의 결과를 발생시킨 것이 아니라는 거증책임을 부담시키는 설이다. 이 설이 타당하다.[1]

2) 법률상 추정설　　공동정범에 관한 법률상의 책임을 추정한다는 설이다.[2]

3) 이 원 설　　절차법상으로는 거증책임을 전환하고, 실체법상으로는 공동정범의 범위를 확장시키는 일종의 공동정범의 의제라고 보는 입장이다.[3]

(3) 상해죄에서의 동시범에 관한 특례규정의 타규정 적용 여부

동시범에 관한 상해죄의 특례규정을 상해와 관련된 다른 범죄에도 적용할 수 있는가에 관하여 판례의 입장은 폭행치사, 상해치사의 경우에는 긍정적이다.[4] 그러나 강간치상[5]이나 강도치상의 경우에는 본 규정은 적용되지 않는다고 본다.

1) 김성천/김형준, 각론, 98면; 김일수(Ⅱ), 356면; 배종대, 548면; 이재상, 각론, 54면; 임 웅, 각론, 63면.
2) 강구진, 각론, 70면.
3) 이형국, 280면.
4) 대판 1981. 3. 10, 80도3321; 2000. 7. 28, 2000도2466.
5) 대판 1984. 4. 24, 84도372.

Ⅸ. 餘論 — 行爲共同說과 犯罪共同說

공동정범의 본질에 관하여 행위공동설과 범죄공동설이 주장되고 있다. 행위공동설에 의하면 수인이 비구성요건적인 행위를 공동으로 하여 범죄를 행하는 것을 공동정범이라 하고, 범죄공동설은 수인이 공동하여 구성요건상의 특정한 범죄를 행하는 것을 공동정범이라고 본다. 학설은 공동정범의 주관적, 객관적 요건인 공동실행의 의사와 공동실행의 사실의 범위를 정하는 데에 적용될 수 있을 것이다. 그러나 공동정범의 본질이란 결국 공범과의 구별을 통해 밝혀지는 것이므로 정범과 공범의 구별기준을 제시하는 이론 외에 행위공동설과 범죄공동설을 주장하는 것은 무익한 일이다. 즉 공동의 의미를 밝히기보다는 행위내용에 따른 귀책의 근거를 밝히는 것이 핵심문제이다. 또한 양 학설의 난점을 제거하고자 여러 가지의 변형된 범죄공동설과 행위공동설을 주장하고 있지만 공동정범의 개념을 더욱더 혼란스럽게 할 뿐 실익은 없다.

제 3 절 間接正犯

Ⅰ. 間接正犯의 槪念과 本質

1. 개 념

간접정범이란 타인을 이용하여 범죄를 실행하는 자를 말한다. 형법은 간접정범에 관하여 「어느 행위로 인하여 처벌되지 아니하는 자 또는 과실범으로 처벌되는 자를 교사 또는 방조하여 범죄행위의 결과를 발생하게 한 자는 교사 또는 방조의 예에 의하여 처벌한다」(제34조 제1항)고 규정하고 있다.

간접정범은 스스로 범죄구성요건을 실현한 직접정범과 구별된다. 직접정범이 스스로 범행을 하는 데 반해 간접정범은 우월한 사실인식과 의사에 의해 범행 전체에 대하여 타인의 행위를 지배하고 이를 이용하여 범행을 실현하는 것이다. 이 경우에 이용되는 타인은 범행에 사용되는 도구와 같은 기능을 한다.

간접정범은 자수범이나 신분범의 경우에는 성립될 수 없다. 간접정범의 —

직접정범에 대한—특징은, ① 객관적 구성요건을 행위매개자를 통해 실현시킨다는 점과, ② 배후인물의 행위지배(즉 직접행위자의 도구성), 그리고 ③ 간접정범이 자신의 행위지배에 대한 인식이 필요한 점(결여된 경우에는 피이용자—피교사자—가 직접 행위지배를 하기 때문에 교시범이 성립)에 있다.

2. 간접정범의 본질

간접정범은 타인을 이용한다는 점에서 직접정범과 구별되고 오히려 교사범과 유사한 성질을 갖고 있다. 특히 형법이 간접정범을 교사 또는 방조의 예에 의하여 처벌한다고 규정함으로써 간접정범을 정범으로 볼 것인가 아니면 공범으로 볼 것인가의 본질문제에 관한 논란이 있다. 간접정범의 본질에 관한 학설대립의 실익은, 첫째 간접정범을 공범으로 본다면 방조범의 성립이 가능하여 필요적 감경이 가능한 점(제32조 제2항 참조), 둘째 공범으로 보는 경우 공범의 미수는 예비·음모에 준하여 처벌되므로(제31조 제2항·제3항 참조) 형량이 가벼워질 수 있다는 점, 끝으로 착오의 주체 및 실행의 착수시점에 관하여 정범설이 이용자를 중심으로 판단하는 데 반해 공범설은 피이용자를 중심으로 판단하는 점에 있다.

(1) 정 범 설

정범이론에서 확장적 정범개념에 의하면 조건설의 입장에서 구성요건적 결과발생에 원인을 제공한 자는 모두 동등한 정범이라고 보기 때문에 간접정범 역시 정범이라고 본다. 그리고 형법이 공범을 규정하는 것은 원래 정범이지만 형벌을 축소하는 형벌축소사유로서 인정한 것으로 파악한다. 반면에 행위지배설과 공범종속성설의 입장에서는 피이용자가 도구와 같은 기능을 하며, 이용자는 이를 지배하고 이용하여 범행을 실현하기 때문에 간접정범은 정범이라고 본다. 즉 피이용자의 범행은 배후에 있는 간접정범의 의사가 실현된 것에 불과하다는 것이다. 정범과 공범의 구별에 관하여 행위지배설을 토대로 하는 것이 타당하므로 간접정범은 정범이라고 보아야 한다.[1)]

(2) 공 범 설

간접정범을 공범으로 파악하는 입장[2)]은 다음과 같이 정리할 수 있다. ①

1) 김일수/서보학, 576면; 배종대, 609면; 손해목, 949면; 안동준, 239면; 이재상, 438면; 이정원, 321면; 오영근, 「간접정범」, 고시계(1992/10), 93면; 임 웅, 442면; 정성근/박광민, 508면; 최우찬, 「간접정범」, 고시계(1994/3), 16면 등.

2) 신동운, 646면; 차용석, 형사법강좌(Ⅱ), 702면.

형법 제34조 제 1 항은 어느 행위로 인하여 처벌되지 않는 자를 마치 도구처럼 이용하여 죄를 범하는 간접정범에 대하여 종래 협의의 공범규정으로는 처벌할 수 없었던 불합리성을 극복하기 위하여 규정하였다. ② 형법 제34조 제 1 항은 간접정범의 행위가 교사 또는 방조임을 명문으로 규정하고 있기 때문에 간접정범의 본질을 공범으로 파악하고 있다. ③ 형법 제34조 제 1 항은 이용자의 교사·방조행위 이외에 피이용자의 행위로 인한 「범죄행위의 결과발생」이라는 요건을 추가함으로써 처벌범위의 지나친 확대를 방지하고 있다.

(3) 비 판

공범설의 주장은 형법규정에 대한 지나친 문리적 해석의 결과이다. 공범설이 주장하는 이유 가운데 형법규정이 「교사 또는 방조」라고 하고 있다는 주장은 마찬가지로 형법 제34조의 제목이 간접 「정범」이라고 하고 있는 점에서 공범설의 근거가 될 수 없다. 다음으로 제34조 제 1 항은 간접정범이 성립하기 위해서 「범죄행위의 결과발생」이라는 요건을 추가하여 처벌범위의 확대를 방지하고 있다고 보는데 이 견해를 따르면 간접정범의 미수를 처벌하지 않는다는 결론에 도달한다. 그러나 제34조 제 1 항은 구성요건적 결과발생이라는 당연한 요건을 규정한 것으로서 간접정범의 미수를 처벌하지 않는다는 의미가 아니다. 나아가 간접정범의 실행의 착수시점을 피이용자를 중심으로 판단하는 견해뿐만 아니라 이용자의 행위를 중심으로 판단하여야 한다는 견해가 있음은 피이용자와 함께 이용자의 행위의 중요성을 나타낸다.

결국 공범설의 가장 중요한 논거로서는 협의의 공범규정만에 의한 처벌상의 허점을 메우기 위해 마련한 조문이라는 점이 남는다. 이에 대해서는 우선 간접정범의 이용행위가 교사행위나 방조행위와 비교하여 가벌성이 높으며, 이는 제 2 항에서 특수교사나 특수방조를 규정하고 있는 점에서도 알 수 있다. 나아가서 간접정범의 본질에 관한 문제는 정범이란 무엇인가라는 본질적 문제에서부터 파악되어야 하므로 공범설은 타당하다고 할 수 없다.

3. 간접정범과 교사범의 구별

간접정범과 교사범은 타인, 즉 실행행위자를 이용하여 범죄를 범하는 점에서 상호 유사한 구조를 지닌다. 특히 양자를 지적인 원인제공자(intellektueller Urheber)라는 입장에서 파악하면 동등하다. 그리고 정범과 공범의 구별에 관하여 형식적 객관설을 취하게 되면 간접정범은 인정하기가 어렵다. 구성요건을 직접 실현하는 행위자(간접정범의 경우 피이용자)는 언제나 정범이 되기 때문이다.

그러나 오늘날은 정범행위를 하도록 한 원인제공자의 역할을 범행의 전체적인 맥락 속에서 그 기능에 따라 정범종속적으로 볼 것인가 아니면 독립적으로 볼 것인가에 따라 구별한다. 실질적 객관설이나 행위지배설에서 양자를 구별하는 것이 바로 이러한 시각에서 비롯되는 것이다. 간접정범은 의사지배를 행하는 정범인 점에서 정범종속적인 교사범과 구별된다고 보는 학계의 입장[1)]도 마찬가지이다.

간접정범과 교사범의 구별이 문제되는 경우는, 첫째 위법성의 착오에 빠진 자를 이용하는 경우와, 둘째 객체의 착오자를 이용하는 경우, 그리고 셋째 과실범을 이용하는 경우이다. 이 가운데 과실범을 이용하는 경우에는 형법에서 간접정범으로 처리하고 있기 때문에 입법적으로 해결을 하고 있다고 볼 수 있다. 나머지 두 경우는 다음 설명(Ⅱ. 간접정범의 성립요건) 참조.

의무범의 경우 정범과 공범의 구별기준은 행위지배가 아니라 의무위반 여부이기 때문에 의무자로서 범행에 가담한 자는 언제나 정범이 된다. 그리고 제한적 종속형식의 입장에서는 간접정범과 교사범은 구별되어야 한다. 만일 공범의 종속성에 관하여 극단적 종속형식을 취하게 되면 직접행위자(정범)의 행위는 구성요건에 해당하고, 위법하며 책임도 인정되어야 한다. 이 경우 행위자는 완전한 형태의 정범이 되어 배후인물의 간접정범성립의 가능성은 부인될 수밖에 없다. 동일범행에 대하여 정범이 동시에 도구일 수는 없기 때문이다. 이렇게 되면 의무범에서 (간접)정범으로 인정되어야 할 배후인물이 형사책임을 면하게 되는 허점이 발생한다.

4. 간접정범과 신분범 및 자수범

(1) 간접정범과 신분범

신분범이란 신분(「공무원」, 「타인의 재물을 보관하는 자」 등)이 구성요건요소인 범죄유형을 가리킨다. 그렇다면 공무원과 같은 일정한 신분이 없는 자도 신분있는 피이용자를 통해 범행을 실현하는 경우 간접정범이 될 수 있는가? 신분범에서는 신분을 갖지 않는 자는 정범이 될 수 없으므로 간접정범 역시 될 수 없다고 보아야 한다. 그러므로 허위공문서작성죄(제227조)의 경우 당

1) 김일수(Ⅱ), 383면; 배종대, 610면; 이재상, 481면; 이형국, 295면.

해 문서의 작성권한 없는 자, 즉 공무원이 아닌 자는 공무원을 이용하는 이 죄의 간접정범이 될 수 없다고 보아야 한다.[1] 공무원이라 할지라도 작성권한 없는 공무원이 작성권한 있는 공무원을 시켜 허위공문서를 작성케 한 경우에도 간접정범이 될 수 없다(교사범이나 방조범이 성립).

[판례] ① 어느 문서의 작성권한을 갖는 공무원이 그 문서의 기재사항을 인식하고 그 문서를 작성할 의사로써 이에 서명날인하였다면, 설령 그 서명날인이 타인의 기망으로 착오에 빠진 결과 그 문서의 기재사항이 진실에 반함을 알지 못한 데 기인한다고 하여도, 그 문서의 성립은 진정하며 여기에 하등 작성명의를 모용한 사실이 있다고 할 수는 없다. 그러므로 공무원 아닌 자가 관공서에 허위 내용의 증명원을 제출하여 그 내용이 허위인 정을 모르는 담당공무원으로부터 그 증명원 내용과 같은 증명서를 발급받은 경우 공문서위조죄(제225조)의 간접정범에 해당하지 않는다고 판시하였다(대판 2001. 3. 9, 2000도938). 이 판례는 공무원이 자신이 작성하는 공문서의 내용이 허위임을 인식하지 못하였다고 하더라도 기재사항 자체는 인식하였으므로 공문서위조죄가 성립하지 않으며, 그 결과 허위사실을 기재한 증명원을 제출한 행위자 역시 간접정범이 아니라고 본 것이다. 즉 공문서위조죄의 구성요건이 실현되지 않았으므로 간접정범 역시 인정되지 않는다는 입장이다. 그러나 이 경우 허위공문서작성죄(제227조)의 간접정범 성립여부를 판단할 필요가 있다고 본다(결과적으로는 허위공문서작성죄 역시 신분범죄이기 때문에 피고인에게 간접정범을 인정할 수 없을 것이다).

② 원한관계에 있는 의사에게 보복할 생각으로 선천성 모반을 폭행으로 인한 것처럼 의사를 기망하여 허위진단서를 작성하게 한 경우에 허위진단서작성죄(제233조)를 인정하지 않았다. 즉 판례는 「허위진단서작성죄는 의사가 사실에 관한 인식이나 판단의 결과를 표현함에 있어서 자기의 인식 판단이 진단서에 기재된 내용과 불일치하는 것임을 인식하고서도 일부러 내용이 진실 아닌 기재를 하는 것을 말하는 것이므로 의사가 주관적으로 진찰을 소홀히 한다든기 착오를 일으켜 오진한 결과로 객관적으로 진실에 반한 진단서를 작성하였다면 허위진단서작성에 대한 인식이 있다고 할 수 없으니 동 죄가 성립되지 아니한다」고 판시하였다(대판 1976. 2. 10, 75도1888). 이 경우 의사(피고인)를 기망한 자에 대한 공소제기가 없었으므로 허위진단서작성죄의 간접정범 성립여부를 논하지는 않고 있다. 그러나 결과적으로는 허위진단서작성죄는 신분범죄에 해당하므로 비신분자에게 간접정범을 인정하기는 어려울 것이다.

③ 「부정수표단속법의 목적이 부정수표 등의 발행을 단속처벌함에 있고(제1조), 허위신고죄를 규정한 부정수표단속법 제 4 조가 "수표금액의 지급 또는 거래정지처분을 면하게 할 목적"이 아니라 "수표금액의 지급 또는 거래정지처분을 면할 목

1) 대판 1961. 12. 14, 4292형상645(59도645); 1976. 8. 24, 76도151; 이재상, 각론, 549면 참조. 부인하는 근거에 관하여 여러 견해가 있으나 신분범으로서 신분없는 자는 본죄의 간접"정범"이 될 수 없는 점에 있다고 보는 것이 타당하다.

적"을 요건으로 하고 있는데 수표금액의 지급책임을 부담하는 자 또는 거래정지 처분을 당하는 자는 오로지 발행인에 국한되는 점에 비추어 볼 때 그와 같은 발행인 아닌 자는 부정수표단속법 제 4 조가 정한 허위신고죄의 주체가 될 수 없고, 발행인이 아닌 자는 허위신고의 고의없는 발행인을 이용하여 간접정범의 형태로 허위신고죄를 범할 수도 없다」(대판 1992. 11. 10, 92도1342). 부정수표단속법 제 4 조의 행위주체는 수표발행인에 국한되는 신분범이므로 비신분자는 발행인을 이용하여 허위신고죄를 범할 수 없다는 취지이다.

신분범 대신에 의무범을 주장하는 견해에 의하면 정범성을 결정하는 기준은 신분이 아니라 형법외적인 의무위반 여부라고 본다.[1] 즉 여기에서 정범성은 행위지배 여부가 아니라 의무위반 여부가 그 기준이다. 그러므로 비록 행위지배를 한 행위자라 할지라도 의무자가 아니면 정범이 아니라 공범에 불과하게 된다. 행위지배 여부는 간접정범의 정범성을 인정하는 조건이 되지 못하며 오직 의무를 지는 자가 의무 없는 자를 시켜 범행을 하게 하는 데에 그 본질이 있다. 그 결과 의무범에서 간접정범과 공동정범의 차이는 공동정범이 수인의 의무자에 의해 행하여지는 데 반해, 간접정범은 의무자—(간접)정범—와 의무 없는 자—피이용자—가 구성요건적 결과를 발생시킨 데에 있다.

(2) 간접정범과 자수범

자수범이란 행위자가 구성요건을 직접 실현시킬 것을 전제로 하는 범죄를 말한다. 예를 들어 위증죄(제152조)의 경우 행위자는 선서한 증인으로 국한되며 제 3 자는 정범인 행위자가 될 수 없다. 그러므로 자수범에 대한 간접「정범」은 인정될 수 없는 것이다. 이 경우 배후인물은 오직 교사범이나 방조범으로서 처벌될 수 있다.[2] 자수범에 관하여 자세한 것은 제 3 장 제 3 절(구성요건) 참조.

[판례] 부정수표단속법의 목적은 부정수표 등의 발행을 단속 처벌함에 있고(제1조), 허위신고죄를 규정한 동법 제 4 조[3]가 「수표금액의 지급 또는 거래정지처분을 면하게 할 목적」이 아니라 「수표금액의 지급 또는 거래정지처분을 면할 목적」을 요건으로 하고 있다. 그런데 수표금액의 지급책임을 부담하는 자 또는 거래정지처분을

1) Roxin, Tatherrschaft, 360면 이하 및 652면(Fn. 376) 참조.
2) 김일수(II), 310면; 배종대, 621면; 이형국(II), 610면.
3) 부정수표단속법 제 4 조(허위신고자의 형사책임) 수표금액의 지급 또는 거래정지처분을 면할 목적으로 금융기관에 허위신고를 한 자는 10년 이하의 징역 또는 20만원이하의 벌금에 처한다.

당하는 자는 오로지 발행인에 국한되는 점에 비추어 볼 때 발행인 아닌 자는 동법이 정한 허위신고죄의 주체가 될 수 없고, 허위신고의 고의 없는 발행인을 이용하여 간접정범의 형태로 허위신고죄를 범할 수도 없다(대판 1992. 11. 10, 92도1342). 이 사건의 사실관계는 다음과 같다: 피고인은 대여금 담보조로 갑으로부터 가계수표를 수령하였다. 그런데 이를 타인에게 할인 의뢰한 결과 은행에 지급제시가 되었고, 은행으로부터 연락을 받은 갑은 피고인에게 연락하자 피고인은 할인의뢰를 하지 않는다는 조건을 어긴 사실을 감추기 위하여 수표발행인에게 수표를 분실하였다고 말하면서 분실신고를 하도록 하였다. 이에 속은 갑은 은행에 분실신고를 하게 되었다.[1] 이 판례는 부정수표단속법에서 허위신고죄의 주체는 수표의 발행인에 국한된다고 함으로써 동 죄의 자수범성을 인정하였고, 이 경우 간접정범의 성립가능성을 부인한 것이라고 볼 수 있다. 본죄의 자수범성 인정근거로는 삼유형설에 입각하여 법률(여기에서는 부정수표단속법)의 규정에 의하여 행위자 스스로의 행위가 요구되는 경우라고 보아야 할 것이다.

그러나 자수범 여부를 판단하는 기준에 관해서는 견해가 대립되어 있다. 즉 정범에 의한 신체적인 행위수행을 전제하는 범죄라고 하는 견해, 비난받을 만한 행위를 신체활동으로 수행하여야 한다는 견해, 그리고 행위불법이 구성요건에 해당하지 않는 결과불법에 비해 현저히 높을 때에 자수범이라고 보는 견해가 있다. 반면에 자수범에는 우선 행위자형법적인 범죄가 해당되고, 다음으로는 법익침해가 없는 행위관련범죄가 해당된다고 보는 견해가 있다.[2] 전자의 경우에는 특정한 행위가 아니라 행위자의 태도가 처벌의 대상이다. 후자의 경우에는 공연음란죄(제245조)를 예로 들 수 있으나 현실적으로 법익침해 없는 범죄는 생각할 수 없다는 점에서 타당하지 않다.

Ⅱ. 間接正犯의 成立要件 — 被利用者의 範圍

간접정범은 타인을 이용하여 범죄를 실현하는 것이다. 타인을 이용한다는 것은 타인을 도구처럼 이용하는 것을 의미하기 때문에 이용자는 피이용자의 범행을 지배하고 있어야 한다(행위지배설의 입장). 간접정범의 행위지배는 피이용자에 대한 우월한 의사나 우월한 사실인식에 의하여 가능할 수 있다(의사지배형태).

형법은 「어느 행위로 인하여 처벌되지 아니하는 자」 또는 「과실범으로

1) 사실관계에 대해서는 신동운, 판례백선(총론), 526면 이하 참조.
2) Roxin, Tatherrschaft, 410면 이하; SK/Samson, § 25 Rn. 26.

처벌되는 자」를 피이용자의 범주에 넣고 있다(제34조 제1항). 판례[1]는 어느 행위로 인하여 처벌되지 아니하는 자는 책임무능력자, 의사의 자유를 억압당하고 있는 자, 구성요건적 고의가 없는 자와 목적범이나 신분범의 경우 그 목적이나 신분이 없는 자, 위법성이 조각되는 자 등을 의미한다고 판시하고 있다. 그리고 간접정범은 이와 같은 자를 마치 도구나 손발과 같이 이용하여 간접으로 죄의 구성요소를 실행한 자를 의미한다고 보고 있다.

I. 피이용자가 구성요건에 해당하지 않는 행위를 한 경우

피이용자가 구성요건에 해당하지 않는 행위를 이용한 경우는 다음과 같이 객관적 구성요건에 해당하지 않는 행위와 주관적 구성요건에 해당하지 않는 행위로 나누어 볼 수 있다.

(1) 객관적 구성요건에 해당하지 않는 행위를 한 자를 이용하는 경우

강요에 의해 자상행위나 자살행위를 하게 하는 경우를 들 수 있다. 문제되는 것은 강요의 정도이다. 이에 따라 배후인물의 행위지배 여부를 판단하는데, 이 경우에는 이용자인 배후인물의 강요를 이유로 피이용자의 책임을 면제할 수 있을 때에 배후인물의 의사지배를 인정하는 귀책원칙(Verantwortungsprinzip)이 적용된다.[2]

[판례] ① 7세, 3세된 자식들에 대하여 함께 죽자고 권유하여 물 속에 따라 들어오게 하여 결국 익사하게 한 경우. 대법원은 이에 대하여 「비록 피해자들을 물 속에 직접 밀어서 빠뜨리지는 않았다고 하더라도 자살의 의미를 이해할 능력이 없고 피고인의 말이라면 무엇이나 복종하는 어린 자식들을 권유하여 익사하게 한 이상 살인의 범의는 있었음이 명백하다」고 하여 간접정범의 형태에 의한 살인죄(제250조 제1항)를 인정하였다(대판 1987. 1. 20, 86도2395).

② 자신을 은하계의 별 Sirius에 산다고 소개한 범인은 남의 말을 쉽게 믿는 경향이 있는 피해자로 하여금 욕조에 물을 채우고 헤어드라이어를 이용하여 감전사를 하도록 시켰다. 그러면 지구에서의 생을 마감하고 Sirius에 가서 영생을 누릴 것이라고 하였다(범인은 피해자가 가입한 보험금을 가로채는 것이 목적이었다). 그러나 피해자가 이를 시도하였지만 실패하였다. 독일연방대법원은 기망행위를 한 범인은 우월한 사실인식에 기한 살인미수죄의 간접정범에 해당한다고 판시하였다(소위 「Sirius사건」)(BGHSt 32, 38면 이하).[3]

---

1) 대판 1983. 1. 14, 83도515.

2) Jescheck/Weigend, AT, 606면; Lackner/Kühl, §25 Rn. 2; Maiwald, ZStW 93(1981), 891면 이하; Roxin, Tatherrschaft, 631면; 전지연, 「간접정범의 기본구조와 자살참가에서의 간접정범」, 형사법연구 제6호(1993), 169면.

3) 이 판결에 대해서는 Küpper, JA 1983, 672면; Roxin, NStZ 1984, 71면; Neumann, JuS

이에 대하여 타인을 교사 또는 방조하여 자살하게 하거나 위계 또는 위력으로써 자살을 결심하게 한 경우에는 간접정범에 의한 살인죄가 아니라 자살교사죄(제252조 제 2 항)나 위계 등에 의한 살인죄(제253조)에 해당한다고 보아야 한다.[1] 이 경우에 자살자는 자살의 의미를 알고 있어야 하며, 특히 제252조의 경우에는 이용자가 아니라 피이용자가 자신의 행위에 대한 의사결정(자살결의)을 내렸어야 한다는 점에서 간접정범의 경우와 구별된다.

(2) 주관적 구성요건이 결여된 피이용자의 행위를 이용한 경우

구성요건의 착오에 빠진 자를 이용하거나, 사실관계에 대한 피이용자의 부지상태를 이용한 행위지배형태로 범행을 실현하는 경우이다.

[판례] ① 정을 모르는 보증인들로 하여금 구 수복지역 내 소유지미복구토지의 복구등록과 보존등기 등에 관한 특별조치법 제22조 제 1 항 제 3 호에 정한 허위의 보증서를 작성하게 한 경우(대판 1997. 7. 11, 97도1180).

② 정유회사 회장이 특정 국회의원에게 정치자금을 지원하기 위해 내막을 자세히 알지 못하여 정치자금법위반죄를 구성하지 않는 전국 각지의 회사직원 542명으로 하여금 각 10만원씩 정치후원금을 내게 한 경우 회장에게 정치자금법위반죄의 간접정범을 인정(대판 2008. 9. 12, 2007도7204).

③ 갑이 을 명의 차용증을 가지고 있기는 하나 그 채권의 존재에 관하여 을과 다툼이 있는 상황에서 당초에 없던 월 2푼의 약정이자에 관한 내용 등을 부가한 을 명의 차용증을 새로 위조하여, 이를 바탕으로 자신의 처에 대한 채권자인 병에게 차용원금 및 위조된 차용증에 기한 약정이자 2,500만 원을 양도하고, 이러한 사정을 모르는 병으로 하여금 을을 상대로 양수금 청구소송을 제기하도록 한 사안에서, 적어도 위 약정이자 2,500만 원 중 법정지연손해금 상당의 돈을 제외한 나머지 돈에 관한 갑의 행위는 병을 도구로 이용한 간접정범 형태의 소송사기죄를 구성한다(대판 2007. 9. 6, 2006도3591).

④ 「허위공문서작성의 주체는 직무상 그 문서를 작성할 권한이 있는 공무원에 한하고 작성권자를 보조하는 직무에 종사하는 공무원은 허위공문서작성죄의 주체가 되지 못한다. 다만 공문서의 작성권한이 있는 공무원의 직무를 보좌하는 사람이 그 직위를 이용하여 행사할 목적으로 허위의 내용이 기재된 문서 초안을 그 정을 모르는 상사에게 제출하여 결재하도록 하는 등의 방법으로 작성권한이 있는 공무원으로 하여금 허위의 공문서를 작성하게 한 경우에는 허위공문서작성죄의 간접정범이 성립한다」(대판 2011. 5. 13, 2011도1415).

1985, 677면 이하 참조.

1) 오영근, 「간접정범」, 고시계(1992/10), 99면; 임 웅, 「간접정범」, 고시연구(1991/6), 37면; 최우찬, 「간접정범」, 고시계(1994/3), 19면.

피이용자가 자신의 행위가 구성요건에 해당한다는 사실을 알고 있지만 그가 동시에 다른 구성요건의 실현에 이용당하는 사실을 모르는 경우에도 간접정범을 인정할 수 있는지 여부가 문제된다.

[외국판례] 피고인은 X를 살해하기로 하였다. 그러나 X가 자기 얼굴을 알고 있으므로 A, B, C를 이용하기로 하고 이들에게 X를 강탈할 것을 설득하였다. 범행을 위한 준비물로 피고인은 수면제가 들어 있다면서 A, B, C에게 플라스틱병을 하나 주었다. 그러나 사실은 치사량의 염산이 들어 있었다. A, B와 C는 범행을 하러 가던 중 호기심에서 병을 열어 보았는데 악취가 나자 곧 수면제가 아니라 극약인 사실을 알고 되돌아왔다. 피고인은 다른 방법으로 X를 처치하기로 하였다. 그래서 D에게 식초라고 하면서 다시 치명적인 독극물이 든 병을 주었다. 이 병에 든 액체를 X에게 뿌리면 병원에 입원하게 될 것이고 그러면 집이 빌테니 그 때 물건을 훔치면 된다고 부추겼다. 그러나 D는 피고인의 계획을 눈치채고 염산이 들어 있는 병을 경찰에 넘겼다(BGHSt 30, 363~366면). 독일연방대법원은 피고인에게 간접정범에 의한 살인미수죄의 성립을 인정하였다(소위 「염산사건」).

위의 판례에서 문제는 피고인에게 살인미수(또는 예비)죄의 간접정범을 인정할 수 있는가이다.

① 이에 대하여는 피이용자가 어떠한 고의도 가지지 않는 경우에만 간접정범이 성립하므로 위의 경우에 이용자에게는 강도교사의 미수죄만이 성립한다는 견해가 있다.[1)] 즉 직접행위자인 피고인들이 살인은 아니지만 강도(또는 절도)를 행한다는 인식이 있었기 때문에 이용자의 의사지배를 인정할 수 없다는 것이다.

② 그러나 이러한 견해는 정범개념의 구성요건관련성을 간과한 것이다. 즉 정범이란 언제나 개별적·구체적인 구성요건을 실현하는 자이기 때문에 살인의 경우 피이용자가 살인 이외의 구성요건 해당행위에 대한 고의를 가지고 있었다는 이유로 이용자에게 살인죄에 대한 간접정범성립을 부인하여서는 안 된다(만일 그렇지 않으면 중한 범죄를 하게 하면서 경미한 범죄를 저지르게 한다고 속이는 경우에 이용자는 항상 피이용자에게 인정되는 경한 범죄의 교사범으로만 처벌되는 결과가 될 것이다).

이러한 의미에서 우월한 사실인식(위의 예에서 피고인만이 독극물인 사실을

1) Sippel, NJW 1983, 2226면 및 JA 1984, 480면.

알고 있는 점)에 의한 행위지배는 개별적인 구성요건에 따라 가분적이라고 할 수 있다.[1] 뿐만 아니라 위 견해는 소위 배후정범(Täter hinter dem Täter)을 부인하고, 위의 [판례]처럼 착오에 의한 의사지배의 경우에도 강요된 행위에 의한 간접정범에서 확립된 귀책원칙을 적용하고자 한다. 그러나 강요에 의한 행위지배와 착오에 의한 행위지배는 그 구조가 다르다. 강요에 의한 경우에는 피이용자는 저항하기 어려운 심한 심리적 압박상태에 놓여 있으므로 책임이 면제된다. 이에 반해 착오에 의한 경우에는 피이용자는 행위상황을 전혀 모르거나 거의 모르는 상태이므로 형사책임이 없다. 그러므로 피이용자의 일부 구성요건(위 판례에서 강도죄)에 대한 인식을 이유로 이용자에게 피이용자가 인식한 구성요건에 대한 교사범만을 인정하고 본래 의도한 범죄(위 판례에서 살인죄)에 대한 간접정범 성립을 부인하는 것은 설득력이 없다.

(3) 초과주관적 요건이 결여된 도구를 이용한 경우

행위지배설은 행위의 객관적 요소와 관련하여 판단하는 개념이기 때문에 목적없는 고의있는 도구라는 행위의 주관적 요소가 개입되는 경우에는 행위지배설의 적용가능성과 관련하여 논란이 있다.

[예 1] 갑은 자기가 가질 생각으로—즉 영득의 의사를 가지고—가질 생각이 없는 을로 하여금 물건을 훔치게 하였다.

① 「예 1」에서 피이용자는 절도의 고의를 가지고 훔쳤으므로 배후인물의 우위성은 인정될 수 없으나 이 경우에도 배후인물의 간접정범 성립을 인정하는 견해가 있다.[2] 이러한 결론의 이론적 근거는 소위 규범적·심리적 행위지배론[3]이다. 이에 따르면 직접행위자(을)는 절도죄의 종범에 불과하게 된다.

② 그러나 영득의사와 같은 주관적인 목적의 결여가 행위지배 여부를 판단하는 기준이 될 수 없다. 행위지배는 그 의미를 규범적으로 이해하는 법적인 지배적 영향이 아니라 외부적인 행위과정에 대한 객관적 영향 여하에 따

---

1) ①의 견해에 대한 비판으로는 Roxin, Tatherrschaft, 591면 및 SK/Samson, §25 Rn. 31; Stein, 「Beteiligungsformenlehre」, 291면; Kühl, AT, §20 Rn. 53.

2) 김성돈, 620면; 신동운, 665면; 오영근, 699면; 이재상, 441면; 이형국, 343면; 정성근/박광민, 511면; 조준현, 592면.

3) Jescheck/Weigend, AT, 606면; Welzel, Strafrecht, 101면; 배종대, 611면. 주관설을 따르더라도 배후인물이 자기이익을 위해 이용한 경우에는 간접정범을 인정하게 된다.

라 판단하여야 하는 개념이기 때문이다. 뿐만 아니라 자기가 갖지 않고 즉시 타인에게 도품을 인계하는 행위에서는 영득의사를 인정할 수 없는가 하는 문제도 영득의사를 어떻게 해석하느냐라는 문제로 귀착된다. 위의 [예 1]에서 을은 자기의 행위지배 아래 스스로 훔친 물건을 갑에게 주기로 결심하였다. 그러므로 독자적인 처분행위가 인정된다. 또한 남을 위한 절취행위에는 영득의사가 없다는 결론은 영득의사와 범행동기·범행목적을 혼동한 것이다. 절도죄에서의 영득의사는 절취의 동기나 최종목적을 묻지 않기 때문이다.[1] 결론적으로 고의를 가지고 직접 절취한 자(위의 예에서 을)가 절도죄의 정범으로 처벌되고, 배후인물(갑)은 교사범으로 처벌되는 것이 행위지배설의 입장에서 타당하다.[2]

[예 2] 갑은 1만원권 지폐를 위조하여 행사할 목적으로 복사전문가인 을에게 1만원권 20장을 진화처럼 그려달라고 부탁하였다. 을은 자신의 솜씨를 과시하고 싶어서 갑의 부탁을 들어 주었다.

목적범의 경우 목적이 결여된 자를 이용하면 간접정범 또는 교사범이 성립한다. 판례는 내란죄(제87조)에서 국헌문란의 목적을 가진 자가 그러한 목적이 없는 자를 이용하여 이를 실행하면 내란죄의 간접정범에 해당한다고 판시하고 있다.[3] 그러나 [예 2]의 경우는 다르다. 이 경우 갑의 형사책임으로서 을이 행사할 목적을 갖지 않았다고 해서 갑에게 통화위조죄(제207조 제1항)의 간접정범을 인정하는 견해가 있다.[4] 그러나 단순히 통화 본래의 용도대로 사용(행사)할 목적이 없었다고 하여 피이용자를 도구로 보고 이용자에게 간접정범을 인정하는 것은 지나친 형식논리이다. 목적범에서 목적없는 고의있는 피이용자 및 이용자에 대한 형사책임은 행위지배설의 규범적 해석에 의해서가 아니라 현실적 행위지배자 및 개별 구성요건의 주관적 불법요소의 의미와 개념에 따

1) Baumann, GA 1971, 311면; Wessels, BT/2, Rn. 151.

2) 김일수/서보학, 580면; 임 웅, 449면. Bloy, 「Zurechnungstypus」(1988), 241면; Bockelmann/Volk, AT, 180면; Herzberg, Täterschaft, 34면; Jakobs, AT, 21/104; Otto, AT, 325면; Maiwald, 「Der Zueignungsbegriff im System der Eigentumsdelikte」(1970), 244면; Roxin, Tatherrschaft, 341, 643면; Rudolphi, GA 1965, 42면; Schroeder, 「Der Täter hinter dem Täter」(1965), 88면; Stratenwerth/Kuhlen, AT I, § 12 Rn. 73.

3) 대판 1997. 4. 17, 96도3376(5·18 광주항쟁사건).

4) 배종대, 611면; 손동권, 410면; 손해목, 953면; 이재상, 441면; 정성근/박광민, 511면.

라 판단하여야 한다. 그렇다면 위의 [예 2]에서 을은 위조한 1만원권을 통화 본래의 용도대로 사용할 목적은 없었다고 하더라도 이러한 목적은 통화위조의 궁극적인 목적에 해당하며, 위폐를 진화처럼 행사할 목적을 가진 갑의 부탁을 받아 위폐를 직접 만들고(이 점에서 행위지배가 인정된다) 이를 갑에게 인도하겠다는 을의 행위목적 자체가 제207조 제1항의 목적을 인정하기에 충분하다. 뿐만 아니라 통화위조죄에서 행사할 목적이란 본인이 직접 행사할 목적뿐만 아니라 제3자로 하여금 행사하게 할 목적이 있어도 인정된다. 결국 을에게는 통화위조죄의 정범, 갑에게는 동죄의 교사범을 인정하여야 한다.[1)]

[예 3] 갑은 미성년자인 A(여)를 추행할 목적으로 이러한 목적을 알지 못하는 친구 을로 하여금 A를 유인하여 데리고 오게 하였다. 제287조(미성년자 약취·유인), 제288조(추행목적등 약취·유인) 참조.

[예 3]의 특징은 목적이 형벌가중사유에 해당한다는 점이다. 여기에서 갑은 추행의 목적이 있었으나 을에게는 이러한 목적이 없었다. 이 경우에는 갑은 제288조의 간접정범에 해당하고, 을은 제287조의 정범이면서 동시에 제288조의 피이용자, 즉 도구에 해당한다(을이 제287조의 정범임에도 불구하고 이를 이용한 갑에게 간접정범을 인정하는 것에 대하여 을이 「어느 행위로 인하여 처벌되지 아니하는 자」에 해당하지 않는다는 반론이 가능하다. 그러나 이에 대해서는 위 〈염산사건〉 관련 배후정범론을 참조할 것).

2. 위법성이 조각되는 피이용자의 행위를 이용한 경우

이는 배후인물이 피이용자를 적법하게 행위하는 도구로 이용하는 경우이다. 즉 피이용자의 위법성조각사유에 해당하는 적법행위를 이용하여 범행을 하는 것을 말한다.

[예] 무고한 시민을 범인이라고 신고하여 경찰관으로 하여금 적법하게 체포하게 한 경우(경찰관의 정당행위를 이용).

여기에 해당하는 상황으로는 의도적으로 야기한 정당방위상황을 이용하는 경우가 있다. 즉 공격을 유발시켜서 방위행위를 하도록 하고 이러한 적법

1) 김일수/서보학, 580면; 임 웅, 449면. 「목적없는 고의있는 도구」의 행위지배에 관해서는 Roxin, Taterschaft, 340면 참조.

한 방위행위에 의해 의도했던 대로 공격자가 피해를 입도록 하는 경우가 그 예이다. 이때 공격자와 방어자를 모두 도구로 이용한 것으로 인정되면 간접정범이 인정된다(복수의 도구이용). 그러나 방위행위자가 방위행위 이외의 방법으로도 공격을 피할 수 있거나 공격자가 단순한 동기의 착오를 일으킨 경우는 제외된다.[1] 이때에는 공격자나 방위행위자 모두가 더 이상 이용당하는 도구가 아니며, 정당방위상황을 야기한 배후인물 역시 행위의 지배자가 아니기 때문이다.

[예] A가 B에게 거짓으로 C가 B에 대해 모욕적인 말을 하더라고 하자 화가 난 B가 C를 폭행하고 이에 C가 B에게 상해를 입힌 경우. 여기에서 B와 C는 A의 지배하에 있는 도구가 아니라 각자가 자율적으로 판단하고 행위를 한 것이다.

3. 책임없는 피이용자의 행위를 이용한 경우

책임없는 피이용자의 행위를 이용하는 경우에 제한적 종속형식의 입장에서는 교사범의 성립이 가능하기 때문에 간접정범과의 구별이 문제된다.

(1) 책임무능력자의 행위나 강요된 행위(제12조)를 이용하는 경우

[예] 폭력배인 A는 의사 X를 칼로 위협하여 자기 애인 B양에게 법적으로 허용되지 않는 임신중절수술을 하게 했다. A는 낙태죄의 간접정범에 해당한다(제12조 참조).

책임무능력자인 정신병자나 형사미성년자인 어린아이의 공격행위 또는 책임이 조각되는 강요된 행위를 이용한 경우에는 간접정범이 인정된다.[2] 예를 들어 어린 초등학생을 시켜 이웃집에 방화하게 한 경우 비록 이 어린이가 자신의 행위의 불법성과 그 결과를 인식하고 있었다고 할지라도 이용자는 간접정범이지 교사범이 아니다.[3] 도구성을 정하는 기준은 어디까지나 법적인 책임성—귀책가능성—이지 형사책임능력의 심사에 따른 자기결정능력 유무에 따라 판단할 것이 아니기 때문이다. 만일 현실적인 책임능력의 정도에 따라 도구성 여부를 결정한다면 이들을 절대적 책임무능력자로 규정하는 입법취지에도 어긋나고 또한 그 기준을 어디에 두어야 할 것인가 하는 어려운

1) Jescheck/Weigend, AT, 667면; Sch/Sch/Cramer-Heine, §25 Rn. 28; Stratenwerth/Kuhlen, AT I, §12 Rn. 44.
2) 김일수/서보학, 581면; 신동운, 655면; 임 웅 450면; 정성근/박광민, 514면.
3) 이에 대하여 임 웅, 450면; 정성근/박광민, 514면은 어느 정도의 시비변별능력이 있으면 이용자에게 간접정범이 아니라 교사범이 인정된다고 본다.

문제가 제기되며 그 결론은 언제나 유동적일 수밖에 없다. 그러므로 책임무능력자에게 공범이 인정되는 경우란 범행을 이미 결심한 경우에 이를 돕는다거나 행위방법을 지도하는 경우 등에 국한된다.[1)]

(2) 위법성의 착오에 빠진 자를 이용한 경우

위법성의 착오에 빠진 자를 이용한 경우에 간접정범과 교사범 가운데 어느 것을 인정할 것인가에 대해서는 다음과 같은 다양한 견해가 있다.

① 피이용자의 회피할 수 없는 위법성의 착오를 이용한 경우에는 간접정범이 성립하지만 피이용자가 회피가능한 경우에는 교사범의 성립을 인정하는 견해,[2)] ② 피이용자가 회피할 수 없었던 경우에도 교사범만을 인정하는 견해,[3)] ③ 반대로 회피가능 여부를 불문하고 위법성의 착오를 이용한 경우 모두 간접정범을 인정하는 견해,[4)] ④ 이용자가 (회피가능 여부를 떠나서) 위법성의 착오상태를 야기하였다면 언제나 간접정범이 성립하고 단순히 이러한 상태를 이용한 것에 불과한 때에는 교사범이 성립한다는 견해,[5)] ⑤ 피이용자가 자신의 행위의 실질적인 위법성 또는 반사회성을 인식하였을 때에는 형식적인 위법성의 착오 해당 여부를 떠나서 교사범을 인정하고, 반대로 피이용자가 자신의 행위가 실질적으로 위법함을 인식하지 못한 경우에는 언제나 간접정범을 인정하는 견해[6)]로 나뉜다.

생각건대 위법성의 착오의 경우에 간접정범과 교사범을 구별하는 기준으로서 회피가능성이라든가 착오의 원인제공 여부와 같은 것이 기준이 된다고 보기보다는 현실적인 행위자의 귀책성 여부를 기준으로 판단하는 것이 타당

1) Roxin, Tatherrschaft, 635면; Sch/Sch/Cramer-Heine, §25 Rn. 39. 이에 반해 피이용자가 형사미성년자 또는 정신이상자라 할지라도 통찰력과 의사결정능력이 있는 경우에는 간접정범이 아니라 교사범이 성립된다는 견해가 있다(RGSt 61, 255면; Jescheck/Weigend, AT, 605면; 이재상, 444면; 오영근, 앞의 논문, 101면; 최우찬, 앞의 논문, 22면).

2) Jakobs, AT, 21/96; Jescheck/Weigend, AT, 605면; Maiwald, ZStW 88(1976), 736면; Stratenwerth/Kuhlen, AT I, §12 Rn. 55; Bloy, 「Zurechnungstypus」(1985), 347면. 또한 신동운, 655면; 오영근, 앞의 논문, 102면.

3) Welzel, Strafrecht, 103면; Bockelmann/Volk, AT, 181면.

4) Herzberg, Täterschaft, 23면; Sch/Sch/Cramer-Heine, §25 Rn. 38; Baumann/Weber, AT, 546면; F.-Chr. Schroeder, 「Der Täter hinter dem Täter」(1965), 126면; Schumann, 「Selbstverantwortung」(1986), 78면; Stein, 「Beteiligungsformenlehre」, 296면; Lackner/Kühl, §25 Rn. 4. 또한 정성근/박광민, 516면; 최우찬, 앞의 논문, 23면.

5) Blei, AT, 259면; 배종대, 613면.

6) Roxin, Tatherrschaft, 193~205, 638면. 위 독일연방대법원(BGHSt 35, 347) 역시 마찬가지 입장이다.

하다고 본다. 그러므로 행위매개자(피이용자)의 현실적인 부자유가 인정된다면 교사범이 아니라 간접정범을 인정함이 타당하다.

[판례] 피고인 R은 공동피고인 H(여성) 및 P와 함께 동거하고 있었다. 처음에 P와 H는 장난으로 R로 하여금 수천 년간 사람의 탈을 쓴 악마인 「猫王」(Katzenkönig)의 존재를 이야기하고 R은 이를 믿었다. 1986년 중순 H는 자신이 사랑하던 과거의 남자친구 N의 결혼소식을 듣고 증오와 질투심에서 N의 아내(Annemarie N)를 살해하기로 하였다. 이를 위해 R을 이용하기로 하였는데 마침 자신의 연적 R을 없앨 기회로 생각하는 P와 함께 H는 R로 하여금 「猫王」이 N(Annemarie)의 모습을 한 인간제물을 원하며 이를 바칠 사람으로 R을 선택하였다고 믿게 하였다. 만일 이를 거부하면 R은 자기들을 떠나야 하며 R은 사후에 영원한 나락의 구렁텅이로 빠져들고 「猫王」은 수백만의 인간을 몰살시킬 것이라고 위협하였다. R은 살인행위가 십계명에 어긋나니 다른 방법을 모색하여 보자고 하였으나 H와 P는 인간을 구하기 위한 신의 명령이기 때문에 상관없다고 하였다. 결국 R은 이에 따르기로 결심하고 P로부터 건네 받은 칼을 들고서 H와 P가 세운 계획에 따라 1986년 7월 30일 저녁 N여인을 등 뒤에서 목과 얼굴, 몸을 찔렀다. 이때 다른 사람이 N을 구하기 위해 달려오자 R은 달아났다. R은 N이 죽었을 것이라고 믿었으나 N은 중상을 입은 채 살아났다(소위 「猫王사건」)(BGHSt 35, 347면 이하).[1)]
이 사건에 대하여 독일연방대법원은 R의 살인미수죄를 인정하였다. 즉 비록 R이 정신적으로 정상이 아닌 상태에서 살인을 하였더라도 형사책임을 인정하였다. 또한 오상방위도 부인하였으며 긴급피난을 인정하지도 않았다. 오히려 R은 착오에 빠져 수백만 인류의 사망과 N의 사망간의 이익형량을 하였고 N의 사망은 정당하다고 본 회피할 수 있었던 금지착오를 인정하였다. 그러나 여기에서 문제되는 것은 H와 P의 R에 대한 간접정범 성립 여부이다. 독일연방대법원은 간접정범을 인정하였다.

위 판결에서 독일 연방대법원은 범죄조직 내부관계의 예에 따라 피이용자의 법적인 책임을 고려하지 않고 배후정범을 인정하고 있다. 즉 피이용자가 금지착오에 빠져 행위를 한 사실이 회피가능하였는가의 여부는 이용자의 간접정범 내지 교사범 성립 여부를 구별하는 기준이 되지 못한다고 판시하였다. 회피가능한 금지착오에 빠진 피이용자도 행위 당시에 불법인식이 없었던 점에서는 회피불가능한 경우와 차이가 없기 때문이라는 것이다. 그러므로 현실적으로 불법인식을 갖고 있지 않음에도 불구하고 가능성을 전제로 하여 배후인물—이용자—의 영향력을 구별하고 이에 따라 간접정범과 교사범으로

1) 이 판결에 대하여는 Schaffstein, NStZ 1989, 153면 이하 및 Küper, JZ 1989, 617면 및 935면 이하 참조.

나누는 것은 타당하지 않다는 결론을 내렸다. 대신에 양자는 착오의 종류와 범위 그리고 이용자의 영향력의 정도에 따라 개별적으로 판단하여야 한다고 보았다.

4. 위법성조각사유의 객관적 요건에 관한 착오를 이용하는 경우

오상방위자를 이용하여 상대방을 공격하게 하는 경우처럼 위법성 조각사유의 전제조건에 관한 착오, 즉 허용구성요건의 착오에 빠진 자를 이용한 경우에는 간접정범이 인정된다.

5. 신분없는 고의있는 도구

정범은 구성요건을 실현시킨 자이므로 구성요건이 전제로 하고 있는 정범으로서의 요건(정범적격)을 결여하고 있는 자는 정범이 될 수 없다. 이처럼 정범적격을 구성요건에 명시해 놓은 경우가 진정신분범이다. 대표적인 예가 공무원의 직권남용죄(제122조 이하), 뇌물에 관한 죄(제129조 이하), 위증죄(제152조), 업무상 비밀누설죄(제317조) 등이다. 이러한 범죄의 경우에는 비신분자가 구성요건을 실현시키더라도 정범이 될 수 없으며(제33조 본문적용의 배제), 신분자만이 정범이 된다.

[예] 공무원이 정을 모르는 처를 이용하여 뇌물을 받게 한 경우 공무원은 수뢰죄의 간접정범, 비공무원인 처는 단순한 도구에 불과하다.[1] 만일 처가 뇌물인 사실을 안 경우에는 제33조에 따라 양자를 공동정범 또는 교사범에 해당한다고 보아야 할 것이다.

즉 신분없는 고의있는 도구를 이용한 경우 이용자는 간접정범에 해당한다고 보아야 한다.[2] 이와 달리 신분자의 의사지배 내지 비신분자의 도구성을 부정하여 신분자는 교사범이 된다는 견해도 있다.[3] 이에 따르면 위의 [예]에서 공무원은 수뢰죄의 교사범, 처는 수뢰죄의 방조범이 된다고 한다.[4] 이처럼 진정신분범에서 신분자인 이용자에게 (간접)정범이 아니라 교사범을 인정하고 비신분자인 피이용자에게 방조범을 인정할 경우 결국 정범이 없고 공범만 존재하는 결과가 발생한다.

---

1) 배종대, 611면; 이재상, 442면; 이형국(Ⅱ), 612면. 또한 대판 1983. 1. 14, 83도515 참조.
2) 배종대, 611면; 손동권, 407면; 손해목, 955면; 신동운, 661면; 오영근, 699면; 이재상, 441면; 정성근/박광민, 512면; 조준현, 592면.
3) 임 웅, 448면 이하.
4) 임 웅, 448면.

6. 피이용자가 자기책임하에 행위한 경우: 배후정범의 문제

배후정범이란 피이용자가 처벌되는 경우에 이용자인 배후인물 역시 간접정범에 해당하는 것을 의미한다.

배후정범의 인정 여부가 문제되는 경우는 크게 세 가지이다. ① 회피가능한 금지착오에 빠진 자를 이용하는 경우(위 3.(2) 참조)와, ② 객체의 착오를 유도하여 이를 이용하는 경우, ③ 조직적인 명령체계를 통한 행위실현의 경우이다.[1)]

(1) 객체의 착오를 이용하는 경우

이용자가 피이용자의 객체의 착오를 이용하는 경우에는 ① 이용자(배후인물)가 피이용자에게 객체의 착오를 일으켜 범행을 유발하였으므로 발생한 결과에 대한 간접정범으로 보아야 하고, 피이용자 역시 발생한 결과에 대한 행위지배자로서 정범에 해당한다는 견해(배후정범의 인정)[2)]와, ② 타인(피이용자)의 범행계획을 자신의 목적달성에 이용하였으므로 각자를 동시범으로 보아야 한다는 견해,[3)] ③ 배후인물은 교사범이라는 견해[4)]가 있다. 이 경우에 피이용자인 직접행위자의 정범성립을 인정한다는 점에서는 ①②와 ③의 견해가 결론을 같이한다. 그러나 배후인물이 피이용자를 도구로 이용하여 결국 자신의 목적을 달성하였다고 보아 이용자의 간접정범을 인정하는 것이 타당하다.

[예] A는 X가 자기를 죽이기 위해 한적한 곳에 잠복해 있음을 알았다. 이에 A는 자기와 원수지간인 B를 이곳으로 유인하여 X에 의해 살해 되도록 하였다(독일형법학자 Dohna가 구성한 내용이어서 「Dohna 사건」이라고 부른다).
이 사건을 우리 형법에 의해 해결하려 한다면 배후인물을 간접정범으로 처벌하기 곤란하다는 지적이 있을 수 있다. 피이용자가 「어느 행위로 인하여 처벌되지 아니하는 자」가 아니라 살인죄로 처벌되는 자이기 때문이다. 그러나 이용자인 A가 이용한 행위내용(A 자신에 대한 X의 살해계획)으로는 X는 처벌되지 않는다는 점에서 「어느 행위로 인하여 처벌되지 아니하는 자」에 해당하고, 결과적으로 발생한 B에 대한 살인행위는 A에 의하여 지배되는 상황이므로 직접정범 X와 함께 A 역

---

1) Roxin, Lange-FS.(1976), 173, 177면 이하 참조.
2) Kühl, AT, §20 Rn. 74; Roxin, Lange-FS.(1976), 190면; Sch/Sch/Cramer, §25 Rn. 23; Schroeder, 「Täter hinter dem Täter」(1965), 143면 이하.
3) Spendel, Lange-FS.(1976), 167면 이하; Herzberg, Täterschaft, 24면; Welzel, Strafrecht, 111면.
4) Schumann, 「Selbstverantwortung」(1986), 76면 이하.

시 간접정범이라고 할 수 있다(아래 Ⅶ. 간접정범에 관한 현행 형법의 문제점, 1. 피이용자의 범위 참조).

(2) 조직적인 명령체계의 경우

범죄조직의 우두머리처럼 소위 조직지배[1]를 하는 자는 공동정범이 된다거나[2] 공동정범이나 또는 교사범의 성립을 인정하는 견해[3]가 있다. 이 경우에 공동정범의 성립가능성을 완전히 배제할 수는 없으나 엄격한 상하 명령체계 내에서는 명령권을 행사하는 자는 간접정범이나 교사범이 성립한다고 보는 것이 타당하다. 이 경우에 중요한 것은 명령체계의 강도이다.

7. 과실범으로 처벌되는 자를 이용한 경우

피이용자에게 과실이 인정되어 과실범으로 처벌되더라도 이용자는 고의범죄의 간접정범이 될 수 있다(제34조 제1항). 이는 피이용자에게 인식있는 과실이 있는 경우에도 마찬가지이다.

[예] 간호사가 주사기에 든 약물의 내용을 확인하지 않고 의사가 시키는 대로 환자에게 주사하여 결국 의사가 살해하고자 의도한 환자를 사망하게 한 경우. 여기에서 간호사에게 과실이 인정되면 업무상 과실치사죄(제268조)가 성립하고, 이용자인 의사에게는 살인죄(제250조 제1항)의 간접정범이 인정된다.

Ⅲ. 間接正犯과 錯誤

1. 간접정범과 객제의 착오

이는 피이용자에게 객체의 착오가 발생한 경우에 직접행위자가 아닌 간접정범은 이를 어떻게 처리할 것인가에 관한 문제이다. 이 경우의 해결책에 대해서는 다음과 같은 견해가 있다.

(1) 법정적 부합설의 입장

법정적 부합설의 입장에서는 간접정범에게 객체의 착오를 인정한다.[4] 그 근거로서는 이용자는 피이용자가 착오를 일으킬 수 있다는 가능성을 일반적 경험칙상 예견할 수 있다는 점, 그리고 이 경우는 구체적인 행위실현과정상

1) Roxin, Tatherrschaft, 242~252면 참조. 또한 Roxin, GA 1963, 193~207면.
2) Jescheck/Weigend, AT, 607면.
3) Jakobs, AT, 21/103.
4) 배종대, 620면; 신동운, 660면; 이재상, 448면; 정성근/박광민, 516면.

의 착오에 불과하여 행위자의 고의를 인정할 수 없는 방법의 착오와는 다르다는 점을 든다.[1)]

그러나 이 견해는 행위자에 의한 객체의 착오가 간접정범의 입장에서는 자신이 직접 착오를 일으킨 것은 아니기 때문에 자신의 고의내용에 의하면 일종의 방법의 착오에 해당한다는 점에서 타당하지 않다. 즉 행위객체가 동종이라고 해서 간접정범에게도 이에 대한 고의가 인정된다는 주장은 정확하지 않다. 방법의 착오에서 행위자에게 침해객체에 대한 고의가 인정되지 않는 것과 마찬가지로 객체의 착오에서 피이용자에게는 침해객체가 전혀 그의 고의내용에 포함되어 있지 않다. 즉 간접정범이 성립하기 위해서는 이용자의 고의와 피이용자에 의해 실행된 결과가 현실적인 인식의 측면에서 일치하여야 한다는 요건이 충족되지 않은 것이다.[2)]

(2) 구체적 부합설의 입장

구체적 부합설의 입장에서는 간접정범에게 원칙적으로 방법의 착오를 인정한다. 이에 따르면 시도한 범행에 대한 간접정범의 미수와 실현된 결과에 대한 과실범을 인정한다(상상적 경합). 그러나 행위객체의 최종적인 선정을 피이용자에게 일임한 경우에는 이용자는 피이용자의 착오에 대해서도 동일한 책임을 인정한다. 이용자에게 객체의 착오가능성에 대한 미필적 고의가 인정되는 경우에도 마찬가지이다. 이 견해가 타당하다.[3)]

2. 피이용자의 성질에 관한 착오

피이용자의 성질에 관한 착오는 내용상 책임이 관련된 경우와 고의가 관련된 경우로 나눌 수 있다.

(1) 피이용자의 책임유무에 관한 착오

이에는 ① 피이용자가 책임무능력자라고 생각하고 이용하였으나 사실은 책임능력자인 경우(예: 정신병자를 이용한다고 생각하고 범죄를 사주하였으나 사실은 정상적인 판단능력을 가진 자인 경우)와, ② 그 반대의 경우가 있다.

첫째의 행위유형에서 이용자는 피이용자의 행위에 대하여 행위지배를 하

1) BGHSt 37, 219면 참조.

2) 이 견해에 대한 비판은 Schlehofer, GA 1992, 307면 이하 참조.

3) 김일수/서보학, 587면; 배종대, 620면; 손동권, 487면; 손해목, 969면; 이정원, 360면; 이형국, 303면. 독일의 통설이다(LK/Schünemann, §25 Rn. 149; MK/Joecks, §25 Rn. 14; Nomos/Ingelfinger, §25 Rn. 34).

고 있지는 않다(피이용자 자신이 행위지배자이다). 그러므로 간접정범을 인정하는 것은 타당하지 않다(주관설을 취할 경우에만 이용자의 「정범의사」를 근거로 간접정범을 인정할 수 있을 것이다). 오히려 이때에는 이용자를 교사범으로 보는 것이 타당하다.[1] 왜냐하면 교사자는 「책임무능력자」를 이용한다고 생각한 점에서 교사자로서의 고의를 갖추고 있으며, 객관적으로도 피이용자는 이용자의 사주에 의해서 범행을 시작한 점에서 피교사자로서의 요건을 구비하고 있기 때문이다. ②의 경우, 즉 이용자는 피이용자가 책임능력이 있는 정상인으로 알았으나 사실은 책임무능력자인 경우에도 이용자는 자신의 인식에 따라 교사범에 해당한다고 보는 것이 타당하다.[2]

(2) 피이용자의 고의유무에 관한 착오

이에는 ① 이용자가 자신의 범행계획에 이용되는 피이용자가 고의를 가지고 있지 않다고 생각하고 실행행위를 시켰으나 사실은 고의가 있는 경우(아래 [예] ①)와 ② 그 반대의 경우(아래 [예] ②)이다.

[예] ① 아내(을)를 살해하기 위하여 의사인 갑은 자신의 행동을 눈치채지 못한다고 생각되는 간호사 A에게 독극물이 든 주사기를 건네 주면서 을에게 주사하도록 하였다. 그러나 A는 이 사실을 간파하고 있었으며 평소에 짝사랑하던 갑을 차지할 수 있다는 기대감을 갖고 갑이 시킨 대로 을에게 주사하여 사망하게 하였다.
② 을녀는 자신의 정부(情夫)인 기혼의 갑에게 아내를 독살하도록 치사량의 독이 든 약을 건네 주었다. 이때 을녀는 갑이 약에 치사량의 독이 든 사실을 알고 있으며, 또한 자기 아내를 살해할 생각을 가졌다고 믿었으나 사실 갑은 아내를 살해할 의사도 없었으며, 또한 그 약을 진실로 치료약으로 알고 자기 아내에게 건네 준 결과 갑의 아내는 사망하였다.

1) 피이용자에게 고의가 있는 경우　이에 대한 해결책으로는 ① 간접정범의 미수라는 견해[3]와, ② 교사범으로 보아야 한다는 견해[4]로 대별된다. [예] ①의 경우에 갑의 행위를 결과적으로만 파악하면 갑이 의도한 결과가 발생하였으므로 살인죄의 간접정범이 인정된다고 볼 수 있다. 그러나 갑의

1) 김종원, 「교사범(하)」, 고시계(1975/6), 101면; 김성천/김형준, 526면; 김일수(Ⅱ), 392면; 배종대, 620면; 손해목, 968면; 안동준, 244면; 이재상, 448면; 이정원, 335면; 조준현, 340면. 한편 간접정범을 인정하는 견해로는 유기천, 296면; 진계호, 413면.
2) 배종대, 620면; 손해목, 968면; 안동준, 244면; 이재상, 448면.
3) SK/Samson, § 25 Rn. 38.
4) Jescheck, AT, 607면; Lackner/Kühl, § 25 Rn. 5; Sch/Sch/Cramer-Heine, § 25 Rn. 30; Stratenwerth/Kuhlen, AT Ⅰ, § 12 Rn. 216.

이용행위는 생각에 머물렀을 뿐이며 A는 자신의 행위지배 아래 살인행위를 하였으므로 갑의 A에 대한 의사지배는 현실적으로는 존재하지 않았다(이것이 행위지배설에 충실한 결론이다). 그러므로 이러한 착오유형에서 이용자(갑)는 간접정범의 미수범에 해당한다고 보는 것이 타당하다.[1] 이 경우에 직접행위자는 자신의 행위지배로 인하여 도구성을 상실하고 있으므로, '간접정범'에게 살해의 결과를 귀속시킬 수 없기 때문이다. 결과적으로 제34조에 의해 교사의 예에 따라 처벌되어야 할 것이므로 살인교사의 미수로 처벌된다(구체적으로는 실패한 교사로서 살인예비 · 음모죄로 처벌. 제31조 3항 참조).

2) 피이용자에게 고의가 없는 경우 이용자는 피이용자가 고의를 가지고 실행행위를 한다고 생각하였으나 사실은 피이용자에게 고의가 없는 경우에 이용자는 ① 교사범에 해당하지 않는다는 견해[2]와, ② 교사범이라는 견해[3]가 있다. 이러한 경우에는 피이용자에게 고의적인 정범행위를 인정할 수 없다는 점에서 그를 피교사자(살인죄의 정범)라고 볼 수 없으므로 이용자에게 교사범을 인정하기가 어려우며, 방조범이라고 할 수도 없다. 주관적인 측면에서는 간접정범을 인정할 수도 없다. 왜냐하면 이용자에게는 고의없는 도구를 조종하여 범행을 한다는 인식이 결여되어 있으며 그 결과 의사지배도 없기 때문이다. 그러나 이용자에 대한 형사처벌의 필요성을 감안하여 형법 제34조 제1항에 따라 어느 행위로 인하여 처벌되지 아니하는 자 가운데 고의없는 도구를 이용한 경우로 보아 간접정범의 성립을 인정하는 것이 타당하다고 본다.

Ⅳ. 間接正犯의 未遂

간접정범의 미수도 정범의 미수와 마찬가지로 인정된다. 간접정범의 실행의 착수시점을 어디에 두어야 할 것인가에 관하여는 다음과 같은 견해의 대립이 있다. 우선 간접정범의 실행의 착수시점에 관하여 논란이 없는 경우는 피이용자가 직접적으로 구성요건실현행위를 개시한 때이다. 반대로 이와

---

1) Kühl, AT, § 20 Rn. 84, 86; SK/Samson, § 25 Rn. 112.

2) 이는 결국 처벌불가능하다는 견해이다. Herzberg, Täterschaft, 46면; Jakobs, AT, 22/18; Kühl, AT, § 20 Rn. 89; Maiwald, ZStW 88(1976), 731면; Roxin, Tatherrschaft, 556면; Sch/Sch/Cramer, vor § 25 Rn. 30; SK/Samson, vor § 26 Rn. 26, 27; Stratenwerth/Kuhlen, AT Ⅰ, § 12 Rn. 218.

3) Baumann/Weber, AT, 557면; Tröndle/Fischer, vor § 25 Rn. 10; Lackner/Kühl, vor § 25 Rn. 9.

같은 단계 이전에도 간접정범의 미수를 인정할 수 있는가에 관해서는 논란이 있다. 뉘앙스의 차이가 있지만 구별하여 보면 다음과 같다.

1. 전 체 설

전체설은 보호법익에 대한 직접적인 위험화라는 기준에 의거하여 간접정범의 행위와 피이용자의 행위를 종합적으로 판단하여 실행의 착수시점을 판단한다. 그러나 피이용자의 행위시점보다 우선하여 실행의 착수시점을 인정할 수는 없다. 간접정범은 피이용자를 통하여 범죄를 실현하는 자이기 때문이다. 구체적으로 살펴보면 피이용자가 선의인가 악의인가에 따라 전자의 경우에는 피이용자는 기계적인 도구에 불과하기 때문에 이용자의 이용행위개시시점이 실행의 착수시점이라고 보고, 후자의 경우에는 피이용자의 실행행위시점을 기준으로 하는 견해가 있다.[1)]

[판례] ① 채무자가 화의절차의 선의의 관재인에게 허위의 재산명세서를 제출하여 관재인이 이를 모르고 화의채권자에게 보고하도록 하여 화의가결을 시도한 사건[2)]에서 독일연방대법원은 사기미수죄(독일형법 제263조, 제23조)를 인정하였다.
② 제 2 차 세계대전 말 피고인의 남편은 군인이었다. 그는 아내에게 보내는 편지에 계속하여 나치스와 그 수뇌들(히틀러, 괴벨스)을 비난하는 내용을 써 보냈는데 그의 아내는 남편을 처치하기 위하여 이 사실을 고발하였다. 그리하여 남편은 1945년 2월 피고인이 예측한 대로 사형을 선고받았다. 그러나 종전으로 인하여 사형집행을 면하고 이제는 그의 아내가 살인미수죄로 재판을 받게 되었다. 재판부는 피고인에 대한 전시의 사형선고는 거의 예외없이 집행으로 이어지므로 아내의 고발시점에서 남편의 생명에 대한 직접적인 위험이 발생한 것으로 보았다.[3)]

2. 개 별 설

개별설은 전체설이 간접정범의 실행의 착수시점을 확정하기 위하여 도구에 불과한 피이용자의 행위를 기준으로 하는 것은 비록 피이용자가 악의의 도구라 할지라도 타당하다고 볼 수 없다고 주장한다. 왜냐하면 미수의 가벌성은 언제나 (간접)정범의 범죄적인 의사의 표출시점을 기준으로 하여야 하는데도 불구하고 처벌되지 않는 도구에 불과한 피이용자의 행위를 기준으로 하는 것은 모순이기 때문이다.[4)] 그러므로 간접정범의 이용행위가 법익침해의

---

1) Blei, AT, 261면; Mezger, AT, 386, 401면; Welzel, Strafrecht, 191면.
2) BGHSt 4, 270, 273면.
3) BGHSt 3, 110면.
4) Herzberg, JuS 1985, 1면 이하; Roxin, Maurach-FS.(1972), 228면; SK/Rudolphi, § 22

위험성을 직접적으로 초래하였거나 이용자로서의 행위를 완료하여 피이용자의 손에 범행의 실현 여부가 달려 있을 때에 실행의 착수를 인정한다.[1] 이 견해가 타당하다고 본다.

> 위의 「염산사건」(위 Ⅱ. 1. (2) [판례] ②)에서 피고인, 즉 이용자는 피이용자(처음에는 A, B, C, 다음에는 D)를 기망하여 염산으로 X를 살해하고자 하였으나 도중에 「강도」행위를 포기한 피이용자 때문에 살인에 실패하였다. 이 경우에 이용자의 강도행위는 실행에 착수하였다고 보기 어렵다. 왜냐하면 피이용자들이 아직 범행현장에 도착하기 전으로서 X의 자유·재산이 직접적으로 위태로운 상태라고 보기는 어렵기 때문이다(피이용자의 강도중지범이 성립한다). 한편 고의없는 도구를 이용하여 X를 살해하고자 한 행위와 관련하여서는 이미 실행에 착수한 것으로 볼 수 있다. 이용자의 입장에서는 피이용자가 살인을 하기 위한 모든 행위, 즉 염산을 제공하고 범행현장으로 출발시켰기 때문이다.
>
> 이용자의 조종의사(Steuerungsvorstellung)를 기준으로 하여 해당 법익을 직접 위태롭게 하여 필연적으로 결과발생으로 나아가게 될 경우에 실행의 착수를 인정하는 입장[2]이 있다. 이에 따라 피이용자의 행위 이전에 이미 간접정범의 미수가 성립할 수 있다고 보게 된다. 동시에 이 견해는 법익침해를 위해서 피이용자의 추가적인 예비행위가 요구될 때에는 실행의 착수를 인정하지 않는다. 이때에는 이용자가 법익침해를 위해서 피이용자를 더 이상 조종할 수 없을 때에 실행의 착수를 인정한다. 그러나 이 견해에 대해서는 이용자가 법익에 대하여 주관적으로 상정하는 직접적인 위험이란 결과발생이 불가피하다고 여겨지는 경우라 할지라도 인과적으로 심대한 위험단계에 진입하기 전에는 인정되지 않는다. 그리고 결과발생의 필연성 또는 불가피성을 실행의 착수 여부에 관한 기준점으로 삼는다면 법익침해를 위한 피이용자의 추가적인 예비행위 수행 여부가 무슨 의미가 있겠는가 하는 의문이 제기된다.

Ⅴ. 過失에 의한 間接正犯

형법은 과실범으로 처벌되는 자를 이용한 경우에 간접정범을 인정하고 있다. 반면에 과실행위에 의한 간접정범은 인정할 수 없다. 일부 학설은 간접정범이 정범이므로 과실범의 형태에 의해서도 간접 '정범'이 될 수 있다고 본다.[3)]

Rn. 20 a.

1) Jakobs, AT, 21/105; Kühl, AT, §20 Rn. 93; Jescheck/Weigend, AT, 609면; Roxin, Maurach-FS.(1972), 227면 이하; SK/Rudolphi, §22 Rn. 20; 오영근, 앞의 논문, 102면.

2) Sch/Sch/Eser, §22 Rn. 54. 그러나 Eser의 이러한 입장은 그의 Strafrecht Ⅱ, Nr. 31 Rn. 60과는 다르다.

3) 긍정설로는 유기천, 131면; 황산덕, 262면. 부정설로는 배종대, 625면; 이정원, 「과실범에서의 정범과 공범」, 형사법연구 제16호(2001), 115면; 이형국, 300면; 임 웅, 454면; 진계호/이존걸, 598면. 또한 정성근/박광민, 518면도 입장을 바꾸어 부정설을 취하고 있다.

그러나 다음과 같은 이유에서 이는 타당하지 않다. ① 형법상 간접정범이라는 정범형식을 인정한 것은 타인을 범행도구처럼 이용하여 자신의 범행목적을 달성하는 경우를 상정한 것이라고 보아야 한다. 그러므로 이러한 이용의사가 인정될 수 없는 과실행위자를 간접정범으로 인정할 수는 없다.

② 형법(제34조 제1항)은 간접정범을 타인을「교사 또는 방조하여」범행을 하는 경우로 규정하고 있다. 이는 간접정범에 의해 이용되는 자, 즉 피이용자에 대한 간접정범의 이용행위가 과실행위로는 이루어질 수 없다는 점을 전제로 하고 있다고 보아야 한다. 과실행위자에게 교사나 방조행위를 통한 이용의사란 인정될 수 없기 때문이다. 즉 간접정범에서의 교사나 방조행위를 형법상 공범형태인 교사범이나 방조범과 동일한 의미로 이해하지 않는다고 하더라도 정범성의 표지인 범행지배와 관련하여 이해하여야 하는 것이다. 대법원 판례[1] 역시 간접정범을 피이용자를 생명 있는 도구로 이용하여 범하는 형태로 보고 있다는 점은 이를 반증한다.

③ 뿐만 아니라 간접정범을 교사범이나 방조범의 예에 따라 처벌한다는 형법규정 역시 간접정범은 과실범일 수 없다는 전제에 근거한다고 보아야 한다. 왜냐하면 형법에 처벌규정이 있는 경우에 한하여 처벌하는 예외적 구성요건인 과실범을 고의범의 형태로만 성립 가능한 교사범이나 방조범의 예로 처벌할 수는 없을 것이기 때문이다.

Ⅵ. 不作爲에 의한 間接正犯

부작위에 의한 간접정범이 성립하는가에 대해서는 적극설과 소극설이 대립되어 있다. 정범과 공범의 구별기준으로서 주관설을 취하는 경우에는 부작위범의 경우에도 동일하게 양자를 구별하기 때문에 부작위에 의한 간접정범의 성립도 정범성을 가지는 한 인정된다.[2] 이에 반해 행위지배설을 취하는 견해에서는 적극설과 소극설로 나뉜다.[3]

생각건대 부작위범은 작위범과 그 구조가 다르기 때문에 부작위에 의한

1) 대판 2000. 6. 13, 2000도778 참조.

2) Arzt, JA 1980, 557면; Baumann/Weber, AT, 538면; BGH NStZ 1985, 24면.

3) 소극설로는 Armin Kaufmann,「Die Dogmatik der Unterlassungsdelikte」(1959), 195면 이하; Roxin, Tatherrschaft, 471면; Sch/Sch/Cramer, vor §25 Rn. 54; Stratenwerth/Kuhlen, AT Ⅰ, §14 Rn. 12; Welzel, Strafrecht, 206면; 이형국(Ⅱ), 619면; 배종대, 618면. 적극설로는 Stein,「Beteiligungsformenlehre」, 310면 이하.

간접정범의 성립은 원칙적으로 부인하는 것이 타당하다. 간접정범은 작위적 방법으로 피이용자가 범행을 하게끔 하여야 하나 부작위의 경우에는 이것이 불가능하기 때문이다.

그러나 형법은 간접정범의 행위태양으로 교사 또는 방조를 규정하고 있다. 간접정범의 교사·방조행위를 교사범이나 방조범과 같은 의미로 평가하지 않더라도 부작위에 의한 교사는 불가능하고, 부작위에 의한 방조만이 가능하기 때문에 이론적으로는 부작위에 의한 간접정범의 성립은 방조적 형태로는 가능하다고 보아야 할 것이다. 그러나 현실적으로는 부작위에 의한 방조범의 성립을 인정하는 것이나 부작위에 의한 간접정범의 성립을 인정하는 것이 양형상 동일하기 때문에(필요적 감경) 실익은 크지 않다.

Ⅶ. 間接正犯에 관한 現行 刑法의 問題點

1. 「어느 행위로 인하여 처벌되지 아니하는 자」와 배후정범

형법은 피이용자를 고의행위의 경우에 「어느 행위로 인하여 처벌되지 아니하는 자」로 규정하고 있다. 이 규정은 우리 형법상 배후정범의 성립가능성을 부인하는 근거로 주장되고 있다. 다시 말하면 피이용자의 행위에는 범죄의 성립요건인 구성요건해당성이나 위법성 또는 책임이 없어서 어느 경우에도 범죄가 성립하지 않는 경우를 의미한다는 것이다.[1)]

그러나 이 규정은 피이용자가 어떠한 경우에도 처벌되지 아니하는 경우뿐만 아니라 이용자가 이용하는 행위내용으로는 피이용자가 처벌되지 않거나(위 「Dohna사건」 참조), 피이용자를 통하여 실현시키고자 의도하는 행위내용으로는 처벌되지 않는 자까지도 포함하는 것으로 해석하는 것이 간접정범의 본질에 부합된다(위 Ⅱ.1.(2) 「염산사건」 참조). 전체적인 상황은 자신의 목적을 달성하기 위한 이용자의 의사지배하에서 이러한 사실을 모르는 피이용자가 움직이고 있기 때문이다. 그러므로 피이용자가 자신의 책임하에 실현한 범행으로 처벌되는 경우에도 이용자는 간접정범이 될 수 있다. 그 결과 비록 피이용자가 다른 행위부분(예: 상해미수)으로 처벌되더라도 배후이용자 역시 나머지 행위부분(예: 살인미수)에 대한 간접정범으로 처벌할 수 있게 된다.

1) 대부분은 이렇게 해석하고 있다. 배종대, 615면 이하; 신동운, 648면(특수 교사·방조범 인정); 이재상, 440면 이하; 이형국(Ⅱ), 612면; 정성근/박광민, 517면 이하 참조.

결국 이러한 해석을 통하여 피이용자와 교사범에 해당하지 않는 배후이용자를 동시에 처벌할 수 있는 배후정범의 인정가능성이 생긴다. 특히 이용행위의 방법으로 교사행위를 규정하고 있는 형법상 그러하다.

2. 이용행위의 문제점

형법(제34조 제1항)은 피이용자를 「교사 또는 방조하여」 범죄행위의 결과를 발생하게 한 자를 간접정범이라고 규정하고 있다. 그러나 동시에 간접정범이란 타인을 도구로 이용하여 범죄를 실행하게 하는 것인데 「도구」에 대하여 공범으로서 교사 또는 방조한다는 것은 현실적으로 불가능하다. 그러므로 이를 공범의 형태인 교사범이나 방조범의 경우와 동등하게 이해하기보다는 사주나 격려, 이용의 의미로 이해하는 것이 다수 입장이다.[1)]

3. 처벌상의 문제점

형법은 간접정범의 기수범을 「교사 또는 방조의 예에 의한다」고 하여 정범이 아닌 교사범이나 방조범의 형으로 처벌하는 점이 문제점으로 지적된다.[2)] 교사범은 정범과 동일하게 처벌되므로(제31조 제1항) 간접정범이 아니라 교사범을 인정하더라도 결과적으로는 차이가 없다. 그러나 종범의 형은 정범의 형보다 필요적으로 감경하기 때문에(제32조 제2항) 간접정범을 공범의 일종으로 파악하는 견해에서는 간접정범의 처벌규정을 공범설의 뚜렷한 근거라고 본다.

그러나 간접정범을 교사 또는 방조의 예에 따라 처벌하도록 규정한 것은 직접정범에 비해 범죄성이 상대적으로 약한 간접정범에 대한 양형적 배려라고 볼 수 있다. 또한 간접정범의 본질에 관하여 공범론을 취하지 않더라도 간접정범의 형태가 방조에 의한 경우 형을 필요적으로 감경하는 것은 반드시 정범설과 배치되는 것은 아니다. 이는 공범이면서도 정범과 동일한 형으로 처벌하는 교사범의 반대의 예를 보아도 알 수 있다. 오히려 공범설이 주장하듯이 간접정범을 종범으로 파악하게 되면 피이용자의 행위가 구성요건에 해당하지 않거나 적법행위를 이용하는 경우에는 정범이 없는 종범들만의 범행을 인정하는 결과가 되어(제한적 종속설의 입장) 공범독립성설을 취하지 않는 한 논리적으로 모순이다. 입법론으로는 간접정범을 정범과 동일하게 처벌하도

---

1) 김일수/서보학, 583면; 이재상, 446면; 이정원, 323면; 이형국(Ⅱ), 622면.

2) 임 웅, 「공범과 신분」, 고시연구(1998/6), 104면은 제34조 제1항이 간접정범을 교사 또는 방조의 예에 의하여 처벌한다고 규정한 것은 교사 또는 방조"이다"라는 뜻은 아니고, 교사 또는 방조의 "형(刑)"에 의하여 처벌한다는 취지라고 본다.

록 하여야 할 것이다.

간접정범의 미수는 미수범 일반규정(제25조 내지 제27조)에 따라 처벌되며 교사범의 규정(제31조 제1항)이 적용되는 것이 아니다.

Ⅷ. 特殊敎唆・幇助

1. 의의 및 법적 성질

형법은 「자기의 지휘, 감독을 받는 자를 교사 또는 방조하여」 범죄행위의 결과를 발생하게 한 자는 교사인 경우 정범의 형의 장기 또는 다액의 2분의 1까지 가중하고, 방조인 때에는 정범의 형으로 처벌한다고 규정하고 있다(제34조 제2항). 이는 우월적 지위를 이용한 일종의 강요에 의한 의사지배나 착오에 의한 의사지배가 용이한 점을 근거로 가중처벌하는 것을 의미하는 것으로 볼 수 있다.

이 규정의 법적 성질에 대해서는 ① 특수간접정범설,[1] ② 특수교사・방조범설, ③ 양자를 모두 포함한 특수가중규정이라는 견해가 있다. ③의 견해가 타당하다고 본다.[2] 이러한 해석을 통하여 조직범죄의 우두머리에 대한 처벌을 소위 공모공동정범론에 의하지 않고 이 규정으로 해결할 수도 있다고 본다.

2. 특수교사범의 의의 및 적용범위

특수교사범이란 자기의 지휘・감독을 받는 자를 교사하여 범죄의 결과를 발생하게 한 자를 말한다(제34조 제2항). 특수교사범에게는 정범에 정한 형의 장기 또는 다액의 2분의 1까지 가중한다. 특수관계에 있는 자를 교사한 경우에 이를 가중처벌하는 것은 교사자에 대한 관계로 보아 피교사자의 거부할 수 없는 약자적 지위를 이용한 것은 일반 교사자에 비해 범죄성이 강하다고 보기 때문이다. 교사자의 지휘 또는 감독을 받는 자란 대표적으로 근무관계에서의 지휘・감독관계를 들 수 있다. 이러한 법적 상하관계뿐만 아니라 폭력조직과 같이 사실상 지휘・감독관계에 있는 경우에도 이를 인정할 수 있다.

3. 특수방조범의 의의 및 적용범위

특수방조범이란 자기의 지휘・감독을 받는 자를 방조하여 범죄의 결과를 발생하게 한 자를 말한다(제34조 제2항). 특수방조범은 정범과 같은 형으로 처벌한다. 특수방조범의 지휘・감독을 받는 자란 직업적으로나 사실상 지휘・감독관계

1) 김성천/김형준, 527면.
2) 배종대, 626면; 이재상, 453면.

에 있는 경우를 말한다.

제 4 절 教 唆 犯

I. 教唆犯의 概念

교사범이란 범죄의사가 없는 타인(정범)으로 하여금 범죄를 결의하여 그 죄를 실행하게 한 자를 말한다. 형법은 「타인을 교사하여 죄를 범하게 한 자는 죄를 실행한 자와 동일한 형으로 처벌한다」고 규정하고 있다(제31조 제1항). 간접정범이 자신의 의사지배를 통해 타인을 도구로 이용하여 범죄를 실행케 하는 데 반하여, 교사범은 범행에 대한 자기자신의 행위지배가 없다는 점에서 구별된다.

II. 教唆犯의 成立要件

1. 교사자의 교사행위

(1) 교사행위의 방법

교사범이 성립하기 위해서는 타인으로 하여금 일정한 범행을 결의하게 하여야 한다. 범행을 결의하게 하는 교사행위의 방법이나 수단에는 제한이 없다. 그러므로 교사범이 성립하기 위하여는 범행의 일시, 장소, 방법 등의 세부적인 사항까지를 특정하여 교사할 필요는 없다.[1] 그러나 형법이 교사범을 정범과 동일한 법정형으로 처벌하고 있기 때문에 불법성에서 행위방법이 정범과 어느 정도 균형을 이루어야 한다고 본다. 이러한 측면에서 교사행위는 피교사자의 정신적 의사형성에 영향력을 행사할 것이 필요하다(이를 「정신적 접촉설」이라고도 부른다). 피교사자의 의사형성에 영향력을 줄 수 있는 방법으로는 모든 심리적 영향력행사가 동원될 수 있다. 설득이나 부탁, 위협, 유혹, 사례약속, 요청 등이 그 예가 될 수 있다. 명시적인 방법과 함께 묵시적 방법도 가능하나, 부작위에 의한 교사는 부인되어야 할 것이다.[2] 교사자는

1) 대판 1991.5.14, 91도542.

2) 우리 나라의 통설이며 독일의 통설이기도 하다: 김일수/서보학, 640면; 배종대, 628면; 신동운, 619면; 이재상, 484면; 이정원, 358면; 이형국(II), 628면; 정성근/박광민, 563면. Jescheck/Weigend, AT, §64 III 6; Roxin, Tatherrschaft, 484면; Sch/Sch/Cramer-Heine, §26 Rn.7. 반대 견해로는 Lackner/Kühl, §26 Rn.3; Bloy, JA 1987, 490면; 안동준, 250

심리적 영향력행사를 통하여 피교사자의 범행결정을 유도해야 되는데 부작위의 방법으로는 범행결정을 막지 않은 정도의 행위불법성밖에 인정되기 어렵기 때문이다.

교사범은 여러 사람이 연쇄적으로 교사하여 본범을 실행하게 하는 경우에도 성립한다.[1] 이를 간접교사라고 하는데, 소위 연쇄교사와 구별하기도 하나 무의미하다(후술 참조).

1) 교사의 원인성 피교사자는 교사자의 교사에 의하여 비로소 범죄실행을 결의하여야 하는 것이므로, 피교사자가 이미 범행을 결의하고 있는 경우(소위 omnimodo facturus)에는 교사범이 성립할 여지가 없다(교사의 미수).[2] 그러나 이때에도 실패한 교사(제31조 제3항)나, 범행결의를 강화하는 심리적 방법에 의한 방조범의 성립은 가능할 수 있다. 막연히 범행을 계획하고 있는 자에 대해서 구체적인 범행으로 나아가게 하는 경우는 물론 범행 여부에 대하여 결단을 내리지 못하고 망설이는 자에 대한 교사도 가능하다.[3] 교사범의 교사가 정범이 그 죄를 범한 유일한 조건일 필요는 없다. 그러므로 비록 정범에게 범죄의 습벽이 있어 그 습벽과 함께 교사행위가 원인이 되어 정범이 범죄를 실행한 경우에도 교사범의 성립에 영향이 없다.[4]

2) 가중적 교사의 경우 기본범죄를 결의하고 있는 자를 교사하여 가중적 범죄로 번복하게 하는 경우 이를 가중범죄에 대한 교사범으로 볼 것인가 아니면 심리적 방법에 의한 방조범으로 볼 것인가에 관하여 견해가 대립된다. 이러한 경우 첫째, 전체 범행에 대한 교사범의 성립을 인정하는 견해,[5] 둘째, 초과된 부분에 대해서만 교사범을 인정하는 견해(예: 절도를 결심한 자를 강도를 하도록 변심하게 하는 경우 강도교사가 아니라 단지 폭행이나 협박교사가 된다고 본다)[6]가 있다. 다음과 같이 경우를 나누어 판단하여야 한다.

(i) 행위의 불법성을 가중시킨 경우, 예를 들어 단순강도(제333조)를 계획하고

면; 오영근, 666면.

1) 대판 1974. 1. 29, 73도3104(갑이 을에게 범죄를 저지르도록 요청한다 함을 알면서 갑의 부탁을 받고 갑의 요청을 을에게 전달하여 을로 하여금 범의를 야기케 하는 것은 교사에 해당한다).

2) 대판 1991. 5. 14, 91도542.

3) BGH MDR 1972, 569면.

4) 대판 1991. 5. 14, 91도542.

5) BGHSt 19, 339면; Stree, Heinitz-FS.(1972), 227면; 김일수(II), 384면.

6) SK/Samson, § 26 Rn. 4; Sch/Sch/Cramer-Heine, § 26 Rn. 6.

있는 자에게 흉기를 휴대하게 하여 특수강도(제334조 제2항)를 범하게 하는 경우이다. 이 경우에는 결과발생을 초래한 범행결정에 어떠한 야기행위도 하지 않았으므로(야기설) 가중적 구성요건의 실현에 대한 심리적 방조만이 인정될 수 있다고 하겠다.

(ii) 가중적인 범행이 기본범죄를 개념적으로 포함하면서 동시에 다른 독자적인 범죄를 구성하면 가중범죄에 대한 교사범의 성립을 인정하여야 한다. 그러므로 상해를 결의한 자에게 살인을 권하는 경우나, 절도를 계획한 자에게 강도를 할 것을 권유하여 실현하게 한 경우에는 모두 실현된 범죄에 대한 교사범이 성립한다고 보아야 한다.

결론적으로 가중적 구성요건이 독자적인 범죄인가 아니면 단순한 가중범죄에 불과한가에 따라 전자의 경우에는 교사범이, 후자는 (심리적) 방조범이 성립한다.

3) 교사의 명확성(구체성)　　막연히 「범죄를 하라」거나 「절도를 하라」고 하는 등의 행위만으로는 교사행위라고 할 수 없다. 교사는 구체적인 범죄와 관련해서 하여야 하며, 또한 피교사자가 한 사람일 필요는 없으나 구체적인 인물을 대상으로 교사하여야 한다. 대중을 상대하는 경우에는 선동은 가능할지언정 교사는 인정될 수 없다. 구체성은 중요한 점에 관하여 윤곽을 알게 하는 정도이면 된다고 볼 수 있다.

(2) 교사자의 고의

교사자는 첫째, 피교사자에게 범죄의 결의를 갖게 하겠다는 교사행위 자체에 대한 고의와, 둘째, 피교사자로 하여금 범죄행위를 실현하도록 하겠다는 고의가 필요하다.

1) 교사의 고의　　교사자는 고의를 가지고 범행의 결의를 하게 하여야 한다. 그러므로 과실에 의해서 범행을 결의하게 하는 것은 교사행위가 아니다.

2) 정범의 고의　　교사자는 피교사자인 정범에 의하여 범행을 실현하도록 하겠다는 고의를 가지고 있어야 한다. 즉 정범을 통한 범행실현이라는 고의를 가져야 하며 이는 정범의 고의와 내용적으로 일치한다. 그러므로 교사자는 정범(피교사자)의 주관적 구성요건요소를 포함하는 고의를 가지고 있어야 한다.

또한 교사범은 기수의 고의를 가지고 있어야 한다. 즉 교사범은 「타인을 교사하여 죄를 범하게 한 자」(제31조 제1항)로서 단순한 미수 이상의 의사를 가지고 있어야 한다. 교사행위의 불법성은 교사자의 결과실현의사에 있다. 그리고 교사범을 「죄를 실행한 자와 동일한 형으로 처벌」하는 형법규정(제31조 제1항)은 교사자에게 정범인 피교사자와의 동등성을 전제하고 있다. 이는 고의의 동등성을 포함하는 것이라고 보아야 한다. 그러므로 교사자가 상대방을 범행의 미수단계까지만 교사할 생각을 가지고 교사하는 경우(미수의 교사)에는 처벌되지 않는다(아래 함정교사 설명 참조).

2. 정범의 성립

교사범은 정범에 종속적인 공범이므로 피교사자, 즉 정범이 성립하여야 한다. 판례도 정범의 성립은 교사범의 구성요건의 일부를 형성하고 교사범이 성립함에는 정범의 범죄행위가 인정되는 것이 그 전제요건이라고 판시하고 있다.[1] 제한적 종속형식에 의할 경우 정범의 행위는 위법성이 인정되어야 한다. 피교사자의 실행행위는 기수 또는 미수의 단계에 이르러야 한다. 자수범에 대한 교사범의 성립도 가능하다. 정범인 피교사자가 범행을 결의하였으나 아직 실행행위를 하지 않은 경우에 교사자는 피교사자와 함께 예비·음모에 준하여 처벌된다(제31조 제2항).

Ⅲ. 敎唆犯과 錯誤

1. 실행행위의 착오

(1) 피교사자의 행위가 교사자의 교사범위를 초과한 때

1) 양적 초과의 경우 교사자가 교사한 범행보다 중한 동질의 범죄를 피교사자가 실행한 경우를 말한다. 이때에 교사자는 피교사자에 의해 수행된 범죄와 자신의 고의가 일치할 경우에 한하여 형사책임을 진다. 즉 교사자는 정범이 행한 초과부분에 대하여는 고의가 없으므로 그 부분에 대하여는 처벌되지 않는다. 예를 들어 폭행(제260조 제1항)만을 교사하였는데 칼을 휴대하여 특수폭행(제261조)을 범한 경우에는 단순폭행죄에 대한 교사범으로 처벌된다.

그러나 교사범의 경우 범행의 구체적인 부분은 피교사자의 재량에 맡기는 특징을 갖고 있으므로 공동정범이나 간접정범보다는 고의의 범위가 더 넓

1) 대판 1998. 2. 24, 97도183; 2000. 2. 25, 99도1252.

다고 할 수 있다.

2) 질적 초과의 경우 만일 교사자의 교사내용과 전혀 무관한 이질적인 범행을 피교사자가 실행한 경우에는 교사자로서의 책임을 지지 않는다. 예를 들어 절도를 교사하였는데 강간을 한 경우에 강간교사에 해당하지 않는다. 다만 교사한 범죄의 예비·음모를 처벌하는 경우에는 형법 제31조 제2항에 의하여 동죄의 예비·음모로 처벌된다. 교사한 범죄의 실행에 착수하지 않은 경우에 해당하기 때문이다.[1)]

3) 피교사자의 범행이 결과적 가중범에 해당하는 경우 이 경우에는 교사자가 중한 결과발생에 대하여 예견을 할 수 있었다면(예견가능성) 결과적 가중범의 교사범으로 처벌된다. 예를 들어 교사자가 피교사자에 대하여 상해 또는 중상해를 교사하였는데 피교사자가 고의 또는 과실로 사망하게 한 경우에 교사자에게 피해자의 사망이라는 결과에 대하여 과실 내지 예견가능성이 있는 때에는 상해치사죄의 교사범으로서의 죄책을 진다.[2)] 이때에 피교사자가 반드시 결과적 가중범으로 교사자와 동일하게 처벌될 필요는 없다. 이는 만일 교사자가 피교사자의 계획일탈을 예견할 수 있었을 때에는 피교사자의 행위결과에 대한 책임을 져야 하는 것과 같은 원리이다.

[판례] 교사자가 피교사자에 대하여 상해를 교사하였는데 피교사자가 이를 넘어 살인을 실행한 경우에, 일반적으로 교사자는 상해죄에 대한 교사범이 되는 것이고, 다만 이 경우 교사자에게 피해자의 사망이라는 결과에 대하여 과실 내지 예견가능성이 있는 때에는 상해치사죄의 교사범으로서의 죄책을 지울 수 있다(대판 1997. 6. 24, 97도1075).

(2) 피교사자의 행위가 교사자의 교사내용보다 경미한 때

이때에는 공범의 종속성에 관한 일반원칙에 따라 결정하여야 한다. 즉 공범은 정범의 가벌성에 종속되어 자신의 가벌성이 결정되므로 정범의 형사책임범위 내에서 책임을 지게 된다. 이에 따라 강도를 교사하였으나 피교사자가 절도에 그친 경우에는 교사자는 절도죄의 교사범으로서만 책임을 진다. 그러나 교사한 범죄가 예비·음모를 처벌하고, 그 형이 피교사자가 실행한 범죄의 형보다 무거운 경우에는 양죄의 상상적 경합을 인정하여 결국 교사한

1) 김일수/서보학, 644면; 배종대, 635면; 안동준, 253면; 이재상, 488면; 정성근/박광민, 573면; 조준현, 339면.
2) 대판 1993. 10. 8, 93도1873; 2002. 10. 25, 2002도4089.

범죄의 예비 · 음모죄로 처벌된다.[1)]

2. 피교사자의 객체의 착오

피교사자가 행위객체에 착오를 일으켜 교사자가 교사한 내용과 다른 결과가 발생한 경우에 교사자의 형사책임이 문제된다. 만일 교사자가 행위객체를 지정하지 않고 피교사자에게 위임하였다면 결과에 따라 교사범의 책임을 진다. 특히 피교사자의 착오가 일반적 경험칙에 비추어 예견가능한 것이어서 발생한 결과가 법적으로 무의미한 일탈에 불과하다면 교사자는 피교사자가 실현한 결과에 따라 책임을 진다.[2)] 반면에 A를 살해하라고 교사하였는데 B를 살해하는 경우와 같이 교사자가 행위객체를 특정한 경우에는 교사자의 입장에서 볼 때 피교사자의 범행실수로 볼 수 있기 때문에(즉 방법의 착오의 경우이다) A에 대한 살인교사미수와 B에 대한 과실치사의 상상적 경합이 인정된다.[3)] 이 경우에 공범의 종속성을 근거로 교사자의 고의책임을 인정하는 것은 일면적인 주장이다. 공범의 종속성이란 절대적인 원칙이라기보다는 제한적인 것으로서 이를 인정한다고 하여 반드시 공범의 가벌성과 범죄성이 정범의 행위에 의하여 결정되는 것은 아니다. 함정교사의 경우에 피교사자의 처벌에도 불구하고 교사자에게 기수의 고의가 없음을 근거로 교사범성립을 부인하는 것은 그 한 예이다.

만일 피교사자가 제 1 의 행위를 실수하여 제 2 행위에서는 A에 대한 살인이 성공한 경우 이를 단순히 피교사자의 초과행위라고만 볼 수는 없다. 마찬가지로 교사자가 두 번에 걸친 살인교사를 한 것도 아니다. 여기에서 문제해결의 기준은 구체적인 상황에서 발생한 범행결과가 교사자의 고의범위 내에 포함되는가의 여부이다. 만일 교사자에게 착오로 인한 행위결과에 대하여 미필적 고의가 있었으며, 행위결과가 본질적인 점에서 교사내용과 일치하면 제 1 행위에 대한 살인교사죄의 죄책을 인정할 수 있다. 그렇지 않은 경우에는 교사자는 제 2 행위에 대한 살인교사의 죄책만을 진다고 보아야 한다.

1) 김일수, 534면; 김종원, 「교사범(하)」, 고시계(1975/6), 101면; 안동준, 252면; 이재상, 488면. 반면 법조경합으로 보는 견해로는 오영근, 674면.

2) BGHSt 37, 214; BGH NStZ 98, 294(「자동차폭탄사건」); Geppert, Jura 1992, 163; Stratenwerth, Baumann-FS.(1992), 57면.

3) 독일의 다수설이다. Jakobs, AT, 22/29; Jescheck/Weigend, AT, 625면; Kühl, AT, § 20 Rn. 209; Sch/Sch/Cramer-Heine, § 26 Rn. 19; Lackner/Kühl, § 26 Rn. 6; SK/Rudolphi, § 26 Rn. 6; LK/Roxin, § 26 Rn. 28; Schlehofer, GA 1992, 307면 이하. 김일수/서보학, 644면; 이정원, 376면; 이형국(Ⅱ), 633면; 허일태, 「구성요건적 착오」, 고시계(1993/3), 57면.

[판례] 피고인은 사례조건으로 자기 아들이며 상속자인 M을 살해하여 달라고 공동피고인 S에게 부탁하였다. M이 항상 출입하는 마구간에서 M을 살해하도록 하면서 피고인은 S가 M을 식별할 수 있도록 사진과 습관을 알려 주었다. S가 범행을 위해 마구간에 들어섰을 때 우연히 피고인을 만났다. 피고인은 S에게 M을 알아볼 수 있겠느냐고 확인하였고, S는 M을 기다렸다. 그러던 중 저녁 무렵에 이웃인 B가 마구간 문을 열었는데 그 모습이 피고인이 가르쳐 준 M의 모습과 대단히 흡사하여 S는 B를 M으로 알고 사살하였다. 이 사건에서 독일연방대법원은 피고인에게 살인죄의 교사범을 인정하였다(독일형법 제211조, 제26조; 한국형법 제250조, 제31조 제 1 항).[1] 「Rose-Rosahl 사건」에서도 Rosahl에게 살인죄(기수)의 교사범을 인정하였다(131면 참조).

3. 피교사자에 대한 착오

만일 교사자가 피교사자의 고의 또는 책임능력에 대하여 착오를 일으킨 경우에는 어떠한가? 다시 말하면 교사자는 피교사자가 고의 또는 책임능력을 가지고 실행행위를 한다고 생각하였으나 사실은 피교사자에게 고의나 책임능력이 없거나 그 반대의 경우이다. 이 경우에는 위 제 9 장 제 3 절(간접정범), Ⅲ. 2. 피이용자의 성질에 관한 착오부분에서 설명한 바와 같다.

Ⅳ. 教唆犯의 處罰

교사범은 정범과 동일한 법정형으로 처벌한다(제31조 제 1 항). 피교사자의 실행행위가 미수에 그친 경우 교사자는 미수범 처벌규정이 있는 한 미수범으로 처벌된다. 자기의 지휘감독을 받는 사람을 교사한 때(특수교사)에는 정범에 정한 형의 장기 또는 다액에 2분의 1까지 가중한다(제34조 제 2 항).

Ⅴ. 教唆의 未遂

교사범은 피교사자와 동일하게 처벌되므로(제31조 제 1 항) 피교사자의 범행이 미수에 그친 경우에는 미수범의 처벌규정을 전제로 하여 미수범으로 처벌된다. 그러나 이러한 의미의 교사의 미수는 이 밖에도 다음과 같은 형태가 있다.

1. 효과없는 교사

효과없는 교사란 피교사자가 범행을 승낙하고서 실행에 착수하지 않은 경우를 말한다. 이때에도 교사자를 피교사자와 함께 예비·음모에 준하여 처벌한다(제31조 제 2 항).

1) BGHSt 37, 214면 이하. 또한 Welzel, Strafrecht, 75면도 마찬가지이다.

2. 실패한 교사

이는 교사를 하였으나 상대방이 범행을 거절하거나 또는 이미 범행을 결심하고 있는 경우(omnimodo facturus)를 말한다. 이때에는 교사범이 성립하지 않으며[1] 교사한 범행의 예비·음모행위를 처벌하는 규정이 있는 경우에 교사자를 음모 또는 예비에 준하여 처벌한다(제31조 제3항, 제28조 참조). 실패한 교사와 효과없는 교사를 합하여 기도된 교사라고도 한다.

교사의 미수를 어떻게 처벌할 것인가는 공범독립성설과 공범종속성설에 따라 이론적인 결론을 달리할 수 있다. 공범독립성설에 의하면 공범의 처벌을 정범과 연계시킬 필요가 없으므로 공범인 교사자도 교사행위가 있었으면 피교사자의 승낙이나 실행의 착수 여부와 관계 없이 교사의 미수가 성립된다고 보아야 한다(미수범으로 처벌). 반대로 공범종속성설에 의하면 정범의 기수나 실행의 착수가 있어야 공범이 성립한다고 보므로 피교사자의 범죄실행이 없는 교사의 미수의 경우에는 교사범이 성립되지 않는다. 그러나 형법(제31조 제2항·제3항)은 기도된 교사를 처벌하는 점에서는 공범독립성설의 입장을, 그리고 이를 미수가 아니라 음모 또는 예비로만 처벌하는 점에서 공범종속성설의 입장에 접근하는 절충적 형태를 취하고 있다.

Ⅵ. 未遂의 教唆

1. 의 의

미수의 교사란 교사자가 피교사자의 범행을 미수단계에 그치게 할 의도를 가지고 교사하는 경우를 말한다. 일반적으로 교사자의 고의에는 교사의 고의뿐만 아니라 피교사자의 행위가 기수에 이르도록 하는 고의가 필요한데(이중의 고의) 미수의 교사의 경우에는 후자의 고의가 결여된 경우이다.

미수의 교사의 가벌성에 관하여는 기수의 고의가 없으므로 부정하는 것이 통설[2]이다. 이에 반하여 교사자의 고의는 피교사자가 범행을 하리라는 점을 인식하거나, 피교사자의 범행 결의만으로도 충분하다는 이유로 처벌된다는 견해[3]가 있다. 그러나 교사행위의 불법성은 교사자의 결과실현의사에 있으므로 불가벌이라고 보는 것이 타당하다.

미수의 교사의 전형적인 예가 함정교사의 문제로서 교사자 및 피교사자 각각의 형사책임이 문제된다. 소송법적으로는 함정수사를 통하여 수집한 증

1) 대판 1991.5.14, 91도542.
2) 김일수/서보학, 641면; 배종대, 629면; 오영근, 669면; 이재상, 485면; 이형국(Ⅱ), 627면.
3) 김종원, 「교사범(상)」, 고시계(1975/1), 39면.

거의 증거능력이 문제된다.

2. 함정교사

(1) 개념 및 문제점

함정교사[1]라 함은 타인을 교사하여 범행을 유발케 하고 범행이 기수에 이르기 전에 그를 범행현장에서 체포하거나 체포하게 하는 방법을 가리킨다. 즉 본래 범의를 가지지 아니한 자에 대하여 수사기관이 사술이나 계략 등을 써서 범죄인을 검거하는 수사방법[2](그러므로 함정수사라고도 한다)으로서 대개 수사관이나 동일범죄 조직 내의 첩자가 이에 동원된다. 마약범죄나 밀수, 조직폭력, 위조범죄는 범행수법상 증거를 확보하기가 매우 힘들기 때문에 함정수사방법이 이용된다. 그러나 단순히 범행기회를 주거나 범행을 용이하게 한 것에 불과하면 함정수사에 해당하지 않는다.

함정교사자의 개념범위에 관해서는 ① 이를 오직 타인을 범인으로 처벌받게 하기 위하여 범행을 교사하고 기수에 이르기 전에 체포하는 경우만으로 이해하는 견해[3]와, ② 피교사자의 실행행위가 기수로 될 것을 인식하고 교사하여 기수로 된 단계에서 체포하는 경우를 포함하여 이해하는 입장[4]이 있다. 일반적으로는 함정교사자를 미수의 단계까지만 교사하고 실행에 착수하자마자 체포하는 전자의 개념으로 파악한다(이 경우는 미수의 교사와 동일한 의미가 된다).

(2) 함정교사자의 형사책임

1) 교사자가 미수의 고의만을 가진 경우 교사범은 「타인을 교사하여 죄를 범하게 한 자」(제31조 제1항)로서 단순한 미수 이상의 고의를 가지고 있어야 한다. 즉 교사행위의 불법성은 교사자의 결과실현의사에 의해 특징지워지는 것이다. 그러므로 미수와 교사라는 형벌확장적인 구성요건을 결합하여 미수의 교사를 처벌하고자 하는 것은 형법의 구성요건체계에 반하는 것이 된다. 그리고 교사범을 「죄를 실행한 자와 동일한 형으로 처벌」하는 형법 규정(제31조 제1항)은 함정교사자에게 정범인 피교사자와의 동등성을 전제하고 있다. 이는 고의의 동등성을 포함하는 것으로서 함정교사자의 형사처벌이 형법해석상 타당하지 않음을 보여 준다고 하겠다.

---

1) agent provocateur는 함정교사자를 의미한다.
2) 대판 1983. 4. 12, 82도2433; 2002. 5. 17, 2002도630(법률신문 2002. 5. 23).
3) 이재상, 485면; 이형국(II), 627면.
4) 정성근/박광민, 566면.

또한 공범의 처벌근거로서 야기설적 입장을 따르면 행위불법뿐만 아니라 결과불법의 요소를 포함하는 정범행위의 불법성을 전제로 한다.[1] 그러나 이 경우에는 법익침해를 목표로 하지도 않았으며, 그 결과도 발생하지 않았다. 그러므로 교사행위에 의해 정범의 행위가 미수단계에서 그치게 할 목적만 있었다면 이는 교사범에게 요구되는 고의의 내용에 합치된다고 볼 수 없다.[2] 이에 따라 함정교사자의 형사책임은 결국 부인된다.

반대로 만일 공범의 처벌근거로서 과거에 주장되던 책임가담설을 취한다면 함정교사자가 설사 정범행위의 미수만을 원한다고 할지라도 그의 형사책임을 인정하게 된다. 왜냐하면 이 설에 의하면 정범인 피교사자가 범행의 기수를 목표로 하고 있음을 함정교사자가 알고 있다는 사실만으로 충분하기 때문이다. 즉 여기에서는 기수의 고의라는 피교사자의 개인적 징표가 공범인 함정교사자에게 종속적인 것이 된다. 그리고 정범행위를 유발시킨 함정교사자는 정범인 피교사자를 형법상의 유책한 행위로 내몰았기 때문에 처벌되어야 한다는 입장이다. 그러나 이 학설은 극단적 종속형식을 취하지 않는 한 인정되기 어렵고 개인책임의 원칙에도 반한다.

2) 피교사자의 행위가 예상과 달리 기수에 이른 경우 교사자는 피교사자의 행위가 미수단계에만 나아갈 것으로 예상하였으나 교사자의 예상과는 달리 기수에 이른 경우에는 결과발생에 대한 교사자의 과실 유무에 따라 과실책임을 질 뿐이라는 견해[3]와 방조의 예에 따라 처벌해야 한다는 견해[4]가 대립되고 있다. 이 경우에는 교사자의 교사행위가 범행을 촉발하였고 결국 기수에 이르게 한 점에서 결과적으로는 방조범에 해당한다고 보는 것이 타당하다. 과실책임설은 교사자의 주의의무위반을 전제로 하고 있으나 이는 행위자의 주의의무위반 및 예견가능성을 요구하는 과실범의 성립요건에 부합하지 않는다. 오히려 결과발생에 대한 동기유발이라는 점에서 방조범을 인정할 수 있다고 본다.

그러므로 예를 들어 살인미수를 교사하였으나 상해의 결과가 발생한 경우와 같이 다른 구성요건에 해당하는 결과가 발생하는 경우에도 과실책임을 인정하는 것[5] 보다는 상해죄의 방조범으로 보는 것이 타당하다.

---

1) Sch/Sch/Cramer, vor §25 Rn. 22 참조.
2) 김일수/서보학, 641면; 안동준, 251면; 이재상, 486면; 이형국(II), 627면; 임 웅, 463면; 정성근/박광민, 566면.
3) 김일수/서보학, 641면; 오영근, 669면; 이재상, 486면; 조준현, 339면.
4) 배종대, 630면.
5) 이재상, 486면.

3) 교사자가 기수의 고의를 가진 경우 이는 함정교사자가 피교사자로 하여금 범행의 기수까지는 이르게 할 생각이었으나 종료단계에 도달하기 전에 체포할 생각이었던 상황이다. 이러한 경우란 범행의 단계로서 기수와 종료의 시점이 다르다고 볼 수 있는 범죄에서 가능하다고 한다.[1] 이와 같은 유형에서 함정교사자의 형사책임 유무에 관해서는 우선 함정교사자가 범행의 기수와 미수 가운데 어느 단계까지의 고의를 가졌는가에 따라 결정되어야 한다는 견해가 있다.[2] 만일 함정교사자가 기수의 고의로써 교사하였다면 교사범에게 요구되는 주관적 요건을 갖추었다고 보고 처벌되어야 한다고 본다.

이에 대하여 교사자란 정범의 범행을 종료시킬 의사를 갖고 있어야 하며 그렇지 않은 경우 불가벌이라는 견해가 있다.[3] 이에 따르면 기수의 고의만을 가진 함정교사자는 형사처벌을 받지 않게 된다. 또 다른 견해는 현실적인 법익침해가 초래되는 종료시점 이전까지는 불가벌성을 주장하는 입장과[4] 법익침해의 위험성을 초래한 것만으로 형사처벌이 가능하다고 보는 입장[5]이 대립되어 있다.

그러나 이 견해에 따르면 함정교사자는 항상 종료의 고의를 가졌어야 형사책임이 인정되는데 이는 너무나 결과불법의 측면을 강조한 결론이라 하지 않을 수 없다. 그리고 정범의 고의보다 교사자의 고의를 더욱 엄격히 해석하는 모순을 내포하고 있다.

함정교사자의 형사책임 유무를 논하는 데 문제가 되었던 것은 그의 고의가 교사자로서의 고의와 부합되는가 하는 점이었다. 그럼에도 불구하고 만일 (함정)교사자의 고의가 법익의 완전한 침해[6]를 원하지 않았다고 하여 그의 형사책임을 부인한다면 이는 함정수사의 형사정책적 필요성을 너무 전면에 내세운 주장이라고 보지 않을 수 없다.

4) 범행의 종료 이후에 즉시 체포하고자 한 경우 예를 들어 절도를 교사하여 절도범에게 도품을 안전한 장소에 옮기게 한 후에 보관장소를 덮쳐서 체포하고자 하는 경우이다. 이러한 상황에서 함정교사자의 형사책임은 거

1) Maaß, Jura 1981, 517면 이하 참조.
2) Baumann, JuS 1963, 133면 이하.
3) LK/Roxin, § 26 Rn. 19; Tröndle/Fischer, § 26 Rn. 8.
4) Sch/Sch/Cramer, § 26 Rn. 16.
5) Maaß, Jura 1981, 517면; Plate, ZStW 84(1972), 306면; Jescheck/Weigend AT, 560면.
6) Sch/Sch/Cramer-Heine, § 26 Rn. 16은 침해된 법익의 「회복불가능성」으로 표현한다.

의 예외없이 인정하고 있다.[1)]

그리고 범행이 종료한 이후에 함정교사자의 형사책임이 부인될 수 있는 경우란 피해자의 사전동의에 의한 교사나 마약범죄와 같은 중대한 범죄의 퇴치를 위한 불가피한 수단으로서 긴급피난의 법리가 적용될 수 있을 때 등이라고 주장한다.[2)] 그러나 긴급피난이 인정되기 위해서는 상충하는 법익간의 교량이 전제되는데 과연 함정수사방법에 의한 법익침해위험—특히 추상적 위험범의 경우—과 함정에 빠진 범죄자의 침해된 기본권 사이에 우월적 이익을 판단할 수 있을지는 의문이다. 뿐만 아니라 긴급피난의 규정을 국가권력작용의 허용규정으로 보는 관점 자체도 수긍할 수 없다.

(3) 함정수사의 허용한계와 피교사자의 형사책임

함정수사가 목표의 정당성에도 불구하고 문제되는 것은 수사방법의 기만성에 있다. 이를 극복하기 위해서는 함정수사가 제한적으로 허용되어야 한다. 그리고 이러한 정당성의 한계를 일탈한 경우에는 피교사자의 형사책임이 예외적으로 부인되어야 한다.[3)] 이하에서는 수사기관의 정당화될 수 없는 함정수사를 제한하는 기준에 대하여 살펴본다.

1) 주관적 기준에 의한 함정수사의 제한　　미국의 연방법원 판례를 중심으로 인정되는 다수의견은 ① 수사기관에서 범죄(교사)를 계획하고, ② 사전에 범행의사가 전혀 없는 무고한 사람에게 범행을 교사하여 수행하게 하였다면(범의유발형 교사) 피교사자에게 형사책임을 물을 수 없다고 본다.[4)] 이는 피교사자를 중심으로 판단하여 그가 교사행위가 있기 전부터 범행계획을 하고 있었는가의 여부에 중점을 두는 견해이다.

[외국판례] D는 암페타민(속칭 히로뽕)을 불법으로 제조하는 자이다. 연방 마약류 단속반의 첩자인 X는 D에게 접근하여 암페타민제조에 필수적인 프로판(propane)을 제공할테니 암페타민제조에 참여시켜 주고 이익을 분배하자고 제의하였다. D는 X에게 제조공장을 보여 주면서 이미 자신이 조달한 프로판으로 암페타민

1) LK/Roxin, §26 Rn. 20 참조.

2) Stratenwerth/Kuhlen, AT Ⅰ, §12 Rn. 150; Maaß, Jura 1981, 520면.

3) 미국의 경우 함정수사를 이유로 한 피교사자의 형사책임의 면책주장이 헌법상 인정된 권리는 아니지만 모든 주에서 이를 인정하고 있다. 반면 영국에서는 피교사자를 함정교사를 이유로 면책하지 않고 처벌한다. 사인에 의한 교사의 경우와 구별할 필요가 없으며 경우에 따라 양형상 참작하면 충분하다는 것이 논거이다(Ashworth, Principles of Criminal Law, 212면 이하 참조).

4) LaFave/Scott, Criminal Law(2. ed.), 422면 이하 참조.

을 제조하고 있음을 알리고 X의 제의 역시 받아들였다. X는 D에게 얼마간의 프로판을 조달하고 이를 이용하여 암페타민을 제조하게 한 다음 D를 체포하였다. D는 함정교사를 이유로 자신의 형사책임을 부인하였다. 그러나 연방대법원은 D가 교사하기 전부터 이미 암페타민을 제조하고 있었다는 점을 들어 D의 주장을 받아들이지 않았다.[1)]

2) 객관적 기준에 의한 함정수사의 제한 객관적 기준에 의한 함정수사의 제한은 수사기관의 행위, 즉 수사기관이 첩자를 동원하여 피교사자를 범행으로 유인하였다는 점에 초점을 맞춘다. 이 견해는 피교사자가 사전에 범죄를 계획하였는지의 여부와 관계없이 판단의 대상이 될 수사기관측의 교사행위가 범행계획이 없는 자를 범행으로 유인하였을 것인가라는 가정적 상황을 전제로 피교사자에 대한 관계에서 면책적 함정수사 여부를 판단한다.[2)] 이 입장은 국가의 형사사법운용이 함정수사에 의하여 오염되는 것을 방지하는 데에 목표를 둔다.

함정수사에 제한을 두어야 하는 것은 이러한 수사방법이 국가권력작용으로서 국민을 보호하기보다는 범죄 및 범인을 생산하는 것과 다름없기 때문이다. 그러므로 함정수사에 법적 명확성을 부여하고 헌법적 정당성을 상실한 국가권력작용을 제한한다는 의미에서(헌법 제10조, 제19조 참조) 교사범의 규정에 이를 명문화하는 것이 타당하다고 본다.

[판례] 허용한계를 넘은 함정교사에서 피교사자를 보호하는 형법상의 면책근거로는 기대불가능성이나 형법 제51조(양형의 조건)를 근거로 할 수도 있다.
대법원은 「마약사범을 단속하는 공무원이 정보원을 앞세워서 피고인으로부터 마약을 매수케 하여 본건 범행을 행하게 한 것이라 하더라도 전혀 범의가 없는 피고인으로 하여금 본건 범행을 유발케 하였다는 아무런 흔적이 보이지 않는 한」 피교사자는 형사책임을 진다고 하였다(대판 1963. 9. 12, 63도190; 1966. 4. 22, 66도152). 이는 교사자의 형사책임에 관해 직접 언급한 것은 아니나 함정수사의 허용한계를 지적한 것으로 볼 수 있다. 또한 「함정수사에 의하여 피고인의 범의가 비로소 야기된 것이거나 함정수사에 의하여 범행이 이루어진 것이 아니라면 그 범행을 처벌할 수 있다」고 판시하여(대판 1982. 6. 8, 82도884) 함정수사에 의한 피교사자의 처벌한계를 인정하는 입장도 나타나고 있다. 그 후 대법원은 「소위 함정수사라 함은 본래 범의를 가지지 아니한 자에

1) U.S. v. Russell, 411 U.S. 423(1973).
2) 이 견해는 미국의 형법전안(Model Penal Code, MPC)이 채택하고 있으며(동 § 2. 13), 몇 개 주의 판결(예: Grossman v. State, 457 P.2d 226(Alaska 1969); People v. Barraza, 591 P.2d 947(California 1979))과 법률 및 다수 학설의 입장이다

대하여 수사기관이 사술이나 계략 등을 써서 범죄를 유발케 하여 범죄인을 검거하는 수사방식을 말하는 것이므로 범의를 가진 자에 대하여 범행의 기회를 주거나 범행을 용이하게 한 것에 불과한 경우에는 함정수사라고 말할 수 없다」(대판 2004. 5. 14, 2004도1066; 1983. 4. 12, 82도2433; 1987. 6. 9, 87도915)고 판시하고 있다. 그러나 이는 함정수사의 범위를 기회제공뿐만 아니라 범의를 유발하는 함정수사까지 확장할 위험성이 있다.

Ⅶ. 連鎖敎唆

1. 연쇄교사의 개념

연쇄교사라 함은 교사자와 피교사자의 2인 관계가 아니라 수인의 (피)교사자가 개입——교사의 교사——되어 성립하는 교사형태를 말한다.

일부에서는 이를 총칭하여 교사의 교사(Anstiftung zur Anstiftung)라 하고, 이를 다시 간접교사와 연쇄교사로 구별한 다음, 전자는 1인의 중간교사자가 개입된 경우이며(예: 교사범이 타인에게 제 3 자를 교사하여 범행을 하게 한 경우), 후자는 여러 사람의 중간교사자가 개입된 경우(예: 교사범의 교사를 받은 제 3 자가 다시 타인을 교사하는 등의 재간접교사의 경우)라고 주장하는 견해가 있다.[1)]
그러나 이러한 분류는 불필요하다고 본다. 왜냐하면 아래에서 설명하는 바와 같이 두 경우 모두 가벌성의 문제에 관하여 그 결론을 달리하지 않기 때문이다. 그리고 용어상으로도 연쇄교사의 형태를 지닌 교사행위는 모두 간접교사라고도 부를 수 있기 때문에 2인 관계의 경우만을 간접교사라고 부를 이유가 없다.

연쇄교사와 구별이 되는 것은 단일의 교사행위를 통하여 여러 사람 또는 여러 가지의 범행을 교사한 경우이다. 예를 들어 단일의 교사행위를 통해 한 사람이 수개의 범죄행위를 하게 하거나 아니면 여러 사람이 각각 범죄행위를 하도록 하는 경우이다. 이 경우에는 실체적 경합의 관계에 있는 교사행위이므로 교사범이 아니라 정범으로 처벌해야 한다는 견해도 있었으나,[2)] 오늘날은 교사범이라고 보는 것이 지배적이다.[3)] 이 경우에 최초의 교사자가 여러 명의 피교사자의 이름을 알 필요는 없으나, 각각 특정할 수 있을 정도여서 교사행위라고 볼 수 없는 선동과 구별되면 충분하다.

---

1) 김일수/서보학, 646면; 배종대, 637면; 이재상, 490면; 임 웅, 470면. Jescheck, AT, 622면에서는 간접교사를 제 3 자를 도구로 이용하는, 즉 간접정범의 방식에 의한 교사의 의미로 사용한다.

2) 과거 독일제국법원의 판례입장이나(RGSt 38, 26면, 51면, 97면) 나중에는 수정하였다(RGSt 70, 26면).

3) LK/Roxin, § 2 Rn. 32. 그리고 실체적 경합이 아니라 상상적 경합관계에 있다고 보아야 할 것이다(Sch/Sch/Cramer-Heine, § 26 Rn. 10).

연쇄교사의 가벌성이 인정되기 위해서 중간교사자들은 본범을 인식할 필요가 없으며, 중간교사자의 수를 알지 못하더라도 상관없다.[1)]

2. 연쇄교사의 가벌성

최초의 교사자 이후에 1인 또는 수인의 중간교사자가 개입하는 연쇄교사의 경우에 최초의 교사자뿐만 아니라 그 후의 교사자도 처벌된다고 보는 데에 학설·판례는 거의 일치하고 있다.[2)] 문제는 이론구성이다.

1) 우선 중간교사자의 행위를 본범에 대한 간접공범이라고 보는 견해가 있다.[3)] 이 견해에 의하면 독일형법 제26조가 「위법한 행위를 결심하도록 한 자」를 정범과 같이 처벌하도록 하고 있는데 여기의 위법한 행위에는 본범만을 포함하기 때문에 중간단계의 교사행위는 이러한 본범을 위한 간접공범행위라고 보는 것이다.

2) 이러한 견해에 반해 교사행위 자체도 「위법한 행위」에 포함된다고 보는 입장이 있다.[4)] 교사행위 자체가 형법적인 불법성을 내포하기 때문이라는 것이다.

3) 마지막으로는 공범의 독자적 범죄성을 인정하는 입장에서는 간접교사행위의 이중성을 인정하는 견해가 있다. 즉 본범에 대한 공범과 (간접)교사행위 자체의 범죄성(독립적 공범설)을 인정하는 것이다.[5)]

형법은 「타인을 교사하여 죄를 범하게 한 자」를 정범과 같이 처벌하고 있다(제31조 제 1 항 참조). 여기에서 「죄」란 본범을 의미하는가 아니면 교사행위도 포함하는가라는 문제가 제기될 수 있다. 결론적으로는 죄의 범주에는 종국적으로 실현될 본범을 의미한다고 보아야 한다. 그러므로 교사범의 본실인 범죄야기의 측면에서 반드시 직접 본범으로 연결되는 교사행위가 아니라 하더라도 연쇄적인 교사행위가 결국은 본범으로 연결되었으면 교사범에 해당한다고 볼

1) BGHSt 6, 359면.

2) 대판 1974. 1. 29, 73도3104(갑이 을에게 범죄를 저지르도록 요청한다 함을 알면서 갑의 부탁을 받고 갑의 요청을 을에게 전달하여 을로 하여금 범의를 야기케 하는 것은 교사에 해당한다). 김일수/서보학, 646면; 배종대, 637면; 안동준, 254면; 이형국(Ⅱ), 629면; 이재상, 491면; 정성근/박광민, 571면은 인과관계와 객관적 귀속관계가 성립하는 한 인정된다고 본다. 독일에서도 판례와 통설의 입장이다. BGHSt 6, 359면; 8, 137면. 반대 견해로는 정영석, 244면; 황산덕, 283면.

3) Sch/Sch/Cramer-Heine, § 26 Rn. 9.

4) Stratenwerth/Kuhlen, AT Ⅰ, § 12 Rn. 226. BGHSt 6, 361면은 이러한 견해이면서 동시에 간접공범설의 입장도 수용한다.

5) Meyer, JuS 1973, 755면.

수 있는 것이다. 이에 대해서는 최초의 교사자가 최종의 피교사자(본범)를 알지 못하는 경우에 교사범 성립요건인 피교사자의 특정성이 결여된다는 비판이 있을 수 있다. 그러나 연쇄적인 교사자의 직접상호간에는 언제나 특정성이 존재한다는 점에서 타당하지 않다.

3. 선의의 제 3 자 개입과 연쇄교사

(1) 의의 및 문제점

타인을 교사하여 범행을 실현시키려 할 경우 교사자와 피교사자로 이루어진 2자 관계의 경우에는 교사범과 정범만이 존재하는데 반해 제2, 제3의 피교사자가 있는 경우와 같은 다자관계에서는 최초의 교사자 이외에 교사자이면서 동시에 피교사자가 되는 다수가 있을 수 있다. 소위 간접교사 또는 연쇄교사라고 부르는 형태이다. 이 경우 최초의 교사자와 최후의 피교사자(정범)가 아닌 중간교사자가 자신에 의한 범죄의 교사사실을 알고 교사한 경우에는 이를 교사범으로 처벌하는 것에 문제가 없다. 그러나 중간교사자가 자신이 범죄를 교사한다는 사실을 알지 못한 경우에 이전의 교사자를 교사범으로 처벌할 수 있는지 여부와 우리 형법규정의 해석이 문제된다.

[예] 갑이 정을 살해할 생각으로 이를 모르는 을로 하여금 보약이라고 하면서 사실은 독약을 섞은 한약을 정의 아내 병에게 전달하도록 하였다. 병은 약봉지를 여는 순간 한약이 아니라 독약임을 알 수 있었으나 내연관계에 있는 갑의 계획임을 알고 약을 정에게 건네주었고, 결국 정이 이를 복용하고 사망한 경우(이는 자신의 범행교사 사실을 알지 못하는 선의의 제 3 자를 도구로 하여 범행을 교사하는 간접정범의 방식에 의한 교사의 한 형태라고 볼 수 있다). 이 밖에도 교사자의 입장에서 피교사자가 범행교사사실을 알고 있다고 생각하였으나 사실은 알지 못한 채 피교사자가 다시 타인을 교사하여 범행을 실현하도록 한 경우를 상정할 수도 있다.

(2) 선의의 제 3 자와 교사범 성립 여부

선의의 중간교사자를 교사범으로 처벌할 수 없다는 점은 분명하다. 교사범에게 요구되는 교사의 고의가 없기 때문이다. 그러나 선의의 중간교사자를 제외한 이전의 교사자에 대한 교사범 인정 여부와 관련해서는 처벌되지 않는 중간교사자로 인하여 교사의 연결고리가 단절되는 것이 아닌지 여부가 관건이다. 이에 대해서는 다음과 같은 견해가 가능하다.

1) 선의의 중간교사자가 한 교사행위는 단순한 의사의 전달에 불과하며

타인으로 하여금 죄를 범하게 할 의사로 한 것이 아니므로 교사범이라고 볼 수 없고, 결국 연쇄교사에서 교사의 연결고리가 단절됨으로 의미한다. 그러므로 이전의 교사자 역시 형사책임이 없다는 견해이다. 그러나 이러한 견해를 따르게 되면 위의 [예]에서 갑에게 살인죄의 교사범을 인정할 수 없다는 부당한 결론이 되어 타당하지 않다.

2) 저항할 수 없는 폭력이나 기망행위를 통하여 제 3 자가 교사행위를 하도록 하는 간접정범의 방식에 의한 교사가 아닌 한 선의의 중간교사자에게는 교사의 고의가 없으므로 이전의 교사자는 교사의 미수에 해당한다는 견해이다.[1)] 이에 따르면 위의 [예]에서 갑에게는 살인교사미수죄의 형사책임을 인정하게 된다. 그러나 결국 성공한 교사행위를 교사미수로 처벌한다는 비판을 면할 수 없다.

3) 선의의 중간교사자가 개입하였더라도 이전의 교사자에게 교사범을 인정하여야 한다는 견해이다. 그러므로 위의 [예]에서 을을 제외한 갑은 살인교사죄로 처벌된다. 이 견해가 가장 타당하다. 위의 세 견해를 살펴보면 선의의 제 3 자가 개입한 경우에 이전의 교사자는 피교사자가 선의라는 사실을 알고 있다고 생각한 경우는 물론이고 이러한 사실을 모른 경우에도 교사범으로서의 책임을 면할 수 없다고 보아야 한다. 비록 중간교사자가 스스로 범행을 교사하고 있다는 사실을 모른다고 하더라도 결국 범행이 성공하였다면 이전의 교사범은 목표로 삼은 범행을 실현하였기 때문이다.

그러나 교사범이 성립하기 위해서는 교사의 고의가 인정되어야 한다. 그러므로 선의의 중간교사자가 개입한 경우에도 이전의 교사자를 교사범으로 인정한다고 하더라도 교사의 고의가 인정되지 않는 한 불가능하다. 예를 들어 교사자에게 피교사자의 고의에 대한 착오가 있는 경우에는 교사범을 인정할 수 없는 것이다. 그러므로 교사자의 고의내용이 인정되어야 한다는 전제하에 과연 어느 정도의 고의가 인정되어야 교사범으로 볼 수 있는가의 문제가 남는다. 이하에서 살펴본다.

4. 교사자의 고의내용

연쇄교사에서 선의의 제 3 자 개입시에도 이전의 교사자를 교사범으로 인정한다고 하더라도 그 전제조건으로서 교사의 고의가 인정되어야 한다. 즉

1) LK/Roxin, § 26 Rn. 35.

교사범 성립여부를 판단하는 데에는 피교사자가 갖는 고의의 내용이 어느 정도에 이르러야 하는가라는 문제와 결부되어 있다. 이에는 다음 두 가지의 견해가 있다(만일 교사가 간접정범의 방식으로 이루어졌다면 이러한 문제는 발생하지 않는다. 제 3 자를 도구로 이용한 교사범에 해당하기 때문이다. 문제는 교사자가 착오를 일으켜 피교사자에게 교사의 고의가 있다고 오인한 경우이다).

(1) 고의성설

고의성설은 피교사자가 재교사행위를 하든 본범으로서 범행을 하든 불문하고 현실적으로 고의를 가지고 범행을 하여야 교사범이 성립한다는 견해이다.[1] 그러므로 고의가 없는 선의의 제 3 자는 이를 재교사 하였더라도 당연히 교사범이 될 수 없으며, 이를 선의의 제 3 자를 교사한 직전의 교사자에게도 교사범의 성립을 인정할 수 없다고 보게 된다.

(2) 표 상 설

표상설에 의하면 교사자는 피교사자가 현실적으로 고의를 가지고 있지 않더라도 교사자의 입장에서 피교사자가 고의를 가지고 있다고 오인한 것만으로도 범행이 실현되었으면 교사범이 성립한다고 보는 견해이다.[2] 이 견해를 따르게 되면 비록 교사자가 피교사자의 고의에 대해서 착오를 일으켰더라도 교사범을 인정할 수 있게 된다.

(3) 형법규정과의 관계

연쇄교사의 경우 비록 중간에 선의의 제 3 자가 개입되었더라도 결국 악의의 다음 피교사자가 범행을 실행하였으면 선의의 제 3 자를 개입시킨 교사자를 처벌하는 것이 형사정책적인 관점에서 당연하고 타당하다고 할 수 있다.

문제는 우리 형법규정과 이러한 결론이 이론적으로 합치될 수 있는지 여부이다. 형법은 「타인을 교사하여 죄를 범하게 한 자」를 죄를 행한 자와 동일하게 처벌한다고 규정하고 있다(제31조 제 1 항). 여기에서 「죄」의 의미해석에 관해 견해가 나뉠 수 있다.

1) 하나는 「죄」의 의미를 엄격하게 해석하여 교사자가 피교사자가 갖고

1) 독일의 통설적인 견해이며, 이 결과 교사자는 독일형법 제30조 제 1 항에 따라 미수범으로 처벌된다. BGHSt 9, 370, 381면; Sch/Sch/Cramer-Heine, vor §25 Rn. 32; LK/Roxin, §26 Rn. 35; Roxin, Tatherrschaft, 552(555)면. Roxin은 이 경우 교사범인정의 형사정책적 필요성은 인정하나 현행 독일형법의 해석상 불가능하며, 법개정을 통해서만 해결될 수 있다고 보고 있다.

2) 김일수/서보학, 643면.

있다고 잘못 믿고 있는 실현되지 않을 허상의 죄는 포함하지 않는다고 보는 견해가 가능하다. 다시 말해 교사자의 고의가 인정되기 위해서는 피교사자가 고의를 가지고 있다는 교사자의 단순한 생각만으로는 부족하고 피교사자에게 현실적인 범행의 고의가 있어야 한다고 보는 것이다. 그러나 이렇게 해석할 경우 고의가 없는 선의의 제 3 자 개입을 통해 결국은 실현된 본범에 대한 이전의 교사자는 처벌될 수 없다는 결론에 도달한다.

2) 이러한 해석과 달리 연쇄적인 교사행위를 통하여 종국적으로 범행을 실행하였으며, 교사자의 입장에서도 중간교사자에 대해서 교사의 고의를 가지고 교사하였다면 비록 중간교사자가 교사의 고의를 갖지 않았다고 하더라도 이전의 교사자를 교사범으로 인정하는 견해가 가능하다. 이 견해가 타당하다. 이 경우에 선의의 중간교사행위는 범행교사를 연결해주는 기능적 인과요소에 해당한다고 볼 수도 있다.

이러한 결론은 형법의 교사범 규정과 상충되지도 않는다. 즉 형법의 교사범 규정은 교사자와 피교사자의 양자 관계만을 상정하고 규정된 것이므로 형법이 규정하는 피교사자, 즉 본범이 범하는 「죄」는 종국적으로 실현된 「죄」만을 의미하며, 중간에 개입되는 개별적인 교사행위를 의미하지 않는다고 보면 되는 것이다. 그러므로 연쇄교사의 경우 선의의 제 3 자가 개입하였더라도 최초의 교사행위가 인정되고 목표로 삼은 범행이 실현되었다면 「타인을 교사하여 죄를 범하게 한 자」에 해당하는 것이다.

5. 결 론

다수의 중간교사자가 개입하는 연쇄교사의 경우 선의의 중간교사자가 있더라도 결국 최초의 교사내용대로 범행이 실현되었다면 이전의 교사자를 교사의 미수범이 아니라 모두 교사범으로 인정하는 것이 타당하다. 이 경우 교사자에게는 피교사자의 고의를 비록 착오로나마 믿었더라도 교사범을 인정하여야 한다. 이러한 결론은 우리 형법의 해석과도 이론적으로 합치된다. 즉 형법은 최초의 교사범이 한 범행교사의 내용이 실현된 경우 교사자를 정범과 같이 처벌한다고 규정하고 있기 때문이다.

6. 여론 — 간접종범의 문제

이상의 결론은 기본적으로는 간접(또는 연쇄)종범의 경우에도 타당하다고 보아야 한다. 방조의 교사와 교사의 방조는 본범에 대한 방조범이 성립한다고 보는 견해[1]가 있는 반면에, 교사의 방조로 보는 견해도 있다.[2] 전자의 견해는 방조자나 교사자 모두 범행의 결의를 하게 하였다기보다는 범행을 간접적으로 방조한 것에 불과하기 때문이라는 데에 근거를 두고 있다. 이와 마찬가지로 방조의 방조(소위 연쇄방조)도 방조범이 된다고 보아야 한다.[3] 이 경우에 방조범에 대한 필요적 형벌감경(제32조 제 2 항 참조)이 간접방조라는 이유로 이중으로 가능하다고 보아서는 안 된다. 결국은 본범에 대한 방조행위라고 보아야 하기 때문에 최초의 방조자와 구별하여야 할 이유가 없기 때문이다.

제 5 절 幇 助 犯

Ⅰ. 幇助犯의 槪念

방조범 또는 종범이란 정범의 실행행위를 도와 준 자를 말한다(제32조 제 1 항). 형법은 「타인의 범죄를 방조한 자를 종범으로 처벌」하며, 「종범의 형은 정범의 형보다 감경한다」고 규정하고 있다(제32조). 판례는 방조행위를 「정범이 범행을 한다는 정을 알면서 그 실행행위를 용이하게 하는 직접, 간접의 행위」라고 판시하고 있다.[4]

방조범은 정범의 범행에 대한 행위지배가 없다는 점(그러나 정범과 공범을 구별하는 기준으로서 주관설을 따르게 되면 행위지배 유무에 의한 구별은 타당하지 않게 된다) 및 상호간의 의사합치를 전제로 하지 않는 편면적인 방조행위가 가능하다는 점에서 공동정범과 구별된다. 한편 방조범은 정범에 대한 행위지배가 없다는 점에서는 교사범과 일치하나 이미 범행을 결의한 자에 대하여 성립되는 점에서 범행의사가 없는 타인을 교사행위를 통해 비로소 범행결의를 하게 하는 교사범과 구별된다.

여기에서 말하는 방조범은 정범종속적 방조행위를 의미한다. 그러므로

1) Jescheck/Weigend AT, 567면; LK/Roxin, § 26 Rn. 37; SK/Samson, vor § 26 Rn. 50; Welzel, Strafrecht, 120면.
2) Sch/Sch/Cramer, § 27 Rn. 18.
3) Eser, Strafrecht Ⅱ, Fall 44 Rn. 13; LK/Roxin, § 27 Rn. 43.
4) 대판 1986. 12. 9, 86도198.

정범의 실행행위를 방조하는 형법각칙상의 범죄 — 간첩방조(제98조 제1항), 자살방조(제252조 제2항), 도주원조(제147조)나 간수자의 도주원조(제148조) — 는 비록 방조 또는 원조라는 용어를 사용하고 있더라도 정범에 종속하는 총칙상의 방조범이 아니다(정범행위로서의 방조행위). 이는 정범의 실행행위의 내용 자체가 방조 또는 원조행위로서 독립적인 정범에 해당한다.[1)]

Ⅱ. 幇助犯의 成立要件

1. 방조행위

(1) 방조행위의 개념과 형태

1) 방조행위의 개념 방조행위는 정범의 행위를 가능하게 하거나 강화하는 것, 또는 용이하게 하거나 확실하게 하는 등의 행위를 의미한다. 방조행위의 방법(수단)에는 제한이 없다. 물리적 방법(예: 흉기의 대여, 부동산의 횡령을 기도하는 것을 알면서 범인을 피해자에게 소개하는 행위[2)] 등)과 정신적 방법(예: 정범에 대한 조언, 격려 등), 또는 직접적이든 간접적(간접방조의 경우)이든 다 동원될 수 있다.[3)] 전자를 거동방조, 후자를 언어방조라고도 하나[4)] 정신적 방조행위에는 거동을 통한 무언의 방법도 가능하기 때문에 정확한 명칭은 아니라고 본다.

[예] 범행현장에서 망을 보아 주는 행위(공동정범이 아닌 경우), 강도범에게 범행도구를 마련해 주는 행위, 범행현장에 함께 있어 줌으로써 용기를 북돋아 주는 행위, 금고를 여는 방법에 관한 기술적 조언, 침입대상 건물의 내부구조를 알려 주는 행위, 정범이 변호사법 위반행위(2억원을 제공받고 건축사업허가를 받아 주려한 행위)를 하려 한다는 정을 알면서 자금능력 있는 자를 소개하고 교섭한 행위(대판 1982. 9. 14, 80도2566) 등.

2) 부작위에 의한 방조행위 부작위에 의한 종범의 성립을 부인하고

---

1) 대판 2007. 4. 27, 2007도1303; 1988. 3. 22, 87도2585; 1986. 9. 23, 86도1429; 1959. 6. 30, 4292형상195.

2) 대판 1988. 3. 22, 87도2585.

3) 대판 1982. 9. 14, 80도2566; 1995. 9. 29, 95도456; 1997. 1. 24, 96도2427. 또한 자살방조죄(형법 제252조 제2항)와 관련하여 논란이 많은 한 판례에서 대법원은 「자살하려는 사람의 자살행위를 도와 주어 용이하게 실행하도록 함으로써 성립되는 것으로서, 그 방법에는 자살도구인 총, 칼 등을 빌려 주거나 독약을 만들어 주거나, 조언 또는 격려를 한다거나 기타 적극적, 소극적, 물질적, 정신적 방법이 모두 포함된다」고 하고 있다(대판 1992. 7. 24, 92도1148).

4) 김일수(Ⅱ), 396면.

이 경우 언제나 정범으로 처벌하여야 한다는 견해[1]도 있으나 부작위에 의한 방조행위 역시 원칙적으로 가능하다고 보아야 한다.

문제가 되는 것은 정범의 범행을 제지하지 않은 경우 보증인지위에 있는 자의 부작위이다. 이에 대해서는 첫째, 언제나 부작위에 의한 종범의 성립만을 인정하는 견해(방조범설)[2]가 있다. 둘째, 부작위에 의한 정범과 종범의 성립을 모두 인정하는 견해(구별설)로서 또는 보증인지위의 종류에 따라[3] 또는 작위행위와의 동가치성 정도에 따라 정범과 종범이 구별된다는 견해[4]가 있다. 대법원은 법률상 정범의 범행을 방지할 의무있는 자가 그 범행을 알면서도 방지하지 아니하여 범행을 용이하게 한 때에는 부작위에 의한 종범이 성립한다고 본다.[5][6]

이 경우에는 행위지배여부에 따라 구별하는 것은 부작위범이라는 점에서 타당하지 않다. 그러므로 부작위에 의한 종범의 성립을 인정하되, 정범이 성립하기 위한 구성요건으로서 부작위에 의한 결과발생방지의무를 넘어서는 추가적인 조건이 규정된 경우에만 예외적으로 종범이 성립할 수 있다고 보아야 한다(정범설). 그러므로 정범이 성립하기 위하여 영득의사와 같은 추가적인 주관적 구성요건 요소가 필요한 경우나 범행이 신분범·자수범인 때에는 방조범이 성립한다고 보아야 한다. 따라서 예를 들어 절도범의 침입을 방치한 경비원은 범행에 대한 행위지배를 하지 않았기 때문이 아니라 영득의사가 결

1) Armin Kaufmann, 「Die Dogmatik der Unterlassungsdelikte」(1959), 291면 이하; Grünwald, GA 1959, 110면; Welzel, Strafrecht, 222면.

2) 이재상, 135면은 "고의에 의한 작위범의 정범에 대하여 그 행위의 결과를 방지하지 않은 보증인은 일반적으로 방조범의 의미만을 가질 뿐이기 때문"이라고 한다(또한 496면 참조). 독일에서는 Tröndle/Fischer, § 27 Rn. 7; Jescheck, AT, 630면; Lackner/Kühl, § 27 Rn. 5.

3) 배종대, 640, 642면; 김일수(Ⅱ), 332, 396면.

4) Herzberg, Täterschaft, 82, 96면 이하; Jakobs, AT, 29/101, 102 참조.

5) 대판 1984. 11. 27, 84도1906(은행지점장이 은행에 대한 부하직원의 범행사실을 발견하고도 손해의 보전에 필요한 조치를 취하지 아니하고 배임행위를 방치한 경우 배임죄의 방조범이 성립된다). 또한 대판 1985. 11. 26, 85도1906(아파트지하실 소유자로서 임차인의 지하실에 대한 용도변경행위를 방지할 의무가 있음에도 이를 묵시적으로 승인한 사건). 또한 대판 1996. 9. 6, 95도2551.

6) 또한 독일의 판례도 방조자가 보증인적 의무를 지고 있는 한 부작위에 의한 방조가 가능하다고 보고 있다(BGHSt 2, 151면; 4, 21면; 13, 162, 166면). 그 밖에 부작위에 의한 방조범의 성립을 인정한 판례는 다음과 같은 것이 있다. 보험가입자가 보험에 가입한 건물에 대한 방화행위를 방치한 경우 독일형법 제306조 제 2 호(현주건조물 등 방화), 제265조(보험사기)에 해당한다고 본 사건(BGH MDR 1951, 144면). 그 밖에 부작위에 의한 위증죄의 방조범 성립을 인정한 판례로는 BGHSt 4, 327면; 14, 229면; 17, 321면 참조.

여되어 있기 때문에 정범이 아닌 종범에 해당한다.[1)]

3) 정신적 방조행위 정신적 또는 지적 방조행위에는 두 가지 형태가 있다.[2)] 하나는 기술적 조언의 형태이다(예: 금고나 문을 여는 방법, 경비원의 근무위치 또는 암살하고자 하는 자의 출퇴근시간이나 생활습관을 알려 주는 행위 등).[3)] 판례와 다수학설이 인정하고 있는 다른 형태의 정신적 방조행위란 조언·격려 등을 통한 방조행위를 말한다.[4)] 예를 들면 정범의 범행결의를 강화하거나 범행현장에 있어 줌으로써 안심시키는 행위[5)] 등이다. 그러므로 교사범과는 달리 범행을 이미 결심한 자(소위 omnimodo facturus)에 대해서만 정신적 방조행위는 가능하다.

순수하게 정신적 지원에 불과한 두 번째 형태의 행위는 입증의 어려움이 있다. 만일 일체의 정신적 지원행위를 방조행위라고 한다면 방조의 미수에 불과한 경우에도 기수의 방조범으로 인정하는 결과가 될 것이며, 결국 증거가 아니라 혐의만으로 범행을 인정하는 혐의형의 위험성을 내포한다.[6)] 그러므로 정신적 방조행위를 인정하기 위해서는 범행에 대한 긍정적 태도 등만으로 인정할 것이 아니라 결과발생에 대하여 입증할 수 있는 영향을 미쳤는가 여부를 판단하여야 한다(예: 격려를 하여 범행포기를 막은 경우).[7)]

(2) 방조행위의 인과관계

형법상 방조행위는 정범에 종속하는 방조행위와 정범행위로서의 방조행위, 즉 독립적 구성요건인 방조죄가 있다. 방조행위의 인과관계문제는 양자를

---

1) 신양균, 「부작위에 의한 방조」, 형사판례연구(6), 146면 이하; 전지연, 「부작위에 의한 참가」, 형사법연구 제 5 호(1992/93), 63면 이하.

2) 무형적·정신적 방조행위의 2가지 유형에 대한 자세한 설명은 백원기, 「무형적·정신적 방조행위」, 형사판례연구(8), 85~87면.

3) SK/Samson, § 27 Rn. 13.

4) 대판 1982. 9. 14, 80도2566; 김일수(Ⅱ), 396면; 이용식, 「무형적·정신적 방조행위의 인과관계」, 형사판례연구(9), 208면; 이재상, 494면; 정성근, 590면; BGHSt 8, 390면; Lackner, § 27 Rn. 4; Sch/Sch/Cramer, § 27 Rn. 12.

5) BGH MDR 1985, 284면.

6) SK/Samson, § 27 Rn. 15; Hruschka, JR 1983, 177면은 정신적 방조행위의 방조행위성을 부인한다. 또한 Stratenwerth/Kuhlen, AT Ⅰ, §12 Rn. 159도 비판적이다.

7) 이러한 형태의 정신적 방조행위를 작위로 볼 것인가(BGH JZ 1983, 462면: 화해의 자리에 참석한다고 알고 나왔으나 사실은 공갈을 하는 자리에 본의 아니게 동석하여 침묵을 지키고 있었던 변호사에게 작위에 의한 공갈죄의 방조범을 인정한 사건. 여기에서 연방대법원은 공갈행위를 막지 않고 동석하여 자리를 지키고 있었던 사실보다 동석함으로써 결국 공갈행위를 지원한 점에서 작위성을 인정하였다) 아니면 부작위에 의한 방조로 볼 것인가(Stoffers, Jura 1993, 15면 이하)에 관한 논란이 있으나 결과적으로는 마찬가지라고 본다.

구별하여 판단하여야 한다. 즉, 정범종속적 방조행위가 정범행위를 실현시키는데 어느 정도 인과적이어야 하는가의 문제가 방조행위와 인과관계의 문제이다. 그리고 정범행위로서의 방조행위의 경우에는 이러한 논의가 적용되지 않는다.[1)]

1) 인과관계불요설(판례) 구성요건을 실현하는 정범의 행위가 종료되기 전의 어느 시점에서건 방조행위를 통해 이를 촉진하면 되며, 반드시 정범의 결과발생에 조건설적 인과관계일 필요는 없다고 하는 견해이다.[2)] 논거로는 본범에 대한 방조행위는 방조범 처벌규정에 의해 성립과 처벌이 가능할 뿐만 아니라, 정범에 의해 야기된 결과를 방조자에게 그 자신의 작품으로 귀속시킬 수도 없는 것이므로 방조범의 가벌성은 반드시 정범영역에서 전제되는 인과관계에 의존할 필요가 없다고 한다.[3)]

2) 위험증대설 방조범을 위험범으로 파악하여 인과관계를 요구하지 아니하는 위험증대설도 인과관계불요설의 범주에 넣을 수 있다. 위험증대설은 방조범을 추상적 위험범,[4)] 구체적 위험범[5)] 또는 추상적·구체적 위험범(정범의 행위에 대한 관계에서는 구체적 위험, 결과발생에 대해서는 추상적 위험)[6)]으로 파악하고 방조행위를 통해 결과발생의 개연성을 높인 것만으로 충분하다는 입장이다. 그러나 위험증대설은 종범의 미수를 처벌하지 않는데도 불구하고 위험야기수준에 불과한 방조기도행위까지도 방조범으로 볼 문제점이 있다.

3) 인과관계필요설 통설은 방조행위와 정범의 결과간에 기본적으로 인과관계가 존재하여야 한다는 필요설의 입장이다.[7)] 필요설의 논거로는 인과

---

1) 이에 관하여 자세한 것은 박상기, 「방조행위와 인과관계」, 이재상교수화갑기념논문집(I), 2003, 649면 이하 참조.

2) 대판 1986. 12. 9, 86도198; RGSt 75, 112면; 71, 176면; Wessels/Beulke, AT, § 13 Rn. 582; Baumann/Weber, AT, § 37 Ⅱ 2 b.

3) Wessels/Beulke, AT, § 13 Rn. 582.

4) Herzberg, GA 1971, 1, 7면.

5) Ranft, ZStW 97(1985), 277면 이하; Otto, JuS 1982, 562면 이하; Schaffstein, Honig-FS.(1970), 180면 이하.

6) Vogler, Heinitz-FS.(1972), 295, 304면 이하.

7) 김일수(Ⅱ), 398면 이하; 배종대, 641면; 손해목, 1094면; 오영근, 682면; 이용식, 「무형적·정신적 방조행위의 인과관계」, 형사판례연구(9), 225~227면; 이재상, 498면; 이형국(Ⅱ), 641면. 독일의 경우 BGH NStZ 1985, 318면; BGH StrVert. 1981, 72면; Jakobs, AT, 22/33 이하; Jescheck, AT, 628면; Lackner/Kühl, § 27 Rn. 2; SK/Samson, § 27 Rn. 9; Welzel, Strafrecht, 119면; Sch/Sch/Cramer, § 27 Rn. 10; LK/Roxin, § 27 Rn. 2 이하; Bloy, 「Die Beteiligungsform als Zurechnungstypus im Strafrecht」(1985), 289면; Letzgus, 「Vorstufen der Beteiligung」(1972), 74면.

관계가 필요없다고 할 경우 방조의 시도만으로도 유효한 방조행위가 되어 미수행위가 기수가 되는 모순이 발생하는 점, 방조범의 고의에는 본범의 결과발생에 대한 인과관계인식이 포함되어야 하며 단순한 연대감의 표시행위만으로는 방조범이 될 수 없다는 점, 인과적이지 않은 방조행위를 인정한다면 본범은 이의 도움을 받지 않은 행위이기 때문에 결국 방조범의 종속성원칙을 무시하게 된다는 점 등이 주장된다.[1)]

그러나 인과관계필요설도 인과관계의 구체적인 내용에 관해서는 여러 입장이 있다. 첫째로는 구성요건적 결과발생을 위하여 범행결의를 강화하거나 행위수행을 용이하게 하거나 외부의 방해를 차단하는 등의 방법으로 정범의 행위에 영향을 미치면 된다고 보는 견해가 있다.[2)] 이 견해는 인과관계의 일반이론에 의하여 판단하고자 하는 것으로서 합법칙적 조건설을 취하는 견해,[3)] 상당인과관계설을 취하는 견해[4)] 등이 있다.

4) 기회증대설 방조행위가 구성요건적 결과발생의 기회를 현실적으로 증대시켜야 한다고 보는 학설이 기회증대설이다.[5)] 기회증대설에서는 방조행위와 실행행위 사이에 절대적 제약관계라는 의미에서가 아니라 변형된 인과관계 정도로 충분하다고 본다. 구체적으로는 구성요건적 결과발생을 가능하게 하거나, 용이하게 하는 것 또는 강화하거나 확실하게 하는 것 등이다. 그러므로 결과발생의 기회를 감소시킨 경우나 정범의 계획보다 결과발생의 범위를 축소시킨 경우(소위 위험감소)에는 방조행위는 인정되지 않는다.[6)]

---

1) Jakobs, AT, 22/34.

2) 이와 관련하여 정범행위연관설과 정범결과연관설을 구분하여 평가하는 견해(신동운, 「방조범」, 월간고시(1991/12), 129면)가 있다. 그러나 결과를 지향하지 않는 행위는 무의미하다는 점과 실행에 착수하지 않은 정범행위에 대한 방조행위는 불가벌이라는 점(정범이 실행에 착수하였다는 것은 이미 주관적인 측면에서 결과실현을 목표로 하고 있다)을 고려할 때 결국 마찬가지라고 본다(신동운, 위의 논문, 131면도 판례의 「실행행위」는 정범의 구성요건을 실현시키는 행위라는 의미로 이해하여야 한다고 보고 있다). 그리고 실무에서 인과관계입증의 곤란을 피하기 위하여 정범행위만의 연관성을 요구한다고 한다. 그러나 정범결과연관설을 취하더라도 반드시 「객관적 귀속론에 의한 결과의 객관적 귀속과는 구분되는 개념」(이형국(Ⅱ), 642면)으로 이해하고, 「방조행위가 정범의 범죄실행의 방법이나 수단에 어떤 영향을 미쳤다 할지라도 인과관계는 인정」(이형국(Ⅱ), 642면)하기 때문에 정범결과연관설을 취한다고 해서 정범행위연관설에 비해 인과관계 인정요건이 강화되는 것은 아니다.

3) 이재상, 498면; 이형국(Ⅱ), 642면.

4) 배종대, 641면.

5) 김일수/서보학, 650면; 신동운, 640면 이하; 이정원, 403면; 정성근/박광민, 583면. LK/Roxin, § 27 Rn. 2 이하.

6) Eser, Strafrecht Ⅱ, Fall 45 Rn. 7a 참조.

5) 결 론 정범종속적 방조행위에서 인과관계가 부인되는 경우까지 종범의 성립을 인정하는 것은 공범의 처벌근거와 맞지 않는다. 그리고 정범의 실행행위와 결과간의 인과관계의 문제와 방조행위와 정범행위간의 인과관계를 동일한 이론으로 판단하는 것은 타당하지 않다. 정신적 방조행위에도 인과관계가 인정될 수 있다는 점은 그 한 이유이다. 그러므로 종국적으로는 구성요건적 결과발생의 가능성(기회)을 높여야 한다는 점을 고려할 때 기회증대설의 입장이 타당하다고 본다.[1)]

따라서 정범종속적 방조범의 행위는 우선 정범행위의 실현을 직접 대상으로 한 방조행위이어야 한다. 즉, 구성요건에 해당하는 정범의 행위실현을 직접 목적으로 하는 방조행위이어야 한다. 그렇지 않을 경우 방조행위의 인정범위가 너무 확대될 위험성이 있다.

다음으로 방조행위가 현실적으로 정범의 실현에 구체적으로 기여하였는지 여부가 문제된다. 비록 방조행위가 정범의 실현에 구체적으로 기여하지 못하였다고 하더라도 방조범을 인정하는 것이 타당하다. 방조행위의 성격이 정범행위의 실현에 직접 기여할 잠재적 가능성만으로도 언제든지 현실화될 수 있다고 볼 수 있기 때문이다. 또한 범행현장에서의 우연성으로 인하여 비록 범행실현에 불필요하게 되었더라도 방조행위가 있었고, 정범의 범행에 기여할 가능성이 있었다는 사실만으로 방조범 처벌의 인과적 근거는 충분하다고 본다.

(3) 정범의 방조행위 인식 요부

정범이 방조범의 방조행위를 인식하고 있었을 필요는 없다. 다시 말해 공동정범자 사이에서와는 달리 방조범과 정범간에는 의사공동체가 요구되지 않기 때문이다. 그러므로 예를 들어 정범 몰래 범행의 장애물을 제거하여 주는 행위는 방조행위가 된다(편면적 방조범).

(4) 방조행위의 시기

방조행위는 정범이 실행에 착수하기 이전의 예비단계에서부터 기수에 이르기까지 가능하다. 그러나 예비단계에서의 방조행위가 처벌되기 위해서는 정범의 행위가 실행의 착수에 이르러야 한다(아래 예비죄의 방조범 참조).

1) 김일수(Ⅱ), 402면 이하는 기회증대설을 지지하면서 동시에 합법칙적 조건을 요구하는데 기회의 증대를 합법칙적 조건의 하나로 파악하는 것인지 확실하지 않다.

1) 승계적 종범 승계적 종범이란 정범의 범행이 기수에 이르렀으나 종료되기 이전에 방조행위를 한 자를 의미한다. 이를 사후종범이라고 부르기도 한다.[1)]

종범이 기수시점까지 성립한다는 데에 대해서는 이론이 없으나 기수 이후 소위 범행의 종료시점까지도 가능한가에 대해서는 논란이 있다. 이를 인정하는 것이 압도적인 다수설의 입장이다.[2)] 그러나 기수 이후 종료를 인정하고 이 시점까지 종범을 일반화시켜 인정하는 것은 종료를 독자적인 범행단계로 전제하는 결론으로서 타당하지 않다. 종료는 범행단계로서 일반화할 수 없는 개념이기 때문이다.

소위 승계적 종범이 가능한 경우로는 기수시점 이후에도 구성요건에 해당하는 법익침해의 상태가 계속되거나(예: 화재로 불타고 있는 곳에 휘발유를 붓는 행위) 계속범의 경우(예: 감금된 자를 계속 감금하는 데에 조력하는 행위)가 있다. 그 밖에 당해 행위가 별개의 독립된 구성요건(예: 장물죄)을 실현하는 경우를 제외하고는 승계적 종범은 인정될 수 없다고 본다.

2) 예비단계의 방조행위 범행의 예비단계에서 도운 행위만으로도 방조범이 성립하는가의 문제이다. 예를 들면 범행에 쓰일 도구가 제대로 작동하는지를 점검하여 주는 경우이다.

정범이 예비에 그친 경우에는 예비죄를 처벌하는 규정이 있어서 이에 가공하는 행위가 예비의 공동정범이 될 때를 제외하고는 예비죄의 종범으로 처벌할 수 없다. 대법원은 종범이 처벌되기 위하여는 정범의 실행의 착수가 있는 경우에만 가능하고 정범이 실행의 착수의 단계에 이르지 아니한 예비의 단계에 그친 경우에는 이에 가공하는 행위가 예비의 공동정범이 되는 경우를 제외하고는 이를 종범으로 처벌할 수 없다고 하여 예비죄의 종범성립을 부인한다.[3)] 그리고 실행의 착수 전에 장래의 실행행위를 예상하고 이를 용이하게 하는 행위를 하여 방조한 경우에 정범이 실행행위에 나아갔다면 정범의 행위가 미수단

1) 그러나 사후종범이란 명칭은 장물죄나 증거인멸죄, 범인은닉죄와 같은 본범을 전제로 하는 범죄행위가 독립적 구성요건화하기 이전의 명칭을 의미하므로 굳이 부르자면 승계적 종범이라고 하는 것이 타당하다고 본다. 이와 달리 사후종범을 승계적 종범과 구별하여 완료 이후의 종범을 일컫기도 하나(대판 1983. 4. 27, 82도122) 실익이 없다.

2) 김일수/서보학, 649면; 배종대, 640면; 손해목, 1092면; 신동운, 638면; 이재상, 496면; 정성근/박광민, 580면.

3) 대판 1976. 5. 25, 75도1549. 또한 대판 1978. 2. 28, 77도3406; 1979. 5. 22, 79도552; 1979. 11. 27, 79도2201.

계에 달하면 예비죄에 대한 방조범의 성립이 가능하다고 본다.[1] 독일판례도 정범의 행위가 미수단계에 달하는 한 이후에 범할 범행을 위한 예비단계에서의 방조행위로도 방조범이 성립한다고 하였다.[2]

(5) 방조행위에 대한 방조행위

방조행위에 대한 방조행위(연쇄종범) 역시 방조에 해당하며[3] 정범에 대한 방조와 동일하다. 그러므로 이중의 형벌감경은 허용되지 않는다. 이 경우 방조행위자는 자신의 행위를 통하여 정범의 실행행위를 돕는다는 생각을 하였다면 종범의 고의가 인정된다. 방조행위를 교사하거나 교사범을 방조하는 것 역시 결국 정범을 방조하는 것과 같으므로 교사범이 아니라 종범이 성립한다.

2. 방조범의 고의

교사범과 마찬가지로 종범에게는 이중의 고의가 필요하다. 하나는 정범의 행위가 구성요건에 해당하는 점에 대한 정범의 고의이고, 다른 하나는 정범의 실행행위를 기수에 이르도록 방조하겠다는 방조의 고의이다.

[판례] 「형법상 방조행위는 정범이 범행을 한다는 정을 알면서 그 실행행위를 용이하게 하는 직접·간접의 행위를 말하므로, 방조범은 정범의 실행을 방조한다는 이른바 방조의 고의와 정범의 행위가 구성요건에 해당하는 행위인 점에 대한 정범의 고의가 있어야」한다고 판시하고 있다(대판 2010. 1. 14, 2009도9963).

(1) 정범행위에 대한 고의

방조범은 고의적으로 정범의 범행을 방조하는 자이므로 정범의 범행에 대한 인식이 있어야 한다. 즉 정범이 범행을 한다는 사실을 알고 있어야 한다. 그러므로 과실방조는 인정되지 않으며, 과실범이 문제될 수 있을 뿐이다.

다음으로는 정범의 범행에 대한 인식의 정도가 문제된다. 우선 종범은 정범이 실현하는 구성요건의 중요부분에 대한 고의가 있어야 한다. 그러나 종범의 고의와 정범의 실행행위가 형법적으로 동등하면 충분하며 구체적인

---

1) 대판 1997. 4. 17, 96도3377(전원합의체); 1996. 9. 6, 95도2551; 2004. 6. 24, 2002도995(이른바 「보라매병원사건」).

2) RGSt 59, 379면; 61, 361면; Kühl, AT, § 20 Rn. 232; Sch/Sch/Cramer-Heine, §27 Rn. 13.

3) 대판 1977. 9. 28, 76도4133; 이재상, 501면; BGH NStZ 1996, 562; Sch/Sch/Cramer-Heine, § 27 Rn. 18; Wessels/Beulke, AT, § 13 Rn. 583.

부분까지 일치할 필요는 없다. 즉 정범에 의하여 실현되는 범죄의 구체적 내용을 인식할 것을 요구하는 것은 아니고 미필적 고의 또는 예견으로 충분하다.[1] 그리고 범행의 일시나 장소를 몰라도 되며, 절도의 목적물처럼 범행의 대상이나 범죄의 피해자 또는 범행정황 등에 대해서까지 인식하고 있어야 할 필요는 없다.[2] 심지어 정범이 누구인지 몰라도 종범이 성립할 수 있다(예: 갑은 범행사실을 알고 있는 을을 설득하여 을의 자동차를 빌리고, 그 차를 을이 모르는 정이 도품을 수송하는 데 사용하도록 한 경우).[3]

방조자의 인식과 정범의 실행간에 착오가 있고 양자가 구성요건을 달리하는 경우에는 원칙적으로 방조자의 고의는 조각된다. 그러나 구성요건이 일치되는 부분이 있는 경우에는 그 한도 내에서 방조자의 죄책을 인정한다.[4]

(2) 기수의 고의

방조범은 교사범에서와 마찬가지로 정범의 행위가 기수에 이르러야 한다는 고의를 지녀야 한다. 미필적 고의로도 충분하다. 그러므로 만일 결과발생이 불가능한 수단을 통한 방조나 미수단계까지만 이르도록 하기 위한 방조(소위 함정방조)는 종범으로서의 고의가 없는 것이다.[5] 그러나 만일 방조범의 예상과 달리 정범행위가 미수에 그친 경우에는 방조범으로 처벌하는 데에 문제가 없다. 그러나 방조행위가 있는 한 정범의 범행에 대해 종범이 개인적으로 동의하지 않았거나 반대하였더라도 종범으로서의 고의가 부인되는 것은 아니다.[6]

3. 정범의 실행행위

방조범은 정범의 실행행위를 도와 주는 자이므로 방조범이 성립하기 위해서는 우선 정범의 실행행위가 있어야 한다(공범의 종속성).[7] 이 경우에 어느 정도의 실행행위가 선행되어야 하는가에 대해서는 종속성의 정도에 따라

---

1) 대판 2005. 4. 29, 2003도6056.
2) RGSt 67, 344면.
3) LK/Roxin, § 27 Rn. 30 참조.
4) 대판 1985. 2. 26, 84도2987.
5) Sch/Sch/Cramer-Heine, § 27 Rn. 25.
6) OLG Karlsruhe GA 1971, 281면.
7) 대판 1970. 3. 10, 69도2402("종범의 범죄는 정범의 범죄에 종속하여 성립하는 것이므로 사기방조죄는 정범인 본범의 사기 또는 사기미수의 증명이 없으면 사기방조죄가 성립할 수 없다"); 1981. 11. 24, 81도2422("정범의 성립은 교사범, 방조범의 구성요건의 일부를 형성하고 교사범, 방조범이 성립함에는 먼저 정범의 범죄행위가 인정되는 것이 그 전제조건이 되는 것은 공범의 종속성에 연유하는 당연한 귀결이며 …").

견해가 다름은 기술하였다. 제한적 종속설에 따르면 정범의 행위는 구성요건에 해당하여야 함은 물론이고 위법성이 인정되어야 한다. 또한 정범의 실행행위는 고의범이어야 하며, 교사범과는 달리 예비행위에 대한 방조행위는 인정될 수 없으므로(제31조 제1항 참조) 정범의 행위는 실행에 착수하였어야 한다.

Ⅲ. 幇助犯과 錯誤

방조범과 착오의 문제는 원칙적으로 교사범에서 논한 것과 같다(위 교사범 참조).

(i) 정범이 방조범의 고의를 초과하여 범행을 한 경우에 방조범을 어느 범위까지 처벌할 것인가? 이 경우에는 교사범의 경우와 마찬가지로 해결하여야 한다. 그러므로 방조범은 정범에 의하여 수행된 범죄와 자신의 고의가 일치하는 경우에 한하여 형사책임을 진다. 즉 방조범은 정범이 행한 초과부분에 대하여는 고의가 없으므로 그 부분에 대하여는 처벌되지 않는다. 대법원은 방조자의 인식과 정범의 실행 사이에 착오가 있고 양자의 구성요건을 달리할 경우에는 원칙적으로 방조자의 고의는 조각되는 것이나 그 구성요건이 중첩되는 부분이 있는 경우에는 그 중복되는 한도 내에서는 방조자의 죄책을 인정하여야 한다고 본다(아래 [판례] 참조).

[판례] 「피고인이 공소외 갑의 부탁에 의하여 그 내용물이나 물품가액을 인식하거나 예견하지도 못한 채 다만 밀수품일 것이라는 막연한 인식만을 가지고 이 사건 범행에 가담한 사실에 대하여 관세법 제180조(관세포탈죄)에 해당하는 범죄를 방조한 것으로만 인식하였다면 특정범죄가중처벌등에 관한 법률 제6조 제2항의 방조범으로는 처벌할 수 없고, 동죄와 구성요건이 중복되는 관세법 제180조, 제180조에 대한 교사·방조행위를 처벌하는 동법 제182조 제1항에 의하여 처벌되어야 한다」고 판시하였다(대판 1985. 2. 26, 84도2987).

(ii) 방조범이 적법하다고 잘못 생각하고 방조행위를 한 경우에는 착오의 일반이론에 의하여 해결한다.

(iii) 결과적 가중범의 경우에는 중한 결과의 발생을 예견하였으면 결과적 가중범의 종범이 인정된다.

Ⅳ. 幇助犯의 處罰

(i)「종범의 형은 정범의 형보다 감경한다」(제32조 제2항). 종범의 형을 필요적 감경으로 한 것은 구성요건을 직접 실현하는 자가 아니고 단지 결과에 대해 간접적인 영향을 미친 것에 불과하여 불법과 책임의 정도가 정범보다 낮기 때문이다. 그러나 종범감경은 법정형에 대한 것이므로 반드시 종범에 대한 선고형이 정범보다 가벼워야 하는 것은 아니다. 만일 정범의 행위가 미수에 그친 경우에는 종범의 형은 다시 임의적(제25조 제2항) 또는 필요적 감경(제26조)을 통해 이중의 감경을 할 수 있다.

(ii) 종범의 형에 대한 필요적 감경에 대해서는 예외가 있다. 즉 관세법위반(제271조 제1항), 선박법위반(제39조), 경범죄처벌법위반(제3조)의 경우에는 종범은 정범과 동일하게 처벌된다.

[판례] 형법 제98조 제1항의 가중규정인 국가보안법 제4조 제1항 제2호의 반국가단체의 간첩방조죄에 대하여도 그 정범인 간첩죄와 동일한 법정형으로 처벌하여야 하고 종범감경을 할 수 없다(대판 1986. 9. 23. 86도1429).

(iii) 자기의 지휘·감독을 받는 자를 (교사 또는) 방조하여 범죄결과를 발생시킨 자는 정범의 형으로 처벌한다(제34조 제2항). 소위 특수방조의 경우이다.

(iv) 방조행위자의 행위가 공동정범이나 교사범에 해당하는 경우에는 이에 흡수되어 공동정범이나 교사범이 성립할 뿐이다.

제 6 절 共犯과 身分

Ⅰ. 身分犯의 概念

신분범(Sonderdelikt)이라 함은 누구나 범행의 주체가 될 수 있는 일반범과 달리 행위자에게 일정한 신분관계가 존재하여야 범죄가 성립하거나 형의 경중에 영향을 미치는 범죄(자)를 의미한다. 즉 행위주체가 일정한 자격을 갖는 자에 제한되어 있는 범죄이다. 형법에서 신분이라 함은 남녀의 성별, 내·외국인의 구별, 친족관계, 공무원자격과 같은 관계는 물론 범인 개인 특유의 지위 또는 상태를 의미한다.[1] 한편 신분은 행위 당시 존재하면 족하므로 신분이 계속성을 요하는가는 논의의 실익이 없다.[2]

신분범은 진정신분범과 부진정신분범으로 나뉘는데 전자는 신분관계로 인하여 범죄가 성립하는 경우(제33조 본문 참조)를 말하고, 후자는 신분관계로 인하여 형이 가중되거나 또는 감경되는 경우(제33조 단서 참조)를 의미한다.

진정신분범에 해당하는 신분자의 예로는 피의사실공표죄(제126조)에서 「검찰, 경찰 기타 범죄수사에 관한 직무를 행하는 자」, 수뢰죄(제129조)에서 「공무원 또는 중재인」, 허위진단서등의 작성죄(제233조)에서 「의사, 한의사, 치과의사 또는 조산사」, 횡령죄(제355조 제1항)에서 「타인의 재물을 보관하는 자」, 배임죄(제355조 제2항)에서 「타인의 사무를 처리하는 자」 등이 있다. 그리고 부진정신분범에 해당하는 신분자의 예로는 존속살해죄(제250조 제2항)에서 「직계비속」, 영아살해죄(제251조)[3]에서 「직계존속」, 업무상횡령·배임죄(제356조)에 「업무자」 등이 있다.

신분범과 구별하여야 하는 것으로 자수범(eigenhändiges Delikt)이 있다. 자수범이란 행위자 자신이 직접 범행을 수행하여야만 성립되는 범죄를 의미한다. 그렇지 않은 경우 그 범죄의 행위불법성이 결여되기 때문이다. 자수범에는 신체적인 직접성이나 신체적인 직접행위가 아닐지라도 개인적인 범행수행이 요구되는 경우(예: 준강간죄, 준강제추행죄) 및 소송법상 행위자의 직접적인 범행이 규정되어 있는 경우(예: 위증죄)가 있다. 자수범의 경우에는 형법이 비신분자에 대한 공동정범의 성립을 인정하고 있다 하더라도(제33조 본문 참조) 공동정범의 성립이 인정되지 않는다. 제 3 장 제 3 절(구성요건) 자수범 참조.

Ⅱ. 身分의 種類

형법상 신분은 다음과 같은 기준에 의하여 분류할 수 있다.

1. 행위자관련적 신분과 행위관련적 신분

신분관계를 행위자관련적인 요소와 행위관련적인 요소로 분류하고 행위

---

1) 대판 1994. 12. 23, 93도1002.

2) 신분에 계속성을 요하는가에 대하여 부정설로는 김일수/서보학, 656면; 이재상, 503면; 이형국, 319면; 정성근/박광민, 589면. 긍정설로는 오영근, 650면; 임 웅, 483면.

3) 폐지된 독일 구 형법상의 영아살해죄는 살인죄에 대한 감경적 구성요건이 아니라 독립적 구성요건이라고 보아야 한다는 견해가 있다(Sch/Sch/Eser, vor §211 Rn. 7). 이러한 입장에 따르면 부진정신분범이라기보다는 진정신분범에 해당한다.

자관련신분만이 신분범의 신분에 포함된다는 견해가 있다.[1] 이에 따르면 범인의 개인적인 지위 또는 상태는 행위자관련적인 요소(예: 상습성, 업무성, 책임능력 등)에 해당한다고 본다. 반면에 행위관련적 요소는 범인 개인의 특수한 지위 또는 상태에 속한다기보다는 누구에게나 존재할 수 있는 일반적 요소에 해당하므로 공범의 종속성의 일반원칙에 따라 해결한다. 그러므로 신분자와 비신분자를 동일하게 취급하여 만일 정범이 신분의 결여로 인하여 성립하지 않으면 공범도 성립하지 않는다. 마찬가지로 신분자의 범행에 가담한 비신분자에게 신분의 결여를 이유로 형의 가감이 인정되지 않는다(제33조의 적용배제).

이처럼 행위관련요소와 행위자관련요소를 구분하여 차별적으로 취급하는 것은 두 요소의 불법성의 양상이 상이하다는 데에 기인한다. 즉 신분의 내용이 불법의 개별화와 윤리화를 의미하는 것이라면 이는 행위자관련적 신분요소에만 해당한다고 보는 것이다.

행위자관련요소인가 행위관련요소인가에 대한 구별은 이론의 산물이다. 그러므로 이러한 분류방법 대신 공범의 종속성과 무관하다고 보는 '가치관련적 신분요소'와 공범의 종속성원칙에 따라 처리될 '가치중립적 신분요소'로 분류하는 견해도 있다.[2] 아래에서 소개하는 불법신분 · 책임신분 구별설도 바로 이러한 이론의 한 내용이다.

행위자관련적 요소와 행위관련적 요소의 구별은 목적이나 동기, 심정요소 등을 신분관계에 포함시키는가의 문제에서 그 실익이 있다. 통설은 이들이 객관적 구성요건에 대한 내심의 의사작용으로서 주관화된 객관적 구성요건에 불과하다는 이유로 제외한다.[3] 이러한 견해를 따르면 주관적 구성요건요소에 대하여는 공범의 종속성의 일반원칙에 따라 처리하여야 한다고 보게 된다. 그러므로 만일 정범에게 이러한 요소가 결여된 경우 공범 역시 동일하게 취급하여야 한다. 그러나 대법원은 신분관계란 범인의 특수한 상태의 차이에 따라 범인에게 과할 형의 경중을 구별하는 기준이므로 목적도 여기에

1) Tröndle/Fischer, § 28 Rn. 2; Lackner/Kühl, § 28 Rn. 4 참조.
2) Herzberg, ZStW 88(1976), 68면 이하.
3) 김일수(I), 414면; 배종대, 649면; 이형국(II), 647면; 임 웅, 483면; 정영일, 「목적범에 관한 판례연구」, 형사판례연구(9), 252면. 97면. 독일의 경우 BGHSt 22, 380면; Tröndle/Fischer, § 28 Rn. 6.

포함된다고 판시하고 있다.

[판례] 모해위증교사(제152조 제2항)에서 모해의 목적을 가진 제3자가 이러한 목적이 없는 자를 교사한 경우에 피교사자는 단순위증죄(제152조 제1항)로 처벌되는 데 반해 교사자는 모해위증교사죄(제152조 제2항)로 처벌된다고 한다(대판 1994. 12. 23, 93도1002). 이러한 견해를 유지하면 판례가 인정하는 불법영득의사 역시 동일하게 취급하여 불법영득의사가 없는 자에 대해서 절도를 교사한 자는 정범이 처벌되지 않는데도 불구하고 절도죄의 교사범을 인정하여야 할 것이다. 이러한 결론이 공범의 종속성에 반하는 것임은 명백하다.

그러나 목적범에서 목적은 행위자와 관련된 특수한 지위나 상태를 의미한다기보다는 행위결과를 지향하는 고의에 해당한다고 볼 수 있다. 그러므로 목적범에서 목적이 없는 정범을 교사한 모해의 목적을 가진 교사자 역시 단순위증죄의 교사범이 된다고 보는 것이 타당하다(공범의 종속성원칙 적용).

부진정부작위범에서 보증인 지위 역시 행위자관련적 요소로서 신분관계에 포함된다는 견해[1]와 일반요소에 불과하므로 포함되지 않는다는 견해[2]가 있다. 전자의 견해는 신분범에서 행위자관련적 요소란 특별한 의무자적 지위를 의미하므로 부진정부작위범의 경우 결과발생을 방지함으로써 법익보호를 하여야 할 보증인으로서의 지위를 갖는 자만이 행위주체가 될 수 있다는 점에서 행위자관련적 요소라고 본다. 형법이 비신분자에게도 일단 공범뿐만 아니라 공동정범까지도 인정하고 있는 점에 비추어(제33조 본문) 부진정부작위범의 정범성을 인정하는 기준이 되는 보증인 지위는 행위자관련적 신분이라고 보는 것이 타당하다.

2. 범죄구성적 신분과 형벌가감적 신분

범죄구성적 신분이란 행위자에게 일정한 신분이 있어야 범죄가 성립하는 신분을 말한다. 진정신분범이 이에 해당한다. 예를 들면 수뢰죄(제129조 제1항), 위증죄(제152조 제1항), 허위진단서작성죄(제233조), 업무상 비밀누설죄(제317조), 횡령죄(제355조 제1항), 배임죄(제355조 제2항) 등이 있다. 이에 비해 형벌가감적 신분이란 행위자에게 신분이 없어도 범죄는 성립하지만 신분이 있음으로써 형벌이 가중되거나 반대로 감경

1) Baumann/Weber, AT, 584; Tröndle/Fischer, § 28 Rn. 6; Eser, Strafrecht Ⅱ, Nr. 42 A Rn. 12; Jakobs, AT, 29/15; Roxin, Tatherrschaft, 515면; Stratenwerth/Kuhlen, AT Ⅰ, § 12 Rn. 191; 배종대, 649면.

2) Jescheck/Weigend, AT, 596면; Herzberg, ZStW 88(1976), 108면; Lackner/Kühl, § 28 Rn. 6; Sch/Sch/Cramer-Heine, § 28 Rn. 19; Stein, 「Beteiligungsformenlehre」, 337면.

되는 신분을 말한다. 부진정신분범의 경우가 이에 해당된다. 예를 들면 가중적 신분으로는 존속살해죄(제250조 제2항)에서 「직계존속」, 업무상 과실치사상죄(제268조), 업무상 횡령·배임죄(제356조), 업무상 낙태죄(제270조 제1항)에서의 「업무」가 있다. 감경적 신분으로는 영아유기죄(제272조)에서의 「직계존속」이 해당된다.

[판례] 「업무상배임죄는 업무상 타인의 사무를 처리하는 지위에 있는 사람이 그 임무에 위배하는 행위로써 재산상의 이익을 취득하거나 제3자로 하여금 이를 취득하게 하여 본인에게 손해를 가한 때에 성립하는 것으로서, 이는 타인의 사무를 처리하는 지위라는 점에서 보면 신분관계로 인하여 성립될 범죄이고, 업무상 타인의 사무를 처리하는 지위라는 점에서 보면 단순배임죄에 대한 가중규정으로서 신분관계로 인하여 형의 경중이 있는 경우라고 할 것이므로, 그와 같은 신분관계가 없는 자가 그러한 신분관계가 있는 자와 공모하여 업무상배임죄를 저질렀다면 그러한 신분관계가 없는 자에 대하여는 형법 제33조 단서에 의하여 단순배임죄에 정한 형으로 처단하여야 할 것이다」(대판 1999. 4. 27, 99도883).

3. 불법(위법)신분과 책임신분

이 견해는 신분을 신분관계 자체의 법적 성질에 따라 구분한다. 그러므로 위법신분이란 신분이 정범행위의 결과불법에 영향을 주는 기능을 하는 경우로서 모든 공범에게 연대적으로 작용하여 비신분자도 신분자와 같이 취급된다. 그리고 책임신분은 신분이 행위자의 책임비난에 영향을 주는 경우로서 책임개별화의 원칙이 적용되어 비신분자와 신분자를 구별하여야 한다고 본다.[1] 그 결과 제33조 본문은 위법신분관계를, 단서는 책임신분관계를 각각 규정한 것이라고 본다.

Ⅲ. 共犯과 身分의 問題點

1. 공범 및 공동정범의 경우

공범과 신분이란 행위자의 신분이 범죄의 성립(제33조 본문 참조)이나 형의 경중에 영향을 미칠 경우(제33조 단서 참조) 신분있는 자와 신분이 없는 자가 공범관계에 있을 때에 신분없는 자를 종속적으로 볼 것인가 아니면 독립적으로 보아 처리할 것인가의 문제를 말한다. 공범종속성의 원칙에 따르면 신분관계가 없는 공범(교사범, 방조범)에 대하여도 신분범의 성립을 인정하고, 그 결과 신분자인 정

1) 정성근/박광민, 591면.

범에게 인정되는 일신전속적인 사정은 모두 비신분자인 공범에 대하여도 인정하여야 될 것이다. 그러나 이 경우에 발생하는 처벌상의 획일성을 해결하기 위한 것이 형법 제33조의 취지이다. 그렇기 때문에 형법 제33조를 공범종속성의 원칙에 대한 제한규정으로 보는 것이다.

이에 반해 공범이라고 볼 수 없는 공동정범의 경우에는 공범종속성의 원칙과 관련이 없으므로 신분범의 경우 정범성을 상실하는 비신분자의 (공동)정범 성립을 예외적으로 인정하는 특별규정으로 보아야 한다. 그러나 이러한 공동정범 성립의 인정은 제33조 단서에 의해 그 처벌을 보통의 공동정범에 의하므로 사실은 형식적인 것이다.

2. 간접정범의 경우

간접정범에 대해서도 제33조를 적용하여야 한다는 견해가 있다.[1] 즉 신분 없는 자도 신분 있는 자를 이용하여 진정신분범의 간접정범이 될 수 있다는 주장이다. 이는 간접정범을 정범이 아니라 공범으로 파악하고 이에 따라 제34조 제1항이 교사 또는 방조, 즉 공범의 예에 의하여 처벌한다는 규정을 매개로 하여 제33조를 적용할 수 있다는 것이다. 그러나 제33조가 제34조의 간접정범이 제외된「전 3조의 규정을 적용한다」고 할 뿐만 아니라 교사 또는 방조의 예에 따라 처벌한다는 것은 직접정범이 아니기 때문에 양형상 이를 감안한 규정에 불과한 것이지 간접정범의 본질을 결정할 요소는 아니다. 또한 피이용자에 해당하는 신분자의 범죄가 성립하지 않는데 비신분자만이 단독으로 간접정범이 될 수는 없다고 보아야 한다.[2] 그러므로 간접정범을 정범으로 보는 입장에서는 제33조는 간접정범에 대해서는 적용할 수 없다고 보아야 한다.[3]

Ⅳ. 刑法의 規定

1.「신분관계로 인하여 성립될 범죄」의 의미

제33조 본문은「신분관계로 인하여 성립될 범죄에 가담한 행위는 신분관

1) 신동운, 691면.
2) 제33조에 의하여 비신분자도 공동정범이 될 수 있지만 이는 간접정범과 같은 단독정범이 아니기 때문에 가능하다.
3) 김일수/서보학, 660면; 배종대, 655면; 손동권, 566면; 이상돈, 632면; 이재상, 507면; 이정원, 416면; 이형국, 323면; 임 웅, 489면; 정영일, 413면; 정진연/신이철, 394면; 조준현, 433면; 황산덕, 260면.

계가 없는 자에게도 전 3 조의 규정을 적용한다」라고 하여 비신분자에게도 공동정범, 교사범, 종범의 성립이 가능함을 규정하고 있다. 즉 신분이 없는 자가 단독으로 신분범의 정범이 될 수는 없어도 신분자와 함께 공범은 될 수 있다는 것이다. 이에 따라 의사가 아닌 자도 의사와 함께 허위진단서작성죄의 공동정범이 될 수 있다.[1]

2. 제33조의 본문과 단서의 적용범위

형법 제33조는 본문에서 「신분관계로 인하여 성립될 범죄」를 규정하면서 이를 진정신분범과 부진정신분범 가운데 어느 유형으로 특정하지 않고 있다. 반면 동조 단서는 부진정신분범의 경우를 규정하고 있다. 따라서 제33조 본문의 적용범위에 관하여 다음과 같은 견해의 대립이 발생한다.

(1) 진정신분범설

제33조 본문의 신분관계로 인하여 성립될 범죄는 진정신분범에 국한된다고 보는 견해로서 다수설의 입장이다.[2] 이에 따르면 신분범을 진정신분범과 부진정신분범으로 구별하여 제33조 본문은 진정신분범에만 적용하고, 단서는 「신분관계로 인하여 형의 경중이 있는 경우」에 불과한 부진정신분범의 경우에 적용하자는 것이다. 이에 따라 진정신분범의 경우에만 비신분자는 신분자와 함께 공동정범, 교사범, 방조범이 되며, 형의 경중이 없는 구성요건인 진정신분범의 경우에 신분자와 동일하게 처벌된다(제33조 본문). 부진정신분범의 경우 비신분자는 공동정범이나 교사범, 방조범이 되지 않는다(단서 적용). 이 견해가 타당하다고 본다.

[예] 부진정신분범인 존속살해죄에서 처와 자가 夫(父)를 살해한 경우 처는 존속살해죄의 공동정범이 아니며 단순살인죄로 처벌된다.

(2) 진정 · 부진정신분범설

제33조의 「신분관계로 인하여 성립될 범죄」를 진정신분범으로 제한하여 해석할 필요가 없다는 견해로서 판례의 입장이다.[3] 이에 따르면 제33조 본문

1) 대판 1967. 1. 24, 66도1586.
2) 권오걸, 633면; 김성천, 437면; 김일수/서보학, 659면; 배종대, 653면; 손해목, 1111면; 안동준, 265면; 이상돈, 626면; 유기천, 307면; 이재상, 506면; 이형국(II), 651면; 정성근/박광민, 597면; 조준현, 613면.
3) 대판 1986. 10. 28, 86도1517(은행원이 아닌 자가 은행원과 업무상 배임죄를 범한 사건에서 비신분자에게 공동정범을 인정함); 1961. 8. 2, 4294형상284(처와 자가 공동으로 남편을 살해

은 진정·부진정신분범을 불문하고 공범의 성립에 관한 규정이고, 단서는 부진정신분범의 과형에 관한 규정이라고 한다. 그 이유로서는 형법이 양자를 구별하여 규정하고 있지 않으며 오히려 신분범 전반에 대한 비신분자의 범죄성립근거를 제공하는 규정을 두고 이로부터 발생하는 양형상의 불합리를 단서규정을 통하여 예외적으로 구제하는 방법을 택하고 있다는 것이다. 이에 따르면 부진정신분범의 경우에도 비신분자는 신분자와 함께 공동정범이 될 수 있으며, 다만 실현한 구성요건이 형의 경중이 있는 부진정신분범인 경우 양형에서만은 제33조 단서규정에 따라 기본적 구성요건의 양형범위 내에서 처단된다고 한다. 그러므로 예를 들어 존속살해행위에 아들과 친구가 공동정범으로 가담한 경우에는 아들은 존속살해죄(제250조 제2항)의 정범이 되고, 비신분자인 친구는 존속살해죄의 공동정범이지만 보통살인죄의 죄책을 지게 된다(그러므로 결과적으로는 진정신분범설과 같게 된다).

이와 달리 수뢰죄처럼 형의 경중이 없는 진정신분범의 경우에는 비신분자도 신분자와 동일한 형으로 처벌된다는 점은 전설과 마찬가지이다. 그러나 입법론적으로는 비신분자의 공범성립을 인정하되 진정신분범에 대한 형의 임의적 감경사유 또는 필요적 감경사유로 규정하는 것이 바람직하다.[1)]

3. 신분범과 공범

(1) 진정신분범과 공범

1) 비신분자가 신분자에게 가담한 경우 이 경우에는 제33조 본문이 적용되어 비신분자도 진정신분범의 공범(공동정범, 교사범, 종범)이 된다. 예를 들어 비공무원 갑이 공무원 을을 교사하여 수뢰행위를 하게 한 경우 을은 수뢰죄(제129조 제1항)의 정범, 갑은 수뢰죄의 교사범이 된다. 이 경우 처벌은 현행법상 신분자와 비신분자간에 차이가 없으나 비신분자의 형을 감경하는 것이 신분범의 본질에 비추어 타당하다.

2) 신분자가 비신분자에게 가담한 경우 예를 들어 공무원 갑이 비공무원 을을 교사하여 뇌물을 받아오게 한 경우처럼 신분자가 비신분자를 교사·방조하여 진정신분범죄를 범하게 한 경우에는 비신분자의 가공행위를 전제로 하고 있는 제33조 본문이 적용되지 않는다. 그러므로 비신분자는 처벌되지

한 사건에 처에게도 존속살해죄의 공동정범을 인정함); 김성돈, 672면; 신동운, 687면 이하; 정영석, 271면.

1) 김종원, 「공범과 신분」(1976/1), 54면; 이재상, 512면; 임 웅, 490면.

않는다. 신분자가 비신분자에게 가담한 경우는 신분자가 소위 신분없는 고의 있는 도구를 이용한 경우로서 제33조 본문이 아니라 학설에 의해 해결할 수밖에 없다. 이에 대해서는 신분자는 간접정범이 된다는 견해(위의 예에서 갑은 수뢰죄의 간접정범, 을은 불가벌이 된다)와 교사범이 된다는 견해(갑은 수뢰죄의 교사범, 을은 수뢰죄의 종범이 된다)가 있다. 이 경우에는 신분자는 간접정범, 비신분자는 처벌되지 않는 도구에 불과하다고 보아야 한다. 문제는 신분자에게 간접정범이 아니라 교사범을 인정하고, 비신분자에게 방조범을 인정할 수 있겠는가이다. 이는 신분자만이 정범이 될 수 있다는 진정신분범의 정범적격에 관한 문제로서 부인하여야 할 것이다. 한편 판례는 간접정범 또는 교사범이 성립하지 않는다는 입장이다.

[판례] 농업협동조합법상의 호별방문죄는 '임원이 되고자 하는 자'라는 신분자가 스스로 호별방문을 한 경우만을 처벌하는 것으로 보아야 하고, 비록 신분자와 비신분자가 통모하였거나 신분자가 비신분자를 시켜 방문케 하였다고 하더라도 비신분자만이 호별방문을 한 경우에는 신분자는 물론 비신분자도 같은 죄로 의율하여 처벌할 수는 없다고 봄이 상당하다(대판 2003. 6. 13, 2003도889). 이 판례의 사안은 진정신분범에서 농협 임원이 되고자 선거에 출마한 신분자가 조합원인 비신분자로 하여금 호별방문을 하도록 하여 선거운동을 하게 한 경우로서 신분 없는 고의 있는 도구를 이용한 경우에 해당한다. 여기에서 판례는 신분자에게 간접정범은 물론이고 교사범도 성립하지 않는다고 본 것이다.

(2) 부진정신분범과 공범

1) 비신분자가 신분자에게 가담한 경우

① 가중적 신분의 경우 예를 들어 비신분자인 갑이 을을 교사하여 을의 父를 살해하게 한 경우 학설은 ① 갑은 보통살인죄의 교사범, 을은 존속살해죄의 정범을 인정하는 견해와, ② 갑에게 존속살해죄의 교사범을 인정하지만 과형상으로는 보통살인죄에 따르는 견해가 있다. 부진정신분범에게는 제33조 본문을 적용하지 않고 단서를 적용하는 견해(진정신분범설)를 따르면 이 경우 비신분자인 갑에게는 존속살해죄의 교사범이 아니라 보통살인죄의 교사범을 인정하는 것이 타당하다.

② 감경적 신분의 경우 감경적 신분의 경우에도 본 규정이 적용되는가에 대해서는 논란이 있다. 예를 들어 영아살해죄(제251조)를 친모와 함께 범한

경우에 이에 가담한 비신분자는 일반살인죄(제250조 제1항)의 공동정범(또는 종범)으로 처벌되는가[1] 아니면 형이 가벼운 영아살해죄로 처벌되는가이다. 「중한 형으로 처벌하지 않는다」는 법규정에 충실한 해석을 따르면 영아살해죄를 적용하여야 할 것이다. 그러나 본 규정이 신분관계로 형이 가감되는 경우에는 신분자만이 이의 적용을 받는다는 책임개별화의 원칙을 나타낸 것으로 보아 비신분자는 보통살인죄의 적용을 받는다고 보는 전자의 견해가 타당하다.[2]

2) 신분자가 비신분자에게 가담한 경우 신분자가 비신분자의 범행에 가담하여 부진정신분범을 범한 경우에 비신분자를 어떻게 처벌할 것인가가 문제된다. 예를 들어 직계비속이 타인을 교사하여 자신의 직계존속을 살해하게 한 경우이다. 다수설은 제33조 단서조항을 적용하여 비신분자는 보통살인죄의 정범, 신분자인 직계비속은 존속살해죄의 교사범이 된다는 견해이다.[3] 이와 달리 소수설은 극단종속형식의 입장에서 각각 보통살인죄의 정범과 교사범을 인정한다. 다수설의 입장이 타당하다.

Ⅴ. 消極的 身分과 共犯 成立

1. 소극적 신분의 개념

소극적 신분이란 신분관계가 존재할 경우 범죄가 성립하지 않거나 성립하더라도 국가형벌권의 행사가 제약되는 경우를 말한다. 예를 들어 변호사의 신분은 변호사법위반을 구성하는 불법조각신분에 해당하며, 형사미성년자인 14세 미만의 자는 책임조각적 신분에 해당하고, 친족간의 범행에서 친족의 신분은 형벌조각적 신분에 해당한다.

형법 제33조는 신분으로 인하여 범죄가 성립하거나 형의 가중·감경이 생기는 경우에 비신분자가 신분자에게 가담하는 경우만을 규정하고 있을 뿐 신분관계가 존재하기 때문에 범죄가 불성립하는 경우는 규정하고 있지 않다. 그러므로 소극적 신분의 경우에는 형법 제33조가 아니라 공범성립에 관한 일반이론—공범성립의 종속성—으로 처리하여야 한다.

---

1) 신동운, 「공범과 신분」, 고시계(1991/12), 47면; 진계호, 567면.
2) 대판 1994.12.23, 93도1002; 김일수, 486면; 배종대, 656면; 안동준, 266면; 이재상, 510면; 임 웅, 491면; 정성근/박광민, 601면, 조준현, 346면.
3) 김일수/서보학, 661면; 배종대, 656면; 이상돈, 636면; 이재상, 510면; 임 웅, 492면; 정성근/박광민, 601면.

2. 소극적 신분과 공범

만일 신분자에게는 구성요건해당성이 배제되는 행위에 비신분자가 가담하면 정범의 범죄 불성립으로 인하여 신분없는 가담자의 범죄 역시 성립하지 않는다(공범의 종속성)고 보는 것이 통설이다.[1] 한편 신분자가 비신분자의 행위를 교사·방조한 경우에는 비신분자의 행위는 정범으로서 불법이므로 이를 교사·방조한 신분자에게는 제한종속형식에 따라 불법효과가 연대적으로 미친다고 보아 공범이 성립한다고 본다.[2] 이에 따라 대법원은 범죄를 구성하지 않는 신분자일지라도 범행을 구성하는 비신분자의 범행에 가담하면 공동정범이 성립한다고 한다.[3] 이는 제33조 본문을 반대해석한 결론이다.

1) 김일수/서보학, 664면; 성시탁, 「공범과 신분」, 고시계(1978/2), 74면; 안동준, 266면; 이재상, 511면; 이형국(Ⅱ), 652면; 임 웅, 493면.

2) 김성돈, 680면; 김일수/서보학, 664면; 배종대, 657면; 손동권, 573면; 신동운, 696면; 안동준, 266면; 이형국, 324면; 임 웅, 493면; 정성근/박광민, 603면.

3) 대판 1986. 2. 11, 85도448(의료인일지라도 의료인이 아닌 자의 의료행위에 공모하여 가공하면 의료법 제25조 제1항이 규정하는 무면허의료행위의 공동정범으로서의 책임을 진다).

제10장 罪 數 論

제 1 절 一 般 論

Ⅰ. 罪數論의 意義 및 目的

많은 형사재판에서 1인의 피고인이 여러 범죄구성요건을 실현한 경우를 접하게 된다. 즉 1개의 행위에 의해 수개의 구성요건이 동시에 실현되었을 수도 있고(예: ① 암살범이 승용차에 탄 피해자를 향하여 사격을 한 결과 피해자가 사망하고 자동차도 손괴된 경우, ② 폭탄을 던져 10명의 사망자를 낸 경우), 또는 1인의 수개의 행위에 의해 다수의 구성요건이 순차적으로 실현될 수도 있다(예: ③ 절도범이 절도피해자를 강간한 경우, ④ 절도범이 하룻밤에 여러 번에 걸쳐 물건을 훔친 경우). 이와 같이 행위자의 행위가 단수인가 복수인가의 문제를 죄수론이라고 하며, 이에 대한 법적 취급이 문제된다. 즉 죄수론 혹은 경합이론이란 범죄론에 의해 인정된 범죄행위와 그에 대한 형벌적용의 문제를 연결시켜 주는 기능을 한다(범죄론과 형벌론의 연결기능). 판사는 유죄판결을 할 경우 어떤 범죄사실에 대하여 어떤 법률을 적용하였는지를 객관적으로 알 수 있도록 분명히 기재하여야 하기 때문에(형사소송법 제323조) 경합이론은 적용법조의 결정 이외에도 판결문 작성과 양형에 필수적인 기초가 된다. 그러므로 경합이론에서는 범죄행위의 수가 단일한가, 또는 다수인가의 확정문제가 매우 중요하며 이로부터 일죄와 수죄의 구별이 생기고 죄수론이라는 명칭은 이에서 비롯된다.

Ⅱ. 併科主義 · 加重主義 · 吸收主義

1인이 단일한 1개의 행위로 여러 개의 구성요건을 실현한 경우(단일행위—상상적 경합—위의 예 ①과 ②), 또는 다수의 행위로 여러 개의 구성요건을 실현한 경우(다수행위—실체적 경합—위의 예 ③과 ④) 형을 어떻게 결정할 것인가에 관해서는 이론적으로 세 가지 해결방법이 있다.

1. 병과주의

각각의 구성요건에 규정한 형을 단순합산하여 형을 정하는 방법을 병과주의(Kumulationsprinzip)라고 한다. 형법은 경합범을 동시에 판결할 때 병과주의를 취하고 있다. 즉 「각 죄에 정한 형이 무기징역이나 무기금고 이외의 이종의 형인 때에는 병과한다」고 규정하고 있다(제38조 제 1 항 제 3 호 참조). 병과주의를 그대로 적용할 경우 형량이 너무 과다하게 되어서 무기형과 유기 자유형의 구별이 사실상 없어지게 되는 문제점이 있다.

2. 가중주의

가중주의(Asperationsprinzip)란 각각의 구성요건실현행위에 대하여 하나의 형만을 선고하되 가장 중한 죄에 정한 형으로 하고 이에 대하여 가중하는 방법을 말한다. 형법은 수죄의 경합범의 처벌시 가중주의를 원칙으로 하고 있다. 즉 「각 죄에 정한 형이 사형 또는 무기징역이나 무기금고 이외의 동종의 형인 때에는 가장 중한 죄에 정한 장기 또는 다액에 그 2분의 1까지 가중하되 각 죄에 정한 형의 장기 또는 다액을 합산한 형기 또는 액수를 초과할 수 없다」고 규정하고 있다(제38조 제 1 항 제 2 호 본문 참조).

3. 흡수주의

흡수주의(Absorptionsprinzip)는 수죄 가운데 가장 중한 죄에 정한 형으로 선고하고 다른 구성요건에 정한 형은 이에 흡수시키는 방법이다. 형법은 상상적 경합에서 흡수주의를 취하고 있다. 즉 「1개의 행위가 수개의 죄에 해당하는 경우에는 가장 중한 죄에 정한 형으로 처벌한다」고 규정하고 있다. 또한 경합범의 경우에도 「가장 중한 죄의 형이 사형 또는 무기징역이나 무기금고인 때에는 가장 중한 죄에 정한 형으로 처벌한다」(제38조 제 1 항 제 1 호)고 규정하여 흡수주의를 채택하고 있다(제40조 참조).

이상의 원칙 가운데 어떠한 원칙을 적용할 것인가는 행위가 단일한가 복수인가의 여부와 관련된다. 단일행위에 의한 수개의 구성요건실현의 경우를 상상적 경합 또는 관념적 경합이라 하고(위의 예 ①과 ②), 복수행위에 의한 수개의 구성요건실현의 경우를 실체적 경합 또는 단순히 경합범이라고 부른다(위의 예 ③과 ④). 이때 수개의 구성요건실현은 상이한 구성요건실현(위의 예 ①과 ③)일 수도 있고 동종의 구성요건의 수회실현(위의 예 ②와 ④)일 수도 있다. 경합이론은 이 양자의 경우를 해결하는 데에 집중되어 있는데 이 경우 형의 결정방법에 관하여는 다시 아래의 두 가지 원칙이 있다.

Ⅲ. 全體刑原則과 單一刑原則

전체형원칙(Gesamtstrafenprinzip)이라 함은 전체 범행을 하나의 행위(단일행위)와 여러 개의 행위(다수행위)로 구분하여 우선 각각의 행위에 대한 형을 확정하고 이를 다시 위의 세 가지 방법 — 병과, 가중, 흡수 — 에 따라 전체로서 단일한 형을 정하는 방법을 말한다. 이에 대하여 단일형원칙(Einheitsstrafenprinzip)이라 함은 전체 범행에 대하여 행위가 단일한가 수개인가의 구별을 하지 않고 처음부터 위의 세 가지 방법 — 병과, 가중, 흡수 — 가운데 하나를 택하여 하나의 형만을 선고하는 방법을 일컫는다.[1)]

단일형원칙은 행위가 단일한가 복수인가를 결정해야 하는 어려움을 피할 수 있다는 점 및 행위의 단일성 여부를 결정하는 데 제기되는 행위개념의 확장적 이해에 따른 복잡한 개념규정 — 자연적 단일행위, 구성요건적 단일행위, 법적 단일행위 등 — 이 필요없다는 장점을 지니고 있다. 단일형원칙은 형의 산정이 행위자가 범한 행위의 수가 아니라 행위자의 성격 등을 중심으로 결정되어야 한다는 기본입장을 전제로 하고 있다. 이에 반해 전체형원칙은 행위형법을 전제로 하는데 그 이유는 단일형원칙이 불법과 책임의 대소, 경중을 간과하여 결과적으로 책임형법의 취지를 무시한다는 점을 든다. 또한 소송법적 측면에서뿐만 아니라 피고인의 이익을 위해서도 실현된 각각의 행위에 대한 평가가 구체적으로 명시되어야 한다는 점을 든다. 상소(형사소송법 제361조의 5 제14호·제15호, 제383조 제 4 호 참조)나 재심절차는 구체적인 행위에 대한 법적 판단을 전제로 해서 가능하기 때문이다.

형법은 「일개의 행위가 수개의 죄에 해당하는 경우에는 가장 중한 죄에 정한 형으로 처벌한다」(제40조)고 하여 상상적 경합의 경우에 흡수주의를 취하고 있으며, 실체적 경합범의 경우에는 병과(제38조 제 1 항 제 3 호), 가중(제38조 제 1 항 제 2 호), 흡수(제38조 제 1 항 제 1 호)의 방법을 택하여 전체형원칙을 취하고 있다.

1) 전체형원칙은 독일형법(제52조 이하)이, 그리고 단일형원칙은 오스트리아형법(제28조 제 1 항 제 1 호), 스위스형법(제68조 제 1 항 제 1 호) 및 독일의 소년형법(JGG, 제31조 제 1 항)이 채택하고 있다.

제 2 절 行爲의 單一性과 多數性

Ⅰ. 罪數決定의 基準에 관한 學說

위에서 지적한 바와 같이 행위가 단일한가 다수인가는 죄수론의 핵심사항이다. 그리고 행위의 단일성과 다수성을 구별하는 것은 곧 죄수론상의 행위개념을 규정하는 문제를 의미한다. 그런데 우리 학계에서는 이와는 별도로 어떠한 범죄행위가—또는 무엇을 기준으로 하여—일죄 또는 수죄를 구성하는가를 중심으로 학설의 대립을 보이고 있다. 이에는 행위표준설,[1] 법익표준설, 의사표준설 및 구성요건표준설[2]의 대립이 있다.[3]

1. 행위표준설

이 설은 본래적 의미의 행위가 1개인가 수개인가에 따라 범죄의 수를 결정하려는 학설이다(예: 간통죄는 성교행위마다 1개의 간통죄가 성립한다).[4] 상상적 경합은 행위가 1개이기 때문에 이 입장에 따르면 단일행위로서 일죄가 되며, 연속범은 수죄가 된다. 이 설에 의하면 수개의 행위로 1개의 구성요건을 실현하는 결합범의 경우에도 수죄로 보게 되는 불합리한 면이 있다. 또한 행위의 내용이 자연적인 의미로 파악된다는 점에서 형법상의 행위의 법적인 측면을 무시하였으며 구성요건해당행위와의 구별도 명확하지 않다.

2. 법익표준설

범죄행위로 인하여 침해되는 보호법익의 수를 기준으로 범죄의 수를 결정하려는 설이다(예: 위조통화행사죄와 사기죄는 그 보호법익을 달리하고 있으므로… 양죄는 경합범의 관계에 있다).[5] 이에 따라 수개의 행위라도 1개의 법익만을 침해하였다면 일죄가 된다. 그러나 이 설은 수개의 법익침해가 있더라

---

1) 안동준, 305면; 정성근/박광민, 610면.

2) 신동운, 717면; 이재상, 519면; 이형국, 365면.

3) 김일수(Ⅱ), 596면 이하는 죄수결정은 이상과 같은 단일의 학설에 의해서가 아니라 「법공동체 구성원간의 상호주관적 의미합치」에 바탕하여야 한다고 주장한다. 이의 출발점으로서 구성요건, 행위단일성, 희생자관점을 들고 있다. 이에 따라 상상적 경합은 본질적으로 수죄에 해당한다고 한다. 한편 이훈동, 「죄수론의 신체계」, 형사법연구 제 4 호(1994), 99면 이하는 범죄론의 체계를 고려하여 우선 구성요건해당성으로 범죄의 개수를 판단하고, 그것이 곤란하면 위법성 및 책임을 고려하는 단계적 사고를 주장하면서 이를 「범죄표준설」 내지 「범죄성립요건표준설」이라 명명하고 있다.

4) 대판 1982. 12. 14, 82도2448.

5) 대판 1979. 7. 10, 78도840; 2002. 7. 12, 2000도2349.

도 1개의 범죄만을 인정해야 하는 이유를 설명하기가 곤란하다는 점이 지적된다(예: 폭탄으로 여러 명을 살해한 경우).

3. 의사표준설

범죄의사의 수를 표준으로 하여 1개의 범죄의사가 있으면 일죄가 되고 수개의 범죄의사가 있으면 수죄가 된다고 보는 설이다(예: 단일한 범의의 계속하에 일정기간 동종행위를 같은 장소에서 반복한 것이 분명하므로 피고인의 수회에 걸친 뇌물수수행위는 포괄일죄를 구성한다).[1] 이 견해에 의하면 범죄의사의 단일성이 인정되는 연속범이나 상상적 경합범은 일죄가 된다. 그러나 범죄의 수는 기본적으로 구성요건의 실현을 전제로 결정된다는 점에서 이 견해는 범죄성립의 정형성을 무시하였으며, 또한 범죄의사의 단일성을 무엇을 기준으로 확정하여야 하는가라는 새로운 문제점을 야기한다.

4. 구성요건표준설

이 설은 구성요건의 실현횟수에 의해 죄수를 결정하려는 견해로서 구성요건을 일회 충족하면 일죄이고 수회 충족하면 수죄에 해당한다고 본다(예: 조세포탈의 죄수는 위반사실의 구성요건충족횟수를 기준으로 한다).[2] 그러나 동일한 구성요건의 반복적인 실현(예: 연속적인 수차의 구타, 많은 물건의 절취, 여러 가지 욕설 등에 의한 모욕)이나 단일행위로 인정되는 상상적 경합(제40조)은 다수의 구성요건의 실현을 전제로 하기 때문에 이를 수죄로 보는 이 견해도 부분적으로만 타당하다.

5. 죄수론과 행위개념

행위의 단·복수를 결정하는 데 있어서 단일의 의사에 의해 단일의 행위만이 있었다면(예: 권총 한 발로 상대방을 사살한 경우) 별 문제가 발생하지 않는다. 문제는 다수의 행위가 있었지만 범행목표는 단일한 경우이다.[3] 이로부터 행위개념의 확장적인 해석이 필요하게 된다. 즉 죄수론에서의 행위개념이란 외부적으로는 다수의 행위가 있었더라도 이를 내용적 단일성이라는 관점에서 이해하여 단일한 행위로 보는 결론도출을 목표로 한다고 볼 수 있다.

1) 대판 1982. 10. 26, 81도1409.
2) 대판 1982. 6. 22, 82도938.
3) 행위론에 관한 형법상의 논쟁(인과적 행위론과 목적적, 사회적 행위론 등)은 이 문제를 해결하는 데 도움이 되지 않는다. 왜냐하면 행위론은 형법상의 행위로서 최소한의 전제조건을 확정짓는 의미를 가지며 행위가 단일한가 아니면 다수의 행위인가에 관한 논쟁이 아니기 때문이다.

이는 행위에 관한 자연과학적 판단이 아니라 법적 판단을 의미한다. 즉 죄수론은 많은 부분이 형사정책적 결단의 문제에 속한다고 볼 수 있다. 그러므로 범죄성립의 가장 기본적 요건인 구성요건의 충족 여부를 기준으로 범죄행위의 수를 결정하는 것은 문제해결의 출발점에 불과하다. 결론적으로 죄수결정에 관한 이상의 학설대립은 행위개념의 확대해석으로 인하여 사실상 무의미하며, 또한 일죄와 수죄가 성립하기 위해서는 각각의 성립요건이 전제되기 때문에 단일의 학설에 의한 죄수결정은 불가능하다.[1)]

Ⅱ. 行爲의 單一性과 多數性

인간의 행위는 단속적이기보다는 연속적이기 때문에 어떤 기준에 의해 이를 절단하여 단일행위 또는 다수행위로 볼 것인가가 문제이다. 여기에서는 행위에 대한 평가가 물리적이 아니라 법적인 관점에서 이루어져야 한다. 이에 따라 위에서 살펴본 바와 같은 기준—죄수결정의 기준에 관한 학설—이 제시되었으며 이의 불합리성은 지적한 바와 같다. 아래에서는 행위의 단일성(Handlungseinheit)과 다수성(Handlungsmehrheit)이 어떠한 경우에 인정될 수 있는가를 각각의 경우로 나누어 살펴보기로 한다.

1. 행위의 단일성이 인정되는 경우: 일죄

(1) 본래적 의미의 단일행위(소위 단순일죄)

본래적 의미의 단일행위는 단일의 범의가 단일행위로 나타난 경우를 일컫는다. 이 경우에는 구성요건적 결과발생의 수나 일신전속적 법익의 침해 여부를 불문한다. 법조경합은 1개의 행위가 형식적으로는 수개의 구성요건에 해당하지만 실질적으로는 단일의 구성요건에 해당하는 단순일죄이다. 후술하는 결합범을 단순일죄라고 보는 견해[2)]도 있으나 강도살인죄(제338조)의 예에서 알 수 있듯이 이는 구성요건상 단일의 범죄일 뿐 상이한 법익침해에 해당하므로 포괄일죄로 보는 것이 타당하다.[3)] 계속범 역시 행위가 종료할 때까지 구성요건이 계속 실현되는 것이므로 포괄일죄에 해당하며, 단순일죄가 아니다.

1) 오영근, 750면 이하; 이기헌, 「죄수의 결정」, 형사판례연구(8), 131~132면.
2) 김일수/서보학, 688면; 신동운, 718면; 임 웅, 566면.
3) 이재상, 541면; 이형국, 369면; 정성근/박광민, 627면. 판례도 마찬가지 입장이다(대판 1985. 9. 24, 85도1686).

[예] 폭탄으로 여러 사람을 살해한 경우, 여러 사람을 동시에 모욕한 경우, 동일장소에서 동일방법으로 여러 사람에 대하여 한 특수강도행위.[1)]

(2) 법적 의미의 행위단일성(소위 포괄일죄)

흔히 수개의 행위가 포괄적으로 1개의 구성요건에 해당하여 일죄를 구성하는 경우를 포괄일죄라고 한다.

[판례] 대법원은 포괄일죄를 다음과 같이 정의한다: 「이른바 포괄일죄라는 것은 일반적으로 각기 따로 존재하는 수개의 행위가 당해 구성요건을 한번 충족하여 본래적으로 일죄라는 것으로 이 수개의 행위가 또는 흡수되고 또는 사후행위가 되고 또는 위법상태가 상당 정도 시간적으로 경과하는 등으로 본래적으로 일죄의 관계가 이루어지는 것이므로 별개의 죄가 따로 성립하지 않음은 물론 과형상의 일죄와도 이 점에서 그 개념 등을 달리하는 것이다」(대판 1982. 11. 23, 82도2201). 마찬가지로 대법원은 「포괄일죄는 수개의 행위가 포괄적으로 한 개의 구성요건에 해당하여 단순히 하나의 죄를 구성하는 것으로, 수개의 행위가 결합하여 하나의 범죄를 구성하든가, 수개의 동종의 행위가 동일한 의사에 의하여 반복되든가, 또는 하나의 동일한 법익에 대하여 수개의 행위가 불가분적으로 접속, 연속하여 행하여지는 것이므로 그 어떠한 경우임을 막론하고 구성요건에 해당하는 수개의 행위가 근원적으로 동종의 행위로서 그 구성요건을 같이함을 전제로 하는 것」이라고 한다(대판 1985. 9. 24, 85도1686).

그러나 이러한 포괄성이라는 개념의 사용은 범죄행위의 분할이 가능함을 전제로 하고 있으나 현실적으로 단순일죄와 포괄일죄의 구분은 자명한 것이 아니다. 오히려 이는 수개의 행위를 구성요건해석상—즉 법적으로—일죄로 취급함을 의미한다. 법적 의미의 단일행위가 문제되는 경우는 다음과 같다.

1) 계 속 범 계속범(Dauerdelikt)이란 행위가 위법상태를 초래할 뿐만 아니라 구성요건상 위법상태가 일정한 기간 유지되는 것을 전제로 하는 범죄를 말한다. 예를 들면 주거침입죄나 감금죄가 이에 해당한다. 이러한 범죄들은 구성요건을 실현하여 위법상태를 야기하고 이를 계속하는 것이 하나의 구성요건을 실현시키는 것이므로 일죄로 취급한다. 상태범(Zustandsdelikt)은 범행의 기수 이후 위법상태의 지속이 구성요건적 의미를 갖지 않는다는 점에서 계속범과 구별된다.

2) 결 합 범 결합범은 수개의 행위가 개별적으로는 독립된 범죄의

1) 대판 1979. 10. 10, 79도2093.

구성요건에 해당하지만 이들이 결합하여서 1개의 구성요건을 이루기 때문에 일죄로 취급되는 경우를 말한다. 예를 들면 폭행과 절도행위는 각각 폭행죄와 절도죄의 구성요건을 충족하나 결합하여서는 독립적 구성요건인 강도죄에만 해당하여 일죄로 취급된다. 그 밖에 강도죄(제333조)와 살인죄(제250조)가 결합한 강도살인죄(제338조), 강도죄(제333조)와 강간죄(제297조)가 결합한 강도강간죄(제339조), 주거침입죄(제319조)와 절도죄(제329조)가 결합한 야간주거침입절도죄(제330조)가 있다.

3) 접 속 범 접속범은 동일법익에 대하여 수개의 독립적인 구성요건해당행위가 불가분적으로 접속하여 행하여지는 것을 말한다. 접속범의 성립요건으로는 ① 시간적·장소적으로 접속하여야 하며, ② 단일의 일관된 고의가 있어야 하며, ③ 동일법익에 대한 침해이어야 한다. 피해자가 동일하여야 하는 것은 아니지만 주체를 달리하는 전속적 법익(예: 생명)을 침해하는 때에는 포괄일죄가 되지 않는다. 접속범의 예로는 방안에서 소유자를 달리하는 두 사람의 물건을 절취한 경우,[1] 동일한 기회에 같은 부녀를 수회 간음한 경우,[2] 신용카드를 절취한 후 약 2시간 20분 동안에 카드가맹점 7곳에서 합계 2,008,000원 상당의 물품을 구입한 경우[3]이다.

4) 연 속 범 연속범(또는 견련범)이란 어느 정도의 시간적 연속성 속에서 동일한 범행방법으로 동일한 법익에 대하여 동일한 구성요건을 연속하여 실현시킨 경우를 말하며(형법 부칙 제4조 제2항 참소), 실체적 경합범의 적용을 배제하기 위한 현실적 필요성 때문에 독일의 판례에 의해 확립된 개념이다.[4] 연속범은 시간적·장소적 긴밀성이 상대적으로 떨어지는 점에서 접속범과 구별된다. 연속범은 수개의 범행에도 불구하고 이를 단일행위로 보기 위한 일종의 논리조작의 산물이라고 볼 수 있다.

연속범에 대해서는 개별적인 행위가 모두 각각의 구성요건을 충족시킴에도 불구하고 이를 포괄일죄로 보아 처벌상의 감경을 하는 것은 부당하다고 하여 이를 부인하는 견해[5]도 있다. 우리 나라의 학설은 접속범과는 다르므로

1) 대판 1970. 7. 21, 70도1133.
2) 대판 1970. 9. 29, 70도1516.
3) 대판 1996. 7. 12, 96도1181.
4) BGHSt 5, 136; 19, 323. 그러나 BGHSt GrS 40, 138에 의하여 판례변경(후술).
5) Jakobs, AT, 32/50; Stratenwerth, AT I, §17 Rn. 13.

경합범이라는 견해,[1] 처분상의 일죄로 보아야 한다는 견해[2]가 있으나 다수설은 대체적으로 포괄일죄를 인정한다.

[판례] 판례가 인정하는 포괄일죄로서 연속범은 다음과 같다.

① 금융기관 임직원이 그 직무에 관하여 여러 차례 금품을 수수한 경우에 그것이 단일하고도 계속된 범의 아래 일정기간 반복하여 이루어진 것이고 그 피해법익도 동일한 경우에는 각 범행을 통틀어 포괄일죄로 볼 것이다(대판 2000. 6. 27, 2000도1155).

② 단일하고도 계속된 범의 아래 동종의 범행을 일정기간 반복하여 행하고 그 피해법익도 동일한 경우에는 각 범행을 통틀어 포괄일죄로 볼 것이고, 수뢰죄에 있어서 단일하고도 계속된 범의 아래 동종의 범행을 일정기간 반복하여 행하고 그 피해법익도 동일한 것이라면 돈을 받은 일자가 상당한 기간에 걸쳐 있고, 돈을 받은 일자 사이에 상당한 기간이 끼어 있다 하더라도 각 범행을 통틀어 포괄일죄로 볼 것이다(대판 2000. 1. 21, 99도4940).

③ 동일 죄명에 해당하는 수개의 행위를 단일하고 계속된 범의하에 일정기간 계속하여 행하고 그 피해법익도 동일한 경우에는 이들 각 행위를 통틀어 포괄일죄로 처단하여야 하므로, 일정한 기간 동안 계속하여 환자를 보내 준 자에게 환자를 보내 준 때마다 대가를 지급한 경우 포괄일죄를 구성한다(대판 1998. 5. 29, 97도1126).

④ 공무원인 피고인들이 1987. 7. 15.부터 1988. 12. 28.까지 17개월 동안 전후 17회에 걸쳐 정기적으로 동일한 납품업자로부터 신속한 검수, 검수 과정에서의 함량미달 등 하자를 눈감아 달라는 청탁명목으로 계속하여 돈을 교부받아 그 직무에 관하여 뇌물을 수수한 것이라면, 공무원이 직무에 관하여 뇌물을 수수한다는 단일한 범의 아래 계속하여 일정기간 동종행위를 반복한 것이 분명하므로, 뇌물수수의 포괄일죄로 보아 특정범죄가중처벌등에관한법률(뇌물수수)에 의율하여야 한다(대판 1990. 9. 25, 90도1588).

① 연속범의 요건

(i) 침해법익의 동일성　　개개의 행위가 동일한 법익을 침해하였어야 한다. 이 경우에 전속적 법익을 제외하고는 법익의 주체가 달라도 관계없다(예: 여러 명을 대상으로 한 사기, 제347조). 생명, 신체, 자유, 명예 등과 같은 일신전속적 법익의 경우에는 연속범이 인정되지 않는다(예: 수인에 대한 공갈, 상해, 낙태, 수뢰 등).

(ii) 범행방법(과정)의 동일성　　다수의 행위들이 범행방법상 동일 또는 유사하여야 한다. 이에 따라 다수의 행위간에 시간적·장소적 밀접성이

1) 정영석, 282면.
2) 황산덕, 299면.

결여되어 있음에도 불구하고 연속성이 인정된다.

(iii) 고의의 동일성 이에는 전체고의(Gesamtvorsatz)를 요구하는 입장[1]과 반복적 고의(Wiederholungsvorsatz=연속적 고의, Fortsetzungsvorsatz)만으로 충분하다는 입장[2]으로 나뉜다. 전자는 행위자가 범행의 착수시점부터 장소, 시간 그리고 범행방법 등에 관해 전체적으로 인식하고 이를 단계적으로 실현하겠다는 고의를 말한다. 후자는 이를 완화하여 후발행위의 고의가 앞의 행위와 심리적인 연장선상에 있는 것을 의미한다. 즉 전체상황이 외적·내적 측면에서 동일하면 된다. 때문에 고의범과 과실범간에는 심리적 연결이 불가능하므로 연속범이 성립하지 않는다.

② 연속범의 법적 효과

(i) 실체법적 효과 연속범은 형법상 포괄일죄가 되어 일죄로 처벌받으며 상이한 구성요건을 실현하였을 때에는 중한 죄로 처벌받는다(예: 절도와 특수절도인 경우 특수절도로 처벌). 그리고 미수와 기수의 경우에는 기수범으로 처벌된다. 그러나 연속범이 이론상 일죄로 취급될지라도 양형에서는 이를 고려하는 것이 형사정책적 관점에서 타당할 것이다.

(ii) 소송법적 효과 연속범은 소송법상 단일행위로 취급되어 판결의 기판력은 그와 연속범의 관계에 있는 모든 행위에 미친다.[3] 그리고 범행일부에 대하여 약식명령이 확정되었다면 그 약식명령의 확정일이 아니라 발령시를 기준으로 하여 그 전의 범행에 대하여는 면소판결을 한다.[4]

③ 연속범에 대한 형사정책적 평가 연속범은 우선 법관에게 복잡한 양형의 부담으로부터 벗어나게 해 준다는 점에서 판례에 의해 인성되어 왔고, 피고인에게도 형량이나 기판력에서 유리한 법적 태양이다. 그러나 연속범을 포괄일죄로 봄으로 인해 단순일죄의 범인보다 특혜를 받고 있는 점을 부인할 수 없다. 동일한 고의에 따라 피해법익이 동일하고 범행방법이 동일하다고 해서 그렇지 않은 범죄자에 비해 유리한 취급을 받을 합리적인 이유를 찾기 어렵기 때문이다. 또한 전체고의라는 이론구성이 실상은 논리적 허구의 소산에 불과하다는 점이다. 이러한 이유로 연속범을 인정하는 것은 제한적이

1) BGHSt 1, 315면; 16, 128면. Jescheck/Weigend, AT, 649면.
2) Sch/Sch/Stree, vor §52 Rn. 52; 대판 1984. 5. 15, 84도233; 이재상, 534면.
3) 대판 1996. 4. 23, 96도417.
4) 대판 1994. 8. 9, 94도1318.

되어야 한다.[1)]

독일판례[2)]는 연속범을 법적 의미의 단일행위로 보아 모든 구성요건의 경우에 예외없이 포괄일죄를 인정하던 입장에서「실현된 불법과 책임에 대한 정확한 파악을 위하여 불가피한 경우」에 한하여 연속범을 제한적으로 인정하는 입장으로 바뀌었다. 그리고 이러한 의미에서 연속범의 범위에 포함되지 않는 구성요건으로 근친상간죄(§ 173), 피보호자에 대한 강제추행죄(§ 174), 미성년자간음죄(§ 176), 사기죄(§ 263)의 예를 들고 있다. 그 밖의 구성요건에 대해서도 아직까지 연속범을 인정하지 않음으로써 사실상 연속범의 개념을 부인하고 있다.[3)]

5) 집 합 범 집합범(Kollektivdelikt, Sammelstraftat)은 상습성(제264조, 제279조, 제285조, 제293조, 제332조, 제341조, 제351조, 제363조 참조)이나 직업성 또는 영업성(제288조 참조) 등을 띠는 범죄의 총칭으로서 이를 법적인 단일행위로서 포괄일죄로 보는 것이 판례 및 다수설의 입장이다.[4)] 그러나 상습범은 법규정에 의하여 포괄일죄에 해당한다고 볼 수밖에 없지만, 영업범이나 직업범의 경우에는 행위자의 반복적인 구성요건의 실현으로서 형법상 포괄일죄를 인정하는 기능과는 무관하다. 그리고 이러한 견해는 행위자에게 부당하게 이익을 주므로 타당하지 않으며 영업범이나 직업범은 수죄로서 실체적 경합범으로 보아야 한다.[5)]

[판례] 영업범: 영업범이란 집합범의 일종으로 구성요건의 성질에서 이미 동종행위가 반복될 것으로 당연히 예상되는 범죄를 가리키는 것이라고 판시하면서, 사기죄에서「단일한 범의를 가지고 상대방을 기망하여 착오에 빠뜨리고 그로부터 동일한 방법에 의하여 여러 차례에 걸쳐 재물을 편취하면 그 전체가 포괄하여 일죄로 되지만, 여러 사람의 피해자에 대하여 따로 기망행위를 하여 각각 재물을 편취한 경우에는 비록 범의가 단일하고 범행방법이 동일하더라도 각 피해자의 피해법익은 독립한 것이므로 그 전체가 포괄일죄로 되지 아니하고 피해자별로 독립한 여러 개의 사

1) Jakobs, AT, 32/50; Stratenwerth, AT I, § 17 Rn. 12; R. Schmitt, ZStW 75(1963), 59면 이하; Geppert, Jura 1982, 367면; Schmidhäuser, AT(Studienbuch), 14/18.

2) BGHSt GrS 40, 138.

3) 이에 관해서는 Arzt, JZ 1994, 1000; Bittmann/Dreier, NStZ 1995, 105; Tröndle/Fischer, vor § 52 Rn. 25 이하; Erb, GA 1995, 42; Geppert, NStZ 1995, 57, 118; Lackner/Kühl, vor § 52 Rn. 14 이하; Wessels/Beulke AT, § 17 Rn. 773.

4) 대판 1983. 10. 11, 82도402(상습사기죄의 경우); 2001. 4. 10, 2001도661. 김일수/서보학, 694면; 배종대, 756면; 신동운, 698면; 신양균,「포괄일죄와 이중기소」, 형사판례연구(3), 441면; 오영근, 703면; 임 웅, 583면; 정성근/박광민, 629면; 정영석, 282면.

5) Tröndle/Fischer, vor § 52 Rn. 46; Sch/Sch/Stree, vor § 52 Rn. 100; 이재상, 536면; 이형국(II), 486면.

기죄가 성립된다」고 보았다(대판 2004. 7. 22, 2004도2390).

(3) 자연적 의미의 행위단일성

자연적 의미의 행위단일성이라 함은 독일의 판례를 통하여 확립된 개념으로서 다수행위라 할지라도 시간적·장소적으로 밀접한 관련 아래 단일의 범행계획과 형법적으로 동종의 행위를 통하여 객관적으로 보아 — 제 3 자의 자연적 관찰에 따라 — 행위단일성에 속하는 것으로 볼 수 있는 경우에 인정하는 것을 의미한다. 그러나 이러한 방법에 의한 행위단일성의 인정은 범인의 범행계획의 단일성이라든가 전체 범행계획하의 행위라는 이유로 너무 광범위하게 단일행위를 인정한다는 점,[1] 그리고 불확정적인 「생활관념」(Auffassung des Lebens) 등의 기준을 통해 구성요건적 평가를 한다는 점 때문에 학설은 비판적이다.[2] 이에 반해 대법원은 「형법 제40조의 규정에서 1개의 행위란 … 법적 평가를 떠나 사회관념상 행위가 사물자연의 상태로서 1개로 평가되는 것을 말한다」[3]고 하여 이를 인정하는 입장을 취한다. 법률적 의미의 단일행위와는 별도로 이를 인정할 필요는 없다고 본다.

2. 행위의 다수성이 인정되는 경우: 수죄

행위가 본래적 의미의 단일행위에 해당하지 않고 (자연적 의미의 행위단일성이나) 법적 의미의 행위단일성도 인정되지 않는 경우에는 다수행위에 해당한다. 이에는 과형상의 1죄인 상상적 경합과 실질적으로 수죄인 실체적 경합이 있다.

제 3 절 行爲의 單一性과 競合

I. 法條競合

1. 개념 — 부진정상상적 경합·부진정실체적 경합

(i) 법조경합(Gesetzeskonkurrenz, Gesetzeseinheit)이라 함은 한 개 또는 여러 개의 행위가 외관상으로는 수개의 구성요건에 해당하지만 이중평가금지

1) 이에 따라 경찰관으로부터 추격을 받아 도주중에 범한 수개의 범죄행위도 단일행위로 본다(BGHSt 22, 76면).

2) Jakobs, AT, 32/35～37; Jescheck/Weigend, AT, 646면; Sch/Sch/Stree, vor §52 Rn. 22.

3) 대판 1987. 2. 24, 86도2731.

의 원칙에 의해 실제로는 단일의 구성요건에 해당되는 단순일죄가 되는 것을 말한다.[1] 구성요건상 이종의 상상적 경합과 법조경합은 단일·동일한 행위가 수개의 상이한 구성요건을 동시에 실현시킨 점에서는 동일하다. 그러나 이종의 상상적 경합은 1개의 행위가 실질적으로 수개의 구성요건을 충족하기 때문에 실현된 구성요건을 모두 적용함으로써 행위의 불법성이 파악되는 데 반해 법조경합은 1개의 행위가 외관상 수개의 죄의 구성요건에 해당하는 것처럼 보이지만 실질적으로는 1개의 죄만을 구성하는 경우이다.[2] 그러므로 법조경합에서는 경합되는 구성요건 가운데 적용되는 구성요건만을 판시하는 것으로도 범죄의 성격이 드러난다고 볼 수 있다. 그러므로 이 경우의 법조경합을 부진정 상상적 경합이라고도 한다.

복수의 구성요건이 한 개의 구성요건으로 귀착되는 법조경합이 인정되는 경우로는 해당되는 구성요건이 상호간 특별관계, 보충관계, 흡수관계에 놓여 있을 때이다.

(ii) 법조경합은 부진정 실체적 경합의 형태로 나타날 수도 있는데, 즉 구성요건의 실현이 사전적이거나 사후적인 행위의 불법성을 포함하는 경우이다. 이를 흔히 불가벌적 사전행위 또는 사후행위(mitbestrafte Vor-, Nachtat)라고 부르기도 한다. 이에 관해서는 실체적 경합에서 설명하기로 한다.

(iii) 법조경합을 인정하는 법적 근거로는 두 가지를 들 수 있다. 하나는 적용이 배제되는 구성요건의 목적을 적용되는 구성요건에 의해서도 달성할 수 있다는 점이다. 이 경우에는 적용되는 구성요건의 불법내용이 적용되지 않는 구성요건보다 포괄적이고 중하기 때문에 굳이 모든 구성요건을 적용할 필요가 없기 때문이다.[3] 다른 하나는 적용이 배제되는 구성요건을 적용할 경우 적용되는 구성요건의 목적을 달성할 수 없다는 점이다.[4] 예를 들어 감경적 구성요건과 같이 행위자를 유리하게 하는 구성요건이 있는데도 불구하고 법조경합에 의해 기본적 구성요건의 적용을 배제하지 않는다면 감경적 구성요건의 입법목적을 달성할 수 없을 때이다(살인죄와 영아살해죄의 관계).

1) 대판 2002. 7. 18, 2002도669(전원합의체); 1984. 6. 26, 84도782(관세법상의 관세포탈죄와 무면허수입죄와의 관계).
2) 대판 2003. 4. 8, 2002도6033; 2000. 7. 7, 2000도1899.
3) BGHSt 25, 375면.
4) Mitsch, JuS 1993, 473면 이하.

2. 특별관계

법조경합의 가장 기본적인 유형이 특별관계(Spezialität)이다. 특별관계는 어느 구성요건이 다른 구성요건의 모든 요소를 포함할 뿐만 아니라 추가적으로 다른 특별한 표지까지 포함하는 경우에 인정된다.[1] 이 때에는 특별법 우선원칙(「lex specialis derogat legi generali」)에 의해 특별구성요건만이 적용되고 일반구성요건은 적용되지 않는다. 부가적인 특별한 구성요건요소는 가중적일 수도 있고 감경적일 수도 있다. 특별관계의 예를 들면 절도죄(제329조)와 특수절도죄(제331조), 폭행죄(제260조)와 특수폭행죄(제261조), 살인죄(제250조 제1항)와 존속살해죄(동조 제2항) 또는 영아살해죄(제251조), 폭행(제260조) 또는 협박죄(제283조) 및 절도죄(제329조)와 이들의 결합범인 강도죄(제333조), 폭력행위등 처벌에 관한 법률 제 2 조와 형법상의 해당 범죄, 국가보안법 제 4 조와 해당 각 형법규정과 같이 일반형법법규와 특별형법법규가 있는 경우의 관계 등이다. 특별관계가 인정되면 일반구성요건은 적용되지 않고 특별구성요건만이 적용된다.

특별관계와 대칭되는 형태가 택일관계(Alternativität)이다. 택일관계란 관련되는 두 개의 구성요건이 상호 배척적인 행위유형을 띠기 때문에 동시에 성립할 수 없는 경우로서 예를 들면 절도죄(제329조)와 횡령죄(제355조 제1항), 살인죄(제250조)와 사체손괴죄(제161조 제1항)의 관계가 이에 해당한다. 법조경합은 최소한 두 구성요건의 부분적인 중첩을 전제로 하기 때문에 택일관계는 법조경합의 예가 될 수 없다.

3. 보충관계

보충관계(Subsidiarität)는 특별관계가 성립하지 않을 때 가능한 법조경합의 제 2 형태이다. 다른 구성요건의 적용이 없을 때에 보충적으로 적용되는 어떤 구성요건이 존재할 때에 이를 보충관계라고 한다. 이 경우에는 보충법에 대한 기본법 우선원칙(「lex primaria derogat legi subsidiariae」)에 의해 원래의 구성요건이 적용되면 보충적 구성요건의 적용이 배제된다. 보충관계는 수개의 구성요건이 동일법익에 대한 상이한 침해의 단계와 방법을 포함할 때 존재하므로 특별관계에서처럼 구성요건이 종속적 관계에 서는 것이 아니라 구성요건의 중복이 특징이다. 보충관계는 명시적·법적 보충관계와 묵시적 보충관계로 나뉜다.

---

1) 대판 1997. 6. 27, 97도1085; 1993. 6. 22, 93도498.

명시적인 보충관계의 예로는 불법성이 중한 구성요건을 실현하기 위한 중간단계의 범죄구성요건을 들 수 있다. 예를 들면 방화죄에서 현주건조물방화죄(제164조 제1항)는 가장 중한 구성요건에 해당하는데, 사람의 「현주」나 「현존」 상태가 입증되지 않을 때에는 보충적으로 공용건조물등방화죄(제165조)가 성립할 수 있다. 또한 공용건조물방화죄의 구성요건이 충족되지 않을 경우에는 일반건조물방화죄(제166조 제1항)를 적용할 수 있고, 일반건조물방화죄의 구성요건이 충족되지 않으면 일반물건방화죄(제167조 제1항)의 구성요건이 보충적으로 적용될 수 있다. 형사소송법(제254조 제5항)은 공소장의 기재사항 중 적용법조를 보충적으로 기재할 수 있다고 규정하고 있다(그 밖의 예: 제257조 제1항과 제259조, 제260조 또는 제283조와 제324조, 제99조와 제92조 이하 제98조까지에 대한 관계).

묵시적 보충관계의 예로는 불가벌적 사전행위가 있다. 그리고 고의가 동일할 경우 기수에 대해서 미수는 보충적이다. 또한 위험범은 보호방향이 동일한 침해범에 대하여(예: 영아를 살해하기 위해 유기하고 이로 인해 영아가 사망한 경우 제272조는 제251조에 대하여 보충적이다), 과실범은 고의범에 대하여 보충적이다. 다음으로 동일인에 대한 경우 공범은 정범에 대하여, 종범은 교사범에 대하여 불법성이 약하므로 보충적이다. 이러한 구성요건들은 상호 동일하거나 유사한 보호목표를 갖는 것들이다.

4. 흡수관계

흡수관계(Konsumtion)란 어느 구성요건의 불법성이 다른 구성요건의 불법성을 포함하는 경우에 인정된다. 즉 중한 구성요건의 실현이 상대적으로 구성요건의 실현을 포함하는 경우에 중한 구성요건은 가벼운 구성요건의 불법성을 이미 반영하고 있다고 보아서 이를 흡수하는 것이다(「lex consumens derogat legi consumptae」). 즉 중한 범죄가 갖는 불법성은 동반하여 실현된 경한 범죄의 불법성을 동시에 갖고 있게 된다. 이때에는 흡수하는 법만이 적용된다. 전형적인 불가벌적 수반행위와 불가벌적인 사전·사후행위의 경우가 바로 그것이다. 전자의 예로는 자동차 절취와 그 속의 휘발유절취, 살인과 그로 인한 가벼운 재물손괴, 비밀침해행위(제316조)와 그로 인한 문서손괴(제366조), 상해치사(제259조)와 과실치사(제267조), 사문서위조(제231조)와 인장위조행위(제239조)[1]가 있다.[2] 후자의 예로는 절도행위(제329조)와 도품에 대한 손괴행위(제366조), 소비행

1) 대판 1978. 9. 26, 78도1787(인장위조죄와 사문서위조죄는 흡수관계에 있다).

2) ① 대판 1997. 4. 17, 96도3376(「내란의 실행과정에서 폭동행위에 수반하여 개별적으로 발생한 살인행위는 내란행위의 한 구성요소를 이루는 것이므로 내란행위에 흡수되어 내란목적살

위(제355조 제1항) 또는 양도, 운반행위(제362조) 등의 관계가 있다. 그러나 후자의 경우는 기술한 바와 같이 부진정실체적 경합의 예에 속하므로 부진정상상적 경합 형태로서의 법조경합에는 동시에 처벌되는 수반행위에 국한된다.

흡수관계는 특별관계나 보충관계가 성립하지 않는 경우에는 언제나 가능한데 법조경합의 경우 언제나 먼저 특별관계와 보충관계의 존재 여부를 파악한 다음 흡수관계의 성립가능성을 검토하여야 한다. 그러나 수반행위가 흡수법에 비해 형량이 무거운 때에는 법조경합이 아니라 상상적 경합을 인정하여 무거운 형을 적용하여야 한다.

Ⅱ. 想像的 競合

1. 행위의 수와 범죄의 수: 일죄설과 수죄설

단일의 행위[1]가 수개의 동종 또는 이종의 구성요건을 침해하는 경우를 상상적 경합(Idealkonkurrenz) 또는 관념적 경합이라고 한다. 전자의 예로는 한 번의 폭탄투척으로 여러 명을 죽게 한 경우를 들 수 있고(각 피해자에 대한 살인죄), 후자의 예로는 승용차에 대한 폭탄투척으로 사람을 살상하고 승용차를 파괴한 경우(살인, 상해, 손괴)이다. 형법은 「1개의 행위가 수개의 죄에 해당하는 경우에는 가장 중한 죄에 정한 형으로 처벌한다」(제40조)고 하고 있다. 이는 본래 수개의 죄에 해당하므로 이러한 죄에 대하여 각각 유죄판결을 하여야 하나 행위가 1개이기 때문에 1개의 죄에 정한 형으로만 처벌한다는 것이다. 그러므로 이를 과형상 일죄라고 부른다. 상상적 경합의 경우를 후술하는 실체적 경합보다 가볍게 처벌하는 이유는 행위가 단일하기 때문에 책임이 다수행위를 전제하는 실체적 경합보다 가볍다는 데에 있다.

상상적 경합의 본질에 관하여는 일죄설(Einheitstheorie)과 수죄설(Mehrheitstheorie)의 대립이 있다. 일죄설은 상상적 경합의 경우 오직 하나의 행위가 있었기 때문에 비록 다수의 구성요건이 실현되었다고 할지라도 하나의 범

인의 별죄를 구성하지 아니하나…」).

② 대판 1996. 5. 10, 96도51(「피고인이 검사로부터 범인을 검거하라는 지시를 받고서도 그 직무상의 의무에 따른 적절한 조치를 취하지 아니하고 오히려 범인에게 전화로 도피하라고 권유하여 그를 도피케 하였다는 범죄사실만으로는 직무위배의 위법상태가 범인 도피행위 속에 포함되어 있는 것으로 보아야 할 것이므로, 이와 같은 경우에는 작위범인 범인도피죄만이 성립하고 부작위범인 직무유기죄는 따로 성립하지 아니한다」).

1) 물론 이 경우의 단일행위라 함은 본래적 의미에서뿐만 아니라 법적 의미의 것 등을 포함한다.

죄행위만이 존재한다고 본다.[1] 반면에 수죄설은 상상적 경합의 경우 비록 외관상 하나의 행위만이 존재한다 할지라도 실현된 구성요건이 다수인 이상 수죄라고 보아야 된다는 것이다.[2] 형법은 「1개의 행위가 수개의 죄에 해당」하는 경우를 상상적 경합이라 하므로 수죄설에 입각한 것으로 볼 수 있다. 그러나 일죄설과 수죄설은 실제적인 차이가 없는 논쟁에 불과하다. 왜냐하면 양 학설 모두 상상적 경합의 경우에 법률적으로 오직 하나의 행위만이 인정된다는 데에는 견해가 일치되기 때문이다.

2. 상상적 경합의 형태 및 요건

(1) 동종의 상상적 경합과 이종의 상상적 경합

동종의 상상적 경합이란 단일한 행위로 수개의 동종의 구성요건을 침해한 경우를 말한다(예: 1개의 폭탄투척과 수인의 살상). 이에 반해 단일한 행위로 수개의 상이한 구성요건을 침해한 경우를 이종의 상상적 경합이라 한다(예: 자동차에 대한 1개의 폭탄투척으로 인명살상과 동시에 자동차를 파괴한 경우).[3]

동종의 상상적 경합의 경우에는 피해법익이 전속적 법익인 경우—생명, 신체, 명예, 자유 등—에만 상상적 경합이 가능하고, 기타의 법익에 대하여는 1개의 범죄가 성립한다. 전속적 법익의 경우 각각의 법익주체에 대한 침해행위로서 이는 단순히 침해된 구성요건의 양적 증가에 불과한 것이 아니라 수회의 구성요건실현으로 보아야 하기 때문이다.

(2) 성립요건

상상적 경합이 인정되기 위해서는 세 가지 요건이 필요하다.

① 행위의 단일성과 동일성이 인정될 것, ② 행위가 동일한 구성요건을 수회 또는 상이한 구성요건을 수회 침해하였을 것, ③ 법조경합의 관계가 아닐 것이 요구된다. 상상적 경합에서 행위는 완전하게 동일할 필요는 없고 부분적으로 동일하여도 된다. 행위의 완전동일성이란 실현된 수개의 구성요건이 단일의 행위에 모두 포함되는 경우를 일컫는다(예: 12세된 소녀를 강간한 경우—제297조와 제305조, 1개의 폭탄투척으로 수인을 살상한 경우, 한 발의 사

1) Baumann/Weber, AT, 651면; Blei, AT, 343면; LK/Vogler, vor §52 Rn. 4.

2) Dreher/Tröndle, vor §52 Rn. 4; Jakobs, AT, 32/12; Schmidhäuser, AT(Studienbuch), 736면; 김일수/서보학, 697면; 배종대, 760면; 이재상, 538면; 이형국(Ⅱ), 727면.

3) 행위의 단일성(Handlungseinheit)과 상상적 경합을 의미하는 단일행위(Tateinheit)는 구별해야 한다. 왜냐하면 행위의 단일성이 인정되는 경우에는 법조경합도 가능하기 때문이다. 즉 법조경합이 인정되지 않는 경우에 행위의 단일성은 단일행위로서 상상적 경합이 될 수 있다.

격으로 상해와 손괴를 입힌 경우). 행위의 부분적 동일성이란 단일의 행위가 수개의 구성요건에 부분적으로 포함되는 경우를 의미한다. 즉 한편의 구성요건 실현행위가 다른 구성요건의 실현에 기여한 경우이다(예: 출입문을 부수고 비로소 주거에 침입한 경우).

[판례] 판례가 인정하는 상상적 경합의 예는 다음과 같다.

① 사기죄와 업무상배임죄의 각 구성요건이 모두 구비된 때에는 양 죄를 법조경합 관계로 볼 것이 아니라 상상적 경합관계로 봄이 상당하다(대판 2002. 7. 18, 2002도669(전원합의체)).

② 피고인들이 피해자들의 재물을 강취한 후 그들을 살해할 목적으로 현주건조물에 방화하여 사망에 이르게 한 경우, 피고인들의 행위는 강도살인죄와 현주건조물방화치사죄에 모두 해당하고 그 두 죄는 상상적 경합범관계에 있다.(대판 1998. 12. 8, 98도3416).

③ 수뢰후부정처사죄(제131조 제 1 항)에서 공무원이 수뢰 후 행한 부정행위가 공도화변조(제225조) 및 동행사죄(제229조)와 같이 보호법익을 달리하는 별개 범죄의 구성요건을 충족하는 경우에는 수뢰후부정처사죄 외에 별도로 공도화변조 및 동행사죄가 성립하고 이들 죄와 수뢰후부정처사죄는 각각 상상적 경합관계에 있다. 여기에서 판례는 공도화변조죄와 동행사죄가 수뢰후부정처사죄와 각각 상상적 경합범 관계에 있을 때에는 공도화변조죄와 동행사죄 상호간은 실체적 경합범 관계에 있다고 할지라도 상상적 경합범 관계에 있는 수뢰후부정처사죄와 대비하여 가장 중한 죄에 정한 형으로 처단하면 족한 것이고 따로이 경합범 가중을 할 필요가 없다고 판시하였다(대판 2001. 2. 9, 2000도1216. 또한 대판 1983. 7. 26, 83도1378).

④ 절도범인이 체포를 면탈할 목적으로 경찰관에게 폭행·협박을 가한 때에는 준강도죄와 공무집행방해죄를 구성하고 양죄는 상상적 경합관계에 있다(그러나 강도범인이 체포를 면탈한 목적으로 경찰관에게 폭행을 가한 때에는 강도죄와 공무집행방해죄는 실체적 경합관계에 있고 상상적 경합관계에 있는 것이 아니다)(대판 1992. 7. 28, 92도917).

⑤ 범인이 강간의 목적으로 피해자에게 폭행을 가할 때에 살해의 범의가 있었다면 살인죄와 강간치사죄의 상상적 경합범이 성립한다고 할 것이므로, 강간범인이 살해의 미필적 고의를 가지고 피해자의 입을 막고 경부를 눌러 피해자를 질식으로 인한 실신상태에 빠뜨려 강간한 후 그즈음 피해자를 경부압박으로 인한 질식으로 사망케 하였다면 살인죄와 강간치사죄의 상상적 경합범에 해당한다(대판 1990. 5. 8, 90도670).

⑥ 강도가 재물의 부재로 재물강취의 뜻을 이루지 못한 채 미수에 그쳤으나 그 자리에서 항거불능의 상태에 빠진 피해자를 간음할 것을 결의하고 실행에 착수했으나 역시 미수에 그쳤더라도 반항을 억압하기 위한 폭행으로 피해자에게 상해를 입힌 경우 강도강간미수죄와 강도치상죄(대판 1988. 6. 28, 88도820)

⑦ 무면허인 데다가 술이 취한 상태에서 오토바이를 운전한 경우 무면허 운전행위와 주취 운전행위(대판 1987. 2. 24, 86도2731)

⑧ 강간죄의 성립에 언제나 직접적으로 또 필요한 수단으로서 감금행위를 수반하

는 것은 아니므로 감금행위가 강간미수죄의 수단이 되었다 하여 감금행위는 강간미수죄에 흡수되어 범죄를 구성하지 않는다고 할 수는 없는 것이고, 그 때에는 감금죄와 강간미수죄는 일개의 행위에 의하여 실현된 경우로서 형법 제40조의 상상적 경합관계에 있다(대판 1983. 4. 26, 83도323).

⑨ 고의로 중한 결과를 발생케 한 경우에 무겁게 벌하는 구성요건이 따로 마련되어 있는 경우에는 당연히 무겁게 벌하는 구성요건에서 정하는 형으로 처벌하여야 할 것이고, 결과적 가중범의 형이 더 무거운 경우에는 결과적 가중범에 정한 형으로 처벌할 수 있도록 하여야 할 것이므로, 기본범죄를 통하여 고의로 중한 결과를 발생케 한 부진정 결과적 가중범의 경우에 그 중한 결과가 별도의 구성요건에 해당한다면 이는 부진정 결과적 가중범과 중한 결과에 대한 고의범의 상상적 경합범의 관계에 있다(형법 제144조의 특수공무방해치상죄와 (구)폭력행위등처벌에관한법률 제3조 제2항 제1항, 형법 제257조 제1항 (상해)위반죄의 상상경합범으로 처단)(대판 1995. 1. 20, 94도2842).

(3) 관련문제

상상적 경합관계는 부작위범간에도 인정된다. 부작위의 동일성 때문이 아니라 작위의무에 따른 가상적인 결과발생방지행위의 동일성이 인정될 수 있기 때문이다(예: 은행털이를 돕기 위해 뒷문을 잠그지 않은 은행경비원이, 범인이 산소용접기를 이용하여 금고문을 여는 작업과정에서 화재가 발생할 가능성이 있음에도 이를 주의하지 않아 화재가 발생한 경우 제330조와 제170조 제1항의 상상적 경합이 성립한다[1]). 그러나 작위범과 부작위범 사이에는 행위의 동일성이 인정되지 않고 오직 시간적 중복만이 가능하므로 상상적 경합관계가 성립하지 않는다고 보는 것이 다수설이다.[2]

행위의 부분적 동일성과 관련하여 주의할 것은 계속범의 경우이다. 계속범은 기술한 바와 같이 구성요건의 실현과 동시에 기수에 이르지만 구성요건의 침해상태가 제거될 때까지는 위법상태의 지속이 동시에 구성요건을 계속하여 실현하는 성격을 갖고 있다. 그러므로 이러한 위법상태의 지속상황에서 범한 다른 범행이 상상적 경합관계에 있느냐가 문제되는 것이다. 그러나 위에서 지적한 바와 같이 동시성만으로는 상상적 경합이 인정되지 않기 때문에 이를 부정하여야 한다. 예를 들면 강간(제297조)을 위해 주거를 침입(제319조 제1항)한 후

1) Jescheck/Weigend, AT, 656면.

2) Jescheck/Weigend, AT, 657면; Sch/Sch/Stree, §52 Rn. 19. 반대견해로는 Jakobs, AT, 33/9; Baumann/Weber, AT, 654면. 시간적 중복만이 인정되는 예를 들면 인질을 앞세우고 포위한 경찰을 향해 총을 발사하는 경우 형법 제278조(폭력행위 등 처벌에 관한 법률 제3조)와 제250조(제254조)의 경합범이 인정될 뿐 상상적 경합관계라고는 볼 수 없다(Stratenwerth/Kuhlen, AT I, §18 Rn. 32 참조). 시간적 동일성이 아니라 행위의 구성요건적 동일성이 요건이기 때문이다.

에 강간을 하고 나오던 길에 그 여자의 귀금속을 들고 나온 경우(제329조)에 주거침입과 절도는 실체적 경합의 관계에 있다. 반면 주거침입과 강간 사이에는 목적과 수단의 관계에 있으므로 상상적 경합이라고 보는 시각이 있으나[1] 필연적이지 않은 목적과 수단의 관계를 이유로 이를 인정하는 것은 타당하지 않다고 본다.

행위의 부분적 동일성과 관련하여 소위 연결효과(Klammerwirkung)에 의한 상상적 경합의 가능성이 문제된다. 이는 부분적으로도 일치하지 않는 독립한 두 구성요건이 합하여 이와는 전혀 관계 없는 제 3 의 구성요건을 실현하였을 때에 두 구성요건과 제 3 의 구성요건 사이에 상상적 경합의 관계를 인정할 것인가의 문제이다. 예를 들어 돈을 받고 예비군훈련에 참석한 것처럼 서류를 꾸민 예비군 중대장의 수뢰후 부정처사행위(제131조 제1항)는 상호 독립적인 구성요건실현행위인 허위공문서작성(제227조) 및 동행사죄(제229조)와 각각 상상적 경합관계에 선다고 보는 것이 연결효과에 의한 상상적 경합의 예이다. 때문에 이 경우에는 상상적 경합관계에 있는 수뢰후 부정처사죄와 대비하여 가장 중한 죄에 정한 형으로 처벌하면 되고 별도로 허위공문서작성 및 동행사죄간의 실체적 경합을 이유로 가중할 필요가 없게 된다.[2]

다른 예를 들면 다음과 같다. 판례는 수뢰후부정처사죄(제131조 제1항)에서 공무원이 수뢰 후 행한 부정행위가 공도화변조(제225조) 및 동행사죄(제229조)와 같이 보호법익을 달리하는 별개 범죄의 구성요건을 충족하는 경우에는 수뢰후부정처사죄 외에 별도로 공도화변조 및 동행사죄가 성립하고 이들 죄와 수뢰후부정처사죄는 각각 상상적 경합관계에 있다고 본다. 여기에서 판례는 공도화변조죄와 동행사죄가 수뢰후부정처사죄와 각각 상상적 경합범 관계에 있을 때에는 공도화변조죄와 동행사죄 상호간은 실체적 경합범 관계에 있다고 할지라도 상상적 경합범 관계에 있는 수뢰후부정처사죄와 대비하여 가장 중한 죄에 정한 형으로 처단하면 족한 것이고 따로이 경합범 가중을 할 필요가 없다고

1) Sch/Sch/Lenckner, § 123 Rn. 37; Welzel, Strafrecht, 232면.

2) 대판 1983. 7. 26, 83도1378. 이에 관한 독일판례를 예로 들면 타인의 자동차를 무단 사용하던 도중에(자동차/자전거 무단사용죄, 제248 b조) 과실로 사람을 치어 사망케 하고(과실치사죄, 제222조) 계속하여 도망간 경우(교통사고장소 무단이탈죄, 제142조) 제222조와 제142조는 실체적 경합관계에 있다. 그러나 이 두 구성요건은 모두 타인의 자동차를 무단 사용하는 도중에 발생하였다는 점에서 제248 b조와 두 구성요건간에는 각각 상상적 경합관계가 인정된다고 한다(RGSt 68, 216).

판시하였다.[1] 즉 연결효과이론에 의하면 실체적 경합관계에 있는 두 죄(여기에서는 공도화변조죄와 동행사죄)가 각각 제 3 의 죄(여기에서 수뢰후부정처사죄)와 상상적 경합관계에 있으면 모두를 상상적 경합으로 취급하여 결국 경합범 가중을 하지 않게 된다는 것이다.

그러나 이러한 주장은 범죄행위와 그에 관한 행위의 단일성 문제를 혼동하고 있을 뿐만 아니라 실체적 경합관계에 따라 가중처벌되어야 할 범인이 자신이 범한 제 3 의 구성요건실현에 의해서 오히려 양형상의 이익을 보는 것은 타당하지 않다고 본다.[2]

끝으로 상상적 경합은 고의범간에서뿐만 아니라 고의범과 과실범간에도 가능하다(예: 낙태행위에 대한 방조와 그로 인한 과실치사).

3. 상상적 경합의 효과

(1) 실체법적 효과

상상적 경합의 경우에는 가장 중한 죄에 정한 형으로 처벌한다(제40조). 이는 상상적 경합이 사실상은 수개의 죄에 해당하지만 과형상 일죄로 취급하여 1개의 형으로 처벌하되 가장 무거운 형으로 처벌하도록 한 것이다.「가장 중한 죄에 정한 형」이란 법정형을 의미하며 형의 경중은 형법 제50조에 의한다. 형의 경중을 비교하는 데에 있어 중한 죄의 법정형의 하한이 경한 죄의 법정형의 하한보다 낮은 경우 중한 형만 대조하여 결정할 것이 아니라(중점적 대조주의) 상한과 하한을 모두 대조하여 전체적으로 중한 형으로 각각 결정하여야 한다(전체적 대조주의). 상상적 경합관계에 있는 수죄 중 그 일부만이 유죄로 인정된 경우와 그 전부가 유죄로 인정된 경우와는 형법 제51조에 규정된 양형의 참작조건에 따라 선고형의 형량을 도출하는 데에 차이가 있다(예: 5인의 피해자를 사망시킨 과실치사죄 중 2인에 대해서만 유죄로 인정하였으나 상급심에서 나머지 3인의 피해자에 대한 점도 유죄로 밝혀진 경우).[3]

(2) 소송법적 효과

상상적 경합은 실질상은 수죄라고 해도 과형상 일죄이므로 소송법적 효과도 이에 따라 결정된다. 그러므로 기판력이나 공소제기, 상소의 효과는 상

---

1) 대판 2001. 2. 9, 2000도1216.

2) Jakobs, AT, 33/11; Stratenwerth/Kuhlen, AT I, § 18 Rn. 33.

3) 대판 1980. 12. 9, 80도384(휘발유에 솔벤트, 벤젠 등을 섞어 판매한 행위가 석유사업법위반죄와 사기죄의 상상적 경합이라고 본 사건).

상적 경합관계에 있는 죄 전체에 대하여 미치며,[1] 수개의 죄 가운데 일부가 무죄인 때에는 판결주문에 별도로 이를 선고할 필요가 없다. 그러나 판결이유에서는 상상적 경합관계에 있는 모든 범죄사실과 적용법조를 기재하여야 하며, 일부가 무죄인 경우 이유를 밝혀야 한다(상상적 경합의 명시기능, Klarstellungsfunktion).

제 4 절 行爲의 多數性과 競合

다수행위가 경합하는 경우로는 실체적 경합이 대표적이지만 그 밖에 불가벌적 사후행위나 사전행위가 소위 부진정 실체적 경합으로서 인정된다.

Ⅰ. 不可罰的 事前·事後行爲

1. 불가벌적 사후행위

(1) 개 념

불가벌적 사후행위란 구성요건의 해석상 범죄의 전체적 성격이 주된 행위만에 의해 결정되기 때문에 이후의 행위가 다른 구성요건을 충족한다 할지라도 처벌되지 않는 경우를 말한다. 즉 사후행위는 주된 범죄행위에 대하여 흡수관계에 서는 것이다.[2] 그렇기 때문에 이를 법조경합의 한 경우로 본다. 이는 주로 재산범죄에서 일어나는 문제인데 예를 들면 절취나 횡령행위, 사기죄와 같은 영득죄가 이미 기수에 달하였으면 그 후에 발생하는 재산에 대한 지속적인 침해행위는 구성요건에 해당하여도 별도로 처벌대상이 되지 않는 것이다. 이는 주된 범행에 의하여 이미 전체행위의 불법성이 판단되었다고 보기 때문이다(이중처벌의 금지). 예를 들면 자전거를 훔쳐 타고 다니다(제329조) 못쓰게 되자 이를 버린 경우(제366조)이다.

불가벌적 사후행위는 보충관계와 유사하다. 양자의 차이점은 보충관계는 법규정에 의한 주·종관계인데 반해 불가벌적 사후행위는 주된 범죄에 대한 기능적 종속성에서 비롯된다는 점이다.

---

1) 위 대법원판결 참조.

2) Jakobs, AT, 31/34; Jescheck, AT, 669면. 보충관계로 보는 견해도 있다(Sch/Sch/Stree, vor § 52 Rn. 112).

(2) 성립요건

불가벌적인 사후행위가 인정되기 위해서는 첫째, 동일인—동일한 법익주체—에 대한 새로운 법익의 침해가 있어서는 안 되며 오직 주된 범행에 의해 침해된 법익이 재차 침해되는 경우로 제한된다. 그러므로 훔친 수표에 금액을 써넣는 행위는 불가벌적 사후행위가 아니라 별개의 행위로서 경합범(제329조, 부정수표단속법 제5조)에 해당된다. 또한 훔친 전당표로 전당물을 편취하는 행위,[1] 절취한 장물을 자기 것처럼 속여 제3자에게 판 경우[2] 등도 모두 절도죄와 사기죄의 경합범이 성립한다. 둘째, 제3자의 법익을 침해하여서는 안 된다. 그리고 사후행위는 주된 행위가 입증되지 못하여 처벌불가능한 경우에는 더 이상 불가벌적이 아니다. 그리고 사후행위는 이에 가담한 제3자에 대한 관계에서는 주된 행위가 되어 제3자는 독립적으로 처벌된다. 그러므로 예를 들어 절도범이 장물을 매각하는 데에 이를 알선해 준 제3자는 장물알선죄로 처벌된다.

2. 불가벌적 사전행위

불가벌적 사전행위도 불가벌적 사후행위와 마찬가지로 주된 행위와의 관계에서 법익이 동일하여야 한다. 불가벌적 사전행위의 전형적인 예는 소위 중간범죄(Durchgangsdelikt)이다. 이는 필수적 또는 우연적인 범행의 중간단계—사전단계—가 주된 행위보다 보호법익을 덜 침해하는 경우를 말한다. 미수와 기수, 위험범과 침해범의 관계가 그 예이다. 이때의 사전행위는 별도의 구성요건을 갖추어도 독립적으로 처벌되지 않고 주된 행위에 흡수된다.

Ⅱ. 實體的 競合

1. 개 념

실체적 경합 또는 경합범은 "판결이 확정되지 아니한 수개의 죄 또는 금고 이상의 형에 처한 판결이 확정된 죄와 그 판결확정 전에 범한 죄"(제37조)를 말한다. 즉 경합범은 1인의 행위자가 한 여러 개의 독립적인 행위에 의해 수종의 구성요건이 실현된 경우로서 부진정 실체적 경합인 불가벌적 사전·사후행위에 해당하지 않는 경우에 인정된다. 수죄에 해당하는 다수행위가 기초

1) 대판 1980.10.14, 80도2155.
2) 대판 1980.11.25, 80도2310.

가 된다는 점에서 단일행위를 전제로 하는 상상적 경합과 다르다. 즉 다수행위가 있었더라도 소위 포괄일죄(법적 의미의 행위단일성)에 해당하거나 법조경합에 해당하면 이는 실질적으로는 일죄에 불과한 것으로 실체적 경합이 아니다. 실질적으로 1죄(법조경합)인가 또는 수죄(실체적 경합)인가는 구성요건적 평가와 보호법익의 측면에서 판단하여야 한다는 것이 판례의 입장이다.[1] 그리고 실체적 경합이 인정되기 위해서는 소송법상 수개의 죄가 동시에 재판을 받을 수 있어야 한다(제38조 참조).

실체적 경합의 경우에는 수죄가 성립하기 때문에 이론상 형을 병과하여야 한다. 그러나 이는 불합리한 중형의 결과를 낳기 때문에 이를 피하기 위하여 가중주의(제38조 제1항 제2호)를 원칙으로 하고 흡수주의(동조 제1항 제1호) 및 병과주의(동조 제1항 제3호)로 보완하고 있다.

2. 요 건

실체적 경합이 인정되기 위해서는 첫째, 행위가 다수이고 그로 인해 실현된 구성요건도 다수이어야 한다. 이때 침해된 구성요건이 동종인가 이종인가에 따라 동종의 경합과 이종의 경합으로 구분하기도 한다.

[판례] ① 강도가 여관에 침입하여 각 방을 돌아 다니며 투숙객들에게 폭행 또는 협박을 가하여 그들로부터 각기 점유관리하고 있던 재물을 각각 강취한 경우(대판 1991.6.25, 91도643). 단 폭행·협박행위가 사실상 공통으로 이루어진 경우에는 법률상의 단일행위로서 상상적 경합에 해당한다.

② 권총에 실탄 6발을 장전하여 처와 자식들의 머리에 각기 1발씩 차례로 발사하여 살해한 경우(대판 1991.8.27, 91도1637). 단일한 범의로 동일한 장소에서 동일한 방법으로 시간적으로 접착된 상황에서 살해하였더라도 수개의 살인죄를 구성한다.

③ 자동차 운전자가 운전중 전방에서 자전거를 타고 오는 자를 뒤늦게 발견하고 이를 피하기 위해 운전대를 왼쪽으로 과대조작한 결과 반대방향에서 오던 자동차와 충돌하여 이 차의 운전자를 상해에 이르게 하고, 또한 곧 정차하여 필요한 구호조치를 취하지 않은 경우(대판 1991.6.14, 91도253). 도로교통법 제50조 제1항(사고발생시의 조치), 제106조(또는 특정범죄가중처벌등에 관한 법률 제5조의 3), 제108조, 형법 제268조(업무상 과실·중과실치사상)의 죄가 성립한다.

④ 소비자들이 신선하지 아니한 것으로 판단하여 구매하지 아니할 것을 염려하여 포장지를 교체하면서 가공일자가 재포장일자로 기재된 바코드라벨을 부착하여 냉장매대에 진열해 놓음으로써 그것이 마치 판매 당일 가공된 신선한 상품인 것처럼 소비자들을 기망하여 1991.9.5경부터 1994.7.11까지 사이에 고객들에게 1일

1) 대판 2001.3.27, 2000노5318.

평균 200,000원 상당씩 판매하여 그 대금 상당액을 편취한 경우 피해자별로 1개씩의 사기죄가 성립한다(대판 1995. 8. 22, 95도594).
⑤ 첫째, 수십 명의 신도들로부터 돈을 편취한 사건에서 수인의 피해자에 대하여 단일한 범의하에 동일한 방법으로 각 피해자별로 기망행위를 한 경우, 사기죄의 포괄일죄가 아니라 실체적 경합범에 해당한다. 둘째, 동일한 피해자에 대하여 수회에 걸쳐 기망행위를 하였으나 범의의 단일성과 계속성이 인정되지 않거나 범행방법이 동일하지 않은 경우, 사기죄의 실체적 경합범에 해당한다(대판 1997. 6. 27, 97도508. 또한 대판 2000. 7. 7, 2000도1899).

둘째, 소송법적 요건으로서 수개의 죄에 대한 판결이 모두 확정되지 않았거나, 수죄 가운데 일부가 금고 이상의 판결이 확정되고 일부는 금고 이상의 판결이 확정되기 이전에 범한 경우이어야 한다(제37조 참조). 전자의 경합범은 동시에 심판할 수 있는 경우로서 이를 동시적 경합범(제37조 전단)이라 하고, 후자는 동시에 심판할 가능성이 있었던 경우로서 이를 사후적 경합범(제37조 후단)이라고 한다. 별도로 공소가 제기되어 동시에 판결할 수 없는 경우도 사후적 경합범에 포함된다.[1)]

동시적 경합범의 관계에 서는 수죄는 동시에 판결될 수 있어야 한다. 그러므로 판결이 확정되지 아니한 수개의 죄 가운데 일부가 기소되지 않은 때에는 경합범이 될 수 없다. 그리고 사후적 경합범에서 금고 이상의 확정판결 전의 범죄(이를 흔히 여죄라고 한다)와 금고 이상의 확정판결 후의 범죄는 각각 별개의 형태이므로 서로 경합관계에 있지 않다.[2)] 그러므로 두 개의 범죄에 대하여 각각 형을 선고하여야 한다. 집행유예를 선고하거나, 두 개의 징역형 중 하나의 징역형에 대하여는 실형을 선고하면서 다른 징역형에 대하여 집행유예를 선고하는 것도 허용된다.[3)]

[판례] 사후적 경합범의 예: 1985. 7. 22. 절도죄로 징역 단기 8월, 장기 10월을 선고받아 같은 해 11. 22. 그 판결이 확정되어 복역중 가석방된 자가 이 판결 확정 전인 1984. 12. 중순경 부녀자를 때려 현금 3,000원 등이 든 핸드백 1개를 강취한 범행을 한 것이 새로이 발각되어 재판을 받게 된 경우(대판 1990. 11. 23, 90도1803).

3. 효 과

동시적 경합범의 경우에는 전술한 바와 같이 흡수주의와 가중주의, 병과

1) 대판 1969. 3. 15, 69도169.
2) 대판 1970. 12. 22, 70도2271.
3) 대판 2001. 10. 12, 2001도3579.

주의가 적용된다. 이에 따라 동시에 재판을 받게 되는 죄 가운데 가장 중한 죄에 정한 형이 사형 또는 무기징역이나 무기금고인 때에는 가장 중한 죄에 정한 형으로 처벌한다(흡수주의, 제38조 제1항 제1호). 그리고 각 죄에 정한 형이 사형 또는 무기징역이나 무기금고 이외의 동종의 형인 때에는 가장 중한 죄에 정한 (형의) 장기 또는 다액에 그 2분의 1까지 가중하되 각 죄에 정한 형의 장기 또는 다액을 합산한 형기 또는 액수를 초과할 수 없다(가중주의, 제38조 제1항 제2호). 다만 과료와 과료, 몰수와 몰수는 병과할 수 있다(동호 단서). 이 경우에 징역과 금고는 동종의 형으로 간주하여 징역형으로 처벌하며(동조 제2항), 유기자유형을 가중하는 때에는 25년을 초과할 수 없다(제42조 단서). 각 죄에 정한 형이 무기징역이나 무기금고 이외의 이종의 형인 때에는 병과한다(병과주의, 제38조 제1항 제3호). 이에 따라 동시적 경합범의 경우에 형법은 전체형원칙을 취하고 있다.

사후적 경합범의 경우에는 개정형법(2005. 7. 29, 법률 제7623호)은 「경합범 중 판결을 받지 아니한 죄가 있는 때에는 그 죄와 판결이 확정된 죄를 동시에 판결할 경우와 형평을 고려하여 그 죄에 대하여 형을 선고한다. 이 경우 그 형을 감경 또는 면제할 수 있다」(제39조 제1항)고 하여 사후적 경합범을 선고할 경우 피고인에게 돌아갈 불이익을 해결하였다. 즉 경합범 규정을 둔 취지는 하나의 재판절차를 통하여 1개의 형을 선고받을 수 있었음에도 불구하고 그 중 일부가 법원에 알려지지 않았다는 이유로 별개의 재판을 받음으로써 피고인이 불이익하게 취급되는 것을 방지하고자 하는 데에 있기 때문이다.[1)]

---

1) 대판 2004. 2. 13, 2003도7554(「형법 제37조 후단은 종전의 '판결이 확정된 죄'를 '금고 이상의 형에 처한 판결이 확정된 죄'로 개정하여 규정하고 있는바, 위 개정법률은 특별한 경과규정을 두고 있지 않으나, 형법 제37조는 경합범의 처벌에 관한 규정으로서 일반적으로는 두 개의 형을 선고하는 것보다는 하나의 형을 선고하는 것이 피고인에게 유리하므로, 위 개정법률을 적용하는 것이 오히려 피고인에게 불리하게 되는 등의 특별한 사정이 없는 한 형법 제1조 제2항을 유추적용하여 위 개정법률 시행 전에 벌금형 및 그보다 가벼운 형에 처한 판결이 확정된 경우에도 적용되는 것으로 보아야 할 것이다. 이 사건에서 위 개정법률을 적용하는 것이 피고인에게 오히려 불리하게 된다고 볼 만한 사정은 찾아볼 수 없으므로 피고인에게는 위 개정법률을 적용하여야 할 것이고, 따라서 피고인이 각 벌금형의 확정 전후에 범한 각 죄는 형법 제37조 전단의 경합범 관계에 있으므로 그에 대하여 하나의 형을 선고하여야 할 것이다」).

제 3 편

刑 罰 論

제 1 장 刑罰의 意義

제 1 절 刑罰의 槪念과 種類

I. 刑罰의 意義

범죄행위에 대한 형사제재로서의 형벌은 해악을 내용으로 하는 국가적 강제수단이다. 형벌의 본질은 법익침해적인 범죄행위에 대한 사회적·공적인 반가치판단이라고 할 수 있다. 그러나 형벌이 수행하는 기능은 보는 측면에 따라서 다양하다. 여러 가지 관점에서 주장되는 형벌이론은 그 예이다. 형벌은 책임을 전제로 한다는 점에서 범죄인의 장래의 위험성을 전제로 하는 보안처분과 다르다.

형벌은 국가가 독점하고 있는 국가적 제재이다. 유럽에서는 국가권력이 확립되지 못하였던 시대에 개인에 의한 사적인 복수가 허용되기도 하였으나 중세에서 근세로 넘어가는 시기에 점차 형성된 국가권력의 강화의 결과, 형벌은 국가에 전속되기 시작하였다. 형벌의 종류나 집행방법도 시대변화에 따라 변천하였는데 신체에 대한 고통을 수반하는 형벌에서부터 정신을 속박하는 형벌까지 그 방법은 다양하다. 전체적으로는 형벌이 인간화의 방향으로 나아갔다고 볼 수 있다. 이를 권력과 그 객체(인간)간의 전략적 관계변화로 파악하는 시각도 있다.[1] 이러한 시각은 형벌제도를 오로지 피지배자에 대한 권력적 기술이라는 관점에서 출발하고 있다. 그렇다 하더라도 형벌제도가 사회 내의 범죄를 억제하고 피해를 회복하게 하는 기능을 가졌다는 사실과 형벌의 법치국가적 성격을 전면적으로 부인할 수는 없다고 본다.

1) 미셸 푸코, 「감시와 처벌」(박홍규 역), 147면 이하 참조.

Ⅱ. 刑罰의 種類

형법상 형벌의 종류에는 사형 · 징역 · 금고 · 자격상실 · 자격정지 · 벌금 · 구류 · 과료 · 몰수의 9종이 있다(제41조). 이를 형집행에 의해 박탈되는 법익의 유형에 따라 분류하면 생명형(사형) · 자유형(징역과 금고, 구류) · 재산형(벌금과 과료, 몰수) · 명예형(자격상실과 자격정지)의 4종이 된다. 또한 형벌은 주형과 부가형으로 나눌 수 있는데 주형은 단독으로 선고될 수 있는 형벌인 데 반하여 부가형은 주형과 함께 선고되는 형벌을 말한다. 몰수는 원칙적으로 부가형이며(제49조) 기타의 형벌은 주형에 해당한다.

제 2 절 死 刑

Ⅰ. 死刑制度의 內容

1. 사형의 개념과 집행방법

사형은 수형자의 생명을 박탈하는 형벌제도를 말한다. 생명을 박탈하는 형벌이라는 의미에서 생명형이라고도 한다. 형법은 제41조에서 사형을 형벌의 종류로 인정하고 있으며, 군형법에서도 제 3 조에서 총살형(제3조)을 규정하고 있다.

사형의 집행방법은 현재도 각국마다 다양하며, 역사적으로도 수많은 방법이 동원되었다. 우리 나라의 사형집행방법은 일반인의 경우에는 교수형(제66조)을, 군인 · 군속의 경우에는 총살형(군형법 제 3 조)으로 집행한다고 규정하고 있다. 외국의 경우 현재까지 인정되고 있는 사형집행방법은 교수형과 총살형이 가장 많으며, 그 밖에 전기살, 가스살, 주사살, 참수형 등이 있다.[1)]

2. 현행법상의 사형규정

형법상 사형을 선고할 수 있는 죄로는 다음과 같은 것이 있다. 내란죄(제87조), 내란목적의 살인죄(제88조), 외환유치죄(제92조), 여적죄(제93조), 모병이적죄(제94조), 시설제공이적죄(제95조), 시설파괴이적죄(제96조), 간첩죄(제98조), 폭발물사용죄(제119조), 현주건조물 등에의 방화치사죄(제164조 제 2 항), 살인 · 존속살해죄(제250조), 강간등 살인죄(제301조의 2),

1) 사형제도 전반에 관해서는 국제사면위원회 한국연락위원회 편, 「사형제도의 이론과 실제」(1989)를 참조할 것.

인질살해죄(제324조의 4), 강도살인죄(제338조), 해상강도살인·치사·강간죄(제340조 제3항).

사형은 형법 이외의 특별법에도 다수가 규정되어 있는데 이러한 특별법으로는 군형법, 국가보안법, 폭력행위 등 처벌에 관한 법률, 특정범죄가중처벌등에 관한 법률, 성폭력범죄의 처벌에 관한 특례법, 보건범죄단속에 관한 특별조치법, 한국조폐공사법, 전투경찰대설치법, 마약류 관리에 관한 법률, 마약류불법거래방지에 관한 특례법이 있다.[1)]

Ⅱ. 死刑制度에 대한 贊反論

1. 사형존폐론의 연혁

오늘날 사형제도에 대한 비판은 사형이 정치적 반대자를 탄압하기 위한 수단으로 많이 이용되어 왔다는 점, 오판에 의한 회복불가능성 그리고 집행방법의 잔인성으로부터 나왔다고 볼 수 있다. 사형제도에 대한 이러한 비판은 오늘날에도 여전히 계속되고 있다. 정치권력을 둘러싼 인간의 투쟁은 불변하는 역사성을 띠고 있으며 인간능력의 한계에 따른 오판가능성, 그리고 인간생명을 박탈하는 어떠한 방법도 잔인할 수밖에 없기 때문이다. 이에 덧붙여 사형은 범죄억지책으로서 효과가 없다는 점이 제기되기도 한다.

근대에 들어서 사형제도에 대한 비판은 계몽사상의 영향으로 더욱 강렬해졌는데 이는 특히 중세에서의 사형남발과 집행방법의 잔혹성에 그 원인이 있다고 볼 수 있다. 그리고 이를 체계적으로 비판한 대표적인 학자는 이탈리아인 베까리아(Cesare Beccaria, 1738~1794)이다. 그의 저서 「범죄와 형벌」(1764)을 통하여 베까리아는 당시의 사회계약론에 입각하여 사형제도를 비판하였다.[2)] 즉 사형은 계약의 내용이 될 수 없으며, 사회방위목적을 달성하는 데에 불필요할 뿐만 아니라 집행방법이 잔인하기 때문에 정의롭지 못하다는 것이다.

이상의 사형제도비판론에 대해서는 범죄자는 사형에 해당하는 범죄행위로 인하여 국가구성원으로서의 자격을 상실하였다는 점(루소), 정의를 확립하기 위하여 불가피하다는 점(칸트), 범죄는 국가의 법을 부정하는 행위로서 이

1) 그러나 김대중정부가 들어선 1998년 이후 현재(2012. 2)까지 사형집행은 이루어지지 않고 있다.

2) 그러나 「사회계약론」(1762)의 저자 루소는 사형제도가 사회계약과 모순되지 않는다고 하여 찬성하였다.

를 회복하는 방법이 형벌이며 형벌은 그 자체로서 정당하다고 보는 입장(헤겔) 등이 다양하게 전개되었다.

2. 사형존폐론의 논거

현재 한국에서의 사형존폐론은 그 논거에서는 전통적인 내용이라고 평가할 수 있다. 폐지론에서는 사형은 잔인한 형벌로서 인간의 존엄성의 근원인 생명권을 침해한다는 점, 일반인에 대한 범죄억지력이 없다는 점, 오판의 경우에는 회복이 불가능하다는 점, 교육형의 목적을 수행할 수 없는 형벌이라는 점, 반대세력에 대한 정치적 탄압의 도구로 이용된다는 점, 범죄에 대한 사회환경적 원인을 무시한다는 점 등을 주장한다.[1] 존치론에서는 중범죄자를 사형시키는 것이 국민의 정의관념에 맞으며, 사형제도는 범죄억지력을 지니고 있다는 점, 그리고 형벌제도로서 사형제도에 대해 국민이 지니고 있는 현실적 감정 등을 무시할 수 없다는 것 등이 주장된다.

> 대법원도 「헌법 제12조 제1항에 의하면 형사처벌에 관한 규정이 법률에 위임되어 있을 뿐 그 처벌의 종류를 제한하지 않고 있으며, 현재 우리 나라의 실정과 국민의 도덕적 감정 등을 고려하여 국가의 형사정책으로 질서유지와 공공복리를 위하여 형법 등에 사형이라는 처벌의 종류를 규정하였다 하여 이것이 헌법에 위반된다고 할 수 없다」고 판시하고 있다(대판 1991.2.26, 90도2906; 1995.1.13, 94도2662).[2]

그러나 한국에서 사형제도는 흉악범죄가 아닌 범죄에 대해서도 규정되어 있다는 점에서 단순히 흉악범죄에 대한 대응책만은 아니다. 오히려 사형제도가 논란을 빚는 것은 정적을 제거하거나 정치권력을 강화하고, 이데올로기투쟁의 도구로 기능한 점에서 비롯되는 바가 크다. 헌법재판소의 사형제도에 대한 합헌이유도 사형제도의 이데올로기성을 사실상 인정하고 있다고 보여진다. 즉 헌법재판소는 「생명권에 못지않은 공공의 이익」을 보호하기 위한 불가피성이 충족되는 예외적인 경우에도 사형은 본질적인 기본권 침해를 금지한 헌법 제37조 제2항 단서에 위반되지 않는다고 한다.[3] 이는 사형이 공익보호를 이유로 부과될 수 있다는 것을 의미하는 것이다. 이는 정치적 격변기

---

1) 배종대, 784면; 정봉휘, 「사형존폐론의 이론사적 계보」, 손해목박사화갑기념논문집(1993), 506면; 정영일, 「사형제도에 대한 형사정책적 음미」, 형사정책 창간호(1986), 332면; 한인섭, 「사형제도의 문제와 개선방향」, 형사정책 제5호(1990), 41면.

2) 또한 헌재결 1996.11.28, 95헌바1(전원재판부).

3) 헌재결 1996.11.28, 95헌바1. 이는 대법원도 마찬가지이다(위 판례 참조).

에 집권자의 의지에 따라 사형제도가 악용될 이론적 근거를 헌법재판소가 사실상 제공하고 있다는 점에서 우려하지 않을 수 없다.

3. 사형제도 존폐론에 대한 비판적 고찰

사형제도를 바라보는 시각에서 찬반양론이 대립하는 것은 때로는 근본적인 시각의 차이도 있지만 동일한 논점에 대한 평가의 차이에도 원인이 있다. 우선 사형제도가 갖는 범죄억지력의 문제에 대해서 양론은 상반되는 견해를 주장한다. 그러나 이는 검증될 수 없는 논쟁이다. 형벌제도가 범죄억지력을 갖는다는 것은 명백하다. 형벌 없는 세상을 상상하면 쉽게 이해가 간다. 그러나 구체적으로 특정 형벌제도가 어떠한 정도의 범죄억지력을 갖는가를 평가한다는 것은 거의 불가능하다. 자유형이 과연 어느 정도의 범죄억지력이 있는가를 평가할 수 없는 것과 마찬가지로 사형제도가 무의미한 형벌에 불과하다는 주장도 일면의 설득력을 지닐 뿐이다. 정의관념이나 응보관념에 대한 찬반양론도 마찬가지이다. 국민의 법감정이 어느 편에 서 있는가를 판단하는 것은 어느 특정시점의 계량적 결과만으로 판단할 문제도 아니기 때문이다.

한국에서의 사형제도에 관한 논란은—그 실현가능성을 믿든 믿지 않든 간에—사형제도의 폐지를 궁극의 목표로 하는 점에서 일치한다. 그러므로 폐지론과 존치론이라는 명칭부여는 타당하다고 볼 수 없다. 모두가 궁극적으로는 폐지론자이기 때문이다. 그러므로 사형제도에 관한 학계의 논의가 사형폐지의 당위성을 중심으로 하는 이상 그 의미가 없다. 문제는 한국형법의 운용상 사형제도가 초래하는 심각한 문제점의 제거방안을 중심으로 논해야 한다. 폐지론자는 사형제도의 즉시폐지를 통해서 가능하다는 주장을 한다. 그러나 이러한 주장은 순환론에 불과하다. 반대론자를 설득할 수 없기 때문이다.

형사정책은 현실을 근거로 하여야 하는 사회정책의 일부이다. 형법은 사회구성원의 사회적 행태에 대한 조종수단으로서 기능을 하며 동시에 사회통합기능을 한다. 그렇기 때문에 사회구성원의 보편적 승인 내지 내면적 동의에 터잡지 않은 형벌론은 생명력이 없다. 그렇다면 앞으로도 계속해서 폐지론과 존치론의 양극단 사이에서 논쟁만을 계속할 것인가? 이는 자기입장의 명확한 제시라는 측면에서는 효과적일지 모르나 현실적인 형벌론은 아니라고 본다. 사형제도의 즉시 폐지가 한국사회에서 수용될 수 있을지는 의문이기 때문이다.

이러한 상황에서는 단계설정이 필요하다. 현단계에서 사형제도가 갖는 문제점으로서 반드시 제거되어야 할 사항은 오판가능성과 정치적 탄압의 도구로 악용할 가능성이다. 이를 방지하기 위해서는 수사와 형사재판에서의 적법절차의 확립이 절실히 필요하다. 이것은 비단 사형제도의 문제점을 개선하기 위해서뿐만 아니라 형사사법의 정위치를 위해서 필수적인 전제조건이다. 업무량의 과다를 이유로 한 졸속수사와 졸속재판의 불가피성은 더 이상 정당화될 수 없다. 다른 하나는 사형규정의 대폭 축소이다. 과실범이나 결과적 가중범, 재산범죄 및 정치적 반대자에 대한 탄압의 소지가 있는 국가적·사회적 범죄에 대한 사형규정은 폐지되어야 한다.[1] 그리고 사형선고의 남발을 막기 위한 장치가 특히 제 1 심 및 제 2 심의 단계에서 마련되어야 한다. 또한 초범자에 대한 사형선고를 금지하는 등의 사형선고기준이 구체적으로 명시되어야 하며 사형선고에 대한 재심청구사유의 확대가 필요하다.

제 3 절 自 由 刑

Ⅰ. 自由刑의 意義

자유형이란 수형자의 신체적 자유를 박탈하는 것을 내용으로 하는 형벌이다. 형법상 인정된 자유형에는 징역형과 금고형, 그리고 구류가 있다. 자유형은 유기형이 원칙이며 무기형의 경우에는 법에 규정된 경우에 한하여 가능하다.

자유형은 형벌효과의 측면에서나 형사공판사건의 70% 이상에 대하여 선고되는 활용도의 측면에서 형벌제도 가운데 가장 중심적인 위치를 차지하고 있다. 흔히 형벌의 목적으로서 재사회화를 논하는 것은 자유형의 영역에서이다. 그러나 현행 형법상의 자유형은 징역과 금고의 이원화, 단기자유형이나 구류의 인정, 획일적이고 비탄력적인 구금방식, 그리고 이로 인한 구금시설내 수용인원의 포화상태 아래에서 운용되고 있기 때문에 개선책이 시급하다.

1) 형법은 현주건조물 등에의 일수죄(제177조), 교통방해치사상죄(제188조), 음용수혼독치사상죄(제194조), 강도치사죄(제338조)에서 사형을 삭제한 반면 강간살인죄(제301조의 2) 및 인질살해죄(제324조의 4)에서는 사형을 도입하고 있다.

Ⅱ. 自由刑의 種類와 問題點

1. 징 역

징역은 수형자를 교도소 내에 구치하여 정역에 복무하게 하는 형벌이다(제67조). 이에는 유기와 무기의 두 종류가 있다. 유기징역은 1월 이상 30년 이하의 기간이며, 가중하는 경우에는 50년까지 가능하다(제42조). 무기징역은 20년, 유기징역은 형기의 3분의 1을 경과하면 행정처분으로 가석방이 가능하다(제72조 제1항).

유기징역의 경우에는 1월 이상으로 되어 있으나 단기자유형이 초래하는 폐단을 고려하여 6개월 이하는 벌금형으로 대체하는 등의 방법이 요청된다. 현실적으로는 집행유예선고는 할 수 없고 장기의 유기징역선고도 부적합한 경우에는 단기자유형을 선택할 수밖에 없다거나 또는 미결구금일수 산입을 통한 조기석방의 측면에서 유용하다는 주장도 있다. 그러나 이는 제한된 범위 내에서 타당할 뿐이다. 오히려 집행유예의 확대나 다양화 또는 벌금형의 선고가 이러한 문제를 해결할 수 있다고 본다.

2. 금 고

금고는 수형자를 교도소 내에 구치하여 자유를 박탈하는 것을 내용으로 하는 형벌이며(제68조), 정역에 종사하게 하지 않는 점에서 징역과 구별된다. 그러나 수형자의 신청이 있으면 작업을 하도록 할 수 있다(형의 집행 및 수용자의 처우에 관한 법률 제67조). 금고형은 원래 징역에서의 강제노역에 의하여 수형자가 자존심을 상하지 않도록 배려하는 차원에서 나타난 것이지만 오늘날은 노동에 대한 시각변화로 인하여 유용한 형벌제도라고는 볼 수 없다.

독일형법에서는 자유형을 징역과 금고 등으로 구별하지 않고 자유형(Freiheitsstrafe)만을 인정함으로써 소위 단일자유형(einheitliche Freiheitsstrafe)을 채택하였다. 노역복무 여부에 따른 자유형의 구분이 범인의 재사회화에 도움이 되지 않을 뿐만 아니라 수형자의 입장에서도 노동을 통하여 수형생활을 더욱 효과적으로 극복할 수 있다고 보기 때문이다. 이러한 추세에 맞추어 자유형을 단일화하는 것이 수형자 스스로에게나 신축성 있는 교도행정을 위하여서도 바람직하다고 본다. 그러나 자유형의 일원화는 자유형 집행의 개별화와 구별하여야 한다. 자유형 집행의 개별화는 수형자 개개인에 대하여 탄력적이고 신축적인 집행방법의 다양화를 의미하며 수형자의 사회복귀에 기여하기 때문에 필요하다.

3. 구 류

구류는 1일 이상 30일 미만의 기간 동안 수형자를 구치소 내에 구치하는 자유형의 일종이다(제46조). 수형자는 정역을 하지 않지만 본인의 신청이 있으면 가능하다는 점(형의 집행 및 수용자의 처우에 관한 법률 제67조)에서 금고와 동일하다. 구류 역시 형벌이기 때문에 형사소송법상의 강제처분에 해당하는 구금(형사소송법 제69조 이하)이나 벌금·과료를 납부하지 않을 경우의 환형처분인 노역장유치(제69조 제2항, 제70조, 제71조)와는 성격이 다르다.

구류는 구치기간이 극히 짧다는 점에서 긍정적 효과보다는 부정적 효과가 큰 형벌이다. 무엇보다도 형법의 최후수단성(보충적 성격)이 1일간의 구치까지도 가능하게 한 구류의 경우에는 부합되지 않는다. 또한 단기형의 선고로 인하여 범인에 대한 징벌적 효과는 거두게 될지 모르나 반대로 교도소 내에서 범죄자들과 접촉하게 됨으로써 심리적 좌절감과 범죄문화에 오염되는 등 폐해가 더욱 크다. 그러므로 구류는 폐지하고 벌금형이나 집행유예 또는 선고유예와 같은 다른 대체방법을 강구하는 것이 타당하다.

형법상 구류가 규정되어 있는 죄로는 공연음란죄(제245조), 폭행죄(제260조), 과실치상죄(제266조), 협박죄(제283조) 등이 있다. 그 밖에 경범죄처벌법이나 단행법규에 구류가 규정되어 있다.

제 4 절 財 産 刑

I. 財産刑의 沿革과 意義

재산형이라 함은 범죄인으로부터 일정한 재산을 박탈하는 것을 내용으로 하는 형벌을 의미한다. 현행 형법은 재산형으로서 벌금형과 과료, 몰수를 규정하고 있다(제41조, 제45조, 제47조, 제48조 참조).

재산형 가운데에서 대표적인 벌금형은 중세유럽의 속죄금에서 그 원형을 찾을 수 있다. 중세시대에는 범죄에 대한 자구행위의 형태로 복수행위(Fehde)가 인정되었으나 그 정도가 심하여 이를 금지시키고 대신에 속죄금으로 대치하고자 하였던 것이다. 속죄금의 액수는 금액으로 정해졌으나 당시의 경제실정으로 인하여 동물이나 곡식과 같은 현물 위주로 지불하였다. 그러나 속죄금은 개인간에 자율적으로 결정될 수 있고, 국가가 개입되어 성립되는 경우도 있었으나 공적인 형벌은 아니었다. 중세 후기에 들어서 국가권력이 강화되자 속죄금 대신에 형벌제도가 광범위하게 적용되기 시작하였다. 즉 공적인 벌금형이 등장한 것이다. 그리고 벌금형으로 인한 국가재정수입의 증가는 형법의 국고화라고 할 수 있을 만큼 유용한 것이 되었다. 이러한 재정적인 이익 때문에 중세에 신체형은 가난한 자에 대해서만 가해지고 경제적 능력이 있는 자에 대해서는 벌금형을 부과하여 재정수입을 늘리고자 하였다.[1)]

20세기를 전후하여 재산형—특히 벌금형— 은 단기자유형의 폐단을 줄이는 대체수단으로 주장되고 이용되었다. 독일의 리스트(F. v. Liszt)는 그 대표적인 학자였다. 오늘날에도 재산형은 자유형으로 인한 각종 폐단을 줄이는 중요한 형벌체계로서 기능을 하고 있다.

Ⅱ. 罰金・科料

1. 벌금형의 의의

벌금형(Geldstrafe)은 범죄인으로 하여금 일정한 금액을 지불하도록 강제하는 형벌이다. 과료와는 적용대상범죄와 금액의 면에서 구별된다. 그리고 몰수는 원칙적으로 주형에 대한 부가형으로서 재산권을 일방적으로 국가에 귀속시키는 효과를 갖는 데 반하여, 벌금형은 독립된 형벌로서 일정한 금액의 지불의무만을 부담시킨다는 점에서 다르다.

> 2003년까지 제 1 심공판사건처리에서 전체 213,351명 중 61,232명이 벌금형을 받아 28.7%로 20%대의 벌금형 선고비율을 보이다가 2004년부터는 237,070명의 32.4%(76,731명), 2005년에는 226,518명의 35.7%(80,893명), 2009년에는 35.5%(102,294명), 2010년에는 263,425명의 36.4%(96,071명)의 비율을 보이며 대체로 벌금형의 선고비율이 증가하고 있음을 알 수 있다.[2)]

벌금형이 널리 이용되는 데에는 다음과 같은 원인이 있다. 우선 벌금형으로 처벌할 수 있는 범죄영역이 형성되었다는 점이다(예: 교통범죄). 다음으로는 형벌관의 변화를 들 수 있다. 형벌관의 변화는 과거의 복수형법 대신에

1) 박상기, 「독일형법사」, 77면 이하 참조.
2) 「사법연감」, 2011.

행위-행위자형법으로 전환하게 하였으며, 이는 벌금형의 확대를 가져온 중요한 원인 가운데 하나이다. 또한 국가기능에 대한 이해와 여러 사회문화적 조건들이 크게 바뀐 점도 중요한 원인으로 지적될 수 있다. 마지막으로는 벌금형을 통하여 수형기관의 과밀화와 이로 인한 경비증가를 줄이고, 범죄자의 재범률을 낮추면서 사회활동의 기회는 신장하는 효과를 거둘 수 있다는 장점을 인식한 데에 있다.

2. 벌금액과 노역장유치

현재 벌금액은 50,000원 이상으로 하며 감경하는 경우에는 50,000원 미만으로 할 수 있다(제45조). 벌금의 상한액에는 제한이 없다(대신 각 구성요건에서 상한액을 설정하고 있다). 즉 총액벌금제도를 취하고 있다. 벌금은 판결확정일로부터 30일 이내에 납입하여야 하며, 벌금을 납입하지 아니한 자는 1일 이상 3년 이하의 기간 노역장에 유치하여 작업에 복무하게 한다(제69조). 그러나 벌금이나 후술하는 과료의 미납자에 대하여 노역장 유치를 인정하는 것은 자유형을 대체하여야 할 재산형이 자유형으로 다시 환원된다는 문제가 발생한다. 또한 벌금액이 많은 자가 상대적으로 유리하게 된다. 그러므로 벌금 등의 미납자에 대하여는 환형유치보다는 사회봉사명령과 같은 방법으로 대신하는 것이 형사정책적 견지에서 타당하다.

3. 현행 벌금형제도의 문제점과 개선책

(1) 총액벌금제도와 일수벌금제도

총액벌금제도(Gesamtsummensystem)란 현행 형법상의 벌금형과 같이 각 구성요건에 벌금액의 상한선을 규정하고 법관은 이 범위 내에서 양형을 하는 제도를 말한다. 이에 반해 일수벌금제도(Tagessatzsystem)는 우선 범행의 경중에 따라 일수(Zahl der Tagessätze)를 정하고, 다음으로는 피고인의 수입상황을 고려하여 일수당 정액을 결정한 다음 일수에 일수정액을 곱하여 벌금액을 산정하는 것을 말한다.[1] 이 제도의 근본취지는 범죄인의 경제력에 따른 벌금액의 차등화를 통하여 형벌의 상대적인 균등화(Opfergleichheit)를 이룩한다는 데에 있다. 일수벌금제도는 핀란드, 스웨덴과 덴마크가 처음 채택하였으며, 독일과 오스트리아도 이를 도입하여 시행중이다.[2]

---

1) 독일형법상 일수의 최저수는 5일, 최상한수는 360일이며(제40조 제 1 항), 1일수에 대한 최저일수정액은 1유로, 최고일수정액은 5,000유로이다(동조 제 2 항).

2) 일수벌금제도는 노르웨이의 Getz, Thyrén, 덴마크의 Torp로부터 비롯되었다.

총액벌금제도에 비해 일수벌금제도는 피고인의 경제사정을 고려하여 벌금액을 산정한다는 점에서 구체적 타당성을 지닌다고 할 수 있다. 그러나 벌금총액을 먼저 확정하고 일수를 이에 맞추는 경우에는 총액벌금제와 다를 바 없으며, 피고인의 경제능력평가가 정확하지 않은 경우에는 본래의 취지를 살리기 어렵다는 문제점도 있다.

(2) 납부기일연장과 분할납부의 허용

피고인이 사정상 벌금을 즉시 납부하기 곤란하다고 인정되는 경우에는 법원이 형선고시에 납부기일을 연장하여 주거나 분납을 허용하는 것이 필요하다. 독일형법 제42조는 이를 허용하고 있다.

(3) 벌금형에 대한 집행유예의 허용

현행법은 벌금형에 대한 집행유예를 인정하지 않고 있으나 벌금형에 대한 선고유예와 마찬가지로 이를 인정하는 것을 생각해 볼 수 있다. 물론 벌금형에 대한 집행유예가 자유형의 경우와 동일선상에서 논의될 수는 없다. 또한 본래 집행유예가 자유형 집행으로 인한 폐단을 방지하자는 데에 있으므로 벌금형에 대한 집행유예가 불필요하다고 볼 수도 있다. 그러나 경제적 약자에 대한 벌금형의 집행이 수반하는 문제점을 해결하기 위해서 반드시 불필요한 것만은 아니라고 본다.

(4) 벌금형의 부과와 범죄피해자보상 문제

범죄자의 범죄피해자에 대한 보상과 관련하여 국가가 최소한 피해자에 대한 피해보상을 위하여 벌금형의 일부를 포기하여야 하는 것이 아닌가 하는 문제가 제기된다. 그러나 피해보상은 벌금납부와 별개의 행위자의 의무이고, 만일 범죄자가 벌금납부와 동시에 피해보상요구의 일부를 면제받는 경우에는 부당한 특혜가 될 수 있다는 점에서 금지되어야 한다.

4. 과 료

과료는 벌금형과 마찬가지로 재산형의 일종으로 금액(2,000원 이상 50,000원 미만. 제47조)과 그에 따른 노역장유치기간에서 차이가 날 뿐이다. 과료의 미납시는 벌금과 마찬가지로 1일 이상 30일 미만의 기간 동안 노역장에 유치된다(제69조). 노역장유치는 과료선고와 동시에 일정액의 과료액을 1일로 환산한 기간 동안을 노역장에 유치한다고 선고하여야 한다(제70조). 과료는 행정벌인 과태료와 구별된다.

그러나 현재의 경제수준에서 50,000원 미만의 금액을 형벌로 부과하는 것은 형벌의 실효성이라는 측면에서 효과를 기대하기 어렵다. 그러므로 과료에 처해지는 범죄를 비범죄화하거나 범칙금이나 과태료와 같은 행정벌로의 대체가 필요하다. 이는 재산형인 벌금과 과료를 일원화한다는 취지에서도 필요하다.

과료는 경범죄처벌법상의 형벌로 규정되어 있으며, 형법에서 과료를 규정하고 있는 범죄로는 공연음란죄(제245조), 도박죄(제246조), 복표취득죄(제248조 제3항), 과실치상죄(제266조), 점유이탈물횡령죄(제360조) 등이 있다. 독일의 경우 경범죄는 질서위반법(Ordnungswidrigkeitengesetz)에 따라 5~1,000마르크(DM) 사이의(동법 제17조 제1항) 과태료(Bußgeld) 부과를 원칙으로 함으로써(동법 제65조) 전과기록을 남기지 않도록 하고 있다.

Ⅲ. 沒收·追徵

1. 몰수·추징의 의의

몰수(Einziehung)라 함은 범죄의 반복을 막거나 범죄로부터 이득을 얻지 못하게 할 목적으로 범죄행위와 관련된 재산을 박탈하는 것을 내용으로 하는 재산형이다. 그리고 추징은 몰수의 대상인 물건을 몰수하기 불가능한 경우에 몰수에 갈음하여 가액의 납부를 명하는 사법처분을 말한다(제48조 제2항). 문서, 도화, 전자기록등 특수매체기록 또는 유가증권의 일부가 몰수에 해당하는 때에는 그 부분을 폐기한다(동조 제3항).

몰수의 종류에는 임의적 몰수와 필요적 몰수가 있다. 제48조는 몰수에 관한 일반규정으로서 임의적 몰수·추징을 규정하고 있고, 필요적 몰수·추징은 뇌물죄와 관련한 형법(제134조), 국가보안법(제15조), 특정범죄가중처벌등에 관한 법률(제13조), 공무원범죄에 관한 몰수특례법(제3조), 마약류불법거래방지에 관한 특례법(제13조 이하), 변호사법(제116조), 관세법(제282조), 외국환거래법(제30조) 등이 있다. 특별법에 규정된 몰수·추징의 요건이 충족되지 않는 경우에도 형법 제48조의 요건이 충족되면 임의적 몰수가 가능하다.[1)]

2. 몰수의 법적 성질

몰수는 형벌인가 아니면 보안처분에 해당하는가? 몰수의 법적 성질에 관하여는 부가적 형벌설,[2)] 대물적 보안처분설, 형벌적 성격과 보안처분적 성격

---

1) 대판 1974.6.11, 74도352.
2) 대판 1980.12.9, 80도384; 오영근, 859면.

을 공유하고 있다고 보는 병합설[1] 등이 대립된다. 형법은 몰수를 재산형의 일종으로 규정하고 있으므로 형식상 형벌이라고 볼 수 있으나 실질적으로는 형벌목적 이외의 다양한 목적을 설정하고 규정된 제도이다. 즉 행위자나 공범소유의 물건에 대한 몰수는 형벌적 성격을 띤다. 그러나 한편으로는 제 3자의 소유에 속하는 물건의 몰수는 재범의 위험성을 예방 또는 차단하기 위한 사전적 보안처분으로서의 성격도 갖는다. 그러므로 다수설의 견해가 타당하다.

3. 몰수의 대상

몰수의 대상은 다음에 기재된 물건의 전부 또는 일부이다(제48조 제 1 항).

① 범죄행위에 제공하였거나 제공하려고 한 물건

② 범죄행위로 인하여 생겼거나 이로 인하여 취득한 물건[2]

③ 전 2호의 대가로 취득한 물건

형법상의 몰수제도는 개개의 물건을 대상으로 한다. 그러나 「공무원범죄에 관한 몰수특례법」(제2조)은 재산 자체에 대한 몰수규정을 두고 있다. 즉 공무원이 수뢰행위를 통하여 취득한 불법수익은 물론이고, 불법수익에서 유래한 재산까지도 몰수대상으로 인정하고 있다. 「마약류불법거래방지에관한특례법」(제13조 제 1 항)에서도 마찬가지로 마약류 범죄의 범죄행위로 얻은 재산을 몰수대상으로 하고 있다.

4. 몰수의 요건

몰수를 하기 위하여는 몰수의 대상이 다음의 요건을 갖추어야 한다(제48조 제1항 본문). 그러나 몰수대상물이 적법한 절차에 의하여 압수되었는가는 몰수의 요건이 아니다.[3]

(1) 범인 이외의 자의 소유에 속하지 아니할 것

범인 이외의 자에게 속하는 물건을 몰수할 수 없다. 그러나 공범의 경우에는 몰수할 수 있다.[4] 무주물이나 금제품, 소유자가 불분명한 물건도 포함

1) 김일수/서보학, 741면; 손동권, 639면; 손해목, 1187면; 신동운, 772면; 이재상, 571면; 이정원, 474면; 이형국(Ⅱ), 761면; 정성근/박광민, 663면. 독일의 경우 Dreher/Tröndle, § 74 Rn. 2; Sch/Sch/Eser, vor § 73 Rn. 13 이하.

2) 대판 1982. 3. 9, 81도2930(미화를 외국환관리법 제18조 규정에 따라 등록하지 않은 경우에 있어서도 미등록행위 자체에 의하여 취득하지 않았으며, 범죄에 제공되거나 제공하려 한 물건도 아니므로 몰수할 수 없다고 판시한 사건); 1991. 6. 11, 91도907.

3) 대판 2003. 5. 30, 2003도705.

4) 대판 1984. 5. 29, 83도2680.

된다. 그러나 공무원범죄에 관한 몰수특례법은 피고인 외의 제 3 자의 재산몰수가 가능함을 규정하고 있다(동법 제13조 이하).

(2) 범죄 후 범인 이외의 자가 정을 알면서 취득한 물건

정을 알면서 취득한 경우란 취득 당시에 그 물건이 형법 제48조에 해당한다는 사실을 알면서 취득하는 것을 말한다.

5. 추 징

몰수의 대상인 물건을 몰수하기 불가능할 때에는 그 가액을 추징하고(제48조 제 2 항), 문서 · 도화, 전자기록등 특수매체기록 또는 유가증권의 일부가 몰수에 해당하는 때에는 그 부분을 폐기한다(동조 제 3 항). 몰수의 취지가 범죄에 의한 이득의 박탈을 그 목적으로 하는 것인바, 추징 역시 이러한 몰수의 취지를 관철하기 위한 것이다.

몰수하기 불가능한 경우란 소비하였거나(예: 뇌물로 받은 수표) 반환(예: 금품제공자에게 반환한 경우) · 분실 등의 사유로 사실상 또는 법률상 몰수가 불가능한 경우를 말한다.

추징가액산정의 기준시점에 대해서는 범행시설과 재판선고시설이 있다. 재판선고시라고 보는 것이 다수설 및 판례의 입장이다[1] 추징대상물의 가액이 범행 이후 시점에서도 변동이 없는 경우에는 재판선고시설이 타당하다. 추징가액은 범인이 몰수의 선고를 받았더라면 상실할 이득상당액을 의미한다고 보아야 할 것이기 때문이다. 그러나 유가증권처럼 유통되는 물건의 경우 가격은 유통과정에 의하여 형성된 시장가격에 따라 변동될 수 있다. 그러므로 이 경우의 몰수대상물에 대한 추징가액의 산정은 범행 당시를 기준으로 하는 것이 범행이득을 회수하는 타당한 방법이다.

6. 몰수 · 추징의 부가성과 그 예외

(1) 의 미

몰수는 타형에 부가하여 과한다(제49조 본문). 이를 몰수의 부가성이라 한다. 그러므로 몰수는 원칙적으로는 공소사실에 관하여 재판을 받은 피고인에 대한 유죄의 판결에서 다른 형에 부가하여 선고되며(부가형), 몰수에 갈음하는 추징도 실질적으로는 부가형의 성격을 가진다고 본다.

1) 대판 1991. 5. 28, 91도352. 김일수/서보학, 743면; 배종대, 793면; 오영근, 769면; 이재상, 574면; 이형국, 394면; 임 웅, 617면; 정성근/박광민, 666면.

따라서 예를 들어 압수된 물건의 몰수만을 위한 검사의 공소제기는 불가능하며, 불기소처분을 하는 경우에도 압수된 물건만을 몰수할 수 없다. 그리고 검사가 공소를 제기하면서 몰수의 청구를 하지 않더라도 몰수의 요건이 있는 경우에는 법원이 형을 선고하면서 직권으로 몰수를 할 수 있으며, 이는 불고불리의 원칙에 반하는 것이 아니다.[1)]

(2) 예 외

형법 제49조 단서는 행위자에게 유죄의 재판을 하지 않을 경우에도 몰수의 요건이 있는 때에는 몰수만을 선고할 수 있다고 규정하여 몰수의 부가성에 대한 예외를 인정하고 있다. 또한 몰수에 갈음하는 추징의 경우에도 역시 부가성에 대한 예외가 인정된다고 본다.[2)]

이처럼 몰수의 부가성에 대한 예외를 인정하는 취지는 유죄의 재판을 하지 않을 경우에도 몰수의 요건이 있을 때에는 몰수 기타 대물적 보안처분을 함으로써 범죄자에게 범죄로 인한 부당한 이익을 향유하게 할 수 없다는 점 및 범죄예방과 사회방위를 위한 것이라고 볼 수 있다.

대법원은 유죄의 재판을 하지 않으면서도 몰수·추징의 가능성이 있는 경우로는 선고유예의 경우를 든다.[3)] 그러나 선고유예는 유죄판결의 일종이므로 제49조 단서가 규정하는 몰수의 부가성에 대한 예외의 경우로 보기는 어렵다. 그리고 범죄구성요건에 해당하는 행위가 있었으나 책임능력의 결여로 인하여 무죄의 판결을 할 경우에는 몰수나 추징을 할 수 있다고 본다. 그렇지만 공소가 제기되지 않은 경우에 몰수나 추징을 인정하는 것은 불고불리의 원칙에 반하며,[4)] 공소기각이나 공소시효의 완성으로 면소의 판결을 할 경우에도 몰수·추징을 할 수 없다고 보아야 한다.[5)]

1) 대판 1989. 2. 14, 88도2211.
2) 대판 1992. 7. 28, 92도700.
3) 대판 1973. 12. 11, 73도1133.
4) 대판 1992. 7. 28, 92도700.
5) 위 대법원판결. 반대견해로는 한상곤, 「몰수·추징에 있어서의 부가성의 의미 및 그 대상자」, 형사법에 관한 제 문제(재판자료 제50집), 법원행정처, 14면 이하 참조.

제 5 절 名 譽 刑

Ⅰ. 名譽刑의 意義

명예형은 범인의 명예 또는 자격을 박탈하는 것을 내용으로 하는 형벌을 말한다. 그러나 구체적으로는 범인의 명예를 상실하게 하는 것이 아니라 일정한 권리나 법적 능력을 상실 또는 정지시키는 것이므로 자격형이라고 부르는 것이 타당하다. 형법이 규정하고 있는 자격형으로는 자격상실(제43조 제1항)과 자격정지(동조 제2항)가 있다.

Ⅱ. 資格喪失

사형·무기징역 또는 무기금고의 판결을 받으면 다음의 자격이 당연히 상실된다(제43조 제1항). 즉 형법상 자격상실은 별도의 선고형이 아니라 형벌선고에 따르는 부대적 효력이다. 상실되는 자격은 다음과 같다.

① 공무원이 되는 자격

② 공법상의 선거권과 피선거권

③ 법률로 요건을 정한 공법상의 업무에 관한 자격

④ 법인의 이사·감사 또는 지배인 기타 법인의 업무에 관한 검사역이나 재산관리인이 되는 자격

그러나 자격상실은 무기징역이나 무기금고를 선고받은 자가 사면이나 가석방이 되더라도 복권이라는 별도의 사면조치가 없는 한 위의 자격을 영구히 상실한다는 점에서 가혹하다. 신체적 사회복귀만이 아니라 인간적 사회복귀가 가능하도록 하기 위해서는 자격상실을 폐지하고 자유형의 집행중에 있는 자에게 위의 자격이 정지된다고 규정하는 것이 타당하다.

Ⅲ. 資格停止

자격정지는 일정한 기간 동안 일정한 자격의 전부 또는 일부를 정지시키는 것을 말한다. 자격정지는 선택형 또는 병과형으로 되어 있으며, 일정한 형의 판결을 받은 자에게 당연히 정지되는 당연정지와 판결의 선고에 의하여 자격이 정지되는 경우가 있다.

자격의 당연정지는 유기징역 또는 유기금고의 판결을 받은 자에게 그 형의 집행이 종료되거나 면제될 때까지 위(자격상실의 경우)의 ①～③의 자격이 당연히 정지된다(제43조 제 2 항). 그러나 선거권을 박탈하는 것은 합리적인 이유도 없을 뿐만 아니라 헌법 제24조의 정신에도 부합되지 않는다. 그러므로 자동적인 박탈보다는 법에 규정되고 법원이 선고하는 경우로 제한하여야 한다.[1)]

판결의 선고에 의한 자격정지는 1년 이상 15년 이하의 기간 동안 가능하다(제44조 제 1 항). 판결선고에 의한 자격정지는 다른 형과 선택형인 경우에는 단독으로 과할 수 있고, 다른 형과 병과하여야 할 경우에는 병과형으로 과할 수도 있다. 이 경우의 자격정지기간의 기산점은 자격정지가 선택형인 때에는 판결이 확정된 날로부터 기산하며, 유기징역 또는 유기금고에 병과한 경우에는 징역 또는 금고형의 집행을 종료하거나 면제된 날로부터 기산한다(제44조 제 2 항).

현행의 자격정지에 대해서는 정지기간 만료 전이라 하더라도 자격회복의 가능성을 인정하는 것이 필요하다. 또한 현재 행정처분으로 시행하는 운전면허의 정지나 취소를 자격형의 내용으로 흡수하는 것이 자동차관련 범죄(비단 도로교통사고에 국한되지 않는다)의 증가에 비추어 타당하다.[2)] 그리고 직업활동의 남용이나 의무위반으로 인하여 형의 선고를 받은 때에는 일정기간 동안 직업이나 영업수행을 금지시키는 독일형법상의 직업금지(Berufsverbot, 제70조)제도를 도입하는 것도 고려하여 볼 만하다.

1) 독일형법 제45조 제 2 항 · 제 5 항이 그러하다.

2) 독일형법 제44조는 자동차운행 또는 운행과 관련하여서나 운전자로서의 의무위반시에는 부가형으로 운전금지(Fahrverbot)를 규정하고 있다

제 2 장 刑의 量定

제 1 절 量刑의 意義

형의 양정(양형, Strafzumessung)이란 법정형에 법률상의 가중·감경 또는 작량감경을 하여 그 처단형의 범위 내에서 구체적으로 선고할 형을 정하는 것을 말한다. 형법은 양형단계에서 법관에게 광범위한 재량권을 인정하고 있기 때문에 이에 대한 합리적인 한계설정이 양형문제의 중요한 과제이다. 특히 형사특별법상의 법정형이 지나치게 높은 우리 현실에서는 작량감경을 통한 형벌의 적정화가 더욱 요청된다.

제 2 절 量刑의 段階

Ⅰ. 量刑의 段階

1. 법 정 형

법정형이란 일정한 범죄에 대하여 법률상 정한 형벌로서 구체적으로는 각 구성요건에 규정된 형벌을 말한다. 이는 형벌적용의 일차적 기준이 되는 형벌이다. 현행 형법은 일반적으로 형벌의 종류에 관한 선택을 허용하고, 다음으로는 유기의 자유형 및 재산형에 관하여 상한과 하한을 정하여 그 범위 내에서 법관의 재량을 허용하고 있다(상대적 법정형주의). 이와 달리 여적죄(제93조)의 경우에는 사형만을 인정하고 있다(절대적 법정형주의).[1] 즉 형법은 상대적 법정형을 원칙으로 하고 예외적으로 절대적 법정형을 두고 있다.

---

1) 그러나 이 경우에도 법률상의 감경이 가능하다(제55조 제 1 항 제 1 호 참조).

2. 처 단 형

처단형이란 형법의 각 구성요건에 규정된 법정형을 구체적 범죄사실에 적용하기 위하여 법률상 및 재판상의 가중·감경을 한 형을 말한다. 먼저 수개의 형종이 인정되는 경우에는 형종을 선택하고, 이 선택한 형에 다시 필요한 가중·감경을 한 선고형의 기본이 되는 형을 말한다.

예를 들어 강간죄(제297조)의 법정형은 장기 30년, 단기 3년의 유기징역이다. 형법 제55조 제1항 제3호에 의하여 감경할 때에는 그 형기의 2분의 1, 즉 장기 15년, 단기 1년 6월의 유기징역으로 된다. 이것이 처단형이다. 이 경우 만약 감경사유가 없을 경우에는 법정형, 즉 장기 30년, 단기 3년이 그대로 처단형이 된다.

3. 선 고 형

선고형이란 법원이 기술한 처단형의 범위 내에서 구체적으로 형을 양정하여 당해 피고인에게 선고하는 형을 말한다. 위의 처단형(감경한 경우)의 예에서 장기 15년, 단기 1년 6월의 범위 내에서 징역 3년을 선고하면 이것이 선고형이다.

자유형선고의 형식에는 정기형과 부정기형이 있다. 전자는 자유형의 선고시에 기간을 확정하여 선고하는 형식을 말하고, 후자는 자유형의 기간을 확정하지 않고 선고하여 그 집행의 상황에 따라 집행이 종료되는 것을 말한다. 부정기형에는 전혀 형기를 정하지 않고 선고하는 절대적 부정기형과 장기와 단기를 정하여 선고하는 상대적 부정기형이 있다. 현행 형법은 정기형을 원칙으로 하고 있으며, 소년법에서 소년범에 대한 부정기형을 인정하고 있다(제60조). 그러나 현행 형법은 가석방제도(제72조 이하)를 통하여 실질적으로는 형기를 부정기화하고 있다.

Ⅱ. 刑의 加重·減輕

기술한 바와 같이 법정형에 대한 가중·감경을 통하여 처단형이 정해진다.

1. 형의 가중

형의 가중에는 법률상의 가중만을 인정하고 재판상의 가중은 허용하지 않고 있다. 즉 법원은 독자적인 판단에 의하여 형을 가중할 수 없다.

법률상의 가중에는 형법총칙에 규정한 가중사유에 따르는 일반가중사유와 형법각칙상의 규정에 따라 가중되는 특별가중사유가 있다. 전자의 예로는 경합범 가중(제37조 이하), 누범의 가중(제35조 이하), 특수교사・방조의 가중(제34조 제2항) 등이 있다. 후자의 예로는 상습범 가중(제264조 등), 특수강도(제334조)와 같은 특수범죄에 대한 형벌가중이 있다.

2. 형의 감경

형의 감경에는 법률상의 감경과 재판상의 감경(작량감경)이 있다.

(1) 법률상의 감경

법률상의 감경에는 필요적 감경과 임의적 감경이 있다. 양자는 법률의 규정형식에서 차이가 난다. 즉 필요적 감경의 경우에는 방조범(제32조 제2항 참조)과 같이 법률상 당연히 감경하도록 규정하고 있으며(또한 심신미약자나 농아자, 중지범), 임의적 감경의 경우에는 미수범(제25조)처럼 법원의 재량에 따라 감경할 수 있도록 규정하고 있다(또한「외국에서 받은 형」의 집행으로 인한 감경, 자수나 자복, 과잉방위, 과잉피난, 과잉자구행위, 불능미수, 제295조의 2에 따라 약취・유인・매매 또는 이송된 자를 석방하거나, 제324조의 6에 따라 인질을 석방한 경우).

(2) 재판상의 감경

재판상의 감경은 소위 작량감경이라고도 하며, 법률상 감경사유를 규정하고 있지 않더라도 법원이 정상참작을 하여 형을 감경하는 경우를 말한다(제53조).

작량감경은 법률상 형을 가중 또는 감경한 경우에도 다시 할 수 있다(제56조 제6호 참조). 이는 법률상의 가중・감경이 형의 적법한 적용에 불과할 뿐 구체적인 사안에 맞는 적정한 형이라고 볼 수는 없다는 데에 그 이유가 있다. 대법원도「작량감경은 법률상 감경을 다하고도 그 처단형의 범위를 완화하여 그보다 낮은 형을 선고하고자 할 때에 하는 것이 옳다」[1]고 하고 있다. 그리고 형의 작량감경은 법률상의 감경에 관한 형법 제55조의 범위에서만 허용된다.[2]

3. 형의 가중・감경 순서

(1) 1개의 죄에 정한 형이 수종인 때에는 먼저 적용할 형을 정하고 그 형을 감경한다(제54조). 그러므로 예를 들어 사기죄(제347조)에서「10년 이하의 징역 또는 2천만원 이하의 벌금」과 같이 2개 이상의 형이 선택적으로 규정된 경우에는 먼저 징역형과 벌금형 중 적용할 형의 종류를 정하고 그 형을 감경하면 된다.

---

1) 대판 1991. 6. 11, 91도985.
2) 대판 1964. 10. 28, 64도454.

(2) 형을 가중·감경할 사유가 경합된 때에는 다음 순서에 의한다(제56조).

① 각칙본조에 의한 가중

② 제34조 제 2 항(특수교사·방조)의 가중

③ 누범가중

④ 법률상 감경

⑤ 경합범 가중

⑥ 작량감경

4. 형의 가중·감경의 정도 및 방법

(1) 형의 가중정도

누범, 경합범 및 특수교사·방조와 같은 일반적 가중사유의 가중정도는 형법에 각각 규정되어 있다. 그리고 유기징역 또는 유기금고를 가중하는 경우에는 50년까지로 한다(제42조 단서). 그러나 경합범 가중의 경우에는 가장 중한 죄에 정한 형으로 처벌하도록 규정하고 있으므로, 경합범 중 가장 중한 죄로서 무기징역형을 선택한 이상 경합범가중이나 누범가중은 할 수 없다. 그러므로 무기징역에 대한 후술하는 작량감경의 경우에도 제55조 제 1 항 제 2 호의 기간(10년) 및 제42조의 기간(30년)을 초과할 수 없다.[1)]

(2) 형의 감경정도

법률상의 감경정도는 다음과 같다(제55조 제 1 항).

① 사형을 감경할 때에는 무기 또는 20년 이상 50년 이하의 징역 또는 금고로 한다.

② 무기징역 또는 무기금고를 감경할 때에는 10년 이상 50년 이하의 징역 또는 금고로 한다.

③ 유기징역 또는 유기금고를 감경할 때에는 그 형기의 2분의 1로 한다.

④ 자격상실을 감경할 때에는 7년 이상의 자격정지로 한다.

⑤ 자격정지를 감경할 때에는 그 형기의 2분의 1로 한다.

⑥ 벌금을 감경할 때에는 그 다액의 2분의 1로 한다.

⑦ 구류를 감경할 때에는 그 장기의 2분의 1로 한다.

⑧ 과료를 감경할 때에는 그 다액의 2분의 1로 한다.

법률상 감경할 사유가 수개 있는 경우에는 거듭 감경할 수 있다(제55조 제 2 항).

1) 대판 1992. 10. 13, 92도1428 참조.

작량감경의 정도 및 방법에 관하여는 명문의 규정이 없으나 법률상의 감경례에 의하는 것으로 해석한다.[1] 다만 법률상의 감경을 한 후에 작량감경은 할 수 있지만, 작량감경은 그 사유가 수개 있더라도 거듭할 수 없다.[2]

5. 자수 · 자복

자수란 범죄인이 자발적으로 자신의 범죄사실을 수사기관에 신고하여 그 소추를 구하는 의사표시를 말한다. 자복이란 반의사불벌죄[3]에서 범죄인이 피해자에게 자신의 범죄사실을 고백하는 것을 말한다. 지명수배를 받은 후라고 할지라도 체포 전에 자발적으로 신고를 한 경우에는 자수에 해당하며,[4] 제3자를 통해서도 자수를 할 수 있다.[5] 또한 일단 자수가 성립한 이상 자수의 효력은 확정적으로 발생하고 그 후에 범인이 번복하여 수사기관이나 법정에서 범행을 부인한다고 하더라도 일단 발생한 자수의 효력이 소멸하는 것은 아니다.[6] 그러나 자진출두시의 조사에서는 범죄를 부인하다가 긴급체포 · 구속된 이후 범죄사실을 시인하였다면 자수에는 해당되지 않는다.[7]

자수의 효과는 논리필연적이 아니라 입법정책적인 문제라고 보는 것이 판례의 입장이다. 즉 「형법이나 국가보안법 등이 자수에 대하여 형을 감면하는 정도를 그 입법취지에 따라 달리 정하고 자수의 요건인 자수시기에 관하여도 각각 달리 정하고 있는 점으로 미루어 보면, 어느 죄에 관한 자수의 요건과 효과가 어떠한가 하는 문제는 논리필연적으로 도출되는 문제가 아니라, 그 입법취지가 자수의 두 가지 측면 즉 범죄를 스스로 뉘우치고 개전의 정을 표시하는 것으로 보아 비난가능성이 약하다는 점과 자수를 하면 수사를 하는데 용이할 뿐 아니라 형벌권을 정확하게 행사할 수 있어 죄 없는 자에 대한 처벌을 방지할 수 있다는 점 중 어느 한쪽을 얼마만큼 중시하는지 또는 양자를 모두 동등하게 고려하는지에 따라 입법정책적으로 결정되는 것이다.」[8]

형법은 자수와 자복을 형의 임의적 감면사유로 규정하고 있다. 즉 「죄를 범한 후 수사책임이 있는 관서에 자수한 때에는 그 형을 감경 또는 면제할

1) 대판 1964. 10. 28, 64도454.
2) 대판 1964. 4. 7, 63도10.
3) 반의사불벌죄뿐만 아니라 친고죄도 포함된다는 견해가 있다(이형국, 459면; 임 웅, 624면).
4) 대판 1968. 7. 30, 68도754.
5) 대판 1964. 8. 31, 64도252.
6) 대판 1999. 7. 9, 99도1695.
7) 대판 2004. 7. 8, 2002도661.
8) 대판 1997. 3. 20, 96도1167.

수 있다」고 규정하고(제52조 제1항), 「피해자의 의사에 반하여 처벌할 수 없는 죄에 있어서 피해자에게 자복한 때에도 전항과 같다」고 규정하고 있다(동조 제2항).

판례는 자수를 형의 감경사유로 하는 이유는 그 죄를 뉘우치고 있다는 점에 있으므로 죄를 뉘우침이 없는 자수는 그 외형은 자수일지라도 법률상 형의 임의적 감면사유가 되는 진정한 자수라고 할 수 없다고 판시하고 있다.[1] 또한 자수로 인한 형의 감면은 법원의 자유재량에 속하므로 자수를 하였다고 하더라도 법원이 이를 자수감경의 사유로 삼지 않고 정상참작의 사유로 삼아 제53조에 의한 작량감경을 하더라도 위법하지 않다는 입장이다.[2]

제 3 절 量刑의 基準과 條件

Ⅰ. 序 論

양형이란 법관이 당해 범죄에 대하여 규정된 법정형에 가중·감경 및 작량감경을 하여 얻어진 처단형의 범위 내에서 구체적으로 선고할 형의 종류(刑種)와 양(刑量)을 정하는 것을 말한다.

형법은 양형판단을 법관에게 일임하면서도 양형의 조건이라 하여 일정한 기준을 제시하고 있다. 이러한 기준을 통하여 책임이 양형의 기초라고 하는 추상적 원칙으로부터 보다 구체화된 법적 판단의 문제로 귀착한다.

Ⅱ. 量刑判斷의 對象

양형의 기초는 행위자의 책임이다. 형법은 이에 관하여 규정하고 있지 않지만 책임의 한계를 벗어난 형벌이 정의에 반함은 당연하다. 그러나 동시에 책임만이 양형의 기준일 수는 없으며 형벌의 의미와 목적에 상응하는 형벌이어야 한다. 이에 따라 판단하는 법관의 양형판단대상은 행위이다. 형법은 책임형법이며 책임은 구성요건에 해당하는 행위수행을 통하여 구체화된 행위책임을 의미하기 때문이다.

다음으로는 행위자가 대상이 된다. 행위자에 대한 평가를 통하여 형벌의 예방목적과 부합하는 형량을 도출해 낼 수 있는 것이다. 형법 제51조가 규정

1) 대판 1983. 3. 8, 82도3248.
2) 대판 1984. 11. 13, 84도1897.

하는 양형의 조건은 바로 이러한 행위자관련의 참작사유에 해당한다.

행위자의 책임에 상응하는 형량산정에 관하여는 행위책임과 형량은 정확하게 일치하여야 하므로 단일의 형량만이 인정될 수 있다는 견해(유일형론, Punktstrafentheorie)와 책임의 상한과 하한의 범위 내에서 법관에게 행위책임과의 적정성 비교를 허용하여 양형을 하도록 하는 범위이론(Spielraumtheorie)이 대립한다.[1] 후자가 다수설이나[2] 유일형론의 경우에도 책임과 일치하는 정확한 형량산정이 불가능하다는 점에서 결국은 양자간에 실질적인 차이는 없다고 보아야 한다. 왜냐하면 유일형론의 경우에도 현실적으로는 적정한(유일한) 형량의 발견이 아니라 형의 양정을 통할 것이기 때문이다.

Ⅲ. 量刑의 條件

형법은 양형시 특히 참작하여야 할 일반적 조건을 다음과 같이 규정하고 있다(제51조).

1. 범인의 연령·성행·지능과 환경

이 밖에도 범인의 경력·습관·유전 기타 개인적 및 사회적 환경 등을 참작한다. 또한 범인의 가족관계나 경제적 상황, 교육 정도, 직업, 가정적 출신배경, 청소년기의 환경 등도 중요한 참작사유가 된다.

2. 피해자에 대한 관계

범인이 피해자와의 친족관계나 고용관계 기타 이와 유사한 관계를 남용하거나 피해자와의 신뢰관계를 이용하여 죄를 범한 경우, 보호의무를 침해하여 죄를 범한 경우에는 형을 가중한다.

이 조건은 범인과 피해자와의 관계만을 상정하고 있는 표현을 사용하고 있다. 그러나 범행 당시 피해자가 처한 상황도 참작의 대상에 넣는 것이 필요하다. 재산범죄에서의 구체적인 행위불법을 확정하는 데에 피해자의 경제적 상황을 참작하는 것은 한 예이다.

3. 범행의 동기·수단과 결과

일반적으로 법관은 범행의 동기가 비난받을 만한 것인가 아니면 동정의 대상인가 여부와 범인이 갖는 사회윤리적 태도에 따라 범행에 대한 긍정적

1) 이에 관해서는 Schäfer, 「Praxis der Strafzumessung」(1990), Rn. 339 이하 참조.
2) BGHSt 7, 32면; 20, 267면; 24, 133면; Sch/Sch/Stree, vor § 38 Rn. 10 등.

또는 부정적 평가를 한다고 보아야 한다. 그러나 이러한 평가는 법관의 주관적인 것으로서 자의적이 되지 않도록 주의하여야 한다. 범행의 결과는 범죄로 인하여 발생한 법익침해의 정도나 위험의 경중을 말한다.

4. 범죄 후의 정황

범죄 후 범인이 뉘우쳤는가의 여부나 피해보상 여부 등과 같은 범인의 태도는 예방의 관점에서, 특히 중요한 판단기준이 된다.

Ⅳ. 二重評價의 禁止

독일형법(제46조 제3항)은 양형조건 가운데 법적인 구성요건에 해당하는 사유는 양형 판단시 다시 형량가감의 기준으로 삼아서는 안 된다고 규정하고 있다. 이를 이중평가의 금지라고 한다. 형법에는 이러한 규정은 없으나 이와 같이 해석하여야 한다.[1] 그러므로 예를 들어 특수강도죄(제334조)에서 흉기사용은 이미 구성요건해당성의 단계에서 평가되는 사항이므로 이를 다시 양형단계—범행의 수단—에서 판단기준으로 삼아서는 안 된다.[2]

제 4 절 刑의 免除, 判決宣告前 拘禁(未決拘禁) 日數의 算入, 判決의 公示

Ⅰ. 刑의 免除

형의 면제는 범죄가 성립하지만 형벌을 과하지 않은 경우를 말하며 유죄판결의 일종이다(형사소송법 제322조, 제323조 제2항 참조). 형의 면제는 확정재판전의 사유로 인하여 형을 과하지 않는 경우인 데 반하여 형의 집행의 면제는 확정재판후의 사유로 인한 것(형법 제1조 제3항 참조)이라는 점에서 구별된다.

형면제의 법적 성격에 관해서는 논란이 있다. 위법성조각설과 책임조각설, 그리고 인적 처벌조각사유설 등이 있으나 통설인 인적 처벌조각사유설이 타당하다.

형의 면제에는 형법총칙이 정하고 있는 일반적 면제와 형법각칙상의 각

1) 신동운, 348면; 이재상, 585면.
2) 이에 관해서는 Sch/Sch/Stree, § 46 Rn. 45∼51.

구성요건에 규정된 개별적(또는 특수적) 면제가 있다. 일반적 면제사유로는 ① 외국에서 받은 형의 집행으로 인한 면제(제7조), ② 중지범(제26조), ③ 불능미수(제27조 단서), ④ 과잉방위(제21조 제2항), ⑤ 과잉피난(제22조 제3항), ⑥ 과잉자구행위(제23조 제2항), ⑦ 자수·자복(제52조 제1항)이 있다. 이들 모두는 형의 감경과 택일적이며, 중지범은 필요적 감면사유이나 그 밖에는 임의적 감면사유이다.

형법각칙상의 형의 개별적 면제사유로는 일정한 친족간의 범행에 관한 규정이 있다. 구체적으로는 권리행사방해죄(제328조), 절도죄(제329조), 사기와 공갈의 죄(제354조), 횡령과 배임의 죄(제361조), 장물의 죄(제365조 제1항)는 직계혈족, 배우자, 동거친족, 동거가족 또는 그 배우자간에서는 형을 면제한다.

Ⅱ. 判決宣告前 拘禁日數의 算入

판결선고전 구금(Untersuchungshaft)이라 함은 범죄의 혐의를 받는 자를 재판이 확정될 때까지 구금하는 것을 말하며, 미결구금이라고도 한다. 이러한 미결구금은 형벌은 아니지만 신체구속이라는 점에서는 자유형과 다를 바 없으므로 형법은 판결선고 전의 구금일수는 그 전부 또는 일부를 유기징역·유기금고·벌금이나 과료에 관한 유치 또는 구류에 산입한다고 규정하고 있다(제57조 제1항). 이 경우에 구금일수의 1일은 징역·금고·벌금이나 과료에 관한 유치 또는 구류기간의 1일로 계산한다(동조 제2항). 형법 제57조의 취지는 미결구금이 공소의 목적달성을 위해 불가피한 강제처분으로 형의 집행은 아니지만, 자유를 박탈하는 점이 자유형과 유사하기 때문에 인권보호의 관점에서 본형에 산입하는 것이다.[1] 따라서 공소의 목적달성을 위해 어쩔 수 없이 이루어진 강제처분 기간이 아니면 미결구금일수에는 산입되지 않는다.[2]

법률상 미결구금일수를 당연히 통산하여야 할 경우가 아닌 이상 미결구금일수 중 그 전부를 본형에 산입할 것인가, 또는 일부(예: 미결구금일수가 141일인 경우에 75일을 본형에 산입)만을 산입할 것인가의 여부가 문제되었지만 헌법재판소의 위헌결정(헌재결 2009. 6. 25, 2007헌바25)으로 형법 제57조 제1항 중 「또는 일부」 부분은 효력이 상실되었다. 그러므로 판결선고 전 미결구금일수는 그 전부가 법률상 당연히 본형에 산입하게 되었으므로, 판결에서 별도로 미결구

1) 대판 2003. 2. 11, 2002도6606.
2) 대판 2004. 4. 3, 2004도482.

금일수 산입에 관한 사항을 판단할 필요가 없다. 법률상 당연히 통산하여야 할 경우란 형사소송법 제482조에 따라 ① 검사가 상소를 제기한 때, ② 피고인 또는 피고인 아닌 자가 상소를 제기한 경우에 원심판결이 파기된 때(동조 제1항)이다. 이 경우에는 상소제기 후의 판결선고 전 구금일수는 전부를 본형에 산입한다. 즉 판결선고 전 구금의 1일은 형기의 1일 또는 벌금이나 과료에 관한 유치기간의 1일로 계산한다(동조 제2항). 그리고 원심판결을 파기한 후의 판결선고 전 구금일수는 상소중의 판결선고 전 구금일수에 준하여 통산한다.

Ⅲ. 判決의 公示

판결의 공시란 피해자의 이익이나 피고인의 명예회복을 위하여 판결선고의 내용을 관보나 일간신문 등에 게재하여 일반에게 주지시키는 제도를 말한다. 형법이 판결의 공시를 인정하는 경우는 피해자의 이익을 위해서 하는 경우와 피고인의 명예회복을 위한 경우의 두 가지이다. 구체적으로는 다음과 같다.

(i) 피해자의 이익을 위하여 필요하다고 인정할 때에는 피해자의 청구가 있는 경우에 한하여 피고인의 부담으로 판결공시의 취지를 선고할 수 있다(제58조 제1항).

(ii) 피고사건에 대하여 무죄 또는 면소의 판결을 선고할 때에는 판결공시의 취지를 선고할 수 있다(동조 제2항). 이는 공소가 제기되어 재판을 받은 경우에는 비록 무죄판결이 선고된다고 하더라도 일반인은 피고인의 무죄사실을 잘 알지 못하는 경우가 많을 것이므로 이를 공시하여 무고한 피고인의 명예를 회복하여 줄 책임이 국가에 있는 것이다. 무죄판결을 공시함에는 이 사건을 담당한 사법경찰관과 공소를 제기한 검사를 함께 밝히는 것이 효과적이라는 견해도 형법제정 당시에 있었다.[1)]

1) 엄상섭, 「우리 형법전에 나타난 형법민주화의 소향」, 형사법령제정자료집(1), 548면.

제 5 절 累 犯

I. 累犯의 意義

1. 누범의 개념

누범(Rückfall)이란 범죄를 누적적으로 반복하여 범하는 것을 말한다. 형법은 「금고 이상의 형을 받아 그 집행을 종료하거나 면제받은 후 3년 내에 금고 이상에 해당하는 죄를 범한 자는 누범으로 처벌한다」(제35조 제1항)고 규정하여 누범의 개념을 정의하고 있다.

독일형법상 누범사유는 1986년 개정의 결과 법원이 양형판단을 할 때 범죄인의 과거생활과 관련하여 평가할 수 있는 일반적인 양형사유(독일형법 제46조)에 불과한 항목이라는 점에서 필요적 가중사유인 우리와 다르다.

누범의 법적 성질은 죄수론의 문제가 아니라 양형규정이라고 보아야 한다. 죄수론은 병렬적인 범죄행위의 수가 단일한가 복수인가의 확정문제를 중심으로 논하는 데 반하여 누범은 과거의 범죄행위(전범이라 부른다) 자체에 대한 처벌을 문제삼는 것이 아니라 전범을 토대로 현재 심판대상이 된 범죄의 가중처벌을 위한 규정이라는 점이 다르다.[1)]

2. 상습범과의 구별

상습범은 일정한 범죄를 반복하여 행하는 특정한 범죄적 성향을 가진 범죄인을 말한다. 일시적인 충동이나 외부적 자극, 범죄유혹으로 인한 범행이 아니라 성격적으로 형성된 일정한 습벽으로 인하여 범행을 한다는 점에서 행위책임이 아닌 행위자책임을 기반으로 한다. 그러므로 상습성은 법규정에 의하여 인정되는 것이 아니라 범죄학적 개념에 해당한다.

[판례] 상습성을 인정한 대법원판례는 다음과 같은 것이 있다.

① 「피고인은 특수절도 등으로 4차에 걸쳐 실형선고를 받아 그 범행을 종료한 전과가 있는 데다가 이 건 범행도 두 차례에 걸쳐 타인의 재물을 절취한 것으로서 어느 것이나 우발적 범행이라고 보기 어려운 사정 등을 고려해 보면 절도의 습성이 있다고 인정된다」(대판 1983. 4. 26, 83도445).

1) 김일수(Ⅱ), 724면; 안동준, 350면; 이재상, 588면.

② 「비록 피고인에게 강도의 전과사실이 없었다고 하더라도 3개월여 사이에 16회에 걸쳐 특수강도행위를 반복하였고 여러 사람이 한밤중에 칼을 협박의 도구로 사용하며 피해자들을 묶어 놓는 등 그 범행의 수단·방법이 범행을 거듭함에 따라 전문화·대형화해 가고 있다면 특수강도의 상습성을 인정할 수 있다」(대판 1986. 6. 10, 86도778).

이에 반해 누범은 범죄의 유형이나 질을 불문하고 범죄의 반복적 수행이라는 형식적 요건만 구비되면 인정되는 개념이라는 점에서 동일 유형 또는 동일 죄질의 범죄반복을 요하는 상습범과 구별된다. 누범전과가 없더라도 상습범은 인정될 수 있기 때문에 상습범이라 하여 반드시 누범이 되는 것이 아니고 반대로 누범이라고 하여 반드시 상습법이 되는 것도 아니다. 상습범 중 일부 행위가 누범기간 내에 이루어진 경우에는 나머지 행위가 누범기간 경과 후에 행하여졌더라도 그 행위 전부가 누범관계에 있게 된다.[1]

그러므로 1975. 11. 7 상습사기로 징역 2년 6월을 선고받아 1978. 1. 17 형집행을 종료한 자가 집행종료일로부터 3년이 경과하기 전에 사기죄를 2회 범하고 3년이 경과한 후인 1981. 3. 1 세 번째의 사기죄를 범한 경우에 형집행종료일 후 3년을 경과하여 범한 세 번의 사기죄는 모두 누범관계에 있다.

3. 누범가중과 책임주의 및 위헌성

누범은 전과가 있음에도 불구하고 또다시 죄를 범하였다는 점에서 초범자보다 강한 비난을 받아야 한다는 데에 가중처벌의 근거를 두고 있다. 상습범이 행위자의 범죄적 습벽을 이유로 가중처벌하는 것(행위자책임)과 비교하여 행위책임의 성격을 띠고 있는 것이다.[2]

그러나 전과를 근거로 한 형벌가중이 과연 형사정책적 견지에서 타당한 것인지는 의문이다. 물론 이전의 판결을 통한 경고를 무시하고 다시 범행을 하였다는 점에서 누범가중이 책임주의와 충돌하지 않는다고 볼 수도 있다.[3] 그러나 형벌의 목적은 궁극적으로 책임주의의 관철에 있는 것이 아니라 효과적인 범죄예방에 있다고 할 때 형식적인 형벌가중을 통하여 이러한 목표를 달성할 수는 없다고 본다. 그러므로 누범가중규정은 보다 탄력적인 방법으로 바뀌어야 하며 누범자에 대한 형사정책적 대응이 형벌적 대응보다 선행되어

1) 대판 1982. 5. 25, 82도600.
2) 손동권, 「상습범 및 누범에 대한 형벌가중의 문제점」, 형사판례연구(4), 112~113면.
3) 김일수(II) 726면; 손동권, 앞의 논문, 113~114면; Welzel, Strafrecht, 261면.

야 할 것이다.

누범가중의 위헌성에 관하여는 첫째, 일사불재리의 원칙 위배 여부와 둘째, 평등의 원칙 위배 여부가 문제된다. 이에 대하여 헌법재판소는 전범이 있다는 사실은 단지 하나의 정상으로서 법관의 양형에 있어 불리하게 작용하는 요소일 뿐, 전범 자체가 심판의 대상으로 되어 다시 처벌받기 때문에 형이 가중되는 것은 아니라는 이유에서 누범에 대한 형의 가중은 헌법상의 일사부재리의 원칙에 위배하지 않는다고 본다. 또한 누범을 가중처벌하는 것은 전범에 대한 형벌의 경고적 기능을 무시하고 다시 범죄를 저질렀다는 점에서 비난가능성이 많고, 누범이 증가하고 있다는 현실에서 사회방위, 범죄의 특별예방 및 일반예방이라는 형벌목적에 비추어 보아, 형법 제35조가 누범에 대하여 형을 가중한다고 해서 그것이 인간의 존엄성 존중이라는 헌법의 이념에 반하는 것도 아니며, 누범을 가중하여 처벌하는 것은 사회방위, 범죄의 특별예방 및 일반예방, 더 나아가 사회의 질서유지의 목적을 달성하기 위한 하나의 적정한 수단이기도 하는 것이므로 이는 합리적 근거있는 차별이어서 헌법상의 평등의 원칙에 위배되지 않는다고 한다(헌재결 1995. 2. 23, 93헌바43).[1]

Ⅱ. 累犯의 成立要件

1. 금고 이상의 형의 선고

전범이 유기징역이나 유기금고에 해당하였어야 한다. 전범위반에는 형법뿐만 아니라 특정범죄가중처벌등에 관한 법률 등과 같은 특별법 위반도 포함한다. 벌금형을 선택한 경우에는 누범가중을 할 수 없다.[2] 만일 사형이나 무기형이 선고된 경우에는 원칙적으로 누범이 될 수 없으나 유기형으로 감형되거나 특별사면 또는 형의 시효로 인하여 그 집행이 면제되면 누범요건을 갖출 수 있다. 복권은 형선고의 효력을 상실시키는 것이 아니라 형의 선고로 인하여 상실 또는 정지된 자격을 회복시키는 것에 불과하므로 복권이 있었다고 하더라도 그 전과사실은 누범사유가 된다.[3] 또한 일반사면과 달리 특별사면은 형선고의 효력이 상실되지 않으므로 전과사실은 누범사유가 된다.[4] 그러나 집행유예를 선고받은 자가 선고의 실효 또는 취소됨이 없이 유예기간을 경과한 때에는 형의 선고가 효력을 잃으므로 누범이 될 수 없다.

1) 대법원 역시 누범가중의 위헌성을 부인한다(대판 1990. 1. 23, 89도2227). 이와 달리 배종대, 817~819면은 누범가중의 위헌성을 지적하고 있다.
2) 대판 1983. 9. 14, 82도1702.
3) 대판 1981. 4. 14, 81도543.
4) 대판 1986. 11. 11, 86도2004.

2. 형의 집행종료 또는 면제 후 3년 내에 범한 범죄

전범의 형집행을 종료하거나 면제를 받은 후 3년 이내에 후범이 행하여져야 한다. 따라서 금고 이상의 형을 받고 그 형의 집행유예기간중에 금고 이상에 해당하는 죄를 범하였다 하더라도 이는 누범요건을 충족시킨 것이라고 할 수 없다.[1] 형의 집행을 종료하였다는 것은 형기 또는 집행유예기간이 만료된 것을 의미하고, 형의 집행을 면제받은 경우로는 형의 시효가 완성된 때(제77조), 특별사면에 의하여 형의 집행이 면제된 때(사면법 제5조), 외국에서 형의 집행을 받았을 때(제7조) 등이다. 누범은 이로부터 3년 이내에 후범(미수범 포함)이 범하여져야 성립하는데 이 기간을 누범시효(Rückfallverjährung)라고도 한다.

3. 금고 이상에 해당하는 죄

누범가중의 대상이 되는 후범은 금고 이상의 형(유기징역, 유기금고)에 해당하는 것이어야 한다. 금고 이상의 형은 선고형을 의미한다(다수설, 판례).[2]

금고 이상에 해당하는 죄는 반드시 동일 죄명이거나 죄질일 필요는 없다(이 점에서도 상습범과 다르다). 또한 고의범이나 과실범을 불문하며, 죄를 범한 시기는 실행의 착수시를 기준으로 한다. 그러나 과실범의 경우에도 누범가중을 한다는 것은 전형적인 형벌만능의 중형주의적 사고의 소산이다.

Ⅲ. 累犯의 法的 效果

1. 누범의 가중

누범의 형은 그 죄에 정한 형의 장기의 2배까지 가중한다(제35조 제2항). 다만 50년을 초과할 수는 없다(제42조 단서 참조). 그 결과 누범가중의 경우에는 법정형인 단기와 가중된 장기의 2배인 처단형의 범위 내에서 선고형이 결정된다. 그러나 누범이라 하여 반드시 선고형이 원래의 법정형을 초과하여야 하는 것은 아니다. 누범에 대한 법률상 또는 재판상의 감경도 가능하다.[3]

특정강력범죄의 처벌에 관한 특례법 제3조는 누범의 형을 가중할 경우 그 죄에 정한 형의 장기 및 단기의 2배까지 가중하도록 규정하고 있다.

---

1) 대판 1983. 8. 23, 83도1600.

2) 대판 1960. 12. 21, 4293형상841; 1982. 7. 27, 82도1018; 손해목, 1164면; 오영근, 796면; 이재상, 595면.

3) 손해목, 1164면; 안동준, 354면; 이재상, 597면.

2. 판결선고 후 누범발각

판결선고 후 누범인 것이 발각된 때에는 그 선고한 형을 통산하여 다시 형을 정할 수 있다(제36조). 이는 피고인이 재판시에 자신의 전과사실을 은폐하여 누범가중을 면하고 재판확정 후에 누범인 것이 발각되는 것—이 경우에는 포괄일죄로서 이미 처벌받았기 때문에 일사불재리의 원칙에 의하여 기소할 수 없는 상황이다—을 피하기 위한 규정이다. 그러나 본조는 피고인이 갖는 진술거부권을 사실상 부인하는 결과를 가져오며 이러한 사실에 대한 입증책임이 검사에게 있음에도 불구하고 이를 간과한 경우에 그 불이익을 피고인에게 부담시키는 것으로서 폐지하는 것이 타당하다.

판결선고 후 누범인 사실이 발각되더라도 선고한 형의 집행이 종료되었거나 그 집행이 면제된 후에는 누범가중이 되지 않는다(동조 단서 참조).

제 3 장 刑의 宣告猶豫, 執行猶豫, 假釋放

제 1 절 宣告猶豫

Ⅰ. 宣告猶豫의 意義

형법상 선고유예는 판사가 피고인의 유죄가 인정됨에도 불구하고 경미한 범죄를 이유로 일정한 기간 형의 선고를 유예하고 이 기간이 경과하면 형의 선고를 면하게 하는 제도를 말한다. 이는 경미범죄영역에서 개선가능성이 많은 범죄자를 형집행으로부터 배제시켜 자유형집행으로 인한 폐단을 막는 데에 중요한 목적이 있다. 그러나 현재 선고유예율은 1% 이내에 불과하여 제도 본래의 목적을 달성하기에는 활용도가 너무 낮다.

Ⅱ. 宣告猶豫의 要件

선고유예를 하기 위한 요건은 아래와 같다(제59조).

1. 1년 이하의 징역이나 금고, 자격정지 또는 벌금의 형을 선고할 경우

선고할 범죄의 종류에는 제한이 없다. 또한 선고유예하는 형은 주형과 부가형을 포함한 처단형 전체를 의미한다.[1] 그러므로 주형을 선고유예하는 경우에는 부가형인 몰수나 추징도 선고유예할 수 있다.[2] 또한 주형을 선고유예하고 몰수·추징만을 선고할 수도 있다.[3] 예를 들면 뇌물수수의 경우에 징역형에 대하여는 선고를 유예하고 뇌물상당액은 몰수하거나 몰수가 불가능한 경우에 이를 추징하는 것이다. 그러나 주형의 선고를 유예하지 않으면서 부가할 추징에 대하여서만 선고를 유예할 수는 없다.[4] 형을 병과할 경우에는

1) 대판 1970. 6. 30, 70도993; 1970. 7. 24, 70도1289.
2) 대판 1980. 12. 9, 80도594.
3) 대판 1973. 12. 11, 73도1133; 1981. 4. 14, 81도614.
4) 대판 1979. 4. 10, 78도3098.

형의 전부 또는 일부에 대하여 그 선고를 유예할 수 있다(동조 제2항). 이를테면 징역형과 벌금형을 병과하도록 된 경우에 피고인을 징역형에 처하고 벌금형에 대하여는 정상을 참작하여 형의 선고를 유예할 수 있다.[1)]

2. 개전의 정상이 현저할 것

개전(뉘우침)의 정상이 현저하다는 것은 행위자에게 형을 선고하지 않더라도 재범의 위험성이 없다고 인정되는 경우를 말한다. 이에 대한 판단은 행위 및 행위자에 대한 법관의 자유로운 평가에 맡겨진다.

3. 자격정지 이상의 형을 받은 전과가 없을 것

자격정지 이상의 형이라 함은 자격정지를 포함하여 사형, 징역, 금고, 자격상실을 의미한다. 그러므로 과거에 벌금, 구류, 과료를 선고받은 전과는 선고유예의 장애사유가 아니다. 대법원 판례는 형의 집행유예를 선고받은 자는 형법 제65조에 의하여 그 선고가 실효 또는 취소됨이 없이 정해진 유예기간을 무사히 경과하여 형의 선고가 효력을 잃게 되었다고 하더라도 형의 선고의 법률적 효과가 없어진다는 것일 뿐, 형의 선고가 있었다는 기왕의 사실 자체까지 없어지는 것은 아니므로, 형법 제59조 제1항 단서에서 정한 선고유예 결격사유인 '자격정지 이상의 형을 받은 전과가 있는 자'에 해당한다고 본다.[2)]

선고유예는 형법상 가장 가벼운 제재에 해당하기 때문에 초범에 대해서만 인정하겠다는 의미이다. 초범이 사회복귀시 가장 위험이 적은 범죄자인 것은 사실이다. 그러나 전과자에게 선고유예를 배제하는 이유로서 초범의 경우에 개전의 정에 대한 진실성이 개연적이라는 판단[3)]은 타당하다고 볼 수 없다. 그러므로 이 조건은 초범으로 제한하되 예외를 인정하여 임의적 조건화하는 것이 바람직하다. 예를 들어 과거 3년 이내의 기간 동안 선고유예나 형 선고를 받은 사실이 없어야 한다는 것[4)]과 같이 기간을 제한하는 방법 등으로 개선할 것이 요청된다.

1) 대판 1973. 5. 8, 73도649; 1976. 6. 8, 74도1266.
2) 대판 2008. 1. 18, 2007도9405.
3) 배종대, 835면 참조.
4) 독일형법 제59조 제2항 참조.

Ⅲ. 宣告猶豫의 效果

형의 선고를 유예하는 경우에 재범방지를 위하여 지도 및 원호가 필요한 때에는 보호관찰을 받을 것을 명할 수 있으며(제59조의2 제1항), 보호관찰의 기간은 1년으로 한다(제2항). 보호관찰을 부과할 수 있도록 한 것은 생활의 지도와 원호를 내용으로 하는 보호관찰을 통하여 재범방지의 목적을 달성하기 위한 것이다.

선고유예시 보호관찰을 부과할 것인가의 여부는 법관의 재량에 맡기고 있다. 그리고 법원은 형의 선고유예판결을 할 경우에 선고가 유예된 형에 대한 판단을 하여야 하는 것이므로 선고유예 판결에서도 그 판결이유에서는 선고할 형의 종류와 양, 즉 형이 벌금형일 경우에는 그 벌금액뿐만 아니라 환형유치처분까지 해 두어야 한다.[1] 이 점이 영미의 probation과 다른 점이다. 그러므로 만일 주문에서 형의 선고를 유예한다고 하면서 그 이유에서는 벌금 1,500,000원에 처한다고 하였을 뿐 벌금을 납입하지 않을 경우의 환형유치기간에 대해서 아무런 판단이 없음은 판결절차에 위법이 있는 것에 해당한다.

형의 선고유예를 받은 날로부터 2년을 경과한 때에는 면소된 것으로 간주한다(제60조). 면소의 효과로는 실체적 공소권이 소멸하게 된다. 그러나 선고유예를 받은 사실 자체가 없어지는 것은 아니므로 선고유예기간이 경과한 후에도 경합범에서 판결이 확정된 죄(제37조 후단 참조)에 해당한다.[2] 선고유예기간은 법원이 유예기간을 정해야 하는 집행유예와 달리 언제나 2년이다. 면소판결이란 소송을 더 이상 진행할 이익이 없는 경우에 소송을 종결시키는 형식재판이다(형사소송법 제326조 참조).

Ⅳ. 宣告猶豫의 失效

형의 선고유예를 받은 자가 유예기간중 자격정지 이상의 형에 처한 판결이 확정되거나 자격정지 이상의 형에 처한 전과가 발견된 때에는 유예한 형을 선고한다(제61조 제1항). 이는 재범방지를 위해서가 아니라 본래 경합범으로서 동시에 재판을 하였을 경우와 불균형이 생기지 않도록 하는 등 적정한 형벌

1) 대판 1988. 1. 19, 86도2654.
2) 대판 1992. 11. 24, 92도1417.

권 행사를 목적으로 한 것이라고 볼 수 있다.[1] 또한 제59조의 2의 규정에 의하여 보호관찰을 명한 선고유예를 받은 자가 보호관찰기간중에 준수사항을 위반하고, 그 정도가 무거운 때에는 유예한 형을 선고할 수 있다(제2항). 유예된 형의 선고는 검사의 청구에 의하여 피고인의 현재지 또는 최후의 거주지를 관할하는 법원이 피고인 또는 그 대리인의 의견을 물은 후에 한다(형사소송법 제335조).

제2절 執行猶豫

Ⅰ. 意義 및 法的 性質

집행유예[2]란 선고한 형의 집행을 일정기간 유예하고 이 유예기간이 경과하면 형의 선고효력을 잃게 하는 제도이다. 이는 자유형을 선고하여 이를 집행하는 경우 발생할 수 있는 여러 가지 폐단을 방지하고 피고인으로 하여금 용이하게 사회에 복귀할 수 있도록 하기 위한 형사정책적 고려하에서 만들어진 제도이다. 집행유예제도가 단기자유형의 폐단을 막기 위한 제도라는 견해가 있으나, 3년 이하의 자유형에 대해서도 집행유예가 인정되는 점, 집행유예의 실효나 취소시에 유예된 형이 집행되는 점을 감안할 때 반드시 단기자유형의 폐단을 막기 위한 것이라고는 볼 수 없다.

형법은 「3년 이하의 징역 또는 금고의 형을 선고할 경우에 제51조의 사항을 참작하여 그 정상에 참작할 만한 사유가 있는 때에는 1년 이상 5년 이하의 기간 형의 집행을 유예할 수 있다. 다만, 금고 이상의 형을 선고한 판결이 확정된 때부터 그 집행을 종료하거나 면제된 후 3년까지의 기간에 범한 죄에 대하여 형을 선고하는 경우에는 그러하지 아니하다」고 하여 금고 이상의 형이 확정된 때부터 그 집행을 종료하거나 면제된 후 3년까지의 기간에 범한 죄에 대하여 형을 선고하는 경우에는 형의 집행을 유예할 수 없도록 개정하였다(2005. 7. 29, 법률 제7623호). 즉 집행유예의 요건을 완화한 것이다.

---

1) 대결 1997. 7. 18, 97모18 참조.

2) 미국에서는 probation, 영국에서는 suspended sentence, 그리고 독일형법상으로는 Strafaussetzung zur Bewährung(제56조)이라 부른다. 집행유예에 관해서는 박상기, 「형의 집행유예에 관한 연구」(한국형사정책연구원, 1993) 참조.

집행유예의 법적 성질에 관해서는 논란이 있다. 이 제도가 단순한 은사의 성격을 지닌 것은 아니며, 그렇다고 독립적인 형벌도 아니다. 현행 형법은 집행유예를 받은 사람에 대하여 보호관찰을 명할 수 있도록 하였으며, 사회봉사명령과 수강명령을 부과할 수도 있다. 이 경우에는 집행유예제도의 사회내 처우적 성격을 더욱 뚜렷이 한 것으로 보아야 한다. 그러므로 집행유예제도는 원칙적으로 형집행의 변형이라고 보는 것이 타당하지만,[1] 한편으로는 형의 즉각적인 집행을 일정기간 유보하는 제도이기도 하다. 결국 집행유예제도는 형집행의 유예를 통해 범죄자의 사회복귀를 용이하게 하고 재범을 방지한다는 예방적 목적을 지닌 형사정책적 기능과 처벌이라는 경고기능을 가진 형벌 본래의 목적을 동시에 충족시키고자 하는 다목적적인 의도를 지닌 제도라고 할 수 있다. 그렇기 때문에 집행유예제도를 반드시 특별예방적 기능만으로 이해하는 것은 일면적이다.[2] 보호관찰이 수반되는 집행유예의 경우에는 형벌과 보안처분의 중간영역에 해당하는 제 3 의 제재방법이라고 보는 것이 타당하다.[3]

Ⅱ. 沿　革

자유형집행의 대체형식인 집행유예제도는 영미식의 probation과 유럽대륙의 벨기에 · 프랑스형의 조건부판결제도(sursis)로 나누어진다. 전자는 피고인에 대한 유죄판결(conviction)과 형의 선고(sentence)를 구분하는 배심재판제도와 관련이 있다. 즉 배심원에 의한 유죄평결이 나와도 보호관찰을 조건으로 하여 보호관찰기간이 경과하면 형 자체를 선고하지 않는다. 반면에 보호관찰에 수반하는 조건을 이행하지 않은 경우에 우리 나라와 같이 선고한 형을 집행하는 것이 아니라 법관이 재량범위 내에서 형을 선고하는 것이다. 이는 19세기 중반 미국의 매사추세츠(Massachusetts)주에서 개인에 의해 시작되었다가 입법화된 것이다.[4] 후자인 조건부판결제도란 집행유예기간이 경

1) 이재상, 601면; 이형국, 419면; 임 웅, 645면; 정성근/박광민, 694면.

2) Schäfer, 「Praxis der Strafzumessung」(1990), Rn. 104 참조.

3) 김일수/서보학, 778면도 같은 견해이다.

4) 미국 보스턴(Boston)의 구두가게 주인이었던 존 어거스터스(John Augustus, 1785-1859)가 probation의 효시이다. 그는 벌금형선고를 받은 범죄자들이 벌금을 납부하지 못하여 구속되자 이들의 신원을 인수하여 정신적 · 물질적 지원을 하여 개선효과를 보았는데 그 숫자는 1842년부터 1858년 사이에 1,946명, 금액으로는 US$243,235에 달하였다. 이에 관하여 Cole, George F., 「The American System of Criminal Justice」(1986), 581면 이하 참조.

과하면 형선고의 효력을 상실하게 하는 제도이다. 우리 나라의 집행유예제도는 이를 따르고 있다.

Ⅲ. 執行猶豫의 要件

집행유예를 할 수 있기 위한 요건은 다음과 같다(제62조).

1. 3년 이하의 징역 또는 금고의 형을 선고할 경우

본래 집행유예는 단기자유형의 집행으로 인한 폐단을 방지하기 위한 제도인데 형법이 단기라고 볼 수 없는 3년 이하의 자유형까지 인정하고 있는 것은 집행유예의 인정범위를 확대한 것으로 볼 수 있다. 참고로 독일형법은 2년까지의 선고형에 대해 집행유예를 인정하고 있다(동법 제56조 제 2 항 참조).

반면에 벌금형은 집행유예의 선고대상에서 제외하고 있으나 이를 인정하여야 한다는 의견이 제기되고 있다. 독일형법은 형법각칙상 벌금형을 규정하고 있지 않았더라도 6월 이하의 자유형에 처할 경우 행위나 행위자의 성격등에 비추어 자유형선고가 불가피한 특별한 정황이 인정되는 경우가 아니면 벌금형을 선고하도록 하고 있다(동법 제47조 제 2 항). 이는 단기자유형의 선고로 인한 폐단을 방지하고자 하는 데에 그 목적이 있다.[1] 그러나 형법은 이러한 규정을 두고 있지 않기 때문에 여전히 단기자유형의 문제가 제기될 수 있고, 또한 벌금형의 30일 내 완납이 불가능한 경우 1일 이상 3년 이하의 환형처분 가능성 때문에 벌금형에 대해서도 집행유예의 길을 열어 두는 것이 타당하다고 본다.[2]

2. 정상에 참작할 만한 사유가 있을 것

형법 제51조의 양형조건은 동시에 집행유예를 위한 정상참작사유로서 인정되고 있다. 제51조는 범인의 연령, 성행, 지능과 환경, 피해자에 대한 관계, 범행의 동기, 수단과 결과, 범행 후의 정황을 참작하여 형을 정하도록 하고 있다. 이러한 기준은 종국적으로는 형의 선고만으로도 형벌의 목적—경고기능—을 달성할 수 있고, 또한 범인의 재범가능성이 낮기 때문에 자유형집행이 불필요하다는 판단을 하게 하는 기능을 한다. 이상의 기준은 전체적이고

1) 그래서 독일형법상의 이 규정을 「최후수단적 규정」(ultima-ratio-Klausel)이라고 부르기도 한다(Lackner, § 47 Rn. 1).

2) 같은 견해로는 김일수/서보학, 780면; 손동권, 677면; 임 웅, 646면; 정성근/박광민, 695면.

종합적인 관점에서 판단하여야 하며 판단시점은 판결선고시이다. 그리고 판단기준으로 추가되는 것이 바람직한 사항은 범인의 전력이다. 범인의 전력이야말로 장래 예측의 중요한 자료가 될 수 있기 때문이다.

3. 금고 이상의 형이 확정된 때부터 그 집행을 종료하거나 면제된 후 3년 이내에 범한 죄에 대하여 형을 선고하는 경우가 아닐 것

집행의 종료는 선고된 형의 집행을 받아 형기가 만료된 것을 말한다. 형의 집행면제는 형의 집행력 소멸을 의미하며 법률의 변경에 의하여 그 행위가 범죄를 구성하지 않은 때(제1조 제3항), 형의 시효가 완성된 때(제77조), 특별사면이 있는 때(사면법 제5조 제2호)가 이에 해당한다.

그리고 "금고 이상의 형"이 실형만을 의미하는지 집행유예도 포함하는지에 대해서는 견해가 다르다. 판례는 금고 이상의 형에 집행유예도 포함되는 입장이다.[1] 이에 따르면 형의 집행이 유예되었더라도 형의 선고는 있었으므로 집행유예기간 중에 범한 죄에 대해서 다시 집행유예를 선고할 수 없다. 반면에 금고 이상의 형에 집행유예도 포함된다고 보는 견해는 집행유예 기간 중에 범한 죄에 대해서 다시 집행유예를 선고할 수 있다고 한다.[2]

이에 대해 대법원은 형법 제37조의 경합범관계에 있는 수죄가 전후로 기소되어 각각 별개의 절차에서 재판을 받게 된 결과 어느 하나의 사건에서 먼저 집행유예가 선고되어 그 형이 확정되었을 경우 다른 사건의 판결에서는 다시 집행유예를 선고할 수 없다면 그 수죄가 같은 절차에서 동시에 재판을 받아 한꺼번에 집행유예를 선고받을 수 있었던 경우와 비교하여[3] 현저히 균형을 잃게 되므로 이러한 불합리가 생기는 경우에 한하여 형의 집행유예를 선고받은 경우를 포함하지 않는 것으로 보아 재차의 집행유예를 허용하고 있다(여죄설).[4] 이는 집행유예기간중에는 새로 재판할 사건의 범죄행위가 먼저 집행유예의 선고를 받았던 범죄사실이 있기 전의 행위이거나 그 후에 있었던 행위이거나를 막론하고 그 사건에 있어서는 다시 집행유예를 선고할 수 없다는 종래의 대법원의 입장과는 부분적으로 다른 것이다.

---

1) 대판 2007. 2. 8, 2006도6196; 2007. 7. 27, 2007도768. 또한 윤남근, 주석형법(II), 595면.
2) 김일수/서보학, 778면; 배종대, 828면; 신동운, 823면; 오영근, 892면; 임 웅, 648면.
3) 경합범 관계에 있는 두 개의 범죄에 대하여 하나의 판결로 각각 실형과 집행유예를 선고할 수 있다는 판결로는 대판 2001. 10. 12, 2001도3579; 2002. 2. 26, 2000도4637 참조.
4) 대판 1989. 9. 12, 87도2365(전원합의체); 1989. 10. 10, 88도824; 2002. 2. 22, 2001도5891; 2007. 2. 8, 2006도6196. 또한 손동권, 566면.

그러나 집행유예제도 본래의 취지가 자유형의 기계적인 집행으로 인한 폐단을 방지하고 피고인의 개선이라는 특별예방의 형벌목적을 달성하는 데 있으므로 이를 위해서는 재차의 집행유예를 허용하는 것이 타당하다고 본다(적극설). 또한 과거에 집행유예를 받았다는 것은 실형전과에 비해 죄질이 낮다고도 볼 수 있으므로 양자를 동등하게 취급하는 것은 적정하지 않다. 이러한 해석은 형법규정과 배치되는 것도 아니다. 왜냐하면 형법 제62조 제1항 단서 가운데 집행종료 또는 집행면제 후 3년이 경과하지 아니한 자라는 부분은 실형을 선고받아 현실적으로 집행절차를 거쳤음을 전제로 한 표현이므로 집행유예의 선고를 배제하는 단서규정에는 집행유예가 포함된다고 볼 수 없는 것이다. 또한 이와 내용이 동일한 누범가중규정(제35조)의 경우에는 집행유예전과가 누범사유에 해당하지 않는다고 해석하는 것이 통설·판례의 입장이다.

끝으로 현행법은 실형을 선고받은 자는 그 형기의 장단을 불문하고 일률적으로 3년간은 집행유예를 선고할 수 없도록 하여 가혹하다는 것이 문제점으로 지적되고 있다. 그 결과 피고인에게는 '징역 2월'의 선고를 받은 경우가 '징역 2년에 집행유예 3년'의 선고보다 불리한 결과가 되는 것이다. 2개월간의 징역으로 끝나는 것이 아니라 그 후 3년간 집행유예가 허용되지 않기 때문이다. 형기의 장단에 따른 집행유예 불가기간의 차별화가 필요한 이유이다.[1]

그 밖에 특정강력범죄의 처벌에 관한 특례법 제5조에 의하면 「특정강력범죄」(동법 제2조 참조. 살인죄, 약취·유인죄, 특수강간죄, 특수강도죄 등)로 형의 선고를 받아 그 집행을 종료하거나 면제받은 후 10년을 경과하지 않은 자가 다시 특정강력범죄를 범한 때에는 집행유예가 금지된다.

4. 형의 일부 집행유예

형의 일부에 대한 집행유예라 함은 예를 들어 징역 3년을 선고하면서 그 가운데 1년은 실형을 선고하고, 나머지 2년에 대해서는 집행유예를 선고하는 것과 같이 형기를 분할하여 집행유예를 허용하는 것을 말한다.[2]

형의 일부에 대한 집행유예가 허용되는가에 대하여 형법은 형을 병과하

1) 사법제도개혁을 위한 법관세미나 결과보고서(형사재판제도의 개선) 사법정책자료 제5집(1991), 113면 이하 참조.
2) 미국에서는 이를 split sentence라 하여 인정하고 있다.

는 경우에만 허용하고 있다(제62조 제2항). 통설 · 판례[1)]도 마찬가지 견해이다. 그러나 이에 대해서는 실형선고와 집행유예선고라는 양극단의 선택 이외에 중간형태의 양형이 필요하다는 이유에서 형의 일부에 대한 집행유예를 허용하여야 한다는 견해가 제기되고 있다. 예를 들어 현재는 징역 3년을 선고하는 경우 3년의 실형을 선고하든가 아니면 징역 3년에 집행유예 5년을 선고하는 수밖에 없다. 현행법 해석론으로서는 단일 형종의 일부 집행유예가 허용되지 않는다고 보아야 하겠지만 이는 너무 과중하거나 가볍다고 여겨질 수 있기 때문에 입법론적 검토가 필요한 부분이다.

5. 보호관찰, 사회봉사 · 수강명령

(1) 의 의

형법상 집행유예를 선고할 경우에는 보호관찰을 받을 것을 명하거나 사회봉사 또는 수강을 명할 수 있다(제62조의2 제1항). 집행유예선고시 부과할 수 있는 조건으로 대표적인 것이 보호관찰(probation, Bewährungshilfe)과 사회봉사명령(community service order)이다. 집행유예제도는 범죄자의 사회복귀라는 형사정책적 고려하에서 출현하였다는 점은 위에서 본 바와 같다.[2)] 형의 집행을 유예하는 경우에는 보호관찰을 받을 것을 명하거나 사회봉사 또는 수강을 명할 수 있다(제62조의2 제1항). 형법 제62조의2 제1항에서 말하는 보호관찰은 형벌이 아닌 보안처분의 성격을 갖는 것으로서, 과거의 불법에 대한 책임에 기초하고 있는 제재가 아니라 장래의 위험성으로부터 행위자를 보호하고 사회를 방위하기 위한 조치이다.[3)] 보호관찰은 위와 같은 형사정책적 견지에서 때로는 본래 개인의 자유에 맡겨진 영역이거나 또는 타인의 이익을 침해하는 법상 금지된 행위가 아니더라도 보호관찰 대상자의 특성, 그가 저지른 범죄의 내용과 종류 등을 구체적 · 개별적으로 고려하여 일정기간 동안 보호관찰 대상자의 자유를 제한하는 내용의 준수사항을 부과함으로써 대상자의 교화 · 개선을 통해 범죄를 예방하고 재범을 방지하려는 데에 그 제도적 의의가 있다.[4)]

---

1) 대판 2007. 2. 22, 2006도8555. 김일수(II), 736면; 이재상, 602면. 독일형법은 이를 명문으로 부인하고 있다(제56조 제4항).

2) 구형법에서는 보호관찰법(제24조, 제25조)에 따른 소년범의 경우를 제외하고는 집행유예선고를 받은 성인범죄자에 대하여 보호관찰을 할 수 있는 규정을 두고 있지 않았다. 그러나 집행유예를 인정하면서도 보호관찰제도를 두지 않는 것은 제도 본래의 취지에 어긋나기 때문에 개정형법에서는 이를 도입하였다. 미국의 경우 보호관찰의 부과는 필요적이고, 독일에서는 임의적이다(독일형법 제56b조 참조).

3) 대판 1997. 6. 13, 97도703.

4) 대판 2010. 9. 30, 2010도6403.

보호관찰의 기간은 집행을 유예한 기간으로 한다. 다만 법원은 유예기간의 범위 내에서 보호관찰기간을 정할 수 있다(제2항). 사회봉사명령 또는 수강명령은 집행유예기간 내에 이를 집행한다(제3항). 보호관찰은 집행유예에 수반하는 것이므로 그 기간이 집행유예기간을 초과할 수는 없다는 취지에서 유예기간으로 하였다. 형법상의 보호관찰은 보호관찰 등에 관한 법률에 의하여 시행한다.

(2) 임의적 병과 여부

보호관찰과 함께 사회봉사명령과 수강명령을 도입한 것은 특별예방적인 다양한 프로그램을 통하여 범죄인의 사회통합을 도모하고자 한 것이다. 다만 사회봉사명령과 수강명령을 보호관찰과 결합하여 부과할 수 있느냐가 문제된다. 이에 대해서는 법문이 「명하거나 … 명할 수 있다」라고 규정하고 있는 점 및 보호관찰 등에 관한 법률도 보호관찰과 사회봉사명령 · 수강명령을 분리하여 규정한 점을 들어 병과할 수 없다는 소극설과 집행유예시 보호관찰만을 명하는 것은 재범방지에 효과가 없으며, 사회봉사명령 · 수강명령만을 명하는 것 역시 실제로 집행이 잘 이루어지지 않을 우려가 있는 점을 들어 적극설이 주장된다. 형사정책적으로는 보호관찰 및 사회봉사명령 · 수강명령을 임의적으로 병과하는 것이 형벌의 다양화라는 측면에서 타당할 수 있으나 법문의 규정은 명확하지 않다. 이에 대하여 판례는 이들의 병과가 가능하다는 입장이다.[1] 이들의 병과는 피고인에게 사실상 불리한 효과를 가져오기 때문에 해석을 통해서가 아니라 입법적으로 분명히 하여야 할 것이다.

Ⅳ. 執行猶豫의 處分

형의 집행유예는 형의 선고와 동시에 판결로써 선고하여야 한다(형사소송법 제321조 제2항). 집행유예기간의 시기는 집행유예를 선고한 판결 확정일로 하여야 하며 법원이 임의로 시기를 선택할 수는 없다.[2] 유예기간은 1년 이상 5년 이

1) 대판 1998. 4. 24, 98도98(「… 범죄자에 대한 사회복귀를 확인하고 효율적인 범죄예방을 위하여 양자를 병과할 필요성이 있는 점 등을 종합하여 볼 때, 형법 제62조에 의하여 집행유예를 선고할 경우에는 같은 법 제62조의 2 제 1 항에 규정된 보호관찰과 사회봉사 또는 수강을 동시에 명할 수 있다」). 법원행정처, 「사회봉사 · 보호관찰제도 해설」(1997), 36면.

2) 대판 2002. 2. 26, 2000도4637(제37조 후단의 경합범 관계에 있는 죄에 대하여 두 개의 징역형을 선고하면서, 하나의 징역형에 대하여만 집행유예를 선고하고 그 집행유예기간의 시기는 다른 징역형의 집행종료일로 하는 것은 위법하다).

하의 범위 내에서 법원의 재량으로 정한다(제62조 제1항). 통상적으로는 징역 6월에 집행유예 1년, 징역 8월, 10월, 1년에 집행유예 2년, 징역 1년 6월, 2년에 집행유예 3년, 징역 2년 6월에 집행유예 4년, 징역 3년에 집행유예 5년 등이다.[1)]

V. 執行猶豫의 效果

집행유예의 선고를 받은 후 그 선고가 실효 또는 취소되지 않고 유예기간을 경과한 때에는 형의 선고는 효력을 잃는다(제65조). 형의 선고가 효력을 잃는다는 것은 선고된 형집행의 면제는 물론이고, 처음부터 형의 선고가 없었던 것으로 된다. 그리고 형실효법에 의한 형의 실효와 같이 형의 선고에 의한 법적 효과가 장래에 향하여 소멸한다는 취지이다.[2)] 그러나 형의 선고에 의하여 발생한 이제까지의 법률효과(예: 공무원자격의 상실 등)에는 영향이 없다.

한편 집행유예를 선고받으면 그 유예기간 동안은 공무원이 되는 자격 등 형법 제43조 제1항 각호의 자격이 정지된다(제43조 제2항). 그리고 형의 실효 등에 관한 법률 제8조 제1항은 형의 집행유예기간이 경과한 때에는 수형인명표를 폐기하고 수형인명부의 해당란을 삭제하도록 되어 있다.

VI. 執行猶豫의 失效와 取消

집행유예의 실효나 취소시에도 집행유예선고시와 마찬가지로 피고인에 대한 제반 상황을 참작하도록 하는 것이 옳다고 본다.[3)]

1. 집행유예의 실효

집행유예의 선고를 받은 자가 유예기간중 고의로 범한 죄로 금고 이상의 형의 선고를 받아 그 판결이 확정된 때에는 집행유예의 선고는 그 효력을 잃는다(제63조). 그러나 형법이 새로운 범죄행위와 집행유예된 범죄행위간의 내적 또는 범죄학적 연관성을 도외시하고 일률적으로 효력을 상실하게 하고 있는 점은 문제이다.

본조의 실효는 집행유예의 확정 후 유예기간 만료 전에 범한 범죄로 인하

1) 법원행정처, 「양형실무」(1999), 196면.
2) 대판 2010. 9. 9, 2010도8021.
3) 미국에서는 probation이나 parole의 취소절차에도 적법절차가 보장되어야 한다고 보고 있다. Mempa v. Rhay(389 U.S. 128, 1967), Morrissey v. Brewer(408 U.S. 471, 1972) 참조.

여 형의 선고를 받은 경우를 의미하는 것이 아니라 범행시기를 불문하고 이 기간중 금고 이상의 형을 선고받아 그 판결이 확정되는 것으로 보고 있다.[1)]

「금고 이상의 형의 선고」에는 실형의 선고만이 아니라 집행유예가 선고된 경우에도 형은 선고되었기 때문에 이에 해당한다고 보는 것이 소극설의 입장이다.[2)] 이에 대해 여죄설을 따르면 집행유예가 여죄에 대하여 선고된 경우에는 이에 포함되지 않는다고 보아야 한다.[3)] 그러나 위에서 본 바와 같이 적극설의 입장에 따라 집행유예를 선고받은 경우에는 이전의 집행유예가 실효되지 않는다고 보는 것이 타당하다. 형법 제37조 후단의 관계에 있는 경우에는 후의 범죄에 대하여 실형이 선고되어 전의 집행유예기간중 확정된 경우에는 전의 집행유예는 실효된다.[4)]

2. 집행유예의 취소

집행유예의 선고를 받은 후 금고 이상의 형의 선고를 받아 집행이 종료 또는 면제된 후로부터 5년을 경과하지 않은 것이 발각된 때에는 집행유예의 선고를 취소한다(제64조 제 1 항). 보호관찰이나 사회봉사 또는 수강을 명한 집행유예를 받은 자가 준수사항이나 명령을 위반하고 그 정도가 무거운 때에는 집행유예의 선고를 취소할 수 있다(제64조 제 2 항). 집행유예제도의 목적에 비추어 취소제도가 불필요하다는 주장[5)]은 타당하지 않다. 집행유예선고의 전제조건이 충족되지 않을 때에 이를 취소할 수 있도록 하는 것은 집행유예가 선고한 형의 변형된 집행방법이므로 이를 다시 바꾸는 것은 당연히 인정될 수 있기 때문이다.[6)]

여기에서도 금고 이상의 형의 선고에 집행유예가 포함되는가라는 문제가 제기된다. 대법원은 이미 「두 사건의 범죄가 상호 경합관계에 있어 동시에 심판할 수 있었는 데도 별도로 기소되어 각각 집행유예가 선고되어 상고심에서 때를 달리하여 확정된 경우에는 앞에 확정된 집행유예판결이 후에 확정된 집행유예의 선고에 대하여 집행유예의 취소사유가 될 수 없다」[7)]고 하여 위

1) 법원행정처, 「양형실무」(1999), 200면.
2) 법원행정처, 앞의 책.
3) 대결 1997.10.13, 96모118.
4) 대결 1997.7.18, 97모18.
5) 배종대, 831면.
6) 미국이나 독일(형법 제56f조)에서도 집행유예의 취소를 인정하고 있다.
7) 대결 1980.2.29, 79모42.

의 여죄설과 같은 입장을 취하였다. 그러나 여기에서도 적극설에 따라 「형의 선고」에서 집행유예를 제외하는 것이 타당하다.

제 3 절 假 釋 放

Ⅰ. 意 義

1. 가석방의 의의 및 법적 성질

가석방이라 함은 징역 또는 금고의 집행중에 있는 자가 개전의 정이 현저하다고 인정되는 때에 형기만료 전에 조건부로 수형자를 석방하고 일정한 기간이 경과한 때에는 형집행이 종료된 것으로 보는 제도를 말한다(제72조, 제76조). 이와 같은 형법상의 가석방 이외에 인정되는 형기만료 전 석방제도로는 소년원수용자에 대한 가퇴원이 있다.

가석방은 법무부장관의 허가를 요건으로 하는 행정처분인 점이 특색이다. 이에 대하여는 법원이 심사의 주체가 되는 사법처분화하여야 한다는 비판이 있다.

가석방은 그 실시시기에 따라 일반가석방과 특별가석방으로 구분되는바, 현재 일반가석방은 월 1회 실시되고 특별가석방은 3·1절, 석가탄신일, 광복절, 성탄절 등 연 4회에 걸쳐 실시되고 있다.

2. 가석방의 형사정책적 목표

가석방은 이미 뉘우치고 있는 수형자에게 불필요한 구금기간을 단축하여 사회복귀를 돕는 특별예방적 목표를 염두에 둔 제도이다. 이를 통하여 수형시설 내에서의 수형자의 생활태도를 긍정적인 방향으로 선도하고 경직된 형기에 신축성을 불어넣어 주는 효과를 기대할 수 있다. 이러한 목표를 달성하기 위하여는 수형자에 대한 면밀한 수형시설내 관찰과 체계적인 사회내 처우가 행하여져야 한다. 현재는 가석방된 자에 대한 사회내 처우로서 보호관찰법(제24조)에 의해 보호관찰이 가능하다.

Ⅱ. 要 件

가석방은 아래의 요건이 구비되어야 한다(제72조). 가석방은 범죄내용, 죄명 및 형기수형중의 행상, 재범의 위험성 여부 등을 종합적으로 고려하여 각 교도소와 소년교도소별로 설치된 가석방심사위원회(3인 이상 5인 이내의 위원으로 구성)의 심의를 거친 후 법무부장관에게 구신하여 법무부장관의 허가를 받아 집행한다(형의 집행 및 수용자의 처우에 관한 법률 제119조~제122조).

1. 징역 또는 금고의 집행중에 있는 자가 무기에서는 20년, 유기에서는 형기의 3분의 1을 경과한 후일 것

가석방은 자유형을 집행중인 자에 대해서만 인정된다. 벌금액 미납으로 인한 환형유치처분으로 노역장에 유치된 자에 대한 가석방 허용 여부에 대하여는 찬반양론이 있다. 가석방이 불필요한 자유형집행으로 인한 폐단을 방지하는 데에 목표를 두고 있는 점, 자유형보다 경한 벌금형으로 인한 경우에 이를 인정하는 것이 무리한 해석이 아니라는 점에서 긍정하는 것이 타당하다. 소년범의 경우에는 무기형에서는 5년, 15년의 유기형에는 3년, 부정기형에는 형기의 3분의 1을 경과하면 가석방할 수 있다(소년법 제65조). 이상에서의 형기는 선고형을 의미하며, 사면 등에 의하여 감형된 때에는 감형된 형을 기준으로 한다. 이 경우에 형기에 산입된 판결선고전 구금일수는 가석방시 집행을 경과한 기간에 산입한다(제73조 제1항).

2. 행상이 양호하여 개전의 정이 현저할 것

이는 수형자가 진정으로 뉘우치고 있음을 알 수 있는 정상이 있어야 함을 의미한다. 그 결과 남은 형기의 집행이 수형자에게 전혀 무의미하고 불필요하여 이를 집행하지 않더라도 재범의 위험성이 없으며, 오히려 사회복귀에 도움이 되리라는 예측을 할 수 있어야 한다. 여기에서 주의할 것은 범죄의 경중에 따라 차별적인 판단을 하여서는 안 된다는 점이다. 중요한 것은 수형자 개인에 대한 특별예방적 관점이다.

3. 벌금 또는 과료의 병과가 있는 때에는 그 금액을 완납할 것

다만 벌금 또는 과료에 관한 유치기간에 산입된 판결선고전 구금일수는 그에 해당하는 금액이 납입된 것으로 간주한다(제73조 제2항).

Ⅲ. 假釋放의 期間 및 保護觀察

가석방의 기간은 무기형에 있어서는 10년으로 하고, 유기형에 있어서는 남은 형기로 하되, 그 기간은 10년을 초과할 수 없다(제73조의2 제1항). 이는 구형법

第76조 제 1 항이 가석방의 효과와 관련하여 간접적으로 가석방기간에 관한 규정을 두고 있음에 반하여 개정형법은 정면으로 가석방기간을 규정하였고, 유기형의 가석방기간은 남은 형기로 하면서 남은 형기가 10년을 넘은 경우에는 10년을 초과할 수 없게 한 점에 차이가 있다. 이는 유기형의 가석방기간이 무기형의 가석방기간보다 길어지는 경우가 발생하는 것을 방지하기 위한 취지이다.

가석방된 자는 당연히 가석방기간중 보호관찰을 받는다(제 2 항 본문). 이는 보호관찰을 임의적인 것으로 규정하고 있는 선고유예나 집행유예와 다른 점이다. 다만 가석방에 있어서도 범죄의 성질이나 수형자의 성격에 비추어 보호관찰이 불필요하다고 인정될 때에는 가석방을 허가한 행정관청의 재량으로 보호관찰을 하지 않을 수 있다(제 2 항 단서). 불필요한 보호관찰을 강요하여서는 안 되기 때문이다.

Ⅳ. 假釋放의 效果

가석방의 처분을 받은 후 그 처분이 실효 또는 취소되지 아니하고 가석방기간을 경과한 때에는 형의 집행을 종료한 것으로 본다(제76조 제 1 항). 그러나 가석방기간중일 때는 형집행종료라고 볼 수 없으므로 가석방 기간중의 재범에 대하여는 누범가중(제35조)을 할 수 없다.[1]

Ⅴ. 假釋放의 失效와 取消

1. 가석방의 실효

가석방 기간중 금고 이상의 형의 선고를 받아 그 판결이 확정된 때에는 가석방처분은 효력을 잃는다. 다만 과실로 인한 죄로 형의 선고를 받았을 때에는 예외로 한다(제74조).

2. 가석방의 취소

가석방의 처분을 받은 자가 감시에 관한 규칙을 위배하거나, 보호관찰의 준수사항을 위반하고 그 정도가 무거운 때에는 가석방처분을 취소할 수 있다(제75조). 감시에 관한 규칙이란 가석방된 자는 가석방기간중 선행을 하고 정상적인 업무에 취업하며 관할경찰서의 감호를 받고, 주거지를 이전하거나 10일

1) 대판 1976. 9. 14, 76도2158.

이상 여행을 하고자 할 때에는 감호경찰서의 허가를 받아야 하는 것을 의미한다. 이러한 감시규칙에 위반하면 법무부장관은 가석방을 취소할 수 있다.

3. 가석방의 실효와 취소의 효과

가석방이 실효되거나 취소되었을 때에는 가석방중의 일수는 형기에 산입하지 아니한다(제76조 제 2 항). 그러므로 만일 가석방이 실효 또는 취소되면 가석방처분을 받았던 자는 가석방 당시의 잔형기간의 형을 집행받아야 한다.

제 4 장 刑의 時效와 消滅

제 1 절 刑의 時效

Ⅰ. 刑의 時效의 意義

형의 시효란 형의 선고를 받은 자가 재판이 확정된 후 그 형의 집행을 받지 않고 일정한 기간이 경과한 때에 집행이 면제되는 것을 말한다. 형의 시효는 공소시효와 다르다. 양자는 모두 형사시효제도로서 일정한 시간이 경과함으로써 생성·축적된 사실상태를 법률적으로 유지·존중하기 위한 제도라는 점에서는 취지가 같다.[1] 그러나 형의 시효는 일정한 기간경과로 인하여 확정된 형벌의 집행권을 소멸시키는 제도인 데 반하여, 공소시효(형사소송법 제249조)는 검사가 일정기간 공소를 제기하지 않고 형사사건을 방치한 경우에 국가의 형사소추권이 소멸되는 제도라는 점에서 서로 다르다.

Ⅱ. 時效期間

형의 시효는 형을 선고하는 재판이 확정된 후 그 집행을 받음이 없이 일정한 기간이 경과함으로써 완성된다. 그 기간은 ① 사형은 30년, ② 무기의 징역 또는 금고는 20년, ③ 10년 이상의 징역 또는 금고는 15년, ④ 3년 이상의 징역이나 금고 또는 10년 이상의 자격정지는 10년, ⑤ 3년 미만의 징역이나 금고 또는 5년 이상의 자격정지는 5년, ⑥ 5년 미만의 자격정지·벌금·몰수 또는 추징은 3년, ⑦ 구류 또는 과료는 1년이다(제78조).

시효는 판결이 확정된 날로부터 진행하고, 그 말일 24시에 종료한다. 기간계산에 관하여는 제83조 내지 제85조 참조.

---

1) 이재상, 617면.

Ⅲ. 時效의 效果

형의 선고를 받은 자는 시효의 완성으로 인하여 집행이 면제된다(제77조). 그러므로 형의 선고 자체는 유효하다. 시효의 완성으로 집행면제의 효과는 당연히 발생하고 별도의 재판을 필요로 하지 않는다.

Ⅳ. 時效의 停止와 中斷

1. 시효의 정지

시효는 형의 집행의 유예나 정지 또는 가석방 기타 집행할 수 없는 기간은 진행하지 않는다(제79조). 「기타 집행할 수 없는 기간」이란 천재지변 기타 사변으로 인하여 형을 집행할 수 없는 기간을 말한다. 시효가 정지된 때에는 정지사유가 소멸하면 다시 시효의 전 기간이 경과되어야 하는 것이 아니라 잔여시효기간이 진행한다는 점에서 후술하는 시효의 중단과 다르다.

2. 시효의 중단

시효는 사형 · 징역 · 금고와 구류에서는 수형자를 체포함으로써, 벌금 · 과료 · 몰수와 추징에서는 강제처분을 개시함으로 인하여 중단된다(제80조).

제 2 절 刑의 消滅

Ⅰ. 刑의 消滅의 意義

형의 소멸이란 유죄판결의 확정에 의하여 발생한 국가의 형벌권의 소멸을 말한다. 형의 소멸은 적법한 공소가 제기되어 유죄의 확정판결이 있은 후에 그 집행권을 소멸시키는 제도이므로 검사의 형벌청구권을 소멸시키는 공소시효제도와 다르다.

형의 소멸원인은 형의 집행의 종료, 형의 집행의 면제, 형의 선고유예 또는 집행유예기간의 경과, 가석방기간의 만료, 시효의 완성, 사망, 사면, 형의 실효 및 복권 등이다.

아래에서는 사면, 형의 실효 및 복권만을 설명하기로 한다.

Ⅱ. 赦 免

사면이란 국가원수의 특권에 의하여 형벌권을 소멸시키거나, 또는 그 효력을 제한하게 하는 제도이다. 대통령은 법률(사면법)이 정하는 바에 의하여 사면·감형 또는 복권을 명할 수 있다(헌법 제79조). 이에 관한 법률이 사면법으로서 사면·감형과 복권에 관한 사항을 규정하고 있다(사면법 제1조).

사면권은 역사적으로 국왕이 갖는 재량적인 형벌조정권을 의미하였다. 사면권이 특히 관리에 대한 형벌집행의 경우에 인정된 점에서도 알 수 있다. 그러나 이는 국왕에 의한 자의적 형법의 등장을 가능하게 하였다. 그러므로 오늘날 국가원수가 갖는 사면권을 국왕의 사면권과 동일한 의미로 이해하여서는 안 된다. 오히려 대통령의 사면권은 시혜적인 권리가 아니라 국민에 대한 기본권보호의무의 차원에서 파악하여야 한다. 즉 대통령은 사면권행사를 통하여 사법권에 의해 야기될 수 있는 기본권침해에 대한 안전판으로서의 역할을 다하여야 한다. 대통령이 행사하는 사면권이 사법심사의 대상은 아니지만 내재적 한계까지 무시하는 사면권의 자의적 행사는 그 본질에서 벗어난 것이다.

사면의 종류에는 일반사면과 특별사면이 있다(동법 제2조).

1. 일반사면

일반사면이란 죄를 범한 자에 대하여 미리 죄 또는 형의 종류를 정하여 대통령령으로 행하는 사면을 말한다(동법 제3조 제1호, 제8조). 일반사면의 효력은 원칙적으로 형의 선고를 받은 자에 대하여는 그 선고의 효력이 상실되며, 아직 형의 선고를 받지 않은 자에 대하여는 공소권이 상실된다(동법 제5조 제1항 제1호).

2. 특별사면

특별사면은 형의 선고를 받은 특정인에 대하여 대통령이 하는 사면이다(동법 제3조 제2호, 제9조). 특별사면 상신시에는 사면심사위원회의 심사를 거쳐야 한다(동법 제10조 제2항). 특별사면의 효력은 원칙적으로 형의 집행이 면제되는 것이지만, 특별한 사정이 있는 경우에는 형의 선고의 효력을 상실하게 할 수도 있다(동법 제5조 제1항 제2호).

사면의 효력은 장래에 향하여 형의 선고의 효력을 상실하게 하거나, 또는 형의 집행이 면제되는 것뿐이므로 형의 선고에 의한 기성의 효과는 사면으로 인하여 변경되지 아니한다(동법 제5조 제2항).

Ⅲ. 刑의 失效 및 復權

형벌권은 형집행의 종료, 형집행의 면제, 기타 일정한 원인으로 소멸되더라도 형의 선고의 법률상의 효과는 소멸하지 않는다. 즉 전과사실은 존속하는 것이다. 이로 인하여 당사자는 예를 들어 공무원이 되는 자격(국가공무원법 제33조 참조), 일정한 직업(의사·변호사·교원 등)에 종사하는 자격, 기타 필요한 자격에 제한을 받게 되어 사회생활상 불리한 입장에 서게 되므로 전과사실을 말소시켜 자격을 회복시키고 이를 통하여 사회복귀를 용이하게 하는 것이 형사정책적으로 요구된다.[1)]

이를 위하여 형법은 형의 소멸에 관한 규정을 두고 있으나 이는 재판을 통한 복권을 의미하므로 사면에 의한 형의 실효나 복권과는 구별하여야 한다.

1. 형의 실효

징역 또는 금고의 집행을 종료하거나 집행이 면제된 자가 피해자의 손해를 보상하고 자격정지 이상의 형을 받음이 없이 7년을 경과한 때에는 본인 또는 검사의 신청에 의하여 그 재판의 실효를 선고할 수 있다(제81조). 이에 따라 '형의 실효'의 재판이 확정되면 처음부터 형의 선고를 받지 않은 것과 동일한 결과가 된다. 다만 형의 실효는 형벌의 집행권을 소멸하게 하는 것이 아니라 집행권이 이미 소멸한 후에 형의 선고의 효력을 상실하게 하는 점에서 일반적인 형의 소멸과는 의미가 다르다.

2. 복 권

자격정지의 선고를 받은 자가 피해자의 손해를 보상하고 자격정지 이상의 형을 받음이 없이 정지기간의 2분의 1을 경과한 때에는 본인 또는 검사의 신청에 의하여 자격의 회복을 선고할 수 있다(제82조). 이는 자격정지의 선고를 받은 자가 자격정지기간이 만료되지 않았더라도 일정한 조건 아래 자격을 회복시켜 정상적인 사회생활을 영위할 수 있도록 하는 데에 목적이 있다.

---

1) 정영석, 333면.

제 5 장 保安處分

제 1 절 保安處分의 意義

Ⅰ. 保安處分의 意義 및 立法例

보안처분이란 범죄로부터 사회를 방위하고 범죄자를 재사회화하기 위한 방법으로서, 특정범죄자에 대하여 형벌부과만으로는 형사제재로서의 목적달성이 부적합하거나 또는 법적 관점에서 형벌이 허용되지 않는 경우에 시행하는 처분을 말한다. 보안처분은 형벌이 아니기 때문에 책임원칙을 본질로 하지는 않는다. 그렇더라도 법치주의의 근본원리 가운데 하나인 비례성의 원칙에 따라야 함은 물론이다.

현행 헌법은 「누구든지 법률과 적법한 절차에 의하지 아니하고는 보안처분을 받지 아니한다」(제12조 제1항)고 하여(보안처분법정주의) 보안처분의 법적 근거를 제공하고 있다. 형법에는 선고유예시 보호관찰을, 그리고 집행유예와 가석방시에는 보호관찰, 사회봉사 · 수강명령을 과할 수 있도록 규정하고 있다.

> 보호관찰 등의 법적 성격에 대해서는 ① 보안처분설, ② 변형된 형벌집행설, ③ 독립적 제재수단설이 있다.[1] 이들 제도가 지향하는 바가 사회방위 및 범죄자의 재사회화라는 점에서 보안처분설이 타당하다.

그 밖에 특별법(소년법, 보호관찰 등에 관한 법률, 보안관찰법,[2] 국가보안법,[3] 마약류 관리에 관한 법률[4] 성폭력범죄의 처벌 등에 관한 특례법[5] 등)이 이를 규

1) 법원행정처, 「사회봉사 · 보호관찰제도 해설」(1997), 14면.
2) 보안관찰해당범죄자에 대한 2년 내의 보안관찰처분(제 4 조, 제 5 조).
3) 공소보류자에 대한 2년간의 감시 · 보도처분(제20조).
4) 마약류관리에 관한 법률(법 제6824호) 제40조는 마약류중독자에 대한 12월 이내 치료보호를 규정하고 있으며, 동조에 근거한 '마약류중독자치료보호규정'에 의하여 식품의약품안전청장 또는 시·도지사는 치료보호심사위원회의 심의를 거쳐 마약류중독자에게 치료보호명령(동 규정 제13조)을 내려야 한다.
5) 성폭력범죄를 범한 자에 대한 1년간의 보호관찰(제16조).

정하고 있다.

Ⅱ. 刑罰과 保安處分

1. 이원주의

형벌은 책임을 한계로, 그리고 보안처분은 책임 이외에 행위자의 장래의 위험성을 근거로 과해지는 처분이라는 것이 이원주의(Zweispurigkeit)의 기본사고이다. 이원주의에서는 형벌과 보안처분을 동시에 선고하고 순차적으로 중복집행한다. 이에 대해서는 형벌집행 후 보안처분집행은 일종의 이중처벌로서 가혹하다는 점, 보안처분의 목적에 비추어 보아 형벌보다 먼저 집행되는 것이 순서라는 점(특히 치료적 보안처분의 경우) 등을 이유로 비판적인 견해가 많다.

이원주의의 입장이 형벌과 보안처분의 목적을 다르게 보는 것은 아니다. 다만 목표달성을 위한 방법이 다를 뿐이다. 여기에서 형벌과 보안처분의 호환가능성과 그 범위문제가 제기된다. 이에 따라 보안처분을 형벌보다 먼저 집행하고 그 기간만큼 형벌기간에 산입하는 대체주의(Vikariierungsprinzip)가 등장하였다(후술 참조).

2. 일원주의

일원주의(Einspurigkeit)에서는 형벌과 보안처분을 동일시하여 양자 가운데 택일하여 적용한다. 형벌의 집행이 부적합한 경우에는 보안처분만을 적용하는 주의이다.

3. 대체주의

대체주의(vikariierendes System)는 형벌과 보안처분을 동시에 선고하되 집행은 순차적이 아니라 형벌 대신 보안처분으로 대체할 수 있도록 하는 제도이다. 이 제도의 특징은 ① 원칙적으로 보안처분을 형벌보다 우선하여 집행하도록 하여[1] 보안처분이 형벌의 기능을 대체하게 한 점(보안처분기간을 형집행기간에 산입[2]), ② 범죄인의 사회복귀를 위하여 보안처분간의 대체집행을 허용하는 점[3]에 있다.

이하에서는 소년법, 보호관찰 등에 관한 법률, 보안관찰법상의 보안처분을 중심으로 살펴본다.

---

1) 독일형법 제67조 제1항.
2) 독일형법 제67조 제4항.
3) 독일형법 제67a조.

Ⅲ. 保安處分의 種類

1. 대인적 보안처분과 대물적 보안처분

대인적 보안처분이란 사람에 대하여 선고되는 보안처분을 말한다. 이에 대하여 대물적 보안처분이란 물건에 대한 보안처분을 말한다.

2. 자유박탈보안처분과 자유제한보안처분

자유박탈보안처분이란 일정한 시설에 격리수용되는 것을 내용으로 하는 보안처분이며, 자유제한보안처분이란 보호관찰과 같이 자유박탈이 아닌 자유제한의 정도에 이르는 보안처분을 말한다.

제 2 절 少年法上의 保安處分

Ⅰ. 法的 規定

소년법은 반사회성이 있는 소년에 대하여 그 환경의 조정과 품행의 교정에 관한 보호처분을 행하고 형사처분에 관한 특별조치를 행함으로써 소년의 건전한 성장을 기함을 목적으로 하고 있다(제1조).

Ⅱ. 保護處分의 槪念과 種類

소년범에 대한 보안처분을 보호처분이라고 한다. 보호처분에 대한 결정은 소년부판사(가정법원 소년부 판사 또는 지방법원 소년부 판사)가 내린다. 이 점에서 행정처분의 성격을 띠는 다른 보안처분과 다르다.

소년법에 규정되어 있는 보호처분의 종류는 다음과 같다(제32조).[1)]

1. 보호자 또는 보호자를 대신하여 소년을 보호할 수 있는 자에게 감호위탁

1) 2010년의 경우, 소년보호사건의 접수건수는 44,200건이며, 이 가운데 4,527명이 1호 처분을 받았고, 이 가운데 4,251명이 2호 처분과 병합처분을 받아 감호위탁 및 수강명령에 부하여졌다(「사법연감」, 2011). 소년보호사건을 주요죄명별로 구분하여 보면 절도가 19,356건으로 전체의 43.7%를 차지하며, 다음으로 폭력행위 등 처벌에 관한 법률 위반, 도로교통법위반, 상해, 교통사고처리특례법위반, 특정범죄가중처벌 등에 관한 법률 위반, 사기, 강도, 유해화학물질관리법위반, 성폭력범죄의 처벌 등에 관한 특례법 위반, 등의 차례로 되어 있다.

2. 수강명령

3. 사회봉사명령

4. 보호관찰관의 단기 보호관찰

5. 보호관찰관의 장기 보호관찰

6. 「아동복지법」에 따른 아동복지시설이나 그 밖의 소년보호시설에 감호 위탁

7. 병원, 요양소 또는 「보호소년 등의 처우에 관한 법률」에 따른 소년의료보호시설에 위탁

8. 1개월 이내의 소년원 송치

9. 단기 소년원 송치

10. 장기 소년원 송치

위 제1호·제6호·제7호의 위탁기간은 6개월로 하되, 소년부 판사는 결정으로써 6개월의 범위에서 한 번에 한하여 그 기간을 연장할 수 있다(제33조 제1항 본문). 제4호의 단기 보호관찰기간은 1년으로 한다(동조 제2항). 제5호의 장기 보호관찰기간은 2년으로 한다. 다만, 소년부 판사는 보호관찰관의 신청에 따라 결정으로써 1년의 범위에서 한 번에 한하여 그 기간을 연장할 수 있다(동조 제3항). 제2호의 수강명령은 100시간을, 제32조 제1항 제3호의 사회봉사명령은 200시간을 초과할 수 없다(동조 제4항). 제9호에 따라 단기로 소년원에 송치된 소년의 보호기간은 6개월을 초과하지 못하고, 제10호에 따라 장기로 소년원에 송치된 소년의 보호기간은 2년을 초과하지 못한다(동조 제5항, 제6항).

제3절 保護觀察法上의 保安處分

Ⅰ. 保護觀察의 槪念

보호관찰은 범죄자에 대한 사회내 처우의 일종으로서 범죄자를 교정시설 내에 수용하는 대신 일정기간 동안 선행의 유지를 조건으로 형의 선고를 유예 또는 형벌의 집행을 유예하거나 시설에 수용중인 자를 수용기간만료 전에 석방하여 사회 내에서 통상적인 사회생활을 영위하게 함으로써 사회복귀를 촉진하고 재범을 방지하고자 하는 형사정책수단이다.

우리 나라는 형법, 갱생보호법, 소년법 등에 산재되어 있던 보호관찰규정을 「보호관찰 등에 관한 법률」(1996. 12. 12 전개, 법률 제5178호)로 통합하여 규정하고 있다. 보호관찰법상의 보호관찰은 죄를 범한 자로서 「재범방지를 위하여 보호관찰, 사회봉사·수강 및 갱생보호 등 체계적인 사회내 처우가 필요하다고 인정되는 자」를 지도·원호하여 사회복귀를 촉진하기 위한 것이다(동법 제1조 참조).

Ⅱ. 保護觀察對象者 및 期間(시행 2009. 3. 27)

보호관찰대상자는 ① 형법에 의해 보호관찰부 선고유예·집행유예의 선고를 받은 자, ② 보호관찰부 집행유예 소년, ③ 보호관찰부 가석방 또는 임시 퇴원된 자, ④ 소년법 제32조 제1항 제4호, 제5호의 보호처분을 받은 소년, ⑤ 기타 다른 법률에 의하여 이 법에 의한 보호관찰을 받도록 규정된 자이다(동법 제3조 제1항).

사회봉사·수강명령 대상자는 ① 사회봉사·수강명령부 형의 집행유예 선고를 받은 자, ② 소년법 제32조 제3항에 따라 사회봉사명령 또는 수강명령을 받은 자, ③ 다른 법률에 의하여 이 법에 의한 사회봉사 또는 수강을 받도록 규정된 자이다(동법 제3조 제2항).

보호관찰기간은 ① 선고유예의 경우에는 1년, ② 집행유예의 경우에는 집행유예기간, ③에 해당하는 자 중 가석방자는 형법 제73조의 2 또는 소년법 제66조에 정한 기간, 임시 퇴원자는 퇴원일로부터 6월 이상 2년 이하의 범위 내에서 심사위원회가 결정한 기간, ④에 해당하는 자 중 소년법 제32조 제1항 제4호, 제5호의 경우 그 법률에서 정한 기간, ⑤에 해당하는 자는 그 법률에 정한 기간이다(동법 제30조).

그리고 이들에 대한 보호관찰기관으로서 보호관찰을 심사·결정하는 보호관찰심사위원회와 보호관찰의 실시에 관한 사무를 관장하는 보호관찰소를 법무부장관 소속으로 두게 되어 있다(동법 제5조, 제14조).[1] 보호관찰심사위원회는 법무부장관이 임명하는 5인 이상 9인 이내의 위원으로 구성한다(동법 제7조).

1) 현재 전국에는 지방검찰청 소재지별로 설치된 12개의 보호관찰소와 11개의 보호관찰지소가 있다.

제 4 절 治療監護法上의 保安處分

Ⅰ. 意 義

(구)사회보호법은 보호감호, 치료감호, 보호관찰 등 세 종류의 보안처분을 규정하였다. 이 가운데 보호감호제도에 대한 비판이 끊임없이 제기되어 2005년에 사회보호법을 폐지하고 치료감호법(2005. 8. 4, 법률 제7655호)을 제정하였다. 그리고 (구)사회보호법에서 보호감호 청구의 주요 대상이 되었던 성폭력사범에 대한 대책으로서는 '특정강력범죄의 처벌에 관한 특례법' 개정을 통하여 성폭력범죄로 2회 이상 실형을 선고받은 자가 다시 성폭력범죄를 범하는 경우를 특정강력범죄에 포함시켰다(동법 제2조 제1항 제3호의 2). 상습절도범에 대해서는 '특정범죄 가중처벌 등에 관한 법률'의 개정을 통하여 상습절도 등으로 2회 이상 실형을 선고받아 그 집행을 종료하거나 면제받은 후 3년 이내에 다시 동종의 죄를 범한 때에는 그 죄에 정한 형의 단기의 2배까지 가중하도록 하였다(동법 제5조의 4 제6항).

Ⅱ. 內 容

1. 치료감호

(1) 치료감호의 의의

치료감호는 심신장애 또는 마약류·알코올 그 밖의 약물중독 상태, 정신성적장애가 있는 상태 등에서 범죄행위를 한 자로서 재범의 위험성이 있고, 특수한 교육·개선 및 치료가 필요하다고 인정되는 자에 대하여 적절한 보호와 치료를 함으로써 재범을 방지하고 사회복귀를 촉진하는 것을 목적으로 한다(동법 제1조).

(2) 치료감호대상자

치료감호대상자는 다음 각 호의 어느 하나에 해당하는 자로서 치료감호시설에서의 치료가 필요하고 재범의 위험성이 있는 자이다(동법 제2조).

1. 형법 제10조 제1항의 규정에 의하여 벌할 수 없거나 동조 제2항의 규정에 의하여 형이 감경되는 심신장애자로서 금고 이상의 형에 해당하는 죄를 범한 자

2. 마약·향정신성의약품·대마 그 밖에 남용되거나 해독을 일으킬 우려

가 있는 물질이나 알코올을 식음 · 섭취 · 흡입 · 흡연 또는 주입받는 습벽이 있거나 그에 중독된 자로서 금고 이상의 형에 해당하는 죄를 범한 자

3. 소아성기호증, 성적가학증 등 성적 성벽이 있는 정신성적 장애자로서 금고 이상의 형에 해당하는 성폭력범죄를 지은 자

(3) 치료감호의 청구절차

치료감호의 청구는 검사가 한다. 즉 검사는 공소 제기한 사건의 항소심 변론종결시까지 관할법원에 치료감호를 청구할 수 있다(동법 제4조 제5항). 그러나 검사는 피의자가 형법상 심신상실자에 해당되어 처벌할 수 없거나, 친고죄에서 고소가 없거나 반의사불벌죄에서 처벌을 원하지 않거나 처벌을 원하는 의사표시가 철회된 때 또는 형사소송법 제247조 제1항의 규정에 의하여 공소를 제기하지 아니하는 결정을 한 때에는 치료감호만을 독립하여 청구할 수 있다(동법 제7조).

(4) 치료감호의 내용

치료감호의 선고를 받은 자(피치료감호자)는 치료감호시설에 수용하여 치료를 위한 조치를 한다(동법 제16조 제1항). 치료감호시설에의 수용은 15년을 초과할 수 없다. 다만 마약 · 향정신성의약품 · 대마 그 밖에 남용되거나 해독작용을 일으킬 우려가 있는 물질이나 알코올을 식음 · 섭취 · 흡입 · 흡연 또는 주입받는 습벽이 있거나 그에 중독된 자로서 금고 이상의 형에 해당하는 죄를 범한 자에 대해서는 2년을 초과할 수 없다(동조 제2항 단서).

2. 보호관찰

(1) 의 의

보호관찰은 치료 위탁된 피치료감호자를 감호시설 외에서 지도 · 감독하는 것을 내용을 하는 보안처분이다. 이는 사회내 처우를 통하여 사회적응력을 증진시키려는 처분이다. 즉 석방전 준비절차의 일환으로서 사회단절적 자유박탈처분에서 사회복귀적 자유제한처분으로 변경하는 것이다.

(2) 요 건

치료감호법상의 보호관찰은 피치료감호자에 대한 치료감호가 가종료된 때, 피치료감호자가 치료감호시설 외에서의 치료를 위하여 법정대리인 등에게 위탁된 때에 개시된다(동법 제32조 제1항).

(3) 내 용

보호관찰의 기간은 3년으로 한다(동조 제2항). 보호관찰이 개시된 자가 보호관찰기간이 만료된 때, 보호관찰기간 만료 전이라도 치료감호심의위원회의 치료감호의 종료결정이 있는 때, 보호관찰기간 만료 전이라도 피보호관찰자가 다시 치료감호의 집행을 받게 되어 재수용되거나 새로운 범죄로 금고 이상의 형의 집행을 받게 된 때에는 보호관찰이 종료된다(동조 제3항).

제 5 절 保安觀察法上의 保安處分

Ⅰ. 意 義

보안관찰법(1989. 6. 16, 법률 제4132호. 2002. 1. 26, 법률 제6627호로 개정)은 소위 사상범이라고 부를 수 있는 동법 제2조 소정의 특정범죄(보안관찰 해당범죄)를 범한 자에 대하여 재범의 위험성을 예방하고 사회복귀를 촉진하기 위하여 보안관찰처분을 할 수 있도록 규정하고 있다. 보안관찰처분은 검사의 청구에 의하여(동법 제7조) 보안관찰처분심의위원회의 의결을 거쳐 법무부장관이 행하는 행정처분이다(동법 제14조). 과거의 사회안전법(1975. 7. 16, 법률 제2679호)을 대체한 법률이다.

보안관찰처분은 교우관계, 종교 및 가입한 단체는 물론 매 3개월마다 관할 경찰서장에게 3개월간의 주요활동사항, 여행에 관한 사항, 통신·회합한 다른 보안관찰처분대상자의 인적 사항과 그 일시, 장소 및 내용 등까지 보고하여야 하며(동법 제18조 참조) 이를 위반한 경우에는 벌칙을 과하는(동법 제27조 참조) 등 대단히 자유제한적인 보안처분이다.

Ⅱ. 保安觀察 該當犯罪

「보안관찰 해당범죄」에는 ① 형법상의 내란의 죄—제88조, 제89조(제87조의 미수범 제외), 제90조(제87조에 해당하는 죄 제외), 외환의 죄—제92조 내지 제98조, 제100조 및 제101조(제99조에 해당하는 죄 제외), ② 군형법상의 반란의 죄(제5조 내지 제8조, 제9조 제2항 및 제11조 내지 제16조), ③ 국가보안법상의 제4조(목적수행), 제5조(자진지원·금품수수. 제1항 죄 중 제4조 제1항 제6호에 해당하는 행위 제외), 제6조(잠입·탈출), 제9조(편의 제공) 제 1 항 · 제 3 항(제 2 항의 미수범 제외) · 제 4 항이 있다.

Ⅲ. 保安觀察處分對象者

보안관찰처분대상자는 보안관찰 해당범죄 또는 이와 경합된 범죄로 금고 이상의 형을 받고 그 형기합계가 3년 이상인 자로서 형의 전부 또는 일부의 집행을 받은 사실이 있는 자이다(동법 제 3 조). 그리고 이에 해당하는 자 중 보안관찰 해당범죄를 다시 범할 위험성이 있다고 인정할 충분한 이유가 있어 재범의 방지를 위한 관찰이 필요한 자에 대하여는 보안관찰처분을 한다(동법 제 4 조).

Ⅳ. 保安觀察處分期間

보안관찰처분기간은 2년이며(동법 제 5 조 제 1 항), 법무부장관은 검사의 청구가 있는 때에는 보안관찰처분심의위원회의 의결을 거쳐 그 기간을 갱신할 수 있다(동조 제 2 항). 그러나 갱신횟수에 제한이 없어 종신토록 수감할 수도 있는 점은 심각한 인권침해의 소지가 있으므로 개선되어야 한다.

판 례 색 인

[대법원]

[헌법재판소]

사 항 색 인

저자약력

연세대 법학과 졸업
독일 Würzburg대학 수학, Göttingen대학 법학박사(Dr.jur.)
독일 Bonn대학 · 미국 Wisconsin Law School · 慶應대학 방문교수
사법시험 · 행정 · 입법고등고시 출제위원
연세대 법대 학장
한국형사법학회 회장
한국형사정책학회 회장
한국형사정책연구원 원장
현재 연세대 법학전문대학원 교수

저서 및 역서

[독일형법사](1993)
[형의 집행유예에 관한 연구](1993)
[형사정책](Kriminalpolitik)(共譯, 1993)
[인과관계와 객관적 귀속](共譯, 1995)
[법학개론](共著, 2010)
[형법연습](2003)
[형사정책](共著, 2011)
[형법각론](제 8 판, 2011)

제 9 판
형법총론

1994년 4월 10일 초판발행
1996년 2월 25일 개정판발행
1997년 8월 10일 제 2 개정판발행
1999년 3월 10일 전정판발행
2002년 3월 25일 제 5 판발행
2004년 3월 5일 제 6 판발행
2007년 9월 15일 제 7 판발행
2009년 2월 25일 제 8 판발행
2012년 2월 20일 제 9 판인쇄
2012년 3월 5일 제 9 판발행

저 자 박 상 기
발행인 안 종 만
발행처 (주) 박영사

서울특별시 종로구 평동 13-31번지
전화 (733)6771 FAX (736)4818
등록 1959. 3. 11. 제300-1959-1호(倫)

www.pybook.co.kr e-mail: pys@pybook.co.kr

정 가 37,000원 ISBN 978-89-6454-821-9